나치의 병사들

평범했던 그들은 어떻게 괴물이 되었나

나치의 병사들

평범했던 그들은 어떻게 괴물이 되었나

SOLDATEN

죙케 나이첼, 하랄트 벨처

김태희 옮김

민음사

머리말

머리말 1: 횡케 나이첼

전형적인 영국의 11월이었다. 하늘에선 부슬비가 내렸고 기온은 8도였다. 전에도 자주 그랬던 것처럼, 나는 큐왕립식물원 방향 지하철을 타고 런던 남서부의 그림같이 아름다운 역에서 내려 서둘러 영국국립보존기록관(The National Archives)으로 향했다. 옛 문서들을 뒤져 보기 위해서였다. 그날은 비가 유난히 칙칙하게 내려 나는 걸음을 더욱 재촉했다. 언제나처럼 입구에서 바글거리던 경비원들이 내 가방을 뒤졌다. 작은 구내 서점을 지나면 외투 보관소가 있고, 다음에는 열람실로 올라가는 계단이 있다. 까칠까칠한 녹색 양탄자, 지난번 방문 이후로 변한 게 하나도 없다.

글래스고 대학교 초빙 강사로 있던 2001년 가을, 나는 런던에 잠깐 들렀다. 그 몇 주 전, 1943년 5월 대서양 전투에서의 전환점을 다룬 마이클 개넌(Michael Gannon)의 책을 막 읽은 참이었다. 그 책에는 독일 잠수함 승조원들을 도청한 기록이 몇 쪽 들어 있었는데, 나는 호기심을 느꼈다. 독일군 포로에 대한 심문 기록들이 있다는 걸 이미 알고 있었지만, 이런 은밀한 도청 기록에 대해서는 들어 본 적이 없었던 것이다. 이 흔적을 반드시 찾아보고 싶었다. 물론 거기에 무언가 엄청난 것이 숨어 있을 거라고 기대하지는 않았다. 그게 어떤 문서들이겠는가? 아무 때 아무 곳에서 이루어진, 서로 연관성도 없는 얼마 안 되는 대화들일 것이다. 뭔가 새로울 것 같던 자료들이 결국 막다른 골목에 이르는 일이 어디 한두 번이었던가.

하지만 이번에는 달랐다. 작은 책상 위에는 두툼한 문서철 하나가 놓여 있었다. 800쪽쯤 되었고, 노끈 하나로만 묶여 있었다. 그 얇은 종이들은 여전히 깔끔하게 정리되어 있었다. 아마 나는 이 문서를 처음 손에 쥐어 본 사람 중 하나였으리라. 나는 그 기록들을 쭉 훑어보았다. 대부분 U-보트에 탔던 독일 해군 병사들이 끝없이 나누던 대화들이었고, 그들이 내뱉은 독일어 하나하나가 그대로 기록되어 있었다. 이 800쪽이 모두 1943년 9월의 대화였다. 9월의 기록이 있다면 1943년 10월과 11월의 기록들도 어디엔가 있으리라. 그러면 다른 기간들은? 정말로 다른 달치 두툼한 기록들도 있었다. 점차 이것이 빙산의 일각일 것이라는 생각이 들었다. 흥분한 채 그 자료들을 하나하나 신청했다. 역시 잠수함 승조원뿐 아니라 공군 및 육군 병사들의 대화도 도청되어 있었다. 나는 그 대화들을 꼼꼼히 읽으며 내 앞에 펼쳐지는 전쟁의 내면 풍경에 그야말로 빨려 들어갔다. 병사들이 대화를 나누는 소리가 생생하게 들렸고, 손짓하고 토론하는 모습이 눈에 선했다. 특히 그들이 너무도 솔직하게 그 전쟁과 죽이고 죽는 일에 대해 이야기하는 데 놀라지 않을 수 없었다. 흥미로운 부분들을 몇 장 복사해 가방에 넣고 글래스고로 돌아왔다. 다음 날 역사연구소에서 우연히 버나드 와서스테인(Bernard Wasserstein) 교수를 만나, 내가 발굴한 자료에 대해 이야기했다. 나는 이것이 아주 새로운 자료일 수 있고, 아마 다른 누군가가 이걸로 박사 논문을 쓸 수도 있을 것이라고 말했다. 그는 놀라서 "이걸 다른 사람에게 넘기겠다고요?"라고 물었다. 그 말이 오랫동안 머릿속에서 맴돌았다. 그렇다. 이 보물은 내가 챙겨야겠다.

그다음부터 런던에 자주 들르면서, 나는 이 자료가 어떤 것인지 점차 이해하기 시작했다. 영국인들은 전쟁 내내 수천 명의 독일 포로와 수백 명의 이탈리아 포로들을 조직적으로 도청했고, 특별히 흥미로워 보이는 부분들은 녹음하고 그 내용을 받아 적었다. 이 기록들은 전쟁 후에도 고스란히 남아 1996년 공개되었다. 그러나 여전히 아무도 이 자료들의 의의를 깨닫지 못했다. 이 기록들은 누구의 눈에도 띄지 않고 보관실 서가에 놓여 있었다.

나는 그중 일부를 발췌하여 2003년 처음 출간했고, 2년 후에는 독일 장군들에 대한 약 200종의 도청 기록을 편집해서 책을 냈다. 그렇지만 이런 정도로는 이 자료들에 대한 평가가 여전히 부족했다. 얼마 후 나는 워싱턴에 있는 국립기록관리처(NARA: National Archives & Record Administration)에서 이것과 아주 비슷한 자료들을 발견했는데, 영국 자료보다 세 배나 더 많았다. 그러니까 10만 쪽이나 되었던 것이다. 한눈에 개관할 수 없는 이 엄청난 분량의 기록들을 평가하는 것은 나 혼자서는 불가능했다.

머리말 2: 하랄트 벨처

쫑케 나이첼이 전화를 걸어 자기가 발견한 기록에 대해 말했을 때 나는 말문이 막혔다. 이제까지 폭력에 대한 인간의 인식 및 살인 의지를 연구하면서 봐 온 자료들에는 문제가 많았다. 그것들은 주로 수사 기록, 군사 우편, 증언록, 회고록 등이었는데 모두 큰 문제가 하나 있었다. 이런 기록들에 들어 있는 진술, 보고, 서술은 매우 의식적으로 이루어진 것이고, 여러 이유로 (검찰, 후방에 있는 아내, 독자 등) 누군가에게 자기 생각을 전달하기 위해 쓰인 것이었다. 그에 비해 수용소의 군인들은 아무것도 의식하지 않은 상태에서 이야기를 나눴다. 그중 어느 누구도 자신이 말하는 것이 언젠가 '자료'가 될 것이라고는, 하물며 출판되리라고는 꿈에도 몰랐으리라. 게다가 수사 기록, 자서전, 증인 인터뷰 등은 그 이야기의 결말이 무엇인지 이미 알고 있는 사람들이 전하는 이야기들이어서, 그들의 체험과 관점은 이런 사후적 지식에 의해 덧칠되어 있다. 그러나 나이첼이 발굴한 이 자료들 속에서 군인들은 전쟁에 대해, 그리고 그에 대한 자기 생각을 실시간으로 가감 없이 이야기하고 있다. 이는 2차 세계대전 당시 독일군의, 아니 어쩌면 군대 자체의 심성사(Mentalitätsgeschichte)에 대해 아주 독특하고 새로운 통찰을 줄 수 있다. 나는 감전된 느낌이었고 우리는 즉시 약속을 잡았다. 나는 사회심리학자로서 독일군에 대한 깊은 지식이 없었기 때문에 이 자료를 제대로 평가하기 어려웠다. 거꾸로 이 대화록이 지니는 의사소통상의 의미와 심리적 의미를 역사적 관점만 갖고 제대로 해독할 수 없을 것이다. 우리 둘은 그 전에 이미 제3제국1933~1945년 나치스 통치하의 독일을 뜻함에 대해 집중 연구해 왔다. 하지만 이번에 우리는 서로 매우 다른 관점에서 포로들의 대화를 바라보았다. 우리의 전문 분야(사회심리학과 역사학)를 조합해야만, 이 독특한 심성사적 자료에 올바로 접근할 수 있을 것이고, 군인들의 행동에 대한 시각을 새롭게 정립할 수 있을 것이다. 우리는 이 계획을 가지고 게르다헹겔재단과 프리츠티센재단을 설득하여 즉시 대규모 연구 프로젝트를 시작할 수 있었다. 그리하여 우리가 처음 만난 지 얼마 지나지 않아, 이 엄청난 양의 텍스트들을 파고들 연구 팀을 조직하기 위한 재원을 얻었다.[1] 영국 자료와 상당 부분의 미국 자료를 전산화하고 소프트웨어를 활용하여 그 내용을 분석하고 평가했다. 3년 넘게 진행된 집중적이고 흥미진진한 공동 연구를 통해 우리는 새로운 사실을 많이 배웠고, 우리의 자료들에 근거해서 볼 때는 더 이상 인정할 수 없는 여러 의견들에 대해서도 거리를 두게 되었다. 이제 그 첫 번째 결과물을 내놓을 때다.

군인들은 무엇을 이야기했는가

슈미트(Schmid): 열다섯 살짜리 애들 두 명에 대한 이야기를 들었어요. 그 녀석들은 군복을 입고 총을 난사했답니다. 하지만 붙들렸지요. …… 러시아군에도 소년병이 있었어요. 군악대에서 열두 살짜리가 군복을 입고 있는 걸 제 눈으로 똑똑히 봤다니까요. 우리가 러시아 군악대를 포로로 잡은 적이 있거든요. 걔들이 군악을 연주했지요. 그걸 들으면 당신도 정신을 못 차릴걸요. 얼마나 잔잔하고 처량한지! 러시아의 드넓은 평원이 떠오르는 것 같았어요. 굉장하지요. 너무 신이 났어요. 군악대는 그랬지요. …… 어쨌든 그 두 소년병은 서쪽으로 터덜터덜 걸어갔지요. 도로를 따라 갔어요. 그런데 그다음 꺾어지는 길에서 갑자기 숲 속으로 숨어들려고 했대요. 총알이 날아갔지요. 둘은 시야에서 사라져 도로에서 숲 속으로 훌쩍 사라졌어요. 감쪽같이 없어진 거예요. 대대적으로 나서서 수색했지요. …… 그리고 잡혔어요. 둘 다. 그들은 그래도 양심이 있어서 두 아이를 그 자리에서 때려죽이지는 않았어요. 연대장에게 끌고 갔죠. 이제 둘 다 죽을 거라는 건 자명했지요. 두 아이는 자기가 묻힐 무덤을 팠어요. 구덩이 두 개를 판 거지요. 그리고 한 아이가 총에 맞아 죽었어요. 그 아이는 무덤으로 곧바로 떨어지지 않고 그 앞에 넘어졌어요. 그리고 남은 아이를 사살하기 전에 그 아이한테 죽은 아이를 구덩이에 던지라고 했대요. 걔는 웃으면서 그렇게 했어요! 열다섯 살 먹은 개구쟁이가요! 대체 그건 어떤 열정일까요, 이상일까요? 거기에는 무언가 있는 거예요![2]

슈미트 원사가 1942년 6월 20일 들려준 이 이야기는 도청 기록들에서 군인들이 이야기하는 전형적인 방식을 잘 보여 준다. 일상 대화처럼, 화자는 연상되는 대로 자주 주제를 바꾸고 있다. 그 가운데 슈미트는 '군악대'라는 단어에서 자기가 러시아 음악을 굉장히 좋아한다는 생각이 떠올라 이에 대해 짧게 이야기하다가, 원래 하던 이야기를 계속한다. 그 이야기는 별로 나쁘지 않게 시작됐지만 결국 비극적으로 끝난다. 두 명의 러시아 소년병이 총살당한 이야기인 것이다. 화자는 이 소년들이 그냥 사살당한 것이 아니라 스스로 자기 무덤을 파야 했고 그다음에 살해되었다고 전한다. 총살 도중에 문제가 생겼는데, 거기에서 이 이야기가 담은 진정한 교훈이 나타난다. 그 피살된 소년은 '열정' 아니면 '이상'을 지녔다는 것이다. 이 원사는 그것에 경탄하고 있다.

이 이야기 속에는 여러 가지 주제가 언뜻 보기엔 아주 거창하게 복합되어 있다. 그것은 전쟁, 적군, 소년, 음악, 러시아 평원, 전쟁 범죄, 경탄 등이며, 이들은 서로 무관한 듯 보이지만 단숨에 이야기되고 있다. 우리가 제일 먼저 확인할 수 있는 것은 이야기들이 우리의 기대와는 다르게 전개된다는 것이다. 완결성, 일관성, 논리라는 기준을 따르기보다는, 긴장을 불러일으키고 흥미진진해야 하며, 대화 상대자들이 이에 대해 평하거나 자기 이야기를 덧붙일 여지와 가능성을 열어 놓아야 한다. 일상 대화들이 늘 그렇듯이 비약이 심하지만 흥미롭고, 여기저기에 균열이 많다. 그리고 이야기의 실마리들이 계속 새롭게 이어지면서 다른 사람들의 동의를 구하면서 펼쳐진다. 사람들은 그저 정보를 교환하기 위해 대화하는 것이 아니라, 서로 관계를 형성하고 공통점을 찾아내고 공동의 세계에 참여하고 있음을 확인하기 위해서 대화한다. 그 세계는 전쟁 중의 세계이고, 그래서 이 대화들은 매우 비일상적이다. 하지만 그것은 우리 독자들에게나 그렇지 그 군인들에게는 지극히 일상적인 것이다.

전쟁의 야만과 고난과 냉혹함은 이 대화들의 일상적 요소이다. 그리고 이런 사건이 일어난 지 60년도 더 지나서 이 대화들을 읽는 우리를 아연케 한다. 우리는 자기도 모르는 사이에 고개를 절레절레 흔들고 때로는 충격에 빠져 할 말을 잃는다. 하지만 우리는 바로 이런 도덕적 동요를 피해야 한다. 그러지 않으면 우리 자신의 세계만 이해할 수 있을 뿐 저 군인들의 세계는 결코 이해할 수 없기 때문이다. 저러한 야만성이 일상적으로 일어났다는 것은 살인과 극단적 폭력이 이 대화를 하는 화자와 청자의 일상에 속하는 것이지, 특이한 것이 아니라는 것을 보여 준다. 그들은 몇 시간이고 그런 주제들에 대해 이야기를 나눈다. 하지만 비행기, 폭탄, 레이더 장치, 도시, 경치, 여자에 대해서도 이야기를 나눈다.

> 뮐러(Müller): 제가 하리코프에 있을 땐 시내만 빼고 전부 파괴됐어요. 멋진 도시였고 멋진 추억이었죠. 거기 사람들은 전부 조금씩은 독일어를 했거든요. 학교에서 배웠대요. 타간로크에서도 그랬죠. 영화관들도 죽이고 해변 카페들도 멋져요. …… 돈 강과 도네츠 강이 합류하는 곳으로 자주 비행했지요. 온갖 곳을 다 가 봤어요. 경치가 아름다웠어요. 트럭을 타고 많이 쏘다니기도 했죠. 거기에서는 어딜 가든 여자들을 볼 수 있었는데, 의무 노동 복무를 하는 여자들이었어요.
> 파우스트(Faust): 아, 끝내주네요!
> 뮐러: 그 죽이는 여자들이 길을 다 닦았다니까요. 우리는 차를 타고 지나가면서 승용차에 그 여자들을 무조건 끌고 들어와서 그냥 해 버리고 다시 길바닥으로 던져 버렸죠. 개들이 어찌나 욕지거리를 퍼붓던지![3]

이 군인들의 대화는 이렇다. 한 명은 상병이고 한 명은 상사인 두 공군이 러시아 침공 중 마치 관광을 다닌 것처럼 환담한다. '멋진 도시'와 '멋진 추억'이라고 말하는 것이다. 그러다가 별안간 이야기는 강제 노역하던 여자들을 즉흥적으로 강간한 이야기로 번진다. 상병은 마치 별것 아닌 소소한 일화인 양 이런 이야기를 하고 그다음에는 다시 그 여행에 대해 이야기한다. 이것을 보면 이 도청한 대화들에서 '이야기할 수 있는 것과 예상할 수 있는 것의 범위'가 무엇이었는가를 알 수 있다. 이 이야기에 나오는 타인에 대한 폭력은 전혀 청자의 예상과 충돌하지 않는다. 총살, 강간, 약탈 이야기 들은 전쟁 이야기에서 일상적이다. 그런 주제의 대화에서는 거의 한 번도 논쟁이나 도덕적 반박이나 하물며 싸움 같은 것은 일어나지 않는다. 때로는 지독히 폭력적인 내용에 대한 대화들이지만 늘 화기애애하게 진행된다. 군인들은 서로를 이해하고 동일한 세계를 공유하며 그들이 관련된 사건들에 대해, 그들이 보거나 행한 일들에 대해 정보를 교환한다. 그들은 이것들을 역사적·문화적·상황적으로 특정한 틀 속에서, 즉 프레임(Referenzrahmen, 준거 틀) 속에서 이야기하고 해석한다.

우리는 이 책에서 이 프레임들을 재구성하고 서술하고자 한다. 군인들의 세계가 무엇이었고, 그들이 자신과 적을 어떻게 보았으며, 아돌프 히틀러(Adolf Hitler)와 국가사회주의(Nationalsozialismus, 나치즘)를 어떻게 생각했고, 이미 패전한 것처럼 보이는데도 왜 계속 싸웠는지를 이해하기 위해서이다.

그리고 우리는 이러한 프레임들에서 '국가사회주의'적 요소가 무엇이었는지 조사하고자 한다. 그러니까 대부분 선량하고 온순한 이 포로들이 과연 '섬멸전(Vernichtigungskrieg)'을 수행하며 인종주의적 범죄와 학살을 무차별 자행하도록 교육받은 '이념적인 전사(Weltanschauungskrieger)'였는지를 검토하고자 한다. 이 군인들은 1990년대 대니얼 골드하겐(Daniel Goldhagen)이 그려 낸 '자발적 사형집행인'이라는 이미지에, 또는 함부르크사회조사연구소가 두 차례 개최한 '나치 국방군Wehrmacht, 1935~1945년의 나치 독일 육해공군의 정식 명칭 전시회'가 그려 낸 이미지에, 수많은 사학자들이 국방군 범죄에 대한 개별 연구들을 통해 그려 낸 다양한 이미지에 어느 정도나 들어맞는가? 국방군 병사들이 거대한 섬멸 기계의 일부였고, 따라서 저 유례없는 집단 범죄의 집행자까지는 아니더라도 적어도 가담자이기는 했다는 것이 현재 지배적인 견해이다. 국방군이 (민간인 처형에서부터 유대인 남자, 여자, 아이들에 대한 조직적 살육에 이르기까지) 모든 범죄에 가담했다는 사실은 의심할 여지가 없다. 그러나 이런 사실이 그 병사들 개개인이 어떻게 범죄에 개입되었는지에 대한 이야기를 해 주지는 못한다. 그리고 특히 그들 자신이 그것에 대해 어떤 태도를 지니고 있었는지에 대해, 다시 말해 기꺼이 그런 범죄를 저질렀는지, 혐오를 느꼈는지, 또는 그런 범죄를 전혀 저지르지 않았는지에 대해 이야기해 주지는 못한다. 이에 대해 우리의 자료는 상세한 정보들을 제공하며 국방군에 대한 굳어진 이미지들을 동요시킨다.

이때 한 가지 사실을 명심할 필요가 있다. 인간이 자기가 접하는 모든 것들을 아무 선입견 없이 인식하는 것이 아니라 늘 어떤 필터를 매개로 인식한다는 사실을 말이다. 모든 문화, 역사적 시대, 경제 체제, 즉 한마디로 존재하는 모든 요소는 인간이 자신이 겪은 체험과 사건을 인식하고 해석하는 틀을 만들어 낸다. 이 도청 기록들은 군인들이 전쟁을 어떻게 바라보고 이에 대해 어떻게 소통하는가를 실시간으로 그려 낸다. 우리는 그들의 관점과 담화들이 우리가 일반적으로 생각하는 것과는 다르다는 것을 보여 줄 것이다. 무엇보다도, 그들은 지금 살고 있는 우리와는 달리, 전쟁이 어떻게 끝날지, 그리고 제3제국과 총통이 어떻게 될지 아직 모르고 있었기 때문이다. 그들이 꿈꾸던 미래, 또는 실제로 일어난 미래가 우리에게는 모두 오래전에 과거가 되었지만, 그들에게는 아직 미결 상태였던 것이다. 그들 대부분은 이념, 정치, 세계 질서 따위에는 별 관심이 없었다. 그들은 신념에 따라 전쟁을 수행한 것이 아니라, 군인이었기 때문에, 전투가 그들의 업무였기 때문에 전쟁을 수행한 것이었다.

그들 중 상당수는 반유대주의자였다. 하지만 이것이 곧 '나치'임을 뜻하는 것은 아니다. 그리고 이는 살인 의욕과도 무관하다. 적지 않은 사람들이 유대인을 증오했지만, 유대인 학살에 대해서는 분노했다. 일부는 결연한 반나치주의자였지만, 나치 정권의 반유대 정책에 명백하게 찬동했다. 어떤 사람들은 러시아 전쟁 포로 수십만 명이 아사한 데 충격을 받았지만, 자신들이 전쟁 포로를 감시하거나 수송하는 일이 너무 부담스럽거나 위험해 보일 때는 그들을 총살하는 데 주저하지 않았다. 몇몇은 독일인들이 지나치게 '인간적'이라고 이야기하고는 곧이어 자기들이 어떤 촌락 주민들을 몰살한 얘기를 상세히 늘어놓았다. 수많은 대화에서 으스대며 자랑을 늘어놓곤 하는 군인들은 오늘날 남자들의 대화에서처럼 자기 능력이나 자동차 성능에 대해서만 으스댄 것은 아니었다. 강간, 총살, 민간 선박 격침 등의 극단적 폭력에 대해서도 으스댔다. 때때로 우리는 이 이야기들이 사실과 다르다는 것을 입증할 수도 있다. 하지만 그런다 해도 그들이 아이들을 태운 배를 침몰시킨 이야기를 가지고 으스댄다는 것에는 아연실색할 수밖에 없다. 그러니까 당시 그들 사이에서 '이야기되고 예상될 수 있는 일의 범위'는 지금과 달랐으며, 따라서 타인에게 자랑하여 인정받을 수 있으리라고 기대할 수 있는 일들도 지금과 달랐다. 폭력도 분명 그중 하나이다. 그리고 그들이 하는 이야기 대부분은 언뜻 보기에는 아주 모순되어 보인다. 그러나 이렇게 보이는 이유는 다만 우리가, 인간은 그저 자기 '태도'에 따라서 행동하는 법이라고, 그리고 그런 태도가 이념, 이론, 거대한 신념과 결합되어 있다고 잘못 생각하기 때문이다.

그러나 사실 인간은 자신이 어떤 행동을 할 것을 사람들이 기대한다고 믿고, 그 믿음에 따라 행동한다. 이 책에서는 바로 이것을 보여 주려고 한다. 이는 추상적 '세계관'과 관련이 있기보다는, 그들이 놓인 구체적 장소, 목적, 역할, 그리고 무엇보다 자신이 속한 집단과 관련이 있다.

그러니까 독일 군인들이 왜 그처럼 잔혹하게 5년 동안 전쟁을 수행했으며 5000만 명을 희생시키고 대륙 하나를 모조리 황폐하게 만들 만큼 끔찍한 폭력을 휘둘렀는지를 해명하기 위해서는, 그들이 전쟁을 어떤 눈으로 바라보았는지를 알아야 한다. 다음 장에서는 우선 군인들의 시각을 규정하고 영향을 미친 요소들, 즉 프레임들을 상세히 다룰 것이다. 제3제국이나 군부의 프레임에 대해 별반 관심이 없고 군인들이 폭력, 기술, 학살, 여성, 총통에 대해 대화하는 내용에 더 호기심을 느끼는 독자라면 다음 두 장을 건너뛰고 곧바로 '전투, 죽임과 죽어 감' 장으로 넘어가야 하리라. 거기에서 전투, 죽임과 죽음에 대한 군인들의 시각을 상세하게 살펴본 후, 우리는 국방군의 전쟁을 다른 전쟁들과 비교하며 마무리할 것이다. 이는 이 전쟁에서 무엇이 '국가사회주의'적인 측면이었고 무엇이 그렇지 않았는지를 해명하기 위함이다. 지금 이 자리에서 미리 말할 수 있는 것은, 우리 연구가 때로는 놀라운 결과를 낳는다는 사실이다.

군인의 눈으로 전쟁 보기: 프레임 분석

"경악, 그러니까 사람이 사람을 그렇게 다룰 수 있다는 것에 대해 우리가 처음에 느꼈던 그 경악은 나중엔 어떤 식으로든 수그러들었어요. 그래요. 그냥 그렇게 되는 거죠. 그렇지 않나요? 그리고 그다음에는 우리가 비교적 쿨해졌다는 걸 저 자신에게서도 느낄 수 있었어요."(구젠강제수용소에 수감되었던 사람의 증언)

인간은 파블로프의 개가 아니다. 주어지는 자극에 조건 반사로 반응하는 것이 아니라는 말이다. 인간에게는 자극과 반응 사이에 매우 특유한 것이 있는데, 바로 인간 의식이다. 이것이 인간 종을 다른 모든 생물들과 구별해 준다. 인간은 인식한 것을 해석하고, 이러한 해석의 토대 위에서 비로소 추론하고 결정 내리고 행동한다. 그러므로 마르크스 이론에서 생각하는 것과는 달리, 인간은 결코 객관적 조건들의 토대 위에서 행동하는 것이 아니며, 사회학과 경제학에서 합리적 선택 이론 주창자들이 오랫동안 믿어 왔던 것처럼 오로지 비용 편익 계산의 관점에서만 행동하는 것도 아니다. 전쟁은 비용 편익 계산을 고려해 일어나는 것이 아니고, 객관적 상황 때문에 불가피하게 일어나야 했던 것도 아니다. 물체는 낙하 법칙에 따라 언제나 아래로 떨어질 뿐 달리 움직이지 않지만, 인간은 언제나 다르게 행동할 수 있다. 또한 심리 상태가 인간 행위에 영향을 미치는 것은 당연하지만, 인간을 이렇게 혹은 저렇게 행동하게 만드는 것은 '심성(Mentalität)' 같은 신비로운 어떤 것도 아니다. 물론 심성이 결정에 선행하지만 그 결정을 완전히 규정하지는 못한다. 또한 인간의 인식과 행동은 사회적·문화적·위계적·생물학적·인류학적 조건들에 속박되어 있기는 하지만, 그때그때 해석과 행위에 있어 어느 정도 운신의 폭이 있다. 그러나 이처럼 해석하고 결정할 수 있으려면, 먼저 지금 자신이 처한 상황에 대한, 그리고 어떤 결정을 내렸을 때 어떤 결과를 초래할지에 대한 정위(定位, Orientierung)와 지식이 필요하다. 그리고 이러한 정위를 제공하는 것은 바로 배열하고 조직화하는 해석 지침들, 즉 프레임들의 복합체이다.

프레임은 역사적·문화적으로 매우 다양하다. 정통 이슬람교인은 서양의 세속적 시민들과는 다른 프레임을 가지고 어떤 성적 행동이 도덕적인지 비도덕적인지를 규정한다. 하지만 이 두 집단의 구성원들 모두 자기가 보는 것을 해석하는 데 있어서, 자신이 스스로 선택하고 탐색해 낸 것이 아닌 기존의 준거들로부터 자유롭지 못하다. 그러한 준거들은 그들의 인식과 해석을 규정하고 인도하며 상당 정도 조종하기도 한다. 그렇다고 해서 특정 상황에서 기존 프레임을 위반하는 일이 없는 것은 아니다. 즉 새롭게 보고 생각하는 일도 일어난다. 하지만 이런 일은 비교적 드물다. 프레임들은 행위에 경제성을 보장한다. 즉 일어나는 사건 대부분은 이미 친숙하게 알고 있는 행렬 안에 배치할 수 있다. 이는 안도감을 준다. 그래서 행위자는 늘 새롭게 원점에서 시작하여 "대체 이게 어떤 일인가?"라고 물을 필요가 없다. 이런 물음에 대한 대답은 대부분 미리 마련되어 있고 언제라도 불러낼 수 있다. 이런 대답들은 정위와 지식들이 비축된 문화의 창고에 저장되는데, 이런 창고 덕분에 우리는 살아가면서 부딪히는 과제들의 대부분을 일상적 작업과 습관과 확실함 안에서 해결할 수 있으며 따라서 엄청나게 노고를 덜 수 있다.

이는 다음을 뜻하기도 한다. 인간 행동을 설명하려면 그러한 행동이 어떤 프레임 안에서 이루어졌는지, 무엇이 그들의 인식을 배열하고 추론을 도출해 냈는지를 재구성해야 한다. 이런 재구성을 위해서는 객관적 조건들에 대한 분석만으로는 불충분하다. 심성도 누가 어떤 일을 왜 했는지 설명하지 못하며, 특히 동일한 심성 구조를 가진 사람들이 아주 다른 추론을 하고 결정을 내리는 경우에는 더욱 그렇다. 여기에 세계관 전쟁에 대한 이론들, 또는 전체주의 정권에 대한 이론들이 지닌 체계적 한계가 있다. '세계관'과 '이념'이 개인의 인식과 해석으로 어떻게 번역되는가, 그리고 그것들이 개인의 행동 속에서 어떻게 작용하는가라는 물음은 여전히 풀리지 않은 채 남는 것이다. 이를 이해하기 위해서 우리는 프레임 분석 방식을 활용하는데, 이는 특정한 역사적 상황에 처한 인간들의, 여기에서는 2차 세계대전 당시 독일 군인들의 인식과 해석을 재구성하기 위한 도구가 된다.

인간들이 행하는 해석과 행위를 이해하려면 그들이 무엇을 '보았는지', 즉 어떤 해석 틀과 표상과 관계 안에서 그 상황을 인식했고 그 인식한 것을 어떻게 해석했는지를 재구성해야 한다. 이를 위해 우리는 프레임 분석 방식을 도입한다. 프레임을 고려하지 않으면 과거 행위에 대한 학문적 분석은 규범적으로 이루어질 수밖에 없는데, 이는 과거를 이해하기 위한 토대로 현재의 규범적 척도를 끌어들이게 되기 때문이다. 그 결과 전쟁과 폭력과 관련된 역사적 사건은 종종 그저 '잔인하게' 보이곤 한다. 그러나 사실 '잔인하다'는 것은 전혀 분석적이지 않으며 다만 도덕적인 범주일 뿐이다. 또한 폭력을 행사하는 사람들의 행동은 종종 아예 비정상적이거나 병리적으로 보이지만, 그들이 폭력을 행사하는 것은 그들 시각에서 이 세계를 재구성해 본다면 이해할 수 있거나 설득력을 가질 수 있는 것이다. 그러므로 프레임 분석을 활용하여 도덕 중립적이고 비규범적인 시선으로 2차 세계대전에서 행해진 폭력을 바라보아야 한다. 이는 심리적 관점에서 본다면 아주 정상적인 인간이 특정 조건 아래서는 그와 다른 조건이라면 결코 하지 않았을 일을 하게 되는 전제 조건이 무엇인지를 이해하기 위함이다.

여기에서 우리는 프레임을 그 차원에 따라 구별한다.

1차 프레임은 각 시대의 인간이 배경으로 행동하는 폭넓은 사회·역사적 구조들을 포괄한다. 그러나 보통은 아무도 1차 프레임이 지니는 정위 기능을 의식하지는 않는다. 가령 독일인이 신문을 읽으면서 자신이 서양 기독교 문화권에 속하며 어느 아프리카 정치인에 대한 자신의 평가가 이 문화권의 규범에 구속되어 있음을 드러내 말하지 않는 것처럼 말이다. 1차 프레임은 사회학자 알프레트 쉬츠(Alfred Schütz)가 "인정된 세계(assumptive world)"라고 명명한 것으로서, 우리가 주어진 세계 안에서 당연한 것으로 인정한 어떤 상태를 말한다. 그것이 그 세계에서 무엇이 '선하다'거나 '악하다'고 생각되며 '참'이거나 '거짓'이라고 생각되는지, 어떤 것들이 먹을 수 있는 음식에 속하는지, 대화를 나눌 때 서로의 몸이 어느 정도 거리를 두어야 하는지, 무엇이 예절 바른 행동이고 무례한 행동인지 등등을 결정한다. 이처럼 우리가 '느끼는 세계'는 성찰적 차원보다는 무의식적이고 정서적인 차원에서 작용한다.[4]

2차 프레임은 역사·문화·지리적으로 1차 프레임보다 좀 더 구체적인 프레임이다. 이는 우리가 대부분의 관점에서 볼 때 그 경계를 그릴 수 있는 사회 문화적 공간을 말하는데, 가령 어느 정권의 통치 기간이나 어느 헌법의 효력 기간 같은 것이 있고, 제3제국 같은 사적(史的) 구조의 역사 등도 이에 속한다.

3차 프레임은 더욱 구체적이다. 이는 구체적인 사회·역사적 사건들로 이루어진 맥락들이며, 특정 인물들이 그러한 맥락 안에서 행동하게 한다. 예컨대 전쟁은 군인들이 전투를 수행하게 한다.

4차 프레임은 한 개인을 어떤 상황 안으로 밀어 넣는 그 개인의 특성, 인식 방식, 해석하는 관점, 의무감 등이다. 이 차원에서는 심리학이 중요하며, 개인적 특성과 개인적 결정 방식 등이 중요하다.

이 책에서 우리는 2차 프레임과 3차 프레임을 분석할 것인데, 우리 자료가 무엇보다도 이런 프레임을 분석하기에 적당하기 때문이다.

그러니까 우리는 국방군 군인들이 속한 제3제국의 세계를 다루며, 그들이 참여한 전쟁과 군대의 구체적 상황을 분석할 것이다. 그러나 각 군인들의 개성에 대해서는, 즉 4차 프레임에 대해서는 아는 것이 전혀 없거나 너무 적어서, 가령 어떤 사람은 살인을 즐기고 어떤 사람은 살인을 혐오하게 만드는 그 개인사적 특성과 심리적 특징을 해명할 수는 없다.

하지만 본격적으로 분석을 시작하기 전에 우선 프레임을 구성하는 다양한 요소들을 설명해야 할 것이다.

근본 정위들: 여기에서 대체 무슨 일이 일어나고 있는가?

1938년 10월 30일 미국 라디오 방송 CBS는 정규 방송을 중단하고 긴급 뉴스를 내보냈다. 화성에서 가스 폭발이 일어나 수소 구름이 빠른 속도로 지구를 향해 다가오고 있다는 것이었다. 그 위험을 설명하기 위해 기자가 천문학 교수와 인터뷰하는 도중 또 속보가 들어왔다. 지진계에서 강진 수준의 고강도 진동이 감지되었는데, 아마도 혜성 충돌일 것이라는 것이었다. 속보들이 쏟아졌다. 호기심 많은 사람들은 혜성이 떨어진 곳을 찾아나섰다고 했다. 잠시 후 그곳에서 외계인이 나와 군중들을 공격했다. 또다른 물체들이 다른 장소에 떨어졌고, 많은 외계인들이 인간을 공격했다. 군대가 투입되었지만 별 효과가 없었고 외계인들은 뉴욕을 향해 이동했다. 군은 전투기를 동원했고, 사람들은 위험 지역을 벗어나 달아나기 시작했다. 공황 상태가 일어났다.

이 지점에서 프레임 전환이 일어난다. 이 이야기는 전투기 동원이라는 일화에 이르기까지 모두 방송극 내용일 뿐이었다. 오슨 웰스(Orson Welles)가 허버트 조지 웰스(H. G. Wells)의 소설 『우주 전쟁(The War of the Worlds)』에 기초해 만든 방송극이었다. 그러나 정말로 두려움에 떨며 도망친 사람들이 있었다. 이 기념할 만한 날에 라디오 방송을 들었던 미국인 600만명 중 200만 명이 외계인 침공을 사실이라고 믿었다. 어떤 사람들은 외계인의 무시무시한 가스 공격을 피하기 위해서 황급하게 짐을 꾸려 거리로 쏟아져 나오기까지 했다. 전화는 몇 시간 동안이나 두절되었다. 몇 시간이 지나서야 그 공격이 허구라는 것이 알려졌다.[5] 오슨 웰스의 명성을 굳건하게 해 준 이 전설적 사건은 사회심리학자 윌리엄 토머스(William I. Thomas)의 주장이 옳았음을 보여 주었다. 1917년 토머스는 다음과 같은 공식을 내세웠다. "사람들이 어떤 상황을 현실로 해석하면 이 상황의 결과가 현실이 된다." 어떤 일을 현실이라고 인식하는 것은 틀리거나 비합리적일 수 있다. 그러나 그러한 인식으로부터 나오는 결론은 새로운 현실을 만들어 낸다.

이 「우주 전쟁」이 방송극이라는 안내를 듣지 못했던 청취자들은 바로 외계인 침공을 현실로 받아들인 것이다. 물론 당시에는 통신 기술이 제한되어 있어서 이러한 일이 현실인지 신속하게 검증하는 일이 불가능했음을 감안해야 할 것이다. 그리고 어느 지역 주민들은 길거리로 도망쳐 나왔을 때 수많은 사람들이 자기와 똑같이 행동하는 것을 보았다. 그렇다면 어떻게 이것이 착각일 수도 있다고 의심할 수 있었겠는가? 사람들은 현실에 대한 자신의 인식과 해석을, 다른 사람들의 행동을 관찰하여 확인하려고 한다. 특히 돌발적이고 위협적이어서 처음에 정위가 거의 불가능한 상황에서는 더욱 그렇다. 이곳에서 대체 무슨 일이 일어나고 있는가? 나는 어떻게 행동해야 하는가?

가령 저 유명한 '방관자 효과'도 이렇게 나타난다. 많은 사람이 어떤 사고나 싸움을 목격할 때는 그중 거의 아무도 도우려고 나서지 않는다. 그 구경꾼 중 누구도 이 순간 무엇이 올바른 반응인지 자신할 수 없기 때문에 모두 서로를 보며 정위하려고만 하기 때문이다. 그런데 아무도 이 상황에 반응하지 않는 것처럼 보이므로, 모두 그냥 서서 구경하게 된다. 아무도 돕지 않는다. 하지만 (언론에서 보통 논평하듯이) '몰인정'해서가 아니라 정위가 불가능하기 때문이며, 서로의 방임을 확인하는 치명적 과정이 일어나는 탓이다. 거기에 관여된 사람들은 공동의 프레임을 만들어 내고, 그 안에서 결정을 내리는 것이다. 반면 비슷한 상황에 직면했을 때 혼자 있다면 대개 오래 생각하지 않고 바로 개입한다.

「우주 전쟁」의 예는 극적이다. 이 사건은 인간이 정위를 하려고 할 때에 원칙적으로 어떤 일이 일어나는지 보여 준다. 특히 현대 사회는 기능 영역들이 분화되어 있고 역할 요구들이 다양하며 복합적 상황들이 많기 때문에, 사회 구성원들의 끊임없는 해석 작업이 필요하다. 이곳에서 대체 무슨 일이 일어나고 있는가? 나는 어떤 기대를 충족시켜야 하는가? 우리는 이런 것들을 일일이 의식하지는 못한다. 이러한 끊임없는 정위 작업의 대부분은 일상적 작업, 습관, 각본, 규칙들이 떠맡아서 거의 자동적으로 진행되기 때문이다. 하지만 기능 장애, 소소한 사고, 착각, 오류 등이 일어나는 경우에는, 평소에는 무의식적으로 끊임없이 해 오던 일에 대한 해석을 이제 의식적으로 해야 한다.

이러한 해석 작업은 물론 진공의 공간에서 일어나는 것이 아니고 매번 원점에서 시작하는 것도 아니다. 이러한 작업은 또다시 '틀'에 의해, 즉 여러 요소로 조합된 어떤 렌즈에 의해 규정되는데, 이런 틀들이 지금

하고 있는 경험을 조직화할 수 있는 구조를 제공한다. 어빙 고프먼(Erving Goffman)은 그레고리 베이트슨(Gregory Bateson)[6]과 알프레트 쉬츠[7]의 이론에 의거하여 이러한 틀의 특징을 풍부하게 서술했고, 이런 틀들이 단지 일상의 인식 및 정위를 포괄적으로 조직할 뿐 아니라, (그때그때의 맥락적인 지식과 관찰하는 관점에 따라) 매우 다양한 해석들을 내놓음을 발견했다. 가령 사기꾼에게 행동의 틀은 '기만 작전'이지만, 사기를 당한 사람에게는 자기가 속아 넘어간 바로 그 사건이 정말로 일어나는 것이다.[8] 카지미에시 사코비치(Kazimierz Sakowicz)는 이렇게 말한다. "유대인 300명이 독일인에게는 인류의 공적 300명을 뜻한다면, 리투아니아인에게는 신발 300켤레와 바지 300개를 뜻한다."[9]

우리가 다루는 맥락에서는, 고프먼이 그리 관심을 두지 않았던 한 가지 측면이 특히 중요하다. 즉 이처럼 어떤 상황에 대한 해석을 인도하고 조종하고 조직화하는 프레임이 어떻게 형성되는가라는 문제이다. '전쟁'은 의심할 바 없이 '평화'와는 다른 프레임을 형성하고, 평소와 다른 결정과 근거를 적절한 것으로 보이게 하고, 무엇이 옳고 무엇이 그른가에 대한 척도를 변화시킨다. 군인들도 그들이 처한 상황을 인식하고 해석하면서 마구잡이로 아무 암시나 따르는 것이 아니라, 특정한 틀에 매우 구체적으로 구속된 채 행동한다. 이런 틀로 인하여 그들의 개인적 해석에는 제한된 스펙트럼만 허용된다. 모든 사람은 문화적으로 형성된 인식 방식과 해석 방식('믿음 체계')에 구속되며, 군인들만 그런 것은 아니다.

특히 다원화된 사회에서는 그때그때 정위의 필요성이 더 많고 따라서 틀들도 더욱 다양하다. 현대인은 (외과 의사, 아버지, 카드놀이 하는 사람, 스포츠 선수, 공동 소유자, 성 구매자, 대기실의 환자 등등) 다양한 틀로부터 제기되는 요구들 사이를 끊임없이 오가며, 각 역할에 따른 다양한 요구들을 해

24

결할 수 있어야 한다. 또한 우리는 한 가지 역할 안에서 행하는 것에 대해 어느 정도 거리를 두고 다른 역할의 관점에서 관찰하고 판단할 수도 있다. 그러니까 (가령 수술실에서처럼) 감정을 억제하고 직업적 냉정함을 발휘해야 하는 곳이 어디인지, 그리고 (가령 아이들과 놀아 줄 때처럼) 어디에서는 그러지 않아도 되는지를 구별할 수 있는 능력이 있다. 이러한 '역할 거리(Rollendistanz)'[10] 능력 덕분에 그때그때의 역할에만 완전히 몰두하여 다른 역할들을 처리하는 데 실패하지 않을 수 있다. 달리 말해, 우리는 다양한 프레임 사이를 유연하게 옮겨 다니면서 다양한 요구들을 올바르게 해석하고 이 해석에 따라 행동할 수 있다.

문화적 결속

스탠리 밀그램(Stanley Milgram)은 사람들이 불이 나 집 안에서 타 죽을 위험에 처해도 옷을 챙겨 입고야 뛰쳐나오는 이유가 무엇인지 궁금하다고 말한 적이 있다. 이런 행동은 객관적으로 보면 비합리적인 행동 방식이다. 하지만 주관적으로 보면 문화적으로 수치를 느끼는 기준이 생존하는 데 큰 장벽이 될 수 있으며, 이것은 극복하기가 몹시 어렵다는 것을 보여 준다. 2차 세계대전 중 일본 병사들은 포로로 잡히지 않으려고 서로 죽이기도 했다. 사이판에서는 심지어 민간인 수천 명이 미군에게 사로잡히지 않으려고 절벽에서 뛰어내리기도 했다.[11] 이처럼 자기 생존이 달린 경우에도 문화적 결속과 의무가 종종 자기 보존 욕구보다 더 크게 작용한다. 그 때문에 물에 빠진 개를 구하려다 죽는 사람들도 있고, 자살 테러범이 되어 공중분해되는 것도 뜻깊은 일이라고 여길 수 있는 것이다.(385쪽 참조)

때로는 이로 인해 한 사회 전체가 어려움을 겪는 경우를 보면, 문화적 결속이 얼마나 광범위하게 작동하는지 알 수 있다. 예컨대 1000년경 그린란드에 정착한 노르만 민족 바이킹은 그린란드와 노르웨이의 기후 조건이 완전히 다른데도 노르웨이에서 건너올 때 가져온 경작 및 식사 습관을 버리지 못해 어려움을 겪었다. 가령 그들은 그린란드의 풍부한 생선을 먹지 않고 노르웨이에서처럼 가축을 사육하려고 했다. 하지만 그린란드는 가축을 방목할 수 있는 기간이 너무 짧았다.[12] 이런 환경 조건에서도 생존할 수 있음을 보여 준 것은 이누이트 민족이었다. 이들은 바이킹이 건너오던 당시에 이미 그린란드에 살고 있었고 아직까지도 거기에서 살고 있다. 또한 문화적 의무 때문에 사회 전체가 몰락한 가장 유명한 사례는 이스트 섬 주민들이다. 이들은 신분을 과시하려고 거대 조각상을 세우는 데 너무 많은 자원을 허비한 나머지 결국 자기 생존의 기초를 파괴하고 파멸의 길을 걸었다.[13]

(당연히 종교적 의무도 포함하는) 문화적 의무들은 수치와 명예 같은 감정이나 개념으로 나타나며, 종종 어떤 문제에 대한 '합리적' 해결책을 택하지 못하는 무능력을 낳는다. 그저 고기 대신 생선을 먹으면 되었을 바이킹의 경우에도 나타나듯이, 이런 '합리적' 해결책이 관찰자의 시각에서는 너무 당연해 보여도 정작 그들 자신은 이를 택하지 못하는 것이다.

생존의 관점에서 보면 문화라는 짐은 때로는 너무 무겁고 치명적이기까지 하다. 이런 사례들에서 그들이 문제로 인식하는 것은 자기 생존이 위협당한다는 사실이 아니라, 신분이나 명령에 따라 전승되어 온 상징적 행동 규칙을 위반할 위험인 것이다. 그리고 이런 위험은 그 행위자의 관점에서는 너무 중대한 것이어서, 달리 행동할 가능성을 전혀 인식하지 못하게 된다. 인간은 이런 식으로 자기 자신이 지닌 생존 기술에 의해 구속되는 것이다.

습관적으로 작용하는 문화적 구속과 의무는 프레임에 큰 영향을 미친다. 그리고 이것들은 쉽게 반성될 수 있는 것이 아니기 때문에 더욱 효율적이고 때로는 필연적이기까지 하다. 바로 이런 문화적 생활 양식 탓에 어떤 일들은 전혀 눈에 들어오지 않기도 하고, 해로운 습관이나 무의미한 전략을 바꾸지 못하기도 한다. 그래서 그 행위자들의 내부 관점에서 보면 너무 자명하고 합리적인 어떤 일이 외부 관점에서 보면 지독하게 비합리적으로 보이는 것이다. 또한 바이킹의 예는 문화적 결속이 문화 구성원들이 스스로 의식하고 있는 것들에만 있는 것이 아니라, 그들이 깨닫지 못하는 것에도 존재함을 보여 준다.

무지

유대인 소년 파울 슈타인베르크(Paul Steinberg)의 사례는 무지가 어떤 작용을 하는지 잘 보여 준다. 그는 16세 때 프랑스에서 이웃에게 밀고를 당해 아우슈비츠수용소로 끌려갔다. 아우슈비츠에서 자신의 프레임이 지닌 치명적 결함을 알아차렸는데, 그것도 샤워를 하다가 그랬다.

포부르 푸아소니에르에서 온 모피공이 "넌 어떻게 여기 오게 됐니?"라고 내게 물었다. 나는 어리둥절해서 그를 바라보았다. 그가 손가락으로 내 성기를 가리키면서 동료들을 불러 모아 소리쳤다. "이 녀석은 할례를 안 받았어!" 나는 유대교나 할례에 대해서 잘 모르고 있었다. 아버지는 (분명 어리석은 수치심 탓에) 이런 중대한 문제를 알려 주지 않았다. 나는 프랑스와 나바라에서 아우슈비츠로 끌려온 유대인 중에서, 할례를 받지 않았으면서 유대인임을 감출 수 있는 이 유리한 수단을 한번 써먹지도 못한 유일한 사람이었다. 내 주위로 점점 더 많은 사람들이 모여들었고, 그들은 웃어 대다가 거의 죽을 지경이 되었다. 마지막에는 어떤 사람이 나에게 진짜 명청한 놈이라고 말했다![14]

파울 슈타인베르크는 유대인이 아닌 척할 수 있는 기회가 있었지만 문화적 무지 탓에 이를 활용하지 못했다. 나치 시대에 유대인 남자들에게 할례는 죽음의 징표였고, 어떻게든 이 식별 기호를 숨기려고 고민했다. 특히 점령 지역들에서는 할례를 받았는지 성기를 확인하여 유대인임을 식별했다. 슈타인베르크는 결정적으로 유리한 점을 이용하지 못한 것이다.

이는 한 개인의 무지가 치명적일 수 있다는 것을 보여 주는 사례이다. 이러한 무지는 이 사례에서 결정적으로 중요한 프레임과 관련되고 그 프레임에 결부된 해석 및 행위에 영향을 미친다. 이처럼 우리 행위는 우리가 무엇을 알 수 있고 무엇을 알 수 없는지에 달려 있다. 하지만 역사 속에서 인간이 과거에 무엇을 알거나 모르고 있었는지를 조사하기는 매우 어렵다. 역사는 인식되는 것이 아니라 일어나는 것이기 때문이다. 역사가들은 나중에야 일어난 사건들의 창고에서부터 어떤 것이 '역사적'인지를, 그러니까 어떤 식으로든 사태 진행에 의미가 있었던 것인지를 확인한다. 일상생활 속에서는 사회·심리적 환경이 은연중에 변화하는 것이 대개 인식되지 않는다. 환경 변화에 대한 인식은 지속적으로 사후 조정되기 때문이다. 환경심리학자들은 이런 현상을 '기준선 이동(shifting baseline)'이라고 부른다. 가령 국가사회주의 체제하에서 의사소통 관습의 변화나 근본적 규범 변화 등을 살펴보면 기준선 이동이 얼마나 효과적인지 알 수 있다. 근본적인 변화가 있었는데도 우리는 모든 것이 전반적으로는 그대로라는 느낌을 가지는 것이다.

느리게 인식되는 사건은 사후에야 비로소 '문명 단절' 같은 개념을 통해 급작스러운 사건으로 농축된다. 다시 말해 어떤 변화가 근본적 결과를 낳았다는 것을 알게 되는 것이다. 이처럼 역사 속에서 이런 변화는 순차적으로 쌓아 올려져야 비로소 재앙으로 드러나며 이에 대해 당시 사람들이 인식한 것을 해석하는 작업은 매우 복잡다단한 일이다. 그 이유는 어느 시대 사람들의 인식 방식에 대한 물음을 던지는 우리는 당시의 사태가 어떻게 끝났는지 알고 있지만, 막상 그 시대에 살았던 사람들은 당연히 이를 몰랐기 때문이기도 하다. 우리는 어떤 역사의 끝에서 그 시작을 쳐다보는 것이고, 어떤 의미에서는 자신의 역사적 지식을 배제해야 당시 사람들이 무엇을 알고 있었는지를 이야기할 수 있다. 그래서 노르베르트 엘리아스(Nobert Elias)는 사회과학에서 가장 어려운 과제가 다른 시대의 무지의 구조를 재구성하는 것이라고 말했다.[15] 위르겐 코카(Jürgen Kocka)의 표현을 빌리면 이러한 과제를 역사의 "유동화(Verflüssigung)", 즉 "사실성을 가능성으로 다시 바꾸는 일"이라고도 말할 수 있다.[16]

예상

러시아에 대한 독일의 선전 포고 다음 날인 1914년 8월 2일, 프란츠 카프카(Franz Kafka)는 프라하에서 일기에 이렇게 썼다. "독일이 러시아에 선전 포고를 했다. 오후에는 수영 강습." 이 사례는 후세에 역사적 사건으로 평가받는 사건들이 그 일이 벌어지는 실시간에는 그렇게 생각되는 일이 오히려 드물다는 사실을 잘 보여 준다. 그저 일상의 한 부분으로 인식될 뿐이며, 그 일상 속에서는 그 일 외에도 무수한 일들이 인식되고 주목 받고 있는 것이다. 그래서 카프카처럼 지적으로 매우 명석한 사람조차 전쟁이 터진 일을 그날 있는 수영 강습보다 특별히 중요하게 여기지 않는 것이다.

역사가 벌어지는 순간에 사람들은 현재를 체험한다. 역사적 사건은 사후에야, 그러니까 그 사건이 지속적 영향을 미친 이후에야, 혹은 아르놀트 겔렌(Arnold Gehlen)의 개념을 빌리자면 '전대미문의 결과(Konsequenzerstmaligkeit)'를 가져왔음이, 즉 그다음에 일어나는 모든 일에 깊은 영향을 끼치는 전례 없는 사건임이 밝혀진 후에야 비로소 그 의의를 드러낸다. 그래서 그렇게 서서히 드러나는 사건에 대해 사람들이 무엇을 인식했고 인식할 수 있었는가라는 물음을 던질 때면, 방법론적인 문제가 나타난다. 전대미문의 사건들은 대개는 바로 그것이 새롭기 때문에 인식되지 않는다. 즉 그 사건이 선례가 없는 사건이고 이후의 유사 사건들에 준거를 제공할 수 있는 사건임에도, 사람들은 그 일을 기존 프레임을 가지고 파악하려 하는 것이다.

역사적 관점에서 보면 1941년 6월 22일 독일 국방군이 소련을 침공했을 때는 이미 오래전부터 섬멸전을 위한 준비 작업이 이루어져 왔다는 것을 확인할 수 있다. 그렇지만 이날 이른 아침 명령을 받은 군인들이 자기들이 치를 전쟁이 과연 어떤 전쟁인지를 진정 이해했을 것 같지는 않다. 그들은 그저 신속하게 진군할 것으로 예상했다. 그 이전에 폴란드나 프랑스나 발칸 반도에서도 그랬으니까. 지금까지도 전무후무한 정도로 격렬하게 벌어진 섬멸전을 예상하지는 못했다. 그리고 이 전쟁에서 전투와 직접적인 관련이 없는 특정 집단이 조직적으로 살육될 것은 더더욱 예상하지 못했다. 이는 엄밀한 의미에서 전쟁과는 무관한 일인 것이다. 그러니까 그때까지의 '전쟁' 프레임으로는 이런 일을 전혀 내다보지 못했던 것이다.

그런 까닭에 많은 유대계 독일인들도 자신들이 희생될 그 '배제(Ausgrenzung)' 과정이 얼마나 대대적으로 일어날지를 인식하지 못했다. 나치 정권은 '견뎌야 할' 단기적 현상으로 파악되었고, "우리가 적응할 수 있을 반동으로, 최악의 경우 개인적 자유를 억압하기는 해도 망명의 위험보다는 견딜 만한 위협으로" 파악되었다.[17] 유대인의 경우 쓰라린 아이러니는 바로 그들이 계속 겪어 온 고난의 역사 때문에 그들의 프레임에 반유대주의, 억압, 약탈이 어차피 포함되어 있었고, 바로 그런 프레임 탓에 이제 일어날 일은 이전과 달리 절대적으로 치명적이라는 것을 알수 없었다는 사실이다.

시대마다 특유한 인식 맥락

2010년 6월 2일 괴팅겐에서는 2차 세계대전 당시의 폭탄 뇌관 제거 작업 중 무기제거부서 소속의 세 사람이 목숨을 잃었다. 모든 언론이 상세히 보도한 이 사건은 커다란 충격을 불러일으켰다. 이 폭탄이 1944년이나 1945년에 투하되어 세 사람이 죽었다면 그들의 가족 말고는 크게 관심을 두지 않았을 것이다. 그 시대의 맥락은 전쟁이었기 때문이다. 1945년 1월과 2월 괴팅겐에서는 폭격으로 약 100명이 사망했다.[18]

다른 사건의 맥락도 마찬가지인데, 가령 전쟁 말기 독일 진주 소련군이 자행한 집단 강간 같은 사건이 그렇다. 몇 년 전 익명으로 출판된 한 여성의 회고록은 이를 상세하게 묘사하고 있다.[19] 이 기록에 따르면, 이런 신체적 폭력조차 혼자 당하는지 아니면 많은 사람이 함께 당하는지에 따라 그 사건을 인식하고 심리적으로 처리하는 방식에 중대한 차이가 있다. 이 시기 여성들은 강간에 대해 숨기지 않고 이야기했고, 자신을, 그리고 특히 어린 소녀들을 지킬 수 있는 전략을 만들어 냈다. 가령 이 익명의 저자는 소련군 장교와 관계를 맺어 다른 소련군 병사들의 마구잡이식 성폭행에서 벗어날 수 있었다. 하지만 당시에는 이런 고통과 그로부터 벗어나는 전략에 대하여 소통할 수 있는 공간이 있었다는 상황 자체가 그런 사건을 어떻게 인식하고 해석하는가에 지금과는 큰 차이를 가져왔다.

그 밖에 폭력이라는 것 역시 역사적으로 매우 다양한 맥락에서 행사되고 경험되었음을 유념해야 한다. 예외적으로 폭력이 억제된 사회인 근대 사회는 적어도 공적 공간에서는 폭력이 거의 사라졌는데(그리고 사적 공간에서도 일부만 존재하는데), 이는 국가가 폭력을 분할하고 독점하게 만든 문명의 성과이다. 이로 인해 근대 사회에서는 삶의 안정성이 크게 높아졌다. 하지만 전근대 사회에서는 직접적인 신체적 폭력을 당할 확률이 월등히 높았다.[20] 가령 징벌이나 처형의 형태로 일어나는 공적 공간에서의 폭력도 오늘날보다 훨씬 많았다.[21] 이처럼 폭력과 관련된 프레임과 폭력을 가하고 당하는 경험은 역사적으로 매우 상대적인 것임을 알 수 있다.

그 '시대'를 지배하는 것이 무엇인가, 즉 정상성(Normalität)에 대한 그 시대의 관념이 무엇인가, 무엇이 일상적이고 무엇이 극단적인 것으로 간주되는가는 프레임의 중요한 배경적 요소이다. 가령 '위기의 시대'에는 '정상적' 시대와는 다른 정책이 정당화되고, 대참사가 일어난 상황에서는 또 다른 정책이 정당화되며, 전쟁에서는 관용어법에 따르면 '모든 수단이 허용된다.' 적어도 평화 상황에서라면 엄격한 제재를 받을 수단들까지 허용되는 것이다.

역할 모델과 역할 요구

이렇듯 역할이라는 것은 이를 수행하기를 원하거나 수행해야 하는 각 개인에게 일련의 요구들을 부여한다. 특히 기능적으로 분화된 현대 사회에서 역할들은 매우 광범위하다. 역할은 한편으로는 문화적 결속 및 의무, 다른 한편으로는 특정 집단이나 개인의 해석 및 행위 사이에서 중간 위치를 차지한다. 우리가 너무도 당연하게 수행하면서도 그 규범에 따라 행동하고 있음을 자각하지 못하는 많은 역할들이 있다. 사회학에서 사회를 분류하는 역할들, 예컨대 성 역할, 연령 역할, 출신 역할, 교육 역할 등이 이에 속한다. 이런 역할에 결부된 요구와 규범들을 의식적으로 인식하고 의문시할 수도 있지만, 실제로 대개는 그러지 않는다. 그럼에도 불구하고 자명한 생활 세계(Lebenswelt)의 역할들은 인식과 해석과 행동 선택지들을 규정한다. 그리고 역할은 규범적 규칙을 따르는데, 특히 성과 연령에 있어서 그렇다. 가령 고령의 여성은 청소년과는 다른 태도를 가질 것이라는 기대를 사회적으로 받는다. 이를 위한 규정집이나 법전은 없지만 그렇다. 우리는 한 사회의 구성원으로서 그런 것을 암묵적으로 '알고 있다.'

의식적으로 받아들이는 역할은 이와 다르다. 가령 직장 생활을 하면서 배우게 되는 새로운 요구들처럼 말이다. 대학에서 수학을 전공한 어떤 사람이 이제 보험 회사에서 일하기 시작한다면 그에게 주어지는 요구들은 크게 변한다. 복장 규범이나 노동 시간, 소통 방식 등 중요하거나 사소한 여러 일들과 관련하여 그렇다. 어떤 사람이 어머니나 아버지가 되거나 은퇴하는 경우에도 마찬가지이다. 또한 수도원이나 형무소, (우리가 논의하는 문맥에서 특히 중요한 것이지만) 군대와 같은 '전체적 제도(totale Institution)'[22] 안으로 들어가는 경우처럼 근본적인 역할 변화도 있다. 나치 독일의 국방군(Wehrmacht)과 친위대(SS, Schutzstaffel) 같은 제도는 개인을 완벽하게 소유한다. 개인은 통일적 복장과 머리 모양을 하고 있으므로 마음대로 자기 정체성 표현을 하지 못하며, 자기 시간도 없어지고, 모든 측면에서 외적 강제, 훈련, 괴롭힘, 규칙에 종속되고 위반 시 엄격한 처벌을 받는다. 전체적 제도는 그 제도의 목표를 따르기 때문에 각각 나름의 방식으로 외부로부터 봉쇄된 세계이다. 군인들은 무기 조작이나 다양한 지형들을 이동하는 것 등만 배우는 것이 아니라, 복종, 위계질서에 대한 무조건적 순응, 명령에 따른 즉각적 행동도 배운다. 전체적 제도는 특별한 형태의 공동체를 만드는데, 그 안에서 집단 규범과 집단 강제는 정상적 사회 조건에서 보다 훨씬 강력한 영향력을 개인에게 행사한다. 이는 그 집단이 개인이 자유롭게 선택한 것이 아닐지라도 다른 대안이 없는 준거 집단이기 때문이다. 그저 그곳에 배치되었기 때문에 그곳에 소속되는 것이다.[23]

전체적 제도는 특히 교육 기간 중에는 모든 측면에서 구성원의 자기 통제권을 완벽히 박탈하고, 교육이 끝난 다음에야 계급에 따라 차별적으로 자유와 운신의 폭을 열어 준다는 특징이 있다. 고참이 신참에게 굴욕적 강압의 경험을 전승하는 것은 이런 제도의 공동체화 방식 중 하나이다. 이에 대한 공포는 수많은 문학 작품에서 다루어졌다.[24] 이 모든 것은 평화 시에도 엄청난 규모로 작동하지만, 전쟁 시에는 훨씬 심해진다. 전투가 가정된 상황이 아닌 일상의 현실로 변하고, 자신의 생사 자체가 자신이 속한 사령부가 제대로 작동하는지에 달려 있기 때문이다. 이때는 전체적 제도가 전체적 집단이자 전체적 상황으로 변화하며,[25] 구성원들에게 계급 및 명령 체계를 통해 정교하게 규정된 행동의 자유만을 허용하게 된다. 그래서 전쟁 중 군인의 프레임은 민간인과 비교해서 다른 대안이 전무하다는 특징이 있다. 도청당한 어느 병사는 동료와의 대화에서 이렇게 표현한다. "우리는 기관총이나 마찬가지입니다. 전쟁을 하는 무기죠."[26]

군인으로서 언제, 무엇을, 누구와 함께 하느냐는 자신의 인식과 해석과 결정에 따르는 것이 아니다. 자신의 평가와 소관에 따라 어떤 명령을 해석할 여지는 대개 극단적으로 제한되어 있다. 이처럼 역할이 차지하는 중요성은 프레임에 따라 매우 다양하게 나타난다. 즉 역할의 의미는 민간인의 다원적 조건 아래서는 아주 사소할 수도 있지만, 전쟁 등 극단적 상황에서는 '전체적'일 수 있다.

또한 인간의 수많은 역할들이 군사적인 맥락에서 활용되기도 하는데, 두 가지 관점에서 그렇다. 토지 측량사의 능력은 군사 지형에서 위치를 잡는 데 큰 도움이 될 수도 있다. 그러나 전쟁과 학살의 맥락에서는 민간인으로서의 활동들이 홀연 치명적이 될 수도 있다. 가령 에어푸르트 소재 기업 토프 운트 죄네의 기술자 쿠르트 프뤼퍼(Kurt Prüfer)를 생각해 보자. 그는 아우슈비츠수용소에서 효율적 소각로를 개발하기 위해 정력적으로 일했고, 그래서 매일 많은 사람을 살해할 수 있었다.[27] 이런 역할 활용의 또 다른 예를 바르샤바의 보안 경찰 본부에서 속기사로 일했던 한 여성이 전한다. "만일 바르샤바에서 독일인 한두 명이 총에 맞아 죽으면, 보안경찰 사령관 한(Hahn)은 형사 수사관 슈탐(Stamm)에게 폴란드인 몇 명을 총살하라고 지시했다. 그러면 슈탐은 여비서들에게 필요한 서류들을 가져오라고 시켰다. 비서실에는 서류들이 산더미처럼 쌓인다. 이제 가령 서류 100개가 쌓이고 그중에서 50명만 골라 총살해야 한다면, 서류를 뽑아내는 것은 여비서들의 재량이다. 어떤 경우에는 여러 부서의 직원이 '이자는 없애야 함. 이 더러운 놈은 죽일 것.'이라고 메모를 붙여 놓는 일도 있다. 이런 일은 자주 일어났다. 나는 누가 총살당하는지를 여비서들이 결정한다는 생각 때문에 때로는 며칠 동안 잠을 이루지 못했다. 가령 어떤 비서는 다른 비서에게 이렇게 말했다. '아, 에리카, 이놈을 데려갈까, 아니면 이놈을 데려갈까?'"[28]

그 자체로는 무해한 일들이, 그 일이 들어 있는 프레임이 변화하면 갑자기 극악한 일이 되는 것이다. 라울 힐베르크(Raul Hilberg)도 분업 활동이 이처럼 극악해질 수 있는 잠재성에 대해 말한 바 있다. 치안 경찰(Ordnungspolizei) 소속원은 "게토 관리자나 철도 수송 감시원이 될 수도 있었다. 제국보안본부(RSHA, Reichssicherheitshauptamt)에서 일하던 법률가는 기동대Einsatzgruppe, 아인자츠그루펜, 동부 점령지의 유대인 말살 및 정적 탄압을 위해 투입한 친위대 소속 특수 부대 지휘를 맡을 수 있었다. 경제관리본부(WVHA, Wirtschafts-Verwaltungshauptamt) 재정 전문가를 학살이 벌어지는 수용소 근무자로 임명하는 것은 자연스러웠다. 달리 말하면 모든 필수적 작전들은 그때그때 활용할 수 있는 인력들에 의해 수행되었다. 어디에서부터 능동적 참여라고 볼 수 있는가라는 문제와는 별도로, 이 섬멸 조직은 언제나 다양한 계층의 독일 국민들을 광범위하게 포괄하고 있었다."[29] 전쟁에 대입시켜 말하자면, 기계공이라면 누구나 치명적 폭탄을 싣고 수천 명을 살육하는 폭격기를 수리할 수 있었다. 정육 업자라면 누구나 보급 부서 일원으로 점령지 약탈에 참여할 수 있었다. 루프트한자 항공기 조종사라면 누구나 민항기 포케불프 200을 몰고 전시 장거리 비행에 투입되었는데, 이번에는 승객을 나르기 위해서가 아니라 대서양에서 영국 상선들을 격침하기 위해서였다. 그들의 활동 자체는 변한 것이 없었기 때문에, 이런 역할을 맡은 자들은 보통의 경우 도덕적인 고려를 하거나 자기 일을 거부할 까닭이 전혀 없었다. 그 전과 같은 일이었기 때문이다.

말하자면 전체적 제도 안에서는 주어진 프레임의 다른 대안이 거의 존재하지 않는다. 군복무를 하는 군인들에게는 어차피 항상 그렇지만, 전시에는 더욱 심했고 전투 상황에는 더더욱 심했다. 여기에서 유념할 점은, 2차 세계대전처럼 오래 지속되고 포괄적이었으며 여러 측면에서 전례가 없었던 전쟁은 그 자체로도 이미 '지극히 복합적이어서 전체적으로 개관하기 어려운 성격'을 지닌다는 사실이다.[30] 이 사건 중 어느 지점에 있는 개인으로서는 적절한 정위가 매우 어렵다. 그래서 자신이 받는 명령과 자신이 속한 집단은 주관적으로도 매우 중요하다. 정위가 불가능한 때에 이들이 정위를 보장하기 때문이다. 개인이 정위를 하는 데 있어 동료 집단이 미치는 영향은 그가 현재 처한 상황이 위협적일수록 더 커진다. 이때 집단은 전체적 집단이 될 수 있다.

역할 이론을 토대로 본다면, 누군가가 왜 전쟁에서 살상을 저지르거나 전쟁 범죄에 가담했는가라는 물음은, 도덕적 물음이 아니라 경험적 물음일 때 적절한 의미를 지닌다. 그런 물음을 도덕적으로 의미 있게 제기할 수 있으려면, 개인의 행동 가능성이 그가 선택할 수 있었지만 선택하지 않았던 대안들을 포함해야 한다. 예컨대 이른바 유대인 작전(Judenaktion)들에 가담하기를 거부해도 법적 처벌을 받지 않는다거나,[31] 이 책에서 보게 되겠지만 쾌락을 위해 저지른 폭력과 같은 무수한 사례들에서 그렇다. 하지만 전쟁 속의 다른 수많은 사건 맥락들에서는 다르다. 민간인의 일상이라면 다원적 역할들에 따른 선택 가능성과 행동 대안들이 존재하지만, 전시의 사건 맥락들에서는 이런 가능성과 대안이 존재하지 않음을 우리는 냉정하게 확인할 수 있다.

해석 틀: 전쟁은 전쟁이다

각 역할이 규정하는 요구들에는 어떤 해석 틀이 긴밀하게 결부되어 있다. 우리가 의사라면 환자와 다르게 어떤 질병을 보고, 가해자라면 피해자와 다르게 어떤 행위를 바라본다. 해석 틀은 구체적 상황에 대한 해석을 인도하는, 일종의 미시적인 프레임들이라고 할 수 있다. 우리는 앞에서 이미 무지에 대해 이야기했다. 각 해석 틀은 당연히 자신을 대체할 수 있는 모든 해석들을 배제하게 된다. 다시 말해 언제나 또 다른 무지를 의미하기도 하는 것이다. 따라서 어떤 상황이 너무 새로워서 그것을 처리하는 데 이전의 경험이 유용하지 않고 오히려 방해가 된다면 해석 틀은 오히려 불리하게 작동한다.[32] 하지만 해석 틀은 익숙한 일들의 맥락에서는 훌륭하게 작동한다. 그 이유는 그런 일이 일어날 때마다 매번 이제 무엇을 해야 하는지, 어떤 방안이 문제 해결을 위해 옳은지를 복잡하게 생각하지 않아도 되기 때문이다. 해석 틀은 순간순간 일어나는 상황들을 유형화하고 자동화하는 분류 틀이어서, 우리 삶을 탁월하게 구조화한다. 틀에 박힌 생각("유대인은 ……하다.")에서부터 우주론("하느님은 독일이 망하게 하지 않을 것이다.")에 이르는 해석 틀은 역사적으로나 문화적으로 꽤 특유하다. 2차 세계대전 당시 독일군은 적을 유형화하는 데 있어서 베트남 전쟁에 참가한 미군과는 다른 기준과 특징을 가지고 있었다. 하지만 이러한 유형화 과정이 지닌 기능은 둘 다 마찬가지이다.

또한 군인이 체험하는 일은 순수한 형태로 그의 경험에 들어가는 것이 아니다. 이런 체험은 (교육과 언론과 이야기를 통해 형성된) 해석 틀에 의해 미리 꼴이 잡히고 이에 따라 걸러진다. 놀라움은 어떤 체험이 예상에서 벗어날 때에야 비로소 나타난다. 조애너 버크(Joanna Bourke)는 자기가 쏜 적군이 영화에서처럼 비명을 지르며 쓰러지는 것이 아니라 퍽 소리를 지르며 넘어지는 데 놀랐다는 어느 병사의 말을 인용한다.[33] 그러나 대개는 해석 틀이 체험한 일을 배열하고 처리하여 확고한 위치를 부여하는 데 도움을 준다.

2차 세계대전에서 군인들이 어떤 체험을 했는가라는 문제에는 (가령 '타인'에 대한, 자기 사명에 대한, 전투에 대한, '인종'에 대한, 히틀러에 대한, 유대인에 대한) 해석 틀이 특히 중요한 역할을 한다. 이런 해석 틀들 덕에 프레임은 체험된 일들을 분류할 수 있는 일종의 선해석을 가질 수 있다. 2차 세계대전 당시의 해석 틀 중에는 전쟁이 아닌 사회적 맥락에서 나온 해석 틀이 전쟁 체험 안으로 편입된 경우도 있다. 이는 특히 '업무로서의 전쟁 (Krieg als Arbeit)'이라는 토포스Topos, 상투적으로 반복되는 표현이나 모티프에서 볼 수 있는데, 이 토포스는 군인이 자기가 하는 일을 해석하는 데 특히 중요하다. 이는 가령 군인들이 자주 "지저분한 업무"라고 말하거나 "업무를 다 처리했다"라는 표현들을 쓰는 것에서만 확인할 수 있는 것이 아니다. 세르비아 군정청장이던 하랄트 투르너(Harald Turner)는 1941년 10월 17일 친위대 및 경찰국 상급 지휘관 리하르트 힐데브란트(Richard Hildebrandt)에게 이렇게 편지를 썼다. "지난 8일 동안 유대인 2000명과 집시 200명을 총살했는데, 참혹하게 살해당한 독일군 병사 1명당 100명의 비율로 그렇게 했습니다. 그리고 유대인이 대다수인 2200명을 이후 8일 동안 총살할 것입니다. 그리 멋진 업무는 아닙니다."[34] 군인을 '전쟁 노동자(Arbeiter des Krieges)'라고 부른 에른스트 윙거(Ernst Jünger)의 유명한 표현에서도 산업

사회 해석 틀이 전쟁에서 일어나는 일을 체험하고 처리하는 데 효과적이었음이 나타난다. 그러니까 전쟁은 "경악이나 낭만의 감정과는 무관한 합리적 업무 과정"으로 나타나고, "무기를 다루는 것"은 "고향의 공장에서 익숙하던 업무의 연장"으로 나타난다.[35]

공장 노동과 전쟁 노동은 여러 면에서 비슷했다. 둘 다 노동 분업을 통해 조직되고, 기술적으로 특정 부분을 담당하는 여러 전문 능력들로 구성되며, 위계 구조를 지닌다. 두 경우 모두 그곳에서 일하는 사람은 최종 생산품에는 무관심하고, 지시 사항을 수행할 뿐 그 지시의 의미에 대해서는 전혀 생각할 필요가 없다. 그 사람의 책임은 언제나 직접 관여하는 업무 범위에만 부분적으로 한정되거나 원칙적으로 타인에게 위임된다. 틀에 박힌 업무 처리가 주된 역할이며, 똑같은 동작을 반복적으로 행하고 늘 같은 지시를 따른다. 폭격기 한 대 안에서도 조종사, 폭격사, 기총 사수는 서로 다른 능력을 가지고 각자의 부분적 업무를 수행하며, 전체 생산물을 위해, 즉 주어진 목표를 파괴하기 위해 일한다. 도시이건 다리이건 야전의 적군이건 간에 말이다. 집단 총살이나 이른바 유대인 작전은 사격병뿐 아니라, 트럭 운전사나 요리사, 병기공에 의해서도 이루어졌으며 '공급자', 즉 희생자를 구덩이로 데려가는 사람, '포장자', 즉 희생자의 시신들을 쌓아 올리는 사람에 의해서도 수행되었다. 따라서 상당히 노동 분업적이었다.

알프 뤼트케(Alf Lüdtke)는 공장 노동과 전쟁 노동의 유사점을 발견했고, 특히 프롤레타리아 계급이 군인이나 예비경찰대대원 등의 다른 역할에서 자신이 수행하는 일을 '업무'로 본다는 사실을 여러 곳에서 밝혔다. 이런 사람들의 자전적 증언, 가령 2차 세계대전 당시의 야전 우편이나 일기에서는, 전쟁과 노동을 다양한 방식으로 유사하게 표현하고 있다. 이런 유사성은 규율에서도 나타나고 업무의 단조로움에서도 나타나지만, 또한

"적을 격퇴하고 섬멸하는 군사 작전, 즉 인명을 살상하고 물자를 파괴하는 일을 훌륭한 노동이라고 표현"하는 데에서도 나타난다. 뤼트케는 이렇게 요약한다. "폭력을 투입하여 위협하고 살인하거나 고통을 주는 일은 노동으로 이해되었고 그래서 의미 있는 것으로, 적어도 꼭 필요하고 불가피한 것으로 느껴졌다."[36]

이런 배경을 고려하면 해석 틀이 의미를 부여하는 기능도 가진다는 사실이 드러난다. 가령 사람을 죽이는 일을 '노동'으로 해석한다면, 그것은 '범죄'라는 범주로 분류되지 않고 정상적인 것이 된다. 이런 예들을 보면 전쟁의 프레임 안에서 해석 틀이 어떤 역할을 하는지 분명해진다. 민간인이 일상의 정상적 조건하에서는 일탈로 여길 일, 아니면 적어도 어떤 설명이나 정당화가 필요하다고 여길 일이 전쟁의 프레임에서는 정상적이고 순응적인 태도가 된다. 해석 틀은 어떤 의미로는 도덕적 검증을 자동화하고, 군인들이 죄책감을 느끼지 않도록 한다.

공식적 의무

정위 기능을 하는 프레임에는 아주 단순한 것도 속한다. 지시들의 체계나 위계질서 내의 위치 같은 것이다. 이러한 위계질서는 무엇을 지시받고 무엇을 수행해야 하는지, 그리고 자신이 다른 사람에게 무엇을 지시해야 하는지를 규정한다. 민간인의 일상에서는 이런 일에 있어서도 완전한 예속에서부터 완전한 자유에 이르는 연속적 단계들이 있는데, 이는 자신이 짊어진 역할에 따라 여러 가지 방식으로 나타난다. 높은 위치의 기업가가 그 지위에서 행동이 비교적 자유롭고 법률 외에는 자신에게 지시를 내릴 주체가 없다고 해도, 가령 가정에서는 아주 다를 수 있다. 집에서는 권위적인 아버지나 고압적인 아내의 지시를 어기기 어려울 수도 있는 것이다.

군대에서는 상황이 매우 명료하다. 계급과 직책에 따라 운신의 폭이 정해져 있다. 위계질서 아래쪽에 있을수록 타인의 명령과 결정에 종속적이다. 하지만 군사 훈련소, 감옥, 정신 병원 같은 전체적 제도에서도 개인의 운신 폭이 기본적으로 전혀 없는 것은 아니다. 어빙 고프먼은 『보호수용소(Asylums)』에서 전체적 제도에서 규칙이 사리사욕을 위해 악용되는 현상을 명쾌하게 기술했다. 가령 주방 일을 하면서 물건을 빼돌리거나 도서관 일을 밀반입에 이용하는 것은 그 제도에 '2차적 적응'을 한 것이라고 말한다. 규정을 따르는 것처럼 위장하지만 실은 자기 목적을 위해 규정을 악용하는 것이다. 전쟁에서 점령군은 이런 2차적 적응을 할 수 있는 가능성이 매우 많다. 가령 푈레르트(Pölert) 소위는 1944년 6월 이렇게 이야기한다. "저는 프랑스에서 엄청난 양의 버터와 돼지 서너 마리를 집으로 보냈어요. 버터는 아마 150~200킬로그램은 됐을걸요."[37] 이것은 전쟁에서 상황을 철저히 이용할 수 있는 유리한 측면이다. 하지만 막상 전투가 벌어지면 2차적 적응을 할 수 있는 자유는 급격히 줄어든다. 기껏해야 폭력을 좋아하는 경우에 이런 상황을 악용할 수 있다. 어쨌든 상황이 점점 협소해지고 첨예화되면 프레임은 점차 차별성을 잃게 된다.

사회적 의무

전체적 제도에서처럼 프레임이 제한되는 경우에는, 선택은 자유롭지 못하고 정위는 안정적이게 된다. 그러나 기존의 명료한 결정 구조 안으로 사회적 의무가 끼어들 수도 있다. 그러면 집단 결속이나 심지어 명령된 상황까지도 구멍이 뚫리는 일이 생긴다. 가령 강제수용소 소장 에르빈 돌트(Erwin Dold)는 예상을 뒤엎고 규칙을 완전히 어기면서 '자기' 수용자들을 위해 식료품을 조달했으며 수용자의 생존 조건을 개선하기 위해 전력을 다했다. 그러면서 그는 자기 아내가 자신의 이런 행동을 지지하며 기대하고 있다는 것을 확인했다.[38] 저격병 중에는 이와 다른 종류의 사회적 의무를 느낀 사람들도 있었다. 그들은 집단 학살을 저지를 때 자기가 죽여야 할 아이가 자기 자식과 닮았으면 그 일을 하기 꺼렸다.[39] 하지만 그렇다고 해서 사회적 의무가 지닌 효과에 대해 너무 낭만적으로 생각해서는 안 된다. 아내가 옆에 있어서 오히려 살인을 더 저지르는 경우들도 많았기 때문이다. 가해자가 자기 행동이 아내의 기대에 부합한다고 느꼈던 것이다.

가령 모길레프 주둔 친위대 및 경찰국 행정공무원이던 발터 마트너 (Walter Mattner) 경찰 서기는 1941년 10월 5일 아내에게 이런 편지를 썼다. "당신에게 전할 말이 또 있소. 나는 그저께 사람들이 엄청나게 죽어 가는 현장에 있었다오. 첫 번째 차에 탄 사람들에게 총을 쏠 때는 손이 좀 떨렸소. 하지만 사람은 익숙해지기 마련이오. 열 번째 차부터는 벌써 담대하게 겨냥해서 수많은 여자와 아이와 젖먹이에게 총을 쏘았소. 나도 집에 젖먹이가 둘 있다는 것이 떠올랐고, 이 무리들이 우리 아기들을 이보다 열 배까지는 아니더라도 이와 똑같은 정도로 괴롭힐 수 있다는 것도 생각했소. 우리가 그들에게 선사한 죽음은 소련 게페우(GPV, 국가정치보안부) 감옥에서 천 명, 수천 명이 겪은 지옥 같은 고통에 비하면 빠르고 좋은 죽음이었소."[40] 물론 마트너는 이 부분을 쓰면서 아내가 자기 행동을, 그리고 그 행동에 대한 정당화를 인정해 주기를 기대했으리라.

율리우스 볼라우프(Julius Wohlauf) 대위의 부인인 페라 볼라우프(Vera Wohlauf)는 더 극단적인 경우였다. 남편은 제101예비경찰대대 소속 중대 장이었고 수많은 유대인 작전을 실행에 옮겼다.[41] 당시 임신 중이던 볼라우프 부인은 유대인 이송과 총살을 위해 유대인을 수색하고 집결시키는 데 재미를 느꼈기에, 그런 일이 벌어질 때 하루 종일 함께 있었고 이 모든 일을 가까이에서 관찰했다. 이는 대대원들의 분노를 일으키기까지

했다.[42]

기갑대장 하인리히 에버바흐(Heinrich Eberbach)의 대화에서도 사회적 의무들이 분명히 나타난다. 1944년 10월 영국의 포로수용소 트렌트파크에서 그는 자신이 영국을 위해 프로파간다를 해야 하는가라는 문제에 대해 이야기했다.

"저는 전차를 모는 사람들 사이에서는 상당히 유명합니다. …… 그러니까 제가 성명을 내면 사람들은 어디에서라도 듣거나 읽을 것이라고 확신합니다. 전선에 뿌리는 삐라 같은 것도 좋지요. 분명 효과가 있을 겁니다. 하지만 우선 저는 이 일을 여전히 매우 비열한 짓이라고 느끼지요. 한마디로 결코 할 수 없을 것 같습니다. 하지만 이런 점은 다 무시하더라도, 제 아내, 제 자식들을 생각하면 이런 일은 결코 할 수 없어요. 아내 앞에서 부끄러울 테니까요. 아내는 민족의식이 너무 강하기 때문에 저는 이런 일을 결코 할 수 없습니다."[43]

사회적 의무가 지닌 깊은 심리적 효과는 우리가 보통 생각하는 것과는 달리, 인과 관계를 따지고 합리적 계산에 따라 행동하기 때문이 아니라 사회적 관계 속에서 행동하기 때문에 생긴다. 사회적 관계는 인간이 내리는 결정에서 핵심 변수이다. 스탠리 밀그램의 저 유명한 복종 실험에서 볼 수 있듯이, 중압감 속에서 내리는 결정일 경우 특히 그렇다. 이 실험에서 실험 대상자들이 어떤 권위에 대해 얼마나 순종적으로 행동하는지에 무엇보다 결정적 역할을 하는 것은 바로 사회적 형세(Konstellation)이다.[44]

누군가와 사회적으로 친밀하다면, 또 여기 결부된 의무가 존재한다면, 이는 프레임에 핵심적인 영향을 미친다. 역사적 관점을 통해서만은 이런 요소를 관찰하기 힘들다. 그 이유는 개인이 어떤 일을 하거나 하지 않겠다는 결정을 내릴 때 누구 때문에 어떤 의무를 느끼는지에 대해서는 참조할 수 있는 자료들로부터 정보를 얻을 수 있는 경우가 드물기 때문이다.

게다가 사회적 의무는 꼭 의식되는 것이 아니라 너무도 자명하게 내면화되어 있어서 부지불식간에 정위 기능을 하므로, 이런 요소를 관찰하는 일은 더 어렵다. 정신분석학에서는 이를 위임(Delegation)이라고 부른다.

군사적 상황의 맥락에서는 프레임의 차원이 단일하며 군인의 사회적 공간이 전우 집단으로 제한된다. 이 경우에는 사회적 의무가 어떤 역할을 하는지 더욱 분명해진다. 민간인일 때는 자신의 결정을 심사숙고하는 데 가족, 애인, 친구, 동창 등 다원적 집단이 준거 인물들이 된다면, 이런 다원성이 전방의 군인에게는 전우 집단으로 확 줄어든다. 그리고 전우들은 같은 프레임 안에서 같은 목적을 위해, 즉 군사적 임무를 수행하면서 동시에 생존해야 한다는 목적을 위해 일한다. 이를 위해서는 전투 상황에서 단결하고 협력하는 일이 실로 결정적이다. 그래서 전우 집단은 전투를 위한 프레임에 가장 강력한 영향을 미친다. 자신의 생존을 위해 집단이 중요하므로, 집단의 규칙이 매우 중요하다. 하지만 전투가 벌어지지 않을 때에도 병사들은 상당 정도 집단에 의존한다. 병사들은 이 전쟁이 앞으로 얼마나 계속될지 모른다. 언제 휴가를 받아 고향으로 갈지, 아니면 다른 부대로 배치될지, 이 전체적 집단에서 언제 떨어져서 다시 다원적 집단의 구성원이 될 수 있을지 알 수 없다. 이처럼 전우 집단이 지니는 강력한 효과에 대해서는 여러 방식으로 서술되어 왔다. 그 사회적 기능 외에도, 전우 집단은 그 바깥 영역에 대해서는 반사회적 요소를 드러낸다. 집단의 내부 규범들이 행동 기준을 규정하고, 군대 밖의 생활 세계의 기준은 부차적이고 중요하지 않게 되는 것이다.

하지만 개인은 자기가 원하건 원치 않건 전우 집단의 일원이 되어 자율성을 반납하는 반면, 그 대가로 다른 것을 얻을 수도 있다. 그러니까 공동체에 융합되어 공동체의 신뢰와 지지와 인정을 얻을 수도 있는 것이다. 게다가 전우 집단은 민간인의 삶에서 지니는 통상적 의무들에서 벗어나게 해 준다. 망명하여 나치 정권에 대한 결연한 반대자가 된 제바스티안 하프너(Sebastian Haffner)는 바로 여기에 심리학적으로 사람을 매수하는 측면이 있다고 말한다. "전우 집단은 자기 책임이라는 감정을 철저히 제거한다. 전우 집단 안에서 사는 사람은 생계에 대한 어떠한 염려도, 생존 투쟁의 압박도 느끼지 않는다. …… 그는 어떤 걱정도 할 필요가 없다. 이제 '각자 자신을 위해'라는 냉정한 법칙 속에 있지 않고, '전체는 하나를 위해'라는 관대하고 부드러운 법칙 속에 있다. …… 죽음에 대한 파토스만이 삶의 책임으로부터 이처럼 무시무시하게 면제되는 것을 허락하고 또 견디게 한다."[45]

토마스 퀴네(Thomas Kühne)는 '전우 관계'라는 사회적 공동체 방식이 압박을 주는 동시에 면하게 하는 맥락을 포괄적 연구를 통해 밝혀냈다. 특히 국가사회주의에서 공동체나 전우 같은 범주들에 커다란 역할을 부여했기 때문에 집단을 끊임없이 과대평가하고 개인은 폄하하게 되었다. "전우 관계를 통해서 수치를 강조하는 문화가 나타나는데, 여기에서는 개인적 생활 방식과 개인적 책임이라는 범주 안에서 이루어지던 사유와 감정과 행동 대신 오로지 집단의 실질적 유지와 사회적 위치와 특권에 이로운 것만 허용하는 도덕이 횡행한다."[46] 그렇게 본다면 전우 관계는 사회적 의무가 극도로 집중된 것을 뜻할 뿐 아니라, 보통 세상에서 의미 있는 모든 의무의 면제를 뜻하기도 한다. 이는 군인들의 프레임뿐 아니라 특히 전시 행동에도 매우 강력한 영향을 주었다. 전시에 전우 집단은 그저 개인을 압박하는 동시에 압박을 면해 주는 공동체의 방식이 아니라, 말 그대로 생존을 위한 기본 단위가 되었다. 그래서 전우 집단은 보통의 공동체화 조건에서는 결코 가능하지 않은 단단한 결속을 이룬다. 이는 국가사회주의에만 특유한 것도 아니다.

에드워드 실스(Edward A. Shils)와 모리스 자노위츠(Morris Janowitz)는 「미

국 군인」이라는 포괄적 연구에서, 전시에 전우 집단이 일차적 조직 단위이자 해석 단위로서 개인에게 어떤 핵심적 역할을 했는지 강조했다.[47] 전우 집단은 어떤 세계관이나 이념보다도 한층 더 탄탄한 정위를 제공했고, 적지 않은 군인들에게 군인의 경험 세계를 공유하지 않아서 군인을 이해할 수 없는 후방 가족들보다도 더 친밀한 정서적 고향이기도 했다. 그래서 전우 집단은 단지 군인들이 미화시키는 신화에 불과한 것이 아니라, 군인들에게는 무엇보다 중요한 사회적 장소이다. 심지어 2차 세계대전 당시 군인들은 자발적으로 전선으로 돌아가기도 했다. 그곳에서 심리적으로 깊은 의미에서 집에 있는 것처럼 느꼈기 때문이다. 젊은 독일군 병사였던 빌리 페터 레제(Willy Peter Reese)는 1944년 초 휴가 중에 140쪽 분량의 『거대한 전쟁으로부터의 고백(Bekenntnis aus dem großen Krieg)』을 썼다. "러시아에서 마침내 나는 다시 집에 왔다고 느꼈다. 여기가 고향이었다. 오직 이 세계 안에서, 이 공포 안에서, 이 궁핍한 기쁨들 안에서야 비로소 삶은 좋은 것이 되었다."[48]

상황

1973년 프린스턴 대학교에서 주목할 만한 실험이 있었다. 신학대 학생들에게 착한 사마리아인 우화에 대한 짤막한 강연 원고를 작성하라는 과제가 주어졌다. 그다음 강연 원고를 캠퍼스의 특정 건물에 제출하라고 학생들마다 별도로 지시했다. 그 건물에서 라디오 방송을 위해 강연을 녹음할 것이라고 했다. 학생들이 따로따로 원고 제출 요구를 기다리는 동안에 누군가 불쑥 들어와서 말했다. "아, 아직도 여기 있어요? 아까 갔어야 하는데요! 어쩌면 조교가 아직 기다릴지도 몰라요. 서둘러요!" 해당 학생은 허겁지겁 서두른다. 그런데 그가 찾아간 대학 건물 문 앞에는 아픈 사람이 앉아서 눈을 감고 기침을 하면서 끙끙거리며 꿈틀거리고 있었다. 어떤 사람도 커다란 어려움에 처한 이 사람을 못 보고 건물로 들어설 수는 없었다. 신학자로 살아가려는 학생들은 이 상황에 어떻게 반응했을까? 결과는 놀라웠다. 실험 대상자 40명 중 16명만 이 사람을 위해 무엇인가 해 주려 했고, 나머지 학생들은 발걸음을 멈추지도 않고 약속 장소로 뛰어들어갔다. 특히 곤혹스러웠던 일은, 실험 직후의 개별 면담에서 돕지 않은 학생 중 상당수가 '문자 그대로 그 사람을 타 넘어갔는데도 누군가 곤경에 처해 있다는 걸 깨닫지도 못했다.'라는 사실이다.[49]

이 실험은 인간이 어떤 일을 하려면 먼저 그것을 인식해야 한다는 것을 말해 준다. 너무 집중해서 어떤 일을 할 때에는 그와 관련 없는 수많은 일들을 전혀 인식하지 못하게 된다. 이는 도덕적 물음과는 무관하며, 이처럼 불필요한 일을 피하려는 경제 원리는 우리가 행동을 할 때 필수적으로 거의 언제나 작동한다. 또 다른 실험들에 따르면 도움이 필요한 사람이 누구인가에 따라 그를 도울 것인가에 대한 결정이 상당 정도 달라지기도 한다. 매력적인 사람들이 매력적이지 않은 사람들보다 도움을 쉽게 받았다. 그 사람의 겉모습이 자기가 속한 '우리 집단'에 속할 경우 다른 집단에 속한다고 판단되는 경우보다 도움을 잘 받았다. 또한 (예컨대 취객같이) 스스로 곤경을 자초한 것으로 보이는 사람은 그렇지 않은 사람보다 도움을 덜 받았다.[50]

이 모든 것을 보면, 우리가 의식적으로 지니는 태도와 우리가 실제로 하는 행동 사이의 연관이 우리가 보통 생각하는 것보다 훨씬 느슨함을 알 수 있다. 인간이 자신에 대해(자신의 도덕과 신념에 대해, 그리고 자기 태도의 굳건함에 대해) 믿는 것과 그가 실제로 하는 행동 사이에는 어마어마한 차이가 있다. 결정과 행동이 필요한 구체적 상황에서는 윤리적 고려와 도덕적 신념과는 무관한 요인들이 일단 결정적으로 작용하는 것이다. 그러니까 어떤 목표를 달성하고 어떤 과제를 수행해야 하는지, 어떻게 해야 이 목표를 가장 잘 달성하고 이 과제를 최대한 효율적으로 수행할 수 있는지가 가장 긴박하고 중요한 문제가 된다. 이 신학생들의 사례의 경우, 남을 돕는 윤리가 아니라 과제 수행을 위해 속도를 줄이면 안된다는 것이 중요한 문제였다. 이 실험을 고안한 미국 심리학자 존 달리(John Darley)와 대니얼 뱃슨(C. Daniel Batson)의 표현에 따르면, "서두를 필요가 없는 사람은 그 자리에 멈춰서 곤경에 처한 사람을 도우려고 했다. 서둘러야 하는 사람은 계속 서둘러 지나가는 경향이 강했는데, 바로 착한 사마리아인 우화를 이야기하기 위해 서두르는 것인데도 그랬던 것이다."[51]

따라서 어떤 사람의 인격적 특성보다 처한 상황이 그 사람의 행위에 훨씬 결정적인 영향을 미치는 것을 볼 수 있다. 또한 이런 조사 결과는 이제는 널리 수용된 인식, 꼭 반유대주의자여야만 유대인을 죽이는 것이 아니고 꼭 이타적 성품이어야만 유대인을 구하는 것도 아니라는 인식과도 일치한다. 두 경우의 결정 모두 그저 자신이 그중 어떤 행동이 요구되는 사회적 상황에 있다고 느끼는지가 중요하다. 물론 일단 그런 결정을 내리고 실천으로 옮기면, 그다음에는 모든 일이 경로 의존성Pfadabhängigkeit, 특정 경로에 한 번 의존하면 나중에 그 경로가 비효율적임을 알면서도 벗어나지 못하는 경향성을 뜻하는 사회심리학 개념에 따라 일어난다. 처음 대량 학살에 가담하면 두 번째와 세 번째에도 가담할 확률이 높아지는 것이다. 사람을 구하겠다는 결심을 하면 그다음 상황에서도 구조 행위를 할 확률이 높아진다.

개인적 성향

물론 인간이 인식하고 행동하는 모든 일을 다층적인 외부 준거들로 하나도 빠짐없이 환원할 수는 없는 노릇이다. 각 개인은 자신이 해독해야 하는 상황, 그 안에서 행동해야 하는 상황 안으로 들어갈 때, 당연히 서로 다른 인식 방식, 사회화된 해석 틀, 연령에 따른 경험, 특수한 능력과 약점과 선호를 지니고 있기 때문이다. 이런 의미에서 본다면, 사회적 상황은 언제나 기회 구조(Gelegenheitsstruktur)를 이루며, 이 구조를 활용하고 확장하는 자유의 크기는 그때그때 다르다. 이는 실로 개인마다 다른 것이다. 따라서 강제수용소에서나 대량 학살 상황의 일방적 권력관계는 폭력적 성향을 지닌 친위대원이나 예비경찰대대원, 국방군 병사에게는 가학 욕구를 분출하거나 호기심을 충족하는 기회로 받아들여지지만, 폭력을 혐오하는 예민한 사람에게는 역겹게 느껴지는 것이다. 그러므로 어떤 개인적 성향을 지닌 사람이 어떤 상황에 부딪히느냐에 따라 차이가 나타난다. 하지만 이런 차이의 의미를 과대평가해도 안 된다. 국가사회주의가 저지른 홀로코스트와 섬멸전이 보여 준 것처럼, 군인이나 친위대원, 경찰뿐 아니라 민간인들까지 대다수는 어떤 상황이 자명해 보이고 필요해 보이기만 하면 곧 배타적이고 폭력적이고 반인륜적 태도를 보였고, 극소수만이 친사회적prosozial, 타인의 행복에 관심을 갖고 자발적으로 배려하는 특성 태도를 보이면서 이런 일에 저항했던 것이다. 당대 기준으로는 이런 극소수의 태도가 오히려 일탈이었고 반인륜적 태도가 순응적이었으므로, 제3제국의 사건 맥락 전체와 이에 따른 폭력들은 마치 현실 속에서 벌어진 거대한 실험과 같았다. 심리적으로 정상이며 스스로 선하다고 여기는 인간이 자신의 프레임 안에서 어떤 일이 필요하거나 의미 있거나 올바르다고 여긴다면 어떤 일까지 저지를 수 있는가를 보여 준 실험이었던 것이다. 이런 상황을 포함한 모든 사회적 상황에서, 단지 심리적 기질 때문에 개인적으로 폭력과 차별, 도를 넘는 행위를 저지르는 사람은 약 5퍼센트에서 10퍼센트 정도이다.

심리학적으로 보면, 국가사회주의 독일의 국민은 다른 시대의 사회 구성원처럼 정상적이었다. 그리고 가해자의 스펙트럼은 정상 사회의 스펙

트럼에 상당히 정확하게 들어맞는다. 바꿔 말하면, 어떤 집단도 "반인륜
적 행위를 저질러도 벌 받지 않는다."(귄터 안더스Günter Anders)라는 유혹
에 초연할 수 있다고 장담할 수는 없는 것이다. 이러한 현실적 실험에 따
르면, 개인적 편차는 전혀 무의미하지는 않지만 비교적 하찮은 의미만 가
질 뿐이다.

군인의 세계

제3제국의 프레임

"우리가 지닌 자유 개념은 영국 놈들이나 미국 놈들과는 다르죠. 독일인인 게 자랑 스러워요. 그 녀석들이 누리는 자유 따위는 부럽지 않다니까요. 독일의 자유는 내면 의 자유지요. 물질을 초월한 거예요. 그리고 조국에 봉사할 수 있다는 거죠. 당신이 고향에 가 보면, 장사치한테 물건을 조금이라도 더 받으려 아웅다웅하는 여자들이나 자동차 기름을 얻어 보려는 남자 같은 무지렁이들을 볼 수 있지요. 그리고 군인인 당 신은 그들이 얽매여 있는 소소한 일들 따위는 넘어서 있단 걸 알 수 있죠. 군인은 그 런 것은 넘어서 있는 거예요. 책임을 짊어질 자유, 그건 아무나 가질 수 없는 겁니다. 유대인 놈들이 다 하는 것처럼 당신이 말하고 쓸 수 있다고 해서 그게 자유일 것 같 아요? 미국 놈들이 생각하는 민주주의의 자유는 제멋대로 하는 것에 불과해요."(하인 리히 루스(Heinrich Russ) 해군 중위, 1942년 3월 28일)[52]

앞 장에서 1차 프레임이란 각 시대의 인간 행동의 무의식적이고 사회 역사적인 배경 구조이며, 어떤 의미로는 정위를 위한 의식적 노력의 토 대라고 정의했다. 그러한 구조 전체를 조사하고 서술하기는 불가능하다. 이에 비해 2차 프레임은 역사적·문화적·지리적으로 구체적이며, 따라서 윤곽 정도는 스케치할 수 있다. 이는 그 경계를 그을 수 있는 사회 역사 적 공간을 포함한다. 예를 들어 어느 정권의 통치 기간, 어느 헌법의 효력 기간, 혹은 제3제국 같은 사적(史的) 구조의 역사로 경계를 그을 수 있는 것이다. 독일식 자유에 대한 앞의 인용문에서 나타나는 것처럼, 이런 2차 프레임의 구성 요소들은 대개의 경우 당사자에게 의식된다. 예를 들어 1935년 독일인들 대부분은 제3제국 사회의 특징을 쉽게 말할 수 있었을 것이고, 이때 바이마르공화국과의 차이를 강조했을 것이다. 가령 경제 성장이 시작되었고 치안과 질서가 강화되었으며 민족적 자부심을 되찾았고 총통과의 일체감이 생겼다는 등 여러 가지 차이를 언급할 것이다. 이런 2차 프레임은 바로 ('체제 시대(Systemzeit)'라 경멸적으로 불린) 직전 시기와의 근본적 차이 때문에 매우 명료하게 의식되었다. 당대의 증인들의 인터뷰에서도 이제 "새롭고" "좋은" 때가 시작되었다는, "다시 위로" 올라가고 "무엇인가 행해지는" 때가 시작되었다는, "청소년들이 길거리를 방황하지 않고" "공동체" 의식을 가지는 때가 시작되었다는 느낌을 자주 강조하곤 한다. 1933년에서 1945년까지의 시기는 한편으로는 바이마르공화국 시기와 비교할 때, 다른 한편으로는 서독과 동독의 전후 시기와 비교할 때, 그 체험사(體驗史)라는 측면에서 훨씬 윤곽이 뚜렷한 시기였다. 그래서 그 시기 프레임은 가령 1975~1987년 시기처럼 특별한 사건이 비교적 적었던 시기보다 더 쉽게 그려 낼 수 있다. 실제로 제3제국은 체험사라는 측면에서 엄청나게 농밀한 기간이었고 변화가 극심한 기간이었다. 그 시기는 또한 약 8년이라는 단기간 동안 극단적으로 도취되었다가 나머지 4년 동안은 몰락에 대한 불안, 폭력, 상실감, 불안정이 커지던 기간이기도 했다. 그렇지만 이 시기가 그처럼 강력하고 지속적으로 독일 역사에 기록된 것은 단지 그 시기에 나타난 극단적이고 대대적인 범죄와 폭력 때문만은 아니었다. 그것은 아주 새롭고 중대한 어떤 것이 등장하는 데 참여하고 있다는 경험, 국가사회주의 공동 프로젝트를 위해 함께 일할 수 있다는 경험, 한마디로 말해 '위대한 시대'의 현장에 있다는 강렬한 경험 때문이기도 했다.

제3제국의 사회사와 문화사에 대해서는 비교적 많은 기록이 남아 있으므로 일반적인 문헌들을 참조하면 될 것이다.[53] 우리는 제3제국에서 발전한 프레임에서 군인들의 인식에 결정적 영향을 미친 특별한 두 가지 측면만 서술하고자 한다. 첫 번째 측면은 유대인 문제(Judenfrage)와 더불어 차츰 뿌리내린 생각, 즉 인간은 그 범주에 따라 서로 다르다는 생각이다. '범주에 따라'라는 표현이 뜻하는 것은, 어느 집단의 구성원이, 가령 '아리아계' 독일인 집단 구성원이 어떤 개인적 노력이나 실패를 통해 다른 집단에, 가령 '유대계' 독일인 집단으로 옮겨 가는 것은 불가능하다는 것이다. 이러한 생각의 핵심은 인종 이론이었다. 이는 비단 유대인에만 해당되는 것이 아니었다. 게르만 민족과 같이 '고귀한 인종'과 슬라브 민족같이 '비천한 인종' 사이에도 차이가 있다고 보았다. 이런 인종 이론은 독일에서 만들어 낸 것도 독일 학문의 특별한 결실도 아니었고, 국제적으로 널리 퍼져 있던 것이었다.[54] 그러나 인종 이론이 정치 강령의 기초가 되고 사회사상이 되어서 가차 없는 반유대 정책이 이루어지고 마치 진리인 양 신봉된 것은 독일뿐이었다. 인간이 범주적으로 서로 다르다는 것은, 자신에게 속한 사람과 배제해야 할 사람을 근본적으로 구별하는 사회에서는 실천에 있어 자명하게 느껴졌다. 우리가 서술하려는 두 번째 측면은 국가사회주의의 일상이다. 이제까지 여러 연구들은 사회적 활동의 상징 형식들, 가령 '이데올로기', '세계관', '강령' 등을 주로 탐구했으며, 그래서 일상생활의 사회적 활동들이 (무엇보다도 반성적으로 의식되지 않기 때문에) 상징 형식들보다 훨씬 강력한 구성력을 지닌다는 점을 간과하는 경향이 있었다. 이러한 사실적인 것들이 지닌 구성력이야말로 제3제국 프레임의 본질적 측면 중 하나이다.

제3제국의 사회사와 심성사는 보통 홀로코스트라는 프리즘을 통해 관찰되었다. 제3제국 당시의 상황처럼 어마어마하게 역동적인 사회적 사건, 그처럼 서로 모순적인 부분적 사건 국면들과 경로 의존성을 지닌 사건을 관찰하기 위해서는, 이 사건의 결말에서부터 그것을 조명해 봐야만 비로소 그 사건의 시작에 대해 분석할 수 있다고 여기기 때문인 듯하다. 이해할 만하다. 국가사회주의와 섬멸전으로 저질러진 끔찍한 만행이 역사적으로 너무나 선명하게 우리의 인식 속에 각인되었기 때문이다. 그러나 방법론적으로는 너무도 터무니없다. 한 사람의 생애를 그 끝에서부터 풀어나가거나, 어떤 제도의 역사를 뒷부분에서 앞부분으로 나아가면서 재구성하려는 생각은 아무도 하지 않을 것이다. 어떤 사건의 전개는 미래를 향해 열려 있지 과거를 향해 열려 있지 않다는 간단한 이치 때문이다. 그런 전개에 다른 대안이 없었고 필연적이었던 것으로 보이는 것은 그것을 돌이켜 볼 때뿐이다. 사회적 사건이 전개되는 과정 안에는 사실은 풍부한 가능성들이 존재하며, 그러한 수많은 가능성들로부터 실제로는 다만 몇가지만 실현되고 나아가 그것이 특정한 경로 의존성과 자기 역동성을 형성하는 것이다.

따라서 제3제국의 프레임 안에서 사람들의 행동을 재구성하려면, 국가사회주의화 과정을 추적해야 한다. 다시 말해 1933년 1월 30일 히틀러의 이른바 '권력 장악(Machtergreifung)' 이후에 역사적 현실 안으로 새롭게 들어온 것은 무엇이고 이전과 같은 것은 무엇인지, 그 뒤섞인 상황을 추적해야 한다. 제3제국의 사회적 현실을 저 프로파간다의 이미지와, 즉 파울 괴벨스(Paul Goebbels)의 선전부에서 활동한 선전 영화 연출자와 선전문 작성자들이 점점 더 완벽하게 만들어 낸 그 이미지와 혼동해서는 안된다는 것이다. 금발 머리를 땋은 여성 민족 동지Volksgenosse, 독일 국민을 뜻하는 나치 용어들이 도취하여 황홀한 눈빛으로 바라보던 베를린 올림픽과 제국전당대회가, 그리고 절도 있는 행진과 비장한 연설이 촘촘하게 연속되어 제

3제국을 이루는 것은 아니다. 모든 사회에서 인간 생활을 구성하는 일상은 제3제국에도 똑같이 있었다. 아이들은 학교에 가고 사람들은 일하러 직장에 가거나 일자리를 찾으러 노동청에 가고 집세를 내고 장을 보고 아침과 점심을 먹고 친구나 친척을 만나고 신문이나 책을 읽고 스포츠나 정치에 대해 토론한다. 제3제국이 12년간 존속하는 동안 이념적이고 인종주의적인 요소들이 이런 일상의 모든 차원에 점점 침투했을 수는 있지만, 그래도 생활은 여전히 습관과 판에 박힌 반복으로 이루어졌고 따라서 '늘 그렇듯이' 계속되는 일상일 뿐이었다.

사회는 훗날 역사가를 위한 자료로 읽힐 수 있는 것들로만 이루어지는 것이 아니다. 사회는 물질적·제도적·심성적 인프라, 그러니까 공장이나 거리나 하수 시설 같은 것들, 학교나 관공서나 법원 같은 것들, 그리고 (종종 간과되지만) 전통이나 습관이나 해석 틀 같은 것들로도 이루어진다. 이 세 유형의 인프라는 모두 자명한 세계를 이룬다. 이들은 일상생활의 바탕이고 특유의 타성을 지닌다. 그러니까 정치나 경제에서 커다란 변화가 이루어진다고 해도, 이런 인프라는 크게 바뀌지 않는다. 정치·경제 인프라 역시 복합적 사회 구조의 부분 체계일 뿐이기 때문이다. 물론 매우 중요한 부분 체계이지만, 이들이 사회 전체를 이루는 것은 아니다. 국가사회주의 아래에서도 시민들은 1933년 1월 31일 아침 잠에서 깨어나 새로운 세상을 맞이한 것은 아니었다. 세상은 어제와 다름없었고, 뉴스만이 새로웠다. 역사가이자 언론인인 제바스티안 하프너(Sebastian Haffner)는 1월 30일에 일어난 일 역시 혁명이 아니라 정권 교체라고 서술했다. 그리고 이런 정권 교체는 바이마르공화국에서는 특별한 사건이 아니었다. 하프너에게 "1월 30일 새로운 체험이라는 것은 실은 신문을 읽을 때에만 있었고, 신문을 읽을 때 받은 느낌에만 있었을 뿐이다."[55] 물론 이 사건의 의미와 그 결과에 대해서 생각하고 토론하기는 했지만, 그것은 다른 정치

뉴스들에 대해서도 마찬가지였다. 하프너는 아버지와의 대화를 이렇게 묘사한다. 하프너와 그의 아버지는 대체 국민의 몇 퍼센트가 '나치'인지 토론하고 히틀러가 제국 수상이 된 일에 대해 외국에서 어떻게 반응할지 토론했으며 노동 계층은 무엇을 할 것인지 토론했다. 한마디로 말해 그 결과를 내다보기 어렵고 그리 환영하지 않는 결정이 내려질 때면 정치적 성향을 지닌 시민들이 으레 생각하곤 하는 일들을 토론한 것이다. 하프너와 아버지는 당연한 결론에 도달했다. 이 새로운 정부의 기반은 아주 허약하기 때문에 오래 유지되기 어려울 것이므로 걱정할 필요가 없다는 것이었다.

사람들이 어떤 사건에 대해 읽고 논의한다고 해도 처음에는 그 사건의 진행에 아무 영향도 미치지 못한다. 하프너는 이렇게 쓴다. "그것은 그저 신문 뉴스였다. 사람들이 자기 눈과 귀로 직접 보고 듣는 것은 지난 여러 해 동안 익숙해진 것과 별반 다르지 않았다. 길거리에서 갈색 제복들이 행진하면서 '하일!' 구호를 외쳤지만, 그 외에는 늘 있던 대로였다. 당시 나는 프로이센 최고 법정인 대법원에서 사법관 시보로 근무했는데, 그곳에서도 프로이센 내무장관이 곧 미치광이 같은 훈령들을 하달해 사법 업무를 확 바꿔 놓거나 하지는 않았다. 신문 보도에 따르면 헌법이 엉망진창이 될 수도 있었다. 하지만 민법전 조항들은 모두 그대로 유효했고 이전과 마찬가지로 면밀하게 해석되고 적용되었다. 그렇다면 실제 현실은 대체 무엇인가? 제국 수상은 유대인에 대한 난잡한 비방을 매일매일 공공연하게 쏟아 냈다. 하지만 대법원에서 내가 일하는 부서에는 여전히 유대인 대법관이 있었고, 그는 지극히 냉철하고 양심적인 판결을 내렸다. 그리고 국가 기관은 그의 판결을 집행했다. 국가 기관 최고 수장은 그 판결문을 작성한 사람을 매일매일 '기생충'이니 '하급 인간'이니 '페스트'라고 부르고 있는데도 국가 기관은 그의 판결을 집행하는 것이다. 대체 그

모욕을 당하는 사람들은 누구인가? 이런 상황의 아이러니는 누구를 겨냥한 것인가?"[56]

기존 프레임의 상당수가 계속 유지되며 작동했기 때문에 이처럼 '평소의 삶이 계속된 것'을 나치의 영향을 이긴 것으로 풀이할 수 있을지도 모르지만, 그렇게까지는 말할 수 없을 것이다. 하지만 이제 현실에 대해 아주 새롭게 해석해야 한다고, 친숙한 기준에 의거해 해석할 수 없는 일이 일어났다고 어떻게 생각할 수 있었겠는가. 그리고 누군가 그렇게 느꼈다고 해도, 새로운 현실을 해독할 수 있는 도구를 어디에서 얻을 수 있었겠는가.

사회심리학에서는 오래전부터 '체계적 후견지명(後見之明) 오류'에 대해 상세히 서술하고 있다. 어떤 사회적 사건의 결과가 확연하게 나타나면, 사람들은 이 일이 전체적으로 어떻게 흘러갈지 애당초 알고 있었다고 생각한다. 그리고 이미 오래전부터 이런 파멸이나 재앙을 암시했던 무수한 징후들을 사후적으로 찾아낸다. 예를 들어 시대의 증인들은 자기 아버지나 할아버지가 1월 30일 바로 그날 "이제 전쟁이 날 거야!"[57]라고 말했다고 인터뷰에서 말한다. 후견지명 오류는 자기가 앞날을 내다보는 현자인 양 굴게 만든다. 하지만 어떤 역사적 변혁 과정의 일부인 개인은 자신이 어느 길로 나아가는지 결코 보지 못한다. 지그문트 프로이트(Sigmund Freud)는 망상을 가진 사람은 그것이 망상임을 당연히 인식하지 못한다고 말한다. 적어도 어느 정도 거리를 두어야만 관찰자의 관점을 취할 수 있고, 그 사건에 직접 연루된 주역들이 스스로에 대해 오해하고 오류를 범하는 것을 인식할 수 있다. 그리고 기능적으로 분화된 사회 구성체에서 한두 가지의 차원이 변화하더라도, 무수히 많은 다른 차원들은 여전히 그 이전과 똑같이 유지된다. 빵집에는 여전히 빵이 있고 전차가 운행하며 대학에서 공부를 해야 하고 아픈 할머니를 보살펴야 한다.

새로운 정치적 징후에는 서로 모순적인 공동체화 과정들이 존재하며, 국가사회주의화 과정에서는 더욱 그러했다. 왜냐하면 국가사회주의 사회는 겨레적volkisch. 19세기 후반기부터 독일에서 성장해 온 민족주의적, 반유대주의적, 신비주의적 성향에 대한 느슨한 총칭. '민족적(national)'과 구별하여 번역한다 경향과 '배제'라는 정치적 행동을 과시적으로 강조하는 것 외에는 여타 근대 산업 사회들과 같은 관습을 따랐기 때문이다. 기술에 매혹되고 기술의 명령에 따랐으며, 고용 및 경기 부양 프로그램, 문화 산업, 스포츠, 자유, 공공 생활이 이루어졌다. 이미 1981년에 한스 디터 셰퍼(Hans Dieter Schäfer)는 좀 더 주목받아야 할 어느 연구에서 이를 '분열된 의식'이라고 불렀고, 제3제국이라는 '사용자 인터페이스'에서 어떤 것들이 여전히 국가사회주의적이지 않았는지 치밀하게 서술했다. 가령 코카콜라 매출액이 급등하고 대도시 가판대에는 여전히 외국 신문들이 놓여 있었으며 영화관에서는 할리우드 영화가 상영되고 있었다. 재정 적자에 기초한 경제 성장으로 많은 민족 동지들이 현대 소비 사회의 편리함을 맛볼 수 있었다.[58]

제3제국의 사회적 부분 영역들은 이처럼 서로 다르고 일부는 서로 모순되게 발전했는데, 대다수 근대 사회가 서로 모순적인 공동체화 방식들을 발전시킨다는 점을 생각하면 유별난 일도 아니다. 이는 (앞서 역할에 대해 설명할 때 말했던 것과 비슷하게) 서로 다른 기능 분야들이 기능하기 위한 조건들은 서로 다르기 때문이다. 즉 정규 교과 과정에서 생물 시간에 우생학까지 배워야 하더라도, 학교는 그 기능 조건에 있어서는 여전히 학교이다. 돌격대(SA, Sturmabteilung) 군복의 허리띠 버클을 생산하더라도 공장은 여전히 공장으로 기능한다. 이러한 일상 때문에, 지금 그 일상 안에서 전혀 예상하지 않던 어떤 새로운 현상이 일어나고 있음을 깨닫는 것은 힘들다. "나는 여전히 대법원에 가고, 거기에서 사람들은 여전히 법을 이야기한다. …… 내가 속한 부서의 유대인 대법관도 여전히 방해받지 않고 법복을 입은 채 재판석에 앉아 있다. …… 여전히 나는 애인 찰리에게 전화하고 우리는 영화관에 가거나 작은 와인 바에 앉아 키안티를 마시거나 어딘가에서 같이 춤을 춘다. 여전히 나는 친구를 만나고 지인과 토론하고 가족의 생일에 파티를 한다. …… 하지만 기이한 일이지만, 이러한 하루하루의 삶 역시, 아니 바로 이것이야말로 저 무시무시한 일에 맞서 힘차고 생생한 반응이 일어나지 않도록 막는 것이었다."[59]

한 사회의 인프라들이 지닌 관성, 사회 속에서 매일매일 경험되는 일상은 분열된 의식의 아주 중요한 한 부분을 차지한다. 그 나머지 부분은 변화하는 부분, 특히 프레임을 변화시키는 부분이다. 이는 한편으로는 프로파간다, 명령, 법률, 체포, 폭력, 테러를 통한, 그리고 오락 제공과 정체성 형성을 통한 정권의 행위 같은 것이고, 다른 한편으로는 이에 대한 반응으로 국민의 인식과 태도가 변화하는 것이다. 국민들이 거기에 꼭 적극 참여하지 않더라도 어떤 식으로든 관여하면서, 지금 일어나는 일을 나름대로 이해해 가는 것이다. 1933년 3월 말과 4월 초의 유대인 상점 보이콧 같은 반유대적 조치나 그 이후의 무수한 반유대적 조치들에 대해 국민들의 인식이 매우 다양했음을 우리는 잘 알고 있다. 그러나 언뜻 보기에는 역설적으로 보일 수도 있지만 바로 이것이 국민을 통합하는 계기가 된다. 왜냐하면 국가사회주의 사회 역시 여전히 다양한 사회적 공간들과 부분적 공론장을 가지고 있어서, 그 안에서 각각 서로 엇비슷한 사람들이 모여서 그런 조치와 행동에 대해 찬반 입장을 토로했기 때문이다.[60]

국가사회주의가 균질화(Homogenisierung)를 통해 국민을 통합한다고 생각한다면, 국가사회주의 같은 현대적 독재가 사회적으로 기능하는 방식을 오해하게 된다. 오히려 그 반대이다. 국가사회주의는 차이를 유지함으로써 국민을 통합한다. 그리하여 정권에 반대하거나 유대인 정책에 비판적이거나 가슴 깊이 사회 민주주의자인 사람들까지도 서로 의견을 나눌 수 있고 동지를 찾을 수 있는 사회적 장소를 가질 수 있었다. 이러한 통합 방식은 기동대와 예비경찰대대에서도 일어났다. 이들은 결코 획일화되고 우둔한 집행자들이 아니라 생각할 줄 아는 사람들이었다. 이들은 자기들이 무엇을 하는지에 대해, 그리고 자신들이 좋은 편인지 나쁜 편인지에 대해 서로 이야기를 나누었다.[61] 모든 공공 기관과 기업과 대학의 사회적 통합 방식은 균질화가 아니라 차이에 있다. 어디에서나 서로 구별되는 하위 집단들이 존재한다. 그렇다고 해서 그 사회 집단 전체의 응집력이 파괴되는 것이 아니라 오히려 공고해진다.

물론 나치 정권은 언론의 자유를 철폐하고 검열을 행했다. 대중 매체를 활용한 매우 현대적인 프로파간다를 통해 체제 순응적 공론장을 만들어 개인들의 사고방식에 영향을 미쳤다. 하지만 이 때문에 다양한 의견들이 깡그리 없어지고 토론도 다 사라졌다고 믿는다면 오해이다. 페터 롱게리히(Peter Longerich)는 이렇게 쓴다. "20년 이상 나치 독재의 사회사와 심성사에 대해, 그 시대의 '민족의 견해'에 대해 연구해 오면서, 1933년부터 1945년 사이의 독일 제국 국민이 전체주의적인 획일성 속에서 산 것은 아니라는 점을 알게 되었다. 불만과 일탈적 견해와 다양한 행동 방식이 상당 정도 존재하고 있었던 것이다. 그러나 나치 정권하의 독일 사회가 지닌 특질은 무엇보다 이러한 갈등이 사적인 영역에서, 기껏해야 반쯤만 공적인 영역에서 (즉 친구나 동료, 단골 술집, 이웃이라는 집단에 한정되어) 일어났다는 점이다. 혹은 국가사회주의 민족 공동체(Volksgemeinschaft)에 맞설 수 있는 전통적 사회 권역에서, 예컨대 교구 안이나 시골 동네, 보수적 엘리트 집단, 시민적 교유 집단, 사회주의자 집단의 아직 파괴되지 않은 구조들 안에서 겉으로 표현될 수 있었다."[62]

독재 치하에서도 일상생활의 많은 부분은 이전과 똑같은 상태로 머물면서 사회를 작동시키는 일종의 사용자 인터페이스를 이루었다면, 정치적·문화적으로는 엄청난 변화가 일어났다. 1933년부터 1945년 사이에 국가사회주의 사회는 거기 소속된 다수와 그로부터 배제된 소수를 깊게 분열시켰는데, 그 목적은 단지 인종 이론과 '권력 정치(Machtpolitik)'로부터 나온 것만은 아니었다. 이는 특수한 방식으로 사회를 통합하기 위한 수단이기도 했던 것이다. 최근 역사학자들의 여러 연구는 제3제국의 역사를 사회 분화라는 관점에서 관찰했다. 자울 프리틀렌더(Saul Friedländer)는 반유대 정책, 탄압, 섬멸에 특별히 주목했고,[63] 미하엘 빌트(Michael Wildt)는 특히 제3제국 형성 시기에 공동체화의 수단이었던 폭력에 주목했다.[64] 페터 롱게리히는 유대인 배제와 섬멸이 국가사회주의 정책에서 무의미한 부차적 요소가 아니라 그 핵심임을 발견했다. 즉 독일 사회의 (그리고 다른 유럽 국가들의) '탈유대화(Entjudung)'는 "개인적 생활 영역들로 점진적으로 침투하기 위한 수단"이었다.[65] 바로 이를 통해서 도덕적 기준들을 재편성했다. 다른 사람에 대해 '정상적'이라거나 '비정상적'이라고, '선하다'거나 '악하다'라고, '점잖다'거나 '괘씸하다'라고 여기는 기준에 확연한 변화가 생겼다. 국가사회주의 사회는 비도덕적이지 않다. 집단 학살조차도 많은 사람이 생각하는 것처럼 도덕적 타락 때문이 아니다. 그것은 오히려 '국가사회주의 도덕'이 놀랍도록 빠르고 심대하게 뿌리내린 결과였다. 이 도덕은 민족과 민족 공동체를 도덕적 행위의 준거 집단으로 정의하고, 가령 전후 민주주의 시대와는 다른 사회적 가치와 규범을 정착시켰다.[66] 이런 도덕적 규준에는 평등이라는 가치가 아니라 불평등이라는 가치가 속했고, 개인의 가치가 아니라 생물학적으로 규정된 '민족'의 가치가 속했으며, 보편적 연대가 아니라 일부의 연대가 속했다. 국가사회주의 도덕의 일례만 언급한다면, 국가사회주의하에서야 비로소 구조 불이행자신에게 특별히 위험하지 않은데도 위험에 처한 사람을 구조하지 않는 사람에게 해당되는 죄. 착한 사마리아인의 법이 범죄로 규정되어 처벌을 받게 되었다. 하지만 이 조항은 국가사회주의적 민족 공동체 안에서만 적용되었지, 예컨대 탄압받는 유대인에 대한 구조 불이행에는 적용되지 않았다.[67] 이러한 특수 도덕은 국가사회주의 프로젝트 전체의 특징이다. 그들은 나치 상징인 하켄크로이츠(Hakenkreuz, 갈고리 십자가) 아래 유럽 질서, 나아가 세계 질서까지 재편성할 것을 꿈꾸었는데, 그것은 근본적으로 불평등한 질서였고, 서로 다른 인종의 사람들을 법률로 다르게 대우해야 한다고 생각했다.

물론 제3제국은 여러 관점에서 볼 때 20세기의 현대적 사회였다. 그리고 전통을 중시하는 겨레주의는 제3제국의 핵심적이고 필수적인 요소라기보다는 오히려 시대착오적인 민간 전승에 불과했다. 하지만 국가사회주의 프로젝트가 지닌 정치적이고 심리 사회적인 추진력은 인간이 근본적으로 불평등하고 그 차이는 사라질 수 없다는 사상을 사회적으로 실천하는 데에서 나왔다. 이런 것은 국가사회주의에서 처음 나온 것은 아니며, 19세기에 생물학에서 발원해 정치 이론으로 넘어갔고, 20세기에는 불임 법률이나 우생학, 안락사와 같은 다양한 사안에서 강력하게 작동했다.[68] 그러나 인종 이론이 정치 강령이 된 것은 오직 독일에서뿐이었다. 공산주의를 제외하고는 유일하게 소위 과학에 기초를 둔 정치 강령인 것이다. 루돌프 헤스(Rodolf Heß)는 "국가사회주의는 응용생물학이다."[69]라고 표현하기까지 했다.

그래서 제3제국의 사회적 실천은 처음부터 다음과 같았다. 개개의 조치들을 넘어서, 부정적으로는 '유대인 문제', 긍정적으로는 '민족 공동체'를 주제로 삼고, 나아가 이 주제를 반유대주의적 조치와 명령과 법규를 통해, 약탈과 강제 이송을 통해 지속적으로 행동으로 옮기는 것이다. 자울 프리틀렌더는 국가사회주의 사회 구조의 기능 방식을 '억압과 혁신'이라는 적절한 공식으로 표현했다. 그러나 이와 동시에 이 사회의 친숙한 많은 부분들은 변하지 않고 그대로 남아 있었기 때문에, 유대인이 아닌 독일인에게는 혁신과 억압은 그의 생활 세계에서 단지 한 부분일 따름이었고, 가장 중요한 부분 역시 아니었다. 억압과 혁신뿐 아니라 연속성이 있었던 사회인 것이다.

국가사회주의 프로젝트는 1933년 1월 말 시작되어 1945년 5월 최종적 패배로 끝났으며, 전반적으로 보아 매우 통합적인 사회적 사건으로 바라봐야 한다. 이때 그 사회에 소속되지 않은 자에 대한 배제와 추방과 약탈은 다양한 강도로 추진되었지만, 모두 이 프로젝트에서 결정적 역할을 했다. 왜냐하면 이 일들이 그 사회에 소속된 집단이 지닌 가치를 상징적·물질적으로 드높이는 무수한 다른 일들과 병행해서 이루어졌기 때문이다. 국가사회주의 프로젝트가 지닌 심리 사회적 매력과 추진력은 바로 이로부터 나온 것이다.

1933년 1월 30일 직후 배제를 행동에 옮기는 일은 엄청난 속도로 진행되었다. 공산주의자, 사회민주주의자, 노동조합원, 그리고 무엇보다 유대인에 대한 배제가 이루어졌다. '돌격대와 나치 폭도'를 경멸하고, 반유대주의 조치 강화에 대해 비열하고 부당하며 반인륜적이라고 느끼는 사람들도 적지 않았으나, 다수 국민이 눈에 띄게 저항하는 일은 일어나지 않았다. 이러한 일련의 반유대주의 조치의 사례를 들자면 쾰른에서 유대인의 시립 체육 시설 사용 금지 조치(1933년 3월), 독일 권투선수협회로부터 유대인 권투 선수 축출, 전화번호부에서 유대식 이름 말소(1933년 4월), 유대인의 연시(年市) 가판 임차 금지(1933년 5월) 등이다.[70]

이처럼 무작위로 끄집어낸 사례들에서 특히 주목할 점은 우선 '유대적인 것'의 다양한 측면을 뒤져서 찾아내는 창의성이다. 가령 전화번호부 같은 것이 그렇다. 또 하나 주목할 점은 협회 임원인 일반인들이나 지방 공무원들이 이러한 반유대적 배제 조치들을 자발적으로, 때로는 서둘러서 실천에 옮긴 점이다. 꼭 그럴 필요가 없을 경우에도 자발적으로 그런 조치를 취한 것이다. 이 현상을 보면, 그들이 원래 지닌 반사회적(다른 사람 또는 다른 집단의 존재·규범·목적을 부정하거나 배척하는 태도) 욕구가 새로운 상황에서 기꺼이 충족될 수 있게 되었음을 알 수 있다. 나아가 여러 협회나 연맹이나 지방 정부 내부에서 이런 조치들의 당사자가 아닌 사람들은 거기에 동의했음을, 최소한 항의하거나 저항하지 않았음을 알 수 있다.

국가사회주의 사회의 일상에서는 자기에게는 해당되지 않아도 그에 대해서 당연히 알았던 조치들이 도처에 있었다. 거의 매일 새로운 조치가 취해졌다. 무수한 배제 정책들에 기준을 제시한 최고의 반유대 법률 중 하나가 1933년 4월 7일의 '직업 공무원 재건 법률'이었다. 이 법은 무엇보다도 '아리아인이 아닌' 공무원을 모두 퇴직시키려는 것이었다. 그해가 지나기 전에 유대인 교수 및 강사 1200명이 해고됐다. 항의하는 대학은 단 한 군데도 없었다. 4월 22일 아리아 인종이 아닌 의사는 의료보험조합에서 추방되었다.[71] 1933년 7월 14일 '유전적 질병을 지닌 자손 방지법'이 가결되었다.

저항은 어디에서도 일어나지 않았다. 개인에 대한 탄압이건 유대계 독일인에 대한 전반적 차별이건 마찬가지였다. "유대인 동료가 해고될 때 공개적으로 항의한 독일 교수는 없었다. 유대인 대학생 수가 급감할 때 대학교 전체이건 특정 단과 대학이건 아무도 저항하지 않았다. 제국 전역에서 책을 불태울 때 독일에서는 지식인을 포함해 그 누구도 공개적으로 수치심을 표현하지 않았다."[72]

민족 동지 개개인이 이런 법률과 조치들을 '사적으로' 어떻게 받아들였는지는 중요하지 않다. 이러한 억압은 '이와 무관한 사람들'에게도 사람들이 서로를 대하는 방식과 정의에 대한 관념에 커다란 가치관 변화를 가져왔음에도, 억압이 벌어지던 초기에 이에 대한 불만은 전혀 공공연하게 표현되지 않았다. 그러나 '이와 무관한 사람들'이라는 말은 대체 무슨 의미인가? 배제, 약탈, 섬멸 과정을 그 행위들이 속한 전체 맥락 속에서 파악한다면, 무관한 사람들이라는 말 자체가 논리적으로 불가능하다. 왜냐하면 어떤 집단이 그처럼 신속하고 압축적으로, 그리고 공개·비공개적인 방식으로 도덕적 연대의 영역 밖으로 추방되어 버린다면, 민족 공동체에 소속된 사람들이 이러한 소속에 대해 인식하고 느끼는 가치는 더욱 높아지기 때문이다.

라울 힐베르크(Raul Hilberg)는 간결하게 표현한다. "운명은 가해자와 피해자의 상호 작용이다." 심리학적으로 보면, 지배자 인종 이론을 실천에 옮기는 일이 쉽게 동의를 얻을 수 있는 것은 당연하다. 이런 이론이 법률과 조치들을 통해 구체화되었기 때문에, 사회적으로 지위가 낮은 미숙련 노동자까지 관념적으로는 유대인 작가, 배우, 사업가보다도 자신이 우월하다고 느낄 수 있다. 게다가 사회 전체가 이렇게 굴러가며 실제로 유대인이 사회적으로나 물질적으로 몰락하게 된다면 더욱 그렇다. 민족 동지들이 이런 식으로 자신의 가치가 높아졌다고 느끼게 된 것은 자신에게는 사회적 위험이 상대적으로 줄어들었다는 느낌 때문이기도 하다. 이는 배타적 민족 공동체에서 완전히 새로운 삶을 살게 되었다는 느낌인데, 인종 선택이라는 과학 이론에 의거해 자신들은 이 공동체에 영원히 속하고 다른 자들은 영원히 배제되는 것이다.

어떤 사람은 점점 비참한 상황에 빠지는 반면, 어떤 사람은 상황을 점점 더 좋게 느낀다. 국가사회주의 프로젝트는 화려한 미래만 약속한 것이 아니라, 가령 출세같이 눈에 보이는 현재의 이익도 약속했다. 지도적 국가사회주의 엘리트들은 지나치게 젊었다. 그리고 젊은 민족 동지 중 적지 않은 자들이 '아리아 인종'의 개선 행진을 보면서 개인적으로 큰 야심을 품었다.[73] 이런 배경을 감안하면, 개인적 에너지와 집단적 에너지의 어마어마한 분출이 이 사회의 특징이었음을 이해할 수 있다. "국가사회주의 독일노동당(NSDAP, 나치스)은 인종 간의 불평등 이론에 기초하면서, 동시에 독일인에게는 기회가 더욱 균등하게 보장될 것이라고 약속했다. …… 그 내부의 관점에서 보면, 계급 투쟁은 인종 투쟁에 덮여 사라질 것처럼 보였다. 그렇게 본다면, 국가사회주의독일노동당은 지난 세기의 사회 혁명과 민족 혁명에서 꿈꾸었던 낙원을 선전한 것이고 그로부터 범죄적 에너지를 끌어낸 것이다. 히틀러는 '복지 민족 국가' 혹은 '복지 국가' 건설을 부르짖었는데, 이런 국가는 모범 국가가 될 것이고 '모든 (사회적) 장벽이 점점 무너질 것'이라고 했다."[74]

히틀러의 이념이 순전히 프로파간다에 불과했다면, 제3제국은 급격한 사회 변화를 겪지 않았으리라. 국가사회주의 프로파간다의 핵심적 특징은 이념으로부터 나온 요구들을 곧바로 실천하여 손에 잡히고 느낄 수 있는 현실이 되게 했다는 것이다. 세상이 정말로 변했다. 그 '위대한 시대'에는, 괴츠 알리(Götz Aly)가 표현하듯이 저 "영구적 비상 상황"에서는, 새롭게 출발하고 새로운 삶을 산다는 느낌이 단지 신문을 통해 보도되는 것이 아니라 실제로 새로운 프레임을 정착시켰다. 당시 민족 동지였던 사람들과의 인터뷰는 이러한 포섭과 배제 과정이 심리 사회적 매력을 발산하고 정서적 구속력을 지녔음을 보여 준다. 그 시대를 살았던 사람들은 오늘날까지도 제3제국이 적어도 스탈린그라드 침공까지는 '호시절'이었다고 입을 모으는데, 이는 그리 놀라운 일이 아니다.[75] 타자들에 대한 배제와 박해와 약탈은 그 자체로 확실하게 인식되지 않았다. 왜냐하면 그 타자들은 정의상 공동체에 속하지 않는 사람들이었고, 그들을 배타적으로 다루는 일도 민족 공동체 내부의 도덕성과 사회성은 전혀 손상시키지 않았기 때문이다.

국가사회주의 독일의 이러한 가치 변동은 근본적 배제가 점차 일상화된다는 특징을 지녔다. 이러한 가치 변동을 재구성하기 위해 동시대의 자료들을 끌어올 수 있다.[76] 이 자료들은 특정 집단이 경악할 만큼 빠른 기간 동안 사회적 연대 영역 밖으로 추방되었다는 사실을 사회적 일상의 미시적 차원에서 그대로 보여 준다. 정의, 연민, 이웃 사랑 같은 규범은 사회적 연대 영역 내부에서는 여전히 유효했지만, 정의상 공동체에 속하지 않는 사람들에게는 더 이상 유효하지 않았다.

독일 사회의 이러한 깊은 분열은 설문 조사 자료들에서도 읽어 낼 수 있다. 1990년대 3000명을 대상으로 시행한 회고적 설문 조사에 따르면, 1928년 이전 출생한 사람의 거의 4분의 3이 자기 주변에서 정치적 이유로 공권력과 갈등을 빚거나 체포되거나 취조를 받은 사람이 없다고 했다.[77] 이보다 더 많은 사람들은 자신이 한 번도 위협을 느끼지 않았다고 응답했다. 이 설문 조사에 따르면 많은 사람들이 불법 라디오 방송을 들어 보았거나 히틀러에 대한 농담을 했거나 나치에 대한 비판적 언급을 했다고 응답했는데도 이런 결과가 나온 것이다.[78]

이 연구에서 나온 또 다른 특이한 결과는, 설문 문항에 따라 비율은 다소 달라지지만 응답자의 대략 3분의 1에서 2분의 1 정도가 국가사회주의를 신봉했다거나 히틀러에게 찬탄했다거나 국가사회주의 이상을 자신도 품었다고 뒤늦게 고백한 것이다.[79] 알렌스바흐연구소의 1985년 설문 조사에서도 비슷한 결과가 나타났다. 1945년 최소한 15세였던 응답자들 중 58퍼센트가 국가사회주의를 신봉했다고, 50퍼센트가 국가사회주의가 자신의 이상을 구현했다고, 41퍼센트가 총통에게 찬탄을 보냈다고 고백했다.[80]

또 다른 결과는 교육 수준이 높을수록 나치 체제에 대한 동의도 높았다는 사실이다. 교육을 많이 받으면 비인도적 태도를 덜 가질 것이라는 일반적 선입견과는 동떨어진 결과였다.[81] 교육 수준이 높으면 히틀러가 표방한 세계에 대한 동의도 높았다. 그리고 이 연구에서도 응답자들이 히틀러의 정책 중 긍정적으로 평가한 것은 실업률과 범죄율을 낮추고 고속도로를 건설한 것이었다. 제3제국이 무너진 후 거의 반세기가 지난 후의 조사였는데도 응답자의 4분의 1은 당시 지배적이던 공동체 감정을 높이 평가했다.[82]

물론 이런 공동체 감정은 민족 공동체 구성원들에게만 해당되는 것이었고, 그 공동체를 지탱한 지반은 바로 아무나 거기에 속할 수는 없다는 사실이었다. 그 공동체 안에서 자신들은 위협이나 억압을 전혀 받지 않는다는 안도감이 널리 퍼져 있었는데, 이런 안도감은 강렬한 귀속감에 기초했다. 그러한 귀속감을 매일매일 비추어 보여 주는 거울이 바로 유대인을 포함한 다른 집단은 그 공동체에 귀속되지 않는다는 사실이었다.

이처럼 체제에 대한 믿음이나 회의나 동의와 같이 시시각각 변하는 현상들을 회고적으로 측정할 수 있으려면 그 사람들의 행동을 조사해야 한다. 예를 들어 민족 동지가 자기가 저축한 재산을 언제까지 국영 은행에 맡겨 두었고 언제부터는 보다 안전해 보이는 민간 금융 기관에 맡기게 되었는지를 재구성하거나, 언제부터 전사자 가족이 부고에 아들이 '총통과 민족과 조국을 위해' 전사했다고 쓰지 않고 그저 조국만 언급하거나 그런 의미 부여 자체를 하지 않게 되었는지를 찾아내는 것이다. 괴츠 알리는 '아돌프 곡선'이라는 것을 활용하여, 1932년부터 1945년 사이에 신생아에게 '아돌프'라는 이름을 지어 주는 경향이 어떻게 변화했고, 교회를 떠나는 사람의 숫자가 어떻게 변화했으며, 저축 방식이 어떻게 변화했고, 부고의 그 미묘한 차이가 어느 정도로 드러났는지를 검토했다. 이런 조사 결과를 보면, 민족 동지들 사이의 분위기가 1937~1939년에 정점에 올랐다가 1941년부터야 급랭하기 시작했다는 주장이 설득력이 있다.[83] 1940년 11월까지 30만 명의 민족 동지가 폴크스바겐의 전신인 카데에프

(KdF)를 위해 저축 증권을 취득했다는 사실 역시 그 체제에 대한 믿음을 보여 준다고 할 수 있다.[84]

사회심리학적으로 보면 사람들이 나치 체제에 대한 동의와 신뢰를 가진 것이 그리 불가사의한 일은 아니다. 물론 독일의 첫 번째 '경제 기적'이었던 1934년 이후 경제 성장은 탄탄한 거시 경제의 기반 위에서 이루어진 것이 아니라 상당 정도 부채와 약탈을 통해 재원을 조달했다.[85] 그렇지만 경제 성장은 새로운 출발과 승리의 분위기를 고조시켰다. 오늘날까지도 당대 증인들의 인터뷰에서 이를 읽어 낼 수 있다. 그뿐 아니라 삶의 감정 깊숙이 파고든 사회적 혁신도 있었다. 1938년 노동자의 3분의 1이 '카데에프 휴가 여행'에 참가했는데, 그때까지 여행은, 특히 해외여행은 부유층의 특권이었다. 한스 디터 셰퍼는 이렇게 쓴다. "제3제국의 사회적 신분 상승이 그저 상징적으로만 이루어진 것이 아님을 오랫동안 간과해 왔다. 그룬베르거(Grunberger)는 나치 정권에서 전쟁이 없던 처음 6년간 신분 상승이 바이마르공화국의 마지막 6년 동안보다 두 배나 많았음을 보여 주었다. 공공 기관과 민간 기업은 노동 계급 출신 100만 명을 흡수했다."[86] 1938년까지 대량 실업이 진정되었고 1939년에는 오히려 노동력 부족이 심각해져 외국인 노동자 20만 명을 불러들일 지경이었다.[87] 때문에 그 공동체에 속한 사람들은 국가사회주의 이전보다 형편이 나아졌다고 느꼈다. 그리고 대량 실업 극복 같은 사회적 약속이 실제로 실현되었기 때문에, 그리고 바이마르공화국 기간 동안 경제적 측면에서 나쁜 경험을 했었기 때문에 이 체제에 대한 깊은 신뢰가 생겨난 것이다.

이런 방식의 물질적이고 심리 사회적인 통합을 통해서, 그리고 거기속하지 않는 자들에 대한 배제를 통해서 사회적 가치가 근본적으로 변화했다. 1933년 대부분의 시민은 불과 몇 년 후면 유대인의 권리와 소유 박탈, 강제 이송, 살해에 자신들이 적극 가담하게 될 것이라고는 상상조차

할 수 없었다. 그동안 어떤 가치 변화가 일어났는지를 선명하게 인식하기 위해, '히틀러의 집권' 직후인 1933년 2월부터 이미 유대인 강제 이송이 시작되었다고 한번 상상해 보자. 그 시기에는 그것이 대다수 국민이 가지고 있는 정상성의 관념으로부터 지나치게 벗어났기 때문에 많은 마찰을 불러일으켰을 것이다. 배제-권리 박탈-약탈-강제 이송(-살해)이라는 순서로 일어났던 일련의 사건들을 그 시점에는 전혀 예상하지 않았고 예상할 수도 없었을 것이다. 그러나 겨우 8년이 지난 후 사람을 이런 식으로 다루는 일이 충분히 예상할 수 있는 것이 되었고 그래서 대부분 그것을 비정상적이라고 느끼지 않게 되었다. 여기에서 우리는 매우 근본적인 사회적 기준선(Referenzlinie)들이 변하기 위해 꼭 한 세대가 교체되거나 몇십 년이 지나야 하는 것은 아님을 알 수 있다. 몇 년이면 족하다. 1933년에는 제바스티안 하프너처럼 나치 집권에 그토록 회의적 반응을 보였던 바로 그 시민들이 1941년에는 베를린 그루네발트 역에서 강제 이송 기차들이 출발하는 것을 그냥 지켜보았다. 그중 상당수는 그동안 '아리아화'된 부엌살림, 거실 용품, 미술 작품을 사들였다. 일부는 유대인 소유자에게서 빼앗은 상점을 운영하거나 그런 집에서 살았다. 그리고 그것을 아주 정상적인 일로 여겼다.

이를 염두에 둘 때, 사회적 범죄의 한편에는 범죄를 계획하고 예비하고 실행에 옮기는 가해자들이 있고 다른 한편에는 이런 행위에 대해 어느 정도 '아는' 방관자나 관객이 있다고 생각해서는 안 된다. 사람들을 이런 범주들로 나눌 경우, 결국 전쟁과 집단 학살과 섬멸로 사람들을 이끌어 갔던 행위 맥락을 적절하게 서술하지 못할 수 있다. 다시 말해 이런 행위 맥락에서 실은 관객이나 방관자는 없다. 모두 자기 나름의 방식으로, 즉 어떤 사람은 더 강력하고 열성적으로, 어떤 사람은 좀 더 회의적이고 무관심하게, 공동의 사회적 현실을 함께 만들어 낼 뿐이다. 그리고 바로 이런 사회적 현실이 제3제국의 프레임을 이루었다. 다시 말해 당시 비유대계 독일인들이 그때 일어나는 일을 해석하기 위해 활용했던 심성적 정위 체계를 이뤘다.

여기에서 본질적 부분은 일상의 실천적인 변화이다. 이미 말했지만, 반유대주의 정책에 대한 공개적 항의는 그 어디에서도 없었고, 유대인들이 겪는 구체적인 일들에 대한 비판도 없었다. 물론 그렇다고 해서 당시 독일인들이 반유대 억압 정책에 전반적으로 동의했다고 결론을 내려서는 안 될 것이다. 하지만 이런 정책에 수동적이고 관대한 태도를 보이고 이에 대한 비판을 사적 대화에서만 하는 일이야말로 정치적 억압이 일상의 사회적 현실이 되도록 만든 것이었다. 이처럼 포섭과 배제가 사회적 현실이 되면서 사회는 국가사회주의화되었다. 그러므로 만일 나치 사회의 심성적 구조 변동의 원인을 프로파간다와 입법과 행정이라는 정권의 행위로만 일면적으로 해석한다면, 이념을 과대평가하고 사회 구성원들의 실천적 참여를 과소평가하게 된다. 다시 말해, 정치권의 주도뿐 아니라 개인들이 이를 학습하고 실천하는 것이야말로 국가사회주의 프로젝트가 놀라울 만큼 단기간에 그렇게 광범위한 동의를 얻을 수 있도록 만든 것이다. 이를 참여 독재라고 부를 수 있을 텐데, 그 안에서 민족 공동체 구성원들은 비록 '나치'까지는 아니더라도 나름대로 자기 역할을 수행하는 것이다.

그러므로 이런 행위 맥락에서는 변화된 규범들이 위에서 아래로 수직적으로 관철되는 것이 아니다. 그보다는 개개인의 실천을 통하여, 인간관계의 연대가 무너지고 새로운 사회적 '정상성'이 정착되는 과정이 끊임없이 강화되는 것이다. 이러한 정상성 아래의 평범한 민족 동지는 그래도 1941년까지는 유대인들이 가차 없이 살해되는 일을 상상도 할 수 없었을 것이다. 하지만 어느 지역에 '유대인 출입 금지'라는 표지판이 붙고 유대인의 공원 벤치 이용을 금지하는 것을 그다지 이상하게 여기지는 않았을 것이며, 유대계 시민들이 권리를 박탈당하고 약탈을 당하더라도 이상하게 여기지 않았을 것이다.

이처럼 참여적 배제 사회가 만들어지는 과정을 스케치해 보는 것만으로도 그 체제에 대한 만족과 동의가 1941년까지 끊임없이 높아졌던 일을 설명하는 데 충분할 것이다. 체제에 대한 동의가 높아졌던 또 다른 이유는 외교적 '성과'와 히틀러의 '경제 기적'이었다. (어떤 관점에서 보아도 매우 위태로운 방식으로 이루어지기는 했지만) 이런 일들 덕에 민족 동지들은 이 사회가 자기에게 많은 이득을 준다고 느꼈다. 출정하는 군인들은 제3제국의 이러한 프레임 안에서 자신의 인식과 해석과 추론을 체계화했고, 이러한 배경 아래서 전쟁의 목적을 해석하고 적들을 범주화하고 패배와 성공을 해석했다. 이 프레임이 그 후 전쟁의 구체적 경험을 통해 점점 변화했다는 사실은 전쟁이 좀처럼 끝나지 않고 승리도 눈앞에 보이지 않았기 때문에 '유토피아 실현'(한스 몸젠(Hans Mommsen))에 대한 믿음도 점점 사라졌음을 암시한다. 그러나 그렇다고 해서 인간의 불평등, 혈통의 권리, 아리아 민족의 우월성 등의 근본적 사고방식까지 자동적으로 효력을 잃은 것은 아니었다. 전쟁의 경과 때문에 3차 프레임에 대해, 특히 군사적 프레임에 대해 의심을 품은 사람은 여전히 소수였다. 다음 절에서는 이에 대해 이야기할 것이다.

전쟁의 프레임

사회

10만 병력의 제국방위군Reichswehr, 1919~1935년의 독일군의 명칭이 고작 6년 만에

1939년 폴란드와 교전을 시작한 260만 병력의 국방군(Wehrmacht)으로 변화한 일은 단지 물질적 군비 확장에 불과한 것이 아니다. 그것은 어떤 프레임의 고착화를 수반했다. 이 프레임 안에서 군사적인 것은 그 시대와 민족에게 전형적인 긍정적 함축을 지니게 되었다. 국가 기관과 군대의 수뇌부는 독일인의 프레임 안에 순수 군사적 가치들을 닻 내리게 하는 것을 매우 중시했다. 이를 통해 민족 전체가 정신적으로도 전쟁에 대비하게 하려는 것이었고, 단결하여 전쟁에 참여하는 '운명 공동체'를 형성하려는 것이었다. 국가 기관과 군대의 수뇌부는 모두 한 가지 목표를 추구했으며, 이를 통해 독일 사회를 상당 정도로 군사화하는 데 성공했다.[88] 독일 민족의 무장(Wehrhaftmachung)은 무수한 당 조직들, 특히 히틀러유겐트(HJ, Hitlerjugend), 돌격대, 친위대, 제국노동봉사단(Reichsarbeitsdienst) 등을 통해, 그리고 1935년 재도입된 징병제를 통해 전대미문의 범위로 실현되었다. 물론 독일인들은 1939년 9월의 전쟁을 1914년 전쟁만큼 열광적으로 받아들이지는 않았다. 오히려 그 반대였다. 하지만 보다 중요한 일은 전쟁을 수행하면서 1700만 명의 남자들이 순조롭게 국방군으로 통합되어 1945년까지 전쟁을 지속하는 일이 가능해졌다는 것이다. 그러니까 독일 사회를 전쟁 의지로 가득 채우는 일이 성공한 것은 모든 남자들이 전쟁에 찬성했기 때문이라기보다는 그들이 군대의 가치 체계를 공유하거나 최소한 이를 문제시하지 않는 어떤 프레임이 만들어졌기 때문이다. 물론 이를 나치 지도부와 국방군 지도부의 대대적 프로파간다 때문이라고만 설명할 수는 없다. 이미 수십 년 전부터 급진적 군사화가 이루어져서 국가사회주의를 뒷받침할 수 있었던 것이다.

무엇보다도 1864~1871년 독일 통일 전쟁의 성공 덕분에 순수 군사적 가치들이 독일 사회에 깊숙이 뿌리내릴 수 있었다. 이러한 가치들은 정부에 대해 비판적 입장을 가진 사람들조차 공유하게 되었다.[89] 노르베르트 엘리아스(Norbert Elias)에 따르면, 인식과 행동에 군사적 전통이 형성된 것은 1866년과 1871년의 승리가 전통적 귀족 엘리트층의 지휘 아래 이루어졌기 때문이다. 그 결과 시민적 도덕규범의 이상들이 포기되고 그 대신 전통적 상류층의 명예 규범이 방향을 제시하게 되었으며, 따라서 인본주의적 이상과 평등의 관념이 규범적 측면에서 격하되었던 것이다. "명예 문제는 높은 위치를, 도덕 문제는 낮은 위치를 차지하게 되었다. 인본주의의 문제나 인간 평등의 문제는 시야에서 사라졌고, 이러한 과거의 이상들은 전반적으로 사회적 하류층들이 지닌 허약함의 특징이라고 부정적 평가를 받게 되었다."[90] 엘리아스는 이를 독일 시민 계층에서의 '게슈탈트 전환(Gestaltwandel)'이라고 부르는데, 19세기 후반의 이런 변화를 통해 명예 문제, 인간의 불평등성, (결투 등에 의한) 명예 회복 문제, 민족 문제 등이 계몽과 인본주의 이상보다 점점 더 중요한 의미를 지니게 되었다. 이렇게 정착된 명예 규범은 엄격한 '인간관계 위계화'와 '명령과 복종의 분명한 질서'를 포함했다. 이에 비해 시민과 중산층의 규범은 "만인에게 해당된다는 요구를 명시적으로 내거는 것처럼 보이고 그래서 암묵적으로는 만인의 평등이라는 요청을 표명하는 것이었다."[91]

엄격한 위계질서를 가진 사회의 새로운 프레임 안에서, 이제 새롭게 부상하는 시민 계급은 더욱 근본적인 군사주의를 발전시켰다. 군사주의는 독일의 강대국화라는 요구를 관철하기 위해 (귀족의 국내 정치 지배를 지향하는 사고방식들과는 달리) 국제 사회에서 최대한의 권력을 지향해야 했다. 시민 계급 우파는 사회진화론, 인종주의, 민족주의에 기초하여 (많은 다른 나라들과 마찬가지로) 생사를 건 처절한 인민 전쟁(Volkskrieg)이라는 단호한 반보수주의 사고방식들을 기획했다.[92]

1914년 이전의 마지막 평화 시기에는 사회적 담론에 이런 목소리가 부분적으로만 관철되었다. 1차 세계대전 와중에야 비로소 이런 목소리가 궁극적 돌파구를 마련할 수 있었다. 이런 변화의 전형을 보여 주는 것은 에리히 루덴도르프(Erich Ludendorff)가 대규모 병력을 이끌고 산업화된 새로운 전쟁을 수행하는 데 핵심 인물로 부상한 것이다.[93] 이를 통해 폭력과 사회적 불평등이라는 사회적 모델이 더욱 확산되었고 용맹, 용기, 복종, 의무 수행 등도 더욱 높은 가치를 얻게 되었다. 영웅적 죽음이라는 이상, 마지막 총알이 떨어질 때까지 진지를 사수하는 군인의 이상은 최소한 장교 집단에서는 다시 활짝 꽃을 피웠다.[94]

이러한 현상은 독일뿐 아니라, 유럽 전체의 변화 안에서 일어난 것이다. 테르모필레에서 페르시아군에 맞선 스파르타의 영웅 레오니다스의 신화를 끌어오거나, 나폴레옹 전쟁 중 생겨난, 최후의 탄환까지 싸운다는 상투적 이미지를 끌어오는 것은 영국이나 프랑스에서도 강력한 효과를 발휘했다.[95]

바이마르공화국의 평화 시기 중에 독일 사회의 광범위한 층들은 민족주의적 군사사상과 무장 국가라는 이상이 베르사유 조약과 국가의 무능에 대한 대안이라고 선전했다.[96] 이에 따르면 1918년의 패배로부터 어떤 교훈을 이끌어 내야 하는지는 명백했다. 민족과 국가는 아예 평화 시기부터 다음 전쟁을, 이제 전력을 다해 수행해야 할 총력전을 대비해야 하는 것이다.[97] 그리고 바이마르공화국이라는 조건하에서 이는 무엇보다도 정신적 대비를 의미했다. (1919년 이미 제국 헌법에서, 그리고 1921년 국방법에서 나타나는 개념인) '국방군'에서는 소년들에게 '사나이의 규율과 사나이의 미덕'이 몸에 배도록 가르쳐야 했다. 이는 루덴도르프가 창안한 1917년의 '조국 수업' 전통의 연장선상에 있었다. 전쟁에 정신적으로 대비하기 위해 용기, 열정, 희생정신을 부추겨야 했다.[98] 에른스트 윙거(Ernst Jünger), 에트빈 드빙거(Edwin Dwinger), 에른스트 폰 잘로몬(Ernst von Salomon) 같은 '군사적 민족주의' 계열 작가들은 작품 활동을 통해 형이상학적이고 추상적인 전쟁 숭배를 대대적으로 민중에게 주입시켰다. 그리고 철모단(Stahlhelm) 같은 수많은 우익 민족주의 조직이 이들을 지원했다. 1918년 12월 창설된 철모단은 1920년대 중반 40만 명에서 50만 명의 조직원을 거느렸는데, 이들은 대부분 참전 경험이 있는 군인들이었다. 이 단체의 핵심적 토론 주제는 전쟁, 최전방 군인 숭배 신화, '유약함'과 '비겁함'에 맞서는 투쟁 등이었다.[99]

군사사상은 우익 정당, 특히 독일국가인민당(DNVP, Deutschnationale Volkspartei)에만 기초를 둔 것은 아니었다. 군대와 전투가 지닌 긍정적 어감은 거의 모든 사회 집단에서 나타났는데, 물론 그때그때 강조점은 각각 달랐다. 학생 조직과 개신교가 우파 정당의 군사주의에 매우 가까웠다면, 가톨릭은 여기에 상당히 소극적이었다. 그러나 가톨릭 교단도 사회 내에서 성장하는 군사주의에 맞서기가 점점 어려워졌다. 좌파 자유주의는 조국 수호라는 의미에서 방어적 군사사상을 지지했고 독일사회민주당(SPD, Sozialdemokratische Partei Deutschlands) 안에서는 강력한 근본적 평화주의 조류가 있었다. 하지만 이런 진영들 내부에서도 바이마르공화국 말미에는 군사적이고 민족적인 사상이 점차 득세했다. 특히 우익에 맞서는 전투 동맹인 흑적금제국국기단(Reichsbanner Schwarz-Rot-Gold)은 침략 전쟁은 거부했으나, 군사적 방식으로 스스로를 과시하고 예비군으로서 민병대 건설이라는 목표를 지녔으니, 군사주의 자체를 거부하지는 않은 셈이었다.[100] 마찬가지로 독일공산당(KPD, Kommunistische Partei Deutschlands)도 프롤레타리아 무장 사상을 확산시키자고 주장했다.[101] 이 당의 준군사 조직인 적색참전군인동맹(Rotfrontkämpferbund)은 심지어 무기까지 확보하고 있었다.

그 후 1920년대 말부터 군사주의는 승리를 구가했고 군사적 민족주의 서적 판매량이 급증하여 베스트셀러가 되었다.[102] 에리히 마리아 레마르크(Erich Maria Remarque)의 반전 소설 『서부 전선 이상 없다(Im Westen nichts

Neues)』의 놀라운 선전은 예외였을 뿐, 군사주의에 비판적인 책들은 이러한 성공의 근처에도 가지 못했다. 레마르크의 소설과 이 소설을 원작으로 하는 영화는 격렬한 반발을 불러일으켰는데, 이는 사회의 넓은 층이 1차 세계대전을 찬미하는 군사주의 입장에 어느 정도로 공감하고 있었는지를 잘 보여 준다. 그 밖에도 점점 영웅화가 심해지는 사자(死者) 숭배에서도 이런 현상을 읽어 낼 수 있다. 기념비를 건립하면서 처음에는 1차 세계대전 전사자들에 대한 애도를 조형 미술로 표현하려 했지만, 1920년대 말에는 용맹한 군인들의 신화화로 전락했다.[103] 이제 사회 곳곳에 1차 세계대전의 승전들, 그리고 해방 전쟁 및 통일 전쟁의 승전들에 대한 기념비가 세워졌다. 과거의 군사적 사건 찬미에 반대하고 군인과 군대에 부정적인 평화주의의 목소리는 이러한 사회의 주류에 맞서 이길 수 없었다.

이런 추세는 제국방위군에게 이득이 되었다. 그들 내부로부터 나온 요구가 이제 사회적으로 널리 반향을 얻었기 때문이다. 1924년 이미 병무국 육군부장 요아힘 폰 슈튈프나겔(Joachim von Stülpnagel) 중령은 그 길을 제시하면서 "민족과 군대가 윤리적으로 전쟁에 대비할 것"을 촉구했다. 그는 "우리 민족 대중"이 "조국을 위해 싸우고 죽는다는 무조건적 명령"으로 충만하지 않다고 개탄하면서, 무엇보다도 "초중고등학교와 대학에서 민족적이고 군사적인 청소년 교육"과 "외부의 적을 증오하는 교육"을 해야 한다고 주창했으며, "인터내셔널과 평화주의에 맞서는 투쟁, 모든 비독일적인 것에 맞서는 투쟁"을 국가적으로 수행해야 한다고 주창했다.[104] 국방 장관 빌헬름 그뢰너(Wilhelm Groener)가 1931년 내무부까지 맡게 된 후에 제국방위군은 청소년의 군사화에도 영향력을 행사하게 되었다.[105]

그리하여 1933년에 이르러서는 독일 사회에 군사사상을 포괄적으로 주입할 수 있는 토대가 이미 오래전에 준비되어 있었던 것이다. 그러므로 급격한 군비 확장이 저항에 부딪히지 않았던 것은 의외가 아니다. 1936년 이후의 이른바 '꽃의 전쟁(Blumenkrieg)'들_{라인란트 진주, 오스트리아 침공, 주데텐란트 점}이 총알 한 방 쏘지 않고
령. 시민들이 저항하기는커녕 꽃을 던지며 맞이했다고 하여 붙여진 이름이 총알 한 방 쏘지 않고
이루어진 것도 의외가 아니고, 각종 미디어를 통해 국방군이 베르사유 조
약의 결과들을 청산하기 위한 주역이라고 연출한 것이 효과를 거둔 것도
의외가 아니다.

국방군

1934년 5월 25일 바이마르공화국의 대통령 파울 폰 힌덴부르크^{Paul von}
_{Hindenburg. 바이마르공화국의 제2대 대통령. 1933년 히틀러를 수상에 임명함으로써 제3제국 출현의 길을}
열어 주었다와 국방 장관 베르너 폰 블롬베르크(Werner von Blomberg)는 독일
군인의 의무 목록을 확정했다. 이에 따르면 국방군은 저 명성 드높던 과
거에 뿌리를 두고 있었다. 군인의 명예는 민족과 조국을 위해 무조건 헌
신하여 목숨까지 바치는 데 있었다. 군인의 가장 고귀한 덕목은 전투 중
의 용기였다. 이 목록은 엄격함, 결연함, 복종을 요구했다. 비겁함은 치욕
이고 주저함은 군인답지 못한 것이었다. 군인다운 지도자상은 기꺼이 책
임을 지는 태도, 우월한 능력, 지치지 않고 부하들을 보살피는 것이었다.
지휘관과 부대는 전우로서 흔들림 없는 전투 공동체를 이루어야 했다. 군
인은 이러한 의무를 기꺼이 수행하면서 민중에게 사나이다운 힘의 모범
을 보여야 했다.[106]

이러한 의무 목록을 보면, 국방군이 독일의 군사적 전통 속에 있으면
서 새로운 점들도 강조했음을 알 수 있다. '무조건적 헌신', '목숨을 바
침', '엄격함'의 강조는 이제 군인다움의 핵심적 요소였으며 전투가 매
우 강조되었다. 1차 세계대전의 최전방 군인 신화와 결부되어, 전투에서
자신의 용맹을 입증하는 것이 군인의 최고 덕목이 되었고 다른 모든 것
은 그 아래에 위치하게 되었다.[107] 이러한 의무 목록을 확정하는 것은 그

저 공허한 껍데기 같은 말뿐 아니라, 군사 문서들에서 사용하는 언어에서 광범위하게 나타났다. 육군 참모총장 발터 폰 브라우히치(Walther von Brauchitsch) 상급대장은 1938년 12월 장교를 전사로 양성해야 한다고, "군건한 믿음을 지니고 활기차고 강철 같은 인성을 지닌, 의지력이 강하고 저항력이 뛰어나며 확신에 차 행동하는 인간"으로 양성해야 한다고 강조했다.[108] 헤르만 괴링(Hermann Göring)은 1936년 신참 공군 장교들에게 "복종, 영웅적 용기, 희생정신, 전우애"를 요구했다.[109]

2차 세계대전 때는 이러한 의무 목록이 크게 변하지 않았다. 해군 참모총장 에리히 레더(Erich Raeder) 원수는 1941년 11월 이상적인 독일인을 "무기를 들었을 뿐 아니라 정신적으로도 전사이며, 엄격하고 극기하는 자이며, 세심한 교육을 받았으며, 독자적 신념과 강건한 의지를 지니고, 독일을 위해 자기 힘이 다할 때까지 싸우는 자"라고 규정했다.[110]

물론 이처럼 최고사령부가 내놓은 문서 자체는 군인들이 사령부의 군사적 가치 체계를 자신의 프레임으로 받아들였다는 증거가 되지 못한다. 실제로 그랬다는 중요한 증거는 인사 문서들에서 찾을 수 있다. 모든 장교는 상관들로부터 정기적으로 세밀한 평가를 받게 되어 있는데, 인성, 적 앞에서 버텨 내는 힘, 직무 능력, 정신적 기질과 신체적 기질을 평가한다. 이런 자료들은 무수히 많지만 아직 이에 대한 연구는 그리 충분하지 않다. 이 자료들을 들여다보면, 최소한 장교 집단의 프레임에 최고사령부가 원하는 담금질이 어느 정도 이루어졌는지 알 수 있다. 이런 자료에 따르면 '군인다운 품성'에 대해 다음과 같이 생각했다.[111] 원기 넘치고 "의지가 강해야" 한다.[112] "용맹하고 자신에게 엄격해야 한다."[113] "신체적으로 민첩하고 강인하고 지구력이 있어야 한다."[114] 용맹, 활기, 엄격함, 행동력, 결단성이 있어야 탁월한 능력이 있다는 평가를 받고 진급 추천을 받는다. "활기찬 인성"[115] 및 "군인다운 엄격한 자세"[116]에 대해서는 칭찬

하고 강조했다. 또 중요한 것은 "위기에도 흔들림이 없다."라고 인정받는 것이다.[117] 가령 나중에 중장까지 진급하는 에르빈 메니(Erwin Menny)에 대해서는 "어떤 일도 어려워하지 않는다."라고 평가했다. 하인리히 에버바흐(Heinrich Eberbach) 대장의 상관들도 늘 그를 꽤 긍정적으로 평가했다. 그는 "담력이 있고 탁월하고 어떠한 난관도 이겨 내는 기갑 지휘관"이라는 것이다. "우리가 보유한 최고의 장교 중 한 명"이라고도 했다. 특별히 긍정적인 특성으로 "용맹하고 충실하며 굳건하다."라고 평가했다.[118] 요하네스 브룬(Johannes Bruhn) 소장도 여러 차례 매우 긍정적인 평가를 받았다. "군인에게 특히 가치 있고 인상적인 지휘관 품성을 지녔으며, 어떠한 역경에서도 믿음을 잃지 않는다. 인성이 탁월하게 용맹스럽다. 여섯 차례 부상을 입었다."[119] 우리는 이 책의 다음 장들에서 이 인물들을 다시 만날 것이다. 공군에서도 육군과 마찬가지로 평가했다. 뤼디거 폰 하이킹(Rüdiger von Heyking)은 "강인하고 활기찬 성품, 지휘관 유형. 휘하 사단을 첫날부터 확실하게 장악했다."라는 평가를 받았다.[120]

군인으로서 부정적인 성품을 표현하는 말로는 유약함, "생기 없음",[121] "활력 부족",[122] "의지력 부족 및 난관을 견디는 능력 부족"[123] 등이 있었다. 제158예비사단 사령관인 알빈 나케(Albin Nake) 소장에 대해서 1944년 이런 평가가 내려졌다. "오스트마르크 지방색을 지닌 사령관으로서 엄격성과 결단력이 없어 아주 어려운 상황에서 사단을 제대로 이끌지 못함."[124] 오토 엘펠트(Otto Elfeldt)는 "휘하 지휘관들에게 지나치게 독자적 판단"을 허용했다는 이유로 비판받았다.[125] 알렉산더 폰 풀슈타인(Alexander von Pfuhlstein) 소장에 대해서는 상관이 이렇게 평가했다. "풀슈타인은 염세주의자이다. 아마도 건강 상태 때문일 것이다. 끝까지 강경하게 밀고 나가지 못한다. 국가사회주의 이념에 대한 강건한 믿음이 없다. 그래서 자기 부대의 분명한 실패까지 용서하는 경향이 있다."[126] 풀슈타인은 이런 비판을 받고 곧바로 사단장 자리에서 물러나게 되었다.

그리고 헬무트 로르바흐(Helmuth Rohrbach) 대령도 1941년 11월 연대장 자리에서 물러났는데, 그 이유는 "타고난 비관주의 때문에 어려운 상황을 실제보다 더 어렵게 보며, 그 상황을 강단 있게 극복하는 데 필요한 활기가 부족"하기 때문이었다.[127] 제726척탄연대장 발터 코르페스(Walther Korfes) 대령에 대해서는 심지어 1944년 6월 9일 자진해서 영국군 포로가 된 것은 아닌지 내사에 들어가기도 했는데, 이는 그가 언제나 "근본에서부터 회의적이고 비판적"이라고 평가받아 왔기 때문이다.[128]

국방군 장교들의 인사 문서에 들어 있는 이와 같은 평가들을 보면, 국가사회주의가 군사적 가치 체계에 이념적 색채를 가미한 것이 항상 효과적이지는 않았다고 추측할 수 있다. 그러니까 흥미롭게도 '희생'이나 '열성' 같은 개념은 적어도 육군 인사 문서에서는 나타나지 않는다.(해군 인사 문서는 대부분 폐기 처분되었다.) 그때까지 이런 개념은 친위대 장교 평가에서만 나타났다. 친위대 중령 쿠르트 마이어(Kurt Meyer)에 대한 1943년 4월 29일 평가에서는 "그가 거둔 어마어마한 성과는 …… 오로지 그의 열성적 투지와 주도면밀한 지휘 덕분이다."라고 되어 있다.[129] 희생이나 열성 같은 표현은 가치 체계가 점차 이념적이 되는 것을 잘 보여 주는 지표였다. 나치 프로파간다에서 누누이 강조하는 '정치적 군인'은 바로 과단성 있고 용맹하기만 한 것이 아니라 무엇보다 열성적이고 희생적인 전사였다. 신념으로 충만한 국가사회주의자 장교들에 대한 평가에서 이러한 표현이 나타난다. 이 중 가장 유명한 사람은 해군 원수 카를 되니츠(Karl Dönitz)이다. 1943년 1월 30일 해군 지휘권을 넘겨받았을 때 그는 "가차없는 결단력, 매우 열성적인 헌신과 승리에의 단호한 의지"[130]를 가지고 지휘권을 행사하겠다고 밝혔다. 그리고 무수한 명령들을 통해 이러한 헌신을 휘하 장병들에게도 요구했다. 물론 그런 사람은 되니츠만은 아니었다. '열성'은 2차 세계대전 후반기에 최고사령부 공식 문서에서 되풀이되어 나타나는 상투적 표현이었다.

그런데도 장교 인사 문서에서 1942년 가을 도입한 평가 기준에서 '국가사회주의적인 마음가짐'에 그리 큰 가치를 두지 않았음은 놀랍다. 이런 정치적 범주를 결정적 평가 기준으로 삼지 않는 것은 육군에서는 그야말로 상식이었던 것으로 보인다. '국가사회주의자'라거나 '국가사회주의 토대 위에 있다.'라는 평가는 너무 흔하게 사용되었다. 인사국 책임자 루돌프 슈문트(Rudolf Schmundt) 중장은 이런 개념이 너무 도식적으로 다루어져서 "그에 기초한 평가가 거의 이루어질 수 없다."라고 불평한다.[131] 이런 문서들을 살펴보면, 나치 체제를 거부하는 것으로 입증된 장교들까지도 국가사회주의적인 마음가짐을 지녔다는 평가를 받았음을 알 수 있다.[132] 물론 "군건한 국가사회주의자로서 군인다운 자세를 갖추었다."(루트비히 하일만(Ludwig Heilmann))라거나 "철두철미한 군인이고 국가사회주의자이며, 그에 맞는 본보기와 언어를 통해 국가사회주의 사상을 훌륭하게 전달한다."(고트하르트 프란츠(Gotthard Frantz))[133]는 등 좀 더 강한 표현이 동원되었다면 그 사람의 정치적 입장을 확실하게 추론할 수 있다.

히틀러는 '새로운' 국가사회주의 군인을 만들기 위해 군건한 정치적 입장을 요구했지만, 이러한 정치적 입장은 실제로는 별로 큰 의미를 지니지 않았다. 군대를 국가사회주의 식으로 조직하고 정치적 가치와 군사적 가치를 융합할 것을 상투적으로 되풀이해서 요구했을 뿐이다. 이것은 전쟁이 막바지에 이를수록 더욱 심해졌다. 이런 관념은 결코 정치 지도부에만 국한된 것은 아니었다. 가령 1943년 5월 제529척탄연대장 루돌프 휘브너(Rudolf Hübner) 대령은 이렇게 썼다. "우리가 이상으로 삼는 목표는 긍지가 높고 혈통과 명예를 의식하며, 강건하고 과단성 있고, 모든 군사적 분야에서 최고의 훈련을 받은 돌격병이다. 그는 진정한 게르만적 충성심을 가지고 최고 통수권자인 총통을 우러러보고, 아돌프 히틀러의 세상에 살며, 게르만 독일 민족을 위한 깊은 게르만적 희생정신으로부터 자기 삶의 의미를 받아들이고 궁극의 격려를 받는다."[134]

나치 프로파간다에서 영웅적 국가사회주의 전사라는 이미지는 당연히 매우 강조되었다. 가령 《도이체알게마이네차이퉁(*Deutsche Allgemeine Zeitung*, 독일종합신문)》은 1942년 1월 16일 "여기 투입된 독일 군인은 총통이 명하신 대로 자기 자신을 넘어서 성장하고 싸운다. 최후의 일인까지 열성적인 의지로."라고 쓰고 있다.[135] 그리고 열 달 후에는 이렇게 쓴다. "전선의 사나이는 남성적 덕목으로 늘 두각을 나타내는 군인일 뿐 아니라, 새로운 유럽에 걸맞은 정치적 전사의 심장과 지성을 가진 자이다."[136] 그리고 전쟁이 길어질수록 정치성은 더욱 강조된다. "과거 독일의 어떠한 군인 세대보다도 오늘날의 독일 군인은 군사적 면모를 정치적 면모와 결합시켰다."[137]

그러나 국방군의 공식 보도는 이와는 다른 어감을 나타낸다. 여기에서는 1944년까지도 군인의 업적이 1934년 지침과 같은 수식어로 서술되었다. "특별한 용맹성", "단호함", "모범적 강인함", "대담한 저돌성", "전투에서의 흔들림 없는 용맹성", "투지 있는 공격", "매우 강인한 백병전 능력", "거의 절망적인 난관에서도 끈질기게 버팀" 등이 그것이다.[138] 그리고 히틀러가 가령 전쟁 지휘부에 지시할 때 끊임없이 "승리에 대한 열성적 의지", 적에 대한 "거룩한 노여움", "무자비한 전투"에 대해 이야기했는데도,[139] 국방군 보도에서는 이런 표현을 거의 찾아볼 수 없다. 여기에서 군사적 프레임을 국가사회주의 방식으로 결정적으로 변형시키는 데에 한계가 있었음이 암시된다.

군사적 규범에 나타나는 고전적 덕목들을 지향하는 것은 훈장 문화에서도 분명하게 나타나는데, 한편으로는 오랜 전통적 유산을 접목하면서도 동시에 특별한 용감함을 강조하며 새로운 길을 가게 된다.

독일 제국Kaiserreich, 1871~1918년의 독일의 공식 명칭. 제2제국이라고도 불림과는 달리, 제
3제국에서 장교와 병사는 전투 공동체 안에서 융합되어야 했다. 이것을
두드러지게 드러낸 것은 모든 군인이 계급과 무관하게 동일한 훈장과 휘
장을 받을 수 있다는 사실이었다. 1차 세계대전 중에는 가령 프로이센 최
고 훈장 푸르르메리트(Pour le Mérite)는 장교만 받을 수 있었고 실제로는
특히 최고 지휘관들에게 수여되었다. 이 훈장을 받은 육군 장교 533명 중
중대장은 11명뿐이었고 소대장이나 돌격대장은 2명뿐이었다. 그중 하나
가 젊은 소위 에른스트 윙거(Ernst Jünger)였다.[140] 히틀러가 1939년 9월 1
일 철십자훈장(Eisernen Kreuzes)을 제정한 것은 의식적으로 프로이센에서
가장 중요한 무공 훈장의 전통을 잇고자 한 것이다. 철십자훈장은 1813년
처음으로 제정되었고, 1870년과 1914년에 재차 제정된 바 있었다. 1차 세
계대전에서 철십자훈장은 제복에 착용할 수 있었는데, 가장 유명한 사례
는 바로 히틀러 자신이다. 그는 1급 철십자훈장을 늘 자랑스럽게 달고 다
녔던 것이다. 그리고 철십자훈장 재수여 핀철십자훈장을 두 번째 수여할 때는 새로운
철십자훈장을 받지 않고 재수여 핀을 받는데, 이 핀을 처음 받은 훈장 위에 착용했다은 이 훈장을 받
은 자가 1차 세계대전과 2차 세계대전에서 두 차례에 걸쳐 받았음을 과
시했다. 철십자훈장은 이제 프로이센뿐 아니라 제국의 훈장이 되었다. 이
훈장에는 여러 등급이 있었다.(2급 철십자훈장, 1급 철십자훈장, 기사철십자훈
장, 대철십자훈장[141]) 기사철십자훈장(Ritterkreuz des Eisernen Kreuzes)은 1차
세계대전의 철십자훈장과 차별화하기 위해 새로 도입한 것이고,1차 세계대전
의 철십자훈장은 2급, 1급, 대철십자훈장으로 구성됨 이제 전통이 끊겨 버린 독일 제국의
푸르르메리트에 상응하는 것을 일부러 만들어 낸 것이다. 훈장의 역사에
서 기사십자훈장은 그 자체로 새로운 것은 아니었지만, 기사철십자훈장
은 그때까지 없었던 것이다.

기사철십자훈장, 그리고 전쟁이 시작된 후 도입된 그보다 상위의 세 가지 훈장 등급(백엽 기사철십자훈장, 백엽검 기사철십자훈장, 다이아몬드 백엽검 기사철십자훈장)은 부대 통솔의 탁월한 공로에 대해서 수여되었을 뿐 아니라, 무엇보다도 승리를 결정지은 특별한 무공에 대해서 수여되었다. 이때 "독자적이고 독립적인 결단, 탁월한 개인적 용맹, 전반적 전쟁 지휘에서 결정적인 전공"에 가치를 두었다.[142] 실제 훈장 수여 현황을 살펴보면, 무공의 강조는 빈말이 아니었다. 육군에 수여된 기사철십자훈장 4505건 중 210건이 사병에게, 880건이 부사관에게, 1862건이 위관급 장교, 1553건이 영관급 장교 및 장관급 장교에게 돌아갔다.[143] 그래서 1차 세계대전 당시 푸르르메리트와는 완전히 다르게, 소대장, 중대장, 대대장이 기사철십자훈장 서훈자 중 최대 집단이었다. 사병 서훈자도 5퍼센트는 되었다. 2024건은 다양한 계급의 보병 소속 군인에게 수여되었고, 82건만 지휘 본부 근무 고위 장교에게 수여되었다. 기사철십자훈장의 네 번째 이자 최고 등급인 황금 다이아몬드 백엽검 기사철십자훈장 제정 규정도 이런 체계에 맞아떨어진다. 이 규정에 따르면 이 훈장은 원래 단독 전투를 벌인 군인 12명에게만 수여해야 했다. 하지만 실제로는 급강하 폭격기 조종사 한스울리히 루델(Hans-Ulrich Rudel)에게 단 한 차례 수여되었을 뿐이다.

나치 정권과 국방군 수뇌부 일부에서는 공식 문서를 통해 열성과 희생정신을 강조했지만, 무공 훈장 수여는 실제로는 이러한 이상에 그리 들어맞지 않았다. 가령 영국 최고 무공 훈장인 빅토리아십자훈장과는 달리[144] 기사철십자훈장은 약 7퍼센트만이 사후에 수여되었다.[145] 그리고 서훈자들은 열성적으로 목숨을 희생했거나 적 전차에 자살 공격을 가한 자들이 아니었다. 그보다는 오히려 명확한 기준이 규정되어 있는 전공이 입증된 병사나 지휘관들이 훈장을 받았다. 그러므로 이런 훈장은 자신의 모든 것을 희생한다는 국가사회주의적 의무를 수행한 데 대해서라기보다는 특정 전공에 대해서 수여되었다. 이때 유념할 점은 히틀러가 최고 훈장 수여에만 개입했다는 것이다. 실제로는 사단장이나 공군 비행전대장 등이 훈장 수여 결정권을 지녔다. 그러니까 군인의 정치적 신조를 칭송하여 수여하는 일은 예외 중의 예외였다.

다양한 등급의 철십자훈장 외에도 히틀러와 육해공군 수뇌부는 각각 다른 무공 훈장을 곧 만들어 냈다. 가령 1941년 9월 독일십자금장을 제정했는데 이는 기사철십자훈장과 1급 철십자훈장 사이에 있는 훈장이었다. 그 밖에도 혁혁한 전공을 이룩한 군인 이름을 국방군 보도에서 거명하기도 했다. 그리하여 육군, 해군, 공군이 각각 독자적으로 명예약장을 만들자는 아이디어가 생겨났는데, 여기에서는 혁혁한 전과를 이룬 군인들을 거명했다.

이런 세심한 체계를 갖춘 무공 훈장은 나아가 수많은 전투 휘장들로 보완되었는데 이런 식의 전투 휘장은 독일에만 있었다. 해군은 U-보트, 쾌속정, 구축함, 대형전함, 보조순양함, 봉쇄돌파선, 소해정, 소전투편대, 해군포대에 대해 각각 고유 휘장을 가지고 있었고 각각 다양한 단계로 나누어 수여했다. 공군도 마찬가지였다. 그런데 공군은 그 외에도 특별한 최전방비행 훈장 핀을 제정했는데, 이는 적진으로의 출격을 몇 번 했는지를 표시했다. 육군은 '단독 전투병'을 위해 보병돌격휘장, 일반돌격휘장, 전차전휘장, 대공포휘장, 전차파괴휘장을 제정했다. 가장 영예로운 훈장은 분명 1942년 11월 제정된 백병전 훈장 핀이었는데, 이는 '단순한 무기만 들고 일대일로 싸우는 군인임을 명시적으로 인정하는 표시'였다. 나아가 백병전을 50일 치렀음을 입증할 수 있으며 그런 전투에서 '적의 흰자위'를 보았다면 백병전 금장 핀이 주어지는데 이는 보병에게는 최고의 영예였다. 물론 이 휘장을 받을 때까지 전투에서 살아남을 확률은 낮았다.

그래서 총 619건만 수여되었다.[146] 이 휘장을 최초로 수여한 것은 1944년 늦여름이었고, 이에 대해 대대적 선전이 이루어졌다.

이런 모든 훈장과 휘장 말고도, 소매 띠(아프리카, 크레타, 1944년 메츠, 쿠르란트)와 팔에 부착하는 특별 표찰(나르피크표찰, 콜룸표찰, 뎀얀스크표찰, 크림표찰, 쿠반표찰)도 있었는데, 이것들은 특별히 명예로운 전투에 참여한 데 대해 수여되었다. '스탈린그라드표찰' 제정도 계획했으나, 패전으로 인하여 당연히 포기하게 되었다.

서훈 정책에서는 무엇보다 최전방 군인들에게 적절한 보상을 주고자 했다. 크리스토프 라스(Christoph Rass)의 조사에 따르면, 제253보병사단에서 철십자훈장의 96.3퍼센트가 전투 부대원에게 수여되었다.[147] 후방 복무를 하는 군인들은 등급이 훨씬 낮은 전쟁 공로 훈장만 받을 수 있었다. 이는 지위의 커다란 격차를 가져왔다. 적과 만날 일이 별로 없는 군인들은 훈장을 받을 기회가 거의 없었던 반면, 전방에서 싸우는 동료들은 (목숨을 부지한다면) 무수한 훈장과 휘장을 받을 기회가 있었던 것이다.

이를테면 2급 철십자훈장이 부지기수로 수여되었지만(약 230만 건 추정), 이는 국방군 소속 군인 85퍼센트 이상이 이 최하위 무공 훈장도 받지 못했음을 뜻한다. 그들의 군복에는 아무 장식도 없었던 반면, 생존한 최전방 군인의 군 경력은 세심한 서훈 체계를 통해서 선명하게 드러나게 되었다. 그리하여 이들은 최고의 명예를 누렸는데, 따라서 이런 체계는 바로 사회적 압력을 가하기 위한 것이었다. 그것은 군인으로서 스스로를 입증하는 일은 오직 최전선에서만 가능하다는 압력이다. 그래서 군인들은 휴가를 받아 귀향했을 때 이런저런 방식으로 규정을 위반하고 훈장을 착용하여 가족이나 친구에게 과시하며 자신이 실패자가 아님을 보여 주려 했다.[148] 훈장은 실로 중요한 역할을 했다. 그것이 바로 매우 위험한 임무에 대한 그럴듯한 보상이었기 때문이다.

알폰스 비알레츠키(Alfons Bialetzki) 중위, 1944년 말. 군
복 왼편에 2급 철십자훈장과 1급 철십자훈장, 공수부대 휘
장, 부상자 금장, 보병돌격대 은장, 백병전 금장 핀을 달고 있
다. 군복 오른편에는 독일십자금장을 달고 있고 목에는 기
사철십자훈장을 걸고 있다. 오른쪽 팔에는 단독전투원을 위
한 전차파괴휘장 두 개를 달고 있다. 이 사진에는 보이지 않
지만, 크레타 소매 띠도 달고 있다.(플로리안 베르거(Florian
Berger), 「백병전 금장 핀을 단 철십자훈장 서훈자」, 빈,
2004)

국방군은 엄정한 훈장 수여를 통해 훈장의 영예를 유지하려고 매우 노
력했다. 그리하여 업적에 걸맞은 훈장 수여를 보증하기 위해 규정들을 만
들었다. 특히 1급·2급 철십자훈장은 대량으로 수여되었기 때문에 악용
되는 일을 피하기 어려웠다. 그러나 훈장 체계는 전체적으로 투명성이
높아서 1차 세계대전 때보다는 훨씬 더 인정을 받았다. 그 밖에도 국방
군의 특이점 중 하나는 어떤 행위에 대해 되도록 빨리 훈장을 부여하려
고 했다는 점이다. 가령 어떤 U-보트 지휘관이 특별한 성공을 보고하면,
되니츠Karl Dönitz, 독일의 해군 장교, 2차 세계대전 당시 독일 U-보트 함대 창설자는 무전을 통
해 기사철십자훈장을 수여하기도 했다. 히틀러가 특별한 성공에 대한 보
고를 받고 나서 훈장을 수여할 때까지는 시간이 좀 더 걸리곤 했다. 1942
년 9월 6일 제186보병연대가 치열한 전투 끝에 노보로시크에서 흑해까
지 돌파하는 데 성공했을 때, 해당 부대 장교인 오이겐 젤호르스트(Eugen
Selhorst) 중위와 베르너 치글러(Werner Ziegler) 중위는 몇 주 후에 높은 등

급의 훈장을 받았다. 치글러는 심지어 총통 본영이 있는 우크라이나의 빈 니차까지 날아가 히틀러에게 백엽 기사철십자훈장을 받았다.[149] 프로파간 다에서는 무공 훈장을 받은 군인들을 되풀이해서 대대적으로 칭송했다. 괴벨스는 특히 그들 중 일부를 말 그대로 스타로 만들어서 국가사회주의 의 영웅 숭배에 한몫을 하게 했다. 귄터 프린(Günther Prien)이나 아돌프 갈란트(Adolf Galland)가 좋은 예다.[150]

흥미로운 점은 훈장 디자인은 대개 그리 과하지 않은 갈고리 십자가에 만족했다는 것이다. 독일십자금장만 예외였는데, 그래서 보수적 인물들은 이 훈장의 "노골적으로 국가사회주의적인 표장"에 "마뜩잖아 했다."[151]

전체적으로 보면, 서훈을 통한 이러한 상징 정치가 군인들에게 사회 적 승인을 가져다주었고 이를 통해 군사적 가치가 군인들의 프레임에 깊 이 뿌리내렸다. 앞으로 더 보겠지만, 이렇게 만들어진 규범상의 모범들은 대부분의 군인에게 적어도 해석을 위해 중요한 역할을 했고 또한 행동을 위해서도 자주 중요한 역할을 했다. 그러나 이데올로기를 지나치게 과장 하는 일은 저항에 부딪힌 것처럼 보인다. 이는 랄프 빙클레(Ralph Winkle) 가 1차 세계대전과 관련해서 이미 발견한 사실이기도 하다. 그러니까 훈 장에 대해 긍지를 갖기는 하지만, 정치 지도부가 그들에게 훈장을 주면서 그들의 행동에 거는 매우 포괄적인 기대를 그대로 받아들이는 경우는 오 히려 소수였던 것이다.[152]

범주적 불평등이라는 전 사회적 문화, 그리고 엄격함과 용맹함이라는 규범을 지향하는 국방군의 군사 문화를 배경으로 하여, 국방군 군인이 전 쟁에 나갈 때 어떤 프레임을 가졌는지 대략적으로 스케치할 수 있다. 주 목할 점은 핵심적 가치 지향들은 전쟁 기간 내내 안정적이었지만, 가령 지도부에 대한 평가나 국가사회주의 체제에 대한 평가는 전쟁이 경과하 면서 크게 변화할 수 있었다는 점이다. 그리고 특히 군사적 프레임은 각 개인이 지닌 정치적·철학적·성격적 차이들을 초월했다. 즉 앞서 스케치한 군사적 가치와 이상을 높이 평가하는 것은 자칭 국가사회주의자나 결연한 반나치주의자나 별반 차이가 없었다. 그래서 둘 다 전쟁 중에는 별차이 없이 행동했다. 이런 차이는 오히려 국방군 군인과 무장친위대원 사이에 나타나며, 우리는 나중에 이에 대해 자세히 이야기할 것이다.

전투, 죽음과 죽어 감

총살

> "폭탄 투하가 내게는 욕망이 되어 버렸습니다. 정말 짜릿합니다. 기분이 상쾌하지요.
> 총살만큼이나 기분 좋아요."(공군 중위, 1940년 7월 17일)[153]

사람들은 말한다. 전쟁이 사람을 야만스럽게 만든다고. 그리고 군인은
폭력을 경험하면서, 그리고 절단된 신체, 피살된 동료, (섬멸전에서처럼) 집
단 학살 당한 남자, 여자, 아이 들을 보면서 포악해진다고. 심지어 국방군
과 친위대에서조차 (스스로 행한 폭력이든 지켜보기만 한 폭력이든) 극단적 폭
력과 끊임없이 마주치면 '군기'가 문란해지고 폭력 사용의 규칙과 절도가
무너진다고 우려했다. 폭력을 이렇게 남용하는 것은 전투를 위해서나 대
량 학살을 위해서나 필수적인 효율성과는 거리가 멀다는 것이다.[154] 폭력
에 대한 역사적이고 사회심리학적인 연구들에서도 이런 야만화가 중요한
위치를 차지한다.[155] 이런 연구들에서도 극단적 폭력을 경험하면 자신의
폭력 사용에 대한 평가에 있어서, 그리고 폭력 사용의 정도에 있어서 큰
변화가 나타난다고 여긴다. 자서전이나 전쟁 소설 장르에서도 이러한 견

해가 확인되는데, 이는 다음과 같이 요약할 수 있겠다. 군인들은 특정 기간 동안 거대한 야만성에 노출되면 그 자신도 야만스러워진다.

앞에서 인용한 공군 중위의 말이 시사하는 것처럼, 이런 생각은 틀렸을 수 있다. 첫째, 이런 생각은 폭력 사용이 매력적 경험이라는 사실, 예컨대 '짜릿한 일'일 수 있음을 처음부터 간과한다. 둘째, 극단적 폭력을 저지르려면 먼저 이를 위한 준비가 되어 있어야 한다는 생각이 어쩌면 검증되지 않은 가설에 불과함을 처음부터 간과한다. 극단적 폭력 사용을 위해서는 어쩌면 어떤 무기 하나, 비행기, 아드레날린, 평소에는 지배하지 못하는 것을 지배하고 있다는 느낌 정도면 족할지도 모른다. 그리고 살인이 허락되는, 심지어 권장되는 사회적 프레임이면 족할지도 모른다.

폭력에 점진적으로 적응한다는 가설은 전쟁의 현실에 들어맞기보다는, 당대 증인들이 글을 쓸 때의 서술 전략에 의한 것이거나 글을 쓰는 학자들의 일상적 관념에 토대를 둔 것일 수도 있다. 이 책에서 다루는 자료들에는 군인들이 애초부터 극단적으로 폭력적이었음을 보여 주는 사례가 무궁무진하다. 앞에서 인용한 공군 중위의 말도 개전 후 얼마 지나지 않은 시기의 대화이다. 이 시기에 전쟁은 아직 총력전도 아니었고 섬멸전도 아니었다. 그리고 이 공군 중위는 전쟁을 오직 저 위로부터, 그러니까 공중에서만 보았다. 군인들은 폭력적 사건에 대해 이야기할 때면 '야만화' 같은 토포스를 사용하는 경우가 많았다. 하지만 이런 이야기들에 있어서 극단적 폭력에 적응하는 사회화는 종종 며칠 만에 이루어졌다.

다음 예를 보자. 공군 조종사인 마이어(Meyer)* 소위(* 표시가 있는 이름은 신원이 확인되지 않아 가명을 사용한 것이다 — 글쓴이), 그리고 정찰 장교 폴(Pohl)* 소위가 1940년 4월 30일 나눈 대화이다.

폴: 폴란드 전쟁 둘째 날에 포즈난 철도역에 폭탄을 투하했어요. 폭탄 열여섯

발 중 여덟 발이 도시 안으로 떨어졌지요. 집들 한가운데로요. 즐겁지는 않았어요. 하지만 셋째 날에는 아무러면 어떠냐는 심정이 되었고 넷째 날에는 즐거워졌어요. 아침의 식전 오락 같은 거였지요. 들판에서 달아나는 군인들을 기관총으로 몰아가고 총알 몇 발로 뻗게 만드는 일이 말이에요.

마이어: 근데 군인들한테만 그랬어요?

폴: 사람들한테도 그랬지요. 길거리를 지나가는 한 무리를 습격했습니다. 우리는 삼기편대(三機編隊)로 비행했지요. 지휘 비행기가 거리에 폭탄을 떨어뜨렸고, 다른 두 대는 도랑들에 떨어뜨렸어요. 늘 그런 도랑을 파 놓곤 했거든요. 기관총이 불을 뿜었지요. 차례차례. 그리고 이제 왼쪽으로 커브를 틀었어요. 기관총을 총동원했고 쓸 수 있는 건 다 썼어요. 말 몇 마리가 날아가 버렸어요.

마이어: 어이쿠. 말이요? 세상에!

폴: 말을 보니까 마음이 아팠지요. 사람들은 안 그랬어요. 하지만 말은 끝까지 마음을 아프게 했어요.[156]

폴 소위는 폴란드 침략 초기에 대해 이야기하면서, 자신이 폭력에 익숙해지고 직접 휘두르는 단계에 이르기까지 겨우 사흘이 걸렸음을 전한다. 넷째 날에 벌써 즐거워졌다. 그래서 그 즐거움을 "식전 오락"이라고 표현한다. 대화 상대는 깜짝 놀라 폴이 적어도 적군 병사에게만 그렇게 했기를 바라지만 그런 기대는 어긋난다. 폴은 '사람들', 그러니까 민간인들도 쏴 죽였다. 폴이 익숙해질 수 없었던 단 한 가지는 말들이 죽는 것이었다. 마이어는 이해할 수 있었다. 그다음에 폴은 사람들을 사냥하는 이야기가 아니라 도시를 폭격하는 이야기를 계속한다.

폴: 그러다가 우리 비행기가 격추를 당했지요. 너무 분했어요. 두 번째 엔진이

뜨거워지기 전에 저는 단박에 어느 폴란드 마을 위로 날아갔어요. 그러곤 거기에다 폭탄을 퍼부어 버렸어요. 폭탄 서른두 개를 모조리 그 마을에 명중시키고 싶었어요. 하지만 그렇게는 안 됐지요. 그래도 폭탄 네 개는 그 마을 안으로 떨어졌어요. 저 아래에서 모든 것이 파괴됐지요. 그때 저는 너무 분한 상태였어요. 생각해 봐요. 무방비 상태의 마을 하나에 폭탄 서른두 개를 퍼붓는다는 게 무엇을 뜻하는지요. 그때는 그런 걸 생각할 겨를도 없었다니까요. 폭탄 서른두 개가 다 명중했으면 분명 백 명은 죽었을 거예요.

마이어: 거기 아래에 차들이 많았어요?

폴: 굉장히 많았지요. 어떤 환상 도로에는 폭탄을 꼭 명중시키고 싶었지요. 차들로 붐볐거든요. 그때는 그런 게 무엇을 뜻하는지 생각도 할 수 없었어요. 20미터 간격으로 폭탄을 떨어뜨리려고 했지요. 총 600미터를 커버하려고 했어요. 제대로만 됐다면 꽤 즐거웠을 거예요.[157]

폴은 분명 비행기가 추락하기 전에 최대한 손해를 끼치고자 한 것이다. 그는 최대한 많은 사람을 죽이려 했음을 일관되게 강조했다. 그는 '붐볐기' 때문에 환상 도로를 향해 날아갔고, 제대로 되지 않자 화가 났다. 그다음 마이어가 냉정한 질문을 던진다.

마이어: 비행기가 총을 쏠 때 사람들 반응은 어땠습니까?

폴: 돌아 버렸지요. 대부분 손을 요렇게 뻗은 채 쓰러져서 갈고리 십자가 모양을 했지요. 타타타타타, 쾅. 놈들이 쓰러졌지요! 그 자체로 보면 잔인하지요. (편집) 면상에 제대로 총을 맞고, 엉덩이에 총알이 박힌 채 미친놈처럼 달리더군요. 이렇게 지그재그로, 아무 데로나 마구 달리는 거예요. 소이탄 세 방을 쐈어요. 놈들이 엉덩이에 총을 맞고 손을 높이 들었을 때 쾅 하고 터뜨린 겁니다. 그러니까 다 얼굴을 처박고 엎어졌어요. 그러면 계속해서 쐈지요.

「폭격기 조종사가 조종석에서 내려다본 폴란드 마을의 모습」, 프로파간다용으로 1939년 9월 He-111 폭격기에서 촬영.
(로만 슈템프카(Roman Stempka), BA 183-S52911)

마이어: 만일 곧바로 땅에 엎드리면요? 그러면 어떻게 되지요?

폴: 그래도 총알을 맞지요. 우리는 겨우 10미터쯤 떨어져서 공격했거든요. 그 놈들이 뛰어다녀도, 그 멍청한 놈들이 뛰어다녀도 제게는 계속 좋은 목표물이 있었지요. 그냥 제 기관총만 겨누면 되죠. 확신하는데, 어떤 놈은 총알을 스물두 방이나 맞았어요. 그다음에는 한 번에 군인 쉰 명을 몰았지요. '쏴라, 얘들아, 쏴!' 그러고는 계속 기관총을 난사했어요. 우리 비행기가 추락하기 전에 한 놈이라도 더 내 손으로 쏴 죽이고 싶었어요.[158]

이 대화의 특징은 둘 중 한 사람은 무언가를 전하고 싶어 안달이며, 다른 사람은 이 이야기를 하는 사람이 어떤 사람이고 그가 무엇을 이야기하는지를 이해하려고 일단 애쓰고 있다는 점이다. 우리는 마이어가 그 전에 폴과 얼마나 자주 이야기했는지, 그리고 폴을 얼마나 잘 알고 있는지에 대해 모른다. 그러나 마이어는 자기 손으로 사람을 쏴 죽이고 싶었다는 감방 동료의 욕구에 어느 정도 충격을 받았다. 그는 이렇게 자기 의견을 말한다.

마이어: 그런 짓을 하면 끔찍하게 야만스러워지죠.

폴: 벌써 말했잖아요. 첫날에는 저도 끔찍하게 느꼈다고. 그래서 제가 말했어요. 제길, 명령은 명령이야. 둘째 날과 셋째 날에는 이렇게 말했어요. 아무러면 어때. 그리고 넷째 날에는 재미있었어요. 하지만 그래도 거기에서 말들이 울부짖을 때는……. 비행기 엔진 소리가 안 들릴 정도로 울부짖었다니까요. 말 한 마리는 뒷다리가 찢긴 채로 쓰러져 있었지요.[159]

이 대목에서 내용이 편집되었다. 녹취는 폴 소위가 기관총을 비행기에 장착할 때의 장점을 설명하는 데에서 다시 시작된다. 비행기는 이동성이 있어서 희생자가 사정거리에 들어올 때까지 기다릴 필요 없이 제대로 사냥할 수 있다는 것이다.

폴: 기관총을 비행기에 달면 아주 좋아요. 기관총을 땅에 고정하면 사람들이 다가올 때까지 기다려야 하거든요.

마이어: 땅에 있는 사람들이 저항하지는 않나요? 기관총으로 쏘지는 않느냐고요.

폴: 비행기 한 대가 격추됐지요. 소총으로. 일개 중대가 지시에 따라 일사분란하게 소총을 쏜 거지요. 도르니어 17 폭격기였는데 불시착했어요. 그놈들이

독일 군인을 몰아넣고 기관총으로 갈겼지요. 제게는 폭탄이 128발 있을 때도 있었는데, 10킬로그램짜리도 있었어요. 그걸 민간인들 한가운데 떨어뜨렸지요. 군인들한테도. 게다가 소이탄까지 터뜨렸으니.[160]

마이어의 질문과 의견은 기술적인 문제에 대한 것이다. 하지만 두 번 크게 충격을 받은 것으로 보인다. 한 번은 말이 나오는 대목이고, 또 한 번은 폴이 누군가를 "내 손으로" 쏴 죽이고 싶었다고 말했을 때이다. 폴의 묘사를 믿을 수 있다면, 어쨌든 그는 폭력에 적응이란 걸 할 필요가 전혀 없었다. 그는 자발적으로 그렇게 했고 시간도 그리 오래 걸리지 않았던 것으로 보인다. 여기에서 주목할 점은 폴이 그저 자신이 능란하게 행사한 폭력을 묘사하는 데 그치지 않고, 계속해서 폭력을 너무 적게 행사했다고, 희생자가 더 많았다면 좋았을 거라고 강조한다는 사실이다.

이 대화에서 묘사된 사건은 1939년 9월에, 즉 개전 직후에 일어났고, 이 대화는 1940년 여름에 있었다. 그래서 폴이 마이어 소위와 대화하기 전에 이미 몇 달 동안 전투를 경험했고, 이런 경험 때문에 그 전쟁 초기 사건을 이야기하는 시점에는 어느 정도 더욱 야만스러워졌으리라고 추측할 수도 있다. 그래도 여전히 바르바로사 작전[1941년 6월 22일 독일의 소련 침공 작전명]으로 폭력이 극단적이고 발작적으로 터져 나오기 이전이었다. 물론 폴란드 침공에서도 집단 학살이 자행되었다.[161] 민간인 학살과 유대인 총살이 이루어졌다. 하지만 폴은 조종사였다. 그는 공중에서 사람들을 사냥해 죽였다. 그리고 그의 묘사는 그가 이데올로기 때문에 마을에 폭탄을 뿌리고 사람들에게 총알을 갈겼다는 인상을 주지 않는다. 희생자들은 어떠한 특별한 점도 없었고 일부러 선택된 것도 아니다. 누가 걸리든 좋았다. 누군가 걸려든다는 사실 자체가 그에게는 중요했다. 한마디로 재미있었고 거기에 다른 동기 따위는 필요 없었다. 그의 태도는 어떤 큰 의미나 목표에 기초하고 있는 게 아니라, 다만 자신에게 주어진 여러 가능성의 틀 안에서 최선의 성과를 낳으려고 하는 것 같다. 이처럼 의미 자체가 박탈된 살육은 사냥과 다르지 않다. 그것은 일종의 스포츠로서 그 의미는 다만 사냥을 더 잘하고 더 많이 잡는 데 있다. 그래서 폴은 한창 공격을 하던 중 격추당하자 그렇게 치를 떤 것이다. 사냥의 성과가 엉망이 되어 버렸기 때문이다.

자기 목적적 폭력

이처럼 폴은 개전 초기에 극도로 잔인한 폭력을 행사했으며, 이에 앞선 사건들 때문에 이처럼 잔인해진 것도 아니었다. 폴의 행동 하나하나가 어떤 동기로 저질러졌든지 간에 그는 뜬금없이 사람을 사냥했다. 이는 얀 필리프 렘츠마(Jan Philipp Reemtsma)가 "자기 목적적" 폭력이라고 부른 유형이다. 어떤 다른 목적을 위해서가 아니라 그 자체를 위해서 저지르는 폭력이다. 렘츠마는 신체에 가해지는 폭력의 세 가지 유형을 구별하면서 각각 "자리 차지" 폭력, "약탈" 폭력, "자기 목적적" 폭력이라고 불렀다.[162] (다른 사람이 장애물이기 때문에, 혹은 다른 사람이 가진 것을 빼앗으려고 그를 제거하는) 처음 두 유형을 이해하기는 어렵지 않다. 여기에서는 이 폭력이 무언가를 위한 수단임이 명백하다. 비록 우리가 도덕적으로 동의하지 않더라도 말이다. 그러나 자기 목적적 폭력은 우리의 이해를 넘어선다. 죽이기 위해 죽이는 것이다. 이는 현대 사회와 그 구성원들이 스스로를 그린 자화상에 정면으로 배치된다. 다시 말해 제도와 법체계의 안정성에 대한 믿음, 그리고 무엇보다도 국가의 폭력 독점이라는 자화상에 배치되는 것이다. 렘츠마는 "현대에 신뢰는 국가의 폭력 독점 없이 불가능하다."라고 말한다. 나 자신의 안전을 늘 보장하던 현대 법치 국가가 단 하루라도 사라지는 상상을 해 보면 이는 명약관화해진다.

현대인이 언뜻 보기에 비폭력적인 것은 바로 이런 이유 때문이다. 즉 우리는 폭력이 일어날 것을 예상하지 않으며, 만일 폭력이 일어나더라도 늘 이를 설명하려 한다. 폭력이 무언가를 위한 수단이었다는 식의 설명을 설령 찾을 수 없더라도 어떤 식으로든 이를 설명하려 하는 것이다. 그러나 자신의 신체적 안전이 보장된다고 생각하지 않으면 언제나 폭력이 일어날 것을 계산하려 하고 따라서 폭력이 일어나도 당황하지 않는다. 그래서 신뢰와 폭력의 균형은 만성적으로 불안정하다. 그리고 '무의미하고' '부당하고' '야만스러운' 폭력은 모두 '탈선', '이탈', '야만 행위'로, 즉 '현대'의 반대말로 규정된다. 폭력에 대한 사회학적 연구와 역사적 연구가 비학문적 도덕주의에 빠져 난관에 봉착하곤 하는 이유가 바로 이런 사고방식 때문임이 단박에 분명해진다.[163]

역사적으로 보면, 폭력은 현대에 와서야 반문명적인 것이라고 받아들여졌고, 억눌러야 할 어떤 것, 심한 경우에는 제거해야 할 어떤 것이 되었다. 그러니까 폭력 그 자체가 비난받을 만한 것이 된 것이다. 물론 때로는 도구적 폭력이 불가피하지만, 그때그때 정당화가 필요하다. 다른 곳에서 그런 일이 일어난다면 왜 일어났는지 설명이 필요하다. 문제 해결을 위한 폭력은 정상이지만, 폭력 그 자체를 위한 폭력은 병적이다. 그래서 폭력은 현대의 대로에서 벗어나는 길로 여겨지고, 나아가 현대의 정반대 현상으로 여겨진다. 하지만 당연히 폭력은 가령 최근의 전쟁들이 보여 주듯이 결코 사라지지 않았다.[164] 그러나 역설적으로 현대 문명을 신뢰하려면 폭력이 현대 사회의 정상적 요소가 아니며 현대 사회가 작동하는 통상적 방식에 포함되지 않아야 한다. 그래서 우리는 폭력이 자행될 때 우리 자신은 비폭력적이라고 간주하면서 그 폭력 때문에 호들갑스럽게 당혹스러

위한다. 그러고는 그 이유를 찾는다.

하지만 폴 소위가 자행한 방식의 자기 목적적 폭력에는 이유가 필요 없다. 그 자체로 이미 충분한 이유인 것이다. 사회적 행위는 늘 합목적성을 가져야 하는 세상에서, 그리고 모든 일에 이유를 대야 하고 또 댈 수 있는 세상에서, 이런 자기 목적적 폭력은 마치 표석(漂石)처럼 기이하게 남아 있다. 달리 말해 사회의 모든 영역에서 낯선 것으로 남아 있다. 하지만 가령 인간의 성욕에 이유가 필요했던가? 인간이 먹고 마시고 숨 쉬고자 하는 데 대해 설명을 찾아야 하는가? 이런 인간 존재의 모든 핵심 영역들에서는 욕구를 어떤 방식으로 충족하고 어떤 방식으로 겉으로 드러나는지가 자주 문제시되었지만, 먹고 마시고 숨 쉬고 섹스하려 한다는 사실 자체는 문제시되지 않았다. 설명을 구하는 일은 어떤 원초적 동기가 아니라 그것이 나타나는 방식을 향할 뿐이다. 폭력의 경우에도 그렇게 하는 것이 아마 도움이 될 것이다. 사회학자 하인리히 포피츠(Heinrich Popitz)는 폭력은 언제나 사회적 행위의 여러 선택지 중 하나였다고 말했다. 계통발생적으로 보아서 그럴 수밖에 없다. 다른 생물 종들과 마찬가지로 인간이라는 종도 평화주의가 아니라 폭력 덕분에, 사냥을 할 때나 식량을 두고 경쟁자들과 싸울 때 휘두른 폭력 덕분에 생존했기 때문이다.

서양 사회에서 이루어진 국가의 폭력 독점은 지금까지의 인류사에서 아마 문명의 최대 혁신이며 그 덕분에 개인의 안전과 자유를 전대미문의 정도로까지 보장하게 되었다. 그렇기는 하지만 폭력이 사회에서 일어날 가능성마저 사라진 것은 아니다. 폭력은 국가의 손으로 옮겨 가면서 형태를 바꾸었다. 그러나 사라진 것은 아니며, 언제라도 직접적 폭력의 형태로 다시 바뀔 수 있다. 게다가 폭력 독점은 사회의 핵심 영역인 공공의 사안들을 규제하기는 하지만, 그렇다고 해서 사회의 다른 영역들에서마저 사라진 것은 아니다.

가정이라는 영역에서는 여전히 배우자에 대한 폭력, 자녀와 동물에 대한 폭력이 남아 있으며, 교회나 기숙사처럼 고립된 사회적 공간에서도 그렇다. 경기장, 디스코텍, 술집, 지하철, 길거리 등 공공장소에서 난투극과 강도질이 벌어지고 강간까지 일어난다. 그 외에도 국가의 폭력 독점을 벗어나 폭력을 공공연하게 사용하는 것이 정상적인 경우들도 있다. 가령 권투를 비롯한 투기 스포츠나 SM 클럽 공연 등이 그렇다. 독일 고속도로를 달려 보면 지극히 정상인 사람들이 만성적 폭력 욕구, 때로는 살인 욕구까지 지녔음을 알게 된다. 텔레비전, 영화, 컴퓨터 게임도 폭력을 떼어 놓고 생각할 수 없다. 어쩌면 일상의 현실이 비폭력적이어서 이처럼 상징적 폭력이나 대리 폭력에 대한 욕구는 더 높아졌을지도 모른다. 그리고 마지막으로 말하자면, 국제 사회는 여전히 폭력 독점과는 거리가 멀다. 국가는 여전히 전쟁을 한다. 독일처럼 폭력에 비판적인 사회는 이런 실정을 스스로에 대한 이미지와 합치시키느라 큰 어려움을 겪는다.

달리 말하면, 폭력은 스스로 비폭력적이라고 여기는 사회에서도 절대 사라지지 않았다. 폭력은 언제나 실제로 존재하고 가능성으로도 존재한다. 그리고 그 자체로 수많은 판타지에서 중요한 역할을 한다. 이런 의미에서도 폭력은 물리적으로는 부재하는 것처럼 보여도 '거기' 있다. 폴과 마이어가 대화하던 시점에서 70년이 지난 지금, 그때를 돌이켜 보면서 당시 인간이 얼마나 폭력에 노출되어 있었는지 떠올려 본다면, 폭력을 가하고 당하는 일은 과거의 많은 사람들에게 일상의 경험이었음을 알게 된다. 빌헬름 시대비스마르크의 퇴임 후 빌헬름 2세가 치세하던 1890~1918년의 교육 규범에서 폭력과 엄격함은 중요한 위치를 차지했으며, 체벌은 그저 허용되는 정도가 아니라 문자 그대로 성공적 교육의 필수 조건이었다.[165] 20세기 초반 학교 개혁 운동은 그에 대한 반사 작용이었다. 초등학교, 실업 김나지움, 기숙사, 소년 사관 학교에서도 매질을 했고, 농사일을 하거나 직업 교육을 할 때도 매질을 했다.

사회 전체 차원에서도 폭력은 오늘날보다 훨씬 일상적이었다. 바이마르공화국에서는 강당 난투극, 가두 투쟁, 정치적 암살 등 정치적 폭력이 요즘보다 훨씬 난무했기 때문이기도 하고, 나아가 (경찰/범법자, 남자/여자, 교사/학생, 부모/자녀 등의) 사회의 통상적 교류 형태 자체에 신체적 폭력이 깊이 개입되었다. 국가사회주의 정권의 권력 장악과 더불어 국가의 폭력 독점은 사실상 오히려 약화되고 행정부 외의 준국가적 조직들이 정착되었다. 가령 한때 프로이센의 적법한 보조 경찰이었던 돌격대가 1934년 여름까지 어마어마한 폭력을 휘둘렀어도 국가 기관은 기소하지 않았다. 폭력이 공동체화 수단이자 사회 범주의 구별 수단이기도 하다는 사실은 앞에서 이미 언급한 바 있다.(59쪽 참조) 그리고 유대인을 비롯한 피억압자들에게 행해진 폭력으로 인해, 나치 사회에서, 그리고 그 구성원들의 일상적 의식에서 폭력의 수준이 다시 한 번 높아졌음은 이론의 여지가 없다. 가령 조종사인 하겐(Hagen) 하사는 이렇게 말한다.

하겐: 유대인을 다루는 이 더러운 일을 저는 1936년에 다 겪었어요. 아, 불쌍한 유대인이여! (웃음) 유리창을 깨뜨리고 놈들을 끌어내고 잽싸게 옷을 입혀서 끌고 가는 거예요. 거기에서 즉결 심판을 했어요. 제가 곤봉으로 대가리를 깨부쉈지요. 재미있었어요. 그때 저는 바로 돌격대에 있었거든요. 우리는 밤이면 밤마다 길거리를 쏘다니면서 놈들을 끌어냈습니다. 신속하게. 숙달된 솜씨로 철로 앞에 세운 다음에 끌고 가는 거예요. 놈들은 도시에서 흔적도 없이 사라졌어요. 채석장에서 일해야 했거든요. 하지만 일하기보다는 차라리 총에 맞아 뒈지길 바랐지요. 세상에, 엄청난 소동이었어요. 1932년에 벌써 우리는 놈들의 창문 앞에 서서 "독일이여, 깨어나라!"라고 부르짖었습니다![166]

1940년에는 오늘날에 비해 폭력이 상당히 정상적이고 예상 가능하고 적법하고 일상적이었다. 게다가 군인은 폭력이 목적인 집단에 속했기 때문에, 전부는 아니라도 상당수가 그리 어렵지 않게 폭력에 익숙해졌던 것이다. 폭력은 그들의 프레임에 속했고 살상은 의무였다. 이런 상황에서 그들이 폭력에 대해 자신의 이미지, 본질, 생각과 맞지 않는다고 생각할 이유가 있겠는가? 게다가 공군처럼 폭력이 전투기나 급강하폭격기같이 매력적인 수단, 즉 '첨단 기술'을 통해 이루어진다면, 그리고 그런 경험에 능력, 기술적 우월성, 스릴 같은 아주 매력적 요소들이 통합된다면 어떻겠는가?

이처럼 처음에는 의외로 보이는 상황, 즉 어떤 군인은 반드시 '야만화' 시기를 거치지 않아도 야만적이 될 수 있다는 것은 여러 자료들에서 확인된다. 이런 자료들을 보면 수많은 독일군이 폴란드 침공 직후 민간인에게 폭력을 휘두르고 여성을 강간하고 유대인을 핍박하고 상점과 살림집을 약탈했음을 알 수 있다. 그리고 군 수뇌부가 이를 크게 우려하고 각종 억제 조치를 취했으나 성과는 크지 않았다.[167] 가령 발터 폰 브라우히치 상급대장은 1939년 10월 25일, 그러니까 개전 후 두 달도 채 지나지 않아서 경고했다. "그는 향후 계속 법규를 경시하고 사적으로 치부하는 장교는 모두 직위 해제될 것이라고 경고했다. '폴란드 침공이 성공하고 큰 성과를 거두었다고 해도 일부 장교에게 굳건한 마음가짐이 결여된 것을 묵과하지는 않을 것이다. 가령 불법 거래, 허가받지 않은 압수, 사적 치부, 횡령, 강탈, 흥분이나 어리석은 치기로 부하를 학대하고 위협하는 일, 큰 해악을 끼치는 하위 부대의 불복종, 유부녀 강간 등이 우려할 만큼 자주 일어나고 있다. 용병이나 저지를 이런 행태에 대해서는 반드시 엄중하게 문책할 것이다. 이런 장교들은 그런 행위가 과실이건 고의이건 간에 우리 진영에 속할 수 없는 해충이다.' 그러나 이런 경고에도 불구하고 폰 브라우히치는 1939년 말까지 군기 확립을 위해 계속 추가로 지시를 내려야 했다."[168]

그러나 사회에서 일반적으로 일어나는 일이 군대에서도 일어난다. 인간은 다양하기에 폴 같은 사람이 매우 즐기고 점점 더 탐닉하는 짓이 마이어 같은 사람에게는 역겹거나 적어도 낯설게 느껴진다. 그러나 두 사람 모두 동일한 제도라는 맥락에, 즉 공군에 속해 있고, 같은 상황에, 즉 포로 상태에 처해 있다. 이런 사회적인 측면의 공통점 때문에 개인적 차이들은 어차피 덮이게 된다. 그리고 마이어가 동료 폴을 더러운 놈이라고 여기더라도, 훗날 다른 상황에서 대화할 때 이것은 쓸 만한 이야깃거리가 될 것이다. "수용소에 있을 때 어떤 사람하고 같이 있었는데, 그 사람은 정말로 사람 사냥이 그렇게 재미있다고 얘기했다니까요."

모험담

'죽음'과 '죽임' 같은 개념은 군인들의 대화에는 거의 나오지 않는다. 언뜻 보기에 놀라운 일일 수도 있다. 우리는 '죽임'이야말로 전시의 군인의 핵심 임무이며 그 결과 '죽음'을 맞는 자가 생긴다고 생각하기 때문이다. 하지만 바로 그렇기 때문에 죽음과 죽임이 화제가 되지 않는 것이다. 건설 노동자들이 쉬는 시간에 돌이나 모르타르에 대해 좀처럼 이야기하지 않듯이 군인들도 살인에 대해 좀처럼 이야기하지 않는다.

전투 중 살인은 이 대화를 하는 사람들에게는 뻔한 일이어서 굳이 그런 이야기를 할 동기가 생기지 않는다. 그리고 전투는 비행기로 추격전을 벌일 때처럼 개개인이 담당하는 작전이 아닐 때에는 타율적인 사건이다.[169] 다시 말해 군인 개인이 어떤 행동을 하느냐에 크게 좌우되지 않으며, 부대의 강력함, 장비, 상황, 적 등이 결정적이다. 개별 군인은 죽일지 말지, 죽인다면 누구를 죽일지, 혹은 그 자신이 죽을지를 자신이 결정하기 어렵다. 그래서 이에 대해 이야기하는 것은 별로 오락거리가 되지 못한다. 게다가 이런 이야기를 하려면 그들이 느꼈던 불안이나 절망감 등도 이야기해야 할 것이고 바지에 오줌을 지리거나 토하거나 그와 비슷한 행동을 했던 이야기도 해야 할 것이다. 그런데 이런 이야기는 의사소통에서 (특히 이러한 남자들 집단에서는) 금기다. 게다가 모두 이미 알고 있고 경험한 일이라면 (혹은 알고 있거나 경험한 척한다면) 그에 대해 이야기하는 것은 그리 가치가 없다. 민간인의 일상생활에서도 날마다 하는 업무에 대해서, 또는 오늘 아침에 먹은 달걀 따위에 대해서 굳이 이야기하지는 않는다. '좋은 이야기', 즉 말할 가치가 있고 들을 가치가 있는 이야기의 핵심 기준은 그 일이 예외적이고 두드러지느냐이다. 아주 기분 나쁜 일이거나 즐거운 일이거나, 재치 있는 행동이거나 잔인한 행동이거나 영웅적인 행동이거나 다 마찬가지다.[170] 살아가면서 정상적이고 일상적으로 일어나는 일에 대해서는 거의 이야기를 하지 않는다. 왜 굳이 이야기해야 하겠는가? 전시에 군인들의 정상적 생활 세계에 속하는 사실, 즉 사람들이 죽어가고 죽임을 당하고 부상당한다는 사실은 너무 당연한 배경에 속하므로 그것을 이야기하지 않는 것이다.

그러나 이런 익숙한 일들 말고도 이야기하지 않는 것들이 있다. 가령 군인이 느끼는 감정 같은 것이다. 특히 불안이나 위협감, 불확실성의 느낌, 절망감, 죽을까 하는 걱정 등은 이야기하지 않는다. 우리가 살펴보는 도청 기록에는 이런 이야기가 거의 없다. 관련 문헌들을 살펴보아도, 군인들이 의사소통 속에서 이런 화제를 굳이 외면하고 있다는 걸 알 수 있다.[171] 그들은 죽음에 대해 말하기를 좋아하지 않는다. 그러기에는 죽음이 너무 가깝기 때문이다. 그리고 자신이 살해되거나 부상당한다는, 충분히 일어날 수 있는 가능성에 대해서 이야기하는 일도 아주 드물고, 일반적인 현상으로서의 죽음에 대해서도 별로 이야기하지 않는다. 이런 대화에서 사람들은 "고꾸라지고" "사살되고" "골로 가며", "물에 빠져 뒈지거나" "모두 뻗는다." 자신의 죽음을 떠올리면 동시에 사람이 어떻게 죽는지도 선명히 떠오른다. 그러면 어떤 군인은 자주 목도했고 어떤 군인은 이따금 목도했던 저 죽음들이 생생하게 떠오른다. 그러므로 죽음과 죽임에 대한 대화를 하더라도 직접 말하기보다는 이를 야기한 갖가지 폭력들에 대해 이야기하는데, 이는 언뜻 보기에는 역설적이지만 꼭 그렇지는 않다. 군인들은 자신의 행동이 야기한 결과를 사망자 수나 격침한 배의 톤수로 표현한다. 그리고 죽음에 대해 거의 말하지 않는 것처럼, 자신이 죽인 사람들이 누구인지에 대해서도 거의 이야기하지 않는다.

실제로 폴 소위의 묘사 같은 내용이 이 도청 자료들에서 자주 눈에 띄는데, 대개의 경우 이렇게까지 자세하지는 않더라도 이처럼 솔직하고 당연하게 묘사하곤 한다. 군인들은 사람을 쏘아 죽이는 이야기를 하면서도 대화 상대가 당혹해하거나 싫어하거나 하물며 항변할 것이라고는 예상하지 않는다. 우리는 이 도청 기록에 대화를 남긴 사람들이 동일한 경험 공간에 있으며 동일한 프레임 안에서 소통하고 있음을 유념해야 한다. 그들 모두 독일군에 소속되어 있다. 그들 모두 같은 전쟁을 같은 이유로 수행하고 있다. 70년 후 이 기록을 읽는 사람이 수수께끼로 느낄 만한 일도 있을 수 있지만, 이들 자신은 이에 대해 서로에게 설명할 필요가 없다. 이 대화들은 매우 유사한 경험을 한 사람들이 파티에서 만나거나 길거리에서 우연히 마주쳐 나누는 담소와 같다. 서로에게 이야기를 들려주고, 궁금한 것을 물어보고, 듣는 사람도 더러 이야기에 끼어들고, 실제보다 과장하고, 서로가 동일한 경험 공동체에 속함을 과시한다. 이런 군인들의 대화는 그 내용만 다를 뿐 구조 자체는 크게 다르지 않다. 공군 소속 군인들의 이야기는 주로 격추 이야기인데, 이 자체는 그리 의외가 아니다. 왜냐하면 실제로 많은 군인들이 전투기 조종사거나 폭격기 조종사였고, 주도면밀하게 파괴를 자행하는 것이, 즉 적기를 격추하거나 지상 목표물을 파괴하고, 1942년부터는 의식적으로 공포를 확산시키는 것이 임무였기 때문이다. 이 남자들의 모험담에서는 특히 자신의 조종 기술과 파괴 성과에 대한 묘사에 주안점을 둔다. 전형적 서술은 가령 다음과 같다.

피셔(Fischer): 최근에 보스톤 한 대를 격추시켰어요. 처음에는 후방기총사수부터 작살냈지요. 그놈도 기관총이 세 정 있더군요. 세상에, 끝내주더군요. 기관총 쏘는 거 말이에요. 총구에서 불꽃 튀는 것까지 보인다니까요. 저는 포케불프 190 전투기를 탔는데 기관총은 두 정 있었어요. 기관총 방아쇠를 당겼지요. 놈이 거꾸러지더군요. 끝났지요. 더 이상 총을 못 쏘더군요. 총구에서 나오는 불꽃은 허공으로 흩어졌어요. 오른쪽 엔진을 명중시키자 엔진이 타기 시작했습니다. 이제 왼쪽 엔진을 겨냥해 쐈지요. 그리고 조종사도 총에 맞은 것 같았어요. 그래서 계속해서 방아쇠를 당겼어요. 그러자 그 비행기는 추락해서 폭발했죠. 제 뒤로는 영국의 스핏파이어 전투기 스물다섯 대가 따라왔지요. 저를 쫓아오는 거예요. 그래서 아라스까지 계속 날아갔어요.

코혼(Kochon): 어디에 착륙했는데요?

피셔: 우리 기지로 복귀했어요. 놈들은 따라오다 말고 돌아가야 했어요. 기름이 부족해서 그렇게 멀리 갈 수가 없었거든요. 저는 나중에 다시 생토메르로 갔어요. 영국의 브리스톨 블렌하임 폭격기 한 대도 그렇게 끝장냈지요. 처음에는 뒤에서 비행기 꼬리를 맞혔어요. 그러자 후방기총사수가 총을 난사했지만 총알은 제 비행기 좌우로 스쳐 지나갔지요. 그래서 오른편으로 빠져나와 기관총을 쐈죠. 그러자 놈이 저를 향해서 미친놈처럼 총을 갈기기 시작했어요. 저는 다시 왼편으로 기체를 틀면서 빠져나와 곧바로 방아쇠를 당겼습니

다. 그놈 비행기 지붕이 날아가 버렸지요. 제가 포를 쐈거든요. 폭발해서 날아 갔다니까요. 그리고 놈은 그 안에 쓰러졌는데 벌써 뒈진 거지요. 제가 계속 뒤 에서 공격하자 꼬리가 날아가 버렸어요. 수직안정판이 부서졌지요. 그리고 비 행기가 뒤집히기 시작했어요.[172]

이런 구조를 지닌 이야기는 아마 오토바이 경주자나 극한 스포츠 선수 에게나 들을 수 있으리라. 그리고 이런 이야기에서 죽은 사람에 대한 언 급은 실로 이야기를 하기 위한 보조 수단일 뿐이다. 이야기 속의 희생자 에게는 어떤 고유한 특징도 부여되지 않는다. 이 조종사의 이야기에서 나 타나는 것은 이보다 50년 후 컴퓨터 게임, 특히 에고 슈터 게임[1인칭 시점에서 다양한 무기로 상대를 죽이는 컴퓨터 게임]의 미학에서 나타나는 것과 다르지 않다. 이 는 진부한 비교가 아니다. 왜냐하면 현실에서 총을 쏘든 가상 현실에서 총을 쏘든 그 결과보다는 과정 자체가 중요하기 때문이다. 그 과정은 조 종사 또는 게임자의 숙련도와 반응 속도에 따라 계속될 수도 있고 끝날 수도 있다. 그리고 그 결과는 '카운트', 즉 다양한 종류의 총격 수로 측정 된다. 이런 경쟁과 스포츠로서의 성격은 남자들에게 전형적인 기술에 대 한 열광과 결합하며, 이런 것 자체가 프레임의 일부이다. 개인으로서든 집단 구성원으로서든 희생자는 전혀 중요하지 않다. 희생자의 특징을 서 술하거나 평가하는 일이 전혀 없는 걸 보면, 이 이야기를 하는 사람에게 는 그가 쏘아 맞힌 사람이 누구인지는 아무래도 좋다는 사실을 알 수 있 다. 그에게 중요한 것은 그들이 쏘아 맞혔다는 사실 자체이고 이에 대해 그럴듯하게 이야기를 들려줄 수 있다는 것이다.

비버(Bieber)*: 당신들은 낮에는 보통 어디를 공격하나요? 목표가 어디죠?
퀴스터(Küster)*: 그때그때 달라요. 비행에는 두 가지 종류가 있습니다. 하나는 폭격 비행이죠. 그럴 때는 군수 공장 같은 곳을 공격합니다.

비버: 늘 비행기 한 대로 하는 거예요?

퀴스터: 그렇습니다. 그리고 교란 비행도 합니다. 이때는 어촌 마을을 쑥대밭으로 만들건 아니면 조그만 도시 같은 데를 부숴 버리건 아무래도 좋지요. 이때 어디든지 목표물을 지시받긴 합니다. "이런저런 마을을 공격하라."라고요. 그리고 목표물을 제대로 부수지 못하면 폭탄을 아무 데나 쏟아붓고 오는 거죠.

비버: 폭격 비행이나 교란 비행이 중요하다고 느끼나요?

퀴스터: 폭격 비행은 그렇지요. 한번은 노리치로 폭격을 나갔는데, 재미있었습니다.

비버: 그러니까 도시를 직접 박살 낸 겁니까?

퀴스터: 네, 우리는 사실 어떤 공장을 폭격해야 했지만…….

비버: 어떤 공장인지 지시가 정확히 내려졌어요?

퀴스터: 네, 지시가 내려졌습니다.

비버: 노리치에 뭐가 있는데요?

퀴스터: 노리치에는 비행기 부품 공장이 있죠.

비버: 아, 그래서 그곳을 공격했구나.

퀴스터: 네, 우리는 그 위로 날아가 폭탄을 단번에 쏟아붓기 시작했습니다. 거의 200미터 밖에서도 볼 수 있었죠. 우리는 단번에 노리치 상공에 이르러서 중앙 역을 봤습니다. 하지만 너무 늦게 봤죠. 좀 더 일찍 왼쪽으로 날아가야 했었죠. 그래서 급커브를 틀었습니다. 거의 80도에서 95도 정도로 말입니다. 하지만 소용이 없었습니다. 놈들이 벌써 알아차린 거죠. 그래서 우리는 직선으로 쭉 날아갔습니다. 그때 제일 먼저 눈에 띈 게 우습게 생긴 공장 건물이었습니다. 제가 폭탄을 떨어뜨렸습니다. 첫 폭탄이 건물을 박살 냈죠. 그다음 폭탄들도 공장으로 떨어졌죠. 아침 8시나 8시 반쯤이었어요.

비버: 왜 역엔 폭탄을 떨어뜨리지 않았나요?

퀴스터: 역은 너무 늦게 봤다니까요. 우리는 동쪽에서 갔는데 역은 바로 도시가 시작되는 지점에 있었거든요. …… 그다음에 우리는 도시 안으로 총을 마구 쏴 댔죠. 이리저리 뛰어다니는 것들은 모두 쐈어요. 말이건 소건, 제길, 전차에도 쏴 댔습니다. 쏘고 싶은 데에는 다 쐈죠. 거기에는 대공포도 없었고, 아무것도 없었습니다.

비버: 그렇게 폭격하라고 전날 지시가 떨어진 거예요?

퀴스터: 사실 미리 지시가 떨어진 것은 아닙니다. 누구든지 맘에 드는 데를 공격하면 돼요. 탑승자에게 맡기는 거죠. 그리고 어느 지역이 날씨가 좋으면, 탑승자마다 물어보는 겁니다. "특별히 폭격하고픈 목표가 있나?"라고요.[173]

여기에서 유의할 점은 이야기를 듣는 비버 하사가 영국 정보부를 위해 일하는 독일인 첩자라는 사실이다. 1943년 1월의 이 대화에서 그는 폭격기 사수 퀴스터 상병이 묘사하는 작전의 디테일에 대해 전문가의 견지에서 관심을 보이고 있다. 민간인의 관점에서 물어볼 만한 것들은 전혀 다루어지지 않는다. 왜 역은 공격하지 않았는가? 언제 목표에 대한 지시가 내려졌는가? 조종사들의 대화를 이끄는 물음은 대개 이런 것들이다. 이런 방식으로 대화 참여자들이 흥미롭게 여길 만한 이야기가 전개된다. 이런 이야기는 보통 세 가지 관점을 중심으로 구성된다. 그것은 작전, 수행, 그리고 그때 느끼는 재미다. 왜 폭격이 이루어졌는가, 그 폭격이 법적으로나 도덕적으로 어떻게 정당화되는가 같은 물음은 아무 역할도 하지 않는다. 조종사들은 공중전에서 항상 크게 변하는 전략이나 작전의 틀에 대해서도 논의하지 않는다. 공군 소속 군인들의 관점에서는 협의의 군사 목표물 공격이나 민간인에게 공포를 주려는 공격이나 빨치산 폭격이나 아무 차이가 없는 것이다.

빙클러(Winkler): 저 아래에는 빨치산이 있었지요. 아무도 예상을 못 하는 거예요. 뇌격기 조종사가 갑자기 폭격 재교육을 받은 거지요. 그리고 융커스 88 폭격기로 급강하했어요. 멋졌죠. 하지만 적진 비행으로 평가받지는 못했어요.

분슈(Wunsch): 못 받았어요?

빙클러: 전방 비행으로도 평가를 못 받았어요. 그냥 장난이나 마찬가지였죠. 출동하고 급강하해서 폭탄을 떨어뜨리면 되는 거예요. 그리고 다시 돌아와 착륙하고 다시 이륙하고 급강하해서 또 폭탄을 떨어뜨리지요. 재미있었어요.

분슈: 저항은 없었고요?

빙클러: 말도 마세요. 놈들은 대공포를 가지고 있었지요. …… 우리 지휘관에게는 폭탄이 50킬로그램 있었어요. 그래서 지휘관이 제일 먼저 시작해요. 먼저 상황을 잠깐 살펴봐요. "아, 저기 차가 몇 대 있는 집이 있군." 지휘관 자신도 조종사예요. 낡은 융커스 88로 80도 각도로 급강하하면서 곧 단추를 누르지요. 그리고 급커브를 틀어 귀환하는 거예요. 다음 날에는 친위대와 코사크 부대가 포로들을 데려왔어요. 우리에게는 코사크 부대가 하나 있었거든요. 그들은 저 위에서 공수부대도 떨어뜨렸어요. …… 빨치산들이 수두룩하게 있었지요. …… 매일 밤 기관총 소리가 난무했어요. 그들이 포로를 잡았지요. 그리고 지휘관이 무얼 명중시켰을 것 같아요? 고위 장교들이 있는 참모부 건물을 명중시켰어요. 그곳엔 며칠 전에 거기 내려온 영국군 장성도 있었다니까요.[174]

여기에서 이런 폭력적 사건을 스포츠처럼 생각하고 있음이 뚜렷이 나타난다. 빙클러는 '장난'이라는 말을 하는데, 1944년 7월 베르코르에서 '빨치산'들에게 대인 폭탄을 떨어뜨리는 일이 그에게는 재미있는 일이었다는 것이다. 그전에 지중해에서 연합군 선박들을 상대로 매우 힘겹고 손실이 큰 전투를 벌였던 그로서는 이런 비행이 분명 즐거운 오락거리였다. 그리고 그는 또 다른 사냥의 성공담과 실패담을 이야기한다. 그의 상관이 우연히 죽인 영국군 참모부 군인들에 대해서는 특별히 언급할 가치가 있었다. 이런 유의 대화는 서로 깊이 공감하는 분위기에서 이루어졌다. 1941년 4월의 다음 대화도 그렇다.

페트리(Petri)*: 영국에 주간 공습을 했나요?

앙거뮐러(Angermüller)*: 그럼요. 런던을 공습했지요. 30미터 높이에서요. 일요일이었어요. 바람이 심하게 불어서 하늘에 떠 있던 기구들도 다 내려갔더군요.[175] 저는 혼자였어요. 세 차례 역으로 날아가서 폭탄들을 역에 쏟아 버렸지요. 그러고는 영국을 가로지르며, 펠튼에서 비행기도 한 대 불태웠어요. 올더숏에서는 가건물들에도 기관총을 갈겼어요. 나중에 신문에 났지요. "독일 침입자, 거리에 총을 난사." 우리 부대는 물론 기분이 좋았지요. 우리 부대는 어디라도 개의치 않고 폭탄을 떨어뜨렸어요.

페트리: 민간인에게도?

앙거뮐러: 군사 목표물에만! (폭소)[176]

앙거뮐러는 런던 폭격에 대해 이야기하며 자부심을 드러낸다. 이 폭격은 편대 없이 독자적으로 공격했는데도 폭격뿐 아니라 저공비행을 하며 기관총을 난사하기도 했기 때문에 더욱 값어치가 높아졌다. 이런 일은 아주 이례적이어서 나중에 영국 신문에 날 정도였다. 어쨌든 앙거뮐러는 이 인상적인 이야기를 더욱 강조하기 위해 이런 말을 덧붙이는 것이다. 동료가 이 작전에서 민간인에게도 총을 쐈느냐고 묻자 앙거뮐러는 역설적으로 대답했고, 그래서 모두 폭소를 터뜨린다.

파괴의 미학

군인들은 자신들이 수행하는 총격을 뚜렷하게 보이고 입증하는 것을 매우 중시하고 또 자주 이야기했다. 그들은 자신의 총격 수와 자신이 소속된 비행전대와 적의 총격 수를 매우 정밀하게 헤아렸다. 의외가 아니다. 이 총격 수에 의거해 포상과 진급이 이루어지기 때문이다. 이런 보상뿐만이 아니었다. 자기 비행장에 몇 차례 성공적으로 착륙하고 그 작전에서 가한 총격 수를 면밀하게 합산하고 나서 뒤늦게 1급 철십자훈장이나 기사철십자훈장도 수여되곤 했다. 조종사들은 (특히 육군 병사들과는 달리) 전공을 직접적으로 보여 줄 수 있었다. 적 비행기가 격추되거나 불타거나 폭발하는 것을 보면서, 지상의 건물이나 기차나 다리가 터지고 타오르는 것을 보면서, 자신이 성공을 거두었는지 그리고 어떤 성공을 거두었는지를 눈으로 확인한다. 공중으로부터의 살인에는 이를 미적 체험으로 인식하고 감지하도록 만드는 두 측면이 있다. 첫째는 바로 가시성이고 둘째는 자신이 저지른 일을 비교적 안전한 거리에서 볼 수 있다는 것이다.

지베르트(Siebert)*: 진짜 죽이는 기분이지요. 조종사로서, 독일을, 자기 기지를 저 멀리 뒤로하고, 여기에서 공격을 가하는 일 말입니다.
메르틴스(Mertins)*: 급강하 폭격기는 엄청난 일을 했어요. 영국 전함을 침몰시켰으니까요. 전함 위로 날아가서 250킬로그램짜리 폭탄을 굴뚝 안에 쏟아부었고 탄약고를 명중시켰어요. 그래서 배가 끝장난 거지요. 폴란드에서도 그랬다니까요. 폭탄을 모조리 쏟아부었어요. 그때마다 자기가 뭘 맞혔는지 눈으로 볼 수 있지요.[177]

파괴의 미학에서 성공이 직접적으로 눈에 보인다는 것만큼이나 커다란 역할을 하는 것이 폭격 시 목표를 적중시키는 정확도가 높아지는 것이다. 한 중위는 1940년 9월 다음과 같이 이야기한다.[178]

"250킬로그램짜리 폭탄을 뱃전에 떨어뜨렸죠. 그 기선에 곧바로 커다란 구멍이 생겼어요. 해가 뉘엿뉘엿했는데 우리는 똑똑히 볼 수 있었죠. 선체 중앙에 구멍이 뚫려서 거대한 연기가 기둥처럼 치솟고 배는 가라앉았죠. 시원한 바람이 불었어요. 우리가 두 눈으로 똑똑히 봤다니까요."

또 다른 예는 한 소령의 다음과 같은 이야기다.[179]

"저는 템스헤이븐의 기름 탱크를 폭파했죠. 오후 3시에서 4시 사이였어요. 제가 헤아린 바로는 열두 개였어요. …… 처음에 이 목표물로 향할 때 목표물을 다른 것으로 바꿀까 고민했어요. 빅토리아 항구에서 유조선 두 대를 보았거든요. 이 배들은 부두에서 짐을 내리고 있었고 거기에도 기름 탱크가 꽤 많이 있었어요. 어쨌든 이 일로 저는 상당히 인정을 받았죠. 아마 제가 한 일 중에 최고의 전과였을 겁니다. 영국에서 한 일 중에서 말이에요. 성공한 일을 그 자리에서 곧바로 보는 재미도 있어요. 런던 하늘 위로 공중분열 비행하는 것과는 또 다르다니까요."[180]

이러한 가시성, 자신의 파괴력의 미학은, 기술적 문제에 대한 수많은 대화와 더불어(270쪽 참조) 공군 소속 군인에게는 아마 제일 중요한 주제일 것이다. 이들은 공격과 총격을 매우 세밀하고 생생하게 묘사했다.

피셔: 우리는 포케불프 190을 타고 템스 강 하구에 있다가, 총구 앞에 들어오는 배들에 모조리 총격을 가했습니다. 어떤 배에는 돛대에 총격을 하니까 돛

대가 터졌어요. 단번에 돛대가 사라졌죠. 조그만 배는 그렇죠. 폭탄을 싣고 날아가 공장을 공격하기도 했어요. 한번은 제가 선두에서 비행하고 제 뒤에 다른 비행기가 따라오고 있던 때였어요. 헤이스팅스에서 아래로 내려갔는데 어마어마하게 큰 공장이 있었지요. 철도 근처의 해안가였어요. 제 뒤의 비행기가 도시 위로 비행해서 폭탄을 도시 안에 쏟아부었죠. 저는 이렇게 말했지요. 세상에, 공장에서는 연기가 참 예쁘게 나는군! 폭탄을 쏟아 넣으면 허공으로 날아가 버리는 거죠.

포크스톤에서는 역을 폭격한 적이 있는데 바로 그때 커다란 여객 열차가 막 떠나고 있었죠. 철컥하고 폭탄을 열차로 떨어뜨렸죠. 요놈들아, 맛 좀 봐라! (폭소) 딜의 기차역에는 어마어마하게 큰 창고가 있었어요. 거기에 폭탄을 퍼붓자 화염이 솟아올랐는데 그런 불길은 한 번도 본 적이 없어요. 그런 폭발은 말이에요. 아마 불에 잘 타는 뭔가가 있었나 봐요. 그 파편들이 우리 눈앞으로 날아갔죠. 우리보다 더 높이 공중으로 날아가 버렸어요.[181]

이것이 위에서 바라본 전쟁이었다. 폭격기 탑승자의 관점에서, 특히 전투기 조종사의 관점에서 바라본 전쟁. 이것은 파괴가 자행되고 사람들이 뛰고 달아나고 죽어 가는 저 아래에서 전쟁을 보는 것과는 다른 관점이다. 조종사들의 피해도 컸다. 1940년 8월 1일부터 1941년 3월 31일 사이에만 1700명 이상이 전사했다.[182] 하지만 바로 이 때문에 이런 작전이 지닌 스포츠와 같은 성격과 파괴의 미학적 체험이 더욱 커졌다. 거기에는 반드시 위험도 포함되기 때문이다. 그리고 그 위험에서 살아남는다면, 이는 비행 기술에 탁월하게 숙련되고 통달한 덕분이다.

"하이드에서 저 아래 해안가에 비행장이 하나 있었어요. 하지만 비행기는 없었죠. 일요일 아침 10시에 중위가 제게 말했어요. '이리 와 봐. 우리 특별한 걸 한번 해 보자고.' 우리는 그리로 날아갔고 250킬로그램짜리 폭탄을 각각 두 개씩 떨어뜨렸죠. 공중에는 안개가 살짝 끼어 있었어요. 제기랄. 우리가 계속 날아서 안개에서 빠져나오자 활주로가 보였죠. 태양이 홀연 멋지게 비치고 영내에는 사병들이 모두 밖으로 나와 발코니에 앉아 있더군요. 우리는 그리로 붕 날아가서 쾅 하고 폭탄을 떨어뜨렸고 병영은 공중으로 날아가 버렸죠. 사병들은 모두 근방으로 날아가 버렸어요. (폭소) 그리고 커다란 가건물이 보였죠. '저기를 치자.'라고 생각했어요. 그 앞에 큰 건물이 하나 있었는데 모두 그 부근으로 달아나면서 닭처럼 파닥이며 뛰어다녔죠. 가건물은 불타고 저는 아마 웃었던 것 같아요."[183]

또 다른 대화에서는 가시성의 미학과 파괴의 미학을 보여 주는 또 한 가지 요소가 언급된다. 그것은 전투 행위를 자동적으로 촬영하는 일이다. 우리는 2차 이라크 전쟁 때부터 목표물 파괴를 사수의 시선에서 기록하는 일에 대해 알고 있다. 벙커 폭격을 공격 미사일의 시선으로 잡아서 어떤 의미로는 '라이브로' 뉴스에서 보여 준다. 하지만 2차 세계대전 때도 이미 "카메라와 무기의 일체화"(게르하르트 파울, Gerhard Paul)가 중시되었다. 처음에는 전투기 주익(主翼)에 카메라를 설치했고, 나중에는 무기에 소형 영화 촬영기를 결합해 조종사가 총격을 곧바로 기록하고 언론은 그 스펙터클한 사진을 내보낼 수 있었다. '금주의 뉴스(Wochenschau)'에서 조종사와 사수의 시각에서 찍힌 총격 사진들을 내보냈는데, 특히 급강하 폭격기의 시각에서 찍힌 사진이 대중의 사랑을 받았다.[184]

코혼: 이제 폭격기에는 포 아래 자동카메라가 달려 있고, 폭격할 때마다 카메라가 사진을 찍습니다.

피셔: 하지만 저는 일반 카메라도 따로 설치했어요.

코혼: 단추를 누르면 카메라가 찍죠. 그러면 명중시켰는지 알 수 있어요.

피셔: 우리 폭격기도 예전에 포가 있던 자리에 카메라가 있어요. 세 대를 거기에 설치했어요. 제가 2초 동안 단추를 누르자 영국 전투기 스핏파이어가 터져 버렸죠. 스핏파이어 연료가 우리 비행기 오른편에 튀었다니까요. 엄청났지요![185]

재미

> "단언하건대, 저는 영국에서 이미 사람들을 죽였습니다. 우리 비행 중대에서는 저를 '프로 사디스트'라고 불렀으니까요. 저는 눈에 보이는 것이라면 모두 고꾸라뜨렸죠. 길거리를 오가는 버스나 포크스톤의 민간 열차도 말입니다. 저 아래 도시들에 폭탄을 투하하라는 지시가 우리에게 떨어졌죠. 저는 자전거 타는 놈들까지 다 쏴 버렸어요."(피셔 하사, 메서슈미트 109 조종사, 1942년 5월 20일)[186]

앞서 말했듯이 공군 병사들의 대화에서 공격이 성공할 때 느끼는 재미는 중요한 역할을 했다. 그러한 의사소통에서는, 자기가 비행기를 얼마나 탁월하게 다루는지, 자기가 적이나 동료보다 얼마나 우월한지를 서로에게 과시하는 일도 중요했지만, '재미'도 큰 비중을 차지했다. 좋은 이야기가 되려면 재미가 있어야 하기 때문이다. 좋은 이야기는 흥미진진해야 하고 그 내적 구조에서 의미가 분명하고 이해하기 쉬워야 하며 요점이 있어야 한다. 좋은 이야기 덕분에 다 같이 웃으며 그들은 자신들이 똑같은 가치를 공유함을 재확인한다. 그것은 총격과 재미가 하나로 합쳐지는 세계다. 재미를 위한 이야기에서 희생자는 참된 의미의 희생자로 등장하는 것이 아니라 그저 목표물로 등장한다. 그것이 선박이건 비행기건 집이건 자전거 타는 사람이건 축제에 온 사람이건 기차나 배를 타고 여행하는 사람이건 유모차를 밀고 가는 여성이건 상관없다. 1940~1944년 영국과의 공중전에 대한 다음 이야기들에 대해 따로 논평할 필요도 없을 것이다.

에슈너(Eschner)*: 우리 지휘관은 자주 주간 공습을 하게 했어요. 주로 선박 같은 곳에다가요. 기분 전환을 위한 스포츠 같은 것이었죠. 우리에게 호의를 베푼 거예요. …… 제가 앞장서서 출격해서 기선을 발견했어요. 그 근처 로스토프트의 조그만 항구에 있는 배였어요. 기선은 두 척이었고, 작은 경비선 하나가 있었어요. 거기에 도착한 우리는 500미터에서 600미터 정도의 구름 높이로 떠 있었죠. 10킬로미터쯤 떨어졌을 때부터 이미 저는 배들을 볼 수 있었어요. 활공하려고 했죠. 순식간에 활공각 안에 들어섰고 공격을 시작했어요. 배를 한 방 맞혔죠. 이제 놈들도 쏘기 시작했어요. 곧바로 최고 속력으로 들어갔다가 다시 나왔죠. 정말 죽여주게 재미있었다니까요.[187]

부데(Budde): 두 번의 교란 공격을 했습니다. 비행해서 집들을 공격했지요. …… 우리 앞에 나타난 것은 산 위의 빌라들이었죠. 멋진 목표물이었어요. 저공비행하다가 조준하면 집의 창문들이 부서지고 지붕이 날아가는 소리를 들을 수 있었죠. 포케불프 190을 가지고 두 번이나 해냈어요. 두 번이나요. 마을에서 말이죠. 한 번은 애슈퍼드에서였어요. 시장 광장에서 무슨 집회가 있었는데, 사람들이 많았고 연설도 하고 있었죠. 그놈들이 사방으로 흩어졌지요! 진짜 재미있었어요![188]

보이머(Baeumer): 우리는 정말 근사한 일을 했어요. 하인켈 111을 몰고 돌아오면서 아주 멋들어진 일을 벌였죠. 우리는 비행기 앞에 20밀리미터짜리 포들을 장착했어요. 그 후 길거리 위로 저공비행하면서 자동차가 마주 오면 헤드라이트를 켰죠. 놈들은 차가 다가온다고 생각했겠죠. 그다음에 대포를 쏴 버리는 거죠. 몇번이나 성공했다고요. 아주 멋졌어요. 정말 재미있었다니까요. 열차에도 그렇게 했죠.[189]

하러(Harrer)*: 우리 어뢰들은 정말 대단해요. 한번 터지면 모조리 부숴 버리거든요. 집을 여든 채는 부숴 버려요. 제 동료는 긴급 상황에서 어차피 물에 버려야 하는 어뢰들을 작은 마을에 쏟아부었죠. 집들이 공중으로 날아가고 공중에서 산산조각 나는 것을 보는 거죠. 어뢰들은 외벽이 아주 얇아요. 얇은 금속 외벽이죠. 그리고 어떤 폭탄보다도 폭발력이 훨씬 좋아요. …… 그런 걸 집에 터뜨리면 집은 그냥 날아가죠. 가루가 되는 거예요. 정말 죽여주게 재미있었다니까요.[190]

그라임(V. Greim): 한번은 이스트본에서 저공비행 공습을 했습니다. 그리로 가니 커다란 성이 있었지요. 아마도 무도회 같은 게 있었나 봅니다. 어쨌든 옷을 잘 차려입은 귀부인들이 많았지요. 악대도 있었고요. 우리는 둘이었죠. 멀리서 염탐을 했어요. …… 그리고 다시 돌아오면서 거길 폭격했죠. 처음에 비스듬히 날아가면서 공격하고는 다음에 다시 한 번 공격을 했어요. 명중시켰죠. 정말 끝내줬습니다![191]

사냥

사냥은 야생 동물을 탐색하고 추격하고 총을 쏘아 쓰러뜨리고 내장을 들어내는 것으로 이루어진다. 사냥에는 여러 방식이 있다. 단독 사냥을 제일 많이 하는데, 사냥꾼 한 명이 개를 데리고 희생물을 사냥하는 것이다. 그리고 몰이 사냥이 있는데, 조력자들이 사냥꾼 총구 앞으로 야생 동물을 몰아오는 것이다. 사냥에는 스포츠의 측면이 있다. 노련하고 주의 깊어야 하고, 야생 동물보다 영리해야 하고, 잘 숨어야 하고, 눈치채지 않게 습격해야 하며, 총을 잘 쏴야 한다. 그러나 사냥에는 아주 특별한 규칙들도 있다. 정해진 시기에만 사냥하고 정해진 동물만 사냥하는 것 등이다. 이런 요소들은 모두 전투기 조종사들이 갖추어야 하는 요소들이기도 하다. 그래서 그들은 그렇게 불린다.전투기 조종사를 뜻하는 독일어 Jagdflieger는 원래 '사냥 조종사'라는 의미다 그래서 조종사는 자신의 임무를 사냥이라는 맥락에서 이해한다. 예를 들면 비행기에서 낙하산으로 탈출한 적기 조종사에게 총을 쏘는 것은 금지된다. 그가 여전히 적이라도 그래서는 안 되는 것이다.[192] 전투기 조종사인 아돌프 갈란트(Adolf Galland) 장군은 미국의 폭격기 편대를 공격하는 것을 "사냥꾼답지 않다."라고 표현하기도 했다. 사냥은 '재미'있고 조종사들은 늘 이에 대해 이야기한다. 전투기 조종사만큼 전투를 스포츠로 여기는 것은 U-보트 승조원뿐이다. U-224의 유일한 생존자인 볼프디트리히 당크보르트(Wolf-Dietrich Danckworth) 소위가 사용하는 은유는 그럴듯하다.

당크보르트: 요즘도 그건 재미있어요. 호송선단을 공격할 때면, 늘 개들이 눈을 부라리며 감시하고 있는 양 떼 속으로 늑대가 들어가는 것처럼 느껴져요. 코르베트함다른 배들은 공격으로부터 보호하는 소형 호위함들이 개인 셈이고 다른 배들이 양이죠. 우리는 늑대처럼 주위를 어슬렁거리다가 치고 들어갈 좁은 길을 발견하면 그리로 쳐들어가서 공격하고 다시 빠져나오죠. 제일 근사한 일은 단독 사냥이지요.[193]

사냥 대상이 군사 목표물인지 민간 목표물인지는 아무래도 좋다. 에른스트 윙거는 개전 2년 반 만에 마침내 "정확한 총격"을 가해 영국인을 "쓰러뜨렸다"는 것을 일기장에 열광적으로 묘사한다.[194] 앞서 말했지만, 여기에서 누구를 왜 쏘아 죽이는지는 중요하지 않다. 성과를 거둔다는 것, 그것도 되도록 근사한 성과를 거둔다는 것만이 중요하다. 여기에서도 총격을 스포츠로 생각하고 있음이 나타난다. 그래서 총격 대상이 유명하거나 중요할수록 성과가 큰 것이다. 그럴수록 이야기는 더욱 흥미롭다.

도크(Dock): 저는 대개 같은 목표물의 사진을 두 번 찍었죠. 그중 한 장은 늘 윗분들이 가졌어요. 제일 근사한 사진은 휘틀리 폭격기를 찍은 것이었는데, 우리 비행대대에서 처음 격추한 놈이죠. 우리는 그 첫 번째 격추를 축하하는 파티를 했다니까요! 다음 날 아침 5시 반까지요. 7시에 다시 출격이었는데 말이에요! 모두 술에 취해 비행기에 짐짝처럼 실렸지요! 휘틀리는 우리 대대가 격추한 첫 번째 목표물이었거든요. 그다음에는 4발기 리버레이터, 핼리팩스, 스털링, 선덜랜드도 격추시켰습니다. 그리고 록히드 허드슨도요. 민항기도 네 대나 격추시켰죠.

하일(Heil): 놈들은 무장 상태였어요?

도크: 아뇨.

하일: 그럼 그놈들을 왜 쐈어요?

도크: 우리 엽총 앞에 들어오는 건 다 쐈어요. 한번은 총격을 가했는데, 거기에 큰 짐승들이 잔뜩 타고 있었던 거예요. 열일곱 명이 타고 있었죠. 승무원 네 명, 승객 열네 명이 리스본에서 오고 있었지요. 유명한 영국 영화배우 레슬리 하워드(Leslie Howard)도 있었어요. 그날 저녁에 영국 라디오에서 들었거든요. 놈들은 대담한 조종사들이었죠. 민항기 조종사가 말이죠. 세상에나, 승객 열네 명이 탄 비행기를 뒤집어 버리더라고요. 어이쿠, 그놈들은 모두 비행기

1939년 「바람과 함께 사라지다」에서 애슐리 윌키스 역을 맡은 영화배우 레슬리 하워드(1893~1943). 1933년 사진. 1943년 6월 1일 KLM 항공기 777을 타고 리스본에서 브리스톨로 가는 도중에 비스케에서 제40전투비행전대 예하 제5편대의 Ju-88 전투폭격기에게 격추되었다.(미상, 울슈타인 사진서비스)

천장에 매달렸을 거예요! (웃음) 그 비행기는 3200미터 상공에서 비행했거든요. 멍청한 놈들! 그 비행기는 직선으로 날다가 우리를 보자마자 커브를 돌기 시작했어요. 하지만 놈들을 잡았죠. 그리고 우리가 가진 걸 다 퍼부었죠. 오, 하나님! 놈들은 기체를 기울여 우리에게서 벗어나려고 했죠. 커브를 그리며 날았어요. 세상에. 한 대가 뒤를 좇았고 다른 한 대가 그 뒤를 따라갔죠. 우리는 아주 침착하고 냉정하게 버튼을 눌렀어요. (웃음)

하일: 비행기가 추락했어요?

도크: 당연하죠.

하일: 그리고 그놈들은 탈출했어요?

도크: 아니, 놈들은 모두 죽었어요.[195]

배우 레슬리 하워드가 사망한 민항기 더글라스 DC-3의 격추 이야기에서는 전쟁 프레임이 지니는 스포츠의 측면이 특히 잘 표현된다. 21세의 하인츠 도크(Heinz Dock) 상병은 정말 사냥을 나온 것처럼 심지어 "엽총"이라고 말한다. 희생자는 "큰 짐승들"이다. 도크는 총격에서 벗어나려고 극적인 도주 작전을 펼친 민항기 조종사에 대해서는 분명 존중심을 표하고 있다. 하지만 도크의 전투기로부터 벗어날 방법은 없었다. 도크가 으스대며 말하듯이 그와 동료들은 "아주 침착하고 냉정하게 버튼을 눌렀"다. 민항기는 추락한다.[196]

이 이야기는 일부 군인에게는 군사 목표물과 민간 목표물의 구별이 전혀 의미가 없었음을 다시 한 번 보여 준다. 그저 격추, 총격, 파괴만이 중요하다. 누구를 공격하는지는 중요하지 않다. 아주 드문 경우에는 심지어 군사 목표물이 아니었음을 새삼 강조한다. 제26전투기전대의 한스 하르티히스(Hans Hartigs) 중위는 1945년 1월 이렇게 말한다.

하르티히스: 저는 직접 영국 남부로 비행했어요. 1943년에 우리는 한 시간마다 무리 지어 비행했고 눈에 보이는 모든 것에 총격을 하되 군사 목표물은 공격하지 말라는 명령을 받았어요. 우리는 여자들이나 유모차를 탄 아기들도 죽였죠.[197]

민간 목표물을 일부러 공격하고 총격을 가하는 것이 무슨 의미인지를 특히 노골적으로 보여 주는 것은 폭격기 조종사 빌레(Wille)*와 잠수함 상병 졸름(Solm)*의 대화이다.

졸름: 우리가 아동 수송Kindertransport, 1938~1940년 수천 명의 유대인 난민 아동들을 구출해 내는 작전들의 비공식 명칭 선박을 박살 냈죠.

빌레: 당신들이요? 아니면 프린(Prien) 소령이?

졸름: 우리가 했어요.

빌레: 몽땅 익사했어요?

졸름: 그래요. 몽땅 죽었어요.

빌레: 얼마나 컸는데요?

졸름: 6000톤 배였죠.

빌레: 어떻게 알았어요?

졸름: 무전을 통해서요. BdU[198]가 우리에게 전달했죠. '저기 호송선단이 있다. 식량을 적재한 선박이 몇 척 있다. 이런저런 것을 실은 선박이 몇 척 있다. 아동 수송이 이루어지고 있다. 그리고 이런저런 것들이 있다. 아동 수송선은 크기가 어떻고 다른 것은 또 어떻다.' 그래서 우리는 공격했습니다. 그리고 질문이 떨어졌죠. "호송선단을 공격했는가?" 우리는 "그렇다."라고 대답했죠.

빌레: 오십 척 중에서 바로 그 배에 아이들이 있다는 걸 어떻게 알았어요?

졸름: 우리에게 큰 책이 있거든요. 이 책에는 영국과 캐나다 해운 회사의 모든 배들에 대해 적혀 있습니다. 그걸 찾아보는 거죠.

빌레: 선박명은 안 나와 있잖아요.

졸름: 나와 있어요.

빌레: 거기 배 이름도 나와 있다고요?

졸름: 이름도 있죠.

(편집)

졸름: 아동 수송선이라……. 얼마나 재미있었는지.[199]

졸름은 1940년 9월 18일 영국 여객선 시티오브베나레스(City of Benares)를 침몰시킨 일에 대해 이야기하는 것이리라. 영국 어린이 일흔일곱 명이 죽었다. 그의 서술이 역사적 사실과 완전히 일치하지는 않으며 이 일을 과장하고 있다는 사실(BdU에는 베나레스에 아이들이 있다는 사실이 알려지지 않았다.)은 이런 맥락에서는 중요하지 않다. 중요한 사실은 졸름이 아이들을 실은 배를 '박살 내는' 이야기로 상대에게 깊은 인상을 심어 줄 수 있다고 믿고 있다는 것이다.

격침

해군과 육군 소속 군인들의 이야기는 조종사들의 이야기와 크게 다르다. 그들의 대화에서는 '사냥'이라는 부분이 부각되지 않는다. 순수하게 기술적 관점에서 보면, 이들에게는 단독 행위를 할 기회도 거의 없었다. 전투기 조종사처럼 비행기를 능란하게 다룬다고 으스댈 수도 없었고, 전체적으로 보아 부대 내에서 타율적 상황에 있었다. 해군과 육군 병사들의 이야기에서는 '재미'라는 개념을 거의 발견하지 못할 것이다.

육군 소속 군인이 교전 중의 살인 상황을 이야기하는 경우는 놀랄 만큼 드물다. 히틀러유겐트 친위대사단의 프란츠 크나이프(Franz Kneipp) 소위는 이런 소수에 속한다. 1944년 7월 9일 그는 포로로 잡히기 직전 노르망디 전투에 대해 이야기한다.

크나이프: 참호에서 제 바로 옆에서 무전병 한 명이 고꾸라졌어요. 불시에 총을 맞은 거죠. 그다음에 차량에 탄 전령이 한 명 왔는데 그도 제 옆에서 쓰러졌죠. 마찬가지로 총에 맞았어요. 둘 다 제 손으로 붕대를 감아 주었죠. 그 후에 덤불에서 미군 한 놈이 기어 나오더라고요. 탄약 상자 두 통을 들고 있었어요. 저는 정확히 겨냥해서 총을 쐈고 그놈은 날아가 버렸어요. 그리고 창문을 쐈죠. 어느 창문에서 총알이 날아오는지는 정확히 몰랐어요. 거울을 들고 살펴보니 한 놈이 보였습니다. 기관총으로 조준해서 창문을 갈겼고 쿵 하는 소리가 나고 상황 종료였죠.[200]

빨치산이나 '테러리스트'를 살해하는 일이 제일 자주 이야기되었다. 우리는 전쟁 범죄에 대한 다음 절에서 이에 대해 좀 더 자세히 다룰 것이다.(131쪽 참조) 해군 소속 군인들의 대화에서도 살해에 대한 이야기는 거의 나오지 않는다. 이에 반해 이들은 격침한 배의 톤수에 대해서는 자세하고 꼼꼼하게 이야기한다. 격침시킨 배가 어떤 종류인지, 여객기선인지 상선인지 어선인지는 중요하지 않다. 그저 배들을 "뒤집었고" "갈겼고" "박살 내고" "가라앉혔다"고 이야기할 뿐이다. 이때 희생자들을 언급하는 일은 매우 드물었다. 예컨대 어느 쾌속정 승조원은 발트 해에서 겪은 일에 대해 이렇게 말한다.

"우리는 한번은 러시아 쾌속정을 침몰시켰죠. 열 명이 타고 있고 고사포를 장착한 작은 배였어요. 휘발유로 가는 아주 작은 놈이죠. 그 배에 불을 질렀습니다. 놈들이 물로 뛰어들었어요. 우리 함장이 말했지요. '잘 들어. 저 중 몇 놈을 배로 끌고 와.' 우리는 놈들에게 다가갔죠. 계집들도 있더군요. 러시아 계집들. 그년들을 끌어내려니까 물에서 권총을 쏘기 시작했지요. 잡히기 싫었던 거예요. 멍청하죠. 우리 꼰대가 말했어요. '이제 본때를 보여 주자고. 이리 오기 싫다는데 그러면 끝장을 내 주지.' 우리는 그리로 밀고 들어갔고 개들은 다 골로 갔지요."[201]

이 구조 작전이 특별한 사건 없이 진행되었다면 이 이야기를 하지도 않았을 것이다. 러시아 "계집"들이 구조를 거부했고 그래서 죽였다는 특수한 사건 때문에 이에 대해 이야기할 만했던 것이다. 호송선단 HX-229와 SC-143에 대한 공격도 특별한 인상을 남겼다. 이 호송선단들은 1943년 3월 캐나다에서 영국으로 가는 길에 독일 U-보트 마흔네 척으로부터 공격을 받고 며칠 만에 선박 스물한 척을 잃었다.

"이 어마어마한 소동에 참가했던 사람들은 이렇게 말하지요. 이 총격전에서 살아남은 사람은 다시는 배를 타지 않는다고. 그 영국인들은 다시는 배를 타지 않는다고요. 그 정도로 지옥 같았으니까요. 불꽃이 너울거리는 지옥 말이에요. 불길이 치솟고 여기저기서 깨지고 터지고 죽고 악쓰고. 그 배들의 승무원들은 이제 아무도 배를 타지 않죠. 우리에게는 엄청난 소득이었어요. 사기가 오를 대로 올랐거든요. 적군의 사기는 땅에 떨어져서 아무도 다시 배를 타고 싶어 하지 않았죠."[202]

조난자들에 대한 동정, 또는 구조 작전의 성공에 대한 이야기도 이 도청 기록에서는 아주 드물다. 물론 가령 잠수함 같으면 예외적인 경우에 조난자들을 받아들이고 돌봐 주었지만, 이에 대해서는 서로 별로 이야기하지 않았다. U-110의 갑판 중사 헤르만 폭스(Hermann Fox)는 예외다.

폭스: 우리는 영국 해안에서 200마일 떨어진 곳에서 한밤중에 배에 어뢰를 쐈어요. 남미에서 온 배였죠. 우린 사람들을 구할 수는 없었어요. 그중 구명보트에 탄 세 사람을 발견해서 먹을 것과 담배를 주었지요. 불쌍한 놈들![203]

그러나 대부분의 이야기에서는 격침한 선박의 톤수만 이야기한다. 희생자는 기껏해야 거대하고 추상적인, 죽어 가는 무리로만 나타난다. 하인츠 셰링거(Heinz Scheringer) 대위는 U-26을 타고 마지막으로 적진을 항해했던 일에 대해 두 동료에게 이야기한다.

셰링거: 그럴 만한 가치가 있었지요. 격침한 선박에 2만 톤을 추가했으니까요. 그래서 벌써 4만 톤이 되었죠. 우리가 해낸 거예요. 멋진 공격이었어요. 그 호송선단 중에서 우리는 모두 배를 한 척씩 찍었죠. "저 배는 내 거야. 아니

야, 차라리 이걸로 하자. 이게 더 크다!" 우리는 일단 유조선을 격침하기로 합의했죠. 그다음에는 곧바로 그 왼쪽을 향했어요. …… 배에 탄 조타 하사들이 다시 한 번 파울(Paul)*에게 물었죠. "어떤 걸 가지고 싶어? (웃음)"[204]

적 선박 격침 같은 이야기는 U-보트 승조원뿐 아니라 해군 어디에서나 들을 수 있었다. 해군 수뇌부가 영국에 대해 이른바 '톤수 전쟁'을 선언했는데, 이는 연합군 조선소에서 건조되는 배보다 더 많은 배를 침몰시키는 것이 목적이었다. 그래서 격침한 선박의 톤수가 모든 작전의 기준이었다.[205] 보조순양함 승무원들에게도 성과를 가늠하는 직접적 기준이었는데, 이는 펭귄 호와 아틀란티스 호에 탔던 두 승무원의 대화에서도 잘 나타난다.

코프(Kopp)*: 이제 누구도 우리를 앞설 수 없어요. 이제 끝났어요. 우리는 열여섯 척을 침몰시켰거든요.
하너(Hahner)*: 어떻게 그렇게 되죠?
코프: 그러니까 톤수를 따지자면 우리를 앞지를 수 없다고요. 그쪽은 총 12만 9000톤인가를 격침했고, 우리는 이제 13만 6000톤 이상 침몰시켰지요.
하너: 우리는 이집트에서 제일 큰 여객기선을 침몰시켰고, 비행기와 탄약을 싣고 아프리카로 가던 영국 기선 두 척도 침몰시켰어요.[206]

이렇게 서로 낫다는 주장은 도청 기록에서 심심치 않게 볼 수 있다. 이는 화자가 최고의 이야기와 성과를 가지고 상대를 능가하려고 하는 일상적 대화에서도 전형적인 요소다. 그러나 여기에서 분명해지는 또 다른 사실은 배를 침몰시키는 일 자체가 중요하다는 것이다. 어떤 배를 침몰시키느냐는 중요치 않다. 개전 초기에 이미 포로가 된 화자들도 해전의 이런 고전적 패러다임 속에서 생각한다.

바르츠(Bartz)*: 호송선단 중에서 먼저 구축함을 끌어내 박살 낸 다음에 다른 배들을 공격해야 해야 하지 않나요?

후텔(Huttel)[207]: 아니죠. 언제나 일단 톤수가 중요하니까요. 그게 영국을 무너뜨리는 방식이거든요. 지휘관은 귀환할 때 늘 제일 먼저 BdU에 보고해야 하지요. 우리는 모든 배를 사전 경고 없이 침몰시켰어요. 하지만 그런 것까지 알릴 필요는 없지요.[208]

이 인용문은 1940년 2월 10일의 대화인데, 당시는 개전 초기였다. 해군 수뇌부는 1월 6일부터 U-보트에게 북해를 오가는 중립국 상선들까지 사전경고 없이 침몰시키는 것을 허용했다.[209] 이는 스칸디나비아 국가들이 영국과 교역하는 것을 방해하기 위해서였다. 물론 국제 사회의 격렬한 항의를 피하기 위해서 U-보트는 최대한 노출되지 않아야 했다. U-55가 처음 적진으로 항해하여 1940년 1월 침몰시킨 선박 여섯 척 중에는 스웨덴 선박 한 척과 노르웨이 선박 두 척도 있었다. 잠수함 승조원에게는 자신이 누구를 침몰시키는지는 아무래도 좋았다. 도청 기록이 보여 주는 것처럼, 그들은 더 많은 배를 격침할 수 있다는 새로운 기회를 즐거워했다. 적의 선박에 탄 승무원들의 운명에는 별로 신경 쓰지 않았다는 의미이기도 하다. 구조는 예외적인 경우에만 가능했고, 특별히 구조하려고 노력하는 일도 드물었다. 이 대화에서는 이에 대해 이렇게 말한다.

바르츠: 침몰한 배의 승무원들은 어떻게 했어요?

후텔: 물에 빠져 죽도록 놔뒀지요. 달리 어떻게 하겠어요?[210]

사전 경고 없이 침몰되므로 승무원들의 생존율은 매우 낮았다. 2차 세계대전 당시 특히 독일 U-보트에게 격침된 연합국 상선 5150척에서 승무원 3만 명 이상이 목숨을 잃었다.[211]

이처럼 격침 이야기는 공군들의 격추 이야기와 구조적으로 비슷하다. 하지만 격침 이야기에서는 세부적인 부분까지 자세히 이야기하지는 않고, 또 단독 행위나 성과는 그리 중요하지 않다. 잠수함 승조원은 늘 약쉰 명으로 이루어진 팀으로 활동하기 때문이다.

해군들도 살인을 저지르기 위해 미리 사회화될 필요는 전혀 없었다. 적국 상선의 승무원들이 해전에서 죽어 가는 것에 대해 누구도 회의를 가지지 않았다. 이는 늦어도 1917년에는 거대한 해군력을 지닌 나라들 사이에서 일반적인 불문율로 수용되었다. 해전에서는 개별 군인들이 개인적 능력에 기초해 자신의 용맹함과 탁월한 조종 실력 덕에 살아남을 기회가 매우 드물었다. 제대로 맞으면 우리가 침몰하고 적을 제대로 맞히면 그쪽이 침몰한다. 그러므로 격침과 익사 이야기를 과시하면서도 감정적인 면이 드러나지 않음은 의외가 아니다. 그들은 죽음을 그렇게 실감 나게 느끼려고 하지 않는다. 게다가 해전에서는 비교적 먼 거리에서 어뢰를 쏜다. 그래서 특히 잠수함 승조원들은 비행기 조종사들과는 달리, 대개 그 결과를 눈으로 확인하지 못한다. 수상 공격 시에는 상갑판에 네 명만 있고, 수중 공격 시에는 지휘관만 잠망경으로 목표물을 본다. 나머지 승조원은 기껏해야 침몰하는 배의 소음을 들을 뿐이다. 그래서라도 이들에게 연민을 기대하기는 어렵다.

전쟁 범죄 — 점령군의 살육

전쟁 범죄가 무엇인가에 대한 이해는 고대 이래로 늘 크게 변화해 왔다. 그래서 폭력 행사의 어느 정도까지를 '정상적' 전쟁으로 볼 수 있는가에 대한 기준 역시 정립하기 어렵다. 역사상 전쟁의 무제한적 폭력에 헤아릴 수 없는 무수한 사람들이 희생되었다는 것을 고려해 보면, 다음과 같은 물음을 제기할 수 있다. 전쟁에서 폭력 제한 규칙에 따르는 일은 예외에 불과했고, 오히려 그러한 규칙의 부재가 정상적 상태가 아니었는가? 여기에 반대하여, 모든 사회적 행위에는 규칙이 있으며, 따라서 2차 세계대전을 포함하여 역사적으로 추적할 수 있는 모든 전쟁에도 규칙이 있었다고 말할 수도 있다. 군인들이 지닌 프레임은 그들에게 어떤 폭력이 정당하고 어떤 폭력은 부당한가에 대해 상당히 뚜렷한 관념을 주었던 것이다. 하지만 그렇다고 해서 그들이 정당한 폭력 행사의 한계를 늘 지켰다는 것은 물론 아니다.

그럼에도 폭력의 한계를 위반하는 현상은 2차 세계대전 중에 질적 양적으로 전대미문의 정점에 이르렀다. 2차 세계대전은 (이론적으로 상정할 때) 이른바 '총력전'에 가장 가까운 전쟁이었다.[212] 1차 세계대전을 경험한 많은 사람들은 전간기戰間期, 1차 세계대전 종전과 2차 세계대전 개전 사이의 시기, 즉 1918~1939년을 뜻함 중 군 내부 토의를 통해 전쟁의 근본화(Radikalisierung)가 필수불가결하다는 결론에 이르렀다. 다음 전쟁은 '총력을 기울이는(total)' 전쟁이어야 한다는 것이다. 많은 전문가들이 이에 의견을 같이했다.[213] 이처럼 대규모 군대와 총동원된 사회가 함께 수행하는 국가 간 생존 투쟁에서는 전투원과 비전투원의 구별은 시대착오적으로 보였다. 그리하여 전간기에도 전쟁의 야만화를 규제하려는 노력들이 많았으나 성공을 거두지 못했다.[214] 폭력에 울타리를 치려는 노력들이 수포로 돌아간 것은,

거대 이데올로기들의 막강한 영향력, 자유주의 이념에 대한 일반적 거부, 전략 폭격기 같은 신무기 개발, 점차 도를 넘어서는 총동원 계획 등 때문이었다. 여기에 덧붙여, 1918년에서 1939년 사이에 다양한 폭력들(1918~1920년 러시아 내전, 1918~1923년 독일의 민중 봉기들 진압, 1936~1939년 스페인 내전, 1937년 이후 중일 전쟁)을 경험하면서, 이런 경험이 규칙을 통해 전쟁 폭력을 제한하려는 노력을 정면으로 막아섰다. 그리하여 전쟁 포로 대우에 대한 3차 제네바 조약(1929년)도 사태가 이렇게 흘러가는 것을 확실하게 막지 못했다.

2차 세계대전 중에 충격적 규모로 벌어진 무법적 폭력들에 대해서는 수많은 사람들이 묘사해 왔다. 그리고 이러한 폭력들의 상황적 요인과 의도적 요인 간의 상호 작용을 바탕으로 설명해 왔다. 적을 자신과 동등한 존재로 인정하지 않고 가차 없이 살상하게 된 것은 특히 (종교 전쟁과 식민지 전쟁에서 이미 그랬던 것처럼) 이데올로기 때문이었다. 정치 지도부와 군 수뇌부가 지녔던 태도는 여러 문서들에 잘 기록되어 있는 반면에, 개별 군인들이 이런 문제에 대해 어떤 태도를 지녔는지는 여전히 불분명하다. 개별 군인들에게 전쟁 범죄는 무엇이었으며, 그들의 프레임에 뿌리 내린 전쟁 규칙들은 무엇이었는가?

군인들의 이야기에서는 '전쟁 범죄' 같은 개념은 전혀 중요하지 않았고, 헤이그 육전 조약이나 제네바 조약 따위도 그랬다. 군인들에게 결정적 준거점은 오로지 전쟁 관습, 즉 전쟁에서 사람들이 통상 해 오던 것이었다. 전쟁 당사국들은 모두 개전 직후부터 무제한적 U-보트 전쟁을 벌였으며 그 결과 상선 수만 척이 희생되었다. 물론 상선은 전투를 벌여야 할 적이 아니었다. 그들을 구조하지도 않았다. 구조하려다 자신이 위험에 처할 수도 있었고 그들의 운명이 자기에게는 아무래도 좋았기 때문이다. 그러나 조난자들을 일부러 죽이지는 않는다는 규칙은 통상적으로 받아들여겼고 소수의 경우에만 이 규칙을 위반했다. 공중전의 경우 독일은 1942년 4월까지 확실한 민간 목표물을 일부러 '두려움을 심기 위해 공격' 하는 것을 금지했다. 그러나 우리가 이미 살펴본 것처럼, 폭격기 탑승자에게는 벌써 그 이전부터 군사 '타깃'과 민간 '타깃'의 구별이 무너졌다. 모든 것이 목표물이 되었다. 공군 수뇌부의 공식 지시와는 일치하지 않았지만 실제로는 그랬던 것이다. 이것을 보면 우리는 폭력을 행사하면서 규칙 자체가 변하며 허용 한계들도 차츰 확대된다는 것을 알 수 있다. 그러나 그렇다고 전쟁에서 규범이 완전히 사라진 것은 아니다. 물론 영국 민간인 수만 명이 독일군이 우박처럼 뿌려 대는 폭탄에 살해되고 영국 조종사 수백 명이 빗발처럼 쏟아지는 기관총에 갈기갈기 찢겼지만, 이미 말했듯이 비행기에서 뛰어내려 낙하산에 매달린 조종사를 '끝장내는 것'은 금기였다. 이에 반해 포격당한 전차에서 빠져나오는 병사는 대부분 살해되었다. 공중과 지상에서 서로 다른 규칙이 존재했던 것이다. 이런 규칙들은 여기에서 벗어나는 사례들도 있었지만 놀라울 정도로 확고했다. 전쟁 법규와 전쟁 관습은 늘 서로 영향을 주고받았으므로, 국제법상 기속력 있는 규정들도 어떤 효력을 발휘하긴 했다. 그것들은 적어도 하나의 준거점으로는 작용했기 때문이다.

물론 국제법상 규정들은 지상전에서 가장 지켜지지 않았다. 포로를 잡았을 때나 어느 지역을 점령했을 때나 빨치산을 진압할 때에는 특수한 합리성이 지배한다. 그러한 특수한 합리성에는 예컨대 자기 부대의 안전 확보라든가, 물질적 욕구, 성적 욕구 충족 같은 것이 있다. 이런 여건 아래에서는 개인도 폭력을 행사할 수 있고 또 그럴 확률이 더 높다. 이는 강간이나 사적 동기의 살인도 마찬가지다. 달리 말하면 전쟁 자체가 평화 시기와는 매우 다른 방식으로 폭력에 열려 있는 사회적 공간을 만든다. 폭력은 평화기보다 전시에 더 예측 가능하고 수용 가능하며 정상적이다.

그리고 전쟁 자체의 역동성에 따라, 도구적 폭력(가령 부동산 점유, 점령지 약탈, 강간 등)을 행사할 여건이나 자기 목적적 폭력, 즉 자족적이고 '무의미한' 폭력을 행사할 여건이 변화한다. 물론 폭력 유형들 사이의 경계는 유동적이고, 전투에서 국제법상 적법한 폭력과 불법적 폭력 사이의 경계도 지극히 모호하다. 도청 기록에서 군인들의 이야기는 여러 관점에서 볼 때, 특별히 독일 국방군 전쟁 범죄에서 전형적이라기보다는 차라리 전쟁 범죄 일반에서 전형적이다.

전투 행위와 무관한 민간인 살상과 강간, 전쟁 포로 살해, 국제법에 위반되는 민간 목표물 폭격, 주민에 대한 계획적 테러 등은 전쟁의 일상적 현실이다. 전쟁 포로를 총살한 것은 국방군만이 아니다. 예를 들어 특히 소련군이 그랬고 미군도 그랬다. 또한 이런 일은 2차 세계대전뿐 아니라 여타 전쟁들에서도 일어났다. 가령 베트남 주둔 미군 부사령관 브루스 팔머(Bruce Palmer) 장군은 무심코 속내를 털어놓았다. "미국은 베트남 전쟁에서 정말로 범죄를 저질렀다. 그러나 그 수를 보면 이전 전쟁들과 다르지 않은 정도다."[215] 이 말에는 전쟁에서의 불법 행위 금지 자체가 지닌 특징이 드러난다. 금지가 위반되지 않으리라고는 아무도 기대하지 않는다는 것이다. 하지만 어느 정도의 규칙 위반이 용인되고 수용되는지는 역사적으로 다양하고 개인적으로도 다양하다. 또한 총력전의 전투 행위라는 틀 안에 있는 군인들은 어떠한 규칙 위반이 정당하고 어떠한 규칙 위반은 부당한지에 대해 늘 매우 느슨하게 해석한다. 물론 이와 같은 2차 세계대전의 보편적 현실에서는 나타나지 않고 오로지 국가사회주의적 섬멸전에서만 나타나는 현상도 있다. 그것은 전투 행위와 무관한 집단들에 대한 인종주의적 살해와 러시아 전쟁 포로에 대한 인종주의적 대우였다. 이런 두 가지 측면에서는 이데올로기적 심성, 꼭 집어 말하면 인종주의적 심성이 드러나는데, 이러한 심성이 전쟁이라는 기회 구조를 활용해, 근대 역사에서 가장 극단적인 전대미문의 파괴와 살상을 현실화했다.

도청 기록에는 이에 대한 이야기들이 많이 있다. 그러나 국가사회주의 범죄 행각에 초점을 맞춰 제3제국을 서술하는 독일 역사학이 예상하는 만큼 많지는 않다. 이유는 간단하다. 사후적으로 (그것도 몇십 년 후의 과거 청산 정책을 둘러싼 논쟁에서) 2차 세계대전의 고유한 특징으로 여겨지는 일들이 당시 군인들의 눈에는 특별한 일이 전혀 아니었기 때문이다. 물론 군인 대다수는 그런 범죄에 대해 알고 있었고 상당수가 거기 가담하기도 했다. 하지만 그런 범죄들은 그들의 프레임에서 특별한 위치를 차지하지 않았다. 그들에게 더 중요한 것은 자신의 생존이었고, 다음번 귀향 휴가였다. 그리고 그들 자신이 '조직'할 수 있는 일이 중요했고 재미를 느낄 수 있는 일이 중요했다. 이에 비해 다른 사람에게 일어나는 일, 게다가 인종적으로 '비천'하다고 정의된 사람들에게 일어나는 일은 그리 중요하지 않았다. 그들의 인식의 중심에는 늘 자기 자신의 운명이 있었고, 적군이나 점령지 주민의 운명은 기껏해야 특수한 경우에만 관심을 끌었다. 그리고 자신의 목숨을 위협하거나 재미를 망치거나 문제를 일으키는 것은 무엇이라도 가차 없는 폭력의 희생물이 될 수 있었다. 그리하여 빨치산들이 배후에서 독일군을 죽이기 때문에 그들을 '처단'한다고 상투적으로 말하곤 했다. 복수를 내세우는 것은 아주 효과적인 합리화 방식이었다. 그리고 이런 태도는 정치적 입장과도 무관했다. 가령 나치에 대단히 비판적이었던 기갑대장 리터 폰 토마(Ritter von Thoma)는 영국의 포로수용소 장교인 애버펠디 경(Lord Aberfeldy)에게 이렇게 말했다. "프랑스 신문을 보면 그 달의 성과가 늘 자랑스럽게 실려 있소. 기차를 몇 대 폭파하고 공장을 몇 개 불태우고 장교 480명과 병사 1020명을 총살했다고 말하지요. 그렇소. 제길. 그런데 딴사람들은 포로를 잡아서 포로를 총살할 권리가 없단 말이오? 그건 당연한 일이지요. 하지만 그들은 이런 일을 모두 전쟁 범죄라고 생각합니다. 끔찍한 위선이지요."[216]

독일 병사들이 저지르는 전쟁 범죄는 대부분 포로 살해와 빨치산 토벌에서 일어났다. 독일 군사 법정의 국제법 해석과 군인들의 인식은 이 점에 있어서 불행하게도 뒤죽박죽이었다. 명문화된 국제법은 게릴라전을 수행하는 자들에게 어떠한 명료한 행동 규칙도 제시하지 않았다. 1907년의 헤이그 육전 조약(HLKO)은 점령군의 권리 및 의무와 관련해 몇 가지 모순되는 규정과 미해결의 문제를 보여 준다. 여기에서 의용군의 법적 지위는 그리 큰 문제가 되지 않는다. 일련의 특정 조건을 충족한다면(가령 초보적 형태라도 군복을 착용하고 무기를 드러내어 지참하고 분명한 명령 체계를 갖추고 교전 관련 법규를 존중한다면) 의용군이 정규군이 벌이는 조국 방어 전쟁을 조력하도록 허용된다. 그러나 헤이그 육전 규칙에서는 공식적 항복 선언 그리고/또는 완전한 영토 점령을 통해 전투 행위가 종결되었다고 간주될 수 있는 시점 이후에도 이러한 전투를 계속 수행하는 데 대해 아무 언급도 하지 않는다. 그러므로 의용군이 계속 저항하는 것을 국제법상 보장할 기본 전제 조건이 (의용군이 군복을 입는다고 하더라도) 결여되어 있는 것이다.[217]

헤이그 육전 규칙에서 보복 행위를 규정하는 방식은 더욱 문제적이고 모순적이었다. 50조에 따르면 민간인에 대한 집단 보복 조치가 허용되는 것은 범죄자들과 그 주변 조력자들의 관계가 입증될 때에 한한다. 이는 상당히 해석을 요하는 규정이다. 전간기 동안 이 물음에 대한 법률적 논의에서는 여러 국가 사이에 합의가 이루어지지 않았다. 하지만 인질을 잡는 행위에 대해서는 프랑스의 법학 학파를 제외하면 상당 정도 정당하다고 인정했다. 인질 사살에 대해서는 의견이 엇갈렸는데, 거의 독일의 군사법 전문가들만 인질 사살을 명확하게 지지했다. 이들은 이런 행위를 정당화하기 위해 '교전 지역'이 계속 이어진다는 논리를 들었다. 전후의 전범 재판에서도 마지막으로 이런 의견 차이가 다시 나타났다. 주요 전범들을 재판하는 뉘른베르크 법정 판사들은 인질 사살을 원칙적으로 불법으로 보았지만, 후속 재판들의 판사들은 이를 타당한 법률적 사태에 포함된다고 보았던 것이다. 마지막 두 사례에서 피고들에게 유죄 판결을 내리는 근거는 다만 이런 일을 실행하는 데 독일군이 과도했다(사살 비율 1:100)는 것이었다.[218]

빨치산이 들불처럼 번지지 않게 하려면 처음 빨치산이 나타날 때 되도록 강경하게 대처해 그 싹부터 짓밟아야 한다는 견해는 이미 제국방위군 시절에도 지배적이었다. 이런 방법이 별로 효과적이지 못함이 입증되었지만, 봉기 진압은 지역에 따라 각각 다른 방식으로 폭력이 전무후무한 규모로 상승하게 만들었다. 인질 사살, 민간인 살해, 마을을 불태우는 일은 곧 전쟁의 통상적 관습이 되었는데, 이러한 관습의 성격 자체는 나폴레옹 전쟁이나 1차 세계대전 중 봉기 진압과 다르지 않았다. 물론 새로운 점은 그 규모였다. 2차 세계대전에서는 민간인 희생자 비율이 60퍼센트 이상에 이르렀는데, 여기에는 독일의 강경한 점령 정책 역시 한몫을 했다. 전투 행위에서 정당한 공격 대상인 군사적 전투원과 법적으로 보호되는 민간인 비전투원 사이의 구별은 상당 정도 사라졌다.

도청 기록은 국방군 병사들이 빨치산 전쟁을 어떻게 생각했는지를 그야말로 전형적으로 보여 준다. 이 기록들을 보면, 군 수뇌부와 병사들이 이 점에서 비슷하게 생각했음이 드러난다. 가령 심리적 효과가 있다는 이유만으로 강경한 '조처'를 정당화했다.

게리케(Gericke): 지난해 러시아에서 독일의 소부대가 어떤 임무를 띠고 마을에 투입되었지요. 그 마을은 독일 점령 지역에 있었어요. 그런데 그 마을에서 이 부대원들이 습격을 당해 몰살당했습니다. 그 후 이를 응징하기 위해 부대를 파견했지요. 마을에는 남자가 쉰 명 정도 있었어요. 그중 마흔아홉 명을 총살했고 마지막 쉰 번째 남자는 쫓아냈어요. 그래야 그 부근을 돌아다니면서 독일군을 공격하면 어떤 일이 일어나는지를 알릴 수 있으니까요.[219]

프란츠 크나이프와 에버하르트 케를레(Eberhard Kehrle)도 자기 부대에 대한 공격에는 잔혹한 폭력으로 응답했다고 전한다. 그들은 이를 비난받을 일이라고 생각하지 않았고, 특히 빨치산은 잔인하게 죽여도 마땅하다고 생각했다.

크나이프: 그래서 시작했지요. 호페(Hoppe) 대령이.

케를레: 호페라고요? 유명한 사람인데. 기사철십자훈장을 받은 사람 아닌가요?[220]

크나이프: 그렇지요. 그가 실리셸부르크를 함락시켰어요. 그가 지시를 내렸죠. "네놈들이 우리에게 한 것처럼 우리도 네놈들에게 하겠다."라면서 누가 독일 병사를 목매달았는지 불라고 했어요. 아니면 누가 그랬는지 암시라도 한다면 아무 일도 없을 거라고 그랬죠. 하지만 한 놈도 말을 않더라고요. 자기들은 모른다는 말조차 아무도 하지 않았어요. 그래서 이렇게 명령했죠. "모두 왼편으로 나와." 그리고 숲으로 끌고 가서……. 그다음 일은 당신도 들었죠. 드르륵, 드르륵.

케를레: 코카서스에서 제1대독일(GD)사단에 있을 때였어요. 우리 병사 중 한 명이 살해되면 소위가 따로 명령을 내릴 필요도 없었죠. 우리는 권총을 빼 들고 눈에 보이는 자는 여자건 아이건 그대로 갈겼어요.

크나이프: 우리 부대에서는 빨치산 부대가 부상병 호송차를 습격해 모두 죽였잖아요. 30분 후에 그놈들을 잡았어요. 노브고로드에서요. 놈들을 모래 구덩이로 끌고 가서, 기관총과 권총으로 사방팔방에서 갈겼죠.

케를레: 그런 놈들은 천천히 죽여야죠. 우린 놈들을 총살시키지 않고 서서히 죽였어요. 빨치산 잡는 데는 코사크 부대가 최고죠. 제가 남부 지역에서 봤다니까요.[221]

흥미롭게도 케를레와 크나이프는 군대 자체에 대한 견해는 완전히 달랐다. 단조로운 군대 생활은 케를레가 보기에는 "멍청한 짓"이고 "지긋지긋한 일"이었지만, 크나이프가 보기에는 "교육"이었다.[222] 이처럼 무전병과 친위대 보병은 아비투스는 서로 달랐지만, 빨치산 토벌 방법에 대해서만은 죽이 잘 맞았다.

전쟁의 법칙은 현실 속에서는 국제법상 기속력 있는 법규와는 다른 나름대로의 규범들을 정착시키곤 했다. 이런 여건 아래에서 이 남자들은 전쟁 범죄에 대해 흥분하지 않았다. 하물며 분개하는 일은 매우 드물었다. 기껏해야 현지 주민들의 태도를 불쾌하게 여겼을 뿐이다. 점령지에서 어떤 형태로든 비협조적이라면 그에 대응해야 한다고 여겼다. 1940년 10월에도 이미 이런 생각이었다. 다음 대화를 들어 보자.

우르비히(Urbich)*: 그렇지만 게슈타포Gestapo, 나치 정권하의 정치경찰. 정식 명칭은 비밀 국가경찰(Geheime Staatspolizei)임가 사소한 일까지 모조리 잡아내고 있잖아요. 특히 지금 폴란드에서 그렇게 하고 있다고요.
하러(Harrer)*: 노르웨이에서도 그랬어요. 이제 노르웨이에서는 그들이 할 일이 정말 많지요.
슈타인하우저(Steinhauser)*: 그래요?
하러: 네. 그런 이야기를 들었어요.
우르비히: 노르웨이 장교들이 무더기로 죽었죠.
하러: 우리가 정말로 여기 영국을 점령한다고 해도, 프랑스에서처럼 그렇게

마음 놓고 돌아다니지는 못하리라고 봐요.

슈타인하우저: 저는 그렇게 생각하지 않아요. 처음에는 놈들이 그렇게 개길 수도 있죠. 하지만 그럴 때 한 도시의 남자 열 명 중 한 명쯤을 골로 보내 버리면 곧바로 그만두게 되어 있다고요. 그러니까 그런 건 전혀 문제가 안 된다니까요. 아돌프히틀러를 뜻하는 놈들이 우리를 저격하는 짓을 애초에 못하도록 조치할 거예요. 그거 알아요? 폴란드에서 어떻게 일을 처리했는지? 그저 총알 한 방이면 끝이었어요. 그래도 소란을 일으키면 이렇게 하는 거예요. 어느 도시나 구역에서 누군가 총질을 하면 거기 남자들을 모조리 다 끌어내죠. 그리고 그다음 날 밤에, 아니, 그냥 그 자리에서 놈들이 쏜 총알 한 발당 남자 한 명씩을 죽였어요.

하러: 굉장한데요![223]

이 대화를 보면, 민간인에 대한 극단적 폭력이 정당한지와 적절한지에 대한 고려는 전혀 이루어지지 않는다는 것을 알 수 있다. 이런 물음은 이들의 안중에도 없다. 그들에게는 '일 처리', '조치', '보복' 등이 필요하다는 것만이 분명했다. 그래서 언제나 이를 어떻게 실행하는가라는 물음만 있을 뿐, 그 이유에 대한 물음은 제기되지 않는다. 그러므로 우리가 이미 들었던 격추나 격침 이야기와 마찬가지로 전쟁 범죄에 대한 이야기도 일상의 의사소통 중 일부였으며, 그 자체로 특별한 일이 아니었다. 다만 각 개인의 특이한 행동이나 태도만 흥미를 끄는 이야기가 되었다. 가령 라인하르트 하이드리히(Reinhard Heydrich) 암살 후의 집단 학살이 그렇다.보헤미아 및 모라비아 제국 보호령 총독으로서 무자비한 테러와 탄압을 지휘하던 하이드리히는 1942년 프라하에서 암살당했다. 친위대는 보복 조치로 체코의 리디체 마을을 공격. 16세 이상의 남자 172명을 학살하고 여성과 아이들을 수용소로 격리 수송했다.

캄베르거(Kammberger): 그들은 병사들을 풀어놓았죠. 공개 처형을 참관할 수 있도록 말이에요. 하이드리히 사건 후에 매일 스물다섯 명에서 쉰 명 정도가 처형되었어요. 놈들은 발판 위에 서서 머리를 올가미 안으로 들이밀었어요. 그러면 바로 뒤의 다른 놈한테 이렇게 말하면서 그 발판을 밀어 버리게 했죠. "형제여, 그대는 발판이 필요 없네."[224]

이 이야기가 매력을 주는 힘은 살인 행위 자체가 아니라 살인을 연출하는 방식이다. 병사들은 자발적으로 구경한다. 그리고 특별히 고안된 굴종의 의례와 더불어 처형이 이루어졌다. 그러나 이야기가 매력을 주는 힘은 이처럼 적나라한 폭력 행위뿐 아니라, 범죄를 저지를 때 특별히 두드러지는 각 개인의 행위에 있기도 했다. 뮐러(Müller) 상병은 이렇게 말한다.

뮐러: 러시아의 어느 마을에 빨치산이 있었어요. 그럼 당연히 마을을 초토화시켜야죠. 어떤 희생을 감수하더라도 말이에요. …… 우리 부대에 브로지케(Brosicke)라는 사람이 있었죠. 베를린 출신이었어요. 그는 마을에서 보이는 사람은 모조리 집 뒤로 끌고 가서 목덜미에 총을 대고 방아쇠를 당겼죠. 그 때 이 녀석 나이가 스무 살인가 열아홉 살인가 그랬어요. 이 마을에서 남자의 10분의 1을 총살하라는 지시가 떨어졌어요. 병사들은 "애걔, 대체 10분의 1이 뭐야? 이 마을 놈들 씨를 말려야 하는데."라고 말했죠. 우린 맥주병에 휘발유를 채워서 테이블 위에 세워 두고 밖으로 나오면서 아주 느긋하게 뒤로 수류탄을 던졌죠. 그러면 모조리 활활 타올랐죠. 초가지붕들이었거든요. 여자고 아이고 모조리 쏴 죽였죠. 그중에 빨치산은 아주 적었어요. 저는 빨치산이라고 확신하지 않으면 절대 총을 쏘지 않았어요. 하지만 많은 동료들은 그런 걸 무지무지 재미있어했지요.[225]

뮐러 상병은 이야기 끝에서는 이런 식의 전쟁 범죄에 대해 명백하게 거리를 두고 있다. "그런 경우에 절대 총을 쏘지 않았어요."라고 말하는 것이다. 하지만 그들이 집을 불태우는 모습을 상세히 묘사하면서 "우리"라는 표현을 쓰고 있다. 이 이야기를 들으면, 그들이 무엇이 범죄이고 무엇이 범죄가 아니라고 생각했는지, 그리고 둘 사이의 경계가 얼마나 모호했는지 알 수 있다. 뮐러에게는 부녀자와 아동을 총살하는 짓은 범죄였다. 적어도 그들이 정말 빨치산인지를 확신하지 못한다면 그랬다. 하지만 마을을 불태우는 일은 범죄가 아니었다. ("그럼 당연히 마을을 초토화시켜야죠. 어떤 희생을 감수하더라도 말이에요."[226])

뮐러의 이야기에서 두드러지는 점은, 그가 자기 이야기 안에 베를린 출신 브로지케라는 준거 인물을 심어 놓고 자신은 긍정적인 의미로 그자와 구별한다는 사실이다. 브로지케의 행동은 분명 범죄적이었고, 살인을 저지르면서 "무지무지하게 재미있어"하던 "많은 동료들"도 마찬가지였다. 이에 비교해 뮐러의 태도는 그렇지 않았다. 군인들이 법률적으로 적절하게 행동하는 것에 의의를 두었음은 사실이지만, 그래도 여기에서 우리가 잊지 말아야 할 중요한 지점이 하나 있다. 즉 가해자가 범죄적 행위의 전체 테두리 안에서 자기가 어떤 역할을 했음을 인정하더라도, 이처럼 자신을 다른 사람들과 차별화함으로써 자신은 부당한 일에 가담했다는 도덕적 책임을 면하려는 것이다. 집단 학살과 이른바 유대인 작전에서 가해자들은 내부에서 여러 집단으로 구별되는데, 이러한 사실에서도 알 수 있는 점은, 자신에게 주어진 요구를 이처럼 각자 다르게 해석한다는 바로 이 사실이야말로 학살이 전체적으로 제대로 작동하도록 보장한다는 것이다.[227] 우리가 '집단의 압력'과 사회적 영향이 어떤 방식으로 이루어지는지 숙고해 본다면, 이러한 상황에서 개인의 태도와 결정이 결코 평준화되지 않음을 알 수 있다. 오히려 집단의 내부적 차이야말로 그 집단이 전체로서 작동하도록 보장한다. 헤르베르트 예거(Herbert Jäger)는 이런 현상을 집단적 비상 상황에서 개인적으로 행동하는 일이라고 표현했다.[228]

디크만(Diekmann) 상병은 프랑스에서 '테러리스트'들을 어떻게 진압했는지 상세히 이야기한다.

디크만: 저는 테러리스트들을 아주 많이 죽였거든요. 영국군은 별로 못 죽였어요. 그저 기갑 지휘관 한 놈뿐인데, 소위였던가 그랬죠. 놈이 전차 뚜껑을 열고 호기심으로 바깥을 내다보려는 순간 제가 전차에서 끌어내려서 총으로 갈겼죠. 그 외에는 기억이 안 나요. 물론 전투 상황에서는 죽였겠죠. 하지만 제가 보질 못했으니 모르죠. 하지만 테러리스트들에 대해서는 저는 야수 같았어요. 한 놈이라도 눈에 띄기만 하면, 어떻게든 의심이 들기만 하면 곧바로 갈겨 버렸으니까. 비열한 암살자 놈이 쏜 총알에 맞아 제 옆에서 전우 한 명이 피를 흘리다 죽어 가는 것을 보았을 때 맹세했어요. '자, 각오해라!' 틸레에서 부대로 돌아오는 길에 우리는 즐겁게 길거리를 가로질러 행군하고 있었어요. 아무 낌새도 채지 못했어요. 그때 민간인 한 놈이 오더니 주머니에서 권총을 꺼내 빵 하고 쐈어요. 제 전우가 쓰러졌죠.

하제(Haase): 그놈은 잡았어요?

디크만: 어디서 잡아요! 영국군 없는 벨기에도 그 지경이라는 걸 깨달았지만, 전우는 이미 출혈이 심해서 죽어 가고 있었죠. 그저 눈을 감겨 줄 수밖에 없었어요. 그가 가까스로 이렇게 말했어요. "프란츠, 복수해 줘!" 그때 우리 뒤로 중대 병력이 트럭을 타고 도착했죠. 저는 기관총을 들고 갈겼어요. MG42가 있었거든요. 앞에 대고 갈기고 허공에 갈기고 집들의 창문에도 갈겼어요. 그러고 나서 외쳤죠. "모두 창문 닫아. 길거리에서 몽땅 사라져!" 하지만 그놈들에게 시간을 많이 주지는 않았죠. 어느 속물 같은 놈이 말했어요. "잠깐. 아직 쏘지 마. 쟤들한테 시간을 줘야지." 하지만 그놈이 말을 마치기도 전에 저

는 벌써 방아쇠를 당겼죠. 덜거덕거리면서 창문들이 다 떨어져 나갔죠. 그리고 길거리에서 소동이 벌어졌죠. 길에 대고 계속 쐈어요. 골목길마다 빠짐없이 총알을 퍼부었어요. 내 앞에 얼씬거리는 것이라면 모두. 물론 죄 없는 놈도 여럿 죽었죠. 하지만 그 따위는 아무래도 좋았어요. 이 비열한 개자식들! 이것 봐요! 그 죽은 전우는 결혼도 했고 잘은 모르지만 애도 넷인가 다섯인가 있다고요. 그놈들이 이런 사람을 암살한 거예요. 그런 상황이라면 당신도 이런저런 잡념이 없어진다고요. 아무 생각 못 해요. 만일 놈들이 총알을 한 발이라도 더 쐈다면 그 집들에 모조리 불을 싸질렀을 거예요. 한번은 우리가 기관총으로 계집애 같은 벨기에 놈들 서른 명을 박살 낸 적도 있어요. 놈들은 독일군 급식소를 습격하려 했어요. 하지만 곧바로 몰아냈죠.

하제: 놈들이 도망갔다는 거예요?

디크만: 아니, 그놈들도 다 죽었죠.[229]

이 이야기를 들노라면, 뮐러가 전했던 살인을 "무지무지 재미있어"한 "많은 동료" 중 한 사람이 바로 디크만이 아닌가 의심스럽지만 이들의 이야기는 서로 전혀 무관하다. 디크만의 이야기에서 주목할 점은 살육을 저지르게 된 개인적 동기를 언급하고 있다는 사실이다. '전우' 한 사람이 총격에 죽었고 그 전우에게 복수를 맹세했다는 것이다. 하지만 전혀 입장을 바꾸어 생각하지는 못한다. 디크만은 죽은 전우에게 "애도 넷인가 다섯" 있다고 가엾어하면서도 자신의 무차별 살육 희생자들에 대해서는 아무런 신경도 쓰지 않는 것이다. 우리는 디크만의 이야기가 어느 빨치산 토벌 작전에서 일어났는지는 모르지만, 이 이야기에서 사건은 보통 그렇듯이 진행된다. 어떤 일이 일어난 후 군인들은 "야수처럼" 미쳐 날뛰면서 사람들을 무차별 학살하는 것이다. 물론 군인들이 살인에 대해 이야기할 때는 그런 동기나 이유를 댈 필요조차 없는 경우가 많았다. 이야기를 나누는 그들의 경험 공간이 동일하므로 그런 이유를 댈 필요도 없는 것이다. 그러므로 살해된 동료는 그저 디크만의 살인 이야기를 좀 더 그럴듯하게 만들고 좀 더 흥미진진하게 만들기 위해 도입된 서사적 요소일 수도 있다.(473쪽 참조)

1944년 여름이 되면서 프랑스와 벨기에에서도 폭력이 극심해졌다. 1944년 6월부터 9월 사이 고작 3개월이 지났지만, 이때 범죄 규모는 새로운 차원에 도달했다. 그러므로 이 시기에 일어난 고삐 풀린 폭력에 대한 이야기가 몇 가지 전해지는 것은 의외가 아니다.

뷔징(Büsing): 우리 부대에 란디히(Landig) 중위라는 사람이 있었죠. 하사 한 명이 프랑스 놈들 총에 맞아 죽자 이 꼰대가 욕을 퍼부었어요!

얀젠(Jansen)*: 최근에 여기에서 벌인 작전 도중에 그랬어요?

뷔징: 바로 얼마 전에 그랬지요. 어느 지역에 우리가 도착했을 때였어요. 빨치산 총에 맞아 하사가 죽었죠. 꼰대는 처음엔 아무 말도 하지 않고 광대뼈만 실룩거렸죠. 그러곤 불현듯 내뱉었어요. "다 죽여 버려!" 그래서 다짜고짜 시작한 거죠. 온 마을을 이 잡듯이 뒤졌어요. 꼰대가 말했어요. "한 놈이라도 살려 두면 내가 너희를 다 죽여 버리겠어." 마을로 들어갔죠. 모두 자고 있었어요. 해가 어슴푸레 떠오르고 있었죠. 문을 두드렸지만 반응이 없었어요. 개머리판으로 문을 내리쳤어요. 여자들이 있더군요. 짧은 슈미즈나 파자마 같은 것을 입고 있었죠. "나가, 밖으로 나가." 그리고 길 한가운데에 세웠어요.

얀젠: 그게 대체 어디였어요?

뷔징: 리지외와 바이외 근처, 거기였어요.

얀젠: 그럼 연합군의 노르망디 상륙이 시작된 직후였나요?

뷔징: 네, 그렇죠. 거기서 우린 몽땅 죽였어요. 전부 처단했죠. 남녀노소 불문하고 다 침대에서 끌어냈어요. 자비 따위는 없었죠.[230]

뷔징의 대화 상대는 영국 정보부 밀정 노릇을 한 독일 포로였을 공산이 크다. 공수부대 상병인 뷔징은 전혀 의심을 품지 않았고 묻는 말에 모두 대답한다. 그가 했던 체험은 자신에게는 너무 당연하게 느껴져, 무언가 숨겨야 한다는 생각조차 할 수 없었다. 그에게 이 이야기는 아무리 잔인하더라도 예측 가능한 일들 중 하나다. 그도 그럴 것이, 이와 비슷한 이야기들을 할 때도 듣는 사람들은 별로 놀라지도 않고 충격을 받지도 않는 것이다. 오늘날의 독자처럼 어느 정도 거리를 두고 들을 때에야 비로소 놀랍거나 잔혹하게 보인다. 이런 유의 폭력에 대해 이 남자들이 아무렇지 않게 느낀다는 사실은 그들이 일상적 폭력 속에서 살고 있음을 가장 명료하게 보여 주는 것이다. 그들에게는 어떠한 범죄도 낯설지 않다. 여자와 아이를 죽이는 일에 대해서조차 무감하게 이야기했다. 또 다른 공수부대원이 이야기한다.

엔칠(Enziel): 베를린 출신 뮐러(Müller) 하사는 저격수였어요. 그 사람은 꽃다발을 들고 영국군에게 다가간 여자들을 저격해서 죽였죠. 그런 걸 목격하면 정확하게 조준해서 아주 냉혹하게 민간인들을 쏴 죽였어요.
호이어(Heuer)*: 당신들도 여자들을 죽였어요?
엔칠: 멀리서만 그랬죠. 그 여자들은 총알이 어디에서 날아오는지 몰랐어요.[231]

엔칠은 저격수 뮐러의 "냉혹"한 행동과 자신이 멀리서 여자들을 쏘아 죽인 행동 사이의 차이가 중요하다고 여기는 것 같지만, 우리는 여기에 무슨 차이가 있는지 모른다. 영국의 밀정인 호이어는 이런 전쟁 범죄에 대해 되도록 많은 이야기를 캐내려 한다. 그래서 "여자들을 죽였어요?"라고 판에 박힌 질문을 던진다.

엔칠이 밀러 하사를 언급하는 것처럼, 좀머(Sommer) 상병 역시 어느 중위를 준거 인물로 끌어들인다.

좀머: 그 사람은 이탈리아에서도 우리가 가는 곳마다 늘 말했어요. "먼저 몇 놈부터 죽여 버려!" 저는 이탈리아어를 할 줄 알았어요. 그래서 특별 임무를 맡았죠. 그가 이렇게 말했어요. "자, 우선 남자 스무 명을 죽인다. 그래야 조용해질 테니까. 그래야 놈들이 이상한 생각을 안 하거든!" (웃음) 그다음에 우리는 가볍게 한 번 급습을 했죠. 그리고 이렇게 선언했죠. "조금이라도 반항하면 쉰 명을 더 죽인다."라고요.
벤더(Bender): 어떤 기준으로 고른 거예요? 그냥 무작위로 뽑은 거예요?
좀머: 그렇죠. 그냥 아무렇게나 스무 명을 뽑았죠. "이리로 모여." 모두 광장으로 모이게 한 다음에 그 사람이 가서 기관총 세 정으로 드르륵 갈기는 거지요. 모두 뻗어 버려요. 그렇게 시작했죠. 그리고 그가 말했어요. "좋아! 이 돼지 새끼들아!" 그 사람은 이탈리아 놈들에게 울분을 품고 있었어요. 당신은 믿기지 않을 거예요. 대대참모부 막사에는 노상 예쁘장한 여자애들이 몇 명 있었죠. 그 사람은 막사에서는 민간인을 죽이지 않아요. 자기가 생활하는 데에서는 기본적으로 그런 짓을 안 하죠.[232]

이야기를 주고받는 두 군인이 웃음을 터뜨리는 것을 보면, 이들이 좀머의 이야기에서 기본적으로 지탄받을 점을 발견하지 못했음을 알 수 있다. 또 벤더의 반응은 의외가 아니다. 그는 제40해군특수부대 소속이었는데, 전투수영대원들로 구성된 이런 특수부대에서는 특히 냉혹한 행동을 숭배하는 분위기가 있었기 때문이다.

이 이야기에 등장하는 중위가 자기의 막사에서는 범죄를 지시하지 않는다는 사실은 흥미로운 디테일이다. 그는 분명 성적으로 즐길 기회를 놓치지 않으려 했을 것이다. 좀머는 이제 프랑스에서 있었던 일을 이야기한다.

좀머: 그 중위가 말했어요. "자, 이제 네가 가서 민간인들을 몽땅 내 앞으로 끌고 와!" 우리 부대는 기갑정찰대대였죠. 중위가 말했습니다. "얼마 안 있어 미군이 올 거야. 그러면 어차피 소란이 일어나겠지. 그러니까 이제 내가 직접 여기 일을 처리하겠어. 너한테 여기 두 부대를 주겠어. 이 두 부대를 이끌고 민간인을 모두 끌고 와." 상상해 보라고요. 최소 5000명에서 1만 명이 사는 마을이었는데 거기서 민간인을 모두 끌고 오라니! 베르됭으로 가는 간선도로에 있는 마을이었죠. 이제 거기서 주민들을 다 끌어냈어요. 지하실에 숨어 있다가 끌려 나왔죠. 하지만 빨치산이나 테러리스트는 없었어요. 그 꼰대가 저한테 말했어요. "자, 남자들을 죽여! 그래, 남자는 다 죽여. 어떤 놈이라도 무조건 죽여!" 남자가 300명 이상 있었어요. 저는 네 놈을 몸수색하며 말했죠. "손들어. 손을 내리는 놈은 총알이 박히는 거야." 열일곱 살에서 열여덟 살 정도 되는 젊은 놈 두 명에게서 탄약을 발견했어요. 작은 탄약통을 찾은 거죠. 제가 물었어요. "이거 어디서 났어?" "기념품이에요." "근데 한 놈이 세 통씩 가지고 있어?" 그래요, 그놈들을 앞으로 끌어내서 탕, 탕, 탕. 세 발을 쐈어요. 놈들은 쓰러졌죠. 다른 놈들은 멈칫하며 뒤로 물러섰어요. 저는 말했어요. "자, 여러분, 잘 봤지요? 우리가 부당한 짓을 한 게 아니라는 걸요. 이놈들에겐 탄약이 있었어요. 민간인인데 왜 탄약통을 세 개씩이나 가지고 있나요?" 그때 저는 다른 부대원의 엄호를 받았죠. 놈들은 다 실토했어요. 누군가 '개새끼'라는 말도 했던 것 같아요. 제가 이렇게 말했죠. "자, 이게 바로 총살하는 이유입니다. 우리도 스스로를 보호해야 하니까. 탄약을 가진 놈들을 그냥 풀어 주면 놈들은 또 탄약을 가지고 와서 나를 쏠 테니까. 놈들이 나를 쏘기 전에 내가 놈들을 쏘는 거죠. 이제 몸수색을 다 했지요. 여러분에게 탄약이

없어서 다행입니다. 여자들을 데리고 저 아래쪽으로 3킬로미터 정도 내려가세요." 놈들은 안도하면서 그 자리를 떴죠. 저는 절대 그런 일을 하는 걸 열렬히 바라거나 하지는 않았어요. 물론 더러운 짓에 가담하기는 했죠. 하지만 하고 싶어서 한 건 아니에요. 절대 하고 싶어서 한 건 아닙니다.

좀머가 소속된 제29기갑척탄연대는 이미 이탈리아에서 무수한 범죄 행각을 벌였다.[233] 이 이야기는 프랑스 로렌 지방의 로베르에스파뉴에서 저지른 범죄에 대한 이야기인데, 이 부대는 여기에서 1944년 8월 29일 프랑스인 여든여섯 명을 살해했다.[234]

좀머는 자기가 서술하는 내용에 대해 두 가지 점에서 거리를 두고자 한다. 첫째, 그는 중위와는 달리 민간인 학살을 합리화하려고 한다. 가령 희생자가 소지한 탄약으로 자신의 행동을 합리화하는 것이다. 그의 이런 합리화는 외부에 대한, 즉 주변 사람들에 대한 것이기도 하고, 자기 내면에 대한 것이기도 하다. 좀머는 자신이 저지르는 행위의 이유가 필요하고, 자기 행위가 무의미한 살인 행각이 아니라는 보장이 필요한 것이다. 둘째, 그는 자신이 자발적으로 행동한 것이 아님을 강조한다. 물론 "더러운 짓"에 가담하기는 했지만, 그런 일을 열렬히 바라지는 않았다는 것이다. 여기에서도 그가 암묵적으로 자신을 다른 사람들과 차별화하는 것을 볼 수 있다. 이는 앞서 뮐러의 이야기에서도 분명히 드러났다. 범죄를 저지르는 자들 사이에서도 자발적인 집행자와 덜 자발적인 집행자가 있고, 대부분은 자발적 집행자가 되기를 원치 않는다.

이처럼 범죄를 합법적이라고 정당화하는 것은 그로몰(Gromoll) 상사에게서도 나타난다.

그로몰: 프랑스에서 테러리스트 네 놈을 잡았어요. 일단 조사실로 끌고 가서

무기가 어디서 났는지 취조했죠. 그리고 아주 합법적으로 총살을 했어요. 그 전에 어떤 여자가 우리에게 와서 어느 집에 열흘 전부터 테러리스트들이 숨어 있는 것 같다고 말했거든요. 우리는 분대 하나를 소집해서 즉시 투입했죠. 그 여자 말이 맞았어요. 남자 넷이 있었죠. 집 안에서 카드놀이를 하고 있었죠. 일단 체포했어요. 테러리스트일 테니까요. 그렇다고 카드놀이를 하고 있는데 그냥 쏴 죽일 수는 없는 거죠. 무기가 있는지 수색했어요. 제 생각에 무기는 어떤 식으로든지 하수도에 있던 것 같아요. 거기에 무기를 숨겼을 테죠.[235]

그로몰의 이야기를 정확히 재구성하기는 어렵다. 하지만 이 이야기는 무기를 찾지 못해도 카드놀이를 하던 사람들을 테러리스트로 둔갑시킬 수 있음을 암시한다. 이들은 무기를 하수도에 버렸을 수도 있으니까. 이런 식으로 자기 행동을 합법화하는 전략을 보면, 이 군인들에게는 살인에 있어서도 어떤 형식적 구조가 중요함을 알 수 있다. 즉 실은 제멋대로 행동했으면서도 그런 행동을 정당화하는 어떤 틀을 끌어오는 것이 중요한 것이다. 베트남 전쟁에서도 비슷한 규칙이 있었다. "우리가 베트남 사람을 죽였다면, 그놈은 베트콩이다." 앞에서 이미 등장했던 디크만 상병도 연합군의 노르망디 상륙 직후 독일군이 프랑스에서 저지른 학살에 대해 이와 비슷한 방식으로 이야기한다.

브룬데(Brunde): 그럼 테러리스트들이 당신네 진지를 왜 공격한 건가요?
디크만: 우리 레이더 장비를 파괴하려고 한 거죠. 그게 그놈들 임무였으니까요. 우리는 테러리스트 몇 명을 생포하기도 했어요. 하지만 곧바로 죽여 버렸죠. 명령이 그랬으니까요. 한번은 제 손으로 프랑스 소령을 쏴 죽인 적도 있다니까요.

브룬데: 소령인지는 어떻게 알았어요?

디크만: 신분증이 있더군요. 우리는 주로 한밤중에 총살을 했어요. 그런데 그놈이 자전거를 타고 거기를 지나가더군요. 우리는 계속 마을의 집들을 향해 기관총을 갈기고 있었어요. 마을 전체가 오염됐으니까요.

브룬데: 당신이 그놈을 세웠어요?

디크만: 우리는 두 명이었죠. 지방경찰이 한 명 있었거든요. 자전거에서 내리게 해서 즉시 주머니를 뒤졌죠. 탄약이 있더군요. 그걸로 충분하죠. 그게 없었으면 그냥 보내야 했을 거예요. 그냥 제멋대로 죽일 수는 없잖아요. 경찰이 취조했어요. 테러리스트인지 아닌지. 놈은 아무 말도 안 했죠. 그놈에게 마지막으로 원하는 게 있는지 물었어요. 아무것도 없다더군요. 그래서 뒤통수에 총알을 박았죠. 그놈은 자기가 죽는 줄도 몰랐을 거예요. 우리는 또 간첩 년 하나를 우리 부대에서 처형한 적이 있어요. 스물일곱 살인가 그랬죠. 그 여자는 전에 우리 부대 주방에서 일했어요.

브룬데: 그 마을에 사는 여자였나요?

디크만: 마을에 사는 여자는 아니었어요. 하지만 그전에 마을에 산 적이 있었죠. 보병대가 아침에 그년을 끌고 왔죠. 오후에 참호 앞에 세우고 처형했어요. 그년은 영국 정보부 소속이라고 자백했죠.

브룬데: 처형 명령을 누가 내렸나요?

디크만: 사령관이 명령했죠. 저는 총을 쏘지는 않았어요. 그냥 처형을 지켜봤지요. 우리는 테러리스트를 서른 명 잡았는데, 여자와 아이들도 있었어요. 지하실에 처넣었다가 벽에 세우고 방아쇠를 당겼지요.[236]

이 이야기 속에서도 프랑스 소령을 죽이기 위해서는 합법적 근거가 필요했다. 탄약을 찾아냈으니 그가 분명 테러리스트라는 것이다. 디크만의 그다음 이야기에서 특이한 점은 아이들까지 테러리스트로 간주해서 가차 없이 "벽에 세우고 방아쇠를 당겼"다는 것이다. 이처럼 모든 사람을 적으로 보는 환상 역시 독일의 전쟁 범죄에서만 특이하게 나타나는 점은 아니다. 가령 베트남전에서도 군인들이 이런 이야기를 나눈 것이 기록되어 있다. 그들은 아기마저도 언제든 자신들을 공격할 수 있는 베트콩으로 여겼다. 이것은 그저 광기라기보다는 프레임 변화다. 이런 프레임에서는 적을 정의할 때 어느 집단에 속하는가가 중요하지, 예컨대 나이와 같은 그외의 속성들은 중요하지 않다.[237] 조안나 버크(Joanna Bourke)는 여러 전쟁의 사례를 통해 살인에 대한 군인들의 사고방식을 연구했다. 그녀에 따르면, 그렇게 변화된 프레임에는 군인들이 개인적으로 살인을 즐긴다는 것은 들어 있지 않다. 이런 프레임에서는 범주상 적으로 정의된 사람들을 가차 없이 죽이는 것이 전쟁의 실천적 규범 구조에 속할 뿐이다. 그러나 이런 사건을 법률에 따라 수사할 경우 이를 예외적으로 일어난 일로 간주하는 모순을 범하곤 한다. 그래서 이를 오판하게 된다. 일반적으로 전시에는 국제법상 하자 있는 일들이 일어나지 않으며, 다만 가끔씩 특정 개인들이 이로부터 벗어날 뿐이라고 오판하는 것이다. 자기 목적적 폭력 역시 전쟁의 구조적 측면이 아니라 다만 바람직하지 않은 예외일 뿐이라고 판단하게 된다. 그러나 폭력의 장이 일단 열리면, (우리가 살펴본 대화들에서 잘 나타나듯이) 다른 사람의 어떠한 사소한 행동이라도 그를 사살하는 충분한 동기를 제공하는 것이다.

전쟁 포로에 대한 범죄

"이놈들을 어떻게 해야 할까요? 즉시 사살해야 돼요. 놈들은 어차피 오래 못 버텨요."[238]

고대로부터 전시에 극단적 폭력이 일어나는 전형적인 영역이 포로 학대와 살해다. 그러나 현대에 이르러 대규모 병력이 전쟁을 수행함에 따라 전쟁 포로 현상은 완전히 새로운 차원에 이르렀다. 1차 세계대전에서 600만 명에서 800만 명이 포로가 되었다.[239] 2차 세계대전에서 포로는 3000만 명에 달했다. 포로 수백만 명을 먹이고 재우기 위한 사정은 늘 궁핍했다. 1차 세계대전에서는 독일과 오스트리아 등 동맹국 병사 47만 2000명이 러시아의 포로가 되어 죽었다.[240] 2차 세계대전에서는 이 숫자가 더욱 늘어난다. 한편 독일 국방군이 저지른 가장 큰 범죄는 소련 전쟁 포로들에 대한 대량 학살이었다. 여러 가지로 추정되지만, 독일의 포로가 된 소련군은 약 530만 명에서 570만 명이었는데, 그중 250만 명에서 330만 명이 죽었다.(이는 45~57퍼센트이다.) 이들은 국방군이 감시를 맡은 수용소에서 죽었다. 84만 5000명은 전방 근처의 군사 행정 구역에서, 120만 명은 전방에서 멀리 떨어진 민간 행정 구역 수용소에서, 50만 명은 이른바 폴란드 총독부에서, 그리고 36만 명에서 40만 명은 독일 제국 전역에 산재한 수용소들에서 죽어 갔다.[241] 이처럼 희생자가 과도하게 많았던 이유는 군 수뇌부가 주판알을 튕겼기 때문이다. 즉 포로를 먹이는 부담에서 벗어나려고 포로의 생사를 그저 운명에 맡겨 둔 것이다. 물론 다른 이유도 있었다. 군 수뇌부는 기회만 닿으면 병사들에게 '적대적인 열등 인종 및 문화에 맞서' 싸우고 있음을 각인시키고 '건전한 증오심'을 불러일으켜 교전 중 어떠한 '감상벽이나 자비'도 드러내지 않게 하려 했던 것이다.[242]

전방

1941년 6월 22일 소련에서 전투가 시작되자마자, 군인들에게 혹독하게 싸우도록 채찍질을 한 결과가 분명하게 드러났다. 독일 국방군은 첫날부터 어마어마하게 잔혹한 전투를 벌였다. 수많은 지역 여기저기에서 나타난 것은 "진군의 길에 놓인 무수한 (소련) 군인 주검들, …… 무기도 없이 손을 치켜든 채 근거리에서 머리에 총을 맞아 죽은 주검들의 이미지"였다.[243] 이런 극단적 폭력을 자행한 결정적 요인 중 하나는 독일의 삐라들에서 유포한 소련군 이미지, 즉 악랄한 방식으로 전투를 벌인다는 이미지가 얼마 안 가서 실증되는 것처럼 보였다는 점이다. 개전 첫날부터 소련군 역시 국제법이 규정한 한계와 서유럽의 전쟁 관습을 넘어서는 방식으로 전투를 벌였다. 이에 대한 수많은 증언에서는 실제 일어난 폭력에 대해 거의 판타지에 가까울 만큼 과장해서 서술한다. "제가 러시아에서 두 눈으로 똑똑히 봤어요."라고 라이히트푸스(Leichtfuss) 소위가 전한다. "독일 병사 여섯 명을 혓바닥에 못을 박아서 탁자에 고정했어요. 빈니차에서는 독일 병사 열 명을 도살장 갈고리에 매달아 놨더군요. 또 (우크라이나의 테티에프에서는) 작은 집에 있는 우물 안에 독일 병사 열두 명인가 열다섯 명을 빠뜨리고 위에서 그냥 벽돌들을 계속 던져 넣는 거예요. 그러면 그 병사들은……."

영국 첩자로 보이는 대화 상대가 말을 끊는다. "갈고리에 걸려 있던 군인들은 죽어 있었어요?" 그러자 슈미트(Schmidt)가 말한다. "그래요. 혀가 못 박힌 사람들도 죽었죠. 하지만 우리는 이런 일을 계기로, 열 배, 스무 배, 백 배로 앙갚음했다고요. 물론 이렇게 잔인하고 야만적인 방식은 아니었지만. 그저 이렇게 했어요. 소규모 부대를, 그러니까 열 명이나 열다섯 명 정도를 포로로 잡는 경우가 있거든요. 그러면 우리 사병이나 부사관들이 어떻게든 후방으로 100킬로미터에서 120킬로미터 정도 이들을 이송해야 하는데 쉬운 일이 아니죠. 그래서 이들을 어떤 식으로든 건물 같은 데 가두죠. 그다음에 창문으로 수류탄을 서너 개 까 넣는 거예요."[244]

러시아에서의 전쟁 내내 독일 포로 학대 소식이 끊임없이 전해졌고 부상자 신체 절단이나 항복하려 했던 독일 병사에 대한 '정리'도 끊이지 않왔다. 이런 이야기는 허다했고 기록도 너무 잘 되어 있어서 그저 상상이라고 할 수는 없었다. 오늘날의 추정에 따르면, 1941년 소련군에 사로잡힌 독일군 전쟁 포로의 90~95퍼센트가 생존하지 못했으며 대부분은 전방에서 즉시 살해되었다.[245] 소련군이 독일군 부상자와 포로에게 저지른 범죄가 전해지면서, 그렇지 않아도 잔인한 동부전선 독일군은 더욱 잔인해졌다.

1941년 7월 초 고트하르트 하인리치(Gotthart Heinrici) 장군은 가족에게 편지를 썼다. "일부에서는 서로를 관용하지 못하고 있다. 러시아인은 야수처럼 우리 부상자들을 다뤘어. 이제는 우리 병사들이 갈색 군복을 입은 자는 모두 두들겨 패고 쏘아 죽여 버리지. 그래서 양편 모두 서로에 대해 점점 흥분하고 있고 그 결과 인간을 희생시키는 대학살이 일어나고 있는 거야."[246] 이와 비슷한 증거들이 국방군 부대들의 공식 문서들에서도 부지기수로 발견된다. 가령 제61보병사단 전쟁 일지 기록에 따르면, 1941년 10월 7일 살해당한 국방군 병사의 시신 세 구를 발견한 후 사단장이 다음 날 즉시 러시아 포로 아흔세 명을 총살하라고 지시했다. 이런 사건들이 기록조차 되지 않은 경우도 비일비재했다. 슈미트 소위 같은 군인들이 이런 일을 스스로 맡아 은밀하게 '처리'했기 때문이다.

최전방에서 무수한 소련군을 살해한 것은 상당 부분 '응보'의 차원에서 이루어졌다. 게다가 소련에서의 실제 전투는 폴란드나 프랑스나 유고슬라비아에서의 전투와는 특징이 완전히 달랐다. 소련군은 예기치 않게 완강히 저항했으며, 상당수의 소련 군인들은 사로잡히느니 차라리 죽기를 각오하고 저항했다. 처절한 육박전이 벌어져서 늘 큰 손실을 입고 폭력이 점점 고조되었다. 팔러(Faller) 하사는 대화 상대의 질문에 이렇게 대답한다.

슈미트[*]: 놈들을 어떻게 했나요?

팔러: 죽였죠. 전투에서 대부분 무지막지하게 덤비더군요. 투항을 하지 않았어요. 우리는 때로는 포로로 잡고 싶기도 했어요. 하지만 놈들은 궁지에 몰려서도 배 앞에 수류탄을 빼 들고 있었지요. 우리는 일부러 쏘지 않았어요. 놈들을 산 채로 잡고 싶었거든요. 여자들도 야수처럼 싸웠지요.

슈미트: 그럼 여자들은 어떻게 했어요?

팔러: 여자들도 쏘아 죽였지요.[247]

팔러의 이야기는 소련의 여군들이 특히 위태로운 상황이었음을 다시한 번 보여 준다. 왜냐하면 독일군의 프레임에 싸우는 여자란 없었기 때문이다. '엽총 계집들(Flintenweiber)'이라고 얕잡아 보면서 그들에게 전투원으로서의 지위를 부여하지 않는 경우가 많았다. 결국 '빨치산'과 동급으로 취급된 것이다. 따라서 소련군의 남성 군인들보다 극단적 범죄의 희생양이 되는 경우가 더 많았다.[248]

독일 군인들을 격앙시킨 데에는 수많은 소련 군인이 결연하게 죽을 때까지 싸우려 했던 것 외에도 소련군의 전투 방식도 한몫을 했다. 그들은 가령 부상을 입거나 죽은 척했다가 독일군 배후에서 다시 전투를 시작했다. 독일 군인들이 보기에 이는 전쟁의 규범을 짓밟은 것이었다. 이런 교활한 행위를 금지하는 것이 헤이그 육전 조약에서 명문화되지는 않았지만, 이는 정정당당한 전투의 불문율을 어기는 것이었다. 러시아 침공 직전 독일군 수뇌부의 전단에서도 이런 속임수를 미리 예견했었는데, 이제 독일군은 이런 행위에 대해 매우 잔인하게 보복을 가했다. 가령 제299보병사단의 어느 연대는 1941년 6월 말에 이미 이렇게 보고했다. "우리 병사들은 적군의 간교한 전투 방식에 분노해서 이제 적을 산 채로 잡지 않는다." 등 뒤에서 기습 사격하기, 적을 가까이 접근하게 두었다가 갑자기

발포하기, 적의 선봉대를 통과시킨 후에 그 배후에서 공격하기 등의 전투 방식에 대해 이렇게 분노하며 소련군을 비난했다. 그러나 사실 이런 방식은 독일인에게는 익숙지 않았지만 소련에서는 통상적 전투 방식이었던 것이다. 휠셔(Hölscher) 이병은 친구에게 이런 말을 들었다. "내 친구가 이렇게 말했어요. '러시아 놈들이 싸우는 방식은 무지막지해. 놈들은 우리가 3미터 거리까지 다가가게 내버려 두었다가 우리 목을 베어 버리지. 상상이 가나? 놈들은 우리가 아주 지척까지 다가가게 한다니까. 우리는 놈들을 잡으면 그 자리에서 죽였어. 개머리판으로 대가리를 부숴 버렸지.' 그들은 들판마다 참호를 파고 숨어 있었다죠. 그래서 한 걸음 전진하려고 해도 치열한 전투를 벌여야 했대요. …… 놈들은 나무 위에 올라가서 아래로 총을 갈겼다고 해요. 친구는 그 개새끼들이 정말 열성적이었다고 말하더군요. 정말 믿기 힘들 거예요. 러시아에서는 정말 끔찍했어요."[249]

독일 군인들이 소련군을 다루는 방식은 국제법상으로 분명 범죄였지만 군인들 자신이 보기에는 그렇지 않았다. 소련군의 태도가 소련군 포로를 사살하는 데 충분한 동기를 주었으며, 독일 군인들은 포로를 다른 식으로 대우할 수 있다는 생각조차 하지 못했다.

러시아 전쟁 개전 후 처음 몇 주 동안에 국제법상 규정들을 모두 위반하는 전쟁 관습이 새롭게 정착되었다. 폭력 행사 방식은 불변하는 것이 아니라 구조적이고 개인적이고 상황적인 여건에 따라 늘 유동적이다. 이런 극단적 폭력은 1941년 늦여름과 가을에는 다소 가라앉았다. 하지만 동부군이 1941년 겨울 일부 혼돈 상황에서 철군하게 되었을 때, 또다시 전쟁 포로를 무더기로 총살하는 일이 자주 일어났다. 포로들을 이송할 수 없었기 때문이었다.[250] 전쟁이 끝날 때까지 이처럼 폭력이 극심해졌다가 가라앉는 일이 계속 번갈아 나타났다.

도청 기록에서도 이 군인들이 전쟁 포로에 대한 범죄를 거부한 이야기가 몇 군데 있다. 친위대 소위 발터 슈라이버(Walter Schreiber)는 전쟁 포로 살해에 충격을 받았으며 자신은 이를 거부했다고 이야기한다.

슈라이버: 한번은 포로를 잡았어요. 이제 그를 죽여야 하는지, 풀어 주어야 하는지가 문제였어요. 우리는 그에게 가라고 하고는 등 뒤에서 총을 쏴서 죽이려고 했죠. 그 사람은 마흔다섯 살이었어요. 그는 성호를 그은 다음에 이렇게 쏼라쏼라 뭐라고 중얼거렸어요.(중얼거리는 기도를 흉내 낸다.) 마치 우리 속셈을 진즉 알고 있다는 듯이 말입니다. 저는 총을 못 쏘겠더라고요. 이런 생각이 들었죠. 이 남자에게는 가족과 아이들이 있을지도 몰라. 그래서 사무실에서 말했어요. "저는 하지 않겠습니다." 저는 그 자리를 떠났고 그 남자를 다시는 볼 수 없었죠.
붕게(Bunge): 그래도 당신이 그를 처단했죠?
슈라이버: 그 사람은 죽었지만 제가 죽이지는 않았어요. 그 후에 저는 큰 충격을 받았어요. 그래서 사흘간이나 잠을 못 잤죠.[251]

해군 소위 붕게는 이야기가 다르게 진행될 것으로 예상하고 당연히 슈라이버가 포로를 '처단'했을 것이라고 생각하는 점에 유념하자. 포로가 살해되는 것이 특이한 것이 아니라 살해되지 않는 것이 오히려 특이한 것이었다. 그뤼히텔(Grüchtel) 상병도 비슷한 이야기를 한다.

그뤼히텔: 저는 리가에도 있었지요. 한번은 러시아 포로 몇 놈에게 청소를 시키려고 했죠. 그래서 몇 놈을 데려왔습니다. 다섯 명이었어요. 그때 졸병에게 이놈들이 필요 없어지면 어떻게 처리해야 하느냐고 묻더군요. 녀석이 말했죠. "쏴 버린 후 내다 버리면 되죠." 글쎄. 저는 그렇게 하지 않았어요. 처음 데려왔던 곳으로 다시 데려다 놓았죠. 그런 짓을 할 수는 없잖아요.[252]

이런 식의 이야기가 진실인지에 대해 우리는 아는 바가 없다. 그런데 이런 이야기는 우리의 자료에서는 아주 드물다. 그렇다고 해서 점령지에서 전쟁 포로나 점령지 주민을 인간적으로 다루는 일이 통상 드물었다고 확언할 수는 없다. 다만 우리는 오늘날의 관점에서 '인간적'이라거나 '인정 있다'고 평가하는 행동이 그들의 의사소통 속에서는 별로 중요하지 않았음을 알 수 있을 뿐이다. 이 자료에는 오늘날의 규범에서 봤을 때 선하다고 여길 행동보다 비인간적이라고 여길 행동을 (종종 1인칭 시점에서) 서술하는 이야기들이 훨씬 많다. 이것이 암시하는 바는, 전자의 이야기는 대화에서 별로 인기가 없다는 사실이다. 살인이 공공연히 저질러지고 사회적으로 요구받는 행위일 때에는, 유대인이나 러시아 전쟁 포로나 여타 열등하다고 낙인찍힌 집단에 대한 인간적 대우가 오히려 규범을 어기는 것이 된다. 2차 세계대전이 끝나고도 여러 해가 지나서야 비로소 이런 이야기들이, 도청 기록에서 군인들이 통상 나누던 이야기들보다 규범적으로 더 높이 평가받게 되었다. 그리고 나서야 비로소 이런 이야기들에서 풍기는 뉘앙스가 달라지기 시작했다. 그러므로 동정이나 공감을 표현하는 이야기나 그저 포로를 올바르게 대우하는 이야기는 동시대인들에게는 업신여김 당하기 십상이었고 그래서 도청 기록에서 등장하지 않는 것이리라. 물론 이런 일 자체가 실제로 드물었을 수도 있다. 당시 '타자들'과 그들의 행동을 배치하는 군인들의 프레임에 타자들에 대한 공감 따위가 들어설 자리는 전혀 없었기 때문이다. 비인간적 행위를 거리낌없이 저지른 이야기에 대해 대화 상대가 비판적으로 반응하는 경우가 거의 없었음을 고려해 볼 때, 바로 그런 잔혹한 이야기들이야말로 전쟁의 정상적 상황을 묘사하는 이야기였다고 볼 수도 있다.

수용소

대부분의 소련 군인들은 포로 생활 초기에 살아남을 수 있었다. 하지만 수용소로 가는 길에서부터 고행이 시작되었다.

그라프(Graf): 어느 보병이 이야기해 줬죠. 러시아 놈들을 후방으로 이송할 때 놈들에게 음식을 주지 않았다네요. 사나흘 동안이나. 놈들은 픽픽 쓰러졌죠. 그러면 경비병이 달려가서 그놈 대가리에 한 방 갈기는 거죠. 그럼 그냥 뻗어 버렸대요. 그러면 딴 놈들이 달려들어서 그놈을 갈기갈기 찢어서 먹어 치웠다죠. 그놈도 살아 있을 때 그랬던 것처럼.[253]

군인들은 대화 속에서 식인 현상에 대해 늘 강조하곤 했다. 클라인(Klein) 중위도 "러시아 놈들은 한 놈이 뒈지면 그놈을 먹어 치우곤 했어

포로수용소로 가는 길의 소련 전쟁 포로들, 1942년 7월, 동부 전선 남부 지역.
(프리드리히 게르만(Friedrich Gehrmann), BA 183-B 27 116)

요. 몸이 아직 따뜻할 때 말입니다. 무시무시했지요."[254]라고 이야기한다.

게오르크 노이퍼(Georg Neuffer) 대령과 한스 라이만(Hans Reimann) 중령은 1941년 포로 이송 현장을 목격했다.

노이퍼: 러시아 포로들을 비야스마[255] 등지에서 후방으로 이송하는 일은 끔찍했어요!

라이만: 정말로 끔찍했죠. 저도 코로스텐에서 리보프로 이송하는 현장에 같이 있었어요. 그들이 기차에서 몰려나오도록 짐승 다루듯이 곤봉으로 두들겨 팼죠. 그래야 정렬을 하니까 말입니다. 그리고 끌고 가서 물을 마시게 했어요. 역마다 그런 수조가 있었거든요. 그들은 수조에 떼로 몰려들어 짐승처럼 물을 마셔 댔죠. 그리고 음식을 아주 조금 지급했어요. 그다음에는 다시 기차 안으로 몰아넣었죠. 가축 이송용 차량 한 대마다 예순 명에서 일흔 명씩 태웠죠! 기차가 멈출 때마다 그들은 열 명씩 죽어서 들려 나왔어요. 산소 부족으로 질식사한 거죠. 이런 말도 들었어요. 수용소 경비대 상사와 같이 기차를 탔는데, 그에게 물었죠. 대학생이었고 안경 낀 지식인이었어요. "언제부터 이 일을 했나?" "글쎄요, 4주 정도 됐어요. 하지만 더는 못 참겠어요. 이제 다른 데로 가야겠어요. 더 이상 견딜 수가 없어요!" 기차역에서 러시아인들은 좁은 틈을 통해 바깥을 내다보면서 거기 있는 러시아 주민들에게 러시아 말로 짐승처럼 울부짖었어요. "빵 좀 주시오! 하느님이 축복할 것이오." 그러면서 남루한 셔츠나 마지막 남은 양말과 신발까지 밖으로 던졌어요. 그러면 아이들이 와서 그들더러 먹으라고 호박 같은 걸 주었어요. 호박을 기차 안으로 던지면 기차 안에서는 쿵쾅거리는 소리와 짐승 같은 울부짖음만 들려왔지요. 서로 때려 죽이는 것 같았어요. 저는 녹초가 됐어요. 구석에 앉아서 머리까지 외투를 뒤집어썼어요. 그 경비대 상사에게 물었죠. "먹을 게 아무것도 없나?" 그는 이렇게 말했죠. "중령님, 먹을 게 어디 있겠어요? 준비를 하나도 안 했

는데요!"

노이퍼: 그렇지요. 정말 그래요. 상상도 하기 힘든 만행이었죠. 비야스마와 브랸스크에서 동시에 벌인 이중 전투에서 잡힌 포로들의 행렬도 그랬어요. 포로들은 걸어서 끌려갔어요. 스몰렌스크까지요. 저는 이 길을 자주 다녔죠. 길거리의 참호마다 총살당한 러시아인들의 시신으로 가득했어요. 자동차는 시체들을 밟으면서 갔어요. 아주 끔찍했습니다![256]

이미 1941년 늦여름부터 러시아 포로들은 영양 부족 때문에 집단으로 죽어 가기 시작했다. 이런 일은 그해 겨울 정점에 달했다가 1942년 봄에 이르러서야 일시적으로 가라앉기 시작했다. 그때까지 러시아 전쟁 포로 약 200만 명이 죽었다. 전쟁 포로 대우 정책은 1941년 가을에야 전환되었는데, 이는 독일 군수 산업의 노동력이 점점 부족해졌기 때문이다. 원래 굶겨 죽이려던 그들에게 도구적 가치가 있음을 알아차린 것이다. 그럼에도 국방군 수뇌부는 이 정책의 근본적 변화를 결단하지는 못했다. 물론 포로의 목숨을 구하기 위해 싸운 사람들도 일부 있었고 그러한 끔찍한 대우에 대해 (그리 성공하지는 못했어도) 항거한 사람들도 일부 있기는 했다.[257]

도청 기록에서는 전방에서의 처형보다 포로수용소의 끔찍한 상황에 대해 더 자주 이야기한다. 수만 명이 집단적으로 죽어 가는 일은 동부전선의 군인들에게도 특별한 사건이었다.

프라이타크(Freitag): 러시아 포로 5만 명을 뎅블린(템플린?)의 어느 요새에 수용했어요. 그곳은 정말 꽉 차 버렸어요. 그들은 거의 앉을 수가 없어서 이렇게 서 있을 수밖에 없었다고요. 그 정도로 가득 찼다니까요. 11월에 템플린에 갔었는데 거기 8000명이 남아 있었어요. 다른 사람들은 벌써 땅에 파묻혔죠. 당시 거기에 발진티푸스가 발생했어요. 보초병이 말하더군요. "발진티푸스가 생겼습니다. 아마 14일 정도 계속될 겁니다. 그러면 러시아 포로들은 끝장나는 거죠. 폴란드 놈들도 그렇고요. 폴란드 놈들뿐 아니고 유대 놈들도요." 누군가 발진티푸스에 걸린 게 드러나면 곧바로 그 구역을 몽땅 쓸어 버렸죠.[258]

그렇게 수백만 명이 죽어 갔으며, 이러한 어마어마한 규모의 희생자가 생긴 것은 일부 독일 군인들에게 매우 정확히 알려졌다. 공군 상사 프라이타크는 1942년 6월 이렇게 말한다. "크리스마스까지 포로 3500만 명을 잡았어요. 그중에 100만 명이 겨울을 넘길 수 있으면 그것도 많은 거예요."[259] 그리고 제272포병연대의 페어베크(Verbeck) 중위는 동료에게 울분을 토로한다.

페어베크: 1941년 겨울 독일에서 러시아 포로가 얼마나 많이 죽었는지 아세요? 2000만 명이에요. 음식을 지급받지 못해서 제대로 굶어 죽었죠. 기껏해야 도살장에서 동물 내장을 수용소로 가져와서 주었으니까요.[260]

러시아 포로 '정리', 전쟁 중 학살, 보복을 위한 집단 총살 등이 일어난 또 하나의 이유는 동부군에 널리 퍼져 있던 인종주의적 사고방식, 즉 자신들이 인종적으로 우월하다는 생각이었다. 러시아인은 "열등 민족"[261]이고 "짐승"[262]이라는 태도, 그리고 "러시아인은 우리와 다른 인간, 즉 아시아인"[263]이라는 태도가 폭력을 더욱 부채질했다. 물론 군인들은 연민을 나타내는 경우도 있었는데, 특히 수용소에서 포로들이 떼죽음당한 이야기를 할 때였다. 때로는 그렇게 포로를 대우하는 것이 잘못이고 잔인한 짓이라는 뉘앙스가 풍기기도 했던 것이다. 이런 경우에는 독일 프로파간다가 주입한 '유대인과 볼셰비키에게 선동당한 소련군'의 이미지 대신에 보다 다면적인 시각이 드러났다. 그리고 여기에는 러시아 군인의 전투 성과에 대해 종종 존경심을 표하는 것도 관련이 있었다. 러시아에서 지내면서 러시아 문화를 바라보는 시선이나 그 황량한 기후에서 민간인들이 살아가는 방식을 바라보는 시선도 변화했다. 점차 다양한 시선으로, 그리고 일부에서는 긍정적 시선으로 바라보게 된 것이다. 그뿐 아니라 얼마 지나지 않아 러시아인 약 100만 명이 지원병으로 독일을 위해 싸우게 되었다. 이런 상황으로 인하여 러시아인의 이미지는 계속 변화했다.[264]

한편 이런 이야기를 하는 독일 군인들 자신도 전쟁 포로이면서 한결 좋은 대우를 받았기 때문에, 러시아인 포로들에 대한 연민이 생겨나기도 했다. 독일인이 러시아 전쟁 포로를 다루는 방식과 연합군이 독일 전쟁 포로를 다루는 방식이 너무도 대조적이었던 것이다.

물론 러시아 전쟁 포로에 대한 대우가 아직도 지나치게 인간적이라고 생각하는 군인들도 있었다. 가령 막시밀리안 지리(Maximilian Siry) 중장은 1945년 5월 6일 이렇게 말한다.

지리: 이런 말을 노골적으로 할 수는 없지만, 우리는 너무 부드러웠죠. 이제 우리는 잔인하다는 말을 들으면서도 궁지에 처해 있잖아요. 하지만 만일 진짜로 모질게 했다면, 놈들을 깡그리 죽여 버렸다면, 이에 대해 왈가왈부할 사람 자체가 없었겠죠. 그러니까 이렇게 어중간하게 하는 건 늘 잘못이라고요. 동부전선에 있을 때 군단 사령부에서 제안했죠. 거기 상황이 그랬어요. 포로 수천 명이 왔는데 아무도 그들을 감시하지 않았어요. 인력이 없었으니까요. 프랑스에서는 상황이 그나마 나았죠. 왜냐하면 프랑스 놈들은 너무 멍청하거든요. 그래서 아무한테나 "저기 뒤에 포로 집결지에 신고하시오."라고 말하면 이 원숭이 같은 멍텅구리는 정말 그리로 갔다니까요. 하지만 러시아에서는 선봉기갑부대와 후위 부대 사이에 50킬로미터에서 80킬로미터 정도 거리가 있죠. 행군으로 이삼 일 걸리는 거리였죠. 그렇게 행군할 때면 러시아 놈들은

낙오하지 않고 모두 터덜터덜 걸어서
뒤따라오죠. 그러다가 양편의 숲 속으
로 뛰는 거예요. 그리고 숲속에서도
끄떡없이 살아남죠. 제가 이렇게 말했
어요. "이대로는 안 되겠다. 이놈들 다
리를 하나씩 잘라 버리거나 부러뜨리
거나 팔 하나라도 부러뜨려야겠어. 그
래야 한 달 동안 싸울 수 없을 테니까.
그리고 그래야 놈들이 도망을 안 가

막시밀리안 지리 중장.(BA 146-1980-079-67)

지." 그러자 여기저기서 울부짖는 소
리가 들렸어요. 제가 곤봉으로 놈들 다리를 부러뜨리자고 말하니까 말이에요.
물론 당시 저도 이런 일에 대해서 뼈저리게 느끼지는 못했어요. 하지만 이젠
꼭 그래야 한다고 생각해요. 이미 봤잖아요. 우리는 이대로는 전쟁을 할 수가
없어요. 모질고 야만적으로 하지 않으면 말입니다. 러시아 놈들은 벌써부터 그
렇게 하고 있다고요.[265]

섬멸

"총통은 유대인 문제를 처리하는 방식 때문에 외국에서 욕을 많이 먹었죠. 총통이
많은 업적을 남겼지만, 후대 역사가들도 총통을 비난할 게 분명해요."[266]
"그렇습니다. 피할 수 없는 일이죠. 개인은 오류를 범하니까요."[267]

함부르크사회조사연구소가 개최한 '국방군 범죄' 전시회는 독일에서
격렬한 과거사 논쟁을 불러일으켰다. 1995년에서 1999년 사이에 여러 도

시에서 국방군의 전쟁 범죄 기록과 유대인 학살 가담 기록이 전시되었다. 특히 군인 출신인 노년층 관람객들은 이 전시회에 분개하곤 했다. 그 이후로 국방군은 결백하다는 신화는 완전히 무너졌다고 말하곤 한다. 하지만 여기에서 주목할 점은 이 전시회를 둘러싼 논쟁에 참여한 수많은 참전 군인들이 국방군이 홀로코스트에 연루되었음을 극구 부인한다는 사실이다. 우리의 도청 기록이 보여 주는 것처럼, 이는 '심리적' '억압' 기제나 '부인' 기제 때문은 아니다. 오늘날 우리가 섬멸전과 홀로코스트에 속한다고 간주하는 수많은 범죄를 당대에는 전혀 다르게 해석했던 것이다. 이런 범죄는 예컨대 빨치산 토벌 등으로 해석되었다. 여기에서 당대의 프레임과 현재의 프레임 간의 차이가 극명해진다.

그러나 도청 기록에서 드러나는 또 다른 점에 주목할 만하다. 이 기록들을 보면, 대다수 군인들이 유대인 학살 과정에 대해서 상세히 알고 있었던 것이다. 그들은 심지어 오늘날까지 연구자들이 전혀 발견하지 못했던 측면들까지 언급하곤 한다. 하지만 그들은 그 내용과 자신의 행동을 전혀 결부시키지 않는다. 그러나 국방군 부대들이 허다한 전쟁 범죄를 저질렀고 점령지에서 유대인의 조직적 처형에 여러 방식으로 관여했음을 대다수 군인들은 2차 세계대전 중 이미 알고 있었다. 즉 국방군 군인은 처형을 직접 수행하거나 참관하거나 공범이나 보조 인력이나 소문의 전달자로 거기 관여했다. 아주 드물지만 다른 방식으로 관여하기도 했는데, 가령 이를 막기 위해 장교 개개인이 항거하거나 희생자를 구하기도 했고, 또 사뭇 과감한 행동을 통해 유대인을 죽이려는 무장친위대를 방해하기도 했다.[268] 물론 이런 일은 조직적이지 않은 예외적 사례였다. 볼프람 베테(Wolfram Wette)는 국방군 군인 1700만 명 중 이러한 "구조를 통한 저항(Rettungswiderstand)" 사례가 약 100건인 것으로 추산한다.[269]

바비야르 협곡에서 단 이틀간 3만 명 이상을 총살한 것 같은 대규모 집단 학살 중 어느 것도 국방군의 관여 없이 이루어지지 않았다. 그리고 1941년 중반 이후 러시아에서 일어난 일들, 그리고 그 이전에 이미 폴란드에서 일어난 일들은 직접적 가해자와 참관자 집단을 넘어 널리 퍼져 나가 많은 사람이 알게 되었다. 전해지는 내용이 무시무시할수록, 비밀에 부칠 것을 요구할수록, 여타 정보 전달 매체가 제한될수록, 소문은 더욱 흥미로운 매체가 되고 더욱 빨라진다. 도청 기록에서 유대인에 대한 집단 범죄에 관해 대화를 나누는 일은 드물었다. 전체 기록의 0.2퍼센트만이 이에 대한 대화였던 것이다. 하지만 군인들의 프레임 안에서 범죄라는 것 자체가 어차피 별로 중요하지 않았으므로, 대화의 절대적 숫자가 적다는 것은 별로 의미가 없다. 그러나 이런 대화들을 보면, 실로 모든 사람이 유대인 학살에 대해 알거나 최소한 어렴풋이 감지하고 있었음이 분명하다. 오늘날의 독자에게 무엇보다 놀라운 점은 이런 범죄에 대해 이야기하는 방식이다.

펠베르트(Felbert): 유대인을 몰아내던 지역에 직접 있어 봤나요?

키텔(Kittel): 네.

펠베르트: 그게 아주 조직적으로 이루어졌습니까?

키텔: 그렇지요.

펠베르트: 부녀자와 아이들까지요? 전부 다요?

키텔: 전부 다요. 끔찍하지요.

펠베르트: 그들을 기차에 태웠나요?

키텔: 그래요. 하지만 그저 기차에 태우기만 한 게 아니에요. 제가 본 건 정말 끔찍했어요! 저는 부하를 뒤따라 보내면서 말했지요. "이제 그만둘 것을 명령한다. 더 이상 참아줄 수 없다."라고요. 예를 들면 라트비아의 다우가프필스에서 유대인 집단 학살이 있었어요.[270] 친위대나 보안대가 수행했지요. 보안대원은 열다섯 명쯤 되었고, 라트비아인은 음, 예순 명 정도 있었어요. 이들은

세상에서 제일 난폭한 인간들로 유명하죠. 일요일 이른 아침 침대에 누워 있는데, 일제사격 소리가 두 번 나고 그다음 소총을 쏘는 소리가 들렸어요. 벌떡 일어나 밖으로 나와 말했죠. "왜 총을 쏜 거야?" 참모부 배속 장교가 말했죠. "대령님, 가 보셔야겠습니다. 일이 벌어지고 있어요." 그래서 그 근처까지만 갔지만 그래도 볼 건 다 봤어요. 다우가프필스에서 끌고 온 300명이 구덩이를 하나 파 놓았지요. 남자와 여자들이 같이 커다란 구덩이를 팠어요. 그 후에 집으로 돌아갔다가 다음 날 다시 왔어요. 남자, 여자, 아이들이 있었는데, 이들의 숫자를 세고 홀딱 벗겼어요. 그다음 처형자들은 일단 옷을 모아서 무더기로 쌓았어요. 그다음에 여자 스무 명을 구덩이 옆에 세웠어요. 옷을 벗긴 채로. 그리고 사격을 했고 여자들은 구덩이 안으로 떨어졌죠.

펠베르트: 어떤 식으로 사살한 거죠?

키텔: 구덩이를 바라보고 서게 했어요. 그 뒤로 라트비아인 스무 명이 다가와서 그 여자들 뒤통수에 그냥 총을 갈긴 거죠. 거기 구덩이에는 계단식으로 발판이 하나 있었는데 여자들은 그 낮은 데 서 있었어요. 총을 든 자들이 구덩이 옆으로 다가와서 머리를 쏘자 여자들이 구덩이로 떨어졌어요. 그다음 남자 스무 명을 마찬가지로 일제사격으로 날려 버렸죠. 한 사람이 명령을 하면 스무 명의 인간이 마치 과녁처럼 넘어지면서 구덩이로 떨어졌지요. 그다음에 제일 끔찍한 일이 일어났죠. 이때 저는 거길 떠났어요. 그리고 말했죠. "내가 개입해야겠다."라고.[271]

이 이야기는 프랑스 메스 지역 주둔군 사령관을 역임했던 하인리히 키텔(Heinrich Kittel) 중장이 1944년 12월 28일에 말한 것이다. 1941년 대령이던 그는 라트비아의 다우가프필스의 북부집단군 지휘관예비대에 있었다. 여기에서는 1941년 7월과 11월 사이에 약 1만 4000명의 유대인이 처형당했다. 이 처형에서 그가 어떤 역할을 맡았는지 역사적으로 밝혀낼 수는 없다. 그 자신은 격앙된 관찰자 시점에서 이 상황을 서술한다. 키텔은 고위 장교였기 때문에 이런 상황에 개입할 여지가 상당히 컸다. 앞의 이야기 말미에 드러나듯이, 그는 일반 병사와는 달리 수동적 관망자 역할에 머무는 것이 아니라 어떤 일을 할 수도 있었다. 도청 기록에서는 이런 관찰자 시점의 이야기가 흔하게 나타나지만, 사건에 능동적으로 가담했는지 여부는 대개의 경우 감춰져 있다. 화자는 이런 식으로 무고한 보고자 역할 안에 머물게 되는 것이다. 오늘날까지도 많은 목격자 인터뷰에서 이런 이야기 방식을 볼 수 있다. 키텔의 상세한 묘사 역시 특이한 일이 아니다. 처형은 많은 이야깃감을 제공하며, 죄와 책임에 대해 생각하고 물어볼 수 있는 계기를 제공한다.

물론 오늘날의 독자에게는 두 가지 사실이 놀라울 것이다. 첫째, 펠베르트처럼 그렇게 꼬치꼬치 캐묻는 일은 매우 드물다. 보통의 대화를 보면, 그런 이야기들이 세부적인 면에서는 대화 상대와 청자들을 놀라게 만들지만, 섬멸 행위 자체는 전반적으로 보아 놀라운 일이 아니었음을 알수 있다. 펠베르트도 '기차'에 대해서 묻는다. 다시 말해 그가 이미 잘 알고 있는 세부 사항에 대해 묻는 것이다. 청자가 아연실색하거나 이야기의 내용을 받아들이지 못하는 경우는 거의 없다. 요약하자면, 유대인 학살은 군인들이 이미 알고 있는 것들 중 하나였다. 최근 여러 연구에서 당시 군인들이 알고 있었을 것이라고 생각하는 정도보다 훨씬 잘 알았다.[272] 물론 모든 사람이 모든 것을 아는 것은 아니었지만, 도청 기록에서는 학살의 세부 사항들이 모두 드러난다. 가령 '제1005작전'에서 트럭 안에서 일산화탄소로 살육하고 후에 시신을 묻거나 태웠던 일까지 모두 드러난다.(240쪽 참조) 그뿐 아니라, 학살에 대해 수많은 풍문들이 떠다녔다. 이런 배경을 고려할 때 우리는 거의 모두가 유대인 학살에 대해 알고 있었다고 생각할 수 있다.

둘째, 이 이야기들은 종종 (오늘날의 시각으로 볼 때는) 놀라운 반전을 품고 있다. 21세기의 청자인 우리는 아주 긴장하며 키텔이 어떤 식으로 학살을 막으려 했는지 듣기를 기대하지만, 그의 이야기의 요점은 이런 기대를 완전히 무너뜨린다.

키텔: 저는 자동차에 앉아서 보안대원에게 말했습니다. "사람들이 다 볼 수 있는 야외에서 이런 총살을 집행하는 일을 엄금하겠다. 숲 속에서 총살하거나 아무도 보지 못하는 곳에서 한다면, 그건 너희가 알아서 할 일이다. 그리고 내일 또 총살을 하는 것을 금지한다. 우리는 깊은 우물에서 먹을 물을 긷는데, 시체에서 나오는 물이 그리로 스며들 테니까." 제가 있던 곳은 온천지 메스켐스였지요.[273] 다우가프필스 북쪽에 있던.[274]

키텔이 그 일에서 불만스러웠던 것은 (여기저기 '끔찍하다'거나 '제일 끔찍한 일' 같은 표현을 쓰고 있지만) 무엇보다 기술적 문제였다. 즉 총살을 할 수는 있지만 그 자리에서 해서는 안 된다는 것이다. 키텔의 마음에 걸리는 것은 다른 사람들이 그 일을 볼 수 있다는 점과 전염병 위험이 있다는 점이었다. 총살을 집행한 보안대원들은 식수 공급 문제에 대해서는 생각하지 않았던 것이다. 물론 펠베르트는 그런 데에는 관심이 없었고 이 이야기가 어떻게 진행될지 궁금해한다.

펠베르트: 아이들은 어떻게 했나요?
키텔: (아주 격앙해서) 아이들을, 세 살 먹은 아이들까지 머리채를 잡고 일으켜 세워서 권총으로 쏘아 죽였어요. 그리고 내버렸죠. 제 눈으로 똑똑히 봤다니까요. 사람들도 다 볼 수 있었지요. 300미터 떨어진 곳에 사람들이 많았거든요. 더 이상 접근하지 못하게 보안대가 막고 있었죠. 라트비아 사람들과 독

일 사병들이 거기 서서 다 봤다니까요.

펠베르트: 보안대원들은 어떤 사람들이지요?

키텔: 구역질 나는 종자들이죠! 그놈들은 다 총살해야 합니다.

펠베르트: 보안대 구성은 어땠어요? 어떻게 편성되었나요?

키텔: 독일인들이었죠. 보안대 제복을 입었는데 제복에는 검은 줄이 있었고 거기에 '특수 임무'라고 쓰여 있었어요.

펠베르트: 처형을 집행한 자들은 다 라트비아인들이었나요?

키텔: 네. 모두 라트비아인들이었죠.

펠베르트: 하지만 명령은 독일인이 내렸죠?

키텔: 그래요. 굵직굵직한 일은 독일인들이 하고 자잘한 일은 라트비아인들이 한 거죠. 라트비아인들은 죽은 사람들의 옷을 샅샅이 뒤졌지요. 보안대원들이 눈치채고는 말했어요. "자, 이제 옷을 다른 곳으로 옮긴다." 거기 끌려와 죽은 사람들은 모두 유대인이었어요. 그 지역민들이 끌고 온 거예요. 유대인들은 완장을 찬 라트비아인들에게 끌려와서 약탈을 당했죠. 다우가프필스에서는 유대인들에 대해 몹시 분개하고 있었어요. 그래서 민중의 의분이 폭발한 거지요.[275]

이제 키텔은 펠베르트의 질문에 대답하면서 이야기를 이어 나간다. 이야기는 다시 한 번 놀라운 반전을 보인다. 이 학살에서 독일인은 명령을 내렸고 실제 행동은 라트비아인들이 했다는 것에 대해 키텔은 다우가프 필스에서 "민중의 의분"이 폭발한 탓이라고 돌린다. 이는 이야기의 분명한 모순이나 자가당착까지도, 우리의 생각과는 달리 대화를 계속 이끌어 나가는 데 별 문제가 되지 않음을 보여 주는 수많은 사례 중 하나다.[276] 키텔은 보안대가 조직적 살인을 저질렀다고 말하면서도 그 말이 끝나기도 전에 이를 "민중의 의분"이 폭발했기 때문이라고 말한다. 그러나 이 학살은 "민중의 의분"과는 무관했다. 하지만 일상의 대화에서도 모순은 늘 나타나기 마련이고, 그런다고 화자가 이야기를 못 하는 일은 거의 없다. 그 이유는 대화의 목적이 그저 정보 전달만은 아니기 때문이다. 소통에는 항상 두 가지 기능이 있다. 전달하는 내용 외에도 언제나 대화하는 사람들의 사회적 관계가 중요하다. 고전적 소통 이론의 차원에서 말한다면, 이야기는 내용적 측면 외에 늘 관계적 측면도 가지는 것이다. 이야기를 하는 실제 상황에서는 관계적 측면이 내용의 역사적 진실이나 논리적 타당성보다 훨씬 중요한 경우가 허다하다. 청자들은 때로는 일부러 추가 질문을 하지 않거나 설명을 요구하지 않는데, 이는 대화 흐름을 방해하거나 화자를 어수선하게 만들지 않으려는 것이다. 또는 이야기에 홀딱 빠져들어 어떤 내용은 잘 들어맞지 않는다는 사실을 놓쳐 버리는 경우도 많다. 물론 펠베르트는 매우 주의 깊게 듣는 사람이었다.

펠베르트: 유대인에 대해서요?[277]

이제 특이하게도 대화를 듣던 다른 사람이 대답한다. 아마 키텔 자신이 자기 이야기의 모순을 깨달았기 때문이리라. 이 사람은 키텔의 관점을 옹호하면서 그 사태를 설명하고는 이야기를 계속해 달라고 청한다.

셰퍼(Schaefer): 그렇소. 당시 에스토니아 사람을 6만 명이나 끌고 갔기 때문이지요. 러시아인들이 말이오. 하지만 유대인에 대한 분노는 당연히 일부러 부채질한 결과요. 그런데 이들에게서 어떤 인상을 받았나요? 처형 직전에 그중 어떤 사람을 관찰했나요? 그들은 울었나요?
키텔: 아, 끔찍했습니다. 이송되어 오는 사람들을 그 전에 본 적이 있지만 처형당하러 끌려오는 사람들인지는 몰랐어요.
셰퍼: 그들은 자기에게 무슨 일이 일어날지 알았나요?

키텔: 정확히 알았죠. 넋이 나갔더군요. 제가 그리 섬세한 사람은 아니지만 그런 일을 보면 속이 뒤집혔어요. 저는 자주 말했죠. "인간이기를 포기하는 거야. 이건 더 이상 전쟁도 아니라니까." 내 부관 중에 이게 파르벤 회사의 유기화학 담당 수석 화학자를 지냈던 사람이 있었어요. 그 회사에서 더 이상 할 일이 없어서 그 사람도 징집을 당해 전장에 배치되었죠. 이제는 제대하고 집으로 돌아갔지만 말이에요. 어쨌든 그가 거기 온 것은 우연이었어요. 그 남자는 몇 주일 동안이나 아무 일도 못 했지요. 늘 구석에 처박혀서 울부짖었죠. 이런 말을 했어요. "이런 일이 도처에서 일어난다는 걸 생각하면!" 유명한 화학자에다가 음악가였죠. 섬세한 감수성을 가진 사람이었어요.[278]

이제 펠베르트가 대화의 방향을 바꾼다.

펠베르트: 그것이 우리 편이던 핀란드와 루마니아가 떨어져 나간 이유고, 어디에서나 모두가 우리를 미워하게 된 이유지요. 어떤 사건 하나 때문이 아니라 무수한 사건들 때문이지요.
키텔: 이 세상의 유대인을 단번에 다 죽일 수 있다면, 우리를 고발하는 자들은 모두 사라질 거예요.[279]

이야기를 하면서 자신이 실용주의자임을 이미 드러낸 키텔은 유대인 학살 자체가 아니라 다만 그것을 행하는 방식이 부적절한 것이 불만일 뿐이다. 그는 펠베르트가 도덕적 차원을 지적함을, 그것도 "어떤 사건 하나"가 아니라 "무수한 사건들"의 도덕적 차원을 지적함을 조금도 눈치채지 못했다.

펠베르트: (격앙해서 소리 지르며) 이건 명백히 추잡한 짓이라고요. 꼭 유대인

이 고발할 필요도 없지요. 우리 자신이 고발해야 해요. 이런 짓을 저지른 자들을 우리가 고발해야 합니다.

키텔: 그러니까 국정 책임자들이 잘못했다고 할 수 있소.

펠베르트: (소리 지르며) 그들 잘못이지요. 당연히 그들이 글러 먹었죠. 아주 확실해요. 이런 일들이 정말 믿기지 않아요.

브룬(Bruhn): 우리는 도구일 뿐이죠.[280]

여기에서 펠베르트는 키텔에 대해 분명한 반대 입장을 취한다. 그는 분격하여 "추잡한 짓"이라고 말하고, 책임자들을 반드시 응징해야 한다고 말한다. 물론 거기 있는 사람들이 책임자라고 언급하지는 않는다. 그러나 다음 이야기에서 알 수 있듯이, 그의 노여움은 윤리적이지만은 않고 지극히 실용적이기도 하다.

펠베르트: 이 일의 책임은 우리에게 전가될 것입니다. 나중에 말이죠. 마치 우리가 그런 짓을 한 것처럼 돼 버릴 거라고요.[281]

브룬도 동조한다.

브룬: 독일군 장군으로서 사람들 앞에 나서면 사람들은 모든 걸 알고 있었다고 믿지요. 그런 일에 대해서도 다 안다고 믿습니다. "우리는 이 일과 무관하다."라고 말해도 사람들은 믿지 않지요. 그들의 증오와 혐오는 모두 이런 살인 탓이에요. 이 말도 해야겠는데, 우리가 하느님의 공의라는 걸 믿는다면, 우리가 저지른 짓 때문에, 저처럼 자식이 다섯이면 그중 한두 명도 이런 식으로 살해될 것이라는 거죠. 그것이 응보지요. 이렇게 함부로 피를 뿌리면 전쟁에서 이길 자격이 없습니다. 지금 겪는 난국도 그 때문에 생긴 겁니다.

펠베르트: 누가 이런 짓을 부추겼는지 모르겠습니다. 힘러(나치 독일의 경찰 행정가. 히틀러의 추종자로서 친위대장과 국가비밀경찰장관 등을 역임하며 유대인 학살에 앞장섰다.)일까요. 만일 그렇다면 그가 가장 흉악한 범죄자지요. 어쨌든 여러분은 제게 이런 이야기를 해 준 최초의 장군들입니다. 저는 늘 그런 기록들이 있긴 하지만 모두 새빨간 거짓말이라고 생각했어요.

키텔: 또 다른 많은 일에 대해서는 입도 못 열겠습니다. 너무 끔찍해서 말이죠.[282]

'국정 책임자들'은 유감스럽게도 국방군 장성들마저 그런 범죄의 '도구'가 되게 만들었다. 하지만 그 범죄에는 분명 다른 집단, 특히 보안대에 책임이 있다는 것이다. 브룬과 펠베르트는 모두 자신들과 무관한 일들에 대해 연대책임을 지게 될까 우려한다.[283] 요하네스 브룬(Johannes Bruhn) 소장은 자기 자식 중 한두 명을 그러한 응보의 희생물로 내놓아야 할 것임을 인정하는데, 이런 어처구니없는 말을 들으면 이 말을 하는 사람이 속한 규범적 프레임이 오늘날의 기준과 얼마나 다른지 알 수 있다. 펠베르트는 책임자를 지목하는 일에 나선다. 키텔은 이 토론을 마치면서 프로이트가 말하는 무의식적 실수처럼 들리는 말을 한다. "또 다른 많은 일에 대해서는 입도 못 열겠습니다."[284]

그다음에는 유대인 학살 이전에 있었던 반유대주의 조치들에 대해 이야기하는 긴 단락이 이어진다. 그리고 펠베르트는 다시 처형의 세부적인 내용에 관심을 보이는데, 조금 기묘한 물음을 던진다.

펠베르트: 젊고 예쁘장한 여자애들은 어떻게 되었죠? 하렘을 만들었나요?

키텔: 거기엔 신경을 쓰지 못했어요. 다만 그다음에는 그들이 조금 제정신이 되었다는 건 알았지요. 폴란드의 크라쿠프에서는 유대인을 위해 적어도 수용

소는 있었지요. 어쨌든 제가 요새를 세울 부지를 선정하고 수용소를 짓던 순간부터는 썩 합리적으로 진행되었습니다. 그들에게 중노동을 시켰어요. 여자들 문제는 그리 분명하게 알 수 없는 부분이지요.

펠베르트: 양탄자나 가구 따위를 뺏으려고 사람을 죽이기도 했다면, 아리아 민족처럼 보이는 예쁘장한 여자아이는 슬쩍 빼돌려서 접대부로 만들었을 것 같은데요.[285]

1944년 크라쿠프 방위사령관이던 하인리히 키텔은 여기에서 푸아슈프 수용소에 대해 말하는 것이다. 그 수용소는 언론에서 상당히 유명세를 치렀다. 아몬 괴트(Amon Göth)가 소장이었기 때문이다. 그는 관저 베란다에서 총을 쏴서 수인들을 죽이곤 하던 인물이었으나, 오스카 신들러(Oskar Schindler)와 거래하여 결과적으로 많은 유대인의 목숨을 건지게 한 인물이기도 하다.[286] 키텔은 크라쿠프에서의 반유대주의 조치가 좀 더 마음에 들었음을 표현한다. 유대인 박해의 기술적 측면이 다우가프필스에서보다 효율적으로 이루어졌기 때문이다. "적어도 수용소는 있었지요."라는 말이 그것이다. 이에 비해 펠베르트는 계속 '여자들 문제'에 집착한다. 그러나 그의 호색적이기도 하고 기이하기도 한 말에 사람들은 더 이상 대꾸하지 않는다. 이제 이런 일에 대해 책임이 있는 자들에 대한 이야기를 하는데, 키텔이 보기에는 보안대가 책임을 져야 할 자들이었다. 보안대는 다음과 같이 편성되었다.

키텔: 보안대는 힘러가 국가 속에 자신의 국가를 만들던 그때 생겨났지요. 절반 정도는 정치 성향이 나쁘지 않은 경찰 중에서 충원했죠. 그리고 나머지 절반은 범법자들이었어요. 보안대는 그렇게 편성된 거지요. (웃음) 제가 아는 사람이 베를린 범죄수사국에서 근무했지요. …… 1933년 후에 그 사람이 제

게 말했어요. "우리는 싹 걸러 냈어요. 비밀국가경찰에 있던 정치 성향이 그릇된 관료들은 다 떨어냈습니다. 그들은 퇴직하거나 피해를 입힐 수 없을 직책으로 전보 처리되었습니다. 모든 국가는 경찰들이 훌륭해야 하죠. 그런데 이제 경찰들과 베를린 지하 세계에서 나온 자들이 뒤범벅되었지요. 이자들은 때맞춰서 나치 운동에서 능력을 과시했습니다. 이제 그들도 여기에 투입되고 있는 거죠." 그 사람은 딱 잘라 말했어요. "우리 중 절반은 괜찮은 사람들이고 절반은 범죄자들입니다."

셰퍼: 현대 국가에서 이런 상황이 생긴다면, 이런 더러운 놈팡이들은 망설이지 말고 제거해야 합니다.

키텔: 우리는 바보같이 이런 일을 그냥 지켜보고 있었어요.[287]

이처럼 이들은 범죄에 책임을 질 사람들을 지목했고 그들의 출신까지도 밝혔다. 보안대원이 된 저 반(半)범죄적 집단이야말로 이 모든 문제를 야기한 원인이라는 것이다. 이 집단이 유대인 탄압 자체를 야기했다고 보는지, 아니면 다만 지나치게 비효율적인 유대인 탄압 방식만을 야기했다고 보는지는 분명치 않다. 또 다른 특이한 점은, 이 대화를 나누는 사람들이 키텔의 이야기에 과하게 놀라워하면서도 금방 긴장이 풀어져서 다른 이야기로 넘어가고 있으며, 금방 다시 아주 유쾌해진다는 것이다. 또한 셰퍼가 말한 "더러운 놈팡이들"은 어차피 보안대를 뜻하는 것이고, 키텔이 거기에 덧붙이듯이 국방군의 잘못이란 기껏해야 그런 일을 막지 않고 그냥 지켜본 태만에 불과하다는 태도다. 이 대화 사례는 흥미로운데, 유대인 학살에 대한 수많은 대화의 구조를 그야말로 전형적으로 보여 주기 때문이다. 예를 들면 대화 참여자들 중 한 사람이 그중에서 이런 상황에 대해 잘 아는 자이고, 청자는 흥미를 느끼며 질문을 던지지만 사실 전체적으로는 상황을 이미 어느 정도 알고 있다. 항상은 아니어도 자주 이 사건 자체에 대해서는 부정적 평가를 내리지만, 그런 평가를 내리는 이유는 매우 의외다. 또한 대화자들은 대개 수동적 관망자의 편에 선다. 그런 일이 일어나고 있음을 잘 몰랐다는 것이다.

또 흥미로운 점은 다른 대화 속에서 이 대화가 다시 등장한다는 점이다. 몇 주일 후에 브룬 소장은 다른 대화 중에 키텔의 이야기를 전한다.

브룬: 그리고 그들이 삽으로 구덩이를 팠지요. 그다음에 아이들 머리채를 잡고 일으켜 세워서 그냥 방아쇠를 당겼어요. 친위대가 그런 짓을 한 겁니다. 군인들은 거기 서 있기만 했어요. 또 러시아 민간인들이 200미터 떨어져 서 있었죠. 거기서 이렇게 사람들을 죽이는 일을 다 지켜본 거지요. 그 사람은 이일이 전부 얼마나 혐오스러웠는지를 말하면서 이런 이야기도 했죠. 자기 참모부에 전형적인 친위대원이 근무하고 있었는데, 이 일 때문에 신경쇠약에 걸렸고 그날 이후로 이런 일은 못 하겠다고 했다지요. 의사도 이제 이런 일을 못 할 것이라고 했답니다. 그 사람은 그 충격에서 벗어나지 못했어요. 그때 처음으로 그런 일을 겪었으니까요. 셰퍼 씨도 저와 함께 들었지만, 오싹한 일이었죠. 우린 키텔 씨에게 물었어요. "그다음에 어떻게 했습니까? 당신은 침대에 누워 그런 소리를 들었다고 했고 그 일은 당신 막사에서 고작 100미터 떨어진 곳에서 일어났잖아요. 이제 당신은 사령관에게 보고해야 했겠지요. 무언가 조치를 취해야 했던 게 아니었어요?" 그는 이렇게 말했지요. 그런 일은 모두가 이미 잘 알고 있는 일이었고 통상적인 일이었다고요. 그리고 지나가는 말처럼 심지어 이렇게 말했어요. "또 그리 심각한 일이 아니었어요." "모든 게 그들 탓이지요." 그래서 그때 저는 그 사람이 개인적으로 이런 일에 대해 그리 심각하게 여기지 않는다고 느낄 정도였지요.[288]

흔히 이런 유의 대화는 어린아이들이 생일 파티 같은 데에서 하는 '말

전하기 놀이' 같은 특징을 지닌다. 이 놀이에서 나타나는 현상은 기억과 대화에 대한 수많은 고전적 연구와 최신 연구들에서 입증되었다.[289] 이야기는 계속 전달되면서 변하고, 세부적 내용들이 새로 만들어져 덧붙여지고, 행위자와 행위가 일어난 장소도 바뀌어 버린다. 이런 식으로 이야기를 전달하는 사람 자신의 욕구가 반영되고 충족되는 것이다. 물론 자신이 이야기를 변형하고 새로 창작함을 스스로 의식하는 일은 드물다. 사실 이야기를 듣고 전하는 일의 본질 중 하나가 이야기를 전하는 순간의 관점이나 상황에 따라 내용을 변화시키는 것이기 때문이다. 그래서 이야기 전하기는 일어난 사건을 모사하듯이 그대로 전하는 것이 아니라, 그것을 만드는 것이다. 하지만 우리는 이야기에서 화자와 청자에게 이야기의 어떤 측면이 중요한지를, 이야기에 어떤 지식이 포함되고 어떤 역사적 요소가 포함되며 어떤 터무니없는 요소가 포함되는가를 읽어 낼 수 있다. 그리고 이와 구조적으로 비슷한 다른 이야기들을 참조하면서, 유대인 박해와 학살 같은 사건이 어느 정도로, 그리고 어떤 방식으로 군인들이 소통하는 데 활용하는 지식 창고가 되었는지를 추정할 수 있다. 브룬의 이야기는 그가 그 살인 행위를 분명 긍정적으로 평가하는 키텔의 냉혹함에 분개했음을 보여 준다.

전체적으로 봤을 때 유대인 학살이 군인들의 관심을 어느 정도 끌었는지는 매우 말하기 어렵다. 연합군의 도청 담당 장교들이 유대인 학살 작전에 대해 정보를 빼내려 했을 것이므로, 이에 대한 대화라면 당연히 매우 세심하게 기록했을 것이다. 이런 점을 고려하면, 유대인 학살 작전에 관련된 대화가 전체 대화의 약 0.2퍼센트에 불과하다는 것은 전체 자료 중 놀랄 만큼 적다는 것을 뜻한다. 그 대화의 주제들은 유대인 박해, 강제 수용, 총살, 가스를 통한 집단 학살까지 광범위한 스펙트럼을 보이고 있지만, 매우 소수다. 베르겐벨젠수용소나 부헨발트수용소의 사진들은 2차 세계대전 이후 어마어마한 충격을 일으켰고 그 충격은 아직도 가라앉지 않았지만, 국방군 병사들이 유대인 학살에 가담했고 그래서 이에 대해 잘 알고 있었다고 성급하게 판단해서는 안 된다. 그들이 이 일에 대해 지닌 이미지는 그것을 보았거나 수동적으로 귀동냥했거나 소문으로 알게 된 것들로 이루어진 것이다. 물론 더러 병참 임무를 통해, 동료들을 통해, 업무 보조 역할을 통해, 혹은 자발적 참여를 통해 유대인 학살 프로젝트와 관련 맺을 때도 있었다. 그렇다고 해도 유대인 학살 프로젝트가 그들의 핵심 임무는 아니었다. '유대인 작전'은 주로 기동대, 예비경찰대대, 현지 보조부대를 통해 조직되었으며 점령지에서는 후방에서 일어났다. 따라서 전투를 벌이는 부대들은 이런 집단 학살 작전과는 관계가 별로 없었다.

군인들이 집단 학살을 옳다고 여기는지, 기이하다고 여기는지, 혹은 잘못이라고 여기는지와는 무관하게, 집단 학살은 그들 세계의 중심 부분은 아니었다. 적어도 유대인 학살은 군인들의 인식과 의식에서 중심이 아니었다. 이는 유대인 학살이 지금까지 약 30년간 독일과 유럽의 '기억 문화' 내에서 모든 사람의 인식과 의식의 중심이 되었던 것과는 다른 것이다. 당대에도 학살이 저질러졌다는 사실은 널리 알려졌고 이를 아는 것은 피할 수도 없었다. 하지만 군인 자신이 참여하는 전쟁 노동과 그 사실이 대체 무슨 상관이 있었는가? 전쟁보다 좀 더 안전한 상황에서도 생활 세계에서는 수많은 사건들이 동시다발적으로 일어나는데, 이때 사람들이 이런 모든 일에 대해 주의 깊게 인식하는 것은 아니다. 우리의 복합적 현실 안에는 무수한 '평행 사회들'이 존재하기 때문이다. 유대인 학살이 군인들의 의식의 중심에 있지 않았으며 심지어 친위대에게도 마찬가지였다는 것은, 언뜻 보기에 아주 사소한 다음과 같은 사실로부터도 추정할 수 있다. 하인리히 힘러가 악명 높은 '포즈난 연설'에서 유대인 학살에 대해 이야기한 시간은 사실 세 시간 동안 이루어진 전체 연설에서 몇 분 정도에 불과했다. 하지만 사람들은 그 연설 중 귀를 사로잡는 표현들("여러분 중 많은 사람은 시신 쉰 구가 같이 놓여 있는 모습을 보게 될 것이다.")에 초점을 맞추기 때문에 이런 면을 간과하곤 했다.

우리는 자료를 살펴보면서 군인들 사이에는 유대인 학살과 그 방식에 대한 지식이 널리 퍼져 있었지만 그들이 그것에 큰 관심을 가지지는 않았다는 것을 알게 되었다. 가령 무기 기술, 폭격 기술, 훈장, 격침된 배와 추락한 비행기에 대한 끝없는 토론들과 비교해 볼 때, 유대인 학살에 대한 묘사는 전체적으로 보아 소수에 불과하다. 그들은 이런 일이 일어났음을 분명 알고 있었고 그것이 그들 프레임에 속해 있었지만 그들의 관심사에서 상당히 주변적이었다고 요약할 수 있다.

하지만 그 소수의 이야기들은 대부분 퍽 상세하다. 이후 검찰이 오랫동안 총력을 기울여 수사해 재구성한 것보다 부분적으로는 더 상세하다. 그리고 도청 기록의 대화들은 솔직하기도 했지만 무엇보다도 시간적 근접성이라는 특징을 지녔다. 거기 보고된 일들은 대개 그리 오래전에 일어난 일이 아니었다. 그리고 무엇보다도 종전 후의 다양한 해석 필터를 통해 여과되지 않은 것이었다. 그렇기 때문에 이 자료는 변명하고 방어하려는 의도가 물씬 풍기는 수사 자료들이나 회고록들보다 한결 분명한 이야기를 전하고 있다. 이제까지 철저한 역사적 연구들, 법률적 수사 자료들, 생존자 증언들을 통해 재구성된 집단 학살의 모든 것이 실로 이 자료를 통해서 입증된다. 다만 이 자료에서 발언하는 사람들은 가해자들임을, 혹은 적어도 그 범행의 방관자이거나 가해자 집단에 속하는 자들임을 유념해야 한다.

브룬스(Bruns): 그러니까 구덩이마다 기관총 사수가 여섯 명씩 배치되었습니다. 구덩이는 대략 길이 24미터, 너비 3미터였지요. 구덩이 안의 사람들은 통조림의 고등어처럼 누웠어요. 머리를 가운데로 두고 말이죠. 그 위에는 기관총 사수 여섯 명이 있었고, 그 사람들 목덜미에다 총격을 가했죠. 제가 도착했을 때는 구덩이가 벌써 가득 찼어요. 그래서 아직 살아 있던 사람들을 시신 위에 눕히고 다시 총격을 가했죠. 구덩이 안의 공간을 잘 활용하려고 그 사람들을 켜켜이 잘 눕혀야 했어요. 그러나 그 전에 그들이 가진 것을 다 빼앗았죠. 여기 숲 변두리에 구덩이 세 개가 있었어요. 일요일이었죠. 사람들은 1.5킬로미터로 줄을 섰어요. 줄은 조금씩 움직였죠. 처형 대기자들이었습니다. 구덩이로 다가가면서 그 사람들은 거기에서 무슨 일이 일어나는지 알게 되었죠. 대충 이 정도 아래 지점에서 장신구와 짐 가방을 내놓아야 했지요. 그러면 사수들은 쓸모없는 물건은 그냥 무더기로 쌓아 놓고 괜찮은 물건은 짐 가방 안에 챙겼어요. 그걸로 헐벗은 우리 민중들에게 옷을 사 주겠다는 거였죠. 그 다음에 조금 더 걸어와서 이제 옷을 벗었죠. 숲 앞 500미터에 이르면 발가벗어야 했어요. 속옷이나 팬티는 입도록 했고요. 여자와 아이들뿐이었죠. 두 살짜리도 있었습니다. 거기다 대고 그런 야비한 말을 하다니! 기관총 사수들은 그 일이 무리가 되어서 매시간 교대를 했죠. 차라리 그자들이 억지로 그런 짓을 하는 것이었다면! 아니었습니다. 그자들은 추잡한 말을 내뱉었죠. "자, 또 예쁜 유대인 계집이 온다." 아직도 머리에서 떠나지를 않네요. 새빨간 내의를 입은 예쁜 소녀 말이에요. 인종의 순수성을 지켜야 한다고요? 리가에서는 그녀들과 너도 나도 동침한 뒤에 총살해 버렸다니까요. 그래야 여자들이 어디 가서 그 얘기를 못 할 테니까요.[290]

발터 브룬스(Walter Bruns) 소장의 묘사에 들어 있는 상세한 내용 몇 가지는 우리를 아연실색하게 만든다. 죽기를 기다리는 줄이 1.5킬로미터에 이르렀다고 추산한다. 처형당하기 위해 줄을 선 사람들이 어마어마하게 많았던 것이다. 그리고 브룬스는 사수들이 "그 일이 무리가 되어서 매시간 교대를 했"다고 말하는데, 이는 학살이 쉬지 않고 이루어졌으며 손발이 척척 맞게 진행되었음을 보여 준다. 이는 그 희생자들을 켜켜이 쌓았다는 데에서도 나타난다.[291] 그리고 마지막으로 '유대인 작전'과 관련되어 있는 성적 측면도 언급하고 있다.(254쪽 참조)

여기에서 브룬스는 매우 조직적이고 분업적으로 진행된 대량 학살을 묘사한다. 가해자들은 희생자의 옷을 벗기는 일부터 사수들의 노동 시간에 이르기까지 처형이 어수선하지 않고 질서정연하게 진행되도록 이미 기능적 배열 방식을 발견했다. 집단 학살 초기에는 그렇지 않았다. 시간이 흐르면서 학살이 신속하게 전문화된 결과 브룬스가 묘사한 방식이 나타난 것이다. 이 작전 자체는 이미 표준화된 방식을 따르고 있는데, 사학자 위르겐 마테우스(Jürgen Matthäus)는 이 방식에 대해 이렇게 요약한다. "일단 일제 검거 작전에서 유대인들을 체포한다. 그다음 키에 따라 몇 집단으로 나눠서 그 근처에 있거나 멀리 떨어진 처형장으로 끌고 갔다. 먼저 도착한 사람들은 집단 무덤을 파게 했다. 그다음에 옷을 벗기고 줄을 지어 집단 무덤 앞에 세운다. 그리고 총을 쏘면 시신들이 구덩이 안으로 굴러떨어졌다. 다음 사람들은 시신들 위에 눕도록 한 후 역시 총살했다. 가해자들이 '질서정연'한 처형 절차라고 말하는 것은 실제로는 그저 피바다였다. 도시 근교에서는, 이를 금지했음에도 불구하고 '처형장 관광'이라고 부를 만한 일들이 일어났다. 각양각색의 독일 사람들은 근무 시간이나 근무 시간 외에 그 처형장을 방문해서 구경하거나 사진을 찍었다."[292]

이런 간략한 서술에는 우리가 다음에서 다루게 될 본질적 요소들이 언급되고 있다. '유대인 작전'의 전체 과정 속에서 끊임없이 변형되었던 절차가 어떤 것이었는지, 어떤 문제와 난점들이 나타나서 해결책이 모색되고 끊임없는 수정과 최적화를 이루어 냈는지, 그리고 거기 관여된 자들, 즉 장교와 사수와 희생자와 구경꾼들이 어떤 태도를 보였는지가 언급되고 있는 것이다. 구경꾼들은 이런 일을 모두 매우 즐거운 행사처럼 생각

1942년 리투아니아 유대인의 집단 학살.(미상, 프로이센문화재단 사진보관소)

했음이 분명하다.[293] 그리고 이 학살 방식은 말하자면 되도록 많은 사람을 빨리 총살하려는 여러 시도의 결과인데, 이런 시도는 처음에는 비교적 아마추어적이었다. 각 사령부 보고는 친위대 수뇌부와 경찰 수뇌부로 올라갔고, 수뇌부는 정기적 회동에서 효율적 학살 방식을 논의했다.[294] 이런 방식으로 (가령 처음과는 달리 희생자의 옷을 벗기거나 적당한 무기를 선택하는 등) 학살 방법의 혁신이 빠르게 확산되고 표준화되었다.

(육군뿐 아니라 공군과 해군에서도 나오는) 군인들의 이야기에서는 점령지의 후방 지역에서 1941년 중반부터 실행된 유대인 작전이 많이 등장한다. 이는 유대인 남성과 여성과 아이들에 대한 조직적 처형이었으며, 약 90만 명이 희생되었다.[295]

그라프(Graf): 보병들은 포로포디즈(?) 비행장에서 유대인을 1만 5000명 총살했다더군요. 모두 무더기로 모아서 기관총으로 갈겼대요. 모두 한꺼번에 총질을 한 거죠. 일단 100명 정도는 살려 주었대요. 그러니까 이들이 먼저 구덩이를 판 거죠. 그리고 100명을 살려 두고 나머지는 몽땅 쏴 죽였어요. 이 사람들 100명이서 시신을 모두 구덩이에 집어넣고 묻었지요. 틈만 하나 남기고 말이에요. 그리고 그 100명까지 총살해서 거기에 넣고 틈을 막아 버렸다죠.[296]

크라츠(Kratz): 니콜라예프에서 목격했습니다. 트럭들이 길게 줄지어 왔지요. 못 돼도 서른 대는 됐어요. 그 안에 뭐가 있었냐고요? 벌거벗은 시신들이었어요. 여자들, 아이들, 아내와 남편들, 몽땅 다 같은 트럭에 실려 온 거지요. 우리는 트럭이 가는 곳으로 따라갔어요. 군인들이 말했지요. "이리 와 봐요." 거기서 보았습니다. 커다란 구덩이가 있었어요. 예전에는 사람들을 그냥 구덩이 끄트머리에 세우기만 했어요. 그래서 그냥 사람들이 구덩이로 떨어졌지요. 하지만 그러면 시체들을 다시 전부 밖으로 꺼내야 해서 일이 너무 많아졌죠. 왜냐하면 그렇게 뒤죽박죽으로 떨어지면 구덩이에 많이 들어갈 수 없으니까요. 그래서 사람들이 아래로 내려가야 했어요. 한 사람은 구덩이 위에 서 있고 다른 사람이 밑으로 내려가는 거예요. 먼저 시신을 아래 깔고 다음 시신을 그 위에 덮었지요. 결국 스펀지 더미에 불과해 보이더군요. 시신 위에 시신을 켜켜이 쌓은 거예요. 청어 쌓듯이 말이에요. 이 일은 절대 잊히지가 않습니다. 제가 친위대원이 아닌 게 다행이죠. 러시아 인민위원만 사람 뒷덜미에 총을 쏘아 죽인 것이 아니지요. 그들도 그런 짓을 했어요. 이 일은 앙갚음을 당할 겁니다.[297]

제100전투비행전대 소속 도르니어 217 폭격기 정비사인 크라츠 하사는 1942년 러시아 남부에 배치되었다. 그는 이 대화에서 집단 학살 작전이 얼마나 기술적으로 최적화되었는지 말한다. 그는 이전의 집단 처형 방식이 적절하지 않았다고 냉정하게 설명한다. 구덩이에 희생자들을 많이

1941년 9월 바비야르 희생자들의 옷가지.(헤센 주 주립중앙문서보관소, 비스바덴)

넣을 수 없었기 때문이다.

크라츠는 이를 마치 여타의 기술적인 사안들에 대해 말하듯이 냉정하게 묘사한다. 하지만 마지막에는 그 일이 특별한 일이었다고 언급한다. 그가 말하듯이 "앙갚음"을 당할 짓이었기 때문이다. 집단 학살을 묘사하고 난 후에 이러한 성찰을 하는 일이 자주 있었다. 분명 많은 화자들은 전쟁의 통상적 사건을 넘어서는 일, 흔히 일어나는 '통상적' 전쟁 범죄를 넘어서는 일이 "앙갚음"을 불러일으킬 현저한 위험성을 직시하고 있었다. 그러니까 이런 집단 처형은 전쟁에서 자연스레 예상되는 일의 한계를 위반하고 이탈하는 것으로 여겨졌기에, 군인들은 패전 시 그로 인한 어떤 귀결을 우려했던 것이다.

다음 대화는 리투아니아의 빌뉴스에서 자행된 '유대인 작전'에 대한 것이다. 여기에서 이 대화를 상세히 소개할 것인데, 그 이유는 이 대화가 군인들이 이런 사건에 대해 얼마나 모순적이면서도 얼마나 냉정하게 바라보고 있는지를, 그리고 그 일들을 이야기할 때 특히 어떤 점에 흥미를 느끼는지를 여러 측면에서 잘 보여 주고 있기 때문이다. 잠수함 승조원 두 사람이 이야기를 나눈다. 그중 한 사람은 23세의 해군 기술하사 헬무트 하르텔트(Helmut Hartelt)이고 다른 한 사람은 제국노동봉사단의 일원으로 리투아니아에서 이 범죄를 목격했던 21세의 해군 이병 호르스트 미니오이어(Horst Minnieur)이다. 이 대화는 집단 학살이 어떤 프레임 안에 배치되는지 잘 보여 준다.

미니오이어: 그들은 내의만 남기고 옷을 몽땅 벗었고, 여자들도 속옷만 빼고 옷을 벗었어요. 그다음에 게슈타포가 총질을 했어요. 유대인은 모조리 처형되었습니다.

하르텔트: 속옷만 입고요?

미니오이어: 네.

하르텔트: 왜요?

미니오이어: 그래야 무덤으로 아무것도 가지고 들어가지 못하죠. 그런 것들을 모아서 세탁하고 수선하죠.

하르텔트: 재활용했단 말이에요?

미니오이어: 당연히 그랬죠.

하르텔트: (웃음)

미니오이어: 당신도 직접 봤다면 분명 소름 끼쳤을걸요! 우리는 총살 장면을 두 눈으로 직접 봤어요.

하르텔트: 기관총으로 쐈나요?

미니오이어: 기관단총으로요. …… 우리는 어떤 예쁘장한 여자가 총살당할 때도 거기 있었어요.

하르텔트: 애석하군요.

미니오이어: 무자비하죠! 그 여자는 총살당할 걸 알고 있었죠. 우리는 오토바이를 타고 거기를 지나갔어요. 행렬이 보였죠. 그녀가 우리를 불렀어요. 우리는 멈추고는 어디로 가는지 물었죠. 총살당하러 간다고 말했어요. 처음에는 농담을 한다고 생각했어요. 그녀가 대충 길을 설명했어요. 어디로 가는지. 그래서 우리도 그리로 갔지요. 그런데 정말로 총살을 당했어요.

하르텔트: 그리로 갈 때 옷을 입고 있었어요?

미니오이어: 네, 아주 예쁘게 옷을 입었어요. 근사한 여자였어요.

하르텔트: 그녀를 쏜 녀석은 분명 일부러 옆으로 쐈을걸요.

미니오이어: 그럴 수는 없어요. 거기서는 아무도 옆으로 쏠 수 없어요. 그들이 거기 도착한 다음 맨 처음 몇 사람이 서서 총살당했지요. 기관단총을 든 사람들이 단번에 이리저리 갈겨 댔어요. 그러니까 오른쪽으로 한 번, 왼쪽으로 한 번이요. 여섯 명이 섰어요. 그렇게 일렬로……

하르텔트: 누가 그 여자를 쐈는지 아무도 몰라요?

미니오이어: 모르죠. 탄창을 장전하고 오른쪽, 왼쪽으로 갈기면 끝이에요! 아직 살아 있는지 죽었는지는 아무 상관 없어요. 어디에 맞았는지도 상관없어요. 총을 쏘면 뒤로 넘어가서 구덩이 안으로 떨어지면 되는 거죠. 그러면 다음 사람들이 재와 염화석회를 가지고 와서 저 아래 쓰러진 사람들에게 뿌리고 그 앞에 다시 서는 거죠. 그렇게 계속 진행됐어요.

하르텔트: 그 위에 뭘 뿌렸다고요? 왜 그런 거지요?

미니오이어: 안 그러면 썩으니까요. 냄새가 나지 않게 하려는 거죠. 그래서 염화석회를 뿌린 거죠.

하르텔트: 그걸 뒤집어쓴 사람들은 확실히 죽어 있던 거예요?

미니오이어: 재수 없는 거죠. 그 아래에서 뒈졌으니까요!

하르텔트: (웃음)

미니오이어: 신음 소리와 비명 소리도 들렸어요!

하르텔트: 여자들도 총살을 당했어요?

미니오이어: 네.

하르텔트: 그 예쁜 유대인 여자도 있는 걸 봤어요?

미니오이어: 아니요. 그때쯤에는 우리는 그 자릴 떠났어요. 다만 그 여자도 총살당했다는 건 알아요.

하르텔트: 그 이전에 만났을 때 그녀가 어떤 식으로든 그에 대해서 말했던가요? 그 전에도 그 여자와 만난 적이 있어요?

미니오이어: 네, 그 전전날 만났었어요. 그런데 그다음 날에는 그 여자가 오지 않아서 궁금했죠. 이제 그녀는 더 이상 오지 않았어요. 우리는 오토바이를 타고 그 자리를 떠났지요.

하르텔트: 그녀도 거기에서 일했어요?

미니오이어: 거기에서 일했죠.

하르텔트: 도로 공사장에서요?

미니오이어: 아니요. 우리 병영 청소 일이었어요. 우리는 주둔지에서 여드레 동안 병영에 처박혀 잠만 잤어요. 그래야 바깥에서…….

하르텔트: 그 여자와 물론 빠구리도 했겠지요?

미니오이어: 빠구리도 했죠. 하지만 걸리지 않도록 조심해야죠. 그건 늘 있는 일이에요. 유대 계집들은 살해당하지요. 일이 지나치면 안 되니까요.

하르텔트: 그 여자가 무슨 말은 안 했어요?

미니오이어: 아무 말도 안 했어요. 아, 그런 이야기를 했죠. …… 그 여자는 괴팅겐에서 대학에 다녔대요.

하르텔트: 그런데 창녀가 되었군요!

미니오이어: 그래요. 거기에서는 그 여자가 유대인이라는 걸 알아차리지 못했죠. 아주 괜찮은 여자였거든요. 그들은 다만 재수가 없던 거죠. 그 여자 말을

믿어야 했을 테니까요! 거기에서 유대인 7만 5000명이 총살당했어요.[298]

이 대화에서는 군인들이 (스스로는 한 번도 사용하지 않은 개념이지만) '유대인 작전'과 관련해 흔히 관심을 두던 여러 사실이 한꺼번에 나타난다. 첫째, 학살 방식이 여기에서도 다시 한 번 자세하게 묘사된다. 둘째, 여자들을 총살하는 일인데, 특히 주목할 점은 '예쁜' 여자들도 총살당했다는 것이다. 이 대화를 보면 화자와 여성 희생자는 서로 알던 사이였던 것이 분명하다. 그녀는 그 이전에 그가 배속된 병영에서 강제 노동을 했던 것이다. 기술하사 하르텔트는 강제 노동을 하는 여자, 게다가 예쁜 여자는 부대원들의 성적 욕구를 충족시키는 일도 했으리라고 아주 당연히 전제한다. "그 여자와 물론 빠구리도 했겠지요?" 미니오이어도 당연하다는 듯이 이를 인정했고, 앞서 우리가 암시한 '인종 수치Rassenschande, 아리아 인종과 유대인을 비롯한 비아리아 인종 간의 불법화된 성관계를 뜻하는 나치 용어' 문제를 거론한다. 유대인 여자와 성행위한 것이 걸려서는 안 되는 것이다. 미니오이어가 그다음에 한 이야기("그건 늘 있는 일이에요. 유대 계집들은 살해당하지요. 일이 지나치면 안 되니까요.")는 유대인 여성들이 성행위 후 총살되던 일을 넌지시 암시하고 있다. 그래야 군인들에게 부담이 되지 않기 때문이다.(256쪽 참조) 여기에서 분명하게 알 수 있는 것은, 집단 학살 자체가 또 다른 폭력의 기회들까지 실현시키는 장을 열었다는 사실이다. 누군가를 어차피 살해할 것이라면, 그를 죽이기 전에 평소라면 실제로 할 수 없을 일을 그에게 가하거나, 얻을 수 없을 것을 얻어 낼 수 있다는 것이다.

눈에 띄는 점은 성폭력에 대해 아주 솔직하게 이야기하고 있다는 것이다. 서로 존대하는 것을 보면 알 수 있듯이 이 두 군인이 서로 잘 모르는 사이인데도 그렇다. 그러니까 "빠구리"라는 말은 군인들의 대화에서 일반적으로 쓸 수 있는 용어였기에 결코 상대를 당황하게 만들지 않는다.

이 대화는 또 아주 자연스럽게 이어진다. 미니오이어는 희생자가 괴팅겐에서 대학을 다녔다고 전하는데, 하르텔트는 그 말에 이어 그녀가 "창녀가 되었"다고 말한다. 이를 보면 이 남자들이 성폭력에 대해 어떤 태도를 지녔는지 분명하게 드러난다. 첫째, 그들은 강간 자체를 나쁘다고 생각하지 않았다. 둘째, 그들은 일부 희생자에 대해, 그중에서도 매력적인 희생자에 대해, 그들 스스로 '인간적' 관심이라고 표현할 만한 관심도 가졌다는 것이다. 셋째, 그들은 그 희생자들이 겪은 일들에서 희생자들 스스로 능동적 역할을 했다고 종종 생각하는데, 이는 "창녀가 되었"다는 아주 애매한 표현에서 나타난다. 넷째, 이런 사건은 일반적으로 불가피하게 일어난다고 생각했다. "다만 재수가 없던" 것이다. 게다가 어마어마한 희생자 숫자(미니오이어는 7만 5000명이라고 말한다.)를 염두에 둘 때, 한 개인의 운명이나 '예쁜 유대인 여자'의 운명 따위는 아무런 특별한 의미가 없는 것이다.

이처럼 살인을 운명의 범주에 넣는다는 사실, 마치 어떤 드높은 법칙이 지배하며 그 법칙에 의해 선택된 사람들은 대학을 다녔건 아름답건 옷을 예쁘게 입었건 상관없이 희생되어야 한다고 여긴다는 사실이 이들이 집단 학살을 어떤 프레임 안에서 해석하는지 보여 준다. 하르텔트와 미니오이어는 여기에서 집단 학살에 대해서만 이야기하는 것이 아니다. 그들은 간접적으로는 이런 집단 학살이 그릇되거나 부도덕하거나 여타의 방식으로 부정적이라고 여기지 않는다는 사실을 보여 준다. 미니오이어처럼 그걸 지켜보는 것이 "소름 끼칠 수"는 있겠지만, 살인 자체는 그저 일어나는 일들의 전체 속의 일부일 뿐인 것이다.

유대인 섬멸 프레임

"놈들은 우리를 '독일 돼지들'이라고 부르죠. 우리에겐 바그너, 리스트, 괴테, 실러 같은 위대한 인물들이 있는데, 놈들은 우리를 '독일 돼지들'이라고 불러요. 정말 이해할 수 없어요."

"왜 그런지 알아요? 독일인들이 너무 인간적이어서 그래요. 이 인간적인 면을 놈들이 악용하는 거지요. 그래서 그렇게 우리를 욕하는 거라고요."(1942년 1월 27일)[299]

프레임이 어떤 힘을 가지는지 보여 주는 가장 분명한 지표는 다른 사람들이 어떤 일을 자신과 다르게 볼 때 느끼는 당혹감이다. 그래서 다른 민족이 자신들을 '독일 돼지들'로 볼 때 느끼는 깊은 분노는 유대인 섬멸이라는 끔찍한 범죄가 군인들의 생활 세계에서 어떤 위치에 있는지 분명하게 보여 준다. 그러니까 유대인 섬멸은 적어도 그들에게 문화 민족이라는 자화상을 근본적으로 의문시하게 만드는 위치에 있지 않은 것이다. 그럼에도 대부분의 대화는 유대인 섬멸이 어떤 한계를 넘어선 짓이라는 뉘앙스를 풍기기도 한다. 하지만 국가사회주의 윤리(52쪽, 61쪽 참조)는 많은 군인들에게 너무도 지당한 신념을 부여했다. 유대인이 객관적으로 문제이며 이 문제에 대해 해결책을 찾아야 한다는 신념이다. 바로 이것이야말로 그들이 서로에게 이야기하는 사건들을 배치하는 프레임의 일부이다. 그러므로 군인들은 대개의 경우 정말로 집단 학살이 일어났다는 사실 자체를 비판하는 것이 아니라, 그것을 실행한 방식을 비판하는 것이다. 다음은 1942년 11월 북아프리카에서 격추된 융커스 88 폭격기에 탑승한 무전병의 이야기이다.

암베르거(Amberger): 어느 상사와 이야기를 나눈 적이 있어요. 그는 이렇게 말하더라고요. "토할 것 같아. 이런 방식으로 유대인을 집단 총살하는 것 말

이야. 이런 식으로 죽이는 건 무슨 사명 같은 게 아니지! 깡패들이나 하는 짓
이야."[300]

유대인 박해와 섬멸 자체는 의미 있다고 여기면서도 그 구체적 실행
방식에 대해서는 비판하는 일은 다음 인용문에서도 분명해진다. 이런 논
리는 좀 더 상세히 고찰해 볼 가치가 있는데, 이는 병사들뿐 아니라 아우
슈비츠수용소 소장 루돌프 회스(Rudolf Höß)[301]나 아돌프 아이히만(Adolf
Eichmann)에게도 나타난다.[302] 홀로코스트는 다양한 직책과 계급을 지닌
온갖 사람들이 참여하고 방관하는 가운데 일어났다. 처형장 구덩이 옆에
있던 사수들이 학살을 실행할 때나[303] 아우슈비츠수용소 의사들이 학살할
희생자를 선별할 때[304] 처음 있었던 기술적 문제들에 대한 논의처럼, 여기
직접 가담하거나 주변적으로 관여한 모든 사람들은 학살 방식에 대해 논
의하곤 했다. 하지만 그 일이 필요한 이유에 대해서는 논의하지 않았다.
그리 의문시하지 않았던 것이다. 그런 이야기는 도청 기록에서 지극히 드
물다. 달리 말하면, 유대인 섬멸이 군인들이 느끼는 바로 그 세계에 속한
다는 것은 단지 그에 대한 이야기를 하는 사람들뿐 아니라 모든 군인에
게 마찬가지였다. 때로는 소름 끼치는 일이라거나 애석한 일이라고 생각
하기도 했지만, 상황은 역시 그랬다.

프리베(Priebe): 우리 아버지가 이런 얘기도 해 주셨죠. 동갈리시아 지방 헤움
에서 아버지는 공사장에 계셨어요. 거기에서도 처음에는 유대인들과 같이 일
했대요. 우리 아버지는 유대인을 미워하는 유대인 반대자였죠. 제 생각에 아
버지는 유대인에 대한 적개심이 대단했어요. 하지만 이런 말씀도 하셨지요.
"거기에서 사용하는 방법은 잘못이다." 동갈리시아에 있던 공사장들에는 유
대인 노동자만 있었어요. 유대인 기술자를 포함해 온갖 유대인들이 있었지

요. 아버지는 거기 우크라이나에서는 독일 교포들은 아무 일도 할 수 없다고 하시더라고요. 유대인 기술자들의 약탈이 정말 심각했거든요. 그 밖에도 오만 가지 사람들이 있었다죠. 그 도시에는 유대인위원회가 있었는데, 이 위원회가 유대인들을 감독했어요. 한번은 우리 아버지가 그 공장에 데리고 있던 기술자와 이야기를 나누었는데, 그 사람이 이렇게 말했어요. "네, 유대인들을 자꾸 보다 보면 왜 유대인 반대자들이 있는지 이해할 수 있겠다니까요." 이제 유대인 체포 시기가 왔지요. 그때 친위대 사령관이 우리 아버지에게 메모를 보냈어요. "오늘 정오까지 유대인 몇 사람을 지목하라." 아버지는 끔찍한 일이라고 말씀하셨어요. 그 사람들은 무작정 총살을 당했어요. 명령이 떨어지죠. "언제 언제까지 이러저러한 숫자만큼 총살하고 보고하라." 어느 친위대 소령은 유대인이 사실 모두 사라진 지역에서 어떻게든 유대인을 모으라고 유대인위원회에 (해독 불가)를 보냈어요. "오늘 오후 2시 30분까지 이러저러한 분량의 고기, 기름, 조미료 등을 모으라." 그때까지 다 모아지지 않으면 한 사람을 처형했어요. 하지만 수많은 유대인이 독약을 먹고 스스로 목숨을 끊기도 했어요. 그러다 그들이 복수라도 한다면![305]

프리베 역시 유대인의 복수를 우려한다. 하지만 이것이 그의 논리의 핵심은 아니다. 그에게는 유대인을 다루는 방식이 잘못으로 보이는데, 자기 아버지 같은 자칭 '유대인 반대자'까지도 그들을 이런 식으로 다루라는 명령에 대해서는 노여워하고 괴로워하기 때문이다. 이런 관점도 널리 퍼져 있었다. 한나 아렌트(Hannah Arendt)도 국가사회주의 어법이 '명령 수령자(Befehlsempfänger)'를 '명령 운반자(Befehlsträger)'로 바꿔치기 했음을 지적한 바 있다. 이처럼 어떤 목표를 '운반'하는 사람은 자신이 실은 그 짐에 짓눌려 고통스러울 수 있다.[306] 당시에 이런 학살을 비판하더라도 여전히 흠결 없는 도덕성을 지닌 것으로 간주될 수 있었던 것은, 바로 유대인 박해 자체는 옹호하기 때문이었다. 바로 이런 의미에서 하인리히 힘러는 포즈난 연설에서 유대인 섬멸의 "막중한 임무"를 논하면서도 학살을 실행하는 데 있어서는 "점잖아야" 한다고 강조한 것이다. 이런 관점이 발생한 전제는 옳고 그른 것에 대한 정의 자체가 전체적으로 달라졌다는 사실이다. 이런 프레임 안에서 살인은 도덕적으로 '옳다'고 간주될 수 있었다. 왜냐하면 이보다 상위에 위치한 민족 공동체의 행복을 위한 것이기 때문이다. 국가사회주의의 살인 윤리는 살인이라는 힘겨운 임무를 수행할 때 느끼는 개인적 양심이나 고통까지도 그 규범 안으로 통합했다. 이는 희생자 개인들의 고통을 인정하는 것까지 포함한다. 이런 사실은 프리베의 다음 이야기에서 분명해진다.

프리베: 러시아로 진군할 당시에 유대인들이 큰 고통을 받았죠. 폴란드에 러시아인들이 있을 때였어요. 러시아인들도 거기에서 유대인을 많이 죽였지요. 나이 든 변호사 한 분이 우리 아버지에게 말했어요. "독일에서는 그런 일이 벌어질 줄 전혀 몰랐습니다." 모두 아버지가 해 주신 이야기예요. 친위대가 가택수색을 어떻게 했는지 말이에요. 거기 있는 의사들에게서 모든 걸 다 빼앗았어요. 모든 장신구들, 심지어 결혼반지까지도 다 뺐었죠. "그게 뭐야?" "결혼반지입니다." "이리 내놔. 이제 너는 필요 없을 테니." 그다음에 바로 추잡한 일이 벌어졌죠. 친위대는 끓어오르는 성욕을 채우기 위해서는 유대인이라도 상관하지 않았어요. 이제 동갈리시아에서 유대인은 씨가 말랐어요. 단 한 명도 동갈리시아에 남아 있지 않죠. 폴란드에 남은 많은 유대인은 서류를 위조해 갑자기 아리아인이 되었어요. 우리가 폭격지로 갈 때 늘 지나치던 그곳으로 유대인들이 아침마다 출근을 했죠. 나이 든 여자들과 남자들이 따로 무리를 지어 아침마다 왔어요. 여자들이 도착하면 모두 서로 팔짱을 끼고 거기에서 유대 노래를 불러야 했어요. 옷을 잘 차려입은 여자들이 특히 눈에 띄

었고, 예쁜 여자들도 있었어요. 정말 '귀부인'이라고 할 만했다니까요. 우리 사이에 돌던 소문에 따르면, 그 여자들을 인공 저수지에 몰아넣었대요. 그러고는 물을 넣기 시작하고 저수지 뒤로는 물이 다시 빠져나가지요. 그러면 그들은 몽땅 흔적도 없이 사라져 버리는 거예요. 수많은 젊은 친위대원이 그래서 신경쇠약에 걸렸어요. 그들도 할 수 없는 짓이었으니까요. 그렇지만 그중에 진짜 흉악한 놈들도 있었지요. 한 놈은 우리 아버지에게 이렇게 말했어요. 유대인이 다 죽고 나면 이제 무얼 해야 할지 모르겠다고요. 이런 일이 너무 익숙해져서 이 일을 못 하면 살 수 없겠다고요. 자기 역시 살 수 없다고요. 맙소사, 뭔가 나쁜 짓을 한 놈들이라면 그런 놈들이야 죽일 수 있죠. 하지만 여자와 아이, 그리고 아기들까지! 그러면 아이들은 빽빽 울어 대죠. 그나마 다행인 건 국방군이 아니라 친위대에게 그런 일을 시킨 거예요.[307]

화자는 이 하나의 이야기 안에 오만 가지 모순되는 측면들을 어렵지 않게 봉합하고 있다. 흔적조차 남기지 않고 없애 버렸다는 소문을 통해 집단 학살은 섬뜩한 아우라를 획득한다.(소문에 대해서는 238쪽 참조) 그리고 프리베는 친위대의 행동을 비판하기도 한다. 가령 유대인에 대한 약탈이나 "끓어오르는 성욕" 같은 것에 대해 비판한다. 그리고 그 자신은 유대인을, 적어도 여성과 아이는 죽일 수 없었다고 확언한다. 그래서 국방군이 아니라 친위대가 집단 학살을 수행한 것이 "그나마 다행"이라고 말한다. 우리는 키텔 중장에게서도 이런 관점을 볼 수 있었다. 그에게는 집단 학살 자체가 불쾌했던 것이 아니라 이를 실행하는 장소가 마음에 들지 않았던 것이다.

군인들이 그런 임무 자체가 아니라 실행 방식을 문제시했음을 생각하면, 우리는 악명 높은 1943년 10월 4일의 포즈난 연설에서 힘러의 한탄에 실제적 근거가 있다고까지 생각할 수 있다. "이런 말은 쉽게 할 수 있다.

당원들은 누구나 말한다. '유대 민족을 멸종시켜야 한다. 당연하다. 그것은 우리 계획에 들어 있다. 우리는 유대인을 제거하고 멸종시킬 것이다.' 그리고 그들이 모두 이리로 온다. 착한 독일인 8000만 명이 온다. 그들은 각자 분별 있는 유대인을 하나씩 알고 있다. 다른 놈들은 돼지지만 이 사람은 분명 훌륭한 유대인이라고 말한다. 하지만 그런 말을 하는 자들 중 단 한 명도 그런 유대인은 보지도 겪지도 못했다."[308] 이 연설은 흔히 이런 짓을 저지른 주역들이 지독한 철면피이고 '도덕적 타락'의 상징이라는 관점에서 해석되어 왔다. 그러나 이 연설을 더욱 의미심장하게 해석하려면, 힘러가 당시 친위대 고위 지도부가 어떤 도덕적 기준을 가지고 있었는지를 암시하는 것으로, 다시 말해 국가사회주의 윤리의 프레임이 무엇이었는지를 암시하는 것으로 읽어야 한다. 이런 프레임의 여러 측면이 우리의 도청 기록에서 실제로 나타난다. 앞서 언급한 대로, 유대인 박해 및 섬멸 그 자체는 '올바르지만' 그 실행이 '그릇되었다'고 짐짓 고뇌하는 듯한 태도, 그로부터 생겨나는 가해자의 고뇌, 유대인 섬멸이라는 국가사회주의 핵심 프로젝트를 어떻게 하면 더욱 잘, 더욱 의미 있게 수행할 수 있는가라는 자문 등이 나타나는 것이다.

따라서 집단 학살과 유대인 섬멸의 프레임에는 반유대주의, 학살 동조, 책임 위임, 폭력의 실제 집행 과정에 대한 경악 등이 독특하게 혼합되어 있다. 또한 우리의 자료를 보면, 유대인 섬멸 프로젝트가 선례 없는 무시무시한 일이라고 느꼈음을 알 수 있다. 그러니까 이들의 한탄을 한마디로 이렇게 요약할 수 있다. 없어서는 안 되는 일이긴 하지만 이런 식으로 해서는 안 된다는 것이다. 프리베의 이야기에서 자칭 '유대인을 증오하는 자'라는 준거 인물인 아버지조차 유대인을 다루는 방식에 혐오를 느낀다는 사실이 바로 이를 보여 주고 있다.

도청 기록이나 검찰 수사의 이야기들에서 독일 군인들은 가장 극단적으로 잔혹한 사건들은 현지 보조 부대들이 저질렀다고 책임을 전가한다. 그러면서 화자들은 그러한 끔찍한 '비인간성'에 대해 스스로 거리를 둔다. 하지만 이 역시 그들의 프레임에서 당대의 전체적인 범죄 자체는 크게 문제가 되지 않았음을 시사할 뿐이다.

역사학이나 사회학에서 '섬멸', '박해', '제노사이드', '홀로코스트' 같은 범주로 서술되는 사건은 실제 전쟁의 현실에서는 무수한 부분적 상황과 개별적 행동들로 쪼개진다. 그리고 사람들은 바로 이런 부분적 상황과 개별적 행동들을 인식하고 해석함으로써 그 대답과 해법을 찾고자 한다. 사람들은 그런 특수한 합리성의 테두리 안에서 행동하는 것이다. 그러므로 그들이 보편적 맥락을 훤히 꿰뚫어 보고 있다고 가정하는 것은 근본적으로 잘못이다. 바로 그런 연유로 어떤 사회적 사건에는 언제나 행동의 의도치 않은 결과들, 아무도 원치 않았던 전체적 귀결들이 따르기도 하는 것이다.

이처럼 유대인 섬멸이라는 역사적 과업과 그 부적절한 실행을 단호하게 구별하는 또 다른 사람은 에르빈 외스팅(Erwin Jösting) 대령이다. 마인츠핀텐 공군 기지 사령관이던 그는 1945년 4월 이렇게 말한다.

외스팅: 친한 친구가 제게 말했습니다. 저는 그 친구는 완벽하게 믿습니다. 그는 오스트리아인이었고, 지금도 빈에 살고 있지요. 제가 알기로는 말입니다. 그 친구는 제4항공제대 소속이었죠. 저 아래 오데사에 주둔했어요.[309] 거기 배속되었을 때, 중위인가 대위 한 사람이 말했답니다. "저기 아래쪽에 가서 한번 보시겠어요? 근사한 연극이 벌어지고 있습니다. 거기서 지금 유대인들을 무더기로 죽이고 있으니까요." 그가 말했다지요. "아, 사양하겠습니다." 하지만 거기를 지나쳐 가야 했답니다. 목격자가 된 거지요. 그걸 제게 이야기했어요. 헛간이 여자와 아이들로 가득 찼대요. 휘발유를 뿌리고 산 채로 불태웠죠.

그가 두 눈으로 똑똑히 목격했어요. 그 친구가 말했어요. "그들은 울부짖었어. 넌 상상도 못 할 거야. 이게 대체 옳은 일이야?" 저는 말했지요. "옳지 못하지." 자기 맘대로 사람들을 처리하는 건 좋지만, 산 채로 불태우거나 가스로 죽이는 짓을 해서는 안 되지요! 그들도 사실 어쩔 수 없기는 했어요. 하지만 그저 유대인들을 가둬 놓아야 했어요. 그리고 전쟁에서 이긴 다음에 이렇게 이야기했어야 하지요. "자, 이 민족은 우리 눈앞에서 사라져야 한다! 배를 타라! 가고 싶은 곳으로 가라. 어디에 도착하건 우리는 상관하지 않겠다. 다만 독일에는 오늘부터 없어야 한다!" 그러나 우리는 적을 만들었습니다. 점점 더 많이. 동부 지역 도처에서 그들을 죽였지요. 그래서 사람들은 벌써 러시아의 카틴 학살까지 믿지 못하는 지경에 이르렀어요. 우리가 그 짓을 했다고 말한다니까요.

안 됩니다. 안 돼요. 제가 그에 대한 몇 가지 증거가 없었다면 이렇게 흥분하지도 않습니다. 제가 보기에 이건 아주 잘못된 일입니다! 당시 유대인의 집을 습격한 것은 미치광이 짓이었습니다. 그때 저는 아직 빈에 있었지요. 바트푀슬라우에요.[310] 그때 우리에게는 유리 그릇 하나도 없었어요. 우리는 당시 거의 가진 게 없었고 사실 더 이상 아무것도 없었지요. 그래서 우리는 유대인들의 상점 유리창을 다 깨 버렸어요! 하지만 그들을 그냥 조용히 내쫓으면서 이렇게 말했으면 어땠을까요. "자, 이 상점은 이제 기독교인 프란츠 마이어 씨에게 넘깁니다. 여러분은 보상을 받을 겁니다. 잘 받건 못 받건 어쨌든 보상을 받을 거예요." 하지만 우리에게는 아무것도 없었죠. 그래서 모든 걸 산산조각 내 버리고 집에 불을 질렀지요. 유대인을 몰아내야 한다는 데에는 완벽하게 동의합니다. 하지만 그 일을 하는 방식이 완전히 잘못된 거라고요. 게다가 이제 저렇게 증오가 끓어오르다니! 우리 장인어른도 분명히 유대인을 싫어하셨는데도 늘 이렇게 말씀하셨죠. "에르빈, 이런 짓을 계속하는데도 아무런 보복을 당하지 않을 수는 없어. 어떤 보복을 상상하더라도 그 이상의 보복이 일어

날 거야." 유대인을 쫓아내자고 하면 저는 제일 먼저 참여합니다. 기꺼이 동
참하지요. 그들을 독일 바깥으로 몰아낼 겁니다! 하지만 왜 이렇게 때려죽이
는 거지요? 전쟁이 끝난 후에도 할 수 있는 일이에요. 그땐 이렇게 말할 수 있
지요. "자, 이제 우리가 권력과 힘을 가졌고 전쟁에서 이겼으니, 우리는 이렇
게 할 수 있다." 하지만 지금은! 누가 영국을 지배하는지 알죠? 유대인이에요.
미국은 누가 지배하죠? 유대인이에요. 그리고 볼셰비즘, 그것이야말로 유대
교의 최고봉이라고 할 수 있죠.[311]

외스팅은 유대인 탄압을 실행하는 방식이 비합리적이라고 느낀다. 첫
째, 유대인 탄압 과정에서 그렇지 않아도 궁핍한 물자가 낭비된다. 둘째,
이런 방식으로는 유대인의 궁극적 제거라는 본래 목표를 이루지 못할 것
이다. 외스팅은 이제 유대인이 승전국의 힘을 빌려 반격을 가할 것이라고
두려워할 뿐 아니라, 독일인이 저지르지 않은 범죄까지 덮어씌워 고발할
것이라고 두려워한다. 그리고 전반적으로 그는 무엇보다 유대인 섬멸 작
전의 시기를 잘못 택했다고 생각한다. 그가 보기에는 전쟁 후가 한결 유
리하다. 또 다른 두 명의 군인도 이렇게 생각한다.

아우에(Aue): 우리가 늘 옳았던 건 아닌 거 같습니다. 동부에서 유대인을 집
단으로 죽였을 때 말이에요.
슈나이더(Schneider): 그건 분명 잘못이었어요. 아니, 잘못까지는 아니더라도
외교적으로 좋지 않았어요. 나중에 할 수도 있었을 겁니다.
아우에: 우리가 탄탄한 기반을 닦은 후에 말이죠.
슈나이더: 그 일은 나중을 위해 남겨 둘 수도 있었어요. 유대인은 아직도 영
향력이 세니까요. 특히 미국에서요.[312]

우리 자료에는 학살에 직접 관여한 자들의 단호한 묘사들도 있다. 이미 가해자임이 입증된 친위대 상사 프리츠 스보보다(Fritz Swoboda)는 베르너 카라트(Werner Kahrad) 중위와의 대화에서, 체코슬로바키아에서 벌어진 학살의 세부적 내용과 그때 어려웠던 점들에 대해 이야기한다.

스보보다: 거기에서는 총살이 컨베이어벨트처럼 벌어졌어요. 총살 작전을 위해 하루에 추가 수당 12마르크, 그러니까 120크로네가 지급되었어요. 우리는 그 짓밖에 안 했어요. 그러니까 열두 명이 한 조가 되어 각각 여섯 명씩을 끌고 와서 죽이는 거지요. 저는 아마 14일 동안 다른 일은 아무것도 안 했을 겁니다. 그리고 우리의 식사 배급량은 두 배가 되었는데, 이 일이 너무 스트레스를 주었기 때문이지요. …… 여자들도 총살했는데, 여자가 남자보다 낫더군요. 우리는 유대인 남자를 포함해서 많은 남자들이 최후의 순간에 흐느끼는 걸 보았거든요. 그런 겁쟁이가 있으면 체코인 두 사람이 그 겁쟁이를 가운데로 데려와서 일으켜 세웠죠. …… 식사를 두 배로 받고 12마르크를 받기 위해 뼈 빠지게 일을 한 거예요. 반나절 동안 여자들을 쉰 명이나 죽였으니까요. 로진(?)에서도 총살을 했죠.

카라트: 거기 큰 공항이 하나 있지요?

스보보다: 막사 부근에 있었지요. 거기에서 늘 컨베이어벨트처럼 총살을 했죠. 한쪽으로 그들이 옵니다. 500명에서 600명쯤 되는 사람들이 길게 줄을 서지요. 그들이 큰 문으로 들어오면, 거기에 총살대가 있어요. 거기에서 총살한 후 모아서 싣고 나가죠. 그러면 다음번 여섯 명이 들어와요. 사람들은 처음에는 이렇게 말했어요. 좋다, 평범하게 근무하는 것보다 낫다고요. 하지만 며칠 지나고 나니 차라리 다시 근무를 하고 싶었어요. 스트레스가 아주 많은 일이었거든요. 하지만 얼마 후에는 무뎌지지요. 그러면 아무래도 좋은 거예요. 우리 중에는 여자들을 총살할 때 마음이 약해지는 자들도 있었어요. 우리는 노련한

전방 군인들을 선발했었는데 말이죠. 하지만 어쨌든 명령은 따라야 했지요.[313]

 가해자가 대량 학살에 대해 육성으로 증언하고 있는 이 대화에서는 집단 처형에서 난점들이 무엇이었고 이를 해결하기 위해 어떤 보상을 주고 어떤 전략을 세웠는지도 보여 준다. 전방 군인들이 (아마도 이미 폭력을 많이 체험했기 때문에) 총살을 하는 데 특히 적당할 것이라고 전제했지만 이는 잘못이었다. 스보보다는 그런 남자들까지도 "여자들을 총살할 때 마음이 약해"진다고 이야기한다. 그 자신에게도 살인은 처음에는 "스트레스가 아주 많은 일"이었지만 얼마 지나지 않아 덤덤해진다. 그리고 이렇게 녹초가 되게 만드는 일을 하면 추가 수당이 지급되었다. 이는 유대인 학살 작전의 내부로부터 나온 지극히 희귀한 기록이다.
 피살된 유대인 시신을 파내 태우는 이른바 발굴 작전도 도청 기록에서 언급된다. 친위대 대령 파울 블로벨(Paul Blobel)이 이끄는 이 작전은 1942년 여름 이루어졌다. '제1005작전'이라 불린 이 작업은 주로 유대인 포로들을 시켜 피살자 시신을 다시 파내 불태우는 것이었다. 집단 학살의 흔적을 지우기 위해 실시하는 작전 와중에 블로벨은 시신을 태우기 위한 특별한 장작더미와 남은 뼈를 빻기 위한 특별한 설비를 고안했다. 알다시피 이런 시도는 성공적이지 못했다.

폰 뮐러린츠부르크(V. Müller-Rienzburg): 루블린에서 동료들이 제게 말했습니다. 동료들은 적군이 우리가 만든 집단 무덤을 발견할까 봐 엄청 두려워했죠. 그래서 굴삭기로 시체들을 파냈답니다. 루블린 근교에 시체가 묻힌 넓은 벌판이 있었답니다.
폰 바수스(V. Bassus): 독일군이 묻은 벌판입니까?
폰 뮐러린츠부르크: 네.

폰 바수스: 그걸 어디로 가져갔대요? 시신 말이에요. 태웠대요?

폰 밀러린츠부르크: 네. 몇 주일 동안이나 시체 타는 냄새가 났대요. 비행기를 타고 그 위를 날아갔는데, 공중에서도 타는 냄새를 맡았대요.

폰 바수스: 루블린 근교에서 그랬다고요?

폰 밀러린츠부르크: 폴란드의 어느 수용소였지요.

데테(Dette): 그(심문 장교)가 말했어요. "폴란드인이 얼마나 많이 총살되었는지 압니까? 200만 명입니다." 그 말이 맞을 수도 있어요.[314]

다른 대화에서도 유대인 섬멸의 세부 내용들에 대해 아주 자세하게 이야기한다.

로트키르히(Rothkirch): 폴란드에서 가스실은 모두 리보프 근처에 있었어요.[315] 가스실이 컸지요. 그건 아직도 기억해요. 하지만 더 자세히는 잘 몰라요. 가스로 죽이는 게 제일 심한 건 아니었지요.

람케(Ramcke): 저는 이런 일을 모두 여기 포로수용소에서 처음 들었어요.[316]

로트키르히: 저야 행정 담당 장군이었지요. 그리고 여기에서 벌써 심문을 받았어요. 그 일은 리보프에서 벌어졌죠. 우리는 그 밖의 일은 모두 부인했습니다. 왜냐하면 이런 짐승 같은 짓은 군사 시설 안에서 벌어졌으니까요. 특히 리보프에서 총살에 대한 이야기를 자주 들었지요. 그건 너무 짐승 같은 이야기라서 여기에서 옮기기도 싫습니다.

람케: 대체 무슨 일이었는데요?

로트키르히: 일단 사람들이 스스로 구덩이를 팠어요. 그다음에 유대인 열 명이 서죠. 그러면 기관단총을 든 사람들이 와서 총을 갈겼어요. 그들은 구덩이 안으로 떨어지죠. 그러면 다음 차례의 사람들이 와서 앞에 서요. 그리고 다시 구덩이로 떨어지지요. 다른 사람들은 총살당할 때까지 잠시 동안 기다려요.

수천 명이 총살됐어요. 나중에는 이런 일을 중단하고 가스로 처리했죠. 어쨌든 그때 많은 사람이 아직 죽지 않은 상태였는데 중간중간 흙을 그 위에 뿌려서 한 층을 만들었죠. 그러면 죽은 사람들을 흙 속으로 집어넣는 사람들이 와서 처리했지요. 친위대가 이 일을 맡았어요. 그들이 시신을 처리했어요. ······ 우리는 이에 대해 보고서를 받았어요. 전 아직도 모르겠어요. 그걸 왜 저한테 주었는지요. 친위대 장교는 이렇게 썼지요. 아이들은 자기가 직접 총살했다고요. 여자들도 총살했어요. 그런 일이 아주 역겹다고 썼지요. 곧바로 죽지 않는 사람들도 있었다고요. 아직도 집에 그게 있어요. 그 보고서 말입니다. 그자는 이렇게 묘사했지요. 아이들 목덜미를 붙잡고 권총으로 쐈다고요. 그래야 제일 확실하게 곧바로 죽는다는 거예요. 제가 요구하지도 않았던 이런 보고서를 받고 저는 집으로 보냈지요.[317]

실제로 가해자들이 집단 학살을 할 때 아이들이 문제였다. 아이들은 종종 지시를 따르지 않았고 또 때때로 빨리 죽지 않기도 했다.[318] 이는 여러 문서나 수사 문건에서 나타나는 가장 끔찍한 서술 중 하나다. 그래서 로트키르히가 자신에게 들어온 보고서를 보고 역겨워했던 것도 의외는 아니다. 잠시 후 그는 또 다른 에피소드를 이야기한다.

로트키르히: ······ 네, 저는 쿠트노[319]에 있었습니다. 영상 촬영을 했어요. 그게 제 유일한 일이었어요. 거기에서 친위대 장교 한 사람과 잘 알고 지냈는데, 그 사람과 이런저런 이야기를 했지요. 그가 말했어요. "총살을 찍어 보시는 건 어때요?" 저는 말했어요. "아닙니다. 그건 제게는 너무 역겹습니다." "그래요, 제 말은, 그러려면 그럴 수 있다는 겁니다. 매일 아침 총살을 하니까요. 당신이 원하시면 몇 놈은 오후에 총살할 수도 있어요." 아마 이런 일은 상상도 못할 겁니다. 이자들은 정말 짐승 같아요.[320]

이 일화를 보면 가해자들이 얼마나 처형을 정상적이고 일상적인 일로 생각했는지 알 수 있다. 로트키르히가 원한다면, 매일 이루어지는 학살을 그를 위해 오후에 할 수 있다는 친위대 장교의 제안은 집단 학살이 얼마나 틀에 박힌 일이었고 얼마나 공공연하게 벌어지는 일이었는지 보여 준다. 분명 비밀 유지 따위에는 신경도 쓰지 않았다. 유대인 섬멸의 다양한 측면에 대해 매우 극적이고 상세하게 이야기하는 로트키르히는 이런 일이 야만화의 징표라고 본다. 그 남자들이 '짐승'이 되었다는 것이다. 하지만 그렇다고 해서 로트키르히가 유대인 섬멸 작전 자체를 반대했다고 생각하면 오산이다.

로트키르히: 한번 생각해 보세요. 이 유대인들이 그래도 몇 사람은 빠져나와서 늘 떠들고 다니겠지요. …… 언젠가 보복을 당할지도 몰라요. 유대인들이 권력을 잡아 보복을 한다면 끔찍할 겁니다. 하지만 제가 생각하기에 다른 나라 사람들이 유대인이 권력에 접근하게 할지가 문제이지요. 왜냐하면 영국이나 프랑스나 미국 등 외국의 대다수 국민들도 유대인에 대해 잘 알고 있으니까요. 하지만 또 반드시 그렇지만은 않죠. 그들은 악마와 계약을 맺었습니다. 우리를 이기기 위해서요. 우리가 당시 볼셰비키와 계약을 맺었던 것과 다르지 않지요. 한동안 그랬잖아요. 그들도 이렇게 하고 있는 거예요. 이 세계에서 대세가 어느 방향으로 흐를 것인가, 그리고 사람들이 우리를 신뢰할 것인가가 중요한 문제이지요. 사람들이 우리를 신뢰하도록 우리가 노력해야 해요. 그리고 그들을 또다시 자극할 일은 모두 피해야 합니다. 그래서 이제 그들에게 보여 줘야 하죠. "이봐, 우리는 이성적인 세계를 만들기 위해 참여하기 원한다고."[321]

여기에서 또다시 서로 모순적으로 보이는 측면들이 함께 나타나 우리를 놀라게 한다. 유대인 섬멸 작전에 대한 공분, 로트키르히를 위해 총살을 오후에 할 수 있다는 친위대 장교에게서 극명히 나타나는 섬멸 작전 집행자의 무심한 태도, 리보프에서처럼 희생자를 마구잡이로 선별하는 방식 등이 그것이다. 그리고 로트키르히의 반유대주의도 놀랍다. 그는 '유대인 볼셰비즘'이라고 단언하는 몇 안 되는 사람 중 하나인 것이다. 그도 유대인의 보복을 겁내고 있다. 물론 그의 논리가 위치한 프레임에서는 독일이 잔인한 짓 탓에 잃어버렸던 국제 사회의 신뢰를 회복할 수 있고, 그러면 독일도 다시 '이성적 세계'를 위해 '참여'할 수 있다고 생각할 수도 있다.

우리는 이 도청 기록에 나타난 그들의 인식과 해석과 논리가 지닌 자가당착에 머리를 절레절레 흔들 수도 있겠지만, 단지 그렇게만 봐서는 안 된다. 오늘날의 시각으로 볼 때 모순적인 이 모든 것은 당시에는 어쩌면 전혀 모순이 아니었을 것이다. 반유대주의 정책이 지닌 의의를 분명히 인정하는 사람이 그것의 실행 방식에 대해서는 비판할 수 있다. 또한 그 실행 방식이 어마어마한 분노를 불러일으킨 실수라고 여길 수도 있다. 하지만 그렇다고 해도 세계의 미래를 책임지는 국가 공동체에서 배제되고 싶어 하지는 않는다. 달리 말하면, 반유대주의 정책 실행 방식이 부적합하다고 느껴도 로트키르히의 논리가 뿌리내린 인종주의적 세계관이라는 프레임까지 흔들리는 것은 아니고, 독일이 국제 정치에서 예나 지금이나 동등한 자격으로 신뢰받을 수 있다는 자화상까지 흔들리는 것은 아니다. 오늘날의 관점에서 보면 오만하거나 순진하거나 그저 어리석게 보이는 일이지만 이는 당대의 프레임을 이루는 것이며, 로트키르히 같은 당대의 사람들은 이 프레임 안에 자신의 행동을 배치한다. 종전 후 독일 사회의 1970년대까지도 그들은 자신이 저지르거나 묵인한 일이 틀렸음을 전혀 이해하지 못하는 경우가 많았는데, 그것은 바로 이 프레임에 기인하는 것이다. 달리 말하면 제3제국의 프레임이 종전 후 민주 사회의 정치적 규준 및 도덕적 규준들과 합치하지 않았다고 할 수 있다. 그리고 이런 불합치는 종전 후 독일연방공화국의 과거사 청산 정책에 상당한 마찰을 일으키면서 여러 스캔들을 통해 표면화되곤 했다. 이는 제3제국에서의 전력에도 불구하고 독일연방공화국에서 고위 공직자나 정치인으로 활동한 한스 글로프케(Hans Globke)나 한스 필빙거(Hans Filbinger)의 사례에서 잘 나타난다.[322]

이런 불합치는 앞서 인용한 대화에서 독일에 리스트와 바그너가 있는데도 독일인을 '독일 돼지들'이라고 보는 데 놀라워하는 것에서도 선명하게 드러난다. 하지만 여기에는 포병 부사관과 보병 병사 사이의 다음의 대화에서 나타나는 것처럼, 또 다른 이유도 덧붙여진다.

휠셔(Hölscher): 모두가 우리에게 반대한다는 게 참 이상하다니까요.

폰 바스티안(Von Bastian): 아주 이상합니다.

휠셔: 아돌프가 말한 것처럼, 이런 현상은 모두 유대인들이 만들어 내고 있는 걸 수도 있어요.

폰 바스티안: 영국은 유대인의 영향력 아래 있고 미국도 그렇지요.

휠셔: 가령 아돌프는 이제 영국보다 미국을 더 비난하지요. 미국이 주적이라고 말하고 있어요.

폰 바스티안: 그렇지요.

휠셔: 미국의 대규모 자본은 유대인 자본입니다. 그래서 아돌프가 영국을 두 번째로 말하는 겁니다.[323]

유대인 섬멸의 프레임 안에서 그들은 유대인의 특징과 영향력이 단단히 뿌리내리고 있다고 믿는 나머지 유대인의 행동으로 만사를 설명할 수

1941년 바르샤바 게토의 전차.(요에 하이데커(Joe J. Heydecker), 독일역사박물관, 베를린)

있을 지경이다. 그래서 구태의연한 반유대주의적 사고방식을 거의 반사적으로 다시 불러오게 된다. 이는 공감의 흔적이 약간 비치는 다음과 같은 묘사에서조차 다르지 않다.

크바이서(Queisser): 그 유대인 지구는 전차로만 지나갈 수 있게 되어 있습니다. 바깥에는 늘 경찰이 한 명 서 있지요. 아무도 내리지 못하도록 감시하는 거예요. 한번은 전차가 멈추기에 무슨 일인가 내다보았는데, 한 사람이 철로에 누워 있었어요.

볼프(Wolf): 죽었나요?

크바이서: 그래요. 어떤 남자를 밀어서 길거리로 떨어뜨린 거지요. 아, 다시는 그 유대인 지구에는 가고 싶지 않아요. 끔찍해요! 처음에 거기 갔을 때에는 귀여운 아이들이 거리를 뛰어다니는 걸 보았지요. 유대인의 별을 달고 말

이에요. 예쁘장한 소녀들이 있었죠. 병사들이 유대인들과 활발하게 거래하기도 했죠. 유대인들은 비행장으로도 일하러 왔거든요. 금붙이를 가지고 왔지요. 우리는 대신 빵을 주었죠. 그래야 그들도 배를 채울 수 있으니까요.[324]

여기에서 특이한 점은 '활발한 거래'에 대한 언급이다. 군인들은 빵을 주고 금을 받은 것이다. 화자는 '유대인 지구'에 대해 아주 언짢다고 표현하지만, 이런 유리한 거래 기회는 놓치지 않는다.("금붙이들을 가지고 왔지요. 우리는 대신 빵을 주었죠.") 이 인용문은 유대인 탄압과 섬멸 과정 속에서 국방군 병사들까지 다양한 기회 구조들을 얻게 되었음을 보여 준다.

다음 이야기는 노동 수용소에 있어서 카포Kapo, 수용소 등에서 동료 수인을 감독하는 수인의 역할에 대한 것이다. 이는 유대인 섬멸 정책 속에서 벌어지는 일들에 대해 회의를 드러내는 몇 안 되는 대화 중 하나다.[325]

타움베르거(Taumberger): 한번은 수용소 수인들이 줄지어 가는 것을 직접 봤습니다. 저는 뮌헨 근교에 착륙했더랬어요. 산중에 비밀 무기 공장을 짓고 있었는데, 신무기를 거기에서 생산했죠. 여기에 유대인들이 투입되었어요. 그들이 행진하는 걸 보았죠. 뼈만 남은 사람들이었어요. 그에 비하면 소련의 굶주린 자들도 진짜 피둥피둥한 정도였지요. 거기에서 감독하는 사람과 이야기를 나누었어요. 그들은 보초들 사이에 끼어 일하더군요. 재빠르게, 끊임없이 일했어요. 조금도 쉬지 않고 열두 시간 동안이나 말이에요. 그리고 열두 시간 쉬는 거지요. 하지만 쉰다고 할 수도 없었어요. 24시간 중 잠은 다섯 시간 정도만 잤으니까요. 나머지 시간에는 계속해서 서 있었어요. 감독자들도 수인이었는데 검은 모자를 썼지요. 이런 곤봉을 들고 수인들 사이를 뛰어다니면서 대갈통이나 허리를 내려쳤어요. 그러면 고꾸라졌어요.

크루제(Kruse): 제발 그만하세요!

타움베르거: 못 믿겠어요? 맹세해도 좋아요. 제가 직접 본 거니까요. 서로를 때리는 것은 모두 수인이었어요. 모자를 쓴 감독자들이었는데, 담배를 받았죠. 식사도 온전히 받았어요. 돈도 받고요. 무슨 증서 같은 거 말이에요. 현금은 안 줬어요. 그래도 그걸로 뭔가 살 수도 있었지요. 이런 식으로 그 일을 하도록 만든 거지요. 그런 짓을 하면 보상을 받는 거예요. 감독자 한 명당 수인을 약 마흔 명에서 쉰 명 정도 거느렸어요. 수인들은 회사에 고용되었죠. 그러니까 어떤 회사를 위해서 일한 거예요. 수인들이 많이 일할수록, 많이 하청받을수록, 이 유다 같은 놈은 보상을 더 많이 받았죠. 그래서 더 일하게 만들려고 사람을 곤봉으로 두들겨 패는 게 일이었어요. 터빈 시설이나 저수지나 공장에서 쓰는 파이프를 찍어 내는 일을 했는데, 그는 회계 담당자와 약속을 했어요. 매일 파이프 세 개를 더 가져와야 하는 거죠. 그리고 보상을 받는 거지요. 이틀 안에 약속보다 파이프를 하나 더 만들어 오면 또 그만큼 보상을 받는 거지요. 저는 거기 48시간 머물다가 떠났죠. 제 눈으로 직접 봤다니까요.[326]

전투기 조종사 타움베르거가 수용소 내의 이러한 수인 조직에 대해 이야기한 것은 역사적으로 보아 상당히 정확하다. 크루제는 그의 이야기에 의심을 품었는데 이런 의심은 분명 수인을 감독자로 동원했다는 것에 대해서였다. 물론 우리는 크루제가 타움베르거 하사에게 왜 이야기를 그만하라고 했는지는 잘 알 수 없다. 그가 이야기 전체를 불신했는지, 아니면 카포의 역할에 대해서 의심을 했는지, 아니면 그저 그런 이야기가 듣기 싫었는지는 우리는 모른다. 물론 "못 믿겠어요?"라는 타움베르거의 반응을 보면 크루제가 그처럼 수인이 수인을 괴롭히는 역할을 한다는 것을 의심하고 있는 듯하고, 그래서 타움베르거는 계속 자세히 이야기한다. 이때 주목할 점은 타움베르거 자신이 이런 카포들의 태도를 나쁘게 보고 있음을 분명히 한 것이다.("이 유다 같은 놈.") 마치 그런 일을 하는 사람들

이 자신의 행동을 자유롭게 결정할 수 있는 상황이었다는 듯이.[327]

그러나 유대인 섬멸에 대해 거부 의사를 분명하게 밝히는 이야기들도 확실히 있다.

도이치(Doetsch): 리보프에서 유대인 이송을 보았어요. 유대인 행렬에서 갑자기 소동이 일었지요. 저 앞에서부터 친위대가 사람을 패기 시작했어요. 취해 있었죠. 그들은 사람들을 대전차 참호 옆에 세웠어요. 첫 번째 사람들이 거기 서자 기관총으로 갈겼습니다. 그러면 참호로 떨어졌지요. 그다음 사람들이 그 사람들을 참호 안에서 파묻어야 했지요. 참호 안으로 떨어진 사람들을 말이에요. 그들은 아직 다 죽지 않았어요. 그래도 그 위에 오물을 삽으로 퍼부었지요. 그리고 그다음 사람들도……. 이런 걸 믿을 수 있겠어요? 아이건 여자건 노인이건 상관없이 모두. 어떤 짓이 벌어졌는지 저는 잘 알아요. 누군가 제게 말했어요. "우린 명령을 받았습니다." 그러면서 덧붙였죠. "하지만 이런 꼴은 도저히 못 보겠습니다." 독일인들이 아이들을 벽에 못 박았지요. 그런 짓을 했다고요.

이 도청된 대화 기록에서는 집단 총살뿐 아니라 차량 안에서의 가스 학살에 대한 이야기도 있다. 루돌프 뮐러(Rudolf Müller)는 미군 포로수용소 포트헌트에서 다음과 같은 이야기를 한다.

뮐러: 저는 러시아에서 명령불복종 죄로 군사 재판을 받았습니다. 저는 차량 정비를 담당했지요. 우리 차량 담당관이 전사했는데 제가 거기에서 그다음 계급이었거든요. 트럭에 고무를 덧대는 개조 작업을 했습니다. 맙소사, 그 일을 왜 하는지도 모르면서 한 거예요. 그 뒤에 차를 밖으로 보냈습니다. 차는 현지 사령부 앞에 세워졌지요. 우리 일은 다 끝난 거지요. 그런데 돌아온 운

전수 얼굴이 새하얗게 질려 있었어요. 무슨 일이냐고 묻자 오늘 본 일은 평생 못 잊을 거라고 말하더군요. "사람들이 제 차 뒤에 민간인들을 실었어요. 그리고 배기관에 연결한 관을 그 뒤에 집어넣고 뒷문을 닫아걸었지요. 운전석 옆에는 친위대 소위가 앉았습니다. 무릎 위에 권총을 두고 제게 달리라고 명령했죠." 아, 그는 열여덟 살이었습니다. 뭘 할 수 있었겠어요. 그저 차를 몰아야 했지요. 30분 동안 차를 몰았다지요. 그리고 구덩이에 도착했어요. 구덩이에는 이미 주검들이 들어 있었고 여기저기 염화석회를 뿌려 놨지요. 차를 후진해서 구덩이로 다가갔어요. 그리고 적재함을 열고 뒤로 기울였지요. 그러자 시신들이 떨어졌습니다. 배기가스 탓에 다 죽은 거지요. 저는 다음 날 다시 명령을 받았습니다. 현지 사령부로 차를 보내라는 명령이었습니다. 그 명령을 거부해서 군법회의에 회부된 거지요. 그자들은 사람들을 그 차에 태워서 배기가스로 죽이는 거였어요.

라임볼트(Reimbold): 세상에 맙소사.

뮐러: 한 사람이 권총을 들고 조수석에 앉아서 운전수에게 강요했습니다. 그리고 저는 군사 법정에 세운 겁니다.

라임볼트: 그게 독일의 이름으로 벌어진 일이라고요. 이제 우리에게 무슨 일이 일어나도 하나도 놀라울 게 없겠습니다.[328]

이 대화는 일산화탄소로 살육을 벌이는 일을 직접 목격한 사람의 몇 안 되는 기록 중 하나다. 이 대화가 또 특이한 점은 화자가 단호하게 거부했다고 이야기하는 것이다. (적어도 그의 말에 따르면) 이를 거부했기 때문에 심지어 군사 재판까지 받았다. 청자 역시 충격을 감추지 않는다. 그는 분명 이런 학살 작전에 대해 이전에는 듣지 못했던 것 같다.

요약하면 군인들은 유대인 섬멸을 이야기할 때 게토, 집단 총살, 섬멸 수용소를 포함하는 모든 측면에서 특정한 관점을 가지고 묘사한다. 그 관점이 제공하는 틀 안에서 행위자들의 행동을 서술하고 평가하는 것이다. 그런데 특히 유대인의 행동을 평가할 때는 보통 (앞서 본 유대인 카포에 대한 이야기처럼) 유대인의 행동의 자유를 규제하고 제한하는 강제적 여건들을 완전히 도외시한다. 이런 식의 '희생자에게 책임 돌리기(blaming the victim)'[329]가 보여 주는 타인에 대한 인식과 평가 모델은 편견에 대한 심리학 연구들에서 자세히 연구된 바 있다. '희생자에게 책임 돌리기'가 잘 작동할 때는, 희생자가 처한 여건을 염두에 두지 않고 희생자의 인성이 바로 그 행동을 야기했다고 보게 된다. 특히 열등시되거나 차별받는 사람들에 대한 오만 가지 편견들에 이런 메커니즘이 나타난다. 그러므로 일방적으로 폭력을 당하는 위치에 있으며 사회적으로 매우 고정관념에 찬 평가를 받는 유대인에 대해서도 이런 메커니즘이 나타나는 것은 당연하다. 강간당한 여성이나 총살당하는 희생자의 태도에 대해 이야기할 때에도 이런 메커니즘이 나타난다. 이런 이야기 방식은 마치 실험용 동물을 가지고 실험할 때 그 실험 조건은 언급하지 않고 그 동물의 태도만 서술하는 것과 마찬가지이다. 이처럼 희생자의 행동을 이야기할 때 가해자 자신이 창출한 조건들을 '배제'할 뿐 아니라 애초부터 인식조차 하지 않는 고찰 방식을 갖게 하는 것 또한 저 근본 프레임이다. 이 프레임에서 '유대인'은 화자와는 전혀 다른 사회적 영역에 속한다. 희생자가 죽어 간 실험 조건들을 자신이 만들었기에 가장 명료하게 알고 있었을 루돌프 회스조차 자서전에서 이런 관점을 취한다. 예를 들어 이른바 '특임대' 구성원들, 즉 희생자들을 가스실로 데리고 가고 그들이 살해당한 뒤 다시 끌어내는 수인들에 대해 이야기할 때 회스는 이런 관점을 취하는 것이다.

특임대의 행동도 모두 역시 특이했다. 그들은 이 모든 일에 대해 아주 분명히 알고 있었다. 그 작전이 끝나면 자신도 같은 인종인 수천 명과 똑같은 운명에 처할 것임을 알고 있었다. 그렇지만 열심히 일했고, 나는 이것이 늘 놀라웠다. 그들은 희생자들에게 어떤 일이 닥칠지 그들에게 결코 누설하지 않았으며, 희생자들이 옷을 벗을 때 아주 자상하게 거들어 주었고, 반항하는 자에게는 폭력을 사용했다. 또 불안에 떠는 사람을 인도해 가거나 처형 때 옆에서 붙드는 일도 했다. 그들은 희생자들을 잘 인도해서 총을 들고 기다리는 친위대 부사관을 못 보도록 하고 이 친위대원이 희생자가 눈치채지 못하게 목덜미에 총을 댈 수 있도록 했다. 가스실로 데려갈 수 없는 병들고 허약한 자들까지도 유혹해서 데려갔다. 아주 당연하다는 듯이 그렇게 했다. 마치 자신이 가해자에 속한다는 듯이.[330]

같이 쏘기

이제 유대인 섬멸전과 홀로코스트에 대한 여러 문헌에서 그동안 별로 주목받지 못한 두 가지 측면을 살펴보자. 다양한 부대에 속하는 다양한 계급의 군인들은 명령에 따라서도 아니고, 공식적으로 '유대인 작전'과 무관한 경우에도 때때로 총살에 동참했다. 대니얼 골드하겐(Daniel Goldhagen)은 지금까지 잘 알려지지 않았던 한 사례를 언급하면서, 독일인들이 섬멸의 광기에 사로잡힌 반유대주의에 철저히 물들어 있었다는 논리를 이끌어 낸다. 이는 음악가와 미술가들로 구성된 베를린 경찰 소속 문선대의 사례다. 이들은 1942년 11월 중순 전방부대 위문을 위해 우쿠프에 있었고, 제101예비경찰대대 사령관에게 다음 날 유대인 작전에서 자신들도 총을 쏘게 해 달라고 요청했다. 이 요청은 받아들여졌다. 오락으로 다른 사람을 즐겁게 해 주는 문선대는 다음 날 스스로 오락을 즐기기 위해 유대인 처형에 참여한 것이다. 크리스토퍼 브라우닝(Christopher Browning)도 이 사례를 언급한다.[331] 여기에서 다만 묻고자 하는 것은 취미 삼아 유대인을 죽이는 즐거움을 느끼려면 반드시 반유대주의라는 동기가 필요한가라는 것이다.

아마 진실은 좀 더 사소한 데 있으리라. 그 남자들이 즐겼던 것은 평소에는 절대 못 할 일을 할 수 있다는 사실이었다. 누군가를 죽여도 응징을 받지 않는다는 느낌, 완벽한 권력을 행사한다는 느낌, 지극히 이례적인 일을 하면서도 처벌을 두려워할 필요가 없다는 느낌을 경험하는 것이다. 이러한 '현실 탈피(Eskapismus) 가능성'만으로도 충분한 동기가 된다. 귄터 안더스가 "반인륜적 행위를 저질러도 벌 받지 않을 기회"라고 부른 것이 바로 이것이다. 수많은 사람들에 대한 이유 없는 살인은 분명 거부하기 힘든 유혹이었다. 그런 유의 폭력에는 동기도 필요 없고 이유도 필요 없었다. 이런 일을 한번 해 볼 수 있다는 사실로 충분했다.

도청 기록에서도 자발적으로 집단 학살에 참여한 경우나 또는 원한다면 같이 총을 쏴도 좋다고 제안한 경우들이 이야기되고 있다.[332] 오늘날의 관점에서는 믿기지 않는 이런 일화들은 유대인 섬멸 작전이 결코 은밀하지 않았고 때로는 경악과 혐오를 불러일으키지도 않았음을 암시한다. 오히려 처형이 벌어지는 구덩이 둘레에는 마치 스타디움처럼 늘 관중들이 모여들었다. 현지인, 국방군 군인, 민간 행정부 관료 등이었다. 그리고 그들은 본래 자신들을 위해 연출된 것이 아닌 집단 처형을 마치 재미있는 반공개적 쇼처럼 만들었다. 그래서 고위 친위대 장교 겸 경찰 장교였던 에리히 폰 뎀 바흐첼레브스키(Erich von dem Bach-Zelewski)는 1941년 7월 자신의 재량으로 집단 총살 구경을 금지하는 명령을 내렸다. "약탈범으로 이송된 17세에서 45세 사이의 유대인 남자들은 즉결 심판 후 총살한다. 총살은 도시나 마을이나 도로로부터 떨어진 곳에서 시행한다. 구덩이

친위대 소속 기동대 하사가 구경꾼들(국방군, 친위대, 제국노동봉사단, 히틀러유겐트) 앞에서 민간인을 총살하고 있다. 1942년 우크라이나 빈니차.(미상, 프로이센문화재단 사진보관소, 베를린)

를 편평하게 덮어 그곳이 순례지가 되지 않게 한다. 처형 시에 사진을 찍거나 구경을 허용하는 것을 금한다. 처형 장면이나 구덩이는 공개해서는 안 된다."[333] 물론 이러한 금령들에도 불구하고 사람들은 계속 처형을 보러 오고 사진을 찍었다. 그리고 무력하고 벌거벗은 사람들, 특히 여자들이 등장하는 외설적 장면을 보고 즐기며 처형자들에게 충고하고 사수들을 응원했다.[334]

전체적으로 보아 이런 오락적 가치가 지시나 금령을 위반한다는 두려움을 능가했던 듯하다. 뢰슬러(Rösler) 소령은 처형을 할 때면 "도처에서 군인과 민간인들이" 철둑으로 몰려와 그 뒤에서 벌어지는 처형을 구경했다고 전한다. "더러운 제복을 입은 경찰관들이 어슬렁거렸다. (일부는 수영복만 입은) 군인들이 무리 지어 서 있었다. 여자와 아이를 포함한 민간인들도 구경했다." 이야기 말미에 뢰슬러는 자신이 평생 끔찍한 일들을 여러 번 보았지만 이런 집단 도살은, 게다가 이렇게 야외무대처럼 공개적으로 이루어지는 집단 도살은 이제까지 보아 온 모든 것을 능가한다고 덧붙인다. 독일의 윤리와 이상에 위배된다는 것이다.[335]

이처럼 금령과 훈육 조치들에도 불구하고 처형 관광 문제는 분명 해결되지 않았다. 그리하여 이제 이 문제를 해결하는 방법은 가령 "'적절한 합의를 통해' 처형 부대가 '되도록' 낮이 아니라 밤에 처형을 집행하도록 하는" 것이었다. 예컨대 1942년 5월 8일 군사 행정 구역 소속 장교 회의에서 이렇게 결정했는데, 그럼에도 성과는 거의 없었다.[336]

이 지점에서 구경꾼들이 그러한 금령에도 불구하고 처형 현장에 동참하고자 했던 개인적 동기가 무엇이었는지 추측하는 일은 별로 쓸모가 없다. 동기는 다양했을 것이다. 즉 '스릴'과 기괴함의 느낌, 일상생활에서는 일어나지 않는 일이 일어나는 데 대한 극적 비현실성의 느낌, 역겨움과 혐오감, 자신에게는 절대 일어나지 않았으면 하는 일을 다른 사람이 겪는

데 대한 만족감 등이 있었으리라. 그러나 우리가 고찰하는 맥락에서 중요한 것은 처형을 구경하는 현상이 실제로 널리 퍼져 존재했다는 사실이다. 그러니까 앞서 인용문들에서 이야기하는 방식으로 사람을 살해하는 것이 사람들에게 혐오를 불러일으켜 이를 멀리하게 만들지 않았다는 사실이다. 관음증, 그리고 타인의 불행을 지켜보는 즐거움은 널리 퍼진 심리적 현상이다. 이는 유대인 학살에서도 나타났지만 꼭 거기에서만 나타나는 것은 아니다. 이런 배경을 고려한다면, 도청된 대화들에서 유대인 섬멸 작전 묘사가 지니는 오락적 가치도 설명할 수 있다. 그래서 그 자리에 있지 않았던 사람이 그 일에 대해 적어도 자세하게 듣기를 원하는 것이다. S-56 쾌속정의 상급기관사 카마이어(Kammeier)는 1941년 여름 발트 해에 배치되어 현재는 라트비아 영토인 리예파야에서 이런 학살 작전을 구경했다.

카마이어: 남자들은 거의 모두 거기에 있는 거대한 수용소들에 수감되었습니다. 어느 날 저녁 만난 사람이 이렇게 말했어요. "보고 싶어요? 내일 몇 놈 총살한다고 하네요." 거기에는 날마다 트럭이 왔지요. 그 사람이 말했지요. "함께 갑시다." 처형을 지휘하는 사람은…… 해군포병대 소속이었어요. 트럭이 와서 섰어요. 움푹 들어간 모래밭에 20미터 정도 길이의 참호가 있었습니다. …… 저는 어떤 일이 일어날지 전혀 몰랐어요. 참호들을 보기 전까지는 말입니다. 그들을 전부 거기 집어넣었죠. 모두 달려들어 개머리판을 휘둘러 그들을 거기 세웠어요. 얼굴을 서로 마주 보게 하고 말입니다. 상사는 기관단총을 들고 있었죠. …… 거기 다섯 명이 있었는데, 차례로 총을 맞았지요. …… 대부분 눈을 까뒤집고 이렇게 쓰러졌어요. 여자도 한 명 있었습니다. 제가 두 눈으로 똑똑히 봤어요. 리예파야에서 있었던 일이죠.[337]

함께 총을 쏜다면 참여는 극대화된다. 공군 중령 폰 밀러린츠부르크는 이렇게 말한다.

폰 밀러린츠부르크: 친위대가 유대인 총살에 초대하더군요. 부대원 일동이 소총을 들고 그리 가서 …… 같이 갔겠지요. 누구나 어떤 놈을 쏠지 마음대로 고를 수 있었어요. 이 일은 …… 친위대가 저지른 것이고 물론 처절하게 보복을 받을 겁니다.

폰 바수스: 그러니까 몰이 사냥처럼 한 거네요, 제가 보기에는.

폰 밀러린츠부르크: 바로 그렇지요.[338]

이 대화에서 밀러린츠부르크 자신이 '유대인 총살 초대'를 받아들였는지는 불분명하다. 하지만 적어도 한 가지 분명한 점은 다른 국방군 병사들은 이 제안을 받아들였다는 사실이다.("부대원 일동이 소총을 들고 그리 가서 …… 같이 갔겠지요.") 청자는 몰이 사냥과 비슷하다고 생각하지만 물론 특별히 놀라는 모습은 아니다. 사냥 같은 총살에 대해서는 (물론 딴사람에게 들어서 아는 것이기는 하지만) 아우구스트 프라이헤어 폰 데어 하이테(August Freiherr von der Heydte) 중령이 전한다.

하이테: 이 이야기는 뵈젤라거(Boeselager)가 제게 말해 준 실화입니다. 그 사람은 전사했지만 그래도 백엽검 기사철십자훈장까지 받았습니다. (게오르크) 프라이헤어 폰 뵈젤라거((Georg) Freiherr von Boeselager) 중령이었는데, 저와 같은 연대 소속의 전우였지요. 그 사람이 겪은 일이에요. 이미 1942년이나 1941년이었거나 그쯤이었죠. 그러니까 이런 일들이 벌어진 초기였지요. 폴란드에 어느 친위대 장교가 있었는데, 제 생각에 아마 민정관으로 거기 간 거 같습니다.

갈러(Galler)*: 누가요?

하이테: 친위대 장교 말입니다. 제가 알기로는 당시 뵈젤라거가 막 백엽 기사철십자훈장을 받았을 때지요. 그래서 다 같이 밥을 먹었는데, 밥을 다 먹고 나서 그 사람이 말했다지요. "자, 우리 조그만 ……을 같이 봅시다." 그들은 차를 타고 갔는데 (다소 이상하게 들리겠지만) 거기에 산탄총들이 있었답니다. 평범한 총들이었죠. 그런데 거기 폴란드 유대인 서른 명이 있었어요. 손님들마다 산탄통을 하나씩 주었는데, 그들은 유대인들을 몰고 가면서 각자 한 명씩 산탄으로 쐈어요. 그다음에 일격으로 안락사를 시켰지요.[339]

이 다음 대화에서 또 다른 화자도 이런 총살 초대를 수락했다고 이야기한다. 공군 중위 프리트(Fried)의 그 이야기는 대화 상대인 보병 중위 벤츠(Bentz)의 노여움을 산다.

벤츠: 독일 사람들이 우리더러 폴란드에서 진짜 그런 테러를 저질렀느냐고 물었을 때, 우리는 그건 헛소문에 지나지 않는다고 말해야 했습니다. 하지만 저는 진실이라고 확신합니다. 이건 우리 역사의 부끄러운 오점이에요.

프리트: 그렇지요. 유대인 박해 말입니다.

벤츠: 저는 기본적으로 이 인종에 대해 우리가 이야기하는 것들이 모두 잘못이라고 생각합니다. 유대인이 나쁜 특성만 가지고 있다는 건 미친 생각이지요.

프리트: 저도 거기 가담한 적이 있지요. 장교인 저에게 이 일은 이후에도 깊은 인상을 남겼습니다. 제가 전쟁에 직접 참가하게 되었을 때였어요. 폴란드 전쟁이었죠. 거기에서 저는 수송기를 탔지요. 한번은 라돔에 있었는데 거기 주둔한 무장친위대와 같이 점심을 먹었어요. 그런데 친위대 대위인가 하는 사람이 말했지요. "30분 정도 저와 같이 가 보지 않으렵니까? 기관단총을 받아서 같이 갑시다." 그 말을 듣고 곧바로 같이 갔지요. 한 시간 정도 여유가

있었거든요. 우리는 거기 어느 막사 같은 곳으로 가서 유대인 1500명을 죽였습니다. 전쟁 중의 일이에요. 사수가 스무 명이 있었지요. 기관단총을 들고 말입니다. 순식간이었습니다. 그때 다른 생각은 아무것도 하지 않았어요. 그 근처에서 한밤중에 유대인 빨치산에게 습격을 당했기에 이 더러운 폴란드 놈들에게 화가 치민 거지요. 나중에 이 일에 대해 깊이 생각해 봤습니다. 불쾌한 일이었지요.

벤츠: 전부 유대인이었나요?

프리트: 전부 유대인이었고 몇몇은 빨치산이었지요.

벤츠: 몰이를 했던 건가요?

프리트: 그렇지요. 지금 생각해 보면 불쾌한 일이었어요.

벤츠: 뭐요? 당신도 같이 쐈어요?

프리트: 저도 같이 쐈지요. 그래요. 거기 있던 사람들은 이렇게 말했죠. "저기 돼지 새끼들이 온다." 그렇게 욕을 하고 돌을 던졌지요. 여자와 아이들도 있었어요.

벤츠: 여자와 아이도 있었다고요?

프리트: 그랬어요. 가족들이 모두 처절하게 울부짖었고, 몇 명은 돌처럼 마비되어 있었죠.[340]

이 대화에서 두 사람은 잠시 동안 서로 다른 이야기를 하는 것 같다. 아마 그들이 서로 상당히 다른 견해를 가졌고 처음에는 그렇다는 것을 깨닫지 못했기 때문이리라. 벤츠는 유대인 섬멸을 전체적으로 거부해야 하고 '인종에 대한 이야기'를 잘못이라고 여기는 반면, 프리트는 '유대인 총살' 제안을 받아들였으며 그것도 '폴란드 전쟁'에서 이미 그랬다고 말한다. 벤츠는 처음에는 프리트가 총을 함께 쏘자는 제안을 실제로 받아들였고, 1시간 동안 유대인 1500명을 신속하게 살인하는 일에 자발적으로 가담했음을 제대로 이해하지 못했다. 프리트가 지금 생각해 보면 "불쾌한 일"이었다고 말할 때 비로소 벤츠는 깨닫는다. "뭐요? 당신도 같이 쐈어요?"

물론 벤츠가 경악하는데도 프리트는 동요하지 않는 듯 이야기를 이어 나간다. 자기가 '유대인'과 '빨치산'만 쏜 것이 아니라 여자와 아이들도 쐈다는 것이다. 그는 '불쾌한 일'이었다고 냉정하게 평가하는데, 이는 취미로 총질하는 일이 기대만큼 즐겁지 않았기 때문일 수도 있지만, 어쩌면 이런 일 자체를 어차피 회의적으로 생각하는 벤츠와 이야기하고 있기 때문에 그렇게 말하는 것일 수도 있다.

어쨌든 개인적으로 참가했건 '몰이 사냥' 중이었건 간에 '같이 쏘기' 현상이 보여 주는 것은, 혹은 총살을 구경하라거나 촬영하라고 제안하는 경우들이 보여 주는 것은, 거기에 가담하지 않은 사람들도 이런 잔인한 행위에 적응하는 데 꼭 시간이 필요한 것은 아니라는 점이다. 적어도 프리트는 앞서 언급한 전방 위문 공연을 하던 음악가들과 마찬가지로, 곧바로 처형에 참여했다. 오락과 재미로 사람을 죽이기 위해 특별히 잔인해지거나 거기 익숙해질 필요도 없었던 것이다.

또한 손님을 초대한 자들이 총을 같이 쏘자고 그렇게 공공연하게 제안하는 것을 보면, 이런 행위가 매우 당연한 것이었음을, 분노를 일으키거나 거부당하리라고 예상하지 않았음을 보여 준다. 그러므로 이러한 초대나 요청에 따라 총을 같이 쏘는 일이 처형을 구경하는 일만큼이나 널리 퍼져 있었다는 추정이 설득력을 얻는다. 이런 일이 지닌 오락적 가치는 오늘날 보기에도 모두 쉽게 이해될 수 있다. 다시 말해 집단 총살은 군인들의 프레임을 벗어나는 일이 아니었고, 그들의 세계관에 근본적으로 어긋나는 것도 아니었다.

이런 판단을 확증해 주는 다른 발언들도 많이 있는데, 이런 발언들은 유대인 섬멸에 대해 분명한 찬성을 표명한다. U-보트 부대 소속의 젊은 장교 두 명, 즉 U-433의 23세 수석 엔지니어 귄터 게스(Günther Gess) 중위와 U-95의 26세 수석 경비장교 에곤 루돌프(Egon Rudolph) 중위 사이의 다음 대화도 그렇다.

루돌프: 러시아에서 싸운 그 불쌍한 놈들을 생각하면! 영하 42도였으니까요.

게스: 그래요. 하지만 그들은 자신이 무엇을 위해 싸우는지 알았지요.

루돌프: 바로 그렇지요. 그 쇠사슬을 마침내 끊어 내야 했으니까요.

게스와 루돌프: (소리 높여 노래한다) 유대인의 피가 칼에 흐르면, 아, 좋은 일이 일어난다네.

게스: 그 돼지 새끼들! 더러운 개새끼들!

루돌프: 총통께서 우리 포로들의 소망을 들어주셔서, 우리 한 사람 한 사람이 유대인 한 놈과 영국인 한 놈씩을 도살하게 해 주면 좋겠습니다. 능지처참 말입니다. 이렇게 칼로. 별거 아니지요. 그놈들 배를 갈라 버릴 겁니다. 칼을 배에 쿡 찌르고 내장에서 돌려 버리는 거지요.[341]

분노

"명예로운 군인이라면 여기 관여했을 리 없다."[342]

범죄에 대한 이야기는 대다수 군인에게 특별한 일이 아니었다. 범죄 이야기는 다른 주제에 대한 이야기 안에, 예컨대 전방의 교전이나 고향에서 친구와의 재회 등에 대한 이야기 속에 여기저기 산재해 있다. 그리고 전반적으로 보아 범죄에 대한 이야기는 오히려 드문 편이다. 오늘날의 시각에서 보면 놀라울 정도로 군인들은 대화 중에 이런 이야기를 들어도 그리 화를 내지 않는다. 우리가 이미 보았던 것처럼, 그런 범죄에 대한 원칙적 거부는 차라리 예외적이다. (직접 경험을 통해서 얻었든지 딴사람 이야기를 통해 얻었든지) 범죄에 대해 알게 된 사실로 인해 그 전쟁의 성격에 대해 전체적으로 진지하게 숙고해 보는 군인은 더욱 드물었다. 차라리 호기심을 나타내면서 범죄의 상세한 내용에 대해 캐묻는 태도, 때로는 그야말로 관음증에 가까운 태도야말로 가장 자주 나타났다.

또 눈에 띄는 점은 군인들이 법률적 차원에 대해 논의하지 않는다는 사실이다. 헤이그 육전 조약이나 제네바 조약 해석은 아무런 관심을 끌지 못한다. 도청 기록에서 이런 개념은 전혀 나타나지 않는다. 예를 들어 울만(Ulmann)* 중위는 "무엇이 허용되고 무엇이 허용되지 않느냐는 결국 모조리 권력의 문제다. 권력이 있으면 모든 것이 허용된다."라고 말한다. 하지만 군인들은 자신이 저지를 수도 있었던 일과 자신이 보기에 윤리적으로 정당한 일을 구별한다. 심지어 전투기 조종사 울만도 "총을 들지 않는 민간인을 무조건 도살하는 일은 없어야 한다."라는 견해를 표명한다.[343] 그렇다면 당시 군인들에게는 무엇이 과도한 행위로 여겨졌으며 잔혹하거나 역겹게 보였는지 살펴보자.

빨치산 포로를 처형하는 것은 그들이 보기에는 건전한 상식에 따르는 행위였다. 빨치산이 전투원으로 간주되지 않으므로 이들을 처형하는 것이 비난받을 짓이라고는 전혀 생각하지 않았다. 전방의 전투 중 잡힌 보통의 포로들을 "거꾸러뜨리는" 이야기도 대부분 별다른 논평 없이 그대로 받아들여졌다. 이는 특히 동부에서는 전방에서 일상적으로 벌어지는 일이었기 때문이다. 그들이 강렬한 반응을 보이는 것은 전방에서 정착된 전쟁의 불문율에서 양적으로나 질적으로 크게 벗어나는 특별한 이야기들이었다.

제2전투비행전대 소속 쿠르트 슈뢰더(Kurt Schröder) 소위와 제100전투

비행전대 소속 후루프(Hurb)* 소위는 추락한 전투기 조종사들을 처형하는 일을 어떻게 봐야 하는가라는 문제를 두고 논쟁한다. 이 논쟁은 1942년 4월 18일 미군의 첫 번째 도쿄 공습 때 일본이 미군 조종사 포로들을 처형한 일에 대해 이야기하면서 시작된다.

슈뢰더: 그렇습니다. 일본인들이 포로에게 저지른 짓은 추잡한 짓입니다. 첫 번째 도쿄 공습 당시 격추한 조종사들을 포로로 잡았지요. 그리고 한 주에서 두 주 후에 전쟁 법정에서 처형했어요. 엄청나게 추잡한 짓이지요.

후루프: 제 생각에는 그게 유일하게 옳은 방식이고 우리도 그렇게 해야 할 것 같은데요.

슈뢰더: 그러면 당신이 그렇게 처형된다면 어떻겠어요?

후르프: 그러려면 그러라죠!

슈뢰더: 하지만 그건 군인다운 생각은 아닙니다.

후르프: 왜 아닙니까! 그게 제일 좋은 방법인데요. 우리가 첫 번째나 두 번째 공습을 당할 때 미군이나 영국군에게 그렇게 했다면, 어쨌든 여자와 아이들 수천 명이 살아남았을 겁니다. 어떤 조종사도 다시 공습을 하러 오지 않았을 테니까요.

슈뢰더: 그래도 당연히 공습은 계속되었을걸요.

후르프: 하지만 도시에는 안 했겠지요. 공군이 단지 전술 전쟁을 위해 투입된다면, 즉 단지 전방에만 투입된다면 그렇지요. 그리고 공습이 시작되자마자 즉시 본때를 보였다면 좋았을 겁니다. 왜냐하면 일본이 그렇게 한 다음에는 도쿄에 재차 공습을 하지 않았으니까요. 여자와 아이들 수천 명이 목숨을 구했어요. 단지 스무 명을 처형했는데 말입니다.

슈뢰더: 그래도 그건 추잡한 짓이에요.

후르프: 일본도 공습을 당했다고 그냥 그렇게 한 건 아닙니다. 사전에 이미

무방비 상태의 도시에는 결코 전투 행위를 벌이지 않겠다고 선언을 했고, 적에게도 이를 금한다고 공표했으니까요. 하지만 미군이 도쿄를 공습했고, 그래서 다 처형되었죠. 그리고 이후로 다시는 도쿄를 공습하지 않았어요. 그런 상황이라면 우리도 이곳의 도시들을 공습하지 않았을 것이고 영국과 미국도 그러지 않았을 겁니다. 격추되면 죽는다는 걸 잘 알면서도 도시로 공습하러 오는 조종사가 있다면 한번 얼굴이라도 보고 싶군요. 그런 경우에는 낙하산도 가져올 필요가 없겠죠.

슈뢰더: 그래도 똑같이 공습하러 올 거예요.

후르프: 그렇지 않다니까요.

슈뢰더: 당연히 또 공습합니다. 그럼 당신은 여기 런던을 공습하라는 명령을 받는다면 어쩌겠어요?

후르프: 이 경우에는 그런 명령 자체가 없을 거예요. 미군도 그런 명령을 하지 않았으니까요.

슈뢰더: 일본인 같으면 그럴 수도 있지요. 왜냐하면 어차피 그들은 아무도 포로로 사로잡히지 않으니까요. 하지만 만일 미군에게 포로로 잡힌 일본인들이 있다고 가정한다면 일본도 감히 그런 짓을 하지 못할 겁니다.[344]

후르프의 견해는 적군 조종사를 죽이면 민간 목표물이 공습당하는 일을 막을 수 있다는 것이다. 이런 견해는 그가 순진해서이기도 하지만, 국방군에 널리 퍼져 있던 견해이기도 했다. 법적 제한을 전혀 고려하지 않고 잔혹하게 행동한다면 자신이 원하는 방향으로 적을 조종할 수 있다는 것이다. 슈뢰더는 그런 논리가 사실에 근거해 볼 때 잘못이라고 생각할 뿐 아니라, 격추당한 조종사를 처형하는 일은 한마디로 "추잡한 짓"이며 군인으로서의 명예 관념에 저촉된다고 본다. 하지만 흥미롭게도 그역시 제네바 조약의 규정이 아니라 군인으로서의 윤리관을 가지고 논리를 편다.

이와 비슷한 논리 모델은 육군 소속 군인들에게도 나타나는데, 사용하는 단어들까지 비슷하다. 한스 라이만 대령은 히틀러유겐트 친위대사단 정보대대가 노르망디에서 캐나다인 열여덟 명을 총살한 일이 "끔찍하게 추잡한 짓"이었다고 본다. 용서할 수 없는 일이라는 것이다. 물론 이런 사건 때문에 대화 상대자들이 서로 논쟁이나 토론을 하는 경우는 드물었다. 대개의 경우 특별히 '잔인한 친위대'나 동부에서의 '비인도적' 전쟁을 지적하는 것만으로도 충분히 대화 상대자들 사이에서 합의가 도출되고 있어서 다른 주제로 넘어갈 수 있었다. 이에 비해 슈뢰더와 후르프 사이의 토론은 도덕관념을 두고 벌어지는데, 이 두 사람의 도덕관념은 서로 근본적으로 다르다. 이런 논쟁은 드물게 나타나는 예외일 뿐이다. 대부분의 논쟁에서는 합의를 이끌어 내려 애쓰고, 특히 너무 지나친 결론을 내리지 않으려고 애쓰기 때문이다. 그런 결론을 내리면 자칫하면 자신의 가치관 자체를 무너뜨릴 수도 있기 때문이다.

독일 군인들이 전쟁 범죄를 인식하는 데 핵심적 의의를 지닌 것은 그 범죄의 양적 규모와 질적 차원이었다. 전방에서의 처형에 비해 수용소의 소련군 전쟁 포로 집단 학살에 대한 이야기가 훨씬 더 분노를 일으켰다. 공군의 어느 상사는 수용소에서 "천인공노할 일"이 일어나고 있다고 말한다.[345] 에른스트 크빅(Ernst Quick)과 파울 코르테(Paul Korte)는 소련군 병사들에 대한 대우가 "아주 야비했다"는 데 의견 일치를 본다. 그런 일은 "인도적이지 않다"는 것이다.[346] 게오르크 노이퍼(Gerog Neuffer)는 "상상을 초월하는 만행"이라고 말하고,[347] 헤르베르트 슐츠(Herbert Schulz) 이병은 "문명의 수치이자 전대미문의 범죄"라고 말한다.[348] (대부분 빨치산 토벌의 맥락에서 이야기되는) 민간인 학살도 점점 더 경악을 불러일으켰다. 가령 이미 1940년 9월에 어느 집에서 누군가 독일군에게 총을 쏘았다고 해서 그 마을 남자들을 모두 처형하는 "끔찍한 일"이 벌어졌다고 이야기한다.[349] 되벨레(Doebele) 원사는 자문한다. "대체 왜 우리는 이런 짓을 합니까? 이럴 수는 없습니다."[350]

이탈리아 주둔 독일군을 위해 통역을 담당한 사람도 국방군 병사들이 민간인을 다루는 방식에 대해 분노한다.

바르트(Barth): 바를레타에서 그들은 식량을 배급한다며 주민들을 소집했습니다.[351] 그러고는 기관총을 난사했어요. 이런 짓을 저지른 겁니다. 그리고 바로 노상에서 사람들의 시계나 반지를 빼앗았지요. 강도처럼 말이에요. 사병들이 자기가 저지른 일을 스스럼없이 이야기하더군요. 어느 마을로 들어가서 맘에 들지 않는 게 있으면 그냥 드르륵 갈긴 거지요. 그렇게 사람들을 죽였어요. 아무렇지도 않다는 듯이, 당연하다는 듯이 이런 이야기를 늘어놓더라고요. 어떤 사람은 자기들이 교회에 난입해 사제복을 걸치고 교회 안에서 못된 짓을 한 것을 개선장군처럼 의기양양하게 이야기하더군요. 거기서 그자들은 볼셰비키들처럼 난폭하게 굴었죠.[352]

여기에서 특이한 점은 친위대 상급 상사 바르트가 독일군을 "강도"뿐 아니라 심지어 국가사회주의의 주적인 "볼셰비키"와 동일시한다는 것이다. 얼마 전 일어난 범죄에 대해 이야기하며 그는 동부 전선의 기억 역시 떠올린다. 바르트는 이렇게 말한다. "그래요, 그자들이 러시아에서 저지른 짓을 보라고요! …… 수천 명을 도살했습니다. 여자와 아이까지도 말이에요. 끔찍하지요."[353] 여기에서는 이탈리아와 러시아에서 벌어진 폭력 경험이 합쳐져 초유의 폭력의 축제가 된다. 그는 깊은 충격을 받는다. 또다른 특이한 점은 보통 도청 기록 속의 화자들은 친위대를 가해자로 간주함으로써 자신들은 책임을 면하고자 하는데 여기에서는 그러지 않는다는 것이다.

여자와 아이들을 살해하는 것도 대다수가 분노하는 범죄였다.

마이어(Meyer): 러시아에서 봤습니다. 친위대가 여자와 아이들이 있는 어느 마을을 쑥대밭으로 만들었습니다. 겨우 빨치산이 독일군 한 명을 죽였다는 이유로 말입니다. 마을 사람들은 아무 책임이 없었지요. 친위대는 마을을 불태워 초토화시키고 여자와 아이들을 쏴 죽였지요.[354]

보병 소속 마이어 소위의 진술이 특이한 점은 그가 독일군 한 명이 피살당한 일이 그처럼 여자와 아이들을 죽이는 것을 정당화하기에 충분치 않다고 생각한다는 사실이다. 도청 기록을 보면 군인들은 이런 일에 대해 "잔인하다"[355]거나 "고약하다"거나 "소름 끼친다"[356]고 표현한다. 하우스만(Hausmann) 소위는 "분노가 끓어오릅니다."라고 말한다.[357] 그러나 그렇더라도 대개의 경우 그에 대해 잠깐 거리를 두는 데 그치고, 곧바로 주제를 바꿔 이야기를 계속한다. 하지만 때로는 인질 사살이나 유대인 학살에 대한 대화가 그들의 생각을 진전시키는 계기가 되는 경우도 있다. 가령 그 가해자들 중 젊은이들을 가리켜 "독일의 젊은 사람들은 인간을 존중하는 마음을 잃었지요."[358]라고 말한다. 알프레트 드로스도브스키(Alfred Drosdowski)는 "이 개 같은 놈들! 그놈들이 수십 년에 걸쳐 씻어도 씻을 수 없는 오명을 독일에 안겨 줬습니다."라고 말한다.[359] 체르벤카(Czerwenka) 하사는 "독일 군복 입는 일을 부끄러워한 적이 많습니다."[360]라고까지 말한다. 프란츠 라임볼트(Franz Reimbold)는 같은 방의 루돌프 뮐러(Rudolf Müller)에게서 동부 전선 북쪽에 위치한 루가에서 벌어진 집단 학살에 대해 자세히 듣고 난 후 이렇게 반응한다. "그러니까, 당신에게 단언하건대, 만일 정말 그랬다면, 저는 독일인이기를 그만두겠습니다. 만일 정말 그랬다면, 더 이상 독일인이고 싶지 않습니다."[361]

에른스트 외스팅(Ernst Jösting) 대령은 아내에게 비너노이슈타트에서 유대인을 몰아내고 이송하는 사태에 대해 듣는다. 두 사람은 입을 모아 말한다. "짐승 같은 짓거리예요. 한마디로 독일인이라고 할 수도 없는 짓입니다." 헬무트 하넬트(Helmut Hanelt)도 비슷한 결론을 내린다. 프란츠 브라이틀리히(Franz Breitlich)가 유대인 3만 명의 처형에 대해 상세히 이야기하면서 독일이 문화 국가가 아니라고 말하자 하넬트는 "이런 얘기를 들으면 독일인인 게 부끄러워집니다."라고 말하는 것이다.[362]

여기에서 눈에 띄는 점은 계급이 높을수록 이런 무수한 범죄를 보면서 어떤 결론을 내려야 할지 한층 더 심사숙고한다는 사실이다. 예컨대 에버하르트 빌더무트(Eberhard Wildermuth) 대령은 이렇게 말한다.

빌더무트: 우리 민족이 그저 어리고 미숙하기 때문이라면 차라리 좋겠습니다. 하지만 우리 민족은 도덕적으로 아주 깊숙이까지 병들었습니다. 저는 이 물음에 대해 심각하게 생각해 봤어요. 거짓과 폭력과 범죄를 이처럼 기본적으로 아무 저항 없이 용인하는 민족은 민족도 아니라는 것을. 정신병자들이 제멋대로 살인을 저지를 수 있고 제정신을 가진 사람들마저 늘 "아, 그래도 그게 그렇게 어리석은 짓은 아니야."라고 말하는 민족은 사라져야 합니다. 이런 야만적인 일은 이 세상에서 한 번도 일어난 적이 없어요. 이런 식이라면 앞으로 폐병 환자나 암 환자도 모두 죽이려 할 수도 있어요.[363]

프라이헤어 폰 브로이히(Freiherr von Broich) 중장도 이에 대해 솔직하게 거론한다.

폰 브로이히: 우리가 이루어 낸 전부는 고작 독일군과 독일인의 평판을 쓰레

기통에 처박은 것이지요. 흔히 이렇게 말해요. "그저 명령을 수행하면 된다. 그 명령이 옳건 그르건 상관없다. 사람을 죽일 때도 마찬가지다." 첩자를 총살하는 데 반대할 사람은 없지요. 그러나 우리가 폴란드와 러시아에서 그랬듯이, 한 마을을, 마을 주민 모두를, 아이들까지 모조리 죽이는 것, 그리고 사람들을 추방하는 것은 한마디로 살인에 불과합니다. 예전에 훈족이 하던 짓과 다를 바 없지요. 아주 똑같아요. 하지만 그러고도 우리가 세상 최고의 문화 민족이라는 건가요?[364]

브로이히는 또한 이른바 정치국원 명령Kommissarbefehl, 1941년 6월 6일 독일의 소련 침공 직전 히틀러가 내린 명령으로 소련 정치국원은 생포 시 즉시 처형하라는 내용을 담고 있음에 대해 도덕적 이유에서 분노하는 소수 군인 중 하나이다. "정치국원 처형이라. 이제까지 그 어느 전쟁에서도 최고 지도자가 그런 명령을 내린 전례가 없습니다. 야만적이던 고대를 제외하면 말입니다. 그 명령을 수행하는 것을 직접 목도했지요.(?) 이는 그자가 마치 신이라도 되는 것처럼 모든 사람 위에 군림하면서 그 모든 문화까지, 전쟁 당사자 양편의 모든 문화까지 무시했다는 증거입니다. 과대망상이이지요."[365]

대다수 장교들이 처음에 이 명령을 환영했던 데 비추어 보면 브로이히의 반응은 주목할 만하다.[366] 브로이히는 장성들이 수감된 트렌트파크 수용소에서 이런 성찰을 했는데, 이곳은 평온하고 여유가 있었기 때문에 의외의 대화들이 많이 이루어진 것이다. 요하네스 브룬(Johannes Bruhn) 소장은 이렇게 말한다.

브룬: 우리가 승리를 거둘 자격이 있느냐고 묻는다면, 우리가 저지른 모든 짓들을 생각하면 그렇지 않다고 말하겠습니다. 우리가 다 알면서도, 또는 눈이 멀어서, 때로는 피에 굶주려, 혹은 또 다른 이유 때문에 인간의 피를 이렇

게나, 지금 제 눈앞에서 벌어지는 것처럼 뿌리게 한 만큼, 우리는 패전해야 마땅합니다. 제가 이 때문에 저 스스로를 고발해야 할지라도 그것은 운명입니다.[367]

개인적으로 어떤 연유로 전쟁 범죄에 대해 이런 비판을 하게 되었는지는 알기 어렵다. 어떤 사람에게는 그저 그 방식이 너무 잔혹하게 느껴졌을 수도 있고, 도덕적인 이유에서 혐오하는 사람도 분명 있었다. 그렇지만 늘 궁극적으로는 이 사건에 개입되어 있지 않으며 이 사건을 전혀 바꿀 수 없는 방관자의 관점에서 이야기하고 있다. 자기 자신의 책임을 주제로 삼는 경우는 아주 드물다. 또한 우리 자료에서는 저항에 대한 이야기는 거의 나타나지 않는다. 하나의 예외는 한스 라이만이다. 그는 소령이던 자신이 폴란드 침공 당시 친위대의 '폴란드 지식인' 학살을 막기 위해 상관에게 건의했다고 전한다. 상관은 반대한다. "그자는 그런 생각은 전혀 하지 않았습니다. 자기 지위와 봉급이 훨씬 중요했으니까요."[368]

그들이 관찰한 범죄가 아무리 잔인했다고 하더라도, 대다수 군인에게 전체와의 일치라는 틀에서 벗어나는 것은 불가능해 보인다. 점령지의 제748야전사령부 소속 아르프(Arp) 소령의 이야기는 이런 의미에서 전형적이다. 그는 중위 시절 러시아에서 겪은 일을 전한다. 자신이 숙박한 집의 어머니가 두 자녀를 야전경찰로부터 보호해 달라고 그에게 간청했다. 다음 날 그는 그녀가 "총에 맞아 쓰레기 더미에 쓰러져 있는 것"을 보았다. 하지만 그는 자신이 이들을 구하려 노력했다는 이야기는 하지 않는다. 그다음에는 리투아니아 카우나스에서 벌어진 집단 학살에 대해 이야기한다. 대화 상대가 그 일을 막기 위해 뭔가 시도했느냐고 묻자 그는 대답하지 못한다.[369]

그러므로 우리의 자료에서 누군가를 구조한 이야기가 단 하나밖에 없음은 전혀 놀랍지 않다. 그러나 우리는 이 이야기의 사실 여부에 대해서는 알 수 없다.

보크(Bock): 베를린에서 수용소로 끌려갈 뻔한 유대인 소녀들을 구해 냈어요. 또 다른 유대인 한 명도 빼냈지요. 모두 기차로요.

라우터융(Lauterjung): 모두 특별 열차로요?

보크: 아니요. 저는 미트로파 열차에 있었거든요. 미트로파에는 뒤편에 철제 캐비닛이 몇 개 있었는데 주로 이런저런 비품들을 넣어 두는 곳이죠. 거기에 그 유대인과 유대인 소녀도 숨겼지요! 그다음에는 궤짝에 넣어 자동차에 숨겨서 데려갔어요. 나중에 바젤에 도착해서 차에서 내릴 때 보니까 그 사람은 새까매졌더군요. 아직도 스위스에서 살고 있어요. 그 소녀도 스위스의 아래쪽에 살고 있어요. 저는 그 소녀를 취리히까지 데려갔고 그녀는 거기에서 쿠어로 갔죠.[370]

점잖음

군인들은 이처럼 각양각색의 폭력과 집단 학살과 전쟁 포로에 대한 범죄적 대우를 잘 알고 있음에도, 자기 나름의 도덕적 세계 안에서 살고 있기에 그 세계 안에서 자신이 "선인"이라고, 혹은 하인리히 힘러가 말하듯이 "점잖다"고 느낀다. 국가사회주의의 점잖음(Anständigkeit)의 윤리가 생기는 동기는 특히 개인적으로 치부하지 않는다거나 살인, 강간, 약탈 등의 각종 범죄들을 저질러도 거기에서 사리사욕을 추구하는 것이 아니라 드높은 이상을 위한다는 것이다. 이런 점잖음의 도덕 덕분에, 서양의 기독교 윤리 관점에서 보면 절대적으로 극악한 일들까지 정당한 일로, 나아가 불가결한 일로 여기면서 자신의 도덕적 자아상에 통합시킬 수 있었다. 또한 살인까지 저지르며 그 "추잡한 일"을 실행하면서 고뇌할 수도 있지만, 그래도 이런 식의 국가사회주의 도덕 덕분에 살인을 저지르면서도 자신이 윤리적으로 악하지 않다고 느낄 수 있었다.[371] 힘러 같은 유대인 섬멸 이론가들, 루돌프 회스 같은 실제 수행자들, 그리고 또 다른 무수한 사람들은 인간을 섬멸하는 일이 자기 '인간성'에 반하는 불쾌한 임무지만, 바로 그러한 감정을 이겨 내고 살인을 행하는 것이야말로 그 가해자의 탁월한 인격을 보여 준다고 되풀이해서 강조하곤 했다. 이는 살인과 도덕을 연결하는 일이다. 불쾌한 일이지만 필수적이라는 인식과 동정심을 이겨 내고 이를 행한다는 감정을 연결함으로써, 가해자들은 살인을 저지르면서도 스스로 "점잖다"고 느낄 수 있었다. 루돌프 회스의 표현에 따르면, 자신을 "나쁘지 않은" "심장을 지닌" 인격체로 느낄 수 있었던 것이다.[372]

가해자로 입증된 자들이 남긴 (일기, 녹음, 인터뷰 등) 자전적 자료는 대개 유별난 특징을 지닌다. 가해 당사자들은 분명 자신이 저지른 일에 책임을 느낄 만한 어떠한 인간적 규범도 없는 것처럼 보이지만, 그래도 불안해하는 모습을 보이면서 자신이 '악한 인간'으로 보이지 않으려고 애쓰곤 한다. 자신이 저지른 극악한 행위에도 불구하고 자신의 도덕성이 온전하게 남아 있는 것처럼 보이려고 하는 것이다. 그러나 우리가 이렇게 판단하는 것 역시 상당 부분은 이러한 자전적 자료의 특성 때문일 수도 있다. 자전적 자료라는 것은 언제나 일종의 고백이자 해명인데, 이는 거기에서 이야기하는 행위를 자신이 스스로에 대해 지니는 이미지와, 그리고 타인이 자신에 대해 지니기를 바라는 이미지와 조화시키려는 노력이기 때문이다. 그것도 타인 앞에서뿐 아니라 자기 자신 앞에서도 조화시키려는 노력인 것이다. 이런 이야기가 수사 중에 나올 때면, 법적 요소 때문에 상황이 더 복잡해진다. 가해자는 도덕적 정당성을 얻으려 할 뿐만 아니라 어떤 일이 있어도 불리한 입장에 처하지 않으려 하기 때문이다.

그러나 도청한 대화에서는 사정이 다르다. 여기에서는 그 진술들의 바깥에 어떤 도덕적 공간이 있는 것이 아니기 때문이다. 전쟁의 결말은 불확실하다. 그들의 행위에 대한, '유대인 작전'에 대한, 심지어 '비인도적 범죄'에 대한 도덕적 평가는 아직 내릴 수 없다. 그들은 자기들끼리 이야기를 나눈 것이고, 그들이 살고 있는 군인의 세계와 그 안에서 이루어지는 그들의 행위의 프레임도 똑같다. 달리 말하자면, 그들은 자신이 '점잖은' 사람들이라고 굳이 정의하거나 서로 확인해 줄 필요도 없다. 기껏해야 '외국'이나 다른 민족이 독일인을 보는 시각을 주제로 삼을 때에야 비로소 '점잖음'을 입에 올리는 것이다. 그런 경우에 그들은 반드시 점잖아야 한다고 말한다.

엘리아스(Elias): 친위대가 아닌 독일 병사들은 아주 점잖게 행동했지요.

프리크(Frick): 물론이에요. 어떨 때는 지나치게 점잖게 군다니까요.

엘리아스: 저는 첫 휴가를 받았을 때, 그러니까 1939년 크리스마스 때, 저 아래에 있었습니다. 술집에서 막 나왔는데 폴란드 사람 한 명이 다가오더니 폴란드 말로 뭐라고 떠들었지요. 그래서 좀 짜증이 났어요. 저는 몸을 돌렸습니다. 그럴 때는 어떻게 해야 하는지 알았죠. 그래서 몸을 돌려 주먹으로 그놈 미간을 갈겼어요. "돼지 같은 폴란드 놈아." 놈은 만취해 있었어요. 풀썩 쓰러졌지요. 저는 가죽 장갑을 끼고 있었는데 손을 툭툭 털었지요. 그때 경찰모를 쓰지 않은 순경이 왔어요. 이렇게 말했지요. "동무, 무슨 일이오?" "이 돼지 같은 폴란드 놈이 제게 시비를 거네요." "뭐요? 이 돼지 새끼가 아직 살아 있소?" 그 사람이 또 말했지요. "여기는 이런 놈들이 너무 많아요." 그러면서 그놈을 보더군요. "어이, 친구, 우리가 너 같은 놈을 잡으려고 오래 기다렸

지." 그리고 말했습니다. "셋을 세겠다. 썩 꺼지지 않으면 혼날 줄 알아." 그리고 "하나" 하고 세기 시작하자마자 놈은 벌떡 일어나 줄행랑을 쳤습니다. 그리고 순경이 제 앞으로 와서 말했습니다. "그럴 때는 좀 더 패 줘야지요. 아니면 칼이라도 꺼내서 물고를 내 버리면 더 좋지요." 그래요. 저는 시내에서 잠시 더 어슬렁거렸습니다. 한겨울이고 오후 4시쯤 되었어요. 그런데 갑자기 탕, 탕, 총성이 들렸어요. "대체 무슨 일이지?" 저는 궁금했어요. 그날 저녁 이야기를 들었는데, 사소한 반항이 있었답니다. 어떤 놈이 순경과 충돌했고 순경이 체포하려고 하자 도망치려 했다지요. 그러니까 도망치는 놈을 그냥 쏴 버린 거지요. 바로 그 사람이었어요. "이런 놈이 너무 많아요."라고 말했던 바로 그 순경. 꺼지라고 말한 그 사람. 그 순경이 그놈을 쫓아가서 죽여 버린 거예요. 그러니까 '도주 중 사살'된 거지요.[373]

적진에 속한 사람이 꼭 어떤 일을 해야만 군인들이 그런 행동을 하는 것은 아니었다. 가령 그 사람이 빨치산이어도 좋고 테러리스트라도 좋고 그저 취해 있어도 좋았다. 이 이야기를 하는 사람은 독일 병사들이 '점잖다'는 말을 하다가 이런 이야기를 꺼냈다. 여기에서 '점잖다'는 말은 그 자리에서 자기 손으로 "돼지 같은 폴란드 놈"을 죽이지 않았다는 걸 뜻하는 듯하다. 유념할 점은 폴란드인이 화자를 "좀 짜증" 나게 한 것 외에는 그런 '응징'을 합리화할 만한 어떤 짓도 안 했다는 사실이다. 그런데도 그 폴란드인을 (금방 살해했지만) 일단 살려 보낸 것을 '점잖다'고 말하는 것이다. 그 직후 그는 '도주 중 사살'되었다.

이런 일은 동부 전선에서만 있었던 것은 아니다. 다음에서는 덴마크에서 일어난 아주 비슷한 사건에 대해 이야기한다.

데테(Dette): 덴마크에 언제 있었어요? 2년 전에요?

쉬르만(Schürmann): 지난해(1943년)에 1월부터 2월까지 있었지요.

데테: 덴마크 사람들은 어땠나요? 호의적이던가요?

쉬르만: 아니죠. 거기서 그들은 수도 없이 그놈들을 패 쳤지요. 덴마크 놈들은 너무 염치가 없어요. 아마 상상도 못 할 겁니다. 정말 엄청나게 비겁하고 더러운 놈들이에요. 아직도 똑똑히 기억합니다. 어느 중위 한 사람이 전차에서 덴마크 놈을 쏴 죽였어요. 그래서 군사 재판을 받았죠. 이해가 안 가요. 독일인들이 너무 착한 거죠. 진짜 그래요. 당시 전차가 출발하는데 그 덴마크 놈이 그 사람을 밀어서 떨어뜨렸지요. 그래서 밖으로 나동그라졌어요. 그 사람은 화가 머리끝까지 치솟았지요. 원래 화를 잘 안 내는 사람인데요. 슈미트 중위라는 사람이었어요. 그는 다행히 전차 뒤 트레일러에 뛰어오를 수 있었지요. 그러고는 다음 정거장에서 전차 안으로 들어가서 별로 주저하지도 않고 곧바로 그놈을 쏴 죽였어요.[374]

이 책에서 이미 여러 번 보았던 것처럼 살인의 이유는 다양했다.

초틀뢰터러(Zotlöterer): 프랑스 놈 하나를 뒤에서 쏴 죽였어요. 자전거를 타고 있는 놈이었죠.

베버(Weber): 아주 가까이에서요?

초틀뢰터러: 그렇죠.

호이저(Heuser): 그놈이 당신을 잡아가려 하던가요?

초틀뢰터러: 뭔 헛소리예요. 그 자전거가 탐났거든요.[375]

소문

사람이 자신이 살고 있다고 느끼는 세계는 여러 환상이나 상상도 포함한다. 이런 것들은 학문적으로 파악하기가 지극히 어렵다. 그럼에도 불구하고 가령 '유대인'에 대한 환상과 상상들이 어마어마하게 파괴적인 힘을 발휘할 수 있다는 주장은 설득력이 있다. 그런 환상이나 상상이 학문적 이론을 통해 나오든지, 아니면 그저 면면히 전승되는 편견과 고정관념에서 나오든지 마찬가지다. 환상과 상상은 꼭 직접 경험되는 현실에 묶여 있는 것은 아니면서도 이 현실에 큰 영향을 미치는 행동을 야기한다. 이 것을 극명하게 보여 주는 것이 '아리아 인종'이 자연적으로 우월하며 그래서 이 인종이 세계를 지배하는 것이 자연법칙이라는 망상적 세계관이다. 샤를로테 베라트(Charlotte Beradt)는 이런 백일몽들을 모아 책으로 냈는데[376] 이 책은 제3제국과 관련한 온갖 흐리멍덩한 환상들에 대한 소수의 연구 중 하나다. 이 책은 총통을 비롯한 나치 국가의 주요 인사들이 독일 민족 동지들의 무의식에서 어떠한 역할을 했는지 시사한다. 제3제국의 프레임 중에서 이 측면은 이제까지 별로 주제화되지 않았는데, 이에 대해 암시를 주는 또 다른 자료는 총통에게 보내는 연서들이다. 8000통에 육박하는 연서들은 어떤 식으로든 아돌프 히틀러와 은밀한 접촉을 갈구하는 여성들의 비현실적 환상으로 가득하다.[377] 우리가 다루는 도청 자료에는 이런 환상에 대한 이야기들은 적은데, 영국과 미국의 도청 담당관들이 이런 유의 이야기는 기록할 가치가 없다고 생각했을 터이므로 당연한 일이다. 그러나 여기에도 환상과 상상의 세계와 긴밀하게 관련된 것이 있는데, 바로 소문이다. 무제한적으로 일어나던 집단 학살은 은밀하고 으스스하게 느껴졌는데, 바로 이 맥락에서 군인들의 대화 안에 소문들이 등장한다. 그것은 살인 방법이나 여타 매우 엽기적인 사건들에 대한 환상을 담고 있다.

물론 이들이 실제로 겪은 일만 하더라도 때로는 거의 환상처럼 느껴진다. 가령 로트키르히는 이미 앞에서 언급한 이른바 '발굴 작전'으로 불리던 '제1005작전'에 대해 이야기하면서 이렇게 전한다.

로트키르히: 1년 전 빨치산 진압 전투를 대비하기 위한 반폭도양성소 (Bandenschule)가 있었지요. 거기에서 병사들을 훈련시켰어요. 제가 말했습니다. "자, 산 위로 행진하라." 그러자 양성소 책임자가 말했습니다. "장군님, 상황이 좋지 않습니다. 방금 거기에서 유대인들을 태웠습니다." 그래서 물었지요. "그게 무슨 말인가? 유대인을 태웠다고? 이제 그곳에 유대인은 없잖아." "네, 그런데 늘 거기서 유대인을 처형했었거든요. 이제 시신을 몽땅 다시 파내서 휘발유를 붓고 태웠습니다. 그래야 사람들이 찾을 수 없으니까요." "끔찍한 일이군. 나중에 그에 대해서 말이 많겠어." "네, 그 일을 한 사람들도 곧바로 총살하고 같이 태웠습니다." 그렇습니다. 이런 일은 모두 동화처럼 들리지요.[378]
람케: 지옥에서 일어나는 일 같군요.[379]

실제로 '발굴 작전' 같은 사건은 로트키르히처럼 이미 집단 학살에 익숙한 사람의 상상력마저 넘어선다. 하지만 홀로코스트 같은 사건에도 나름의 독특한 경로 의존성과 특이한 귀결이 나타난다. 바로 '발굴'처럼 특이한 작전도 그중 하나인 것이다. 1941년까지만 해도 그 어떤 가해자도 시신을 없애는 일이 나중에 필요하겠다고 생각하지 않았을 것이다. 그리고 이것이 수반한 끔찍함은 상상력의 한계를 또 한 번 넘어선다. 이런 배경을 생각하면, 로트키르히와 람케가 이 일과 비교하기 위해 비현실적인 장소들을 끌어들이는 것은 의외가 아니다. 즉 그런 일은 그들이 알고 있는 현실에서 일어나는 것이 아니라, 이 지상이 아닌 다른 영역에서나, 동화나 지옥에서나 일어나는 일인 것이다. 그래서 두 사람은 입을 모아 이런 식으로 표현한다. 이 대목에서 우리는 집단 학살이 군인들에게 현실과 비현실 사이의 경계, 상상 가능한 것과 상상 불가능한 것 사이의 가늘고 허약한 경계를 이룸을 본다. 집단 학살은 이처럼 변화무쌍한 모습으로 나타나면서 다음과 같은 환상과 상상을 담은 소문의 공간을 연다.

> 마이어(Meyer): 어느 도시에서, 음, 제 생각에는 폴란드의 쳉스토호바였던 것 같은데요, 그들이 그런 짓을 했습니다. 군수가 유대인들을 위험 지역에서 대피시키라고 지시했지요. 그래 놓고는 그들에게 청산가리를 주사했습니다. 청산가리를 주사하면 간단하게 끝나지요. 그래도 놈들은 몇 걸음을 걷더군요. 그리고 모두 병원 앞에서 쓰러져 버렸죠. 그래도 이런 건 별거 아닌 속임수지요.[380]

이런 유의 소문이 허공을 떠돌다가 다양한 사건의 맥락에 그때그때 끼워 맞춰졌다. 이런 소문은 이 이야기의 폴란드인들 같은 등장인물의 역할이 바뀌어도 그 으스스한 느낌은 그대로 유지된다.

한편 공군 하사 하이머(Heimer)는 열차에 가스를 투입해 살인하는 일을 이야기한다.

> 하이머: 거기에 유대인을 모이게 하는 커다란 장소가 있었습니다. 유대인들은 늘 집에서 끌려 나와 기차역으로 끌려갔습니다. 이삼 일간 먹을 음식을 가져갈 수 있었지요. 그다음에 열차에 처넣었지요. 창문을 단단히 밀폐하고 문들도 다 단단히 밀봉했습니다. 그러면 열차는 계속 달려서 폴란드로 갔지요. 목표지에 도착하기 직전에 열차 안으로 뭔가를 집어넣었죠. 가스 말입니다. 일산화탄소나 질소 가스였습니다. 아무 냄새도 안 나는 가스지요. 그다음에 끌

어내 물었습니다. 그렇게 그들은 유대인 수천 명을 해치웠어요. (웃음)[381]

이 대화는 1942년 말에, 즉 아우슈비츠의 가스 학살이 시작되기 전에 이미 이루어졌다. 이 이야기는 두 가지 정보를 결합한 것이다. 즉 유대인들을 기차에 실어 '폴란드'로 이송한다는 것과 열차에 가스를 넣어서 학살한다는 것을 합친 이야기이다. 헤움노와 리가와 바르테란트에서는 1941년 말부터 열차에 일산화탄소를 넣어 유대인을 살해하기 시작했다.(214쪽 참조) 이 이야기에서처럼 부분적 지식들이 각각 담고 있는 서로 다른 내용을 합치는 일은 소문의 전파에서 전형적이다. 어쨌든 이야기 마지막에 웃음을 터뜨리는 것은 이런 이야기가 실은 믿기 어렵다고 생각하고 있음을 암시한다. 독일인인 청자는 첩자인데 정말로 이 이야기를 의심한다.

카셀(Kassel): 글쎄, 그런 짓을 할 수 있었을까요? 세상에!
하이머: 간단한 일인데요. 왜 못 하겠어요?
카셀: 불가능하죠. 도무지 할 수 없는 짓이라고요. 맙소사!
하이머: 그래도 그런 일이 일어났다고요.[382]

이는 우리 자료 중에서 청자가 대경실색하면서 격분하는 소수의 대화 중 하나다. 그러나 사실 이 대화 상대는 영국 정보부의 첩자다. 그는 하이머에게서 더 많은 것을 캐내려고 아무것도 모르는 사람처럼 구는 것이다. 그러므로 이러한 예외야말로 이런 잔인한 이야기가 대개는 청자들에게도 이상하게 느껴지지 않는다는 통례를 보여 준다.
한 가지 자주 등장하던 소문은 피살된 유대인들을 산으로 녹인다는 것이었다.

팅케스(Tinkes): 북역에 화물 열차 다섯 대가 대기하고 있었습니다. 자고 있던 유대인들을 끌고 왔지요. 10년이나 12년 이상 프랑스 국적을 가졌던 자들은 그냥 놔두었습니다. 하지만 이민자나 망명자나 외국 국적 유대인 같은 자들은 몽땅 끌려왔지요. 프랑스 경찰이 급습해서 침대에서 끌어낸 후 트럭에 실어 왔지요. 그렇게 화물 열차가 떠났습니다. 러시아 방면으로요. 이들은 동부로 이송되었습니다. 물론 멋진 장면이 펼쳐졌지요. 여자들이 4층에서 길거리로 뛰어내리는 것 같은 일 말입니다. 우리는 가만히 있었어요. 프랑스 경찰이 그런 일을 다 했으니까요. 그 성가신 일을 그들이 다 했단 말이죠. 우리는 할게 없었어요. 그리고 제가 이런 이야기를 들었는데, 진짜인지는 모르겠어요. 어쨌든 주둔지 근무 가능(G. V. H.) 등급이던 남자가 한 명 있었는데, 그 사람이 폴란드 총독부에서 러시아군 포로수용소에 있으면서 그런 일을 오랫동안 했다고 해요. 그 사람하고 바깥에서 이야기를 나눴어요. 그가 이렇게 말했습니다. "그래요. 그 수송 열차는 우리가 있던 곳에 왔지요. 바르샤바 너머 저기 뎅블린 근처에 있는 곳이었어요. 우리는 그놈들 몸에서 이를 잡았지요. 그러면 끝나 버리는 일이었어요." 제가 물었지요. "이를 잡는다고요? 프랑스에서 오는 사람이라면 이가 없을 텐데." 그가 말했어요. "그렇지요. 그곳은 동부에서 오는 병사들이 잠시 머무는 숙영지였는데, 병사들은 거기에서 이를 잡은 다음에 휴가를 떠나곤 했지요. 그리고 서부에서 오는 이 유대인들도 이곳에서 이를 잡았어요. 커다란 욕조가 여러 개 있었어요. 그리고 그 욕조들에 이를 잡을 때 쓰는 것과는 다른 것들을 뿌려 놓는 거지요. 그 욕조들에 200명이 들어갔고 그 일은 30분쯤 걸렸지요. 아니, 한 시간쯤 걸렸을까. 그다음에는 그저 금니나 반지 몇 개만 그 자리에 남았죠. 다른 건 다 녹아 버렸거든요. 그다음에 그곳을 깨끗이 씻어 냈습니다." 바로 그게 유대인의 이를 잡는 일이었어요! 유대인들을 그런 욕조에 처넣은 거지요. 그들이 욕조에 모두 들어가 앉아 있으면 거기 전류를 흘려보냈어요. 그러면 다 쓰러지겠죠. 거기에 산을 넣는 거예요. 그러면 이 더러운 종자들을 남김없이 녹여 버리지요. 물론 저는 머리칼이 쭈뼛쭈뼛했어요![383]

이 이야기에서도 역사적으로 실제 일어난 요소들과 환상 속에서 탄생한 요소들이 합쳐져 하나의 소문을 이룬다. 그리고 그 소문의 중심에는 희생자를 흔적도 남기지 않고 모조리 박멸하는 일이 있다. 그 희생자들을 프랑스로부터 이송한 것과 '이를 잡는다'면서 속셈을 감춘 것은 실제 일어난 일이다. 실제로 가스실 앞에서 희생자들에게는 '소독'을 위한 일이라고 했던 것이다. 이에 반해, 욕조에 대한 이야기나 욕조에 전기를 흐르게 한 다음 산을 채운다는 이야기는 상상과 소문의 산물이다.

소문을 전달하는 일은 언제나 정서를 전달하는 것이기도 하다. 이런 이야기들은 무시무시하고 끔찍하다는 정서를 전달한다. 그래서 이런 이야기들에서는 보통의 경우 군인들의 대화에서 거의 나타나지 않는 요소가 나타나는데, 바로 자신의 감정에 대해 말하는 것이다.

감정

군인들이 부정적인 감정에 대해 이야기하는 경우는 매우 드물다. 적어도 자신의 감정에 대해서는 거의 이야기하지 않는다. 이는 2차 세계대전에서만 그랬던 것이 아니라 모든 현대전에서 그런 것이다. 가해자든 피해자든 구경꾼이든 이런 극단적 폭력을 겪을 때 느끼는 감정을 쉽게 입 밖에 낼 수 없을 것이다. 물론 그런 폭력에 대해 이야기하는 구태의연한 방식이 있다. 우리는 그중 몇 가지를 "재미"를 다루는 부분에서, 즉 상대 비행기를 "격추"하고 "뒤집고" "깨부수고" "털어 내는" 이야기들에서 이미 보았다. 하지만 자신이 느끼는 불안감에 대해 이야기하는 데에는 어떤 고정된 표현 방식도 없는 것으로 보인다. 죽음에 대한 불안은 말할 나위도 없다. 이는 다른 전쟁들에서도 마찬가지다. 심리학적 관점에서 보면, 이유는 간단하다. 전투 부대원들은 폭력과 죽음에 너무 가까이 있기에 언제라도 자신이 죽을 가능성이 열려 있다. 이런 상상은 민간인들에게 그런 것과 마찬가지로 군인들에게도 너무 끔찍하고 비현실적이다. 정상적인 사회적 여건에서도 죽음에 대해, 특히 자기 자신의 죽음에 대해 이야기하기를 꺼리듯이 이런 이야기는 매우 드물다. 게다가 죽음의 가능성이 월등히 높을 때는, 그리고 그 죽음이 잔혹하고 야만적이고 고통스러우며 어쩌면 고독하고 더럽고 타인의 도움을 못 받는 죽음이 될 가능성이 높을 때는 더욱 그러하다.

로트(Rott) 공군 하사는 비행기 안에서 불에 타 죽는 것에 대한 깊은 불안을 자세히 이야기하는데, 이는 매우 드문 사례다.

로트: 그 후에 제가 우리 부대로 왔습니다. 하흐펠트(Hachfeld) 대위가 그때 그 부대에 있었지요. 그는 비제르테에서 불에 타 죽었어요. 우리 부대의 첫 번째 비행대대장이었고 기사철십자훈장을 받았던 사람이지요. 11월 28일 포케불프 190을 타고 착륙하다가 시멘트 활주로에서 벗어났지요. 그런데 재수 없게 폭격으로 땅에 구멍이 숭숭 난 곳으로 들어서서 비행기 동체가 뒤집혔어요. 화재가 났고 그다음에 울부짖는 소리가 들렸어요. 짐승처럼. 소름 끼쳤지요. 저는 늘 불에 타 죽는 것을 겁냈는데, 특히 메서슈미트 109를 탈 때면 그랬습니다. 이 기종이 전복되는 걸 여러 번 두 눈으로 목격했거든요. 어쨌든 그 사람은 활활 타올랐지요. 거기에는 공회전하고 있는 다른 비행기들이 있었는데도 그 소음을 뚫고 그의 울부짖음이 들렸어요. 정비사들도 그 소리를 차마 듣지 못해서 비행기를 전속력으로 공회전시켰지요. 그 울부짖는 소리를 안

들으려고 말이에요. 소방대원들도 어찌할 수가 없었어요. 그러는 와중에 탄약들이 터졌어요.[384]

누가 희생되고 누구는 희생되지 않는지에 대해 어떤 규칙성을 찾으려고 하기도 하는데, 그런 시도 배후에도 죽음에 대한 공포가 도사리고 있다.

보트(Bott)*: 우리 비행대대에는 원사는 꼭 격추당한다는 미신이 있었습니다.
휘첸(Hützen)*: 거참, 신기하네요. 우리에게도 그런 미신이 있었어요.[385]

전투 중에서 특히 위험한 일들에 대해 이야기하면서 그런 일을 하기 싫다는 이야기도 나누었다. 공군에게는 야간 비행이 그랬다. 노련한 폭격기 조종사 두 사람이 1943년 11월 이런 대화를 나눈다.

헤르틀링(Härtling)*: 야간 폭격은 하기 싫었습니다. 밤에 날면 자기가 어디 있는지도 잘 모르거든요. 그리고 만일 추락하면 어디에 떨어지는지도 모르지요. 이 수용소에 있는 사람들은 행운아예요. 그런 일을 겪지 않고 무사히 빠져나올 수 있었으니.[386]
로레크(Lorek): 저는 출격 후에 새벽 3시나 되어 돌아온 다음에는 잠을 못 잤어요. 주간 비행은 괜찮은데 야간 비행은 지긋지긋해요. 밤보다 낮이 낫지요. 밤에는 모든 게 불확실해요. 언제라도 추락할 수 있는 거거든요. 그 돼지(적의 전투기)를 알아차릴 수 없으니까요.[387]

공군 병사들은 전투 투입 장소가 계속 바뀌기 때문에 다양한 위험에 직면한다. 1942년 10월 공군 병장과 상병 사이의 다음 대화에서도 군사적 열세로 인한 초조한 중압감에 대해 이야기한다.

뷔허(Bücher): 워시에만 야간 출동 전투기 180대가 있습니다. 여기 런던 주변 에는 적어도 260대가 있지요. 만일 비행기 스무 대를 끌고 여기 오면 분명히 야간 전투기 두어 대가 당신을 향해 달려들걸요! 미친 듯이 커브를 돌면서 빙 빙 돌겠죠. 끔찍합니다. 여기에서 비행하는 건 그래요. 우리에게는 융커스 88 몇 대가 있었는데 스탈린그라드에서 돌아온 비행기들이었죠. 우리도 스탈린 그라드에서 왔거든요. 여기 영국에서 우리 편을 도우려고 온 겁니다. …… 그 들이 케임브리지로 야간에 출동한 적이 있습니다. 다시 돌아왔을 때 입을 꾹 다물고 있더군요. 두 대가 격추되었으니까요. 그들은 아무 말도 하지 않았어 요. 이곳을 다시 떠나게 되자 아주 좋아했죠.

베버(Weber): 러시아에서 비행하는 건…….

뷔허: 허참, 그게 더 쉽다고요! 러시아에서도 비행해 봤거든요. 그 정도는 할 만 했어요. 하지만 여기에서는, 아이고, 아니라니까, 자살행위예요.[388]

다른 조종사는 1940년 9월 이미 이런 이야기를 한다.

한젤(Hansel)*: 마지막 6주 동안 늘 출격 대기 상태였어요. 신경쇠약에 걸릴 지경이에요. 격추되었을 땐 너무 시달려서 울부짖을 뻔했다니까요.[389]

동료가 격추당한 이야기는 자주 등장하는 주제였다. 물론 보통의 경우 군인들은 그의 죽음과 죽어 감에 대해 직접적으로 입에 올리기는 꺼렸다. 앞서 인용한, 상관이 불타 죽었다는 조종사의 이야기는 상당히 예외적이 다. 그 대신 군인들은 탑승자들이 실종되었다고 추상적으로 이야기할 뿐 그들의 이름이나 사인(死因)을 말하기를 꺼린다. 왜 그럴까? 죽을 수 있는 가능성에 대해 떠드는 것이 불길하다고 여겼기 때문이다. 폭격기 조종사 슈만(Schumann)의 이야기는 이처럼 죽음을 마음속에서 몰아내려는 경향을 확인해 준다. 그는 자기 부대가 입은 막대한 손실을 돌이켜 보며 말한다. "그래서 우리 분위기도 그럴 수밖에 없었습니다. 우리 비행기에 탑승한 무전사가 말했어요. '자, 우리는 죽지 말자고요!' 제가 그런 말은 입 밖에 내면 안 된다고 누누이 말했는데도 말이죠."[390]

극단적 스트레스와 지독한 공포로 인한 초조한 중압감을 표현하기 위해 동료들을 끌어들이기도 한다. 그러니까 어떻게 보면 다른 사람들은 자기 감정의 대리인으로, 일종의 '대역 인형(dummy)'으로 기능한다.

피히테(Fichte)*: 석 달 동안 탑승자 여섯 명이 사라졌습니다. 남은 사람들에게 어떤 영향을 미쳤는지 상상이나 갑니까? 그들은 비행기에 탑승할 때마다 다 이렇게 생각하죠. '과연 돌아올 수 있을까?'[391]

1943년 3월의 다른 대화에서 정찰병 요한 마셸(Johann Maschel)은 특별 차출된 전우 한 사람이 일흔다섯 차례 비행 후에 새까맣게 불에 탔다고 전한다.

마셸: 한 달 반 동안 그 비행중대에 있었죠. 우리 탑승자는 여덟 명이었고 2월 15일부터 3월 24일 사이에 그중 네 명을 잃었습니다.
횐(Höhn): 그리고 1월부터 2월 15일 사이에는 두 명을 잃었나요?
마셸: 그러니까 우리 중대에서 총 여섯 명을 잃었지요.
횐: 1월부터 2월 15일 사이의 상황이 더 나았군요.
마셸: 하지만 그렇게 자주 비행하지는 않았던 것 같아요. 사흘에 한 번 정도. 마지막이 되어서야 날씨가 괜찮아졌어요. 안개도 없고 맑았지요. 우리 탑승자 중 두 명은 예전부터 함께했던 전우들이고 여섯 명은 새로운 전우들이었습니다. 그리고 새로 온 전우 여섯 명 중 세 명이 벌써 격추된 겁니다. …… 그리

고 새로 온 나머지 사람들도 그리 오래 버티진 못할 거예요.

횐: 그렇군요. 그래도 탑승자들이 새로 충원되지요?

마셸: 네, 그건 그렇지요. 하지만 그 녀석들은 정말 풋내기거든요. 고작 서너 번 비행을 해 보았을까. 그래서 늘 저는 오래된 탑승자들하고만 몇 차례 비행을 했어요. 그러지 않았다면 저도 고작 네 번 정도나 비행했을 겁니다. 그리고 새로 온 이 사람들은, 아이고……. 우리 탑승자 중 부사관이 있었는데 적진 비행 자체를 못 해요. …… 우리도 비행기가 없어서 비행을 못 했는데, 그리고 이제…… 그들은 이미 사라졌죠. 탑승자 세 명. 이제 우리 차례겠지요. …… 우리 비행중대에는 경험 많은 정찰병이 있는데, 아직도 비행을 해요. 영국에서 일흔다섯 차례 비행을 했어요. 그도 완전히 파김치가 되어 버렸죠.

횐: 몇 살인데요?

마셸: 제 생각에 스물세 살 아니면 스물네 살이지요. 그런데 머리털이 다 빠졌어요. 벌써 거의 대머리죠. 늙은이처럼 말예요. 뺨이 움푹 들어간 데다가 못생겨 보여요. 한번은 갓 징집된 신병 시절의 사진을 보여 주더군요. 사진 속 얼굴을 보면 아주 강인하고 젊어 보였죠. 그 사람은 이야기를 할 때 늘 아주 초조해하며 말만 더듬고 거의 한마디도 못 하지요.

횐: 그 사람은 왜 아직도 전투에 투입되어 비행을 하는 거지요?

마셸: 그래야 하니까요.

횐: 사람들도 그가 이제 못 한다는 걸 알 거 아니에요.

마셸: 사람들은 아마 그에게 그냥 정신 똑바로 차리라고 그럴걸요. 그와 함께 비행기를 타던 이전 탑승자들은 이제 비행을 안 해요. 어느 비행장교는 요양원으로 들어갔지요. 그래서 그 사람은 다른 탑승자들에 끼어서 비행을 하지요.[392]

1943년 3월 25일 밤 스코틀랜드 영공에서 불붙은 도르니어 217에서 낙하산으로 탈출한 마셀은 제2전투비행전대 소속이었다. 이 부대는 1941년 여름 이후에도 여전히 영국을 공습한 몇 안 되는 부대 중 하나였는데, 스코틀랜드뿐 아니라 잉글랜드에도 폭격을 가하려다가 막대한 손실을 입었다. 이 전투비행전대는 1943년에만 탑승자 2631명을 잃었고, 그중에서 507명이 죽었다.[393] 이런 통계에서 드러나듯이 이 부대는 지나치게 혹사를 당한 것이다. 대화에서 나타나듯이 이러한 막대한 손실은 심리적으로 커다란 결과를 낳았다. 자기도 격추되는 것은 시간 문제일 뿐임을 누구나 잘 알았기 때문이다. 가령 영국 공군이나 미국 공군처럼 폭격기 탑승자가 스물다섯 번 비행한 후에는 전방에서 철수하는 로테이션 시스템이 독일 공군에는 없었다.

이런 불안감을 마비시키기 위해 전쟁 중 많은 조종사들이 술에 의지하게 되어 "천치처럼 마셔 댔다."[394] 제100전투비행전대 소속 정찰병 니치(Nitsch) 원사는 1943년 9월 자신들이 각성제인 퍼비틴도 복용했음을 고백했다.

"출동 전에는 늘 왁자지껄하게 술판을 벌였죠. 그래야 대담해지니까요 . ⋯⋯ 그렇게 술을 마시고도 비행기를 몰았다니까요. 기껏해야 좀 피곤한 거죠. 하지만 그럴 땐 알약을 하나 삼키면 정신이 번쩍 나고 즐거워지죠. 샴페인을 마신 것처럼 말입니다. 사실 이 약은 의사 처방이 필요하지만, 우리는 늘 이 약이 있었어요."[395]

여러 연구들에서는 독일군의 사기가 저하되었다고 주장하지만[396] 우리의 도청 기록에서는 의외로 이런 현상이 경험적으로 검증되지 않는다. 1945년 격추당한 탑승자들 역시 전쟁 초반에 격추당한 탑승자들보다 더 자주 죽음의 공포를 이야기하지는 않는 것이다. 대개의 경우 이 시점에도 여전히 자신의 전과를 자랑스럽게 묘사하고 비행기의 기술적 세부 사항에 대해 전문가처럼 장광설을 늘어놓는다.

전투가 자신에게 개인적으로 어떤 결과를 낳았는지에 대한 자기 성찰은 매우 드문데, 다음 이야기는 그런 소수의 경우 중 하나이다. 여기에서 주목할 점은 이 이야기가 1942년 6월 이전에, 즉 독일 공군의 대패 이전에 이미 나왔다는 사실이다.

레서(Lesser)*: 저는 괜찮은 젊은이였어요. 공군에 입대했을 때는 말이에요. 공군에서 돼지가 된 거죠. 저기 동부 전선에 배치된 후로 몸과 마음이 다 무너졌습니다. 그래서 집에 돌아가면 가족들이 저를 위로하곤 했지요.[397]

앞서 언급한 재미에 대한 이야기(117쪽 참조)와 여기에서 보는 극단적 중압감에 대한 이야기는 동전의 양면과 같다. 재미에 대한 이야기들은 공중전이 지닌 스포츠 같은 측면을 강조하며 특히 그 잔혹성이 두드러진다. 하지만 여기에서는 전쟁이 스트레스, 두려움, 죽음의 공포 등 수많은 감정을 낳는다는 사실이 분명해진다. 군인들은 이런 감정에 대해 이야기하지 않으려 하는데, 그들끼리 있을 때는 더욱 그렇다. 도청된 대화들에서 저항에 대한 이야기, 피살된 희생자나 전쟁 포로에 대한 공감과 연민에 대한 이야기를 꺼내면 그리 인기가 없는 것처럼, 자기 감정을 이야기하는 것도 인기가 없다. '마음이 얼마나 황폐해졌는지'에 대해서도 대부분 자기 대신 대역을 세워야 비로소 이야기할 수 있다. 또한 의사소통의 측면에서도 자신이 허약하다는 인상을 심어 주는 것은 매우 위험할 수 있으리라. 이처럼 의사소통에서 모든 감정을 억누르는 데에는 심리적 원인만 있는 것이 아니다. 오늘날에도 군사적 프레임은 죽음과 죽어 감에 대한 대화, 혹은 공포에 대한 대화를 허용하지 않는데, 이는 이라크나 아프가니스탄 전쟁에서 군인들이 이야기하는 것에서도 나타난다. 오늘날 어디에서나 볼 수 있는 외상 후 스트레스 장애에 대해서는 2차 세계대전 때는 아직 임상적인 진단이 존재하지 않았다. 그러므로 군사적 프레임 안에 허약함을 위한 공간은 없었으며 하물며 심리적 허약함을 위한 공간은 더욱 없었다. 이런 의미에서, 그들의 임무의 일부로, 혹은 부대라는 전체적 집단의 일부로 통합된 군인들은 심리적 의미에서 혼자였다. 이런 배경을 염두에 두면서, 이미 1941년 4월 포로 상태에서 하는 다음 이야기를 이해해야 한다.

바르텔스(Bartels)*: 죽은 사람들이 우리보다 낫죠. 우리는 아직도 얼마나 더 괴로움을 당할지 모르니까요.[398]

이처럼 자기의 두려움에 대해 이야기하는 드문 대화들 중에는, 적을 격추하거나 격침하는 것(91쪽, 125쪽 참조)과 정반대 이야기, 가령 자신이 탄 선박이 침몰하는 이야기도 있다. 다른 사람을 사냥하는 이야기에서는 희생자의 윤곽이나 고통이 모두 지워지고 두루뭉술하지만, 자기가 겪은 침몰 이야기에서는 세부 사항들이 풍부하다.

어느 해군 이병이 1941년 5월 인도양에서 겪은 보조 순양함 펭귄 호의 침몰 장면을 전한다.

렌(Lehn)*: 폭탄을 맞아 뱃전이 뜯겨 나갔지요. 그 순간 또 다른 폭탄이 함교로 떨어졌습니다. 한 방 명중되니 끝장이었죠. 배 위에서 철판들이 날아다녔어요. 수많은 사람들이 물속으로 뛰어들었지요. 해치 뚜껑들도 물로 날아갔다가 다시 물 위로 튀어 올랐어요. 제 앞에서 해군 중사 한 사람이 물로 뛰어들었죠. 제가 구하기 위해 물로 뛰어들었지만 벌써 어디론가 사라졌지요. 그렇게 많은 사람들이 사라졌어요.

블라슈케(Blaschke)*: 다 구명조끼를 착용했습니까?

렌: 네. 모두 구명조끼는 착용했죠. 뱃전에 서 있던 수많은 사람들이 함께 물 속으로 뛰어들었어요. 그리고 철판 같은 것들이 그 사람들 머리 위로 떨어 졌지요. 배가 침몰하는 와중에도 선수의 대포에서 불을 뿜었고 또 다른 대 포도 발포했습니다. 영국 순양함 콘월 호는 마구잡이로, 엉터리로 난사했죠. 총격이 100미터를 지나가거나 못 미쳐 떨어졌지 배 안에는 떨어지지 않았습 니다.[399]

하늘이 아니라 아래에서 보면 전쟁은 이렇게 보인다. 그래도 이런 이 야기는 목숨을 건진 사람들에 의해 거리를 두고 묘사되며 따라서 그 공 포감에 대해서는 단지 이미지만 전달할 수 있을 따름이다. 죽은 자는 말 이 없다. 하지만 군인들은 부상자에 대해서도 거의 생각하지 않는다. 그 래서 다음 이야기도 소수의 예외에 속한다.

아블러(Abler): 러시아에서 처음으로 부상자들이 돌아왔을 때, 그들을 어떻게 했습니까? 반병신이 되거나 머리에 총상을 입은 그 사람들 말입니다. 그들을 어떻게 했는지 알아요? 병원에서 어떻게 했는지 알아요? 무언가를 먹여서 그 다음 날 영원히 잠들게 했지요. 그런 짓을 무지하게 많이 했어요. 프랑스나 러 시아에서 부상병들이 귀환했을 때 말예요.

쿠흐(Kuch): 그들은 건강한 몸으로 조국을 지키러 갔지요. 재수가 없어 머리 에 총상을 입거나 부상을 당했어요. 그런 완전한 상이군인들이 우리한테서 빵을 빼앗아 갈 수도 있다는 거겠죠. 이제 아무 일도 할 수 없고 끊임없이 돌 봐 줘야 하니까. 이런 사람은 살 필요가 없다는 거지요. 그래서 쥐도 새도 모 르게 사라진 거죠. 눈에 안 띄게 죽어 간 겁니다. 부상 때문에! 이런 일에는

반드시 복수가 있을 거예요. 꼭 영국인들이 복수할 필요도 없죠. 천벌이 내릴 거니까요.[400]

이런 대화는 군인들이 어떤 일이 일어날 수 있는 일이라고 생각했는지를 보여 줄 뿐 아니라, 군인들 자신이 품었던 공포의 그림자를 보여 준다. 그러나 이 공포심은 다른 사람들의 운명을 통해서만 이야기된다. 이를 통해 자기 감정을 직접 언급하지 않으면서도 그에 대해 말할 수 있는 것이다.

전쟁에는 총살, 살인, 강간, 약탈, 집단 학살 등 자신이 직접 저지르거나 지켜본 폭력만 있는 것이 아니다. 자신이 당하고 겪은 폭력도 있다. 그러나 군인들의 의사소통에서 이런 이야기는 비중이 훨씬 적다. 군인들 사이에서는 자기가 당한 일보다 자기가 행한 일이 훨씬 중요하다. 그리고 모든 사람이 꼭 똑같은 경험을 하는 것도 아니다. 전쟁에서의 삶 역시 각양각색이고 전쟁 체험 역시 장소, 계급, 시간, 무기, 동료 등에 따라 차이가 난다. 전체적 전쟁 체험은 경험적으로 보면 하나의 요지경과 같이 파편화되어 있는데, 여기에는 지극히 다양하고 다채로운 체험들, 행복하거나 불행하거나 끔찍한 체험들이 뒤섞여 있다. 전우 집단, 단위 부대, 사령부가 이 체험들의 사회적 프레임을 형성할 때 하나의 전체적 체험이 되는 것이다. 포로 생활에서도 마찬가지다. 자신에게 익숙하던 세계는 오직 그리움과 멜랑콜리의 장소로만 존재한다. 한 군인은 대화에서 이렇게 짤막하게 표현한다.

슈라더(Schrader)*: 산다는 건 똥이에요. 제 아내를 떠올리면…….[401]

섹스

"전 친위대 숙소에 있었습니다. 어느 방에서 친위대원이 겉옷을 벗은 채 침대에 누워 있었죠. 바지는 입고요. 그 옆에, 그러니까 침대 모서리에 앳되지만 아주 예쁜 소녀가 앉아 있었습니다. 이 소녀가 친위대원 턱을 쓰다듬는 걸 봤지요. 말하는 것도 들었습니다. '그렇죠? 저 죽이지 않을 거죠?' 이 소녀는 아주 어렸고 독일어 발음이 완벽했습니다. …… 저는 친위대원에게 이 소녀를 정말 총살할 건지 물었습니다. 그는 유대인은 몽땅 총살하지 예외는 없다고 말했지요. …… 친위대원은 씁쓸하다는 투로 말했습니다. 때때로 이런 소녀는 다른 총살부대에게 넘겼으면 한다는 거죠. 그러나 대개의 경우 그러기에는 시간이 없어서 자기들이 그 일을 해치워야 한다는 겁니다."[402] 종전 후 수사 기록에서 인용한 이 이야기는 친위대원들이 섬멸전 와중에 저지른 성폭력 중 한 가지 형태를 보여 준다. 그러나 국방군 병사들도 병종을 막론하고 이런저런 방식으로 성 문제에 관심을 보였다. 물론 그들은 성폭력을 다른 사람들에게 전가했다. 독일인이 전쟁에 대해 이야기할 때 소련군 집단 강간은 전통적으로 단골 소재였지만, 국방군과 친위대의 성폭력은 그렇지 않았다. 그들에게는 명예롭게 싸우는 독일 군인이라는 신화가 대개 깨지지 않고 유지되었다. 최근 레기나 뮐호이저(Regina Mühlhäuser)는 독일군의 소련 침공과 관련된 성의 모든 측면을 연구했다.[403] 그러니까 마을과 도시를 점령하는 와중이나 집단 처형 전에 벌어지는 직접적 성폭력 사례뿐 아니라, 거래나 합의에 따른 성관계, 그리고 병사와 우크라이나 여인들 사이의 연애와 임신과 결혼 등에 대해서도 연구한 것이다.

전쟁 중에 이런 일이 일어나는 것은 그리 놀랍지 않다. 성은 인간의 삶, 특히 남자의 삶에서 가장 중요한 측면 중 하나이기 때문이다. 그래서 폭력을 통해서든 기존 권력 관계하의 '합의를 통해서든' 간에, 그리고 매매 춘이든 동성애든 간에, 성적 행위가 이제까지 전쟁 연구와 집단 폭력 연구에서 무시되다시피 했음이 그야말로 기이해 보인다. 단지 자료가 미비해서는 결코 아니다. 무엇보다 사회학이나 역사학이 일상으로부터 멀리 떨어져 있기 때문이다. 전쟁 중 군인들은 대부분 젊은 남자다. 이들은 실제 배우자든 미래의 배우자든 그와 떨어진 채 사회적으로 통제되는 생활 조건 아래에서 살아가며, 점령지에서 민간인으로서는 도저히 지니지 못할 권력을 많이 누린다. 게다가 이런 특별한 기회 구조는 성적 능력을 으스대는 것이 일상적 의사소통에 속하는 남성 집단이나 전우 프레임 안에서 주어지는 것이다.

물론 군인들이 저지른 모든 유형의 성폭력을 다만 전쟁이 야기한 진기한 예외 현상으로 여기는 실수를 저질러서는 안 될 것이다. 일상에서도 이러한 현실 탈피를 위한 기회 구조가 온갖 형태로 주어지는데, 물론 이를 위해서는 사회적으로나 금전적으로 가능한 형편이 되어야 한다. 일부러 술을 퍼마시고 소소한 욕설을 퍼붓는 일이나, 외도나 윤락가 출입, 치고받는 떠들썩한 폭력 등이 그렇다. 이처럼 성적인 현실 탈피나 신체적 폭력 같은 일탈은 일상에 굳게 뿌리내리고 있다. 이는 대개의 경우 빡빡한 삶을 느슨하게 풀어 놓는 특정 형식 안에서 일어난다. 가령 독일 라인 지방의 카니발에서, 그리고 각종 성 업소와 스와핑 클럽을 포함한 섹스 산업이라는 거대한 틈새 사회(Nischengesellschaft)에서 일어난다. 이런 일들이 사회적 일상의 지하에서 활발하게 이루어지는 점을 감안하면, 전쟁 상황에서 벌어지는 성적 폭력이나 물리적 폭력을 진기하거나 이례적이거나 일탈적인 현상으로만 보는 것은 사회학이나 역사학이 눈멀었음을 드러낼 뿐이다. 정확히 말하면, 전쟁에서는 다만 프레임 변화가 일어나기 때문에 우월한 권력을 소유한 집단이 자기가 좋아하거나 하고 싶어 하는 일을 할 기회를 제공받는 것일 뿐이다.

피살되지 않도록 지켜 주겠다고 약속하여 여성에게 성적 거래를 하도록 강요한 다음 살해해 버리는 사례는 레기나 뮐호이저의 연구가 아니더라도 찾아볼 수 있다. 영국의 도청 수용소 래티머하우스에서 U-보트 승조원인 호르스트 미니오이어 이병은 앞서 이미 인용했던 것처럼, 집단 학살 당시 희생된 "예쁜 유대인 여자" 이야기를 한다. 그는 그녀를 알고 있었다. 그녀는 병영을 청소하는 강제 노동을 했기 때문이다.(189쪽 참조) 이 이야기를 들으면서 대화 상대인 하르텔트의 머리에 곧바로 떠오른 질문은 다음과 같다.

하르텔트: 그 여자와 물론 빠구리도 했겠지요?
미니오이어: 빠구리도 했죠. 하지만 걸리지 않도록 조심해야죠. 그건 늘 있는 일이에요. 유대 계집들은 살해당하지요. 일이 지나치면 안 되니까요.[404]

'인종 오욕'으로 처벌받는 위험을 피하기 위해 군인들이 성관계 후 유대 여성을 총살하는 것이 너무도 당연한 관례로 여겨진다. 미니오이어는 이 유대인 희생자를 성폭행한 사실 역시 당연하게 말한다. 안드레이 앙그리크(Andrej Angrick)는 독일군의 소련 점령 정책을 연구하면서 친위대의 Sk 10a 기동대 장교들이 유대인 여성 포로들을 때로 의식을 잃을 때까지 강간했음을 입증했다.[405] 베른트 그라이너(Bernd Greiner)는 베트남 전쟁에서 일어난 비슷한 사례들을 서술했다.[406]

성폭력을 저지를 수 있는 기회 구조에 멍석을 깔아 준 것은 이런 처형 작전만은 아니었다. 군인들의 일상 곳곳에서 다양한 성폭력이 일어날 수 있었다. 가령 여성이 벌거벗은 채 취조실에 앉아 다수의 부대원들이 지켜보는 가운데 심문을 받아야 하는 경우도 있었다.[407]

성적 착취의 유형에는 이와는 달리 절반쯤은 공식적인 유형도 있었다. 예컨대 '극단'을 창립하는 경우가 그렇다. "특히 예쁜 러시아 여자와 소녀들이 극단에 들어갔다. 이런 활동을 통해 식료품 배급을 더 받으려 했던 것이다. ······ 공연 후에 '춤추며 술을 마시다가 여자들은 (친위대원들과) 그럭저럭 합의를 한다.' 사령부 지휘관들은 도시 교외의 압수한 집에 이런 목적을 위해 은밀한 만남의 장소를 만들고 이 건물을 '보호'하는 '관리인'까지 임명했다. 다른 사령부들도 이와 비슷한 유흥을 즐겼다고 추측할 수 있다. 현지 시장 딸들과의 연애, 러시아 여가수들과 벌이는 '가곡의 밤', 마을 축제, 거나한 술자리 등이 있었음을 확인할 수 있다."[408]

지식인 출신 군인인 빌리 페터 레제(Willy Peter Reese)(46쪽 참조)는 이렇게 쓴다.

우리는 침울해졌다. 모두 사랑의 고뇌와 고향에 대한 향수가 있었다. 계속 웃어 대면서 쉬지 않고 마셨다. 환호하면서 철로 위에서 날뛰었고 차 안에서 춤을 추고 밤의 허공에 총을 쏘아 댔다. 포로인 러시아 여자를 발가벗고 춤추게 하고 그녀의 가슴에 구두약을 바르고 그녀도 우리처럼 취하게 만들었다.[409]

군인들의 왕성한 성생활에 대한 기록은 의사들의 통계에서도 나타난다. 키예프의 위수 병원에서는 한때는 주로 피부병 환자와 성병 환자들을 치료했다. 친위대 수석군의관 카를 게프하르트(Karl Gebhardt) 교수는 이들에 대한 출장 검진을 마친 후 비꼬듯이, "'외과적 부상'은 더 이상 중요하지 않다."[410]라고 말했다.

도청 기록에서도 성병에 대한 언급이 많다. 해군 비행대 소속 소위의 말을 들어 보자.

겔렌(Gehlen)*: 그 부근에서 우리는 일제 수색을 한 적이 있어요. 여자들과 이른바 쪽방에서 함께 있는 것이 발각된 그 지역 독일군 중 70퍼센트가 성병에 걸렸음을 확인했지요.[411]

실제로 독일군에게 성병은 들불처럼 퍼져 갔다. 민스크와 리가 같은 도시에서는 재량껏 이른바 보건실을 설치하고 군인들이 성행위 후 이곳을 들르도록 했다. 감염을 방지하기 위해서였다. "'보건'을 위해 일단 물과 비누로 씻는다. 그리고 승홍을 풀어 놓은 물에 목욕하고 요도 앞부분을 소독저로 살균했다. 매독 예방을 위해 연고를 쓰기도 했다. 의무병은 치료 내용을 '부대 보건 기록부'에 기록하고 군인에게는 이런 의무를 수행했음을 증명하는 '보건증'을 교부했다."[412]

이런 제도가 있었고 성병 관리를 위한 독자적 관리 체계까지 정착되었다는 사실만 봐도, 군인들이 얼마나 광범위하게 성행위를 했는지, 그리고 이에 대해 어떻게 소통했는지를 알 수 있다. 다시 말해 (처벌을 받는 '인종 오욕', 즉 유대인 여성과의 성행위 사례를 제외하면) 비밀은 많지 않았다. 어떤 군인은 성병에 자주 감염되었다고 으스대기도 한다.[413] 어쨌든 보건국은 병사들의 전투력을 유지하기 위해 성병 감염 수치를 낮추려고 무진 애를 썼다.

그러나 처벌이나 호소도 별 효과가 없었기에 마침내 국방군은 직접 통제하는 유곽을 만든다는 아이디어를 짜냈다. "성병 창궐을 방지하기 위해, 독일인과 러시아인이 뒤섞여 생활하면서 적군 간첩이 활동하는 것을 방지하기 위해, 그리고 러시아인들과 거리를 유지하기 위해, 여러 도시에서 국방군을 위한 유곽 설치를 추진한다."[414] 이러한 유곽 설치의 역사에 대해, 그리고 '적절한 인종의' 매춘부 선정이나 강제 동원에 대해 논의하려면 별도의 장이 필요하리라. 하지만 도청된 대화들에서 군인들은 어차

오른쪽은 대서양 항공지휘부대장 전령 장교 시절의 빌헬름 데테 중위, 왼쪽에서 두 번째는 울리히 케슬러(Ulrich Keßler) 중장. 1943년 6월. 뒤편에 FW-200이 있다. 데테는 이 모델의 비행기를 타고 1943년 12월 28일 엔진 고장으로 비스케에서 바다에 불시착하여 영국군 포로가 되었다.(귄터 오트(Günther Ott), KG 40 문서보관소)

피 이에 대해서는 말하지 않는다. 그들은 유곽 안에서 겪은 자기 체험만 이야기한다.

발루스(Wallus)*: 바르샤바에서 우리 부대는 그 집 앞에 줄을 섰어요. 라돔에 서는 첫 번째 방은 가득 찼지요. 트럭 운전사들은 밖에서 기다렸죠. 여자들은 각자 한 시간에 열네 명 내지 열다섯 명을 받았어요. 이틀에 한 번씩 여자들이 교체됐죠.[415]

행정적 틀이 늘 명확한 것은 아니었다. 24세의 빌헬름 데테 대위와 빌프리트 폰 밀러린츠부르크 중령이 임질 감염이 가져온 법률적 귀결에 대해 나눈 대화가 이를 보여 준다.

데테: 부대 매춘굴이 있었어요. 그래서 임질이라는 천벌을 받은 거지요. 그래도 한동안 별 탈 없었죠. 우리 비행중대(제40전투비행전대 예하 제9중대)에서 처음 임질 환자가 나왔을 때, 저는 그놈을 박살 내려고 했죠. 하지만 사람들이 말리더군요. "안 됩니다. 그래서는 안 됩니다. 이건 아닙니다." 마지막 비행 14일 전에 군의관 소령이 비행중대 전체를 소집해 놓고 짤막한 연설을 했습니다. 그는 프랑스에서 약 4만 5000명이 늘 성병에 걸려 있다고 말했죠.

폰 뮐러린츠부르크: 제가 알기로는, 임질에 걸리면 꼭 처벌을 받지요.

데테: 예. 이제는 다시 영창행이지요. 그건 꼭 위법 행위라서라기보다는 다만 그가 보건 조치를 받지 않았기 때문이지요.[416]

징계당하는 부작용을 제외한다면, 매음굴은 어쨌든 전쟁의 긍정적인 면으로 받아들여졌다.

클라우스니처(Clausnitzer): (노르웨이의) 바나크에 우리의 최북단 비행장이 있지요. 여기에는 아직도 3000~4000명 정도 있어요. 게다가 여기는 군인 복지 차원에서 보자면 최고입니다.

울리히(Ulrich): 무슨 쇼 같은 걸 하는 거 말이지요?

클라우스니처: 아, 거기에서는 매일 뭔가 일을 벌인다니까요. 그리고 여자들도 있어요. 유곽도 만들었죠.

울리히: 독일 여자들요?

클라우스니처: 노르웨이 여자들이죠. 오슬로와 트론헤임에서 온.

울리히: 도시마다 유곽 노릇을 하는 차량이 있지요. 그렇지 않나요? 일단 장교를 위해서, 그다음 사병을 위해서요. 거기에 대해선 제가 잘 알죠. (웃음) 끝내주지요.[417]

전쟁의 일상이 지닌 이런 측면에 대해 연구서들은 늘 소홀히 다루었다. 의외도 아닌 것이 군인들은 후방의 사랑하는 사람들에게 보내는 야전우편에는 이에 대해 당연히 언급하지 않기 때문이다. 또 자기합리화 경향이 강한 회고록의 고백들에도 매음굴 방문에 대한 서술은 드물기 때문이기도 하다. 전쟁의 이런 면은 기껏해야 검찰이 섬멸전의 학살을 수사하는 과정에서, 앞서 인용한 집단 학살 와중에 일어난 강간 같은 경우에서만 드러났다. 그러지 않으면 이 문제는 법률적 관점에서는 무의미하므로 수사 조서들에 나타나지 않았다.

그러나 섹스는 의심할 바 없이 군인들의 일상에 속하며, 관련된 여성들에게 커다란 영향을 미친다.

자우어만(Sauermann): 그 일이 어땠는지 잘은 모르지만, 제국수상청 고위인사들이, 그리고 적어도 어쨌든 게슈타포가 개입을 했지요. 우리는 제국 정부가 …… 시설 건설을 위해 준 자금을 받았지요. 그리고 추가로 유곽을, 매음굴을 짓기 위한 보조금도 받았습니다. 그걸 B 막사라고 불렀지요. 제가 떠날 무렵에 완성되었는데 여자들만 없었습니다. 군인들이 그 지역을 돌아다니면서 독일 처녀들에게 치근덕댔죠. 그걸 막으려고 지은 거예요. 군인들 앞으로 프랑스 여자나 체코 여자가 주어졌는데, 무더기로 들어왔어요. 여자들이 굉장히 많았다고요.[418]

이런 유의 인용에는 언뜻 보이는 것보다 더 많은 내용이 담겨 있다. 자우어만은 군인들 앞으로 "프랑스 여자나 체코 여자"가 주어졌다고 말할 때, 이 여자들이 독일군에게 자발적으로 몸을 판 것이 아님을 암묵적으로 말하고 있기도 하기 때문이다.[419] 그래서 이런 "매음굴"이나 "여자들"에 대한 대화는 언제나 강제 매춘과 성폭력에 대한 이야기이기도 하다. 그러나 이런 대화에서는 이와 같은 성적 만남을 가능하게 한 배경에 대해서는 언급하지 않는다. 군인들에게 그 여자들은 그저 거기 있으니 사용하면 되는 존재였다. "독일 처녀들에게 치근덕대는 것"을 막기 위해서 말이다. 우리가 살펴보는 것처럼 전쟁에서 성폭력은 결코 즉흥적이거나 이례적으로 일어나는 일이 아니다. 심지어 (보건이라는 문제에서 나타나듯이) 많은 비용을 들여 이 문제를 행정적으로 관리하기까지 했던 것이다. 어쨌든 전쟁 체험에서 핵심적인 측면 중 하나다. 여자 문제에 대한 대화들은 자주 옆길로 새곤 했는데 도청 담당자들은 이런 대화를 군이 기록하려는 의욕이 없었을 것이다. 영국인이나 미국인들은 이런 주제가 전쟁에서 중요하다고 여기지 않았다. 도청 기록 중 상당량이 바로 항공기, 폭탄, 기관총, "기적의 무기" 등 온갖 기술적 문제에 대한 대화들이었음을 보아도 이를 알 수 있다. 도청 담당자들은 이로부터 전쟁에 필요한 정보를 얻어 내기를 기대했던 것이다. 하지만 우리의 경험에 비추어 보면 군인들이 적어도 기술에 대해 이야기했던 만큼 섹스에 대해서도 이야기했을 것이다. 특히 젊은 남자들은 기술에 관심을 가질 뿐 아니라 그에 맞먹는 열정으로 여자에도 관심을 가지기 때문이다. 어느 도청 기록에서는 대화를 단 한 줄도 옮기지 않으면서도 이를 분명하게 암시하고 있다.

18:45 여자들
19:15 여자들
19:45 여자들
20:00 여자들.[420]

이런 배경을 감안하면, 도청 기록에서 간단히 "잡담(idle talk)"이라고 메모되어 있는 대화들에서 여자와 섹스에 대한 이야기가 매우 잦을 것이라고 추정할 수 있다. 물론 확인할 수는 없다. 다만 대화에서 드러나는 것만 보아도 군인들에게 섹스가 얼마나 중요한지 충분히 인식할 수 있다.

섹스 이야기는 흔히 어디에서 어떤 일이 일어났는지, 어디에서 어떻게 제일 예쁜 여자를 만날 수 있는지, 어떻게 하면 성적인 기회를 되도록 많이 얻을 수 있는지에 대한 것이다. 마치 여행자들이 관광 명소에 대해 말하는 것 같다.

> 괼러(Göller): 저는 보르도를 직접 겪어 봤어요. 보르도 전체가 어마어마한 매음굴이라니까요. 이보다 더한 곳은 없어요. …… 저는 늘 그래도 파리가 더 심할 거라고 생각했죠. 파리보다 심할 수는 없을 거라고요. 보르도에서 프랑스 여자들의 평판이 최악이니까요.
>
> 헤름스(Herms): 파리에서는 아무 술집이라도 여자가 술을 마시는 술집만 가면, 그 여자와 잠자리를 가질 수 있지요. 아주 끝내줍니다. 그러니까 여자들이 지천으로 깔려 있어요. 별로 노력할 필요도 없어요. 이거야말로 진짜 사는 거라고 여기는 사람이 많지요.[421]

군인들은 또한 독일의 '번개녀Blitzmädel, 국방군 여성 보조원을 낮춰 부르는 군인 은어. 제복 소매와 넥타이의 번개 문양을 따서 이렇게 불렸다.'들, 즉 국방군 여성 보조원들이 너무 쉬운 여자들이라고 한탄하기도 한다. 이런 부분에서 관습적인 성적 규범은 전쟁에서도 그대로 유지된다. 그러니까 군인들이 이런 기회 구조를 활용하는 것은 정당한 반면 독일 여자들이 그러는 것은 '역겹다'는 것이다. 물론 이때에는 자기 모습을 상대에게 투사하는 심리적 기제가 상당 부분 작용하고 있을 것이다.

> 쉬르만(Schürmann): 번개녀들은 대부분 쉽게 몸을 허락하지요. 파리에서는

그냥 번개녀들을 바라보기만 해도 돼요. 그들은 거기에서 모두 민간인 복장으로 싸돌아다닙니다. 그러면서 다짜고짜 말을 걸지요. 독일어로 말예요. 온갖 프랑스 놈들하고 창녀 짓을 하는 일도 드물지 않아요. 정말 이건 어떻게 보면 제일 심각한 문제지요. 프랑스 창녀에게 결코 뒤지지 않는다니까요. 우리 부대에 있던 군의관 대위와 저는 말이 잘 통했죠. 쾰른 사람이었어요. 그 사람이 파리 교외 빌라쿠블레에 살았어요. 파리에 있는 어느 예비 위수 병원에 배속됐습니다. 그 사람 말로는, 거기에서는 군인보다 여자 성병 환자가 더 많다더군요. 군인이 여자에게 감염시키는 게 아니라 그 반대인 것이 사실이래요. 그리고 번개녀들의 병은 때로는 프랑스 놈들에게서 전염된 것이라더군요. 한번은 그 사람이 파리에 있는 다른 시설에서 성병 걸린 여자들을 진료했답니다. 스무 명은 임질에 걸렸대요. 그리고 열 명 이상이 매독에 걸렸고 그중 다섯 명은 이미 치료가 불가능한 상태였어요. 그래서 파리에서 그 여자들을 모두 검사했지요. 그래서 일단 몇 명을 집으로 돌려보냈대요. 어떤 여자들은 병에 걸렸지만 증상은 없고 군인들을 감염시키기만 한 거죠! 파리는 정말 심각한 상태인 거지요. 어떻게 보면 번개녀로 자원한 여자들이 일차적으로는 오직 그런 목적이 있었을 거라고 생각해요.[422]

독일 처녀들의 타락상에 대한 특히 스펙터클한 사례를 T-25 어뢰정의 스물네 살 해군 중위 귄터 슈람(Günther Schramm)이 전한다.

슈람: 제가 보르도에서 목격한 일은 끔찍했어요! 한번은 보건소에 가서 여러 가지 검사를 받았지요. 그런데 복도에서 독일 처녀들을 무더기로 만났습니다. 충격이었지요! 전부 제정신이 아니라니까요. 그중 세 사람은 매독에 걸리면 생기는 전형적인 징후가 얼굴에 나타났지요. 그리고 정신이 나가서 울부짖었어요. 이렇게 크게 외쳤죠. "깜둥이 한 명하고 했을 뿐인데!" 그러니까 깜둥이

들하고도 그 짓을 한 겁니다. 프랑스 여자들보다 더 형편없더군요.[423]

종종 정말 전문가처럼 다양한 지식을 서로 뽐내며 대화를 한다.

다니엘스(Daniels): 브레스트에 있는 창녀촌에서 60프랑을 냈어요.
베데킨트(Wedekind): 뭐라고요! 브레스트에 그륀슈타인이라는 가게가 있어요. 바로 길모퉁이에 있죠. 거기에서는 25프랑 이상 하지 않거든요. 그게 보통 가격이에요.[424]

하지만 자기 부대가 하는 짓에 대해 가볍게 꼬집는 경우도 있었다.

니빔(Niwiem)*: 이 말을 안 할 수 없군요. 우리가 프랑스에서 한 짓이 언제나 떳떳한 건 아니었습니다. 파리에서 우리 저격병들이 술집 한가운데에서 여자들을 붙들어 테이블 위에 눕히고 끝장내는 걸 보았죠. 결혼한 여자라도 상관 안 했어요![425]

특히 상관들은 부하들의 지나친 행동에 대해 격분한다.

묄러(Möller)*: 비행대대장인 저로서는 성병 문제에 대해 때로는 강경한 태도를 취해야 합니다. 제가 격추당한 날이었는데, 부하 중 최고의 조종사가 자기가 성병에 걸렸다고 신고하더군요. 이자는 불과 4주 전에 신혼여행을 하고 원대 복귀했거든요. 그 녀석에게 그저 이렇게 쏘아붙였죠. "귀관은 진정한 개새끼요." 제가 적진 비행 후 돌아오지 않아서 그자는 기뻤을 거예요. 그러지 않았다면 분명 처벌했을 거거든요.[426]

이런 유의 불평은 드물지 않다. 제8구축함대 사령관 에르트멩거(Erd-menger) 대령은 자기 부대의 한 징계 보고서에서 이런 울분을 토로한다. "프랑스 홍등가 방문이 …… 크게 늘었다. 이는 군인의 흠 없는 인성 발달에 도움이 되지 않는다. 18~20세의 젊은 군인들뿐 아니라 상당수의 부사관이나 원사들까지 홍등가를 찾는다. 그래서 우리 독일 민족의 미래를 위한 청결한 태도, 여성을 대하는 자세, 건전한 가정의 의미가 상처를 입고 있다." 국가사회주의 신봉자인 그는 부하 두 명이 신혼여행에서 돌아오자마자 제일 먼저 프랑스 홍등가를 찾았다는 사실에 경악했다.[427]

어떤 사람들은 군인의 홍등가 출입보다 대대적 성폭력에 더욱 격분했다. 라임볼트(Reimbold) 대위는 이런 이야기를 한다.

라임볼트: 그러니까 한 가지는 확실하게 이야기할 수 있습니다. 소문이 아닙니다. 제가 여기 포로가 되어 처음 묵었던 장교 수용소에 아주 멍청한 프랑크푸르트 놈이 하나 있었지요. 새파란 소위였는데 시건방진 놈이었어요. 우리 여덟 명이 테이블에 둘러앉아 러시아 얘기를 하고 있었어요. 그 녀석이 말했죠. "아, 우리가 그 근방을 돌아다니던 여자 간첩을 붙들었습니다. 우리는 먼저 몽둥이로 젖가슴을 후려치고 대검을 뽑아서 엉덩이를 마구 갈겨 댔지요. 그다음에 그 여자를 먹었지요. 그리고 밖으로 쫓아냈어요. 뒤에다 대고 총을 쏴 댔죠. 그 여자는 놀라서 뒤로 나자빠졌어요. 우리는 수류탄을 몇 개 던졌습니다. 우리가 근처에 맞힐 때마다 그녀는 소리를 질렀어요. 결국 뒈졌지요. 시체를 내다 버렸어요." 한번 생각해 보세요. 저와 같은 테이블에 독일군 장교 여덟 명이 있었습니다. 폭소가 터졌지요. 저는 견딜 수 없어서 자리를 박차고 일어나 말했지요. "여러분, 이건 지나칩니다."[428]

라임볼트는 그 시건방진 젊은 놈이라는 준거 인물이 한 이야기에 경악했다고 말한다. 이런 사건은 대부분 다른 사람을 통해서 전해진다. 가령 이런 식이다.

슐트카(Schultka): 요즘 벌어지는 일들은 이루 다 말할 수도 없습니다. 예를 들어 공수부대원들이 이탈리아에서 어느 집에 침입해 남자 둘을 죽였어요. 두 남자 모두 아버지였죠. 한 사람에겐 딸이 둘 있었어요. 그리고 공수부대원들은 그 두 딸을 강간했지요. 정말 처절하게 능욕하고 죽여 버렸어요. 거기엔 이탈리아식의 커다란 침대들이 있었는데, 그다음에 놈들은 죽은 여자들을 침대에 던지곤 또 거시기를 꽂았죠. 죽은 여자들을 또 한 번 짓밟은 겁니다.
초스노브스키(Czosnowski): 정말 인간 같지 않은 짓이군요. 하지만 보통은 자기가 하지 않은 일을 떠벌리기도 하죠. 으스대려고 말입니다. ⋯⋯
슐트카: 또 키예프의 대전차 참호에서도 그런 일이 있었지요. 친위대 고위 장교인 게슈타포 요원 하나가 그림처럼 아름다운 러시아 여자 하나를 잡았어요. 따먹으려 했지만 여자가 반항했지요. 다음 날 그녀를 대전차 참호 앞에 세웠어요. 그놈은 제 손에 든 기관단총으로 그녀를 쏴 죽이고 그다음에 시간(屍姦)을 했어요.[429]

이런 이야기는 대개 다른 사람을 통해 전해지고, 때로는 이 인용문에서 말하는 것처럼 으스대려고 이야기하기도 한다. 하지만 실제로 일어나기도 했다.[430] 때문에 강간에 대한 이야기는 군인들에게 그리 놀라움이나 노여움을 불러일으키지 않는다. 독일 여자가 빨치산에게 강간당한 경우에도 그렇다. 대전차부대원 발터 랑펠트(Walter Langfeld)가 이야기한다.

랑펠트: 바브루이스크[431] 근교에서 여성 통신보조원 서른 명을 태운 버스가 빨치산에게 습격을 당했습니다. 빨치산들이 숲을 가로지르는 그 버스에 총질

을 했어요. 뒤늦게 전차를 투입했지만 이미 늦었지요. 버스와 여자를 되찾고 빨치산 몇 놈도 잡았지만 그사이에 여자들은 모두 돌림빵을 당했습니다. 몇 명은 죽었고요. 총을 맞지 않으려고 차라리 가랑이를 벌린 거지요. 그거야 당연한 거지만요. 그들을 찾는 데 사흘이나 걸렸어요.

헬트(Held): 그놈들 강간 한번 제대로 했겠군요.[432]

이제 성폭력에 대한 이야기는 그만해도 좋겠다. 도청 기록의 이야기들은 전쟁에서 성적 욕망과 성폭력이 편재했음을 충분히 드러낸다. 특히 마지막 인용문들은 여자를 멋대로 다루는 것이 군인들에게 당연하게 여겨졌음을 보여 준다. 자기에게 주어진 성적 기회를 기꺼이 활용하는 것만 당연하게 여겼던 것이다. 그것에 대해 이야기를 하는 것도 전혀 이상하게 보지 않았던 것이다. 그것은 그들의 프레임에서 벗어나는 것이 아니었기 때문이다.

코코슈카(Kokoschka): 졸병들이 이탈리아 여자들을 권총으로 위협해서 강간한 것은 수치스러운 일입니다.

쳄머(Saemmer): 글쎄요, 그런 게 바로 졸병이지요![433]

기술

학문적 담론에서는 무기 기술을 거의 중요하게 다루지 않는다. 이 책에서도 우리는 무기 기술을 넘어 군인들의 인식에 관심을 가진다. 전쟁 포로가 된 육군 병사들의 대화에서 기술적 측면은 별로 나타나지 않는다. 사실 당연한 일이다. 6년간의 전쟁에서 사병의 화기는 비교적 변한 게 없기 때문이다. 1939년 9월 폴란드 침공 당시 사용하던 카라비너 98 소총을 전쟁이 끝날 무렵까지도 여전히 사용했다. 기관총에는 전쟁 중 두 가지 표준 모델만 있었다. 보병이나 포병의 다른 무기도 마찬가지였다. 기껏해야 전차에 어느 정도 발전이 있었을 뿐이다. 그러나 새로 나온 전차 모델을 위해 갑작스럽게 재교육을 받아도 조종법은 쉽게 익숙해졌다. 새로 나온 전차라도 티거 전차는 티거 전차였던 것이다. 그러니 육군에서는 기술적 틀 자체가 크게 변하지 않았다. 전체적으로 기술적 장비는 비교적 일정하게 유지되었다. 특히 보병 무기는 대량 생산되어 어디에나 있었으므로 화제가 되지 못했다. 무기 기술에 대한 대화가 드물었던 또 다른 이유는 유럽의 전쟁터에서 소총, 기관단총, 기관총의 성능이 비교적 균등했고 그래서 어느 편도 기술적으로 확고한 우위를 점하지 않았기 때문이다.

그러나 공군에서는 상황이 완전히 달랐다. 공군에서 무기 성능은 육군에서보다 훨씬 중요했다. 공중전은 첨단 기술이 겨루는 전장이었다. 전쟁 6년간 기술 발전이 급속하게 이루어졌으며, 모든 분야에서 혁신이 일어났다. 항공기 성능, 항법 기술, 탑재 무기 등이 모두 그랬다. 1939년의 메서슈미트 109와 1945년의 메서슈미트 109는 완전히 달랐다.

게다가 야간 공중전은 전쟁의 새로운 차원을 열었다. 커맨드[434]는 야간 공격 기술의 완성판이었고, 독일 공군은 이 공격을 막아 내기 위해 계속 새로운 아이디어를 냈다. 그리하여 최첨단 레이더 기술과 항법 기술이 생겨났다.

바야흐로 1939년에는 가장 빠른 전투기, 가장 정밀한 레이더, 가장 정확한 항법 장치를 개발하기 위해 치열한 경쟁이 시작되었다. (1차 세계대전과는 달리) 여기에서 실패하면 단기간에 회복하기 어려웠다. 개발 비용과 생산 비용이 모두 몇 배나 높아졌기 때문이다. 그래서 공군 군수 산업에 어마어마한 자금이 투여되었다. 1944년에는 독일 제국 국방 예산의 41퍼센트를 여기에 쏟아부었다. 그에 비해 전차 생산에는 겨우 6퍼센트가 투입되었다.[435] 1942년이 지나면서 영미 공군이 독일 공군을 기술적으로 능가했다. 그리고 전쟁이 끝날 때까지 이 상태는 다시 역전되지 않았다. 양적으로나 질적으로 연합군을 따라잡지 못하여 독일 공군은 1944년부터 이류로 전락했다. 전체적으로 독일 국방군은 모든 전쟁터에서 그 어마어마한 결과를 체감하게 되었다.

조종사, 정찰병, 항공사수의 생활 세계에서는 어디에 가나 기술을 만날 수 있다.[436] 공중전에서 더 빨리 비행하고 더 유연하게 조종하고 더 잘 무장되어 있으면 살아남을 수 있었기 때문이다. 기술적으로 뒤처진 항공기를 타면 비행기 조종을 아무리 잘해 봐야 죽어야 했다. 기술이 공군 군인의 생활 세계를 규정했고, 그들의 전쟁 묘사와 프레임 형성을 지배했다.

도청 기록은 육해공군에게 기술이 지니는 서로 다른 의의를 잘 드러낸다. 공군에서는 이와 관련된 기록이 아주 많지만 해군에서는 이보다 조금 적으며 육군에서는 공군의 10분의 1밖에 없다. 그래서 다음 절에서는 무엇보다도 공군의 이야기가 중심이 된다. 여기에서 흥미로운 점은 군인들이 기술에 대해 대화할 때 무엇을 이야기하는가다. 또한 기술이 전쟁에 대한 그들의 인식을 얼마나 지배하고 얼마나 변화시키는가에 대한 것도 흥미롭다.

더 빨리, 더 멀리, 더 크게

전쟁의 '기술자들' 사이의 대화에서 가장 중요한 주제 중 하나가 비행기 성능이었다. 자동차 애호가 둘이서 자기 차의 좋은 점에 대해 이야기하듯이, 조종사들은 늘 동일한 요소를 가지고 경쟁했다. 그것은 속력, 항속 거리, 폭탄 탑재량 같은 요소들이다. 가령 1940년 6월 어느 소위가 같은 방 동료에게 아라도 196을 이렇게 소개한다.

"'아라도'는 날개가 짧은 단발기입니다. 이놈은 제원이 훌륭하고, 제 기억이 맞는다면 기관포 2문에 기관총도 1정 있지요. 순항 속도는 270킬로미터, 최고 속도는 320킬로미터입니다. 폭탄은 250킬로그램 실을 수 있어요. 근사한 비행기지요. 잠수함 정찰에 쓸 수 있습니다."[437]

엔진도 특히 흥미를 끌었다.

쇤아우어(Schönauer): 우리 비행전대의 첫 번째 대대가 이제 융커스 Ju-188을 받았습니다. 비행기들은 이미 도착했지요. 융커스에는 이제 801 엔진이 장착되는데, 아주 좋지요. 잘 날아가니까요.
디펜코른(Dievenkorn): 폭격기인가요?
쇤아우어: 그렇죠. 더 빨라졌어요. 그래요, 더 빨라요. 특히 상승 성능이 좋습니다.[438]

비행기는 대개 엔진으로 평가했다. 쇤아우어와 디펜코른의 대화에서도 융커스 Ju-188 폭격기에 BMW 801 엔진이 장착되었다는 사실이 중요했다. 이 엔진 덕분에 이전 모델인 융커스보다 더 빨라졌고 상승 성능도 좋아진 것이다. 공군 병사들은 성형(星型) 기관 BMW 801, 다임러벤츠 직렬 기관 DB603과 DB605, 융커스의 유모 213을 도입한 데 대해 아주 상세하게 토론한다. 엔진들의 장단점을 서로 비교해 가면서 아주 꼼꼼하게 논의하는 것이다. 엔진 출력이 비행기 성능을 좌우했다. 물론 1942년 이후로는 이제 독일의 엔진 개발이 요구에 부응하지 못함을 군인들은 분명히 알고 있었다. 피스톤 기관 개발에 결정적 진보를 이룰 커다란 희망은 유모 222에 있었다. 이 엔진의 출력은 2000마력에서 3000마력에 이를 것이다. 프리트(Fried) 중위는 1943년 2월 이렇게 말한다. "확신합니다. 유모

222 말이에요. …… 제 눈으로 똑똑히 봤어요. 환상적이었지요. …… 실린
더가 스물네 개였어요."[439] 그리고 쉰아우어 중위는 넉 달 후 말한다. "새
로운 유모 엔진 말입니다. 이륙 출력 2700마력으로 날아오릅니다. 진짜
엔진다운 엔진이지요!"[440] 그러나 모든 문제를 해결할 이 기적의 엔진은
양산 단계에 이르지 못했다.[441]

자신들의 무기 성능에 대한 자부심에도 불구하고, 처음에는 영국에 대
한, 그리고 나중에는 미국에 대한 커다란 존경을 감지할 수 있다. 1940년
9월 어느 전투기전대의 중대장으로 영국 상공에서 격추된 어느 중위의
말이 이를 잘 보여 준다. 그는 왕년의 공중전을 회고한다.

"7000미터 상공에서는 스핏파이어가 메서슈미트 109에 다소 앞서고 7000미
터 이상 올라가면 비등비등합니다. 이 점을 알고 있으면 스핏파이어에 대한
두려움이 사라지지요. 메서슈미트 109는 제대로 다루는 조종사를 만나면 심
지어 스핏파이어보다 낫습니다. 저는 언제나 스핏파이어보다 메서슈미트 109
를 선호할 겁니다. 늘 길고 넓게 곡선을 그리며 날아야 합니다. 그러면 스핏파
이어가 따라잡을 수 없지요."[442]

이 중위가 스핏파이어에 대한 '두려움'이 사라질 것이라고, 그리고 메
서슈미트 109가 '심지어' 낫다고 말하는 것을 보면, 영국 상공에서의 공
중전이 절정에 달한 그 시점에 독일 전투기 조종사들이 영국 전투기에
대해 얼마나 큰 존경을 품고 있었는지 알 수 있다. 1940년 9월 또 다른 조
종사는 이렇게까지 말한다.

"과거의 전투기 조종사는 절반 정도가 사라졌어요. …… 이런 식의 대대적 공
격은 사실 무의미하다니까요. 이렇게 해서는 영국 전투기들을 전멸시킬 수 없

지요. 이제 새로운 전투기가 와야 해요. 그러지 않으면 우리 전투는 끝장나는 겁니다. 공랭식 성형 기관을 장착한 새로운 포케불프가 와야 해요. 노련한 전투기 조종사들이 이렇게 차례차례 격추당한다면 대체 어떻게 하자는 말이죠?"[443]

공중전의 전세 역전은 기술적으로 진보한 새로운 비행기가 있어야만 가능하다. 따라서 적 항공기 성능이 우월한 데 대한 불평이 전쟁 내내 끊이지 않았다.

헨츠(Henz) 중령은 1943년 6월 "제 생각엔 우리가 공군에서는 우리 능력에 걸맞지 않게 일을 지나치게 벌였어요."라고 말한다. "솔직히 말하면 이 시점에서 우리는 4발기에 맞설 수 없지요. 우리가 오랫동안 잠들어 있었다는 느낌까지 듭니다."[444] 1944년 7월 메클레(Mäckle) 하사는 "영국 비행기가 훨씬 빠르지요."라고 말한다. "예를 들어 우리 비행기는 모스키토 전폭기에는 접근도 못 해요. 불가능합니다. 모스키토는 진짜 무시무시한 비행기지요."[445]

두 사람의 말은 모두 정곡을 찌른다. 그러나 사태가 이렇게 전개된 이유에 대해서는 아무 말도 하지 않는다. 조종사들은 그저 체념한 채 서방 연합군의 기술적 우월성은 변치 않을 것이라고 말한다. 제26전투기전대 소속의 노련한 전투기 조종사인 한스 하르티히스(Hans Hartigs) 중위는 1944년 11월 그때까지 독일 공군에서 최첨단이던 재래식 전투기 포케불프 190 D-9를 받았다. 그는 1944년 12월 26일 전투기 열다섯 대로 이루어진 편대를 이끌고 아르덴 공세에서 독일 지상군을 지원했다. 미국의 전투기 머스탱들이 그들을 도그파이트로 끌어들여 하르티히의 비행기를 격추시켰다. 그는 포로 생활을 하면서 실망스럽게 말한다. "제아무리 뛰어난 조종사라도 …… 포케불프 190을 가지고는 도그파이트에서 머스탱에게 벗어날 수는 없어요. 절대 불가능하지요. 제가 직접 시도해 보았지요. 불가능해요."[446]

기술적으로 열등하다는 느낌은 물론 전쟁 후반기에 처음 나타난 것은 아니었고 개전 초기에 이미 자주 나타났다. 그러나 이런 느낌은 1943년부터 훨씬 자주 나타났다. 그럴수록 조종사들은 자신이 열망하는 우월한 전력을 선사할 새 비행기를 초조하게 기다렸다. 새로 개발된 환상적인 비행기가 곧 전방에 등장하리라 기대했고 이 비행기에 대해 상세하게 이야기했다. 1940년 1월 조종사와 무전사가 독일 공군의 기술 개발 현황에 관한 대화를 나눈다. 그들은 "멋진 비행기가 몇 대 있고" 특히 저 "굉장한" 융커스 88 폭격기가 그렇다는 데 동의한다.[447] 이 "멋진" 비행기가 곧 그들 부대에도 배치될 것이라고 하사는 말한다. 특히 그들은 "우리의 개량된 메서슈미트 110이 완성되어 벌 떼처럼 윙윙거리며 날아오면 영국 놈들은 입을 딱 벌릴 거요!"라고 말한다.[448] 이보다 반년 후에는 프랑스 상공에서 격추된 두 젊은 장교가 시험 단계인 새 전투기 포케불프 190에 대해 이야기를 나눈다.

중위: 포케불프는 정말 대단할 겁니다.
소위: 그렇죠. 환상적일 거예요.
중위: 이륙 성능이 좋아질 겁니다. 물론 무겁기는 하겠지만. 그리고 훨씬 빠르겠지요.
소위: 네. 아주 월등히 빠를 겁니다!
중위: 성형 기관을 단다니까요.
소위: 정말 멋진 놈이 되겠죠![449]

두 장교가 1940년 6월 "환상적"인 포케불프 190에 대해 말할 때는 막 시제품 성능 실험이 진행되고 있었다. 그런데도 이 비행기가 메서슈미트

109보다 이륙 성능이 낮고 더 빠르며 성형 기관이 장착되었다는 소문이 돌고 있었다. 이처럼 공군 내부에서는 시험 단계의 항공기 모델에 대한 지식이 믿기 힘들 정도로 재빠르게 퍼져 나갔다. 최첨단 항공기 모델에 대한 정보를 공유하려는 이런 강렬한 욕구는 도청하는 영국 측에는 당연히 매우 귀중한 정보였다. 그리고 영국은 이처럼 솟구치는 정보의 샘을 긷는 일에 매우 능수능란했다. 이런 식으로 영국 공군은 독일 공군이 새로 도입하는 모든 비행기에 대해 이미 오래전부터 아주 자세히 알고 있었다. 개량된 비행기들이 끊임없이 전선에 등장했기에, 탑승자들이 새로운 사실에 대해 정보를 교환하려는 욕망도 마르지 않았다. 마치 패션 디자이너 두 사람이 새로운 가을 컬렉션에 대해 이야기를 나누듯이. 그리하여 1942년 10월 기술하사 브라이트샤이트(Breitscheid)는 포로수용소 감방 동료에게 말한다. "올가을에 어떤 비행기가 나올지 흥미진진하군요." 동료는 "당연히 새로운 게 많이 나올걸요."라고 대답한다. 여기에 대해 브라이트샤이트는 확신에 차서 말한다. "아, 포케불프 190이 우리의 마지막 전투기는 아닐 겁니다."[450]

특히 신형 항공기들의 성능에 거는 기대가 크기 때문에 늘 대화는 상세하게 이어진다. 폭격기 조종사 두 명이 1942년 8월 신형 중폭격기 하인켈 He-177의 순항 속도에 대해 이야기를 나눈다.

카마이어(Kammeyer): 그래, 하지만 He-177은 순항 속도가 시속 500킬로미터는 안 나지요.

크노벨(Knobel): 네? 정찰기도 500킬로미터는 거뜬히 내는데요.

카마이어: 그에 대해서는 의견이 분분합니다. 그러니까 지난해 7월에 어떤 사람은 450킬로미터까지 속도가 난다고 하고 어떤 사람은 400킬로미터나 420킬로미터라고 하고 또 어떤 사람은 380킬로미터라고 하더군요.

제100전투대대 예하 제2전투중대에 배치된 He-177 폭탄 탑재 장면, 1944년 봄.
(린덴(Linden), BA 1011-668-7164-35A)

크노벨: 그건 사실이 아니에요. 틀린 얘기예요. 그게 비행하는 거 본 적 있어요?

카마이어: 그래요. 본 적이 있소.

크노벨: 저는 최소한 500킬로미터는 된다고 확신합니다. 정찰기도 그래요. 전투기도 500킬로미터는 속도를 내지요. 그게 제 확신입니다.[451]

카마이어 소위의 말을 들으면, He-177이 1942년에 이미, 즉 전투에 처음 투입되기 반년 전에 이미 독일 공군의 폭격기 조종사들 사이에서 화제가 되었고 최고 속력에 대해 토론이 활발하게 이루어졌음을 알 수 있다. 기술에 대한 소박한 열광 때문에 새 비행기에 대한 기대는 끝없이 높아졌다. "이 세상에 있었던 가장 멋진 비행기"라면서 "아주 근사하게 중무장"하고 있고 영국인들이 "흑사병처럼" 무서워할 것이라는 것이다.[452]

이런 대화에서는 He-177을 말 그대로 기적의 폭격기로 떠받든다. 성능에 대해 온갖 소문이 무성하고 심지어 이미 대서양을 횡단했다는 말까지 나돌았다. 최고사관후보생 크노벨은 1942년 중반에 He-177이 장거리 시험 비행을 마쳤으며 레힐린에 있는 독일 공군 시험장을 출발해 트리폴리와 스몰렌스크를 거쳐 레힐린으로 돌아왔다는 말을 들었다고 말한다. 호기심에 찬 감방 동료가 He-177이 벌써 미국 상공을 날았느냐고 묻자 그는 이렇게 대답한다. "제가 알기로는 캐나다 상공은 날았지만 아직 미국 상공은 날지 못했습니다."[453] 어느 부사관은 1942년 10월에 이미 한결 더 자신 있게 말한다. 동료가 He-177이 정말로 캐나다로 날아갔느냐고 어리둥절해서 물어보자 그는 이렇게 대답한다. "당연하지요. 물론이에요. 이 비행기를 잘 아는 사람이 제게 말해 준 건데, 반년 전에 이미 뉴욕 상공에서 삐라를 뿌렸다더군요."[454] 융커스 87 급강하 폭격기 사수도 1943년 4월 이런 이야기를 한다.[455]

미국으로 날아가 삐라를 뿌리거나 (그러면 더 좋겠지만) 폭탄을 뿌린다는 생각은 너무도 매력적이어서 아무리 현실적으로 사고하는 사람도 쉽게 뿌리치지 못했다. 그러나 전후의 문헌들에서도 자주 발견되는 온갖 소문들에도 불구하고, 그런 비행은 단 한 번도 이루어지지 않았다.[456] 일본으로의 비행도 마찬가지다. 이는 일본 정부와 좀 더 신속한 연락망을 만들기 위해서였고, 기술적으로는 가능했을지도 모르고 또 늘 계획하기도 했다. 그러나 일본 비행도 결국 이루어지지 않았다.[457] 그럼에도 불구하고 어떤 군인들은 이런 비행이 있었다고 말한다. 그로몰 상사는 Me-264가 "일본과 독일 사이의 우편 및 외교에 이바지할 것"이라고 말한다. "북미를 가로질러 도쿄까지 날아가는 거지요. 기름을 2만 7000리터 채워야 해요." 그리고 1942년 11월 알제리 해안에서 격추된 어느 중위는 더 상세하게 말한다. "BV-222가 일본으로 비행하지요. 순항 속도가 시속 350킬로미터입니다. 필라우에서 마지막으로 주유하고 한밤중에 러시아 상공을 거쳐 일본으로 날아갑니다. 러시아 야간 전투기는 전무하거나 아주 소수니까요."[458] 이 중위가 이런 사실을 어디에서 들었는지 이제는 알 수 없다. 어쩌면 그는 발트 해 해안에서 훈련받을 때 BV-222를 보고는 앞으로 이 거대 비행정을 어떻게 사용할지 나름대로 생각해 본 것일지도 모른다.

어쨌든 거대 항공기들은 공군 병사들에게 아주 특별한 매력을 가졌다. 대형 항공기는 적었기에 이를 보는 건 늘 특별한 일이었다. 가령 이 드문 6발 비행정을 본 적이 있다고 주장하면 다른 사람들이 귀를 쫑긋 세우는 것이었다.

그래서 항공기의 성능과 크기를 온갖 미사여구로 그려 낼 필요가 있었다. 시보르스(Schibors) 병장은 이렇게 말한다.

시보르스: 세계 최대 항공기인 BV-222는 보급을 위해 리비아로 비행했지요. 함부르크에서 출발해서 아프리카에 착륙했어요. 한 대마다 완전무장 병력 120명을 실었습니다. 한 대는 지중해에서 격추됐어요. 그 일 외에는 전투기가 근처에 얼씬도 못 했지요. 기관포 여덟 문과 기관총 열일곱 정이 있거든요. 무장이 무시무시하고, 창문으로 MG15 기관총을 밖으로 내밀게 되어 있습니다. 6발기인데 날개 하나마다 엔진을 세 개씩 장착했습니다. Ju-52에 비해 서너 배 더 커요. 전차도 몇 대 수송했지요. 세상에, 대포들까지 수송합니다. 아, 그리고 폭격기들이 쓸 폭탄들까지 수송했지요. 순항 속도가 360킬로미터예요. 안이 비어 있으면 엄청 빠르게 날아가지요.[459]

시보르스가 BV-222의 무장과 적재 능력에 대해 어마어마하게 과장하는 것은 분명 그 비행기에서 받은 깊은 인상을 강조하기 위함이리라. 더나아가 순항 속도와 최고 속도를 바꿔치기한다. 이런 소소한 기교를 써서 그 성능을 더욱 인상적으로 보이게 하는 것이다.

최대의 기대주는 당연히 제트전투기 Me-262였다. 이 비행기는 1942년 12월부터 대화에 등장한다. 그러나 이런 정보들은 일단 모호했고 그 정보의 원천도 간접적이었다.[460] 제101신속전투비행전대 소속 로트(Rott) 하사는 1943년 4월 공군에서 "무언가 꾸미고 있다."고 확신한다. 다른 전대의 전대장이 공군 시험장을 방문하고 돌아와서 자기에게 제트전투기에 대해 암시를 주었다는 것이다.[461] 그리고 1943년 말에는 이 "죽이는 물건"에 대한 목격담들이 등장하기 시작한다.[462] 쉬르만(Schürmann) 소위는 열변을 토한다. "이 엄청난 물건이 날아가는 걸 보았습니다. …… 최소한 시속 700킬로미터에서 800킬로미터로 추정해요. 최소한 말이에요."[463] 1944년 봄부터는 Me-262가 곧 전투에 투입될 것이라고 추측했다. 프리츠(Fritz) 소위는 폭격기 부대 장성이 1944년 3월 자기 부대를 방문했을 때 "Ju-88 생산"이 이제 제한되었음을 강조했다고 전한다. "이 제트기 생산 준비가 착착 진행되고 있기 때문이지요. 그 장군은 이 제트기가 순식간에 대량으로 투입될 것이고 이것으로 다시 제공권을 장악할 수 있을 것이라고 말했지요."[464] 이런 유의 정보는 전쟁에 시달리는 민간인들 사이에서도 돌고 있었다. 가령 말레츠키(Maletzki) 병장은 독일에서 사람들이 이렇게 수군대는 것을 들었다고 한다. "터빈 전투기가 나타나면 나아질 거야."[465]

어쨌든 Me-262의 전설적 성능에 대해서는 어떠한 의심도 품지 않았던 듯하다. 어느 Ju-88 폭격기 무전병은 1944년 7월 격추된 지 9일 후 다음과 같이 확언한다. "조만간 터빈 전투기가 올 겁니다. 이걸 대량 투입할 수 있으면 영국 4발기들은 끝장이지요. 독일 공군이 좀처럼 전세를 역전시키지 못하고 있지만 다만 시간이 좀 걸릴 뿐이에요. 아마 반년 정도."[466] 제3전투기 전대 소속 칭크(Zink) 소위도 같은 생각이다. "보름 후면 그게(Me-262) 나올 거예요. 첫 번째 제품들이 말이지요. 시속 1200킬로미터지요. 그러면 돌연 이리로 넘어오겠지요. …… 2분 만에 1만 2000미터 상공까지 올라가지요. 시속 800킬로미터로 44도 각도로 상승합니다. 아무도 거기에 맞서지 못합니다. 포가 8문이어서 모조리 격추시킵니다. 그러면 여기에서 아주 느긋하게 산책하듯이 비행할 수 있지요. 전투기 100기가 뜰 겁니다."[467]

칭크는 로켓 전투기 Me-163의 성능과 제트 전투기 Me-262의 성능을 혼동하고 있다. 하지만 바로 이런 사실을 보면, 공군 병사의 새로운 무기 기술에 대한 환상과 소망이 매우 중요했음을 알 수 있다. 그들은 자신들이 갇혀 있는 연합군 수용소 상공으로 Me-262가 대대적으로 투입되기를 기대하지만 물론 이런 일은 한 번도 일어나지 않았다. 1944년 8월부터 최초의 비행기들이 시험 편대에 투입되었다. 조종사들은 이 "환상적인"[468] 비행기에 열광했지만, 이 비행기를 투입해도 전세에 이렇다 할 영향을 끼치지 못했다. 그것은 독일군이 지닌 기술에 대한 지나친 소아병적 태도 때문이고 또 연합군이 너무도 우월했기 때문이었다. 게다가 이 비행기는 결코 무적의 비행기가 아니었다. 가령 종전까지 Me-262 200기가 투입되어 약 100기가 격추당하고 적기 약 150기를 격추했다.[469]

군인들은 기술에 대한 대화에 깊이 빠져들었다. 그들은 엔진 과급압(過給壓), 속도, 무장에 관심이 지대했고 비행기 최신 모델에 호기심을 가졌다. 그러나 이러한 기술 혁신을 더 큰 문맥 안에서 보는 것이 아니라 대개는 그저 다음 모델이 나오기를, 그리고 다음에 환상적인 공중전을 벌이기를 기대했다. 가령 왜 독일이 2500마력급 이상 비행기 엔진을 만들 수 없는지, 왜 연합국이 독일보다 먼저 초고주파 레이더를 도입했는지 등에 대해서는 토론하지 않았다. 하지만 사실 이런 토론을 기대하기는 힘들다. 자동차 엔지니어가 차대 부품을 만들 때 기후 변화를 생각하지 않는 것처럼, 발전소 기술자가 자신이 개발한 부품을 사용하는 에너지 재벌의 시장 독점을 생각하지 않는 것처럼, 공중전 전문가들은 그 기술적 도구를, 그리고 그것을 다루는 솜씨를 정치적 문맥이나 전략적 문맥 안에, 나아가 도덕적 문맥 안에 배치하지 않는다. 도구적 합리성과 기술에 대한 열광에 있어 사실 이런 문맥은 아무래도 좋은 것이었다.

덧붙이자면, 기술과 진보에 대한 근본적 신앙은 흔들리지 않고 20세기 전반기를 지배했다. "하면 된다."라는 유토피아적 사유가 지배하는 곳에서는 '기적의 무기'가 전세를 결정적으로 역전시킬 수 있다는 믿음이 전혀 이상하지 않았다.

기적의 무기

스탈린그라드 패배 이후에 나치 프로파간다는 민족 동지들에게 승리의 확신을 불어넣기 위해 복수를 암시하곤 했다.[470] 1943년 봄 독일군 포로들의 대화에서도 차원이 완전히 다른 무기 이야기들이 처음으로 등장한다. U-432 무전병은 1943년 3월 이렇게 예언한다.

"장교들만 아는 것이 있습니다. 아주 무시무시한 무기죠. 총통이 사용을 금지했지요. 이미 개발이 끝났고 U-보트에 장착하려 했습니다. 하지만 총통이 금지했어요. 너무 잔인하다고. 그게 뭔지는 저도 모르겠어요. …… 총통은 독일 민족의 결전이 벌어질 때에만, 배 한 척 한 척이 중요해질 때에만 그걸 쓸 거라고 말했지요. 하지만 우리가 정당하게 교전할 때에는 사용하지 않을 겁니다."[471]

여기에서 히틀러는 독일의 구세주 이상의 존재다. 그는 전쟁을 결정짓는 잔인한 무기를 최후의 순간에 비로소 사용할 것이다. 화자에게는 이처럼 독일이 비밀 병기를 쥐고 있다고 믿는 것이 안도가 된다. 봉쇄돌파선 레겐스부르크 호의 2등 항해사는 1943년 4월 11일 OKW 라디오의 아나운서 오토 디트마(Otto Dietmar)[472]가 어떤 무기에 대해 말했다고 전한다. "이 무기만 있으면 적군이 아무리 막강한 대오를 이루고 있더라도 아무 소용 없을 겁니다."[473] 그는 정확한 것은 모르지만 아마 가공할 폭발력을 지닌 수류탄이나 폭탄일 것이라고 한다. 한번 터지면 모든 게 "박살난다"는 것이다. 해군 중위 볼프 예쇼네크(Wolf Jeschonnek)도 "신무기"가 투입되기만 하면 "전쟁은 금세 끝날 것"이라고 확신한다. 이 미사일은 사정거리가 길고 "모든 것을 파괴할 것"이다.[474]

공수대대장 발터 부르크하르트(Walter Burkhardt) 소령도 같은 생각이다. "이 거대한 뱀장어(미사일)"가 60킬로미터나 100킬로미터 사정거리를 갖추면 "칼레에 배치하여 영국에 '내일 강화를 맺지 않으면 영국을 산산조각 낼 것'이라고 엄포를 놓을 수 있지요. 이 물건은 엄청날 겁니다."[475] 그리고 제26기갑사단의 호네트(Honnet) 상병도 굳게 믿는다. "복수의 순간이 오면, 그 복수는 무시무시할 거예요. 며칠 내로 영국을 쑥대밭으로 만들 수 있으니까요. 돌멩이 하나도 남지 않게 모두 가루가 될 겁니다."[476]

그러니까 얼마 지나지 않아, 즉 1943년 초의 몇 개월 동안 이 비밀 신무기가 장거리 미사일이라는 확신이 굳어졌다. 무게가 120톤에 달하고 탄두 무게만 15톤이라는 것이다. 이는 V2보복 무기(Vergeltungswaffe) 2호. 2차 세계대전 후반 독일이 연합군을 무차별 공격하기 위해 만든 미사일. V1과 함께 무기 시리즈 중 하나의 실제 제원보다 열 배 이상 과장한 것이다. 헤르베르트 클레프(Herbert Cleff) 대위는 이걸 런던에 투입하면 근방 10킬로미터 안에 있는 것은 모두 파괴될 것이라고 말한다. 이런 이야기를 도청하여 영국인들은 1943년 3월에, 즉 V1과 V2가 실제 투입되기 1년도 더 전에 이미 이 무기들의 기술적 사항들을 몇 가지 알아냈다.[477] 1944년 3월 U-264 무전병장 한스 에발트(Hans

Ewald)는 이런 미사일 네 기면 런던 전체를 잿더미로 만들 수 있다고 말한다.[478]

그러나 다른 군인들은 이보다는 좀 더 신중하게 예상한다. 그들은 이 미사일이 투하 지점으로부터 1~10제곱킬로미터 정도를 파괴할 힘을 지녔다고 말한다.[479] 어쨌든 그 무기의 효과에 대한 기대가 매우 크고 무기 투입이 매우 현실적으로 여겨졌기에, 런던 근교 수용소의 몇몇 포로들은 독일의 그 미사일이 자신의 생명도 위협한다고 느꼈다. 그래서 조만간 다른 수용소로 이감되기를, 특히 안전한 캐나다로 이감되기를 바랐다.[480] 그 밖에도 군인들은 독일 국민들도 이런 긍정적 기대를 하고 있음을 알았다. "저는 (1944년) 3월에 아직 고향에 있었습니다."라고 하인츠 크비트나트 (Heinz Quittnat) 소령이 이야기한다. "여러분에게 이 말을 해 줄 수 있습니다. 독일 민족은 대부분 보복 무기에 희망을 걸고 있습니다. 보복 무기가 투입되면 영국이 순식간에 사기가 무너져 협상에 나설 것이라고 생각합니다."[481]

영국이 1940년과 1941년 열 달간의 공습에도 끄떡하지 않았는데 어떻게 이런 일이 일어날 수 있는지에 대해 군인들은 꼼꼼히 토론하지는 않는다. 미사일의 크기, 작동 방식, 폭발력, 사정거리 등에 대한 기술적 토론들을 하거나 기껏해야 이 무기가 전세를 역전시킬 것이라는 믿음을 드러낼 뿐이지 구체적으로 그 효과를 분석하는 일은 없다. 클러몬트(Clermont) 병장은 이렇게 말한다. "보복할 수 있을 거라고 무조건 믿습니다. 영국인들의 조국은 괴멸될 것입니다"[482] U-593 아르님 바이크하르트(Arnim Weighardt) 소위도 1944년 1월 "신무기 덕분에 승전할 겁니다! 그렇게 믿습니다."[483]라고 호언장담한다. 또한 제2전투비행전대의 후베르트 심치크 (Hubert Schymczyk) 소위도 1944년 4월 동료에게 말한다. "저는 보복에 대해 일말의 의심도 없이 믿고 있지요. 여기에서 보복이 시작되면, 가련한 영국은 지구상에서 사라질 거예요."[484]

그러니까 육해공군을 막론하고 기적의 무기가 자신들을 구원할 것이라는 희망을 품고 있었다. 특히 해군과 공군 장교들의 경우 이런 희망이 두드러졌다. 그들은 기술 전문가들이면서도, 또 영국의 월등한 군사력과 경제력을 전방에서 끊임없이 경험했으면서도 자신들이 원하는 전세 역전의 효과가 구체적으로 어떻게 가능한가는 묻지 않는다. 그들에게 패전은 상상도 할 수 없는 일이다. 그래서 이제 모든 상황을 해결해 줄 기술의 유토피아를 신봉하는 것이다. 군인들은 너무도 강렬한 소망과 감정을 국가사회주의 프로젝트에, 그리고 이 전쟁에 투여했기 때문에, 그에 반하는 현실적 경험들에도 불구하고 이런 소망과 감정을 쉽사리 포기할 수 없다. 이런 현상은 이후 살펴볼 총통 신앙(315쪽 참조)에서도 나타난다. 이제 승전이 환상에 불과하고 승전을 통해 이루고자 하는 미래의 꿈이 환상에 불과함이 분명해질수록, 기적의 무기에 대한 믿음은 오히려 굳어졌다.

1944년 6월 연합군의 노르망디 상륙 직후에 정말로 기적의 무기 준비가 끝났다. 6월 12일 밤 작전을 서둘러 처음으로 V1 미사일들을 런던을 향해 발사했다. 그리고 나흘 후에는 대대적으로 투입했다. 나치 프로파간다에서도 이날을 보복의 첫날이라고 선언했다. 이 작전에서 V1 244기가 발사되었다. 그중 45기는 발사 직후 추락했고 112기가 런던에 도달했다.[485]

"영국 남부와 런던은 한밤중과 오전 중에 막강한 신형 미사일에 폭격을 당했다. 이 지역에 대한 공격은 자정부터 시작되어 간헐적으로 중단되면서 계속되었다. 엄청난 타격을 입힐 것으로 기대된다."[486] 1944년 6월 16일의 이 국방군 뉴스는 수많은 독일인이 그렇게 오래 기다려 온 일을 간결한 어투로 전달했다. 마침내 제3제국의 첫 번째 '기적의 무기' V1이 투입되었다. "8000만 독일인이 간절히 기다리던 날이 왔다."라고 《다스 라이히

(*Das Reich*)》신문은 전한다. 정말로 독일 국민의 사기는 훨씬 높아졌다. 이 무렵 독일 정보부의 프랑크푸르트 지국에서는 이렇게 보고한다. "평범한 근로자들이 표현하는 기쁨을 들으니 감격적이다. 불굴의 총통 신앙이 또 다시 보상받았다는 기쁨이다. 연령을 불문하고 모든 근로자가 보복 무기들이 이제 승리를 가져올 것이라고 말했다."[487] 여기에서 총통 신앙과 기적의 무기 신앙이 지니는 연관은 흥미롭다. 서로 밀접한 연관이 있는 두 신앙은 한편으로는 여전히 총통이 자신들을 구원할 것이라 기대하고 있다는 것과 이들의 현실 인식이 점점 더 비현실적으로 되어 가는 것을 보여 준다.(313쪽과 337쪽 참조)

그러나 여기에서는 격언과는 달리 믿음도 산을 옮기지 못한다. 물론 독일은 6월 29일 이미 1000번째 V1을 발사했고 커다란 타격을 입혔다. 이 미사일이 폭발 시 일으키는 충격파는 거리 하나를 모두 파괴할 만큼 어마어마하다. 6월 말까지 V1으로 인한 영국인 사망자는 1700명, 부상자는 1만 700명에 달했다. 게다가 '보복 무기'의 끊임없는 위협 탓에 영국 공군은 런던 남부에 수천 개의 대공포, 방공 기구(氣球), 전투기로 이루어진 거대한 방어선을 구축해야 했다. 그러나 독일 도시들에 계속되는 연합군 공습과 비교하면, 이것은 그리 효과가 없는 것이었다. 연합군 공습을 한 번 받을 때마다 타격이 몇 배 더 컸고 사상자도 몇 배 더 많았던 것이다. 그래서 기적의 무기가 발휘한 군사적 효과는 상당히 미미했다.

이 V 무기들이 지닌 진짜 가치는 심리적 효과였다. 물론 테러를 당하는 런던 주민이 아니라, 독일 국민과 독일 군인들에게 심리적 효과가 있었다는 것이다. 사방팔방의 모든 전선에서 패전 소식이 속속 도착하는데도, 나치 프로파간다는 보복 무기 투입을 열광적으로 보도하여 민족 동지들의 사기를 진작시켰다. 이 미사일에 일부러 V1이라고 일련번호를 붙였는데, 이는 후속 무기인 V2를 기대하고 희망하도록 만들려는 속셈이었다.

그러나 제3제국의 엘리트 지도층에서도 점차 회의가 생겨났다. 신무기에 대한 이 희망, 결국 실현되지 않는 희망을 끊임없이 부추기는 것이 과연 올바른지 회의하게 된 것이다. 알베르트 슈페어(Albert Speer)는 히틀러에게 보내는 편지에 이렇게 썼다. "매일매일 신무기의 기적을 기다리는 국민들이 의심을 품게 되었습니다. 국민들은 이미 마지막 순간을 앞두고 있는데 우리가 이 무기들을 무책임하게 비축만 해 두고 투입하지 않고 있다고 의심합니다. 그래서 이런 프로파간다가 적절한가라는 물음이 제기되고 있습니다."[488]

V1이 효과를 거두지 못하자 국민들도 곧 깊은 실망에 빠졌다. 우리의 도청 기록에서도 V 무기 투입에 대한 희망과 실망이 드러난다. 코탕탱 반도의 끝에서 싸웠던 코스텔레츠키(Kostelezky) 중위는 이렇게 말한다.

코스텔레츠키: 셰르부르에서 보복 무기에 대해 들었을 때, 그리고 런던이 불바다가 되었다는 보도들을 처음 들었을 때, 우리는 서로에게 말했지요. 이제 상황이 좋아질 거라고. 이제 이 반도에서 굳게 버텨 내자고. 하지만 이제는 이 보복이라는 게 몽땅 만화 비슷한 거라는 생각이 드는군요.[489]

나치 프로파간다가 런던이 입은 피해를 사진으로 보여 줄 수 없었으므로 독일인들은 V 무기의 효과에 대한 이미지를 가질 수 없었다. 그래서 포로들은 런던 근교의 특별 수용소들로 가는 길에 이 보복이 만들어 낸 광경을 보고 싶어 했다. 하지만 파괴된 곳을 별로 볼 수 없었으므로 코스텔레츠키는 크게 좌절한다. 실망감에 빠진 그는 이를 "만화" 같은 일이라고 평하는 것이다. 1944년 7월과 8월 트렌트파크 수용소에 온 장성들도 그랬다.[490]

V 무기가 전세를 역전시킬 것이라는 믿음은 줄어들었지만, 처음에는

천천히 줄어들었다. 우리의 자료를 보면 7월 중순까지만 해도 여전히 매우 낙관적인 의견들이 있었다.[491] 그리고 그 뒤를 이어 V2의 효과에 대한 희망이 나타났다. V1에 거는 기대가 V2에도 때로는 그대로 반복되었다. 오커(Ocker) 중위는 1944년 8월 말 V2가 "말하자면 V1보다 오십 배 정도 효과가 클 겁니다."라고 말한다.[492]

그래서 U-270 잠수함의 1등 사관후보생 미슈케(Mischke)는 "캐나다로 이감되는 편이 낫습니다. 목숨은 제게도 정말 소중하니까요. 우리가 여기 있는데 V2가 떨어지면 몽땅 죽는 거예요."라고 말한다.[493] 제404보병연대의 쿤츠(Kunz) 상사는 확고부동하게 믿는다.

쿤츠: V2가 투입되면 전쟁은 우리의 승리로 끝날 거예요. 확실합니다. 그게 떨어질 때 효과를 제가 알거든요. …… 그러니까 V2가 투입되면 전쟁은 끝이에요. 생명체는 하나도 살아남을 수 없거든요. 모든 게 파괴된다니까요. 나무건 관목이건 집이건 마찬가지예요. 모든 게 잿더미가 돼요.[494]

쿤츠는 V2를 들판에서 실험할 때 그 효과를 관찰했다고 전한다. "그게 터진 곳에서 인간은 몽땅 가루가 되어 버릴 거예요. 모든 게 얼어붙은 것처럼 싹 변하지요. 제가 봤을 땐 그랬어요. 그렇게 얼어붙은 걸 툭 건드리면 스르르 무너져 버리지요." 그는 이런 '관찰'에 따라, V2 탄두가 마치 사람을 얼려 버리는 냉동탄처럼 작동한다고 추리한다. 그가 이 추리를 그럴싸하게 여기는 이유는 히틀러가 언젠가 한번 연설에서 그렇게 말했기 때문이기도 하다. "진정 수단과 방법을 가리지 않아야 하는 순간이 오면, 인간이 만든 무기들 중 가장 끔찍한 무기가 투입될 것이다. 신이여, 제가 이 무기를 사용하는 것을 용서하소서."[495]

쿤츠는 포위된 아헨에서 싸우다 1944년 10월 22일 포로가 되었다.

V2는 9월 8일 이미 전쟁에 투입되었다. 그는 이 소식을 듣지 못한 것이 분명하다. 물론 V2에 대한 이런 기대들은 실현되지 않았다. 그래서 프로파간다 효과도 그리 크지 않았고 도청 기록에서 V2 공격에 대한 이야기도 그리 많지 않았다. 보복 무기에 대해 이야기하는 군인들은 대부분 총통 신앙에 빠져 있었을 뿐 아니라 그에 못지않게 기술 신앙에도 빠져 있었다. 그들은 독일이 전세를 뒤집을 '슈퍼 무기'를 생산할 것을 한순간도 의심하지 않았다. 승전에의 희망은 무기의 결정적 혁신을 이룰 것이라는 독일 기술자들의 확신과 결합되었다. 이를 철두철미하게 의심하는 경우는 매우 드물었다. 트렌트파크수용소에서 가장 비판적이고 성찰적인 사람 중 하나였던 빌헬름 리터 폰 토마(Wilhelm Ritter von Thoma) 대장은 그것을 의심했다. "…… 그리고 비밀 병기가 나타날 것이라고들 합니다. 하지만 기껏해야 집 몇 채 무너뜨리겠지요. 그게 다일 겁니다."[496] 얼마 지나지 않아 괴링이 보복을 선언했을 때 그는 기껏해야 "런던에 대고 딱총 몇 개나 쏘다 말겠지요."라고 코웃음을 쳤다.[497]

기술을 실제 전황과 별로 연결시키지 않은 것처럼, 기술이 실제로 지닌 치명적 요소에 대해서도 별로 이야기하지 않는다. 무기가 구체적으로 어떤 결과를 낳는지에 대해서는 아무도 이야기하지 않았다. 그들은 "격추하고" "떨어뜨리고" "침몰시킨다." 기술에 대한 이야기의 맥락에서 공격 목표는 늘 적의 물자다. 전투기 조종사나 폭격기 조종사에 대해 이야기할 경우에도 마찬가지였다.[498] 그로몰(Gromoll) 상사는 "린츠 상공에서 저희 비행중대장 수르(Suhr) 대위가 30밀리미터 기관포로 4발기를 떨어뜨리는 것을 제 눈으로 보았지요. 그것도 정면에서, 바로 앞에서 공격해서 말이에요. 제가 참가한 공격 중 제일 멋있었어요."[499] 슐뢰서(Schlösser) 중위도 비슷한 이야기를 한다. "30밀리미터 포에는 고폭탄이 들어 있지요. 4발기가 맞으면 박살납니다. 아무것도 안 남아요."[500] 이 신형포의 파괴력에 대한 열광은 그 순간에도 미군 탑승자 열 명이 죽어 나간다는 사실을 싹 덮어 버린다. '격추'에 대한 이야기에서 군인들은 자기 행동의 결과가 타인을 살상한다는 사실에는 언제나 무관심하다.(91쪽 참조)

융커스 Ju-88 폭격기 사수는 영국 브리스틀 상공의 구름 사이에서 목표물을 명중시킨 것을 으스대며 묘사한다. "500킬로그램짜리 폭탄을 쾅 하고 때려 넣었습니다. 휴. 불타 버렸지요. 아! 불은 순식간에 번졌어요. 우리는 다시 한 번 하강해서 그놈들이 우리를 속이려고 일부러 불을 지른 게 아닌지 살펴보았어요. 그건 아니었지요. 건물이 폭삭 내려앉았으니까. 건물이 저 아래에서 불타는 걸 두 눈으로 볼 수 있지요. 곡물 창고 아니면 탄약고가 맞은 것 같았어요. 우리는 바다를 건너 오래 비행을 했는데, 파편이 터지고 날아가는 걸 거기에서도 볼 수 있었지요."[501]

자기 무기가 효과적일수록 더 열광적으로 떠들었다. 가령 도르니어 217 폭격기 무전상사 빌리 차스트라우(Willi Zastrau)는 1200킬로그램짜리 폭탄에 채우는 신형 폭약의 장점을 강조한다. "트리올린(트리알렌)은 세계 최고의 폭약입니다."[502] 그들은 트리알렌에 대해 이야기할 때는 언제나 어마어마한 효과가 있다고 말한다. 제76전투비행전대 소속 폭격기 사수 클라우츠(Clausz)는 "그걸로 바리를 초토화시켰지요."[503]라고 말한다. "어뢰를 쐈습니다. 맙소사, 그게 배 바로 옆의 물로 떨어지면 물이 솟구치죠. 기둥처럼, 아니 불꽃놀이처럼 솟구칩니다. 거기에서 배 열일곱 척을 해치웠는데……. 탄약 실은 배들이 허공으로 날아가는 꼴이라니! 우리는 2000미터 상공에 있었지만, 동체 바닥의 포가(砲架)를 통해 내려다볼 수 있었지요. 불길이 너무 높이 올라와서 우리는 바로 그 위로 지나쳤습니다."[504]

그렇지만 하이테크뿐 아니라 로테크, 즉 더러운 무기도 큰 효과가 있었다. 어느 폭격기 조종사는 새로운 폭탄 제조법을 찬양한다.

중위: 부대 집결지를 겨냥하는 폭탄의 껍질은 아주 얇습니다. 거기에는 녹슨 면도날, 못 쓰는 못 같은 걸 채웠지요. 그리고 폭약을 조금 넣지요. 이건 인명 살상용입니다.

소위: 설마 그 사람(심문 장교)에게 그 얘기를 하진 않았죠?

중위: 안 했죠. 안 했어요. 거기에 정말로 못 쓰는 녹슨 면도날 같은 쓰레기들을 채웠어요. 그러면 재료가 상당히 절약되거든요. 예전에는 파편탄에 고성능 폭약이 필요했습니다. 껍질도 두꺼웠지요. 그래야 제대로 터지고 파편이 많아지거든요. 하지만 이제는 예전의 재료나 탄약을 절약할 수 있어요. 껍질을 아주 얇게 만들고 거기 쓰레기를 채우면 되거든요. 그걸 자주 투하했지요.[505]

공군과 해군 병사들에게는 전투를 위한 기술이야말로 그들이 임무를 완수할 수 있을지를 결정했고 임무를 어떻게 수행해야 하는지를 결정했다. 그러므로 이러한 기술은 그들이 스스로를 이해하는 방식에 있어 핵심적이었고 따라서 커다란 매혹을 주었다. 그들의 대화에서 이러한 매혹을 읽어 낼 수 있었다. 기술이 효율적이라면 작전 수행은 즐거웠다. 그런 기술을 활용할 수 없거나 기술이 최적화되어 있지 않다면 작전은 실패하기 마련이다. 그래서 '재미'도 주지 못하며 나아가 신체와 생명을 위협한다. 기술이, 그리고 기술에 대한 매혹이 전쟁의 일상을 지배했기에, 포로들의 대화에서도 주된 화제 중 하나였다. 그래서 이들은 엔진의 성능과 용량, 무선주파수에 대해 끝없이 토론했고, 그럴 때 그보다 상위 문맥들에 대해서는 거의 묻지 않았다. 이는 전문직 근로자들이 오로지 자신이 위치한 자리에서 자신에게 주어진 과제만을 위해 도구적 이성을 투입하는 것과 마찬가지이다. 전쟁 기술이라는 맥락에서야말로 온갖 기술로 무장한 현대 산업 노동과 전쟁 노동 사이의 유사성이 더욱 두드러진다. 2차 세계대전은 기술자와 엔지니어의 전쟁이기도 했고 조종사와 무전병과 기계공의 전쟁이기도 했다. 전쟁 노동자들이 사용하는 도구들은 때로는 이른바 위대하고 매력적이었다. 그러므로 기술이야말로 그들이 서로 공유하면서 몇 시간이고 이야기를 나눌 수 있는 대상 중 하나였다.

승리에의 믿음

> "전쟁에서 질 거라고는 한 번도 믿지 않았습니다. 하지만 이제 그럴 거라고 확신합니다."(아르놀트 쿨레(Arnold Kuhle) 소령, 1944년 6월 16일)[506]

우리는 특히 군인들의 군사적 가치관과 사회적 주변 환경이 전쟁 프레임을 형성하는 데 결정적임을 살펴보았다. 그렇다고 해서 군인들이 일반적으로 전쟁에서 일어나는 사건들에 아무 영향을 받지 않는다는 말은 아니다. 국방군의 승리와 패배는 신문이나 라디오나 전우들의 이야기를 통해 늘 생생하게 느껴졌다. 이는 또한 병사들이 독일 아닌 다른 유럽 지역에 배치되었기 때문에 생생하게 느껴지기도 했다. 군인들이 승전과 패전에 직접 참가하지 않았더라도 마찬가지였다. 그러나 이러한 사건들을 들을 때 이에 대한 해석은 자신의 전쟁 체험에 상당 정도 의존한다. 이들이 자신의 프레임을 통하여 그들 행위의 일반적 맥락을 어떻게 해석했는지 살펴보자.

전격전(1939~1942)

나치 지도부와 제국방위군 수뇌부는 1933년부터 이미 독일인과 독일 군인의 무장을 최우선 과제로 삼았다.(72쪽 참조). 이는 군비 확장과 긴밀한 관계에 있었다. 물론 "정신적이고 심리적인 무장"[507]에서 큰 성공을 거두기는 했지만 1939년 9월 2차 세계대전 발발 당시 국민들은 전쟁에 그리 열광하지 않았다. 폴란드에 신속하게 승리를 거두고 노르웨이를 점령했으며 특히 아무도 기대하지 않던 방식으로 프랑스에게 압도적 승리를 거둔 이후에 그야말로 승리의 희열이 일어났다. 이는 아프리카와 발칸 반도에서의 승전을 통해 더욱 공고해졌다.

이 시기에는 특히 공군 병사들의 분위기가 좋았다. 1940년 여름에 도청된 포로들 대화에서는 독일군이 조만간 영국에 상륙하여 자신들을 해방시킬 것이라는 기대가 넘쳐 났다. 독일의 승전을 믿어 의심치 않았던 것이다. "한 달 내로나 여섯 주 내로 여기에서 전쟁은 결판날 겁니다. …… 이번 주 안에, 늦어도 다음 주 월요일에는 공세가 시작될 테니까요."[508] "잠정적으로 보자면 전쟁은 이미 우리의 승리로 끝났다고 볼 수 있어요."[509] 이런 장밋빛 전망이 난무했는데, 이는 그리 오래 지속되지 않을 것이었다.[510] 어느 격추당한 중위는 영국을 정복한 후에 영국 최고의 재단사에게서 새 양복을 맞추겠다는 계획을 세운다.[511] 당시 눈에 띄게 손실이 늘어나고 있고 영국 본토 항공전(Battle of Britain)에서 패했고 영국 공략은 연기되었지만, 그래도 조종사 대부분은 독일의 힘에 한껏 매혹되어 있었다. 1941년 봄에도 정치적 전망이나 군사적 전망은 대체적으로 매우 긍정적이었다. 소련 침공 이후에도 그랬다. 그들은 동부 전선에서 곧 승리할 것이라고 즐거운 마음으로 기대하고 있었고, 그 후에 더욱 총력을 기울여 서부 전선에서도 승리를 거둘 것이라고 기대했다. 1941년과 1942년에는 동부 전선과 서부 전선 사이를 오가면서 배치된 공군 부대가 별로 없었기에, 영국 정보부가 1941년과 1942년 도청한 독일 공군 병사들 중 직접 소련에서 전투에 참가한 사람은 극소수였다. 그러니까 도청 기록에서 군인들이 이에 대해 이야기하던 관점은 외부에서 보는 관점이었다.

소련에서 독일군의 어마어마한 손실, 그해 가을 독일군의 완전한 무력화, 모스크바에서 보낸 "나폴레옹의 겨울"[512] 같은 일들은 도청 기록에 거의 반영되어 있지 않다. 그래서 1942년에도 미래에 대한 전략적 전망은 변함이 없었다. 이는 1942년 6월 제2전투비행전대 소속 무전상사 빌리 차스트라우의 다음과 같은 말에서도 확인된다.

차스트라우: 러시아는 궁지에 몰렸습니다. 우리가 우크라이나를 차지하면 그놈들은 쳐먹을 것도 없지요. 러시아와 강화 조약을 맺는 건 시간문제예요. 그러면 영국과 미국을 상대로 한판 벌이는 거지요.[513]

육군 병사들이 미래를 어떻게 전망했는지, 우리의 도청 기록은 1944년부터야 믿을 만한 정보를 제공한다. 이탈리아와 프랑스에서 수많은 군인들이 포로로 잡힌 다음이다. 물론 1940년부터도 육군 병사들이 우리 자료에서 산발적으로 나타나기는 한다. 하지만 그 수가 너무 적어 어떤 특기할 만한 전쟁 해석을 추론해 낼 수는 없다. 거기에 나타나는 군인들의 전쟁 해석은 기본적으로 다른 자료나 연구들에서 이미 나타난 것들과 일치한다. 공군과는 달리 육군에서는 1941년 겨울 승리의 희열이 처음으로 심하게 동요했다. 물론 육군 수뇌부의 판단에 따르면, 1942년 2월 이미 "병사들 사기가 밑바닥을 쳤다가 다시 올라왔으며", 야전 우편 검열 보고서가 보여 주듯 병사들은 '승리하고 있음'을 믿고 있었다.[514] 극심한 위기를 견뎌 내니 '동부 전선 용사'들은 오히려 새롭게 자신감을 얻었고,[515] 따라서 소련군을 압도한다고 여전히 오판하고 있었다.

그러니까 전격전 기간 중 군인들은 자신의 체험을 통해 전쟁의 일반적 사건들을 해석해서 매우 긍정적인 전망으로 승화시켰다. 공군과 육군이 이런 전망을 갖는 데는 모든 전선에서 적보다 우월하다는 느낌이 결정적이었다. 심지어 퇴각하거나 포로가 되더라도 이런 믿음은 근본적으로 흔들리지 않았다. 이에 비해 해군 병사들의 상황은 달랐다. 그들의 전쟁의 프레임은 중요한 부분에서 다르게 형성되었다. 그들은 어마어마한 전력의 영국 해군에 비해 자신들이 얼마나 열세인지 너무도 잘 알고 있었던 것이다. 여러 전투에서 승리하기도 했지만, 해군 병사들은 만일 독일이 승전한다 해도 해군의 힘으로 그럴 수는 없으리라고 생각했다. 그래서 포로가 된 U-보트 승조원들은 이미 전격전 기간에 비관적 전망을 하고 있었다. U-보트 잠수함의 수석 엔지니어 안톤 팀(Anton Thimm) 중위는 1940년 11월 이런 견해를 보였다. "영국은 몇 년이나 이런 상황을 견디고 있어요. 여기 상점들을 보세요. 특히 대도시 상점들을 한번 보세요. 잠수함 무기로도, 전투기로도 우리는 성공하지 못해요. 시간은 영국 편입니다."[516] 같은 U-보트 함장이자 기사철십자훈장을 받은 한스 예니슈(Hans Jenisch) 중위는 1940년 11월 심지어 이런 확신을 내비친다. "제 생각에 우리 잠수함은 낡았어요. 독일군 잠수함이 다 그래요." 대화 상대는 이런 가혹한 비판을 견디지 못한다. 해군 대위 빌프리트 프렐베르크(Wilfried Prellberg)는 "잠수함 함장이면서 그런 말을 하는군요! 유명한 잠수함 함장인데 말입니다. 있어서는 안 되는 일입니다. 당신 말입니다!"라고 벌컥 화를 내는 것이다. 예니슈의 비관적 평가가 더욱 눈길을 끄는 것은 그가 혁혁한 전공을 거둔 함장이었을 뿐 아니라 잠수함 침몰 시 대부분의 승조원이 전사한 가운데 살아남았기 때문이다. 물론 이런 목소리가 드물지는 않았다. 어느 갑판하사는 1941년 6월 "잠수함은 완전히 끝났습니다."[517]라고 말한다. 어떤 사람은 영국과의 전투에서 독일의 전략에 대해 회의하면서("봉쇄 전략으로 영국을 굴복시킬 수 없습니다."[518]) 앞으로 전쟁이 장기화될 것이고 따라서 "우리는 심각한 난관에 봉착할 겁니다."라고 예측한다.[519] 그리고 U-32 잠수함의 무전하사 빌리 디트리히(Willi Dietrich)

는 1940년 11월 이런 의문을 품기까지 한다. "맙소사, 전쟁에서 지면 어쩌지요?"[520]

1942년 연말까지 이런 태도는 여전했다. 물론 해군 병사들 사이에서도 곧 러시아에 승리를 거둘 것이고 그다음 영국 침공이 성공할 것이라고 예상하는 낙관주의자도 있었다. U-95의 1등 경비장교 에곤 루돌프(Egon Rudolph) 중위는 1941년 12월 말 앞으로의 전망을 장밋빛으로 그려낸다.

루돌프: 그러면 도처에서 독일 군인을 보게 될 거예요. 지브롤터는 허공으로 날아가겠지요. 폭탄과 지뢰가 여기저기에서 터지겠죠. 런던 코앞에서 우리 U-보트들이 출몰할 거예요. 그렇게만 되면 놈들은 끝장나는 거지요. 그리고 밤낮을 안 가리고 공습할 겁니다! 놈들은 발 뻗고 잠을 못 자겠지요. 그리고 스코틀랜드의 동굴에나 기어 들어가서 초근목피로 연명해야 할 테지요. 하느님이 영국에 천벌을 내리시고 다른 나라들에도 그러실 겁니다![521]

루돌프는 광신적인 국가사회주의자이자 반유대주의자이고 반영주의자였다. 그러나 그의 전망에서 특이한 것은 표현들만이 아니다. 그는 이 시점에 이미 얼마 남지 않은 낙관주의자 중 한 사람이었던 것이다. 대부분 직접 심문을 받을 때는 늘 독일이 승리할 것으로 본다고 말했지만[522] 자기들끼리 이야기할 때면 그보다는 신중하고 회의적이었다. U-111의 갑판하사는 이렇게 확언한다. "전쟁이 올해 중으로 끝나지 않으면, 동부 전선에서 말이야, 그러면 아마 패전할 거야."[523] 요세프 프르치클렝크(Josef Przyklenk)는 1942년 3월 앞날을 생각하면서 소름이 끼쳤다.

프르치클렝크: 한 가지 분명한 점은 우리가 러시아에서 밀리고 있다는 사실

이지요. 우리가 그 땅을 100킬로미터쯤 정복해도 러시아는 여전히 거기 있어요. 러시아는 독일보다 열 배나 크지요. 만일 러시아 놈들이 핵심 전력을 잃었다면, 우리도 핵심 전력을 이미 잃었다고 생각해야 합니다. 그에 대해서는 생각하기도 싫어요. 우리가 러시아를 점령하겠느냐고 물으면 저는 그렇다고 대답하지요. 하지만 혼자 생각해 보면, 맙소사, 상황이 완전히 다르게 보여요. 지난해 10월 아돌프가 선언했지요. "러시아와 결전이 시작된다."라고. 쓰레기 같은 말이에요. 제길.[524]

여기에서 특히 흥미로운 점은 프르치클렝크가 영국의 심문 장교들을 대하는 공식적 태도("저는 그렇다고 대답하지요.")와 사적인 견해를 구별하는 것이다. 그리하여 자신이 믿어야 하고 기대하고자 하는 일과 현실적으로 일어나는 일이 다시 한 번 충돌한다. 프르치클렝크는 그에 대해서 생각하기도 싫다고 마음을 다잡으면서 이런 갈등을 해소하고자 한다.

해군 병사들이 전략적 문제에 대해 심사숙고하지 않고 해전에서 겪은 구체적 체험에만 몰두하는 경향이 있지만, 몇몇 사람은 단호하게 부정적 평가를 내린다. 치열한 호송선단 전투에서 엄청난 인명 피해를 입고 자기 배가 침몰했던 카를 베데킨트(Karl Wedekind)는 1941년 12월 이렇게 확언한다. "U-보트 전쟁은 끝장입니다. U-보트는 아무것도 못 합니다."[525] 비교적 전과가 좋았던 1942년 8월에조차 해군 하사 하인츠 베스츨링(Heinz Weszling)은 극도의 실망감을 드러낸다. "U-보트 전쟁은 쓰레기예요. ······ 제 생각엔 U-보트를 몽땅 고물상으로 보내야 합니다. ······ 적어도 저는 지긋지긋해요. 이 쓰레기 같은 전쟁!"[526]

스탈린그라드 전투에서 노르망디 상륙까지(1943~1944)

하지만 독일 군인 대다수가 승리를 믿지 않게 된 계기는 바로 1942년과 1943년의 심각한 패전들이었다. 그래서 스탈린그라드 전투는 심리적으로 전쟁의 전환점이다.[527] 대다수 군인들은 이제 전쟁이 지겹도록 오래 계속되고 결국 무승부가 될 것이라고 생각했다. 파우스트(Faust) 상병은 "수치스러운 공격이었지요! 이런 패전은 규모를 가늠할 수 없을 정도예요."[528]라고 말한다. 슈라이버(Schreiber) 상급상사는 확신한다. "우리가 내년까지 러시아 놈들을 해치우지 못하면 끝장나는 거예요. 확실합니다. 미국에서 만들어 내는 걸 생각해 보라니까요."[529]

패전과 승전 소식은 분위기가 끊임없이 요동치게 만들었지만, 기본적 추세는 변하지 않았다. 이제 패전에 대한 이야기가 더 많아졌고 군인들은 격한 토론을 벌이곤 했다. 1943년 3월 22일 폭격기 조종사인 중위 두 사람이 전쟁의 전망에 대해 이야기를 나누었다.

프리트(Fried): 최후의 승리를 믿는 건 웃긴 일입니다.

홀츠아펠(Holzapfel): 그건 진짜 반역자의 생각이군요.

프리트: 아니지요. 반역자의 생각이 아니죠. 잠수함을 한번 봐요. 잠수함은 이제 여기 다가오지도 못해요. 그리고 전 세계에서 연합군 배들이 만들어지고 있다니까요.

홀츠아펠: 우리 지도부가 그렇게 멍청하지는 않아요.[530]

홀츠아펠과 프리트는 도청 수용소 래티머하우스에 2주 동안 있었는데 사이가 좋았다. 두 사람은 노련한 폭격기 조종사였고 영국 공격 작전에 대해 자세한 정보를 교환했다. 홀츠아펠은 프리트의 회의적 견해들도 참아 냈다. 하지만 프리트가 '괘씸하게도' 최후의 승리를 의문시하자 홀츠아펠은 더 이상 참을 수 없었다. 홀츠아펠이 보기에 그런 생각은 해서는 안 되는 것이었다. 그런 생각을 끝까지 밀고 나갈 때 어떤 귀결이 나타나는지 분명했고, 그 귀결은 홀츠아펠에게는 견딜 수 없는 일이었다. 독일군이 영국을 정복할 것이라고 1943년 여름까지도 말하던 구제불능의 낙관론자들뿐 아니라,[531] 대다수가 패전은 말 그대로 불가능하다고 여겼다. 여기에서 우리는 전격전이 거둔 성과들에 대한 환희가, 그리고 자신들이 적보다 훨씬 우월하다는 신념이 전쟁의 실제 경과에 직면하여 어떻게 무너지는지를 보게 된다. 기대와 현실은 서로 분리된다. 인지 부조화가 나타난다.(328쪽 참조) 그래서 이제 그 상황에 대한 판단을 지배하는 것은 소망이 된다. 예를 들어 '지도부'가 잘할 거라는 희망이다.

도르니어 217의 기술하사 크라츠(Kratz)는 감방에서 영국 신문을 뒤적이다가 러시아 전황 지도에 눈길이 멈췄다. 그는 "이제까지는 이런 퇴각이 단지 전술적인 것이라고 계속 믿었습니다."라고 말한다. 렐레벨(Lelewel) 하사는 이렇게 대답한다. "걱정하지 않는 게 제일 좋아요. 도움이 안 되니까요."[532] 렐레벨은 중요한 사실을 보여 주고 있다. 패전을 깨닫는다면 어떤 결과가 나타나겠는가? 이들 자신이 전쟁의 일부다. 전쟁에 정력과 상상과 희망을 아낌없이 투여해 왔고 위험을 무릅썼으며 어쩌면 전우까지 잃었다. 한번 뛰어든 길을 끝까지 가는 것 외에 무슨 대안이 있겠는가? 여기에서 우리는 매우 힘겹고 부담스러운 결정과 체험에 대해 나중에 의문을 던지기는 어렵다는 점을 염두에 두어야 한다. 그러면 여기 투여했던 노력들이 모조리 무의미해지기 때문이다. 게다가 사람들은 양가감정을 느끼면서 어떤 일을 했더라도 그 일을 스스로에게 정당화하려는 경향을 보인다. 그래야 그 일에 대해 자신이 지니는 생각과 조화를 이룰 수 있기 때문이다. 그래서 어떤 행동을 의문시하고 교정하기보다는 그 행동을 반복하는 것이 주관적으로는 더 의미 있게 보이곤 한다. 따라서 자기가 거기에 대해 잘 알고 있음에도 불구하고 의심을 일단 떨쳐 버리고 비슷한 상황이 오면 그 행동을 두 번 세 번 네 번 반복할 확률이 커진다. 그것이 경로 의존성의 의미다. 한번 들어선 길에서 벗어날 확률은 점점 줄어든다. 그러므로 자기 행동에 희망이 없다는 생각은 군인들에게 전혀 도움이 되지 않는 것이다.

영국 방공 시스템에 맞서 여러 해 동안 절망적 싸움을 해 온 이들조차 여전히 쉽게 열광에 빠지곤 한다는 사실을 조종사 세 사람의 대화가 보여 준다. 이들은 모두 독일의 최후 런던 공습, 이른바 '아기 전격(Baby-Blitz)' 작전 중에 격추되었다. 후베르투스 심치크(Hubertus Schymczyk) 소위는 공습 개시가 그들에게 공지되던 순간을 회상한다. 돌연 모든 일이 다시 예전으로 돌아간 것처럼 보인다.

심치크: (1944년) 1월 21일 비행사 회의가 아직도 기억납니다. 엥겔(Engel) 소령[533]이 들어왔지요. 그는 "하일, 동지들!"이라고 늘 말했어요. "오늘은 우리 제2전투비행전대에게 특별한 소식이 있습니다. 2년 반 만에 다시 우리는 400명에서 500명의 독일 공군 전우들과 함께 런던으로 날아가게 됩니다." 그러자 만세 소리가 그 방을 울렸지요. 모두 너무나 열광했지요. 그 장면은 상상도 못할 거예요.[534]

공군 조종사들은 대부분 전쟁을 객관적으로 바라볼 지적 능력이 없었다. 특히 놀라운 사실은 엄청난 손실을 가져온 (전장이 프랑스건 지중해건 간에) 대영 전쟁마저 그들에게는 그리 부정적으로 인식되지 않았다는 사실이다. 물론 깊이 생각할 줄 아는 사람들, 주어진 정보들로부터 추론할 준비가 된 사람들은 때로는 이 쓰라린 상황을 분명하게 보았다. 가령 빈 출신의 38세 공군 중령 빌프리트 폰 뮐러 린츠부르크는 말한다. "이제 기적이 일어나지 않으면 전쟁에서 이길 수 없어요. 전쟁에서 이길 수 있다고 믿는 건 한 줌도 안 되는 천치들뿐입니다. 우리가 쓰러지는 데 앞으로 몇 달이 걸릴지 모르지만 시간문제지요. 봄이 되면 우리는 네 개의 전선에서 싸울 겁니다. 그러면 당연히 희망은 없지요. 우리는 전쟁에 진 거예요."[535]

스탈린그라드 전투와 연합군의 노르망디 상륙 사이에, 해군 병사들은 공군과 육군 병사들보다 전쟁에 대해 훨씬 회의적이고 비관적으로 말했다. 그들의 사회적 주변 환경에서는 1943년 봄 이래로 승전이 전무했다. 1943년 5월 대서양 전투의 전환점은 최종적이고 전면적이었다. 이제 해군은 군사적 관점에서 거의 무의미했고, 따라서 미래에 대한 전망도 비관적이었다. U-732 잠수함의 21세의 해군 이병 호르스트 미니오이어는 1943년 11월 27일 "저 잠수함 놀이는 몽땅 그저 자살행위예요. 그리고 더 이상 항해도 하지 않지요. 제일 좋은 방법은 이 배들을 항구에서 침몰시켜 버리는 거예요."라고 말한다.[536] 이 사람만 이런 생각을 한 건 아니었다. "왕년의 U-보트 정신은 사라졌어요. 남은 건 전율과 공포뿐이지요."[537] 그의 잠수함 전우인 19세의 프리츠 슈벤닝거(Fritz Schwenninger)가 덧붙인다. "U-보트 부대가 지금 겪는 일과 비슷한 일은 스탈린그라드밖에 없을 겁니다."[538] 전함 샤른호르스트 호 침몰에서 요행으로 생존한 해군 이병 두 사람은 참사에 가까운 전황을 생각하며 앞으로 어떻게 될 것인지 묻는다.

발레크(Wallek): 승전 확률은 1퍼센트밖에 안 돼요. 우린 세계 최강의 세 나라를 상대로 싸우고 있거든요.

샤프라트(Schaffrath): 전쟁을 시작한 것 자체가 망상 때문이었어요. 이제 전쟁에서 어떻게 이기겠다는 건지 전혀 이해가 안 갑니다. 하지만 우리 중에는 생각할 줄 모르고 이런 사실을 볼 줄 모르는 사람들이 많다고요. 올해 안에 분명 연합군의 침공이 있을 거고 그들은 곧바로 독일까지 행군할 거예요.[539]

해군 총사령관 카를 되니츠(Karl Dönitz)는 수단과 방법을 가리지 않고 이런 비관론과 회의론을 제거하려고 했다. 그리하여 "비판에 중독되고 불평불만만 늘어놓는 자들"에 맞서 1943년 9월 훈령을 내린다. 비관론을 끝장내기 위해 앞으로는 오로지 "투쟁, 노동, 침묵"만이 필요하다는 것이다.[540] 요제프 괴벨스(Joseph Goebbels)는 전쟁 수뇌부의 이러한 사기 진작 노력이 마음에 들었다. 그는 되니츠가 "강철 같은 강인함" 덕분에 해전을 유리하게 전환시키고 위기를 극복하는 데 성공한 것 같다고 만족스러운 어투로 일기에 적었다. 그는 케케묵은 장교단을 숙청하고 "전황에 대한 짜증스러운 체념"을 극복하고 잠수함 전쟁 지속을 위한 새로운 아이디어들을 내놓았다는 것이다. 하지만 수뇌부의 이런 단호하고 선동적인 말들도 모두 군인들의 강렬한 체험에 부딪혀 물거품이 되었다. 독일이 패배할 것이라고 믿는 해군 병사들이 점점 늘어났다. 영국 특수 수용소 포로들에 대한 설문 조사에 따르면 1943년 가을에는 약 45퍼센트가 그렇게 믿었다.[541]

몇 년 전 라파엘 차고베크(Rafael Zagovec)는 튀니지의 독일 육군 병사들에 대한 1943년 4월의 설문 조사도 이와 비슷함을 지적했다. 이 조사 결과는 연합국에게는 놀라운 것이었다. 이 병사들은 승리를 거의 확신하지 않았고 자기 행위에 대해서도 거의 믿음이 없었던 것이다. 그들 대다수는 "지긋지긋해했고"보다 상위의 문제들에 관심이 없었다.[542] 그들이 그런 상태에서도 계속 싸운 것을 당시 미국인들은 이해하기 어려웠다.

물론 모든 군인이 미래에 대해 회의적이지는 않았다. 1943년 말 전선 상황이 안정되면서 다시 사기가 올라가고 믿음이 굳어진 것으로 보인다. 나치당과 국방군의 수뇌부도 이를 위해 애썼다. 1943년 12월 22일 국가사회주의 지도 장교단 창설은 그런 노력 중 하나였다. 히틀러에 따르면, 병사들이 승리를 쟁취하는 법을 모르더라도 이러한 "투지 높은 지휘관들"

을 통해 적어도 승리를 "신봉"하게 되어야 한다.[543] 이런 조치가 어느 정도 성과를 거두었는지를 이제 와서 확인할 수는 없다. 그러나 그 성과가 그리 클 수는 없었을 것이다. 물론 공군과 해군 병사들의 도청 기록에서는 프로파간다에서 제창하는 구호들과 관련된 이야기가 자주 등장하는데, 병사들은 자발적으로 이런 구호를 자신의 생각 안에 통합한다. 하지만 그럼에도 불구하고 전반적 추세는 바뀌지 않았다.

전쟁의 마지막 해

"전체적으로 보아 노르망디 상륙 개시는 견딜 수 없는 긴장과 짓누르는 불확실성으로부터의 해방으로 느껴지고 있다. …… 때로는 노르망디 상륙 개시에 대한 뉴스를 대대적으로 환영했다."(1944년 6월 8일 보안대 보고서)[544]

1944년 6월 2차 세계대전은 군사적으로 이미 결판이 났다. 연합국은 사상 최대의 함대를 움직였다. 노르망디 해안에 군대를 상륙시키기 위해서였다. 오늘날 우리는 이 작전을 실패로 돌아가게 할 수 있는 것은 악천후뿐이었음을 알고 있다. 하지만 당시 관점에서 보면 상황은 이보다 불투명했다. 물론 연합국은 전쟁에서 이길 것이라는 데 의심을 품지 않았지만, 대륙으로 상륙하는 일이 성공할지는 확신하지 못했다. 아이젠하워(Eisenhower)는 실패를 대비하여 라디오 연설까지 준비해 두었다. 그리고 많은 독일 국민들은 연합군 상륙을 방어해 내면 전쟁이 무승부로 끝나거나 나아가 승리할 가능성도 크다고 여전히 믿었다.[545]

우리의 자료를 보면 대다수 군인들이 이미 패전했다는 생각을 전혀 하지 않았음을 확인할 수 있다. 그래서 많은 군인은 노르망디 상륙을 다시한 번 전기를 마련할 수 있는 기회로 보고 환영했다. 상륙 작전 개시 하루 뒤에 하우크(Hauck) 대령과 아나커(Annacker) 대령(두 사람은 제362보병사단 연대장들로 이탈리아에서 포로가 되었다.) 사이의 대화는 바로 이러한 기대를 전형적으로 표현한다.

하우크: 분명 막아 낼 수 있을 겁니다.

아나커: 그렇지요. 분명히 그렇습니다. 하지만 만일 실패하면 모든 게 끝장이 지요.

하우크: 끝장이죠.

아나커: 하지만 이 침략을 막는 데 성공하기만 하면, 독일은 협상을 위해 좋은 조건을 갖추게 될 겁니다.[546]

그리고 노르망디 해안의 소도시 위스트르앙 부근에서 벙커를 끝까지 방어했던 보병 장교 군틀라흐(Gundlach)(367쪽 참조) 대위도 좋은 결과가 나올 것이라는 희망을 잃지 않는다.

군틀라흐: 우리 지도부가 결코 그렇게 경솔하지는 않을 겁니다. 우리의 총통은 어떤 수단을 써서라도 여전히 승전할 수 있다는 확신이 없다면 분명 솔직하게 말할 거예요. "민중이여, 나를 심판하라!" 그리고 자기 머리에 총을 쏠 거예요. 그래야 겪어서는 안 되는 일들을 겪지 않을 테니까요. 우리 민족을 모조리 구렁텅이에 떨어뜨리기 전에 말이에요. 그가 전쟁을 결판낼 무언가를 수중에 쥐고 있다는 확신이 없다면 말입니다.[547]

여기에서 총통 신앙과 최후의 승리 신앙이 다시 한 번 만난다.(313쪽 참조) 승리 신앙을 계속 끌어모으려는 심리적 노력을 총동원하여도 이제 연합군 물자의 압도적 우월함, 특히 압도적 제공권과 포병 전력은 최후의 희망마저 뭉개 버렸다. 이제부터는 전선의 악화된 전황이나 특정 전투의 손실에 대해서만 이야기하는 것이 아니다. 대다수 병사들에게 이제 의미의 구조가 모조리 모래성처럼 무너졌다. 그리하여 이제까지 없던 근본적 비판으로 나가는 길이 열린다. 그것도 단지 사병들뿐 아니라[548] 장교들도 그랬다. 아르놀트 쿨레(Arnold Kuhle) 소령과 질베스터 폰 잘데른(Sylvester von Saldern) 소령 사이의 전형적인 대화를 살펴보자. 이 두 사람은 최전방에서 보병부대 사령관으로 싸웠고 1944년 6월 중순에 코탕탱 반도에서 포로가 되었다.

폰 잘데른: 이 문제를 그런 시각에서 보면, 우리가 맞서 싸우는 그 군인들은……

쿨레: 특히 미국 말입니다. 인적 자원이 얼마나 훌륭하고 어마어마합니까!

폰 잘데른: 그에 반해 우리 애들을 보면, 또 우리 군에 속한 이 끔찍한 러시아인들과 독일 교포들을 보면…….

쿨레: 아직 우리에게 도움이 되고 우리를 구할 수 있는 것이 무언가 있다고 믿나요?

폰 잘데른: 모르겠습니다! 보복이라는 것도 쓰레기지요. 전혀 준비도 되지 않았거든요.

쿨레: 저는 이런 말을 한 적이 있어요. 연합군이 침략하면, 총통은 다른 전장들에서 모든 전력을 끌어모아 침략이 이루어지는 이곳에 독일 공군력을 몽땅 배치할 것이라고요. 하지만 저는 6일에서 16일 사이에 공중에서 독일군 정찰기 딱 한 대밖에 보지 못했어요. 게다가 미국이 제공권을 완전히 장악하고 있지요. 제가 보기에 이 일은 사실상 끝난 거예요. 우리가 우리 군대를 모조리 끌어올 수도 있을 테지만 미국 공군력은 우리 군대를 8일 내에 깡그리 밀어 버릴 수 있습니다. 더군다나 우리는 연료도 없어요. 연료를 가지고 대부대를

움직일 수도 없어요. 이제 철도나 행군으로만 움직이는 거지요.

폰 잘데른: 그렇지요. 어차피 모든 일이 쓰레기가 될 거고 다 무너져 버릴 거라고 믿는다면, 내일이 아니라 차라리 오늘 그게 일어나길 희망해야지요.

쿨레: 우리에게는 입을 여는 장군도 없어요. 뭐라고 말을 하는 유일한 사람은 지몬(Simon)[549]이지요. 그 밖에는 아무도 입을 열지 않아요. 위험을 감수하는 사람이 이제 없지요. 그런 사람들은 모두 사라졌죠. 그래서 전쟁이 더 힘들어졌어요. 모두 책임감이 없고 아무도 책임을 지려 하지 않기 때문이죠. 누군가 이런 상황을 바꿀 수 있을 것 같나요? 해군의 해안포대 몇 개 정도야 폭탄으로 조금 두들기면 충분하죠. 굳이 융단 폭격을 하지 않아도 됩니다. 조금 공격하면 벌써 전투력을 상실할 테니까요. 연합군의 물자는 압도적이지요. 모든 걸 부숴 버려요! 그들이 어떻게 여기 상륙했는지 압니까?

폰 잘데른: 내 눈으로 봤지요. 저항을 받지 않았죠.

쿨레: 우리는 이제 지휘부가 없는 것처럼 느껴집니다. 그래요, 대체 누가 지휘를 하고 있지요? 룬트슈테트(Rundstedt)가 하고 있나요, 아니면 롬멜(Rommel)이 하고 있나요?

폰 잘데른: 공수부대가 처음 상륙한 때부터 엉망진창이 되었습니다. 그들이 모든 걸 부숴 버렸습니다. 그들은 처음에는 대대를 투입하고 그다음에 중대를 투입했지요. 나중에 우리 연대 병력은 기껏해야 스무 명밖에 안 남았어요. 그 외에는 보급대나 행정대나 보충연대였지요. 이걸로 무얼 할 수 있겠습니까! 부사관들은 아무것도 못 하고 장교들도 쓸모가 없었지요. 모두 쓰레기니까요!

쿨레: 저는 늘 낙관론자였습니다. 전쟁에서 우리가 질 거라고는 한 번도 믿지 않았어요. 하지만 이제는 우리가 진다고 확신해요. 몇 주 걸릴지의 문제일 뿐이죠. 전방이 무너지면 후방도 무너질 겁니다. 후방에 있는 사람들은 자기가 원하는 대로 행동할 수도 있겠지요. 똑바로 서 있기 싫으면 물구나무서

기를 하고 있을 수도 있겠죠. 어찌 됐건 미군이 들어가면 모조리 정리할 겁니다! 오늘 오후 보른하르트(Bornhard)[550]가 소식을 못 들었냐고 묻더군요. 포페(Poppe) 장군[551]이 반역죄로 총살당했다는 겁니다.[552]

쿨레와 폰 잘데른은 적의 압도적 전력에 맞서서 이길 수 없다는 냉정한 인식을 하고 있다. 히틀러는 약속을 지키지 않았고, 보복이라는 것도 "쓰레기"다. 이와 더불어 이제 총통에 대한 믿음이나 독일군의 군사적 전문성에 대한 믿음도 무너진다. 그러니 두 사람은 좋은 결과가 나올 것이라는 희망을 도저히 유지할 수 없다. 이제 냉혹한 인식만 남아 있다. 전쟁에 졌고 몇 주 내에 붕괴할 것이다. 이틀 후 폰 잘데른은 말한다. "당신처럼 '우리가 전쟁에서 졌으니 하루라도 빨리 끝을 내야 한다.'라고 말하는 독일 장군이 있었으면 정말 좋겠습니다."[553]

노르망디의 전장으로부터 영국의 수용소로 온 군인 대부분이 이러한 포괄적인 결론을 내린다. 하소 피비히(Hasso Viebig) 소령은 "독일 정부가 일말의 책임감이라도 있다면 이제 전쟁을 끝내려고 해야 합니다."라고 말한다. 루돌프 베커(Rudolf Becker) 소령은 대답한다. "그렇지요. 사람들은 물론 전쟁에서 졌다는 사실을, 국가사회주의는 끝장났다는 사실을 아주 정확하게 알고 있지요. 그러니 이제 여전히 싸우는 이유가 조국을 위한 것인지 아니면 그저 목숨을 부지하기 위해서인지 묻고 싶습니다."[554] 그 다음 베커는 하인츠 구데리안(Heinz Guderian) 상급대장의 1944년 4월 연설을 상기한다. "그는 이 연설에서 우리가 노르망디 침공을 막아 내 총통이 어느 정도 수용 가능한 강화 조약을 맺을 기회를 얻을 수 있도록 해야 한다고 말했지요." 이제 이런 일도 수포로 돌아갔으니 베커가 보기에 그 결과는 분명하다. 그래서 사태를 꿰뚫어 보았던 구데리안이 행동에 나서기는커녕 6월 20일 이후 육군 참모총장이 된 것에 놀라워한다.[555]

보통은 계급이 높을수록 행동의 압력은 줄어든다. 하지만 당시에는 노르망디에서의 소모전을 경험한 수많은 장군들도 쿨레나 베커처럼 생각했다. 1944년 7월에는 B 집단군 총사령관 에르빈 롬멜(Erwin Rommel) 원수마저 이미 패전했으니 정치적 결론을 이끌어 내야 한다고 확신했다.[556] 물론 상황 해석에서 여전히 오락가락하는 군인들도 있었다. 예를 들어 하인츠 크비트나트(Heinz Quittnat) 소령은 이렇게 생각했다. "제 개인적 신념이지만, 우리가 정말 전쟁에서 진다면 단 하루라도 더 싸우는 것 자체가 범죄 행위지요. 하지만 승전 가능성이 있다면 당연히 싸워야지요. 하지만 어느 쪽이 맞는지 모르겠습니다."[557] 크비트나트는 미군의 셰르부르 요새 점령을 얼마 전 지켜보았다. 그 전에는 여러 해 동안 동부 전선에 있었다. 그런데 왜 그와 같은 자가 승전 가능성이 없다고 판단할 수 없었던 것인가? 이 경우 중요한 태도는 자신이 깨달은 사실이 낳은 귀결들로부터 도피하지 않는 것이리라. 그는 마치 금지된 생각을 더듬어 가는 듯이 말한다. "물론 저는 독일인으로서 우리가 전쟁에서 이기기를 바랍니다." 하지만 곧바로 다시 커다란 회의가 나타난다. 그는 이렇게 이어 간다. "하지만 우리가 우리 지도부와 함께 완벽하게 승리한다면 그것도 아주 심각한 일일 겁니다. 그러면 저는 어쨌든 더 이상 장교로 활동하지 않겠습니다."[558]

미군 포로수용소 포트헌트에 있던 독일군 포로 전원에게 표준적 설문조사를 실시하고 평가한 결과, 전쟁이 긍정적으로 끝날 것이라는 희망이 모두 사라졌다는 것을 한결 분명하게 알 수 있었다. 1944년 6월에는 112명의 설문 대상자 중 절반이 독일이 전쟁에서 이길 것이라는 견해를 아직 가지고 있었지만, 8월에는 148명 중 27명만이, 9월에는 67명 중 5명만이 그런 견해를 가졌다.[559] 물론 설문 대상자 수가 적기 때문에 신뢰성 있는 조사라고 하기는 어렵다. 그렇지만 이 조사만으로도 1944년 8월, 즉 연합군이 노르망디 전선을 돌파하고 무수한 독일 병사들이 팔레즈에서 포로가 된 그때에, 독일 군인들의 인식에서 정말로 전환이 일어났음을 알 수 있다.

여전히 반격을 꿈꾸고 승리할 기회가 있다고 꿈꾸던 사람들은 이제 소수파가 되었다.[560] 예컨대 바르텔(Barthel) 대위는 1944년 8월 19일에도 이렇게 생각했다. "프랑스가 무너지더라도 우리에게 파국은 아니다."[561] 특히 젊은 장교들과 상당수 해군 병사들이 끈질긴 낙관론자였다.[562]

연합군의 노르망디 상륙, 보카주 지형에서의 소모전, 그에 이어 독일군의 절망적인 프랑스 퇴각은 심리적인 관점에서 분명 독일 군인들의 전쟁인식에 있어 스탈린그라드 전투에 버금가는 결정타였다. 노르망디는 2차세계대전의 베르됭이었다. 그렇게 단기간에, 즉 겨우 12주 동안에 그렇게많은 사람이 그렇게 좁은 지역에서 전사하고 부상당한 적은 일찍이 없었다. 양적인 차원에서 그 전투는 스탈린그라드 전투에 필적했다. 게다가그 전투가 지니는 상징성도 간과할 수 없다. 독일은 1940년 프랑스에 승리를 거두고 유럽의 지배자가 되었다고 느꼈다. 이제 프랑스를 잃은 것은군인들이 보기에는 전면적 패배를 확인하는 것이었다.

1944년 8월 말부터 패닉에 빠져 철수하면서 제국 국경까지 밀려난 독일군은 1944년 가을에는 어느 정도 사기가 회복되었다.[563] 적어도 서로 연결된 전선이 다시 형성되었고 이제 군인들이 수만 명씩 포로가 되지는않았던 것이다. 하지만 전투 의지가 있다는 것과 패전을 확신하는 것은주의 깊게 구별할 필요가 있다. 그들은 군인으로서의 역할은 계속해서 어느 정도 수행했다. 그렇지만 도청 기록을 보면, 제국 국경에서 전선이 안정화되었다고 해도 이들의 미래 전망이 크게 나아지지는 않았음이 분명하다. 아르덴 공세도 잠깐 희망의 불씨를 본 것 이상은 아니었다. 그것조차 그 공세에 직접 가담한 군인들에게 한정된 것이었다.[564] 1944년 8월부터는 전쟁에 대한 평가에서 질적 변화가 시작되었다. 아헨 요새 사령관 게르하르트 빌크(Gerhard Wilck) 대령이 10월 말 포로로 잡힌 후 하는 말을 들어 보자.

빌크: 사람들은 전쟁에 넌더리를 내고 있습니다. 그래서 이제 어떤 대가를 치르더라도 전쟁을 끝내고 싶다는 태도가 너무 강해졌습니다. 저는 이런 태도가 독일 전역으로 퍼져 나갈까 봐 두렵습니다. 절망이 번져 나가고 있지요. 어떤 식으로든 전환점이 나타날 거라고 더 이상 믿지 않는다는 의미에서 절망이지요. 우리 스스로도 어느 정도는 절망에 사로잡혀 있습니다. 그러니까 우리가 등 뒤에 어떤 무기를 가지고 있더라도, V2 같은 것을 가지고 있더라도 결코 그걸로 전쟁을 결판 지을 수 없을 겁니다.[565]

물론 여기에서 빌크는 "사람들"이라고 말하지만, 아헨의 독일 민간인과 군인들, 나아가 자기 자신도 그렇다는 이야기이리라. 독일 대도시에 히틀러가 투입한 최초의 방위 사령관이었지만 이미 절망적 전투에 녹초가 된 그는 이제 어떠한 비상구도 없다고 생각한다.

1945년 봄에 분위기는 더욱 저하되었는데, 이는 미국의 심문 보고서들에서도 드러난다.[566] 게다가 이제는 공식 문서에서마저 군인들이 "전체적으로 넌더리를 내고 있다."[567]라고 감히 언급할 지경이다. 이미 패전했다는 해석은 이제 군인들의 행동에도 영향을 미쳤다. 그들은 특히 서부 전선에서는 기회만 주어지면 되도록 빨리 전투를 포기하려고 했다. 물론 이런 사실에도 불구하고, 최후의 순간까지 최후의 승리를 신봉하는 소수파도 있었다. 특히 고급장교나 특수부대원에게서 끈질기게 승리를 믿는다는 발언을 찾아볼 수 있다. 가령 1945년 3월 18일의 대화에서 노련한 전투기 조종사들이 그러했다. 제26전투기전대의 한스 하르티히스(Hans

Hartigs) 중위는 당시 벌써 두 달 반 동안이나 포로 생활을 하고 있었다. 그는 막 격추되어 포로가 된, 제27전투기전대의 안토니우스 뵈펜(Antonius Wöffen) 소위에게 전황을 묻는다.

하르티히스: 사병들과 장교들 분위기는 어땠습니까?

뵈펜: 분위기 자체는 여전히 상당히 좋습니다. 물론 상황이 안 좋다는 건 분명하지요. 그래도 겉모습만큼 그렇게 최악은 아니라는 희망이 여전히 크지요. 하지만 이제 이걸 믿음이라고까지 말할 수는 없을 겁니다.[568]

전황에 대한 해석은 전격전 역사에서의 굵직굵직한 전환점들, 가령 1942~1943년의 스탈린그라드 전투와 1944년 여름의 노르망디 전투에 따라 전환되었다. 흥미롭게도 육해공군은 전쟁 경과에 대해 때로는 서로 상당히 다르게 해석했다. 요점만 말하자면, 공군이 해군보다 낙관적이었고 육군 병사들은 적어도 1944년부터는 가장 비관적으로 전쟁을 바라보았다.

공군 조종사들은 엘리트 용사들로 이루어진 비교적 소규모 집단이다. 이들은 적보다 우월한 전투력을 갖췄다는 자의식을 가지고 전투에 참여했다. 그들의 전투가 아주 힘들었다고는 하지만 그래도 생활 자체는 상당히 안정적이었다. 특히 프랑스에서 그들이 누리던 쾌적한 생활은 보병은 꿈도 꿀 수 없던 것이다. 1943년부터 공중전에서 연합군이 기술적으로나 수적으로 우월하다는 사실이 확연하게 드러났지만, 공군 조종사들은 1944~1945년에도 여전히 개별적으로 성공을 거두는 경험을 했다. 전투기 조종사는 적기를 격추하고 폭격기 탑승자는 치명적 폭탄을 도시와 배와 부대 위에 쏟아부었다. 이에 비해 해군 병사들은 1939년 9월부터 압도적인 적군과 해전을 벌였고, 그래서 전쟁에 대해 보다 회의적으로 평가할 수밖에 없었다.

노르망디 전투를 겪고 프랑스에서 전선이 붕괴되는 체험을 한 육군 군인들은 우리의 자료에서는 상황을 제일 냉정하게 보는 집단이었다. 그들의 대화에서 적군을 죽이거나 전차를 파괴한 것 같은 개인적 성과는 중요하지 않았다. 물량에서 월등한 적에게 매일매일 무기력하게 맞서는 경험이야말로 중요했다. 이 모든 일이 부질없다는 느낌을 떨쳐 낼 수 없었던 것이다.

오늘날 보기에는 그럼에도 불구하고 군인 대다수가 1944년 8월부터야 비로소 제국의 패배를 감히 믿게 되었다는 사실이 놀라울 것이다. 그래서 이렇게 물을 것이다. 우리가 오늘날 알기로는 전쟁은 아무리 늦게 잡아도 1943년 말에는 결판이 났는데, 이들은 왜 이렇게 늦게야 깨달은 것인가? 이를 설명하기 위한 한 가지 모델은 '부분적 인식(partikuläre Wahrnehmung)'이다. 수입이 좋은 직장에 다니면, 보통의 경우 세계 경제의 구조적 문제를 우려하지 않거나 생각한다고 해도 별로 흥분하지 않는다. 모든 사람이 각각 임무를 지니고 있는 이런 전쟁에 대한 인식도 마찬가지다. 전쟁이 계속되는 한 그 임무는 전혀 변하지 않는다. 따라서 직접 체험을 해야 비로소 패배를 뼈저리게 깨달을 수 있다. 그러나 1944년 여름에 치명적 사건들이 일어나기 전에는, 군인들이 직접적 체험을 하더라도 이는 늘 여전히 희망적으로 해석할 수 있는 다른 사건들과 뒤섞여 있었다. 그때까지 독일은 그래도 유럽의 절반을 점령하고 있었고 도시를 벗어나면 연합군 공습도 거의 체감할 수 없었다. 이탈리아에 배치된 독일군이라면 연합군을 저지할 것이라고 주장할 수 있었는데 이는 어느 정도는 정당한 주장이기도 했다. 동부 전선 중부집단군의 군인도 마찬가지였다.

물론 어느 군인 개인이 자기 체험을, 그리고 일반적 전황을 보다 비판적으로 해석할 수도 있었으리라. 독일군의 영국 본토 상륙이 취소되었을 때, 러시아 침공이 예고대로 1941년 가을에 끝나지 않았을 때, 어마어마한 경제력을 지닌 미국이 참전했을 때, 독일군이 점점 더 퇴각하게 되었을 때, 이런 일들은 무엇을 의미하는가? 신문을 읽고 라디오를 듣고 주간 뉴스를 보고 전우와 친구와 친지들과 토론한 사람들이라면 특별히 예리한 지성을 동원하지 않더라도 전쟁의 결말이 어떨지 당연히 인식할 수 있었을 것이다. 하지만 대부분의 사람이 대부분의 상황에서 그러는 것처럼, 이 상황의 군인들도 사회적 주변 환경 안에서 어떤 행위의 필연성에 강하게 묶여 있었다. 아무리 거대한 사건이라도 아주 실천적으로 몸에 부딪혀 오지 않는다면 개인의 인식, 해석, 결정에 결정적 역할을 하지 못한다. 인간은 추상적이지 않고 구체적으로 생각한다. 그리고 지금 우리는 역사적으로 회고하면서 당시 결말이 점차 분명해지고 있었다고 생각할 수는 있겠지만, 이를 실시간으로 체험하던 당대의 행위자들에게는 그리 중요하게 와 닿지 않았다. 그렇게 불행이 닥쳐오더라도 그 불행이 아직 자기에게 직접 타격을 주지 않기 때문이다. 물론 여기에는 우리가 잘 알고 있는 몇몇 예외도 있다.[569]

하지만 대부분의 사람들은 물이 1층까지 밀려와야 홍수가 온 것을 안다. 그리고 바로 그제야 수위가 더 오르지 않기를 바라는 희망도 절절해진다. 또한 희망을 잃는 일 역시 차츰차츰 이루어진다. 최후의 승리까지는 아니더라도 최소한 적당한 강화 조약이라도 맺을 수 있기를 희망하는 것이다. 이런 희망을 포기하면 이전에 자신이 쏟아부었던 모든 것이, 정서적으로 투자했던 모든 것이 한 방에 무의미해지게 된다. 따라서 인간은 핵심적 지식에 있어서는 언제나 어떤 희망과 소망에 아등바등 매달리는데, 이것이 자기보다 더 넓게 볼 수 있는 주변 세계의 시각에서 보면 비합리적으로 보이더라도 그러는 것이다. 어떤 기업이 시장에서 살아남을 현실적 기회가 없는데도 노동자들이 기업을 살리기 위해 애쓰는 까닭은 무엇인가? 자신의 정력과 소망, 희망, 시간, 전망을 거기에 투자했으며 너무도 많이 투자해서 이제 그런 것들이 별로 남아 있지 않기 때문이다. 이는 단지 '소시민'의 습성이 아니다. 오히려 위계질서에서 더 높은 위치에 있을수록 실패를 인식하는 능력은 더 떨어진다. 루트비히 크뤼벨(Ludwig Crüwell) 대장은 이런 태도를 개탄한다. 1942년 11월 스탈린그라드에서 제6상급군단이 포위되었다는 소식을 듣고서 그는 이렇게 말하는 것이다. "이 전쟁에서 수십만 명이 또 헛되이 죽어 가야 합니까? 상상할 수도 없는 일입니다."[570]

총통 신앙

1945년 3월 22일 제17공수연대장 마르틴 페터(Martin Vetter) 대령과 제27전투기전대의 전투기 조종사 안톤 뵈펜(Anton Wöffen)은 국가사회주의에 대해 이야기를 나눈다. 두 사람은 며칠 전 포로가 되었다. 한 사람은 크산텐에서, 또 한 사람은 라인베르크에서였다. 그들에게 전쟁은 끝났다. 이제 전쟁을 결산할 시간이다.

페터: 국가사회주의에 대해 어떻게 생각하건, 아돌프 히틀러는 총통이고 이제껏 독일 민족에게 많은 것을, 어마어마하게 많은 것을 안겨 주었지요. 덕분에 우리는 마침내 다시 한 번 우리 민족에 대해 긍지를 느낄 수 있었어요. 이건 잊어서는 안 되는 일이에요.
뵈펜: 거기에 대해서는 절대로, 정말 절대로 부정할 수 없습니다.
페터: 물론 저는 그가 독일 제국의 무덤을 파는 사람이 될 거라고 확신하지

만, 그래도 그렇습니다.

뵈펜: 무덤 파는 사람이라. 그렇지요.

페터: 그는 그런 사람이지요. 분명히 그래요.[571]

주목할 만한 기록이 아닐 수 없다. 무수한 도청 기록에서 아돌프 히틀러를 총통이라고 부르는데, 총통은 이 두 사람 눈에는 "독일 민족에게 …… 어마어마하게 많은 것을 안겨 주었고" 이는 결코 "잊어서는" 안 되고 "부정할" 수도 없는 역사적 사실이라는 것이다. 그런데 이런 말은 그 다음 입을 모아 표현하는 확신, 즉 그가 "독일 제국의 무덤을 파는 사람"이라는 확신과 기묘한 대조를 이룬다. 겉보기에 아주 대조적인 이 두 가지 관점은 양립 가능한가, 그렇지 않다면 이 두 사람이 정신 분열 증상을 보이는 것인가? 분명 이들은 정신 분열이 아니다. 다만 이 짧은 대화는 '총통 신앙'이라는 개념이 무엇을 의미하는지 드러낼 뿐이다. 이 대화는 1945년 3월 이루어졌는데, 이 시기는 패배가 확실해진 때이다. 1943년부터 히틀러의 군사적 재능에 대한 의혹이 널리 퍼졌다. 그러나 총통 신앙과 총통 숭배는 승전에 대한 확신이 줄어드는데도 놀라우리만치 오래 유지되었고, 이 사례에서 보듯 제3제국의 말로가 분명함에도 불구하고 수정될 수 없었다. 이해하기 힘들어 보이는 이런 현상은, 히틀러의 외교적 성과와 국내 정치적 성과가 대단하다고 여겼으며 이로 인해 총통을 섭리에 따라 보내진 구세주라고 우상화했음을 염두에 둔다면 설명이 가능하다. 이 구세주는 부당한 베르사유 조약을 폐기했고 (비유대계) 독일인들이 다시 조국에 대해 긍지를 느낄 수 있게 한 것이다.

집권 3년 후인 1936년 3월 7일 히틀러는 제국의회 연설에서 자신의 통치로 단기간 내에 독일이 "명예"를 돌려받고 "믿음을 되찾았으며 극심한 경제 위기를 극복했고 마침내 새로운 문화적 도약을 시작했다."[572]라고 말한다. 그해 3월 29일 선거에서 국가사회주의독일노동당(NSDAP)에 대한 지지율은 98.9퍼센트에 달했다. 물론 민주 선거는 결코 아니었지만, 영국 역사가 이언 커쇼(Ian Kershaw)가 쓰고 있는 것처럼, 이 시기에 독일인 대다수가 총통을 지지했음은 의심할 수 없다. 오늘날 이 시대를 증언하는 사람들의 기억 속에도 제3제국 중 이른바 평화기는 여전히 "좋고" "아름다운" 시절이다. 그리고 총통의 업적이라는 손에 잡히고 느껴지는 성과들은 실제로 인상적이었다. 커쇼는 이렇게 쓴다. "권력을 잡은 지 4년 후 히틀러 정권은 국내와 해외의 대다수 관찰자들이 보기에 안정적이고 강력하고 성공적이었다. 히틀러의 개인적 위치는 불가침이었다. 위대한 정치가이자 천재적 민족 지도자라는, 프로파간다에서 만든 이미지는 국민 대다수의 감정과 기대에 부합했다. 독일의 내부적 재건과 외교적 승리는 모조리 그의 '천재성' 덕택이라고 여겨졌기에 그를 유럽에서 가장 인기 있는 정치 지도자로 만들었다. …… 비판자조차 인정해야 하는 점은 특히 히틀러가 독일의 민족적 자긍심을 재건했다는 사실이다. 독일은 1차 세계대전 이후의 굴욕에서 다시 일어섰고 다시 한 번 강대국이 될 수 있었다. '힘을 통한 방위(Verteidigung durch Stärke)'는 성공적 전략임이 입증되었다."[573]

페터는 바로 이 점을 지적하는 것이다. 독일 제국이 이제 몰락해 가고 있다는 사실은 애석하지만, 그가 보기에 아돌프 히틀러만큼은 독일 민족에게 정체성을 부여하는 핵심 인물이다. 이는 바로 히틀러가 국가사회주의와 동일시될 수 없고 여타 엘리트 지도층과도 동일시될 수 없기 때문이다. 페터는 여기에서 독일 제국을 떠받치는 정서적 기반을 드러낸다. 비유대계 독일인들이 국가사회주의 프로젝트에서 보았던 것이 무엇인지, 그리고 그들이 이 프로젝트에 기꺼이 정서적으로 투자한 것이 무엇인지를 드러내는 것이다. 게다가 총통이 상징하는 독일 민족의 위대성에 대한 신앙은 전쟁 발발 후 상당 기간 동안에도 보상받은 것으로 보였다.

페터와 뵈펜 외에도 총통의 역사적 업적을 독일의 패전 및 몰락과 분리해 생각하는 사람들이 많았다. 친위대 소장 쿠르트 마이어(Kurt Meyer)도 거의 같은 말을 하고 있다.

> 마이어: 제가 보기에 총통은 여러 상황에 비추어 볼 때 대략 1941년 겨울 이후로 총명함을 잃었습니다. 어느 정도 신경질적이고 변덕스러워졌지요. 하지만 이 말은 해야겠습니다. 그래도 총통은 (1차 세계대전의) 독일 몰락 이후에 아무도 예상하지 못한 일을 이루어 냈지요. 이제 제국 전체가 다시 몰락하고 있지만, 총통은 독일에서 엄청나게 많은 걸 다시 깨워 냈지요. 독일 국민에게 다시 자신감을 준 겁니다.[574]

적어도 1942년 러시아 침공 후 첫 번째 겨울을 나기 전까지는 이런 정서적 투자가 보상받는 것처럼 보였다. 다시 말해 히틀러 정권의 외관상 성공 혹은 실제적 성공이 상징하는 독일 민족의 위대성을 느끼는 일이야말로 거기에 투자한 감정과 정력에 대한 보상이었다. 가령 작가 제발트(W. G. Sebald)는 "1942년 8월 제6상급군단 선봉대가 볼가 강에 도달한 그때, 그리고 많은 사람들이 전쟁 후에 고요한 돈 강 강변에 영지를 두고 벚꽃 만발한 동산에 정착하기를 꿈꾸었던 그때"[575] 민족 동지들의 정서에 대해 말한다. 바로 이런 정서적 측면(국가사회주의 프로젝트를 통해 지금과는 다른 상황, 지금보다 나은 상황을 꿈꾸는 측면)이야말로 왜 체제에 대한 믿음과 총통에 대한 신앙이 나치 체제의 성립 이후 지속적으로 커져 갔는지를 설명한다.(66쪽 참조)

이처럼 총통과 국가사회주의 프로젝트는 미래에 대한 희망적 믿음을 상징했으며 바로 이것이 독일 국민을 하나의 공동체로 묶어 냈다. 이처럼 공동체를 만드는 힘은 막강해서 이 프로젝트에 유보적이거나 비판적 태도를 보이던 사람들도 점점 그 안에 통합되었다. 이러한 자기 믿음의 심리적 결과로 잘못된 총통과 잘못된 체제에 내기를 걸었음을 깨닫는 즉시 곧바로 자신의 가치도 떨어진다고 느끼게 된다. 그래서 승리에의 확신이 사라진 후에도 총통 신앙은 유지된다. 이처럼 자기 믿음이 변증법적으로 스스로 고조되는 현상은 아돌프 히틀러 자신도 보여 주었다. 그는 여러 성공을 거둠에 따라 자신이 '섭리'에 의해 보내진 사람이라고 확신했다. 그 섭리, 즉 영원한 자연의 법칙과 인종의 법칙은 바로 독일이 강대국이 된다는 것이었다. 커쇼의 표현에 따르면, 히틀러가 점점 "자신이 지닌 의미에 대한 신화를 꾸미고 거기에 희생되어 가듯이", "그의 민족"도 총통 신앙과 자기 확신에 엄청난 정서적 투자를 감행했다. 그래서 마치 증권 시장에서 주가가 떨어져도 손 떼기 아주 어려운 것과 같은 일이 벌어졌다. 총통 숭배가 점차 히틀러를 모든 비판을 초월하는 초인적 구세주의 지위로 승화시키면서, 민족 공동체는 그와 함께라면 어떤 일이라도 할 수 있다고 느꼈다. 그래서 도청 기록에서 군인들이 표현하는 것처럼, 전쟁이 끝날 때까지 총통 신앙이 체제에 대한 믿음보다 훨씬 컸다. 그리고 페터와 뵈펜처럼 총통과 국가를 분리하는 생각은 널리 퍼져 있었다.[576] 국가 내에서, 특히 전시에는 적지 않은 일들이 히틀러의 등 뒤에서 일어나고 히틀러의 선의에 반해서 일어난다고 생각했기 때문에, 체제가 점차 무너지고 패전 위기에 처하더라도 총통에 대한 믿음은 건질 수 있었다. 이런 관점은 전후에까지 널리 퍼져 있었다. 이제 세 세대가 지난 최근에야 비로소 이 역사적 인물에게서 어떻게 그런 커다란 매력이 발산되었는지, 어떻게 21세기에 이르기까지 총통 벙커에서 일어난 온갖 사소한 일들까지 역사적으로 중요한 것인 양 미화될 수 있었는지 이해하기 어렵게 되었다. 총통 주변 인물들, 가령 힘러, 괴링, 괴벨스, 라이(Ley), 보르만(Bormann)

등은 당시에도 오늘날처럼 희극적으로 보였다. 당시 군인들도 전후 역사가들과 마찬가지로 이들을 생각한다. 우선 힘러는 그가 통솔하는 친위대와 더불어 체제와 전쟁에 매우 치명적 악영향을 끼친 악마적 인물로 여겨졌다. 대개 "헤르만"이라고 불리던 괴링은 신뢰성 있고 믿을 만하며 확신에 따라 행동하는 자로 여겨지고 애석하게도 히틀러에 대해 영향력이 너무 적었다고 여겨졌다. 또한 괴벨스는 "환상적 정치가", 지적으로 미더운 "장애인"이라고 보았다. 라이는 재능이 없고 광신적이고 썩어 빠진 정권의 부당 수혜자로 여겨졌다. 그리고 도청 기록에서 보르만은 속을 알 수 없고 위험한 총통의 문지기로 나타나는데, 그런 이미지는 전후에도 유지된다.

이러한 생각을 살펴보면 국가사회주의 지도 인사들에 대한 전후의 상투적 이미지가 전후가 아니라 1940년대에 이미 완성된 것임을 알 수 있다. 1944년부터 독일인 설문 조사를 실시했던 심리전단도 이런 결론에 도달했다.[577] 도청 기록을 읽으면, 그러한 고정관념이 전시와 전후에 너무도 비슷하여 놀라게 된다.

총통

군인들이 누구에 대해 이야기하는지를 살펴보면, 당연히 히틀러에 대해 가장 많이 언급하고 그다음은 괴링, 힘러, 괴벨스이며 그다음 여기 훨씬 못 미쳐서 라이, 시라흐(Schirach), 브라우히치(Brauchitsch) 등에 대해 이야기한다. 이처럼 도청 기록은 일반적으로 나치 정권 지도급 인사 개개인이 민족 동지들로부터 각각 어느 정도 주목을 받았는지 보여 준다. 이런 대화를 훑어볼 때 두드러지는 부분은 총통 신앙에 대한 언급이다. 예를 들어 1940년 어느 하사는 "히틀러는 오로지 한 사람이며, 그가 원하기만 하면 이루어집니다."라고 말한다.[578] 또 어떤 사람은 이렇게 고백한다. "히틀러가 죽는다면 저도 더 살고 싶지 않습니다."[579] 군인들이 히틀러에게 맹목적 신앙을 바치고 있음을 유념해야 한다. "총통이 그렇게 말했다면, 믿을 수 있는 거예요." "히틀러는 멋지게 해냈어요. 그는 약속은 지키거든요. 우리 모두 그를 한 치의 의심도 없이 믿지요."[580] 한 소위는 1940년 11월 "우리가 전쟁에서 이길 거라고 철석같이" 믿는다고 말한다. "미군 항공기가 베를린을 공습하는 일을 총통이 그냥 놔둘 리 없"다는 것이다.[581] 그리고 어느 상병은 비보에 대응하는 좋은 방법이 있다고 한다. "저는 총통의 말로 스스로를 위로하지요. 그는 이미 이 모든 걸 계산에 넣고 있거든요."[582]

그토록 강건한 총통 신앙은 히틀러라는 인물뿐 아니라 그의 예측에도 적용된다. 어느 공군 중위는 1941년 이렇게 말한다. "저는 무조건적 국가사회주의자는 아니에요. 하지만 히틀러가 전쟁이 올해 끝난다고 말하면 저는 믿어요."[583] 스탈린그라드 전투 이후 '최후의 승리'에 대한 회의가 생겨나기 시작했지만, 총통에 대한 신뢰는 무너지지 않았다. 가령 레스케(Leske) 하사가 "우리에게 장밋빛 미래 따위는 없어."라고 말하자, 대화 상대인 한펠트(Hahnfeld) 상병은 대답한다. "그래요. 하지만 이것이 생사가 걸린 문제라는 걸 총통은 늘 알고 있었지요."[584]

두 상사의 다음 대화도 유사하다.

루트비히(Ludwig): 러시아 상황이 아주 안 좋아 보입니다!

용가(Jonga): 그건 당신 상상일 뿐입니다! 이제 땅따먹기가 중요한 게 아니지요. 중요한 건 누가 사기 싸움에서 이기는가입니다. 러시아 놈들이 우리가 약하다고 상상하면 착각이지요. 잊지 마세요. 아돌프가 얼마나 두뇌가 명석한지 말이에요.[585]

총통 신앙은 계급과 직위를 망라하여 철두철미한 확신에 가까웠다. 이와 관련된 많은 발언은 마치 화자가 히틀러와 개인적 관계가 있는 듯한 인상을 풍겼다. 대중 스타가 닿을 수 없을 만큼 저 멀리 있고 남다른 특징을 지니면서도 독특한 방식으로 친밀하고 가까운 느낌을 주는 것과 마찬가지다. 프로파간다에서 철저한 계산을 통해 총통을 디자인하고 대중에게 선보이는 것은 국가사회주의 체제의 모든 자기 연출과 마찬가지로 실상 매우 현대적인 특징을 지닌다. 처칠이 히틀러처럼 연서를 수천 통 받는다거나 괴링처럼 딸이 태어났을 때 전보를 10만 통 이상 받는 일은 상상하기 어려우리라. 제3제국의 지도적 인사들은, 아니, 적어도 이 두 인물은 대중 매체의 전문적 연출로 나타나는 대중문화 현상을 매우 뚜렷하게 미리 보여 준다.

　소박하고 선량하면서도 신비롭고 전능한 느낌을 주는 총통의 아우라는 대중 스타와 마찬가지로 일부러 퍼트린 무수한 일화들을 통해서 늘 손에 땀을 쥐는 흥미진진함을 유지한다. 가령 연설 중에 소리를 지르는 것 같은 히틀러의 다소 특이한 습성, 금욕적인 식습관, 그리고 분을 못 참아 양탄자를 물어뜯었다는 저 유명한 일화[586] 등도 여기에 포함된다. 총통과 아주 가깝다는 것을 입증할 수 있다면, 한 번이라도 총통 옆에 앉았다거나 (장군들에게는 드물고 특이한 일은 아니지만) 총통과 군사적 문제를 논의한 적이 있다고 한다면, 그 일화는 언제나 자세하게 이야기되고 이야기 중에는 언제나 히틀러의 특별한 점들을 지적한다. 이를 통해 총통과 친밀하게 알고 지낸다는 것을 증명하는 것이다. 물론 (사실이건 거짓이건) 총통을 직접 만났다는 사람에게 총통 이야기를 듣는 것은 언제나 청자들의 흥미를 끌었다. 총통의 매혹이라는 토포스는 되풀이되어 등장한다. 히틀러는 말 그대로 사람을 마취시키는 것처럼 자신의 매력으로 끌어들인다는 것이다. 하지만 총통과 진짜 만난 사람은 다른 인상도 받았다. 가령 루트비히 크뤼벨(Ludwig Crüwell) 기갑대장은 이야기에 홀딱 빠져 귀를 기울이는 영국 측 첩자 폰 발데크(von Waldeck) 중위에게 이렇게 말한다.

크뤼벨: 확신합니다. 총통이 당을 지휘하면서 거둔 업적의 상당 부분은 그가 대중에게 암시를 거는 것 같은 절대적 영향을 끼치기 때문입니다. 일종의 최면과도 같지요. 그는 이런 최면을 수많은 사람들에게 걸었죠. 솔직히 말해서, 제가 아는 사람들 중에도 지적으로는 히틀러보다 우월하면서도 이런 마력에 홀딱 빠진 사람들이 있어요. 왜 저는 안 그런지 모르겠습니다만. 이 남자가 짊어진 책임이 그야말로 인간의 능력을 넘어선다는 사실은 저 자신도 아주 잘 알고 있지요. 그가 제게 아프리카에 대해 한 말은 저를 깜짝 놀라게 했어요. 그렇고말고요. 하지만 그래도 저는 그 정도는 아니었고 왜 그런지는 저도 모르겠습니다. 아주 특이한 건 손이에요. 아름다운 손이지요. 사진으로 보면 눈에 안 띄죠. 진짜 예술가의 손이라니까요. 저는 그 손을 계속 쳐다보고 있었지요. 아주 아름답고 예사롭지가 않은 손이었어요. 섬세한 손이었지요. 손의 종류 자체가 달랐어요. 소시민의 손은 그렇지 않아요. 제가 특히 놀랐던 건, 그는 독수리처럼 사람을 응시하면서도 긴 말을 하진 않았다는 거예요. "이 백엽 훈장을 받아 주시겠습니까?" 아주 나지막한 목소리로 말이에요. 이해하겠어요? 사실 그 전에는 완전히 다르게 상상했거든요.[587]

히틀러에게 깊은 감명을 받은 크뤼벨은 총통을 개인적으로 만났음을 증명하기 위해 친밀하고 가까운 거리에서만 알 수 있는 세부 사항들을 내세운다. 총통은 "아름답고" "섬세한" 손을 가졌다. 아주 특이한 손이다. 그리고 아주 정중하게 "나지막한 목소리로" 말하는데, 크뤼벨이 상상했던 것과는 아주 달랐다. 그러니까 총통을 그처럼 개인적으로 만나 보면 공적인 자리에서 사람들에게 최면을 거는 총통보다 한결 매력적이다. 크뤼벨의 설명에는 우스꽝스러운 점도 있다. 자신은 다른 사람들과는 달리 히틀러의 마력에 홀딱 빠지지 않았다고 강조하지만("왜 저는 안 그런지는 모르겠습니다만.") 그다음에는 마치 구세주를 눈앞에서 영접하듯이 총통을 묘사하는 것이다.

그가 이 만남에 대해 지녔던 커다란 기대는 충분히 실현되었다. 총통은 자신을 "깜짝 놀라게" 했을 뿐 아니라, 자기가 상상하던 것과 다른 방식으로 그렇게 했다. 이런 이야기를 할 때는 어떤 오락적인 요소도 깃드는데, 화자는 이런 요소를 가지고 자신이 총통 가까이 있던 사람이라고 과시하는 것이다. 하지만 청자는 다소 냉랭하게 대답한다.

폰 발데크: 그의 모든 행동은 감정에 사로잡혀 있습니다.

크뤼벨은 이 말을 비판으로 받아들이고 곧바로 반박한다.

크뤼벨: 그가 사람들에게 영향을 끼치려 한다면 그냥 자기 모습을 그대로 보여 주면 됩니다. 어떤 모습을 보여 줄까 생각한다면 벌써 잘못되어 버리지요. 제 말은 이런 뜻입니다. 어떤 군인들은 아주 훌륭한 군인인데도 늘 어떤 사람을 골라서 그를 모방하려 합니다. 그런 건 모두 잘못입니다. 총통은 유연하게 걷습니다. 옷을 아주 잘 입지요. 아주 소박하게요. 검은 바지에 외투를 입습니다. 이것보다 좀 더 회색인데 국방색은 아니지요. 뭐로 만든 건지는 모르겠어요. 그리고 괴링처럼 훈장을 주렁주렁 달지 않아요![588]

크뤼벨은 히틀러의 "감정에 사로잡힌" 행동을 오히려 진정성의 증거로, 그가 지닌 개인적 설득력의 일부로 평가한다. 그다음에 총통의 두드러진 소박함과 겸손함에 대한 자신의 내밀한 지식을 계속 늘어놓는다. 이 이야기가 보여 주는 또 다른 사실은, 이런 만남 이전부터 가지고 있는 총통의 위대함과 카리스마에 대한 기대를 실제 만남을 통해 충족하여 그 후에는 다시 새로운 일화를 만들어 낸다는 것이다. 총통과의 만남은 이런 식으로 '자기 실현적 예언'이 된다. 즉 총통 신앙은 일종의 '정서적 영구 기관'이 되는 것이다. 구세주와 대중 스타 사이를 오가는 공적 인물이라는 히틀러의 의미가 특히 두드러진 것은 프랑스 항복 후 베를린에서 히틀러가 축하 연설을 할 때였다. 1940년 7월 6일 오후 3시에 이 승리를 공식적으로 축하할 예정이었다. 군중 수십만 명이 여섯 시간 전부터 총통을 기다리고 있었다. 그를 열렬한 환영으로 맞이하기 위해서였다. 그날 오후 군중들은 히틀러에게 발코니로 나오라며 그의 이름을 끊임없이 불렀고, 히틀러는 그 후에 군중 앞에 모습을 드러냈다. 당시 그의 군사적 성공과 명성은 절정에 달했고 그는 민족 공동체가 상상하고 소망하는 자화상을 그대로 체현하고 있었다. "어느 지방지는 '틀림없이 말할 수 있다. 이제 민족 전체에 총통에 대한 확고한 믿음이 가득하다. 이 정도의 일은 전대미문이다.'라고 썼다. …… 심지어 정권 반대자들조차 승리에 도취한 이런 분위기에 맞서기 어려웠다. 군수 산업 노동자들은 자기들에게도 입대 기회를 주어야 한다고 역설했다. 사람들은 최후의 승리가 임박했고 이제 장애물은 영국뿐이라고 생각했다. 아마 제3제국을 통틀어 이 시점에 유일하게, 독일 국민이 진정 전쟁에 열광했던 것이리라."[589]

2년 후 이런 환희는 사라졌다. 영국을 상대로 한 전쟁은 예상보다 훨씬 힘겨웠고 소련 침공은 전쟁의 고난을 더욱 심화했을 뿐 아니라 전쟁을 신속히 끝내리라는 기대가 크게 흔들리게 했다. 나아가 스탈린그라드 전투에서의 패전은 이러한 의심을 계속 강화했다. 전쟁에서 진다면 어떻게 될까?

전쟁에서 진다면?

폰 발데크: 우리가 전쟁에서 진다면, 총통의 공적도 모두 잊힐 겁니다.
크뤼벨: 하지만 영원히 남을 일들도 있습니다. 그런 일은 수백 년이 지나도 사라지지 않을 거예요. 도로 따위야 남지 않겠지요. 하지만 그런 건 중요하지 않아요. 사라지지 않는 것은 국가 조직이죠. 국가에 노동자들을 끌어들였다는 사실 말입니다. 그는 진짜로 오늘날 국가 안에 노동자들을 끌어들였습니다. 아직까지 이런 일을 완성한 사람은 없었거든요.[590]

크뤼벨과 폰 발데크의 대화가 계속 이어지면서, 크뤼벨이 총통의 역사적 의미가 국가사회주의 프로젝트의 성패와는 무관하다고 생각함이 드러난다. 그러나 한편 총통 신앙은 승전에 대한 의심을 제거하는 데에도 크게 기여한다. 가령 마이네(Meyne) 대령은 1943년 6월 이렇게 말한다.

마이네: 총통은 천재니까, 분명 뭔가 탈출구를 찾을 거야.[591]

물론 이런 발언의 밑바탕에는 정말 승리할 수 있다는 생각이 깔려 있다. 이와 관련하여 군인들은 특히 언제 승리할 수 있을지에 대해 생각한다. 하지만 승리에의 확신은 스탈린그라드 전투 이후 점점 흔들린다. 하지만 그것 역시 총통에 대한 믿음은 크게 흔들지 못한다. "총통이 말했지요. '우리가 스탈린그라드를 접수한다.'라고요. 이 말은 믿어도 좋아요. 우리는 스탈린그라드를 접수할 거예요."[592] 이렇게 코텐바르(Kotenbar) 하사는 1942년 12월 23일 동료에게 말한다. 하지만 이때는 스탈린그라드가 이미 한 달 동안이나 소련군에게 포위당해 있던 시점이었다.
물론 이 무렵 볼게초겐(Wohlgezogen) 하사 같은 사람은 이미 최후의 승리에 대한 믿음이 다소 약해졌다. 그의 생각에는 의심이 깃들었다.

볼게초겐: 아, 우리가 진다면! …… 저는 절대 전쟁에서 지지 않을 거라고 생각해요. 러시아에서는 상황이 안 좋지만요. 아돌프는 결코 포기하지 않아요! 그에게 최후의 1인이 남아 있는 한, 인류가 멸망한다고 해도 포기하지 않습니다! 우리가 진다면 어떻게 될지 그는 알거든요! 그는 마침내 가스를 쓸 거예요. 그가 무슨 짓을 하더라도 그에게는 상관없지요.[593]

이런 유의 발언은 총통 신앙이 지닌 두 가지 기능을 분명하게 보여 준다. 한편으로는 자기 운명의 희비가 그에게 위임된다. 총통은 수단과 방법을 가리지 않고 승리하겠다는 생각을 가지고 있고 승리를 위해 충분한 수단과 냉혹함을 가지고 있다.("그는 알거든요!") 좀 더 흥미로운 다른 측면은, 전능한 총통이라는 이미지가 의심을 물리치는 기능을 한다는 것이다.

볼게초겐 하사는 전쟁에서 정말 승리할 것이라는 데 의심을 품고 있다.("러시아에서는 상황이 안 좋지만요.") 하지만 총통의 이미지를 상징처럼 불러들임으로써 의심을 제거할 수 있었다. "아돌프는 결코 포기하지 않아요!" 다른 많은 증언들에서처럼 여기에서도 인지 부조화 현상을 볼 수 있다. 이 현상은 실제 사건이 기대에 어긋날 때 생긴다. 기대와 달리 상황이 나쁘고 또 바꿀 수 없을 때 인지 부조화는 깊은 불쾌감을 불러일으킨다. 그 느낌은 견디기 힘들고 그래도 현실은 바뀌지 않으므로, 이제 남은 길은 현실에 대한 인식과 해석 자체를 변화시켜 인지 부조화를 교정하는 것밖에 없다.[594] 이런 일은 어디에서나 일어난다. 가령 원자력발전소 근처 주민들은 그곳에서 멀리 떨어진 곳에 사는 주민들보다 발전소를 덜 위험하게 여긴다. 흡연자는 자신의 건강이 큰 위험에 처해 있음을 잘 알기에

담배가 위험하지 않다는 여러 이론을 내세우곤 한다. 자신은 담배를 조금 피우거나 '가볍게' 피운다거나 자기 아버지가 86세까지 살았다거나 담배를 피우지 않더라도 사람은 어차피 죽는다고 말한다. 이처럼 부조화를 줄이는 과정을 통해 원치 않은 그 상황에서 계속 살아 나갈 수 있게 된다.

총통 신앙을 간직하는 것은 인지 부조화를 줄이는 수단이다. 그러나 그 대가로 이런 신앙에 대해 점점 더 많은 투자를 해야 한다. 다시 말해 미래의 전망이 의심스러울수록, 총통 신앙은 더 굳건해져야 한다. 총통이라는 이미지가 지닌 이런 심리학적 의미를 볼 때 우리는 그들이 이전에 이미 총통 신앙에 얼마나 많이 투자했는가를 가늠할 수 있다. 총통의 능력과 힘을 의심한다면 앞서 투자한 이런 감정들까지 무의미하게 만들 것이다. 그러므로 총통의 운명은 곧 독일 국민의 운명이다.

바흐: 이 전쟁에서 이기는 일은 독일에게 주어진 마지막 기회예요. 여기에서 이기지 못하면 아돌프 히틀러도 없을 거예요. 연합군의 계획이 성공한다면 우리 모두 끝장이지요. 유대인이 승리하면 어떻게 될 거라고 생각합니까? 우리는 그냥 총살당하는 게 아니지요. 아주 끔찍하게 죽을 겁니다.[595]

1943년 3월의 공군 소위 두 사람의 대화도 비슷한 사례다.

테닝(Tenning): 모든 걸 걸었습니다. 이 전쟁에서 이기면 삼중의 승리죠. 우선 국가사회주의 세계관의 승리이고, 둘째로 독일 무기의 승리이고, 셋째로 베르사유 조약에 대한 승리이지요.
폰 그라임(v. Greim): 제가 겁내는 것은 다만 우리가 다시 너무 물러지고 상냥해지는 거지요.
테닝: 우리가 영국 본토에 이르면 그렇게 되지 않지요. 절대 그렇게 되지 않

을 겁니다. 공군만으로는 절대 못 이겨요. 그건 오래전부터 알았지요. 하지만 영국인들은 아직도 모릅니다.

폰 그라임: 전쟁에서 진다면 우리는 총통 같은 사람을 다시는 얻을 수 없어요. 그는 유일무이한 사람이거든요.

테닝: 그래요. 맞습니다.[596]

1943년 7월 장성들의 대화에서도 이런 생각이 나타난다.

"이제 부정할 수가 없어요. 히틀러가, 그러니까 옛 모습 그대로라면, 우리는 어떤 일이 있어도 그와 더불어 갈 수 있고 그를 지지할 수 있는 거지요. 그러면 행운의 시간이 찾아올 겁니다. 의심의 여지가 없지요."[597]

총통 신앙은 전쟁 중 시시콜콜한 일들도 총통이 직접 지시하기 때문에 군인 개개인의 운명도 총통이 옳은 결정을 내리느냐에 달려 있다는 생각과 흔히 연관된다. 둑슈타인(Duckstein) 공군 상급상사가 카셀(Kassel) 상사에게 말한다.

둑슈타인: 총통이 출격을 친히…….

카셀: 그가 출격 명령을 내렸다고요?

둑슈타인: 출격 명령을 내린 건 아니고 출격을 철회시켰지요.

카셀: 왜요?

둑슈타인: 신중을 기하려는 조치였죠. 다른 일이 계획되어 있었을 수도 있지요. 총통이 친히 우리 출격에 영향력을 행사한 적이 여러 번 있었어요.

카셀: 총통이 그랬다는 걸 어떻게 알아요?

둑슈타인: 그가 모든 걸 보살피니까요.[598]

이 대화에서는 히틀러가 둑슈타인의 출격에 관련해 직접 지시를 내렸다는 이야기를 카셀이 다소 의아하게 여기고, 둑슈타인은 그를 납득시키기 위해 논리를 뒤죽박죽 펼치고 있다. 총통이 모든 것을 보살핀다는 마지막 논리를 보면, 이런 믿음은 인지 부조화를 줄이는 동시에 그것을 위해 다시 믿음을 투자할 필요가 있음을 알 수 있다. 둑슈타인이 총통이 직접 자신을 보살핀다고 적극 주장할수록 그 자신이 이를 적극적으로 믿어야 하는 것이다.

승리의 확신이 흔들리기 때문에 결국 적지 않은 군인이 총통에게 연민을 보내고 또 음모론을 만들어 낸다.("총통이 안됐습니다. 그 불쌍한 사람은 편히 잘 수가 없다니까요. 그의 뜻은 좋았는데 이놈의 정부가!"[599] "아, 끔찍하군요! 가련하게도 무진 애를 썼지만 계속 환멸만 느끼고 있잖아요! 이제 그는 아무도 믿지 못하게 되었다니까!"[600]) 그리하여 자신의 소망과 기대에 현실 인식을 끼워 맞추게 된다. 이런 일은 계급을 막론하고 흔한데, 울리히 뵈스(Ulrich Boes) 소령과 다른 고위 장교의 대화에서 잘 나타난다.

브링크(Brinck)*: 그래, 총통은 내내 무얼 하고 있지요?

뵈스: 총통? 일하지요. 아주 힘들게.

브링크: 뭐라고요?

뵈스: 아주 힘들게 일한다니까요.[601]

왕년의 총통이 아니다

"우리는 전 세계에서 적만 만들었소. 친구는 하나도 없지요. 독일 혼자서 이 세계를 지배해야 해요! 아돌프는 신들의 황혼에 접어들었지요."[602]

인지 부조화 이론을 염두에 두면, 스탈린그라드 참패 이후에도 "우리
는 분명 전쟁에서 이길 거요. 총통의 요구에 거부하는 자들을 한번 보고
싶군요!"[603]라는 식으로 말하는 것도 그리 놀랍지 않다. 그러나 또 다른
흥미로운 점은 총통의 군사적 재능에 대한 괴로운 의심을 어떻게 심리적
으로 처리하는가이다. 1942년 6월 28일, 그러니까 러시아 남부에 대한 대
대적 여름 공세가 시작되던 때, 공군 소위 두 사람이 총통에게 무슨 일이
일어났는지 골머리를 썩인다.

프뢰슐(Fröschl): 히틀러가 어떻게 저렇게 변할 수 있지요? 전에는 그를 숭배
했거든요.

발러(Wahler): 사람들은 이제 그를 의심하지요.

프뢰슐: 골치 아프군요. 대체 어떻게 이런 일이 일어난 거요?

발러: 이유가 있어요. 히틀러는 모두 다 내쫓고 혼자서 모든 걸 짊어졌지요.
몸소 모든 일을 살펴보고 통제하지요. 온갖 걸 다 잘 알고 있어요. 시간이 흐
를수록 자기가 아니면 아무 일도 안 된다고, 자기가 없으면 우리가 못 산다고
생각하게 되었지요. 당연히 그게 병적일 정도로 심해졌을 수도 있어요.

프뢰슐: 예전의 그가 아닐 만큼 그를 몰아가고 있다는 느낌이 계속 들어요.
그렇다면 그로서는 부담이 크게 줄어들겠지요.

발러: 아닙니다. 그로서는 부담이 줄어드는 게 아니에요. 어차피 총통이니
까요. 그래서 어디에도 얽매이지 않고 자유로우니까요. …… 그런데 다른
사람들은 모두 숙청하면서도 왜 국민이 증오하는 사람들은 숙청하지 않는
거지요?

프뢰슐: 어쩌면 정말로 과로 상태인지도 몰라요.

발러: 저도 분명 그렇다고 생각해요. 극도의 신경쇠약에 걸렸을 거라고 말입
니다.

프뢰슐: 그는 이제 상황을 장악하지 못하고 있지요. 잘 모르면서 그저 끌려가고 있어요. 이건 상상도 못 하던 일입니다. 제게 그는 이상적 인물이었어요. 그가 이렇게 한 방에 고장이 나다니! 아마 이기주의 때문일 거예요.

발러: 그의 행동을 보면 그렇지는 않아요. 독일 법체계에 대한 마지막 연설을 들어 봐도 그렇지 않아요.

프뢰슐: 이런 생각 자체가 나 자신이 이기적이고 독단적이기 때문일 수도 있어요. 제가 어떤 사람에 대해 오판했음을 인정하지 않으려는 것 말이에요.

발러: 그가 엄청나게 변한 것만은 분명하지요.

프뢰슐: 그래요. 왕년의 그가 아니라고 여전히 생각해요.

발러: 어쩌면 저 사람은 연극배우이고 그는 예전에 벌써 죽었는지도 모르지요.[604]

이 대화는 인지 부조화를 줄이는 기제가 어떻게 작동하는지 명료하게 보여 준다. 총통에 대한 모든 의심은, 자신의 정서적 투자에 대한 환멸조차도, 외부 원인 탓으로 돌려진다. 총통의 인격("이상적 인물")이 "엄청나게 변한" 것은 오직 심리 상태("신경쇠약") 때문일 수밖에 없다. 아니면 반역 음모 때문일 수도 있다. 그러니까 두 사람은 총통이 정말로 예전 모습이 아니라고 생각한다. 어쩌면 배우가 대역을 하고 있을 것이라고 말한다. 특이하게도 프뢰슐 소위는 자신이 "어떤 사람에 대해 오판했음"을 "인정하지 않으려" 하는 것일 수도 있다고 여긴다. 그는 자신이 인지 부조화를 경감하는 기제를 스스로 정확히 꼬집는다. 물론 인지 부조화를 줄이는 데는 대중 매체에 등장하는 총통이 오래전부터 실은 연극배우일지도 모른다는 마지막 반전이 한층 더 쓸 만하다. 그래야 총통이 미덥지 않게 행동하더라도 여전히 총통 신앙을 유지할 수 있기 때문이다.

퀼터호프(Költerhoff) 상병은 총통의 행동을 설명하는 보다 단순한 이론을 내세운다.

퀼터호프: 총통 자체가 문제는 아니지요. 많은 일들이 그의 귀에까지 들어가지도 않으니까요.[605]

특히 전쟁 말기에 군인들이 총통에 대해 이야기할 때는 이러한 차단 이론이 큰 역할을 한다. 즉 히틀러에게 전쟁의 실상을 감추고 있다는 것이다. 감퍼(Gamper) 하사는 말한다.

감퍼: 총통 본영에서 근무하던 기자와 이야기해 본 적이 있어요. 총통에 대해 무시무시한 사실을 전해 주더군요. 총통 본영은 카이텔(Keitel)이 좌지우지해요. 장군이나 누군가 아돌프에게 보고하러 가면, 무슨 말을 어떻게 해야 하는지 카이텔이 상세하게 가르친다고 하더군요. 그래야 아돌프를 만날 수 있게 한다는 거예요. 예를 들어 처음 퇴각을 하게 되었을 때 일이지요. 그때는 독일군이 철수한다는 자체가 전혀 익숙하지 않던 때예요. 어느 장군이 퇴각해야 한다고 보고하러 갔지만 결국 이렇게 말했다는군요. "총통 각하, 이 위치를 유지하기보다는 물러나는 것이 옳다고 여겨집니다. 그러니까 철수하는 것이 아니라, 더 유리한 위치가 거기라서 물러나는 것입니다." 그건 사실이 아니지요. 그들은 쫓겨난 거거든요.[606]

뮈스(Müss) 하사도 감퍼와 똑같이 생각한다. 총통에게 진실이 차단되었고, 총통은 이처럼 밀폐된 상황에서 점점 괴팍해진다는 것이다.

뮈스: 저도 그런 인상을 받았습니다. 그놈들이 총통을 철저히 엿 먹였습니다. 예를 들어 놈들은 때로는 아돌프가 책상에 커다란 전황 지도를 펼쳐 놓고 살

퍼보는 중이라고 말하지요. 그러니까 아무도 방해하면 안 된다는 겁니다. 그런데 바로 그때 아주 중요한 보고가 들어올 수도 있어요. 때로 총통은 여섯 시간, 일곱 시간, 열 시간 동안 책상 앞에서 골몰하지요. 때로는 바로 그때 정말 중요한 정보가 들어오는데, 이런 걸 카이텔이 모두 관리하지요. 하지만 히틀러는 거기 앉아 지도만 응시하다가 곧 광란의 발작을 일으키면서 미쳐 버리지요. 고래고래 고함을 지르면서 날뛰고 사람들의 따귀를 때리는 등 별짓을 다 하지요.[607]

친위대 대위 보른(Born)과 상사 폰 헬도르프(von Helldorff) 사이의 대화에서도 조직적으로 총통을 정보로부터 차단하고 있다는 생각이 등장한다. 그리고 그에 책임이 있다고 생각하는 자들을 거명한다.

폰 헬도르프: 우리 아버지[608]는 언제라도 총통이 있는 곳에 들어갈 수 있어요. 히틀러에게 거침없이 견해를 밝히기 때문이지요. 절대 빌빌대지 않고 말이에요. 총통도 이 점을 좋아하거든요.
보른: 하리코프에서였던 것 같아요. 사령관이던 친위대 대령 크룸(Krumm)이 백엽훈장을 받았지요. 크뤼거(Krüger)도요. 제 기억에 어쨌든 두어 명이 받았지요. 친위대 대위도 한 명 있었죠. 훈장 수여식에서 총통은 뭔가 특별한 걸 물었어요. 세 사람 다 갑자기 입을 다물고 서로 멀뚱멀뚱 바라보기만 했지요. 총통은 무언가 잘못되었음을 알았지요. 그래서 다음 날 다시 한 번 보고하라고 명령했지요. 면담을 하라고 말이에요. 그리고 세 시간 이상 총통과 면담을 하면서 다 털어놓았지요. 아주 솔직하게 털어놓았다고요.
폰 헬도르프: 총통한테는 그런 게 필요해요.
보른: 그에게 그 일이 큰 충격을 주었던 거예요.
폰 헬도르프: 총통은 완전히 고립되었어요. 신뢰하는 측근 서너 명이 전달하

는 보고에 의존하지요. 그리고 그들이 그를……. 아니, 심하게 표현하지는 않겠어요. 하지만…….

보른: 그 세 사람이 누군데요?

폰 헬도르프: 제일 악질 중 하나가 보르만이에요. 군사적인 문제에서는 카이텔이고 정치적인 문제에서는 다 한통속이지만 괴벨스가 좌지우지하지요.

보른: 웃긴 일은 아직도 제국지도자(힘러)가 밤낮없이 그 옆에 있다는 거예요.

폰 헬도르프: 제국지도자도 절반은 책임이 있어요.

보른: 총통은 의식적이건 무의식적이건 유대인에 대한 이런 조치들에 전혀 동의하지 않았어요. 제가 분명히 압니다. 거기에서 일어난 일들 중 상당 부분을 그에게는 말하지 않았지요. 자기가 알아서 그런 일을 저지른 거예요. 총통은 흔히 묘사되는 만큼 그렇게 지독하게 극단적이거나 강경하지는 않아요.[609]

보덴샤츠(Bodenschatz) 공군 대장과 밀히(Milch) 원수의 1945년 5월의 대화에서도 '후기' 히틀러가 '전기' 히틀러와는 다르다는 이론이 등장한다.

밀히: 1940~1941년의 총통은 1934~1935년의 총통과는 다른 사람이었지요. 전혀 명석하지 않았습니다. 완전히 틀린 생각만 하고 그런 생각만 좇는 사람이었어요. 분명 탈이 난 거예요. 확신합니다. 자연적으로 병이 날 수도 있거든요. 책임이 과도하면 말이에요.[610]

총통을 철저히 조종하는 일이 치명적인 한 가지 이유는 히틀러의 역사적 의미를 부당하게 격하시키기 때문이다. 그러나 그것이 치명적인 더 큰 이유는 총통이 올바른 정보를 제대로 받지 못하면 군부까지 그 책임을 지는 사태가 발생하기 때문이다.

라이터(Reiter) 소장도 이를 우려한다.

라이터: 그는 역사적 인물이지요. 훗날에야 역사가 올바르게 평가할 거예요. 그동안 어떤 일이 일어난 건지 우선 우리가 다 들어 봐야 합니다. 우리는 아무것도 모르거든요. 총통에게 정보를 감춘 그 덜떨어진 인간들. 그들의 보고가 총통을 얼마나 기만했겠습니까! 그 때문에 우리도 책임을 지게 될 겁니다. 이 말은 믿어도 좋아요.[611]

총통의 이름으로 벌어졌지만 그가 모르는 사이에 벌어진 일에 대해 자신들도 연대 책임을 질 수 있다는 두려움은 특히 고위 장교들에게서 나타난다. 게다가 게르하르트 바셍게(Gerhard Bassenge) 소장 같은 이들은 자신들이 불행하게 여기에 연루된 이유에 대해 나름의 이론을 세우곤 한다.

바셍게: 총통이 우리를 완전히 속였습니다. 우리는 정말 잘못된 상황에 있는 거예요. 서약을 강요당했지요. 서약은 1933년에 있었고, 힌덴부르크(제국대통령)가 아직 건재했고 상황도 완전히 달랐던 때였지요. 1년 후에 벌써 모든 게 변해 있었지요. 그리고 그때 우리는 이미 서약을 한 상태였지요.[612]

미래가 분명 약속만큼 위대하지 않을 것이라는 환멸을 느낄 때에도 국가사회주의 프로젝트와 총통 신앙이 지닌 정서적 의미가 드러난다. 가령 실망한 라이만 대령의 말을 들어 보자.

라이만: 모든 일이 정말 좋았지요. 모든 게 멋졌고 흠잡을 데가 없었어요. 그런데 이 지랄 맞은 러시아 때문에 무너지기 시작했습니다. 러시아가 겨울에 그렇게 춥다는 걸 모르던 사람은 두 명뿐이에요. 한 사람은 나폴레옹 보나파르트이고 다른 한 사람은 총통이지요. 이 아마추어 장군 말입니다. 그 밖에는 누구나 알고 있었으니까요.[613]

총통의 실패

"그리스도와 히틀러의 차이가 뭔지 알아요? (히틀러와는 반대로) 그리스도의 경우엔
만인을 위해 한 사람이 죽었다는 거지요."
(프리드리히 프라이헤어 폰 브로이히(Friedrich Freiherr v. Broich) 중장, 1943년 7월)[614]

1943년 2월 스탈린그라드에서 제6상급군단이 항복한 뒤 최후의 승리에
대한 의심이 늘어났다. 군인 대다수가 아직도 총통 탓을 하지는 않았지만
히틀러에 대한 비판적 발언이 잦아졌다. 하르니슈(Harnisch) 병장은 "솔직
히 말해야겠어요. 아돌프는 온전히 정상은 아니에요. 예를 들어 유대인에
게 한 짓은 옳지 않았어요."[615]라고 말한다. 로르바흐(Rohrbach) 대령은 전
쟁 지휘는 히틀러의 능력을 넘어서는 일이라고 말한다. "총통은 우리 장
군들 말에 귀를 기울이지 않는 것 같아요. 큰일입니다. 한 사람이 정치가
이면서 국가 지도자이면서 총사령관일 수는 없지요. 미친 짓이에요."[616]

1944년 4월 공군 소속 도이치(Doetsch) 하사와 브로이티감(Bräutigam) 상
급상사는 전투기 조종사 교육을 받을 때 있었던 특이한 일에 대해 이야
기한다.

도이치: 런던에 새로 공습을 시작하기 며칠 전 높으신 양반이 오셔서 강연을
했지요. 누구였는지는 기억이 안 나네요. 어쨌든 신경질적인 여자처럼 굴더
군요.
브로이티감: 어쩌면 영국 공습 책임자 아니었나요?
도이치: 그럴 수도 있어요. 이렇게 으르렁거리더군요. "놈들 집을 다 불태워
버리시오. 그래야 내가 총통에게 가서 우리 공군이 다시 영국 상공을 접수했
다고 말할 수 있지." 대놓고 구걸하더군요. "실패하면 안 되오. 최선을 다해

주시오!" 아주 신경질적으로 말이에요.

브로이티감: 그래요. 총통이 하는 식으로 했겠지요.

도이치: 히틀러가 저지른 이 쓰레기 같은 짓들을 생각해 보면, 사실 우리는 독일인으로서 그를 총살할 수밖에 없어요.

브로이티감: 틀린 말은 아닙니다. 하지만 그런 말을 하면 안 돼요.

도이치: 여기 있는 사람에게 이런 말을 하지는 않지요.[617]

물론 많은 비판적인 언급 중에는 그래도 어느 정도 연민이 남아 있었고 총통 신앙의 흔적이 뚜렷하게 남아 있었다. 가령 케자르(Caesar) 이병이 히틀러와 그의 주변의 역사적 인물들을 만나면 어떻게 할지 이야기할 때도 그랬다. 자비를 베풀 것이지만 예외는 있다는 것이다.

케자르: 이런 생각을 해 봤어요. 만약 제가 도주하는 중인 히틀러와 그 동지들을 만난다면 어떻게 할지 말입니다. 어떤 결심을 했느냐면, 이렇게 말할 거예요. "당신을 도울 수는 없지만, 당신을 여기에서 보았다고 아무에게도 발설하지 않겠소. 여기 숲으로 가는 길이 있으니, 숨어 들어가시오." 유일한 예외는 힘러일 겁니다.[618]

얼마 전 완성된 석사 논문 두 편[619]에서는 상병에서 참모장교에 이르는 포트헌트 수감 군인들의 도청 자료를 상세히 분석했다. 이 논문들에서는 낮은 계급의 군인들은 연합군의 노르망디 상륙 이후 총통 신앙이 크게 줄었지만, 높은 계급의 군인들에게는 어느 정도 유지되었다는 결론을 내렸다. 이것은 자신의 정체성과 정서를 투자할 때 총통 신앙이 안정적으로 유지된다는 또 하나의 증거이다. 물론 이런 흔적은 좀 더 추적해야 하는데, 그리 쉬운 일은 아니다. 왜냐하면 총통 신앙의 또 다른 측면은 군인들의 대화에서는 드러나지 않기 때문이다. 그것은 정치적 성찰이라는 측면이다. 실상 국가사회주의 프로젝트의 가장 깊은 각인 효과 중 하나는 지속적 탈정치화였던 것으로 보인다.

군인들은 일어나는 일들을 가장 일차적으로는 자기 일이 아니라 전능한 총통과 그 주변에 포진한 인물들의 일로 이해했다. 이런 인물들은 그때그때 상황에 따라서 우둔하거나 부패하거나 무능하거나 범죄적으로 보였다. 그러나 국가사회주의 국가, 독재, 유대인 탄압 및 학살에 대한 정치적 견해는 없었다. 저명한 나치 인사들의 개인적 특징에 대한 비판과 회의, 때로는 개별 조치들에 대한 비판과 회의는 이야기했으나, 어떤 결정과 관점을 두고, 혹은 다양한 입장과 해석을 두고 논쟁하는 정치 토론은 벌어지지 않았다. 이것이야말로 전체주의적 통치의 핵심적 결과 중 하나이다. 그것은 대안이 없다는 심리를 만들어 내고, 카리스마를 지닌 지도자에게 전적으로 집중하고 의존하게 만든다. 그러면 파멸이 분명해지더라도 이 지도자에게는 충성을 유지하게 된다. 도청 기록을 보면 특히 높은 계급의 군인들에게서 정치가 신앙으로 대체된다. 총통에 대한 믿음은 자기 자신에 대한 믿음이기도 하므로, 총통의 이미지에 조금이라도 손상이 생긴다면 자신의 정력과 감정을 투자했던 그 프로젝트도 평가절하될 위험에 처하는 것이다.[620]

이데올로기

퇴네(Thöne): 러시아에서 유대인을 어떻게 다루었는지 분명 들었을 겁니다. 유대인은 폴란드에서는 비교적 무사할 수 있었어요. 거기에는 아직 유대인들이 살아 있지요. 하지만 러시아의 점령지에서는 어떤 유대인도 살아남지 못했습니다.
폰 바수스(V. Bassus): 그렇지요. 그런데 러시아의 유대인이 더 위험하다고 생각한 건가요?

퇴네: 위험하다고 생각한 게 아니라 증오한 거지요. 이건 공공연한 비밀이죠. 러시아에서는 유대인이라면 여자와 아이들을 포함해서 모조리 남김없이 총살당했습니다. 분명히 말할 수 있어요.

폰 바수스: 예. 그런데 반드시 그럴 만한 이유가 있었나요?

퇴네: 증오가 반드시 그래야 할 이유였지요.

폰 바수스: 유대인의 증오 말입니까?

퇴네: 우리의 증오 말입니다. 물론 이유가 되는 건 아니지요. 하지만 사실이에요.

(폰 바수스 원사와 퇴네 소위, 1944년 2월 2일)[621]

이 인용문의 간결한 표현은 매우 특이하다. 폰 바수스 상급상사가 유대인 섬멸의 이유를 찾는 반면, 퇴네 소위는 유대인을 죽이는 데 이유는 필요 없었다고 연거푸 말한다. 다른 어떠한 동기도 없고 증오 자체가 동기다. 유대인이 "위험"하기 때문도 아니고 유대인이 독일인을 "증오"하기 때문도 아니다. 특히 놀라운 점은 증오가 "이유가 되는 건 아니지"만 유대인을 학살하게 만든 엄연한 "사실"이라고 퇴네가 덧붙이는 것이다. 자기 목적적 폭력에 대해 이보다 명확하게 표현하기는 어렵다. 그리고 이런 표현은 군인들의 의식 안에서 깊이 작용하는 국가사회주의 이데올로기와 관련하여 한 가지 사실을 보여 준다. 그것은 일반적으로 다음과 같이 표현할 수 있다. 그들이 어떤 것에 몰두하는 데 이데올로기는 별다른 역할을 하지 않는다는 것이다. 상당수의 대화에서 그들은 이른바 '유대인 문제'를 폭력으로 해결하는 데 찬성했다. 하지만 또 다른 상당수의 대화에서는 그에 대해 분명하게 반대한 것도 사실이다. 우리는 사실 이렇게 말할 수 있다. '유대인 문제'가 존재한다는 것은 그들 세계에서는 당연한 일이었으며, 따라서 그들이 반유대 정책의 개별 사안에 대해 좋다거나 나쁘다고, 옳다거나 그르다고 생각하는 것은 이와는 전혀 다른 차원의 일이었다.

다양한 의견들

프리트(Fried) 중위는 하이네의 시를 읽으며 말한다. "유대인은 독일어를 제대로 구사할 줄 모른다고, 특히 문학에서 그렇다고 말하지요. 하지만 이 『하르츠 여행(Harzreise)』은 환상적이에요."[622]

베너(Wehner)* 하사는 말한다. "유대인을 만나면 서슴없이 쏴 죽일 수 있습니다. 우리는 폴란드에서 유대인들을 죽였지요. 무자비하게 죽였어요."[623]

두 인용은 모두 1943년 초의 대화이고 두 사람 모두 공군이다. 프리트 중위는 인간적인 독일을 대표하고 베너 하사는 반유대주의 '세계관 전사'의 독일을 대표하는가? 적어도 우리 자료만 보면, 『하르츠 여행』을 즐겨 읽는 일이 유대인을 죽일 수 있을지 없을지에 대해 어떤 암시를 준다는 증거는 없다. 물론 매우 광신적인 베너 하사라면 유대인 작가의 책 따위는 읽지 않으리라는 점은 추측할 수 있다.(이는 그의 다른 말들에서도 추측할 수 있다.) 우리가 이 두 인용을 나란히 놓은 이유는 유대인에 대한 언급이나 인종주의 일반에 대한 언급이 우리 자료 안에서 얼마나 넓은 스펙트럼을 이루고 있는지 암시하고자 함이다. 우리 자료에는 하인리히 하이네나 유대인 의사, 화학자, 물리학자에 대한 언급들이 있고, 유대인 섬멸이나 반유대 정책 일반에 대한 격렬한 거부도 나타난다.[624] 하지만 정반대로 유대인의 세계 음모, 국제 유대주의, '유대화'된 영국과 미국[625] 등의 이론도 나타나며, 유대인 살해의 기쁨도 나타난다. 한마디로 온갖 것이 다 나타난다. 그런데 이런 다양한 사고방식들이 꼭 위의 예에서처럼 서로 다른 사람들에게 분리되어 나타나는 것도 아니다. 섬멸을 서술하는 부분에서 이미 보았던 것처럼, 언뜻 보기에 너무도 모순적인 논리와 관점들이 한 사람에게서 나타나기도 하는 것이다. 가령 이렇다. "나치는 유대인보다 더 끔찍한 개새끼들입니다."[626]라는 말과 "일본인은 동양의 유대인입니다!"[627]라는 말을 한 사람이 하기도 한다.

반유대주의 환상이 어디까지 뻗어 나갈 수 있는지 에르푸르트(Erfurth) 중령의 발언에서 알 수 있다.

에르푸르트: 리가에서 거리 청소를 하던 독일 출신 유대인 여자들을 보면 늘 불쾌했지요. 일하면서 계속 독일어로 떠들더라고요. 역겹지요! 이런 건 금지 해야 해요. 이디시어만 하게 해야 한다니까요.[628]

터무니없는 발언도 있다.

저는 독일 서부 탁구 챔피언이었죠. 그렇지만 탁구 치는 법을 거의 다 잊었습 니다. 열여섯 살 먹은 전형적인 유대인 아이에게 지고 나서 탁구를 포기했거 든요. 그때 스스로에게 말했어요. "이건 제대로 된 스포츠가 아니야."[629]

인종 문제에 대한 대화나 유대인에 대한 대화는 구조에서 다른 대화들 과 별 차이가 없다. 그에 대해 이러쿵저러쿵 산발적으로 떠들다가 엉뚱 한 이야기를 하기도 하고 금세 화제를 돌리기도 한다. 유대인 문제나 인 종 이론에 대한 장시간의 논의는 거의 없고, 하물며 열띤 논쟁은 더더욱 없다. 이를 보면 다음과 같은 사실을 알 수 있다. 첫째, 다른 주제에 대한 대화들과 마찬가지로, 서로 합의를 이루려는 욕구 때문에 자기 의견을 꿋 꿋하게 개진하거나 집요하게 캐묻거나 논리를 펼치는 일은 별로 없다. 둘 째, 대개의 경우 그들의 관점과 정치적 평가는 놀라울 만큼 빨리 합의가 이루어지므로, 대부분의 군인에게 이런 주제가 특별히 중요하지 않다고 추측할 수 있다. 그 문제를 이야기할 때 비로소 자기 의견이 생기는 것일 뿐, 그에 대해 이야기하지 않으면 자기 의견도 없다. 이는 알렉산더 회르켄스(Alexander Hoerkens)의 상세한 분석에도 합치한다. 그는 우리가 다루는 자료 중 2000개 이상의 도청 기록을 특히 '이데올로기'라는 문제의식을 가지고 평가했다. 이를 통해 전체 대화 중 5분의 1 미만만이 정치적이거나 인종적이거나 이데올로기적인 문제를 건드리고 있음을 확인한 것이다.[630] 군인들은 전시의 일상적 문제들에 훨씬 큰 관심을 가졌다. 소수 극단적 사례는 있다. 그리고 이런 극단적 사례들에도 광신적 반유대주의자와 섬멸전 전사에서부터 과거에 강제수용소에서 범죄를 목격하고 엄청난 충격을 받은 사람에 이르기까지 다양한 스펙트럼이 존재한다. 그러나 이런 소수 사례를 제외하면, 이 주제도 여타 주제들과 그리 다를 바 없다. 그리고 대량 학살에 대해 이야기할 때면 보복에 대한 두려움이 자주 나타난다. "보복을 당할 거라고 생각하지 않나요? 수많은 유대인을 여자와 아이까지 쏴 죽인 일 말이에요. 아, 그들이 채 죽기도 전에 구덩이에 밀어 넣은 일들을 어느 사병이 제게 많이 이야기해 줬지요."[631]

공공연한 국가사회주의자면서도 유대인 박해를 역사적 오류라고 여기는 사람이 있는가 하면, 정반대 입장도 있다. 단호한 반나치주의자이면서 반유대 정책을 국가사회주의 정책 중 유일하게 합리적 정책이라고 여기는 사람도 있는 것이다. 가령 '나치들'에게 격분한 두 군인이 이런 대화를 나눈다.

휠셔: 처음부터, 그러니까 1933년부터 그들은 전쟁을 준비했습니다. 그건 논란의 여지가 없지요. 그리고 아돌프가 스무 번이나 연설에서 "우리는 전쟁을 원치 않는다. 어머니에게 묻고 부상자에게 물어보라."라고 말했을 때 저는 생각했지요. 거짓말이라고 말이에요. 그는 거짓말을 한 겁니다! 전쟁을 원치 않는다고 그렇게 자주 떠벌려 놓고 말입니다.

폰 바스티안: 저는 늘 이렇게 말했지요. 대체 저자는 왜 저런 말을 저렇게 자

주 하는 거야? 우리가 전쟁을 원치 않는다는 건 너무 분명하잖아요. 우리 독일 국민이 말입니다. 전쟁을 할 수도 없고 전쟁에는 학을 뗐다는 것도 너무 분명하잖아요.

휠셔: 그러니까 그자는 자기 생각을 정확히 거꾸로 말한 거예요. 그는 전쟁을 원했어요. 그자들이 서로 상대방에게 전쟁에 책임이 있다고 욕을 퍼부을 때 이미 생각했어요. 이건 심각한 일이라고요! 히틀러는 폭력적인 걸로 원래 유명했지요. 돌격대와 친위대, 실내 난투극만 봐도 알 수 있어요. 그들이 이룬 게 있다면 몽땅 치고받는 걸 통해서 이룬 거지요. 히틀러는 이렇게도 말했지요. "국가사회주의는 투쟁을 뜻한다."

폰 바스티안: 투쟁을 뜻한다. 그래요!

휠셔: 이 말은 그들이 절대 싸움을 그치지 않는다는 뜻이지요. 영원한 싸움이고 영원한 난투극이에요. 개인은 아무것도 아니고 조국이 전부라고 하죠. 그들은 이렇게 말했지요. "이제 우리는 1919년의(바이마르공화국의) 개새끼들에게 독일을 어떻게 변화시키는지 보여 줄 것이다." 그자는 극단적이에요. 그건 분명합니다. 엄청나게 무디고 우악스럽고 손실 따위는 아예 신경조차 쓰지 않는 자라야 그런 짓을 할 수 있으니까요. 사람에 대해서는 전혀 신경 쓰지 않아야 하는 거죠. 교양 있는 사람이라면 절대 그런 짓을 저지르지 못합니다. ……

폰 바스티안: 어쨌든 국가사회주의자들이 우리를 어디로 끌고 가려는지 아직도 모르겠어요. 갈색 셔츠를 입은 그 건달들이 말입니다![632]

이처럼 단호한 반나치주의자들의 대화를 듣고 독자는 그들이 반유대 정책도 거부할 것으로 거의 자동적으로 기대할 것이다. 하지만 그런 기대가 틀렸음을 곧 알게 된다. 이 대화는 이렇게 이어지기 때문이다.

휠셔: 그래요, 잘 모르겠어요. 좋은 것들도 많지요. 그 점은 인정합니다. 유대인을 다루는 방식은 괜찮아요. 인종 문제에 대해서는 전혀 나쁘게 여기지 않아요.

폰 바스티안: 인종 문제는 흠잡을 게 없지요. 유대인 문제도 그렇고, 독일인 혈통을 보존하기 위한 법률 같은 것들도 말입니다. 그 법은 흠잡을 게 없어요. 정말 그래요.

오늘날의 관점에서 도청된 대화들을 보면, 수많은 논리들이 대단히 잡다하게 뒤섞여 있는 것이 놀라울 뿐이다. 앞서 자주 보았던 것처럼, 일상 대화가 지니는 성격이 여기에서 커다란 역할을 한다. 하인리히 폰 클라이스트(Heinrich von Kleist)가 유명한 에세이에서 밝혔던 것처럼, 흔히 생각은 말을 하면서 비로소 "작성된다."[633] 견해와 태도라는 것은 구체적인 사회적 상호작용을 넘어서 있는 어떤 것, 마치 서랍 속에 넣어 두었다가 필요할 때 언제라도 꺼내 쓸 수 있는 것이 아니다. 그것들은 종종 대화하다가 말이 꼬리에 꼬리를 물고 이어지면서 비로소 만들어지며 때로는 그리 오래 유지되지 못하기도 한다. 때로는 분위기 때문에, 의견 일치를 위해, 상대를 속이기 위해, 혹은 대화가 그저 그런 잡담이어서, 즉 이래도 그만이고 저래도 그만이기에, 이런저런 생각을 시험해 보기도 하고 처음 펼쳐 보기도 하다가 다음번 대화에서는 곧바로 다시 버려 버린다. 논쟁은 아주 드물다. 이들이 원해서 같이 있는 것도 아닌 데다가 긴 시간을 함께 보냈기 때문에 그런 갈등이 일어날 소지가 큰데도 불구하고 그렇다. 그러나 과감한 논쟁도 몇 개 있고("다른 의견을 말해도 좋을까요?"[634]), 함께 사는 사람들 사이에서 흔히 일어나는 다툼들까지 일일이 기록되어 있으므로,[635] 도청 담당자들이 이런 논쟁을 그저 기록하지 않았을 뿐이라고 추정할 수 없다. 논쟁이 없지는 않았지만 분명 실제로 드물었던 것이다. 또한 모든 일상 대화에서처럼 특정 의견에 대해 다른 대화에서는 분명 반대했다가 이번에는 동조하는 경우도 있었다. 그러니까 앞서 언급한 대로 대화가 지니는 대인 관계적 측면이 거기에서 교환되는 내용 자체보다 훨씬 중요했던 것이다.

세계관의 일관성

그러므로 국가사회주의의 이른바 이념소(Ideologem, 理念素)들이 도청당하는 군인들의 의식 안에 얼마나 깊이 뿌리내리고 있는가를 연구하는 것은 까다로운 시도이고, 아주 명료한 입장들에 대해서만 어떤 결론을 내릴 수 있는 것이다. 가령 극단적 반유대주의자인 19세의 2등 사관후보생 카를 푈커(Karl Völker)의 입장이 그렇다.[636]

푈커: 저는 유대인들이 무슨 짓을 했는지 들어서 알아요. 1928년과 1929년에 여자들을 끌고 가 능욕하고 모두 사지를 갈기갈기 찢어 놓아서 피바다가 되었다죠. 그런 사례를 많이 안다고요. 매주 일요일 유대교 회당에서 사람 피를, 그것도 기독교인 피를 바쳤다고요. 유대인은 불평불만이 많지요. 유대인 여자들은 남자보다 훨씬 심하죠. 예전에 우리가 유대교 회당을 덮쳤을 때, 제 눈으로 직접 봤습니다. 시체가 엄청 많았어요. 그놈들이 어떤 짓을 저질렀는지 알아요? 우선 사람을 관대에 눕히고 이런 물건을 가지고 와서 배에 꽂고 피를 뽑아냈지요. 배에다 작은 구멍을 내서 대여섯 시간 안에 말라 죽게 하는 거예요. 저는 그놈들은 수천 명이라도 박살 낼 수 있어요. 제 눈에 띄기만 하면, 그들 중 한 놈이라도 죄가 밝혀지기만 하면 그놈들을 몽땅 죽일 거예요. 놈들이 유대교 회당에서 한 짓을 봐요! 유대인처럼 불평불만을 늘어놓는 사람도 없지요. 물론 무죄일 수도 있지만 아무리 무죄라도 죽여 버릴 겁니다. 송아지를 도살하듯이! 제게 유대인을 데려다 주기만 하면 됩니다. 우리가 유대교 회

당을 급습하던 일만큼 즐거운 일은 제 평생 없어요. 제 생각에 그중에서 제가 제일 과격했지요. 그놈들이 더럽힌 시체들이 거기에 있었으니까요. 구멍이 난 시체 말입니다. 여자들이었어요. 구멍이 숭숭 뚫렸지요.

슐츠: 대체 놈들은 여자들이 어디에서 났소?

필커: 그곳에서 여자들이 자주 사라졌습니다. 당시 우리 고향에서 말입니다. 모두 유대인에게 잡혀갔지요. 한 가지 사례가 있어요. 어떤 여자가 늘 유대인에게서 물건을 샀지요. 그 유대인이 가게를 운영하고 있었거든요. 그놈이 한번은 여자에게 자기 가게에 오라고 했어요. 줄 것이 있다고요. 그런데 그 가게에 유대인 다섯 놈이 버티고 있다가 여자 옷을 벗겼어요. 가게에서 유대교 회당까지 지하 통로가 있었지요. 그놈들 경전을 보면 놈들이 할 수 있는 가장 훌륭한 행동이 기독교인 피를 바치는 것이라고 적혀 있어요. 매주 일요일마다 한 사람을 도살하는데, 서너 시간쯤 걸려요. 놈들이 얼마나 많은 사람을 강간했는지! 그래서 저는 무자비했지요. 그때 놈들을 벽 앞에 세웠어요. 모두 다. 무자비하게. 분명 그중에서 죄가 없는 사람도 있었어요. 하지만 죄를 지은 놈들도 있었지요. 아무리 착하다고 해도 몸속에 유대인의 피가 흐른다면 그걸로 족해요.[637]

아마 대니얼 골드하겐이 눈앞에 떠올릴 만한 전형적인 세계관 전사이다. 즉 폭력의 포르노 같은 파괴적 망상에 사로잡혀 유대인 근절에 모든 것을 거는 반유대주의 확신범이다. 이야기를 듣는 사람들도 구체적 사례에 대해서는 오히려 의심하는 듯하다.("대체 놈들은 여자들이 어디에서 났소?") 필커의 이야기는 어쩌면 그가 《돌격대(Stürmer)》라는 잡지를 심취하여 읽으면서, 또는 히틀러유겐트에서 반유대주의 세계관을 서로 확인하면서 들은 내용일 것이다. 이런 이야기의 엽기성이야말로 당시 많은 사람들이 무엇을 굳게 믿었고 그로부터 어떠한 확고한 결론을 이끌어 냈는지 보여 준다. 그런 자들이 정말로 있었던 것이다.

하지만 도청당한 군인들의 의식 안에서 국가사회주의 자체는 다양한 소품들이 조합되어 나타났다. 그러므로 그들의 의식 안에서 국가사회주의가 로젠베르크(Rosenberg)에서 히틀러에 이르기까지 여러 사람의 강령적 저술이나 연설 속에서 확인할 수 있는 이론, '생의 영원한 법칙'에 대한 일관성 있는 그 이론처럼 존재하는 경우는 거의 없다. 앞서 언급한 알렉산더 회르켄스의 연구에서는 군인 621명의 대화를 분석하여 이런 결론에 이른다. 다수는 인종 정책에 오히려 부정적 견해를 피력했고, 30명의 소수만이 '세계관 전사'로 간주될 수 있다는 것이다. 물론 이러한 소수파가 대부분 젊은 장교들, 특히 소위들이었음은 흥미롭다. 이들은 1933년에는 아직 어린아이였기에 제3제국 교육의 영향을 가장 크게 받았던 것이다.[638] 국가사회주의 세계관이라는 표현은 이런 경우에 쓸 수 있다. 하지만 그 밖의 군인들이 '정치', '인종', '유대인' 등에 대해 말할 때 확인할 수 있는 것은 어떤 완결된 세계관이라기보다 매우 잡다하고 모순적인 부분들의 '누더기'인 것이다. 단호한 국가사회주의자들이라도 개인적으로 알던 유대인에 대해 동정을 표시하기도 하고, '문화 민족'인 독일인이 그들을 "비열하게 대우"한 데 대해 흥분하기도 했다. 그러나 그러면서도 기본적으로는 인종 정책에 전적으로 동의할 수 있었다. 이는 1943년 5월 해군 무전병 함마허(Hammacher)가 했던 이야기가 잘 보여 준다.

함마허: 유대인 문제는 전혀 다른 방식으로 다루어야 했어요. 이렇게 서둘지 말고, 아주 조용히, 아무 말 없이 법률들을 도입해야 했지요. 가령 변호사가 될 수 있는 유대인의 숫자를 제한하는 법률 같은 것 말이에요. 하지만 이제 추방된 유대인은 모두 독일에 반대하게 되었어요. 당연하죠.[639]

우리는 앞서 '유대인 작전'의 사례에서, 살해 방식을 비판하지만 대량 학살 자체는 아무렇지도 않게 생각하거나 꼭 필요하다고 생각하는 경우도 있음을 보았다. 이데올로기와 인종주의와 관련해서도 이런 태도는 다시 나타난다. 집단 학살을 묘사할 때나 다소 이론적인 생각을 할 때에도 대체로 학살에 대한 부정적인 표현이 지배적이다. 예를 들어 욀만(Oehlmann) 소위는 "여기에 대해 저는 항상 반대했어요."라고 말한다. "유대인 박해도 늘 불만이었지요." 하지만 이것이 곧 반유대 정책에 대한 원칙적 거부는 아니다. 그다음에 곧바로 이렇게 말하기 때문이다. "그래도 유대인을 추방하는 건 좋았지요. 하지만 그렇게 다루어서는 안 되었어요."[640] 물론 승전에 대한 믿음이 스러질수록 비판적 목소리가 높아졌다. "그런 일이 있고 난 뒤 독일 사람인 것은 수치가 됐어요. 유대인이 핍박받은 것처럼 우리도 핍박받을 겁니다."[641] "유대인 추방이 제일 큰 잘못이었어요! 비인간적 대우가 특히 그랬지요!"[642]

기본적으로 우리는 탄압과 학살에 비판적인 자들이 이런 주제를 더 자주 언급했으며 이에 비해 '유대인 문제 최종 해결'이 필연이라고 여기는 자들은 이를 덜 언급했으리라고 판단할 수 있다. 물론 '국제 유대주의'나 '세계 유대인(Weltjude)'이나 영국과 미국의 '유대화'가 자주 언급되고, '게으른' 유대인이라는 상투적 표현이 자주 등장하는 것을 보면, '범주적 불평등'이라는 프레임이 아주 효과적이었고 반유대주의적 관습이 이들 심성에 깊은 영향을 미쳤음을 알 수 있다. 하지만 이런 프레임이나 관습이 구체적 상황에서 군인들이 어떻게 인식하고 행동하도록 했는지는 상당히 불투명하다. 다만 우리가 기본적으로 말할 수 있는 사실은, 한 개인의 태도나 정신적 성향이 반유대주의적 행위를 야기한 경우는 (가령 앞서 인용한, 유대인 공포증에 걸린 U-보트 승조원 필커의 경우처럼) 그 평균 분포의 변두리에 있는 개인에게나 해당되는 정도이며, 그럼에도 불구하고 이제까지 태도나 성향이 행동에 미치는 영향력이 매우 과대평가되어 왔다는 점이다. 그러므로 누군가 유대인을 죽였을 때 거기에 반유대주의적인 정신적 성향이 작용한 것인지, 아니면 개인적 동기가 없이도 대량 학살자가 되게 하는 어떤 집단 역학이 작용한 것인지는 구체적인 역사적 상황에 따라 그때그때마다 정확히 분석해야 한다.[643] 이러한 인식 방식의 타당성은 집단 학살에 직접 가담한 가해자에 대한 분석에서 이미 입증되었으며, 이는 우리 도청 기록 속의 매우 다양한 상황과 직급에 있는 독일 군인들에게서도 다시금 입증된다. 그들이 전투를 벌일 때나 퇴각할 때나 빨치산을 토벌할 때나 여가 시간을 보낼 때 반유대주의가 하나의 바탕을 이루기는 하지만, 꼭 직접적 동기가 되는 것은 아니다. 예를 들어 게토에 대한 인용이 보여 주듯이(212쪽 참조), 많은 군인이 분명 희생자에게 동정심을 느끼고 그들의 상황에 대해 충격을 받았다.("유대인들은 그곳의 커다란 비행장에서 중노동을 했고 짐승처럼 취급되었습니다."[644]) 그러나 이런 동정심은 게토를 관리하는 데 있어서 특정 명령을 따라야 하는가 아니면 거부해야 하는가라는 물음에 대해서는 아무런 영향을 미치지 않았다. 가령 로틀렌더(Rottländer) 소위는 집단 학살에 가담한 후 커다란 고뇌에 시달리는 친구에 대해 이야기한다.

로틀렌더: 마을을 깡그리 박멸했지요. 깡그리 말이에요. 유대인들을 무자비하게 끌어내 구덩이를 팠고 그다음에 그들을 쏴 죽여야 했어요. 그가 말하길, 처음에는 어려웠지만 나중에는 신경이 무뎌졌답니다. 나중에 삽으로 흙을 덮으면서 그 안을 이리저리 살펴보았대요. 아이들을 비롯한 죽은 유대인들을 말이죠. 그 친구가 이렇게 말하더군요. "유대인이기는 하지만 끔찍했어."

그와 대화하던 보르보누스(Borbonus) 소위는 견해가 확고했다.

보르보누스: 끔찍하군요. 상부에서 그런 명령이 떨어지다니![645]

이처럼 충분한 거리를 두고 사건을 볼 수만 있다면, 군인들의 대화에서 그런 참사에 대한 뉴스는 오늘날 아프리카 소년병에 대해서나 아프가니스탄 탈레반의 야만적 행위에 대해 담소하는 것과 기본적으로 비슷한 방식으로 이야기되었다. 그런 사건은 끔찍하다고 생각하지만, 그에 대해 어떤 입장을 취하게 하는 프레임은 추상적인 수준에 머물 뿐 화자들의 삶이나 행위의 구체적 상황과는 무관하다. 핸드폰 개발에 종사하는 기술자는 핸드폰 생산에 필요한 콜탄을 콩고에서 채굴하는 일이 전쟁과 폭력의 비참한 여건 아래에서 이루어진다는 사실이 자기 업무와는 무관하다고 여긴다. 이와 마찬가지로, 다른 어딘가에서 누군가가 유대인을 살해하는 일은 군인들의 정서에 거의 영향을 끼치지 않았다. 사소한 차이를 제외한다면, 군인들의 여타 이데올로기적 개념이나 인종주의적 개념들도 마찬가지다. 그들은 이런 개념이 자기가 전쟁에서 하는 구체적인 행동과 어떤 관계에 있는지 모른다. 예를 들어 잠수함 U-187의 항해사 하인리히 스크르치페크(Heinrich Skrzipek)는 이렇게 말한다.

스크르치페크: 병신들은 그저 고통 없이 제거해야 하지요. 그게 올바른 거예요. 그들은 어차피 여기에 대해 아무것도 모를 테고 또 어차피 삶에 대해서도 아무것도 몰라요. 물러 터져서는 안 되는 거죠! 우리는 계집애가 아니니까! 우리가 물러 터져서 적에게 그렇게 얻어터지는 거예요. …… 그리고 정신박약아나 정신박약에 가까운 자들도 마찬가지예요. 왜냐하면 하필 정신박약에 가까운 자들이 아이를 많이 낳으니까요. 정신박약아 하나를 먹이는 식량으로 부상자 여섯 명을 먹일 수 있지요. 물론 어떤 사람들에게는 이런 게 마음에 안 들겠지요. 저도 많은 게 마음에 들지 않습니다. 그래도 전체적 맥락을 봐야지요.[646]

도청 기록에서 구태의연한 인종주의 발언은 대부분 '유대인'에 대한 것이지만, 그 밖에도 국가사회주의의 우생학적 세계관의 편린들이 도처에서 발견된다. 가령 동맹국에 대해서도 그렇고("노란 원숭이들, 그놈들은 인간이 아니라 아직 짐승이에요."[647] "이탈리아 놈들은 멍청한 인종이에요."[648]) 적에 대해서도 그렇다.("저는 러시아 놈들이 인간이 아니라고 봐요."[649] "폴란드 놈들! 러시아 놈들! 더러운 종자들이죠!"[650]) 전쟁이 끝난 후의 앞날에 대한 지극히 우울한 다음 발언도 인종 이론에 기초하고 있다.

"한 가지는 확실해요. 독일이 지든지 영국이 지든지, 누가 지더라도, 유럽은 몰락할 거예요. 이 두 인종은 문화와 문명을 짊어지고 있지요. 이런 우월한 인종들이 힘을 합쳐 슬라브 놈들에 맞서 싸우는 게 아니라 서로 싸워야 하다니 슬픈 일이에요."[651]

상투어와 편견은 확고부동한 문화적 표상 세계를 이루며 개인의 정향(定向)과 집단의 사회적 관습에 상당한 영향을 미친다.[652] 인간의 범주적 불평등이 국가 정책을 지도하고 과학적 표준으로 간주되며 프로파간다를 통해 대대적으로 지원받는 사회에서는, 특정 집단과 관련한 상투적 관념들이 공고해진다. 하지만 우리 자료가 보여 주듯이, 괴벨스, 힘러, 히틀러가 원했던 만큼, 그리고 홀로코스트 연구에서 그동안 밝혔던 것만큼 그렇게까지 튼튼하게 공고해지지는 않는다. 이데올로기는 단지 행동의 바탕을 이룰 뿐인데, 실제 행위에서 어떤 영향으로 나타나는지에 대해서는 우리가 아직 많은 것을 알지 못하는 것이다.

하지만 범주적 불평등의 이데올로기는 차별받는 집단에 대한 반사회적 태도를 받아들일 만하거나 바람직한 것으로 만든다. 그래서 적과 희생자에 대한 동정과 공감은 대화 기록들에서 간혹 나타나기는 하지만 거의 기대하기 어려운 예외에 불과하다.

하지만 '민족 공동체'에 관한 내용은 예상과 달리 전무하다. 제3제국 독일인들의 세계관과 심리사회적 정서에서 그것이 얼마나 중요한 지위를 차지하는지 특히 최근 연구들이 활발하게 연구했다는 점을 고려하면,[653] 이 심성사의 핵심적 측면에 군인들이 어느 곳에서도 관심을 보이지 않았음은 놀랍다. 마찬가지로 카데에프 여행을 비롯한 나치 사회의 유흥 요소들 이야기도 등장하지 않는다. 이 점은 '민족 공동체'가 군사 조직 구조보다는 민간 조직 구조를 갖추었음을 고려하면 더욱 놀라운 일이다. 이처럼 '민족 공동체'에 대한 언급이 전무하다는 사실은 향후 연구들에서 이러한 통합 요소가 국가사회주의 사회에 관철되었는지에 대해 회의적으로 바라보게 만들 것이다.

그러니까 군인들 대다수의 관점에서 보면 일반적으로 군인들의 심성이 '섬멸전'이나 '인종 전쟁'을 주도했다고는 말할 수 없다. 군인들은 무엇보다 군대와 전쟁의 프레임에 의해 정향했으며 여기에서 이데올로기는 부차적 역할만 담당했다. 물론 군인들은 그들이 속한 사회, 즉 국가사회주의적 사회의 프레임 안에서 전쟁을 수행했다. 그 프레임 탓에 군인들은 어떤 상황에 처했을 때 극단적으로 비인도적 행위를 하게 되었던 것이다. 그러나 이런 행위를 하는 데 (사실 인정하는 것이 불편하지만) 꼭 인종주의자이거나 반유대주의자일 필요는 없었다.

군사적 가치

군인들의 인식과 해석, 그리고 이에 따른 구체적 결정과 행위에서 이데올로기보다 중요한 역할을 한 것은 프레임 안에 단단히 통합된 군사적 가치 체계였다. 독일 사회의 군사적 전통 덕분에 수백만 명의 남자를 국방군으로 통합하는 일은 매우 용이했다. 병영에서 그들이 만난 세계는 새로운 세계가 아니었다. 적어도 새로운 규범 체계는 아니었다는 것이다. 대다수는 자원입대가 아니었지만, 그래도 대개는 군사적 틀 안에서 잘 적응하고 새로운 과제를 최대한 훌륭하게 수행하려고 했다. 목수, 회계사, 농부가 훌륭한 전차병, 포병, 보병이 되고자 한 것이다. 구체적으로 말하면, 군인의 기술을 습득하고 무기 다루는 법을 연습하고 특히 복종적으로 규율을 갖추고 강건해지는 것을 뜻한다. 그들은 용맹스럽고 헌신적인 자세로 승리를 쟁취하고 싶어 했고 패배 시에도 총알이 다 떨어질 때까지 싸우고자 했다. 19세기의 통일 전쟁 이래로 군인다움에 대한 이러한 생각은 독일 사회에서 일종의 '상식'이었다.

이처럼 자신과 군대의 긍정적 동일화가 더욱 강화된 것은 전쟁 전반기에 커다란 군사적 성과를 거둔 덕분이기도 하고 국방군 구조가 업적 위주인 덕분이기도 했다. 국방군 구조에서는 모두가 같은 음식을 먹고 모두가 같은 훈장을 받을 수 있었으며, 지휘관의 책임이 크게 강조되었다. 국방군 체계와의 동일화가 강했다는 사실은 전쟁 포로가 된 군인들이 군대에 대해 끝없이 하는 대화들에서도 읽어 낼 수 있다. 자기 부대가 어떤 편제와 구조와 무기를 지녔는지, 전투에서 어떻게 성공을 거두었는지, 어떤 훈련을 견뎌 냈는지, 자기들의 무기가 어떻게 작동하는지, 누가 언제 진급하고 훈장을 받았는지, 이런 모든 것이 대화 소재였다. 이럴 때면 군인들은 자기가 그 분야의 거장인 것처럼 말했다. 열렬한 태도로 말하면서 자기 부대와 무기들에 자긍심을 내비치고 또 뭔가 기대대로 흘러가지 않으면 화를 내기도 했다. 그리하여 군대는 무언가 자명한 것으로, 자신이 속하고 확고한 자리를 잡은 세계로 인식되었다.

복종, 용맹, 의무 준수와 같은 군대 규범들은 독일 군인들에게는 너무 당연하고 익숙하게 받아들여지는 가치들이어서(72쪽 이하 참조) 그것을 입 밖에 내서 말하는 일이 드물 정도였다. 기껏해야 고급 장교들이 보다 일반적 문제들에 대해 생각할 때 이러한 규범적 측면에 대해서 언급하는 것이다. 예컨대 한스 폰 아르님(Hans von Arnim) 상급대장은 이렇게 말한다. "차려 자세를 제대로 취할 수 없는 군인은 군인이 아니지요. 바람이 심하게 불수록 더욱 똑바로 서 있어야 합니다. 마음가짐의 문제예요."[654] 아르님의 이런 말은 특히 복종과 의무 수행을 겨냥한 것이었다. 이런 것은 좋은 시절보다 어려운 시절에(그는 얼마 전 아프리카에서 독일군의 붕괴를 경험했다.) 더욱더 행위 지침이 되어야 한다는 것이다. 아르님과 함께 트렌트파크에 수감된 라이만 대령은 국방군의 심리적 코르셋을 더욱 강렬하게 묘사한다. "우리는 별 하나 더 많은 상관이 시키면 시키는 대로 합니다. 명령받은 것을 그대로 행합니다."[655] 심지어 "이건 독일인이라는 종족의 특성이에요. 군인이 되면 명령에 그대로 복종하는 것 말이지요."라고도 말한다. 이것이 정말로 독일인에게 특유한 것인지는 아직 더 살펴봐야 할 것이다. 어쨌든 군사적 행위의 의미 자체를 검토하기보다는 무조건 복종하는 것이 더 가치 있는 일로 여겨졌다. 하르트데겐(Hartdegen) 대위는 1944년 노르망디에서 기갑교육사단 참모부에서 복무했던 시절을 돌이켜본다. "우리는 저녁마다 둘러앉았지요. 장군이나 그 휘하의 나이 든 사령관들과 함께 말입니다. 그리고 늘 이렇게 말했지요. '총통은 미쳤어요. 그가 우리에게 내리는 명령들을 보면요.' 하지만 우리는 그 명령을 수행했지요. 그렇게 교육을 받았으니까."[656] "명령은 명령입니다. 당연하지요. 특히 전방에서는 말이에요."[657]라는 말이 미군 수용소 포트헌트에 수감된 단호한 반나치주의자 이름프리트 빌림치히(Irmfried Wilimzig)[658]의 입에서조차 나오는 것이다.[659] 국방군이 "임무형 전술Auftragstaktik, 임무를 수행하는 각급 지휘관에게 작전을 자율적으로 판단하고 수행하도록 위임하는 독일군의 전통적 전술"을 통해 군인들이 독자적으로 생각하고 행동하도록 교육했지만,[660] 복종은 군인의 가장 중요한 규범 중 하나였다. 명령 불복종은 절대 수용할 수 없는 일탈로 간주되었다. 그럴 경우 군대의 기초가 흔들리기 때문이었다. 복종이 군인들을 하나로 묶어 준 것은 꼭 처벌이 두려워서라기보다는 그것이 그들의 프레임에 굳게 뿌리내리고 있었기 때문이다. 미군 포로가 된 레온하르트 마이어(Leonhard Mayer) 소령은 감방 동료들에게 셰르부르 전투를 이렇게 전한다.

마이어: 그것은 장교가 자주 처하는 힘겨운 상황이기도 하지요. 한 가지 사례를 들어 보겠습니다. 오늘날엔 의무를 똑바로 수행하려는 장교가 건전한 상식을 가지고 어떤 일들을 서로 견주면서 재 보려고 한다면, 곧바로 아주 배은망덕한 운명에 처하게 되지요. 저는 특수전투부대 부대장으로서 무슨 일이 있어도 진지를 사수하라는 임무를 부여받았습니다. 그건 제게 주어진 명령이므로 그걸 수행했어요. 그렇다고 지휘관으로서 벙커에 웅크리고만 있던 것은 절대 아니에요. 지휘관이니까 쉽게 그렇게 할 수도 있었겠지요. 하지만 저는 제가 보낸 시간의 7할에서 8할을 최선봉에서 싸웠어요. 연합군은 우리를 엉망으로 만들었죠. 우리는 한 줄씩 쓰러졌어요. 저는 병사들에게서 피로감을 감지했습니다. 비록 그들이 흠잡을 데 없는 자세를 유지했지만 말입니다. 또 적군 전단의 프로파간다가 어느 정도 효과를 나타냈지요. 가령 포로 대우에 대한 이야기 같은 것 말이에요. 이제 상부의 명령이 떨어졌어요. 그 명령은 널리 공지되었죠. 몸을 사리는 병사들을 수단 방법을 가리지 말고 앞쪽으로 몰고 가라는 명령이었습니다. 그러니까 저는 부하들을 갖은 수단을 다 써서 앞쪽으로 몰아내야 했어요. 그렇게 하지 않으면 저 자신이 군 최고 통수권자에게 거역하는 것이지요. 하지만 인간적인 감정이 일어났어요. 스스로 생각하게 되지요. 너는 아무 의미 없이 불쌍한 부하들을 앞으로 밀어붙이고 있다고요.

우리는 그때 중화기(重火器)나 공군의 지원도 전혀 없었거든요. 그저 백병전에만 의존했던 거지요.

아넬트(Ahnelt): 그게 어디 부대였지요? 바이에른이요?

마이어: 반은 바이에른이고 반은 프랑크푸르트였어요. 그들은 아주 잘 버텼지만 그래도 20퍼센트 정도는 몸 사리기 바쁘더군요. 보통의 전투 기피자만 있던 것이 아니라, 정말 아무 일도 못 할 정도로 무너져 버린 부하들도 있었습니다. 만약 독일이 전쟁에서 지지 않는다면, 저를 군사 법정에 세우고 왜 이 진지를 단 두 시간이라도 더 지키지 않았느냐고 심문할 수도 있을 거예요.

마이어는 잠시 후 이야기를 계속한다. 그는 그런 절망적 상황에서는 부하들과 같이 도망치는 편이 나았지만, 그 진지를 사흘간 사수하라는 명령을 받았다.

마이어: 바로 그랬던 거지요. 한편에서는 부상병들이 쓰러져 죽어 가고 있었죠. 마치 통조림 속의 생선들처럼 피바다에 쓰러져 있었습니다. 저와 여러 해 동안 함께 생활했던 사람들이 말이에요. 그렇지만 제게는 지켜야 할 의무도 있었지요. 저는 이에 대해 책을 한 권 쓸 생각이에요. 여기에서 타자기를 준다면 말이지요. 이제 저는 포로가 되었죠. 저의 비극은 모든 사람의 비극을 상징합니다. 이것이 저의 노동에 대한 대가입니다. 저는 미친놈처럼 일했어요. 의무감을 가지도록 교육을 받았기 때문이죠. 명령은 바로 따라야 하는 것으로 배웠지요. 정치적 의무 같은 것은 싹 무시하고 말이에요. 제가 소련군이었어도 똑같이 했을 거예요. 저는 달아날 시간도 있었습니다. 몇 달 전에 뮌헨으로 갈 수 있었거든요. 거의 연대장이 될 뻔했지요. 하지만 노르망디 상륙을 앞두고 제 자리를 떠나고 싶지는 않았어요. 그게 바로 비극이에요.[661]

마이어 소령은 양심의 갈등을 겪었고 "아주 배은망덕한 운명"에 빠졌다고 생각했다. 한편으로는 진지를 사수하라는 명령이 내려졌다. 다른 한편으로는 자신과 가까운 사람들, 여러 해 전부터 함께 살던 사람들의 생명에 대한 책임을 의식했다. 훌륭한 지휘관이 되고자 했던 마이어는 자신이 부하들과 더불어 선봉에서 싸웠음을 강조한다. 부하들의 고통을 나누었다는 것이다. 그는 전력이 비대칭적인 전투에서 지휘관으로서 전투를 중단하지 않으면 부하들이 점점 많이 죽어 간다는 생각을 하지 않을 수 없었다. 하지만 "무슨 일이 있어도 진지를 사수하라."라는 명령에 따르지 않는 것은 감히 생각할 수도 없었다. 복종과 명령 엄수가 더 높은 가치였던 것이다. 이 점은 마이어가 명령 엄수가 정치적 조건과는 무관하다고 말하는 데에서 특히 분명하게 나타난다. 소련군이었어도 "똑같이 했을" 것이다. 나중에 마이어는 이렇게 전한다. 그는 병사가 겨우 서른 명남았을 때에야 비로소 전투를 포기했다. 그러지 않으면 전멸했을 테니까. 그러니까 그에게 명령을 어기는 일은 부대가 거의 다 사라지고 자기 목숨도 경각에 달렸을 때에야 비로소 가능했다. 그래도 양심의 가책을 느꼈다. 어쩌면 너무 일찍 포기했을 수도 있기 때문이다. 엄격하게 따지면 명령을 문자 그대로 따른 것이 아니기에 그는 군사 법정에 설 수도 있다고 생각했다. 마이어 부대의 전투가 1944년 6월 실제로 어떻게 진행되었는지는 알 수 없다. 어쩌면 그의 양심의 가책은 적에게 넘어간 부하들이 생겼다거나, 실제로는 여기에서 말하는 서른 명보다 훨씬 많은 병력이 투항했기 때문일 수도 있다. 그렇기는 하지만 이는 특히 장교들의 프레임에서 복종과 의무 수행이 얼마나 중요한 지위를 차지하는지 보여 주는 사례다. 이러한 프레임에서 벗어나는 것은 극단적 난관에서야, 즉 정말 최후의 순간에야 가능해 보였다. 흥미롭게도 이런 태도는 정치적 신념이 무엇인가와는 거의 무관했다. 일부 정권 비판자들은 나치가 독일에 커다란 불행을 안겨 주었다고 혹독하게 고발했지만 동시에 보병들이 극렬하게 저항하지 않고 포로로 잡힌 것에 대해서 분노한다.[662]

용맹함은 군인의 프레임에서 보편적인 군사적 덕목이었고, 복종이나 의무 수행만큼 중요한 역할을 했다. 용맹한 태도는 곧 자신의 전과를 반영하는 것이었다. 적군 몇 명을 죽였는지 혹은 적의 전차를 몇 대 파괴했는지를 통해 자기 전과를 증명할 수 있는 경우는 (조종사는 예외지만) 극소수였기 때문이다. 육전은 노동 분업이 너무 세분화되어 있어서 자기 행위의 구체적 성과를 내세울 수 없었다. 그래서 용맹을 과시하는 일이 필요하다. 특히 극심한 난관에서도 계속 싸우며 임무를 수행하는 것이 중요했다. 가이어(Gayer) 중위는 이탈리아 전선의 경험을 이야기한다. "처음에는 카시노 근교에 배치되었고 몇 주일 지나 오르소냐 전선에 투입되었어요. 그때 저는 페스카라 남쪽의 아리엘리에 중대장으로 있었죠. 우리는 포격을 받아 박살 났습니다. 저의 중대에는 독일인 28명, 이탈리아인 36명이 있었습니다. 이탈리아인들은 도망쳤지요. 이탈리아인 소위가 제일 먼저 내뺐어요. 거기에서 열흘가량 버텼지요."[663] 가이어의 묘사는 자기 부하들의 태도가 이탈리아인들과 얼마나 다른지 분명히 보여 준다. 이탈리아인들은 소위마저 적에게 넘어간 것이다. 이에 비해 자신들은 열흘 동안 살인적 포격을 견뎌 냈고 결국 그 부대는 궤멸되었다. 이처럼 엄청난 손실을 입은 극도의 난관에서조차 용감하게 싸운다는 이미지는 도청 기록에서 자주 나타난다. 전투부대원이나 특히 특수부대원들이 자주 이렇게 진술한다. 친위대 대령 한스 링그너(Hans Lingner)가 극적인 이야기를 전해 준다. 전시에 연합군 포로가 된 소수의 무장친위대 고위 장교 중 하나인 그는 자기 사단의 어느 소위의 행동을 자랑스럽게 전한다.

링그너: 그는 사흘 동안 18명과 함께 그 지역을 지켜 냈어요. 적은 연대 절반

병력이었지요. 사방에서 공격을 가해 왔습니다. 거기에서 저는 기관총 한 정이 정말로 전 지역을 방어하는 걸 보았습니다. 그다음에 우리가 반격을 가해이 친구들을 구해 냈지요. 원래 180명 정도 병력의 정찰부대 중에서 남은 생존자들이지요. 이 18명만 남은 겁니다. 왕년의 수준을 여전히 유지하고 있더군요![664]

투항하지 않고 용감하게 싸운다는 규범은 독일군의 비전투원에게서도자주 나타났다. 1944년 8월 25일 파리 주둔 독일군의 신속한 항복에 제일격렬하게 불만을 터뜨린 포로들은 행정관들이었다.[665]

용맹, 복종, 의무 수행은 군인다운 행위가 무엇인가라는 데 대한 인식을 최우선적으로 규정했고[666] 이러한 평가 틀은 전쟁 내내 변하지 않았다.한 개인이 어떻게 살아왔는가, 어떤 정치적 성향을 가졌는가는 여기에 거의 영향을 주지 않았다. 이러한 평가 틀은 철학 박사에게나 은행원에게나제빵사에게나 똑같이 자명해 보였고, 굳건한 사회민주주의자에게나 불타는 국가사회주의자에게나 마찬가지였다. 독일군 1700만 명은 사회적으로각각 많은 차이가 있었지만 복무 기간에는 동일한 군사적 가치 체계를확고히 공유했다.

물론 육해공군 사이에, 그리고 여러 병과 사이에 흥미로운 미묘한 차이들이 있었다. 해군 병사들에게 용맹, 자긍심, 강인함, 규율은 육군과 공군 병사들에게보다 더 중요했다. 가령 1940년 10월 U-32 잠수함 침몰에대한 해군 중위 하인츠 예니슈(Heinz Jenisch)의 서술이 이를 잘 보여 준다."우리 배가 침몰할 때 저는 '하일 히틀러'를 몇 번 더 외쳤지요. 저 멀리서도 만세를 외치는 소리가 들렸어요. 하지만 몇 놈은 아주 비참하게 '구해 주시오.'라고 외치기도 했지요. 혐오스럽죠. 하지만 그런 짓을 하는 놈이 늘 몇 명은 있게 마련이에요."[667]

봉쇄돌파선 알스테르토어 호의 침몰을 묘사하는 어느 상병은 해군 병사가 어떻게 행동해야 한다고 생각하는지 분명히 보여 준다. "교전 중 우리는 해치 아래 포로들을 감금해 두었고 감금한 문 앞에는 권총을 뽑아 든 보초가 있었습니다. 보초에게 따로 지시하기 전에는 절대 문을 열지 말라는 명령이 떨어졌지요. 그리고 이 명령을 내린 장교는 전사했습니다. 배가 비스듬하게 가라앉기 시작하는데도 보초는 계속 거기 서 있었지요. 포로들은 한 명도 빠져나오지 못했고 보초도 그랬습니다. 이거야말로 의무 수행이라고 하는 거지요!"[668]

포로가 된 해군 병사들의 대화 중에 이처럼 군인의 덕목을 언급하는 사례는 대단히 많다. 물론 이런 이야기는 공군과 육군에게서도 나왔다. 그러나 해군에게서 더 많았는데 이는 의외가 아니다. 1918년 수병 혁명(Matrosenrevolution)이라는 불명예스러운 오점을 짊어진 그들은 2차 세계 대전 개전 시부터 군사적 의미가 삼군 중 가장 적었다. 해군 참모총장 에리히 레더는 1939년 9월 3일 영국 해군과의 장래의 전투를 매우 절망적으로 보았고, 그래서 해군이 이 전쟁에서 증명할 수 있는 것은 "명예로운 죽음"[669]뿐이라고 생각했다. 그의 기분이 곧 나아지기는 했고 경제전을 통해 영국을 격파할 수 있을 거라고 때로는 생각하기도 했지만, 그래도 해군 수뇌부는 늘 특별한 방법을 동원해서 병사들의 투지를 높이려고 애썼다. 이는 국가와 국방군 내에서 해군의 의미를 유지하기 위한 것이기도 했다. 사기가 충천하다는 것이 해군이 내세울 수 있는 유일한 자산이었기 때문이다. 사실 1943년부터 해군은 군사적 의미를 완전히 상실했다. 전함에서 구축함에 이르기까지 독일 해군은 미국과 영국 해군에 비해 기술적으로 너무 열세였다. 그리고 연료가 너무 부족해 승무원들을 충분히 훈련시킬 수도 없었다. 그래서 해전은 거의 언제나 연합군의 승리로 끝났다. 독일군의 대승은 없었다.

쾌속선과 U-보트는 그나마 상황이 나았지만 이들마저 연합군의 현대적 위치 추적 기술 때문에 고전했다. 승전 소식이 줄어들고 물자와 인력의 열세가 커질수록 전투 그 자체가 의미 있는 것으로 승격되었다.[670] 나치 지도부는 이에 대해 해군에게 경의를 표했고[671] 해군의 이런 남다른 투지야말로 히틀러가 제국 대통령으로서 자신의 후임자로 되니츠를 선택한 본질적 이유였다.

마지막 총알까지

"독일인은 희망이 없을 때에만 항복합니다."[672]

군인의 덕목은 특히 군사적 위기 상황에서, 군인들이 내면의 신념으로 "최후까지" 싸우게 만들었다. "마지막 총알까지" 싸우는 것이 군인의 모범적 행위로 여겨졌다. 육군 복무규정 2조는 이렇다. "모든 독일군에게 기대하는 것은 포로가 되느니 차라리 무기를 손에 들고 전사하는 것이다. 그러나 변화무쌍한 전투 상황에서는 아무리 용감한 자도 적에게 생포되는 불운을 겪을 수 있다."[673] 적어도 전쟁의 전반기에는 수뇌부조차 이러한 토포스를 문자 그대로 엄격하게 해석하기보다는 상당히 넓은 의미로 해석했다고 할 수 있다. 물론 군인 서약문에서는 생명을 내거는 것을 분명하게 요구하고 있기는 하다.[674] 전술적으로 전투가 결판난 경우에는 병사들은 포로가 되어도 좋았다. 그런 경우는 보병 개개인의 화기에 탄환이 남아 있더라도 전투를 지속하는 것이 무의미하기 때문이었다.

그러나 전황이 악화되어 가면서, 정치 지도부와 군 수뇌부는 "최후까지" 싸울 것을 더욱 철저하게 요구했다. 그리하여 전쟁 말기가 되면 이처럼 끝까지 싸우는 것이야말로 국방군의 상징이 되었다. 1941~1942년 모스크바 근교에서의 동절기 위기에는, 전술적으로 전투가 결판날 때까지 싸우라는 요구가 마침내 '열광적으로' 싸우다 죽으라는 요구로 변하기 시작했다.

1941년 12월 16일 히틀러는 중부집단군의 전황이 악화되자 이런 명령을 내렸다. "군령권자, 사령관, 장교들은 스스로 전투에 참가하고, 휘하 부대가 진지 안에서 열광적으로 저항하도록 강제해야 한다. 측면이나 배후에서 적들이 밀고 들어오더라도 개의치 말아야 한다."[675] 열흘 후 카이텔은 이 말을 보충 설명한다. "방어를 위해 최후까지 싸워서 단 한 치의 땅이라도 지켜 내야 한다."[676] 야전 사령관들은 처음에는 이런 명령을 기꺼이 환영했다. 탈진한 군인들이 패닉에 빠지는 것을 막을 수 있다고 여겼기 때문이다. 그러나 그 후에 현지 사수 명령이 점점 더 일반적으로 변해 가자 이에 대한 반감이 일어나기 시작했다. 에리히 회프너(Erich Hoepner) 상급대장은 이렇게 말한다. "극단적 의지만으로는 아무것도 할 수 없다. 의지는 이미 충분하다. 힘이 없을 뿐이다. …… 상부에서 요구하는 극단적 저항은 저항할 힘이 없는 병사들을 희생시킬 뿐이다."[677]

장군들은 '그 자리에서 죽는 것'을 거부했다. 이런 상황에서는 자기 부하들이 전장에서 죽는 것이 어떠한 군사적 가치도 가져올 수 없어 보였기 때문이다. 그러나 히틀러는 고집스럽게 현지 사수 명령을 고수했고 이를 따르지 않는 부대 지휘관들은 교체해 버렸다. 히틀러는 이런 비타협적 명령 덕분에 1942년 2월 모스크바 근교에서 러시아의 공세를 막아 냈다고 생각했다. 국방군에게 처음으로 중대한 위기를 가져왔던 1941~1942년 겨울 모스크바 근교의 소련군의 반격을 통해, 히틀러는 곤란한 상황에서는 부대를 희생시키는 것이 군사적 의미가 있다고 믿게 되었다.[678] 그는 계속해서 위기 상황에서도 "마지막 총알까지" "열광적 전투"를 벌일 것을 다시 한 번 명령하면서, 이 명령을 엄격하게 문자 그대로 실행에 옮겨야 한다고 고집했다. 에르빈 롬멜 원수가 1942년 11월 3일 자기 부대를 엘알라메인 앞에서 철수하려고 하자, 이 독재자는 어떠한 후퇴도 금지한다는 분명한 명령을 내렸다. "의지만 강하면 우세한 적의 부대에게 이길 수 있다."라는 것이다. 히틀러는 "귀관은 귀관 부대에게 승리 아니면 죽음 외에는 다른 길을 제시할 수 없다."라고 명령했다.[679] 롬멜은 자신의 상급자 알베르트 케셀링(Albert Kesselring)의 엄호를 받으면서, 몰락으로 가는 지름길인 히틀러의 명령을 거부하고 철수를 명령했다. 물론 그에게 원칙적으로 병사들의 생명이 소중했기 때문은 아니다. 여타 상황들에서 롬멜은 양심의 가책 없이 병사들을 무모하게 사지로 내몰았다. 가령 1941년 4월과 5월 자기 부대 일부를 군사적으로 미치광이 짓이었던 리비아의 투브루크 요새 공격으로 몰고 갔으며, 자기 부하들을 희생시키기를 거부했던 하인리히 키르히하임(Heinrich Kirchheim) 중장을 겁쟁이라고 조롱했다. 그러나 1942년 11월 롬멜은 휘하 사단이 계속 버티는 것이 군사적으로 아무 의미가 없음을 깨달았다. 그래서 철수하려 했으나 히틀러의 생각은 달랐다. 히틀러는 아프리카에 현지 사수 명령을 내리면서 좁은 의미에서의 군사적 목표를 추구하는 동시에 보다 상위의 목표도 추구하고 있었다. 우선 이 독재자는 강고한 의지만 있다면 영국의 제8군단을 막을 수 있으리라 믿었다. 또한 그는 병사들의 희생이 고귀한 의미를 지닌다고 보았으며 그것이 국가 통합의 대전제라고 보았다.[680]

롬멜이 히틀러의 명령을 따르지 않아 1942년 11월 기갑상급군단의 전멸은 막을 수 있었다. 롬멜은 1943년 5월 튀니지에서 자기 부대들의 패배를 목도하지는 못했다. 그보다 여덟 주 전 교체되었기 때문이다. 롬멜은 아프리카 집단군을 유럽 대륙으로 철수할 것을 요청했으나, 히틀러는 단호하게 금지하고 오히려 최후의 일인까지 싸우라고 요구했다. 무엇을 요구받고 있는지 잘 알고 있던 독일 아프리카 군단 사령관 한스 크라머(Hans Cramer)는 1943년 5월 9일 이렇게 무전을 보낸다. "탄약을 다 썼음. 무기와 장비 파괴됨. 독일 아프리카 군단(DAK)은 명령에 따라 전투 불능 상태까지 타격을 입음."[681] 크라머는 영국군 포로가 되었고 트렌트파크에 수감되었다. 거기에서 위중한 천식을 앓아서 1944년 2월 송환되었다. 그래서 그는 독일로 돌아온 후 "아프리카에서 그렇게 일찍 무너진 이유"를 히틀러에게 어떻게 설명할지 고심했다. 그가 제일 걱정한 것은 마지막 총알까지 사수하라는 명령을 따르지 않은 것이었다. "제 휘하의 사단 사령관들은 제게 이 상황을 바꿀 수 없다고 계속 말했습니다. 물론 저는 '그렇지 않다.'라고 말했지요." 그렇지만 비록 소총과 기관총과 중화기 안에 탄환이 아직 들어 있더라도 항복해야 한다는 결론을 내렸습니다." 포로가 된 크라머는 크뤼벨(Crüwell) 대장에게 "마지막 총알까지"라는 개념에 대해 이렇게 설명한다. "이건 상대적 개념입니다. 다시 말해 사실 '최후의 대전차 포탄까지'라고 말해야 옳습니다."[682] 크라머는 "권총으로 전차에 맞서는" 전투를, 그리고 군사적으로 무의미한 보병의 "결전"을 거부했다. 전술적으로 전투가 결판난 후에는 마침내 자기 부대를 적에게 "넘겨 주었다." 물론 히틀러에게는 숨기려 했다.[683] 크뤼벨 대장은 히틀러 앞에서 "넘겨주었다"는 표현을 절대 쓰지 말고 항상 그저 "끝"이라고 표현하라고 충고했다.

크라머 대장이 양심의 가책을 느낀 반면, 마이네(Meyne) 대령은 튀니지에서의 '결전' 방식에 대해 격분했다. 독일의 전쟁사에서 이런 일은 일찍이 없었다는 것이다. 이런 일은 스탈린그라드에서와는 달리 "우울"한 일이다. 스탈린그라드에서 제6상급군단의 궤멸은 물론 비극적이었다. "하지만 그들은 최후까지 싸웠고 좁은 공간에서 십자포화를 맞으면서도 아주 오래 버텨 냈습니다. 그리고 더 이상 그러지 못하게 되었을 때에야 비로소 항복했습니다." 그는 아프리카에서는 이와 전연 달랐다고 말한다. 마이어는 "수많은 장교가 싸움을 포기한 것은 충격적입니다. 그저 더 싸우고 싶지 않았겠지요. 지겨워진 겁니다." 마지막 총알까지 싸우라는 총통의 명령이 각 사단에 전달되었지만 이들은 그저 "총알이 어디 있다고?"라고 대답했다는 것이다. 결국 5월 8일 제5기갑상급군단 총사령관 파에르스트(Vaerst) 대장은 "전권을 위임한다."라고 지시했다. 버틸 수 있을 때까지만 버티고 그다음에는 그만두라는 의미이다.[684]

이런 이야기들에 따르면, 장교 대다수는 1943년 최후의 한 발까지 싸운다는 것을 받아들이기 위해 이것이 어떤 식으로든 여전히 군사적 가치가 있기 때문이라고 해석했다. 하지만 히틀러의 해석은 이와 달랐다. 그에게는 희생 자체가 가장 중요했다. 괴벨스도 1944년 6월 이렇게 말한다. "우리는 단지 마지막 총알까지 목숨을 걸고 싸우는 것이 아니다. 마지막 한 방울의 피까지, 마지막 쉬는 숨까지 싸운다. …… 이것이냐 저것이냐, 죽느냐 사느냐만 존재한다."[685] 국방군 수뇌부는 이런 몰락의 수사에 철두철미 순응했다. 가령 1944년 여름 대서양 장벽을 방어하던 장교들은 최후의 일인까지 진지를 방어하라는 서면 명령을 받았다.[686] "탄약과 양식이 떨어져서 더 버틸 수 없습니다."와 같은 식의 변명을 할 경우 책임자에게 "매우 엄중한 조치"가 취해졌다.[687] 귄터 클루게(Günther Kluge) 원수는 1944년 7월 21일 히틀러에게 노르망디의 절망적 상황에 대해 이렇게 보고한다. "계속 버틸 것이지만, 어떠한 수단으로도 이 상황을 근본적으로 개선할 수 없다면 명예롭게 죽어야 할 것입니다."[688] 물론 이 말은 독재자를 안심시키기 위함이기도 했고 클루게 자신이 히틀러 암살 음모에 연루된 것을 숨기기 위함이기도 했다. 그렇기는 하지만 이것은 육군 최고위 장성들이 어떤 말을 해야 히틀러의 신임을 얻을 수 있다고 생각했는지 보여 준다. 연합군이 1944년 가을 제국 국경에 도달했을 때, 장군들이 하달하는 명령에 "몰락의 의무"[689]가 최종적으로 포함되었다. 그들은 항복을 허락하지 않았다. 전술적으로 전투가 결판나더라도 그랬다.[690]

물론 "최후까지" 싸우는 일이, 또 이 말을 문자 그대로 엄격하게 해석하는 일이 중간급 지휘관이나 사병들의 프레임에 어느 정도까지 뿌리내리고 있었는가라는 물음을 던질 수 있다.

군인의 생활에서는 거의 모든 일에 대해 규정이 존재한다. 의복을 똑바로 간수하는 규정, 교전 중 무기를 다루는 규정 등이 그렇다. 이에 반해 항복에 대해서는 규정이 없다. 언제 투항해도 좋은지, 구체적으로 어떤 방식으로 투항해야 하는지에 대해서는 규정이 없는 것이다. 최고 지도부가 생각하는 것은 뜨거운 전투의 열기에 휩싸인 낮은 계급의 병사들에게는 대개 추상적인 것일 뿐이다. 그래서 전투에서의 패배는 정향 불가능한 순간이 되며, 이때는 자기가 속한 집단의 태도가 특히 중요한 역할을 한다. 군인들은 같이 싸우고 또한 대개는 같이 포로가 되는 것이다.

제7공군방첩연대 소속 레너(Renner) 상급상사는 1944년 6월 셰르부르 전투에서 최후의 총알이 떨어질 때까지 싸우기를 원치 않았다.

레너: 아직 우리는 적어도 사흘이나 심지어 닷새까지도 버틸 수 있었을 겁니다. 하지만 저는 이런 일을 막을 방도를 찾으려 했습니다. …… 적의 집중 포격이 쏟아졌지만 저는 벙커 앞에 서서 말하기 시작했어요. "이런 무의미한 전투를 하다가 저 밖에서 죽고 싶어? 이제 계속 싸울 수도 없는데? 자, 우리 이제 그만 저리로 넘어가자고." 전체 병력이 200명쯤이었는데 열 명 정도밖에 반대하지 않았습니다. 다른 사람들은 침묵을 지켰지요. 반대하는 자들은 이렇게 말했습니다. "그런 짓을 하면 안 돼. 절대 안 돼! 우리는 마지막 총알이 떨어질 때까지 싸워야 해!" 그래서 제가 말했습니다. "마지막 총알이 대체 뭐

야? 네가 마지막 총알을 쏘면 적은 다시 총을 쏘겠지. 그러면 너는 뒈지는 거야!" 그가 말했지요. "영웅적 죽음이지. 조국을 위해서 말이야!" 제가 다시 말했지요. "그래서 네가 얻는 게 뭐야? 이 멍청한 개 같은 놈아. 네가 뒈져 버리고 네 마누라가 집에서 슬퍼하면 좋겠다." 다른 사람들이 말했지요. "아니야, 안 돼. 난 그 전에 나가겠어." 사람들 마음을 돌리는 데 성공한 거지요. 저는 물었어요. "같이 갈 사람이 누구야?" 처음에는 두 사람이 같이 가겠다고 했고 얼마 지나지 않아 순식간에 스물다섯 명에서 서른 명 정도가 되었습니다. 그래서 제가 앞장서서 깃발을 들고 이리저리 흔들었습니다. 그러면서 집중 포격을 뚫고 곧바로 나왔지요.[691]

레너는 그다음에 다시 독일군 진지로 여러 차례 돌아와서 총 282명을 투항하도록 이끌었다. 이 사례를 보면, 군인들이 전우의 행동을 보고 정향하는 경향이 얼마나 강한지 알 수 있다. 레너는 진지를 마지막까지 사수하려는 사람에 맞서서 자기 주장을 관철할 수 있는 권위가 있었다. 처음 몇 사람이 따르자 점차 주저함이 사라졌다. 그리고 점점 많은 사병이 항복했다. 명령권자인 장교는 자기 벙커에서 웅크리고 나오지 않기에 병사들은 정향하지 못하고 우왕좌왕했고 레너는 이 상황을 잘 활용했다. 그리고 앞장서 행동함으로써 그들에게 빠져나갈 길을 보여 주었다. 만일 이때 카리스마 있는 어떤 장교가 병사들 앞에 나서서 마지막 총알이 떨어질 때까지 싸우라고 독려했다면, 상황이 분명 다른 쪽으로 전개되었으리라. 전격전 시기에도 병력이 200명에 달하는 부대의 독일 병사들이 지휘관의 노여움을 무릅쓰고 전투를 포기하여 "마지막 총알까지" 진지를 지키지 않는 일이 일어나곤 했는데, 이는 생존 의지와 전투 중의 집단 역학이라는 측면을 고려하면 설명할 수 있다.[692] 그러나 수많은 군인들이 이처럼 규범에 어긋나는 행동을 했다고 해서, "마지막 총알까지"라는 토포스가 단위 부대 차원까지 번지지 않았다고 단정할 수는 없다. 도청 기록을 보면, 이 토포스는 핵심적 정향 지점으로 독일 군인의 프레임에 굳게 뿌리내리고 있었으며 그들의 행동에 영향을 미쳤음을 입증할 수 있다. 제716보병사단 소속 군틀라흐(Gundlach) 대위는 1944년 6월 6일 노르망디의 소도시 위스트르앙에서의 진지 방어전에 대해 말한다.

군틀라흐: 이제 우리는 벙커로 들어갔습니다. 그러곤 당연히 저항했는데 처음에는 성공적이었습니다. 그때 저는 우연히도 거기에서 가장 오래 근무한 사람이었지요. 그래서 지휘를 맡게 되었고 최후까지 방어했지요. 우리 부대원 일부가 정신을 잃었습니다. 벙커 안에 공기도 부족했고 놈들이 우리를 끌어내려고 화염방사기를 쐈기 때문이지요. 그때 제가 말했어요. "안 되겠다. 더 이상은 안 돼." 그래서 우리가 포로로 잡혔습니다.[693]

이 묘사를 보면, 군틀라흐 대위가 자기 부대가 적에게 의미 있는 타격을 줄 수 있는지 여부와는 무관하게 일단 전투를 계속했음을 알 수 있다. 영국군이 화염방사기를 사용하고 자기 병사들 몇몇이 그 열기와 산소 부족 탓에 기절하는 상황까지 이르자, 이제 의무를 충분히 수행한 것으로 볼 수 있게 되었다. 그는 어떤 분명한 시점까지 싸웠다. 바로 부대원들이 저항 불능이 되는 시점이다. 그다음에는 "더 이상은 안 되"었고 전투를 포기했다. 제266보병사단 소속 로르히(Lorch) 병장도 1944년 7월 중순 생로에서 생포된 일에 대해 이와 아주 비슷한 방식으로 이야기한다. 처음에는 아무도 포로로 잡혀서는 안 된다고 했다. 그러나 "탄환이 떨어지자 우리 소대장이 말했습니다. '자, 이제 놈들이 우리 똥구멍이나 핥게 하자고!'"[694]

"최후까지" 싸운다는 행위의 규범이 받아들여졌다는 사실은 1944년

6월 말 셰르부르 방어전 도중 연합군 포로가 된 군인들의 대화에서 다시 한 번 분명해진다. 그들은 이 도시를 잃을 경우 국방군이 심대한 타격을 입는다는 사실을 알고 있었다. 그래서 그들의 대화에서는 무장이 형편없는 오합지졸 부대로 요새를 방어할 수는 없었다고, 그래서 이 요새가 순식간에 함락된 사태에 대해 자신들은 책임이 없다고 여러 번 단언한다. 요새 함락은 오히려 '다른 사람들'이 최후까지 싸우지 않은 데 원인이 있다는 것이다. 발터 쾬(Walter Köhn) 대령은 이렇게 말한다.

쾬: 소위 한 사람이 제게 말하더군요. "여기 갱도가 있는데 어떻게 할까요? 탄약을 둘까요?" 제가 말했어요. "굴은 폭파해 버려. 별 도움이 안 되니까." 나중에 소위가 저를 불러 말했지요. 굴을 폭파하기는 했는데, 그 전에 그 안에 아직 독일 병사들이나 다른 뭔가가 있는지 알아보려고 소리를 질렀다는군요. 거기에서 150명이 기어 나왔답니다. 동굴 구석에 웅크리고 있었다지요. 며칠 동안이나 거기 있었답니다. 150명이 말입니다! 소위에게 물었습니다. "그래, 그들을 어떻게 했나?" "즉시 전투에 투입했습니다. 그들은 무기가 없었습니다. 그래서 저는 여기 있는 무기를 모아서 그들에게 준 다음 투입했습니다. 그렇게 전투에 내보내고 나서 나중에 한번 살펴보았습니다. 그들은 또다시 모두 사라졌습니다."[695]

셰르부르에서 있었던 군인들의 규범 위반에 대해 흥분한 발언은 도청 기록에만 있는 것이 아니다. 항구사령관 헤르만 비트(Hermann Witt) 해군 대령은 자틀러(Sattler) 소장이 병력 400명을 이끌고 아무 이유 없이 병기창 안에서 투항했다는 격앙된 무전을 파리로 보냈다.[696] 그가 충격을 받은 건 사실 자틀러의 항복 자체가 아니라 '아무 이유 없이' 항복했다는 사실이다. 비트가 보기에 이는 사기가 땅에 떨어졌음을 보여 주는 것이었다.

그는 며칠 후 영국 포로수용소에서 "진짜 예나와 아우어슈테트였지요."
1806년 프로이센군이 독일의 예나와 아우어슈테트에서 나폴레옹군에게 대패한 전투를 빗댄 표현라고 탄
식한다.[697] 셰르부르 요새의 참모장교들에게는 전력이 대등하지 않은 전
투에서 병사들이 생명을 잃는다는 사실은 전혀 고려할 만한 요소가 아니
었다. 장교들은 그런 상황일수록 더욱 득의만면했으며, 적어도 헤르만 카
일(Hermann Keil) 중령의 전투 부대는 카프드라아그에서 "최후의 순간까
지 매우 훌륭하게" 버텨 냈다고 언급한다.[698]

독일 병사 대부분 "최후까지" 싸우겠다는 결의는 있었다. 그러나 구체
적으로 어떤 행위가 규범을 따르는 행위인지에 대한 해석은, 상황적 요인
들, 개인적 성격, 집단 응집성(Gruppenkohäsion) 등 때문에 상당히 폭이 넓
을 수 있었다. 셰르부르의 최후 방어자로서 마지막으로 무기를 놓았던 헤
르만 비트도 나름대로 이런 해석을 한 것이고 보토 엘스터(Botho Elster)
소장도 마찬가지다. 그는 1944년 9월 16일 보장시의 르와르 다리에서 단
한 발도 총을 쏘지 않고 약 2만 병력의 행군 부대를 이끌고 미군에게 항
복했다. 엘스터는 자신이 부대를 이끌고 동쪽으로 돌파하려고 안간힘을
썼다고 주장했다. 결국 최고위 지휘부의 잘못 탓에 명예롭게 싸울 수 있
는 수단을 잃었다는 것이다.[699]

그들의 실제 행위와는 무관하게, 국방군 병사들은 늘 "최후까지" 전투
를 벌였다고 자기 행위를 미화하곤 했다. 이는 참모장교들이 항복 직전
지휘본부와 교환한 간결한 무전 내용들에서도 읽어 낼 수 있다. 여기에서
그들은 말로 전투의 생생한 소음을 전하고자 애쓰곤 했는데, 양측 모두에
게 그 목적은 오로지 자신이 규범에 어울리는 행동을 했음을 분명히 하
려는 것이었다. 심지어 몇몇은 이를 통해 그토록 갈망하던 훈장을 받거나
진급에 성공하기까지 했다.[700]

자기 행동을 명예롭게 묘사하려는 욕구 때문에 어쩔 수 없이 '다른 사

람들'은 자신이 보기에 규범에 어긋나게 행동했으며 자신은 그런 자들과 다르다고 주장하게 되었다. 국방군 중 육해공군이 서로를 비겁하다고 비난하기도 했다. 또한 다른 계급 집단을 비난하는 일도 잦았다. 예컨대 어느 상병은 1944년 7월 이렇게 욕을 퍼붓는다. "셰르부르에서 장교들은 비겁한 상놈들이었습니다. 우리 중 한 사람이 군사 재판을 받게 되었습니다. …… 목숨을 부지하려고 도망치려 했으니까요. 하지만 재판은 열리지 않았지요. 장교들이 벙커에 처박혀서 감히 얼굴을 내밀려 하지 않았기 때문이지요. 그래서 이 사안은 그냥 흐지부지되었습니다. 하지만 바깥으로 명령은 줄기차게 내리더군요. '우리는 최후의 일인까지 싸운다!'라나요. 그런 짓은 할 수 있더군요."[701] 이야기는 계속 이어진다. "장교들은 포로 생활을 대비하려고 짐을 며칠 동안이나 싸더군요. 우리 장교들이 그렇게 비겁하지 않았더라면 셰르부르가 결코 그런 식으로 함락되지는 않았을 겁니다."[702] 물론 장교들은 정반대로 생각한다. 발터 퀸 대령은 "그들은 지휘관이 같이 있고 장교가 같이 있어야 버티지요. 그러다 그가 자리를 뜨기만 하면!"[703]이라고 불만을 토로한다. 파리가 순식간에 함락된 후에는 일부 장교가 오로지 장교들만 파리를 사수했다고 주장하기까지 했다. 그들은 적어도 최후까지 싸웠고 그래서 일말의 양심의 가책도 없다는 것이다. "그 이상 할 수 있는 일은 없지요."[704]

이런 논리의 구조는 서로 비슷하기는 하지만, 도청 기록을 보면 자기 행동이 규범에 맞았음을 주장하려는 욕구가 계급이 높을수록 훨씬 커짐을 잘 보여 준다. 헤르만 비트 해군 대령은 포로수용소에서 아내에게 편지를 보내는 기회를 이용하여, 편지 안에 은밀한 암호를 감추어 되니츠 해군 원수에게 자신이 참가한 셰르부르 방파제 전투에 대해 보고할 수 있었다.[705] 다른 고위급 장교들은 자신의 지휘소가 끝까지 버티다가 마지막으로 항복한 지휘소였다고 강조하곤 했다.[706] 말하자면, 침몰하는 배에서 제일 마지막에 나왔다는 것이다. 팔레즈에서 캐나다군 포로가 된 에르빈 메니(Erwin Menny) 중장은 1944년 11월 미군 포로수용소에서 일기에 이렇게 기록한다.

그럼에도 불구하고, 포로수용소에서 만난 마흔 명 이상의 장군 중에서 친히 최후까지 싸운 장군이 그렇게 적다는 사실에 충격을 받았다. 군인이라면, 특히 장군이라면 모든 일을 시도해 봐야 한다는 것, 희망이 보이지 않는 일까지 계속 시도해야 한다는 것은 너무도 당연하다. 운이 좋으면 불가능한 일도 해낼 수 있는 것이다. 내가 부대를 이끌고 고립 지대나 그 밖의 절망적 상황에서 빠져나온 적이 얼마나 많던가. 이미 오래전부터 우리 모두가 살아남을 수 없어 보였던 상황에서도 말이다. 그리고 이번에는 아주 고전을 치른 후에 단 두 사람과 함께 부상도 당하지 않은 채 살아남은 것은 우연이라고 할 수밖에 없다. 아니, 거의 기적이다. 물론 적이 나를 경이롭게 여기거나 말거나 상관은 없다. 하지만 영국 언론이 나에 대해 이렇게 썼으면 좋겠다. 내가 처절하게, 있는 힘을 다해 저항했고, 포로가 되기보다는 차라리 죽고자 했다고. 장군이라는 자가 어떻게 '항복'할 수 있는지 나는 절대 이해하지 못한다.[707]

이것을 보면 분명한 점은 메니가 상상하는 세계 안에서는 장군이라면 특별한 행위 규칙을 지켜야 한다는 것이다. 장군은 마지막 순간까지 싸워야 한다. 가장 좋은 것은 무기를 손에 든 채 "죽고자" 하며 결코 그냥 체포 당해서는 안 된다는 것이다. 만약 꼭 그래야 한다면 부상이라도 당한 채 항복해야 한다. 메니는 포로가 되면서 두 손을 치켜드는 것도 거부했다고 일기에 자랑스럽게 덧붙인다. 가령 빌헬름 리터 폰 토마와 루트비히 크뤼벨은 정치적 입장은 정반대지만, 파울루스(Paulus) 원수가 스탈린그라드에서 사로잡혔다는 신문 기사를 트렌트파크 수용소에서 읽고는 입을 모아 분노한다. 크뤼벨은 "저 같으면 머리에 총알을 박았을 겁니다. 그래요. 정말 실망스럽고 씁쓸하네요! 실망스럽고 씁쓸해요!"라고 말하고 이렇게 덧붙인다. "제 말은, 이건 완전히 다른 거라는 거지요. 장군님과 저도 포로가 되었지만, 이것과는 전혀 비교도 할 수 없지요."[708] 두 사람은 자신들이 최후까지 싸우다가 사로잡혔다고 강조한다. 토마는 자기가 탄 전차가 적의 공격을 받아 전차에서 나왔고 게다가 적의 기관총으로 집중 사격을 받아 모자에 구멍이 나기까지 했다고 말한다. 이에 비해 파울루스가 포로가 된 것은 전혀 영웅적이지 못했다는 것이다. 토마와 크뤼벨이 보기에 파울루스는 두 가지 점에서 규범을 어겼다. 그가 항복했다는 사실이 첫 번째고, 두 장군이 흥분을 금치 못하는 당시 상황이 두 번째다. 토마는 "병사들은 죽어 가는데 자기는 살아남는 것"은 최고사령관으로서 있을 수 없는 일이라고 말한다. "배에서 모두 죽거나 달랑 세 사람만 구조되었는데, 그중에서 선장과 일등항해사가 살아남은 것과 뭐가 다릅니까. 저는 이런 걸 절대 이해할 수 없어요. 제가 파울루스를 알기 때문입니다. 이런 일은 그의 정신 상태가 완전히 붕괴되었기 때문이라고밖에 설명할 수 없어요. 군인답지 않지요. 그런 군인들을 보면 저는 화가 납니다."[709]

두 사람은 이탈리아 장군들은 이집트의 엘알라메인 부근에서 이보다 더욱 심각한 짓을 저질렀다고 말한다. 토마는 전차 안에서 집중 총격을 받은 후 구멍 나고 더러운 군복을 입은 채 영국 포로가 된 반면, "이탈리아 장군들은 …… 옷을 쫙 빼입고 …… 짐 가방을 들고 왔습니다. 카이로에서 영국 장교들은 그걸 비웃었지요. 이탈리아 장군들은 관광객처럼 트렁크까지 가지고 왔다니까요! 그리고 트렁크 안에 모두 정복을 챙겨 왔지요. 그리고 즉시 정복으로 갈아입었어요. 저는 말했지요. '나를 저 무리에 넣지 말아 주시오.'"[710]

국방군 뉴스에서도 고위 장교들이 본보기가 되어 모두 죽음을 각오하고 싸우기를 바라는 특별한 기대가 드러난다. 가령 1944년 7월 3일 보도는 이렇다. "힘겨운 방어전에서 지휘 장성들은, 즉 마르티네크(Martinek) 포병대장, 파이퍼(Pfeiffer) 포병대장, 그리고 쉬네만(Schünemann) 중장은 군단 최선봉에서 싸우다가 서약에 충실하게 영웅적 죽음을 맞이했다."[711]

물론 여기에서도 눈에 띄지만, 자신의 싸움에 아직도 어떤 작전상 유용성이 있는지에 대해서는 전혀 고려하지 않는다. 토마는 지휘 장성이 최선봉에서 싸운다는 것이 대체 무얼 한다는 의미인지 전혀 고려하지 않으며, 메니는 고립을 돌파하려는 자신의 시도가 당시 전황 전체의 맥락에서 의미가 있었는지, 아니면 부하들을 사지에 몰아넣은 것에 불과했는지에 대해 고려하지 않는다. 마찬가지로 위스트르앙 근교에서 벙커를 방어했던 군틀라흐 대위는 자신의 저항이 영국군의 진격을 지체시킬 수 있었는지에 대해서는 생각하지 않는다. 전투 자체가 의미였다. 이러한 규범에 따르는 자, 혹은 적어도 그러는 척하는 자는 스스로 훌륭한 군인이라고 느꼈고, 패배해도 비난받지 않았다. 전황 악화가 규범적 행위에 대한 해석에 영향을 끼친 것은 이보다 이후의 일이다. 물론 대다수 군인은 노르망디에서 엄청난 패배를 맛본 뒤 이제 전쟁에서 졌다고 믿었다. 하지만 여전히 군인으로서 용맹스럽게 최후까지 싸워야 한다고 생각했다. 아르덴 공세 이후에야 비로소 이런 요구는 점차 효력을 잃었고, 마침내 대다수 군인이 이제 무조건 항복을 피할 수 없으며 히틀러 신화도 그 강력한 카리스마를 잃었음을 깨달았다.[712] 이제 군인들은 이런저런 방식으로 '암묵적 파업'을 벌였다. 로트키르히 장군은 1945년 3월 9일 트렌트파크에서 이렇게 말한다. "미군이 오는데도 모두 그냥 앉아서 아무 행동도 하지 않았습니다."[713]

물론 이런 사실에도 불구하고 상황에 따라 그리고 개인의 성격에 따라, 어떤 독일 군인들은 1945년 4월까지도 서방 연합군에 맞서 처절한 저항을 펼쳤음을 부인할 수 없다. 전투 부대의 공동체 구조가 아직 무너지지 않았고 군인들이 주관적으로 여전히 잘 준비되고 무장되어 있다고 느낄수록, 병사들은 훨씬 치열하게 싸웠다. 때로는 전쟁 말기 상황에 어울리지 않을 만큼 치열하기도 했다. 1945년 4월 브레멘 남부에서 제2해군보병사단의 전투가 좋은 예이다. 그 부대는 대부분 육전 경험이 없는 해군 선원들로 이루어졌다. 훈련도 무장도 부족하던 그들은 그래도 치열하게 싸웠고 결국 어마어마한 손실을 입었다.[714]

계급이 높을수록, 군사적 가치 체계의 틀에서 벗어나지 못하게 막고 있는 장벽도 높았다. 트렌트파크 수용소에서 독일 장성들은 치명적 상황에 직면한 국방군이 이제 어떻게 행동해야 하는지 격렬하게 다투었다. 에버바흐(Eberbach) 대장은 1945년 1월 말에 이 양 진영의 입장을 이렇게 요약한다.

에버바흐: 한쪽은 이렇게 말하지요. 이제 독일 민족의 생존을 위해, 조건이 어떻든 항복할 시점이다. 그러나 다른 쪽은 이렇게 믿고 있지요. 이제 모든 것이 너무 절망적이다. 그러므로 독일 민족에게 남아 있는 걸 총동원하여 최후까지, 그리고 치열하게 싸우는 것이 최선이다. 그래야 적어도 적에게 존경을 받을 수 있다. 그리고 그래야 독일 민족은 이 생사를 건 전투에서 남은 것들을 챙겨서 언젠가 다시 일어설 수 있다. 양쪽은 이렇게 말하고 있습니다. 어느 쪽이 옳고 어느 쪽이 틀리다고 말하기는 힘들지요.[715]

물론 연합군이 1945년 3월 말 길게 전선을 형성하면서 라인 강을 건넜을 때는 독일군 대부분이 최후의 총알까지 명예로운 전투를 벌인다는 생각에서 멀어졌다. 페르디난트 하임(Ferdinand Heim) 중장은 1945년 3월 말 "저는 이전엔 늘 무기를 내려놓는 것이 잘못이라고 여겼어요. 그런 행동은 우리 민족에게 치명적인 타격을 줄 거라고요. 그 타격이 향후에 매우 불행한 영향을 미칠지도 모르죠. 하지만 이제는, 이제는 끝을 내야 해요. 이건 한마디로 미친 짓이지요."라고 토로한다.[716] 그는 트렌트파크의 수도 원처럼 평온한 분위기에서 이런 깨달음을 얻은 것이다. 전선에 있는 장군들도 비슷하게 생각하게 되었지만, 거기에서는 운신의 폭이 좁다고 느꼈으므로 대개의 경우 최고 수뇌부의 '결전' 환상에 맞설 수 없었다. 그럼에도 군사적 집단 자살은 전무하거나 소수였다. '최후까지의 전투'는 늘 전투를 벌일 어떤 가능성이 남아 있는가라는 물음과 연관되었기 때문이다. 소총을 들고 전차에 맞서 싸우고 싶은 사람은 없었다. 사병도 그렇고 장교도 그랬다. 상대에 맞설 효과적 방법이 더는 없다면, 독일 군인들은 전투를 중단했다. 1941년 러시아에서, 1944년 노르망디에서, 1945년 라인 지방에서 그랬다.

이런 상례들에서 한 가지 예외는 무장친위대의 일부 정예부대들이다. 이들은 마지막 총알까지의 전투를 곧이곧대로 받아들였다. 연합군은 프랑스와 독일에서 친위대원은 극소수만 생포할 수 있었다. 물론 영국군과 미군이 친위대 부대와의 전투에서 아예 포로를 잡지 않는 경우도 종종 있었지만, 그것만으로는 다 설명이 되지 않는다. 절망적 상황에 처했을 때 육군 부대들이 무기를 내려놓는 반면 (다 그런 건 아니지만) 몇몇 무장친위대는 계속 싸웠다는 것은 사실이다.(422쪽 이하 참조) 국방군 병사들은 친위대의 이런 자세에 머리를 절레절레 흔들었다. 프라이헤어 폰 데어 하이테(Freiherr von der Heydte) 중령은 이렇게 분석한다. 목숨을 희생하는 것은 "잘못된 에토스"라는 것이다. "(친위대) 대원들이 지닌 '100퍼센트 충성 콤플렉스', 목숨을 바친다는 이상, 거의 일본인처럼 기묘하게 만들어낸 저 목숨을 바친다는 이념은 '잘못된 에토스'다."[717]

무장친위대라는 예외를 빼면, 국방군의 지상군 병력에게는 질서정연하고 효율적인 방어가 불가능해지면 전투를 포기하는 것이 일종의 상식이 되었다. 그런 상황에서 군인들은 자기를 희생하기를 거부했다. 이제 그들의 규범 체계에는 군사적 의미도 없는 희생은 들어 있지 않았다. 자기를 희생하는 것은 원칙적으로 가능하지만, 어떤 도구적 가치를 지녀야 했다. 그런 가치가 없다면 무기를 내려놓았다. 게다가 포로가 되는 것은 (특히 서부 전선에서는) 그 자체로 명예를 훼손하는 일로 간주되지 않았다.

이런 행동 방식은 생말로 요새 전투에서 잘 나타났다. 미군 수용소 포트헌트에서 게오르크 네어(Georg Neher)가 감방 동료에게 말한 바에 따르면, 요새 안 내성의 방어자들이 포위되었을 때, 요새 사령관 안드레아스 폰 아울로크(Andreas von Aulock) 대령은 이렇게 지시했다고 한다. "모두 죽음을 준비하라. 인간은 단 한 번 죽는다는 사실을 명심하라. 그러니까 최후까지, 자신을 희생해야 하는 순간까지 전투를 벌일 것이다." "투항하기 전날 그는 공병대에게 여기저기 지뢰를 부설하라고 지시했습니다. 미군이 아니라 바로 우리 자신에게 터뜨리려는 지뢰였지요. 물론 우리는 그 지시를 따르지 않았습니다." 왜냐하면 네어를 포함해 모든 전우들은 최후의 순간에 죽기를 원치 않았기 때문이다. 어느 병사는 "지금까지 우리는 살아남았고 전장에서 사나이답게 싸웠어. 그런데 이제 여기에서 비참하게 죽어 가야 한다는 거지. 그렇다면 차라리 대령 벙커에 수류탄을 던져 넣을 거야. 될 대로 되라지."라며 울분을 터뜨렸다. 하지만 그들은 안 도했다. "아울로크는 진지하게 말한 것이 전혀 아니더군요. 다 허세였습니다. 그자는 죽을 생각이 전혀 없었습니다. 그자가 그렇게 말한 것은, 그저 국방군 뉴스에 몇 번 오르고 싶어서였고 그렇게 해서 장군이 되고 싶어서였지요. 그는 장군으로 진급하고 백엽훈장 서훈자가 된 상태에서 포로로 잡히고 싶었던 것입니다."[718] 아울로크의 속셈은 맞아떨어졌다. 그는 이 전투에서 영웅적 이미지를 전달하는 데 성공했으며 히틀러는 매혹되었다. 히틀러는 이 사례가 여타 요새들에도 본보기가 되어야 한다고 평했다. 그래서 아울로크는 그토록 원하던 백엽훈장을 받았고 소장 진급도 내정되었다. 그렇지만 행정 착오 때문에 그가 아니라 그의 형제인 후베르투스 아울로크(Hubertus Aulock)가 장군으로 진급했다.

아울로크와 같은 자도 최후의 순간까지 싸우지는 않았다. 그렇지만 적에게 생포된 데 대해 번민하는 고위 장교도 일부 있었다. 셰르부르 요새 사령관 빌헬름 폰 슐리벤(Wilhelm von Schlieben) 중장은 포로가 된 직후 "순수하게 군인으로서 저는 스스로에게 비난할 것이 없습니다."라고 말한다. "다만 내가 죽었다면 결말이 더 나았을 거라고 생각합니다."[719] 슐리벤은 불을 뿜는 기관총 앞으로 뛰어들어 최후를 맞이했다면 "역사적 행위"가 되었을 것이라고 말한다. 슐리벤과 같이 포로가 된 헨네케(Hennecke) 해군 소장은 슐리벤이 정말로 "총알 앞으로 뛰어들려고" 했다고 전한다. 그러나 헨네케는 "그건 헛된 자살행위예요. 아무 의미가 없어요."라고 말하며 이런 절망적 행위를 말렸다는 것이다.[720]

한스 크루크(Hans Krug) 대령도 슐리벤과 비슷하게 생각했다. 1944년 6월 6일 영국의 상륙군에 맞서 진지를 사수하지 못했다는 사실 자체는 별로 자책이 되지 않는다.

크루크: 그 점에 있어서는 마음이 편안합니다. 하지만 제가 포로가 되었다는 사실은! 이 때문에 저를 비난할 수 있을까요? 제가 전사해야 했던 걸까요? 명령은 이랬죠. "진지를 포기하는 자는 모두 총살이다. 최후의 총알까지, 최후의 총알까지 진지를 사수해야 한다."[721]

크루크는 벙커가 포위되자 아직 끊어지지 않은 전화선을 통해 사단장에게 전화를 걸어 명령을 내려 줄 것을 청했다. "사단장은 이렇게 말했습니다. '귀관은 귀관이 옳다고 생각하는 대로 하시오.' 제가 말했지요. '장군님은 지시를 내리지 않으십니까?' '내리지 않겠소. 그 상황을 전체적으로 파악하지 못하고 있기 때문이오.' 저도 그렇다고 그에게 말했지요. 그러자 사단장은 '아니오. 귀관이 양심에 따라서 행동하시오!'라고 말했습니다." 그러나 크루크는 어찌할 바를 몰랐다. 진지를 최후의 일인까지 방어하라는 훈령에 서명했는데, 이제는 스스로 결정을 내려야 했다. 사실 상황 자체는 명확했지만 그로서는 이런 결정을 내리는 일이 힘겨웠다. 생각을 거듭했다. "총통과 제국의 위신을 위해 우리가 이 명령까지 수행해야 할까? 아니면 젊고 귀중한 인적 자원을 쓸데없는 학살에서 벗어나게 하는 일이 더 중요할까?"[722] 결국 그는 전투를 포기한다. 물론 전사하지 않았다는 자기 비난은 어쩔 수 없었다. 동부 전선에서는 "최후까지" 싸우라는 규칙의 효력이 서부 전선과는 확실히 달랐다. 거기에서는 나치 프로파간다가 소련군에 대한 공포를 교묘하게 부추겼고 게다가 양 진영 모두 매우 잔인하게 전투를 벌여 왔기 때문에, 포로가 되는 것은 도무지 선택할 수 없는 일이었다. 한스 크라머 장군은 이렇게 회고한다. "제가 늘 개인적으로 근심했던 점은 그것입니다. 그 근심은 러시아에서의 제 경험에 기초하지요. …… 아프리카에서는 러시아에서만큼 치열하게 최후의 결전을 벌이지는 않았습니다. 러시아에서 '맞아 죽는 것'에 비하면 영국군 포로가 되는 일은 견딜 만해 보였으니까요. …… 이건 아주 중요한 점입니다."[723] 크라머는 스탈린그라드 포위 이후 동부 전선의 남쪽 날개 붕괴를 경험했고 튀니지에서의 마지막 전투들도 경험했다. 그래서 국방군이 1942~1943년 겪은 최대의 군사적 참사 두 건을 직접 비교할 수 있었다. 그의 관찰은 확실히 옳았고 이는 수많은 사례에서 입증된다.[724] 그러므로 소련군 포로가 되는 것이 두려워서 전쟁의 마지막 해인 1945년에는 여러 지역에서 일종의 투항 거부 현상이 나타났다. 테르노폴, 비테프스크, 부다페스트, 포즈난, 그리고 마지막으로 베를린에서 포위당한 지역과 요새의 최후 방어자들은 투항하지 않았다. 그들은 그야말로 미친 듯이 포위망을 돌파해서 자기 진영으로 탈출하려고 했다. 이때 수천 명의 병사들이 레밍턴 쥐 떼처럼 죽음으로 뛰어들었다. 항복했다면 병사들 대다수는 살아남을 수 있었으리라.[725] 그러나 서부 전선에서는 그런 식의 투항 거부가 없었다. 셰르부르나 생말로나 메스나 아헨에서나 다 마찬가지였다.

물론 이런 사실은 극렬하게 싸우는 경향이 러시아에서 더했음을 뜻할 뿐이다. 사실 동부 전선에서도 독일군 수십만 명이 포로가 되었다. 1941~1944년간 그 수는 약 86만 명으로 추산된다.[726]

명예롭게 죽기

총알이 떨어질 때까지 싸운다는 토포스는 해군에서는 매우 특이하게 나타났다. 1918년의 수병 반란(Matrosenrevolte)이라는 오점이 있는 해군 지휘부로서는 2차 세계대전에서 무엇보다 중요한 것이 이런 잘못을 갚는 일이었다. 해군 참모총장 에리히 레더는 1939년 9월 3일 이미 절망적 열세에 처한 해군은 "명예롭게 죽는 법을 안다"는 사실 외에는 보여 줄 것이 없다고 말한다.[727] 이런 숙명론적 판단은 영국이 예기치 않게 참전한 결과였다. 그가 생각한 것처럼, 이제 해군의 명예를 지키는 일이 중요해졌다. 하지만 1939년 12월 독일 중순양함 아드미랄 그라프 슈페 호의 함장은 전력이 월등한 영국과의 전투를 피하고 승무원들을 구하기 위해 무리한 싸움 대신 승무원들을 다른 배로 대피시키고 자신들의 배를 가라앉히는 길을 선택했다. 레더는 이 사건을 덮었다. 하지만 그는 이후로 독일 전함은 전투를 벌일 경우 승리를 거두거나, 그러지 못하면 차라리 깃발을 나부끼며 스스로 침몰해야 한다고 분명히 요구한다.[728] 수많은 사례를 볼 때, 해군 수뇌부가 전쟁 중에 병사들에게 희생정신을 진심으로 요구했

한스 보르트(Hans Bohrdt, 1857~1945)의 작품 「최후의 일인」, 현대의 우편엽서.(원본은 1916년 이후 유실되었다.)

음을 알 수 있다. "명예로운 죽음"은 특히 전쟁 후반기에 레더의 후임자인 카를 되니츠(Karl Dönitz) 원수의 강령이 되었다. U-331 함장 한스 디트리히 프라이헤어 폰 티젠하우젠(Hans Dietrich Freiherr von Tiesenhausen) 해군 대위는 1942년 11월 저항이 불가능한 상태에서 적 항공기들의 공격을 받자 승무원들을 보호하기 위해 백기를 흔들었다. 되니츠는 이 사실을 알고 강경하게 대처했다. 이런 행동은 그릇된 것이며, 지휘관이 포로에서 풀려나 송환되면 책임을 묻겠다는 것이다. "해군은 다음을 명심해야 한다. 백기를 흔들거나 부대 깃발을 내리는 행위는 승무원과 선박 혹은 잠수함을 치욕적으로 넘겨주는 것이고 따라서 군인과 선원의 유구한 원칙을 깨는 짓이다." "깃발을 내리느니 차라리 명예롭게 침몰해야 한다." 전투 수단이 소진된 그 지휘관은 승무원들을 구하려고 아프리카 해안으로 다가가는 것이 아니라 차라리 스스로 침몰했어야 했다. 되니츠는 계속 말한다. "장교들은 깃발의 명예가 개인의 생명보다 고귀하다는 교육을 철두철미하게 받아야 한다. 독일 해군에게는 백기를 보이는 일은 배에서나 뭍에서나 있을 수 없다."[729]

전함의 투항 거부는 19세기 말부터 있었던 현상이고, 20세기 전반에는 전 세계의 거의 모든 해군에 존재했다.[730] 독일에서는 이런 태도가 한스 보르트(Hans Bohrdt)의 그림 「최후의 일인」을 통해 이미 1차 세계대전 중에 일종의 아이콘이 되었다. 이 그림은 1914년 12월 포클랜드 제도의 해전 장면을 그려 낸다. 순양함 뉘른베르크 호의 선원들은 배가 뒤집히자 영국 전함들 앞에서 독일 깃발을 나부끼며 파도 속으로 가라앉는다.[731]

2차 세계대전 중 해군 수뇌부는 최후의 총알까지 벌이는 전투를 특별한 방법으로 장려했다. 1945년 3월 말 히틀러는 서부 유럽의 요새들을 일차적으로 해군 지휘관들이 지휘해야 한다고 말해 되니츠를 기쁘게 했다. "왜냐하면 최후까지 싸우지도 않고 수많은 요새를 잃었지만 배는 그렇게 잃지 않았기 때문이다."[732] 게다가 히틀러는 정치적 유서에서 독일 장교가 추구해야 할 명예 개념이 해군에서 이미 실현되었다고까지 언급했다. 그러한 명예 개념은 "어느 지역이나 어느 도시도 적에게 넘겨줄 수 없다는 것이고, 특히 지휘관들이 빛나는 귀감이 되어 임무를 완수하면서 죽음으로 나아가야 한다는 것이다."[733]

물론 여기에서도 소망과 현실의 경계가 어디인지를 묻게 된다. 프랑스 북부에 배치된 독일 해군은 1944년 봄 연합군 상륙이 임박하자 이 전쟁에서 연합군 상륙이 어떤 결정적 의미를 지니는지 명백히 하면서 '최후까지' 싸우기를 요구하는 훈령과 경고를 잔뜩 쏟아 냈다. 되니츠는 필요하면 U-보트가 출동하여 적 상륙선에 부딪히는 자살 공격을 감행해야 한다고까지 지시했다.[734] 하지만 이렇듯 강경한 말은 말에 그쳤다. 그러니까 되니츠는 실제로는 비교적 신중하게 작전을 펼쳤다. 그리고 성공 확률이 어느 정도 있는 U-보트들만 영국 해협으로 파견했다. 자기희생은 단지 소규모 전투 부대에만 요구되었다. 이런 소규모 전투 부대에는 임기응변으로 급작스럽게 만들어 기술적으로 무르익지 않은 무기들을 주었다. 인간 어뢰, 폭탄선, 1945년부터는 2인승 잠수함까지 있었다. 인간 어뢰를 조종하는 병사들의 손실은 어마어마했으므로 수지 타산이 전혀 맞지 않았다. 젊은 병사들의 희생정신은 일본 대사 오시마(Oshima)의 귀에까지 들어갔고, 그는 이런 태도를 가미카제 조종사 정신에 견주었다.[735]

바다에서의 상황을 면밀히 살펴보면, 최후 무전이 전달하는 것에 비해서 실제 상황은 훨씬 애매했음을 알 수 있다. 1941년 5월 27일 전함 비스마르크 호가 대서양 동부에서 침몰되었을 때, 귄터 뤼트옌스(Günther Lütjens) 대장은 무전을 쳤다. "마지막 수류탄까지 싸웠다. 총통 만세!" 실상 비스마르크 호는 중포(重砲) 포탄이 떨어질 때까지만 싸웠다. 그런데도 승무원 2200명 중에서 115명만 살아남았다. 비스마르크 호 함장 뤼트옌스의 행동은 툴롱에서의 하인리히 루푸스(Heinrich Rufuhs) 소장의 행동과 다르지 않았다. 두 사람 모두 이미 균형이 깨진 전투가 어떤 결과를 낳을지 알고 있었지만 싸우지 않고 포기할 용의는 없었다. 루푸스는 시간을 벌어 항구를 파괴하고자 했고, 뤼티엔스는 중포로 영국 선박에 피해를 입힐 기회가 아직 있었다. 잠깐의 전투 후에 중포 포탄이 다 떨어지자 비스마르크 호 승무원들은 침몰하는 배를 떠날 준비를 했다. 이제 저항하지 못하는 이 배에 영국군이 근거리 집중 포격을 하자 수많은 선원들이 우박 같은 포탄에 희생되었다. 배가 가라앉기 시작한 후에도 약 1000명이 배에서 탈출했다. 그러나 영국군은 파도가 높았고 독일 잠수함도 두려웠기에 이들을 효과적으로 구조하기 힘들었다. 그렇지 않았다면 승무원들의 상당수를 구조할 수 있었으리라.

독일 해군은 군사적 명령 체계 안에서 살았는데, 최후까지 싸우는 것과 '열광적' 전투에 대한 요구가 여기에서 매우 중요한 역할을 했다. 최고 수뇌부의 이런 수사는 해군 사병들에게도 분명 영향을 끼쳤다. 그들의 대화에서 규율, 긍지, 명예는 육군 병사들보다 한층 큰 역할을 했다.

빌요티(Wiljotti): 저는 쾌속선 지휘관을 한 명 아는데, 그 사람과 좀 친했지요. 그들은 전력이 월등한 적에 맞서 싸우라고 투입되었습니다. 사자처럼 용맹하게 싸웠어요. 노르망디 상륙 때 말이에요. 하지만 격차가 너무 컸지요. 우리 편에는 배가 스물두 척쯤 있었어요. 그래요. 그중에서 열일곱 척이 침몰해서 몽땅 죽었습니다. 명령에 따랐기 때문이지요.[736]

하지만 해군 병사들이 자기가 탄 배의 침몰에 대해 이야기할 때는 관점이 분명하게 이동했다. 물론 그들은 배와 무기가 더 이상 작동하지 않을 때까지 싸워야 한다고 확신했다. 자기 배를 적의 수중에 떨어지게 해서는 결코 안 되었다. 또한 모든 기밀 사항을 꼼꼼하게 파기해야 했다. 그렇지만 포로가 되지 않으려고 침몰하는 배와 함께 바다에 가라앉겠다는 사람은 아무도 없었다. 침몰 시 깃발이 아직 나부끼는지는 해군 병사들에게는 기껏해야 사후에 미화하는 데에나 필요했다. 자기 배가 가라앉으면 그것으로 군인의 의무는 충분히 수행한 것이다. 그들은 자기 목숨을 구하려고 노력했다. 깃발이야 어떻게 되든 상관없었다. 육군과 마찬가지로 해군에서도 희생정신에는 한계가 있었다. 그럼에도 불구하고 수많은 선박과 잠수함이 승무원 전원과 더불어 침몰했는데, 이는 일차적으로 해전의 조건들 때문이지 최고 수뇌부가 강조하는 병사의 희생정신 때문은 아니었다. 승무원들이 침몰하는 배에서 탈출에 성공하더라도 구조되지 않는 경우가 허다했던 것이다. 캐나다의 선덜랜드 비행정 탑승자들은 아일랜드 서쪽에서 독일 잠수함 한 척을 침몰시키고는 잠수함 승조원들이 물에서 헤엄치고 있다고 보고했다. 그들은 쉰세 명의 사진을 찍었고 여러 차례 그 위를 선회하다가 기지로 돌아갔다. 잠수함 승조원 중 아무도 살아남지 못했다. 이 U-625 잠수함은 승조원이 몰살당한 잠수함 543대 중 한 척일 뿐이다. 되니츠는 이 어마어마한 피해들을 이용하여 자신의 잠수함 부대원들의 윤리를 선전했다.[737] 그는 자기 병사들이 열성적이고 생사관이 뚜렷하다고 연설하지만, 사실 그들에게서 이런 모습을 찾기는 힘들다. 그들은 명령을 따랐을 뿐이다. 물론 용맹해지고자 했다. 그러나 무엇보다 살아남고 싶었다.

"동체를 갖다 박는 짓은 안 했지요. 바보짓이죠. 개똥밭에 굴러도 살아야 하니까"[738]

정치 지도부와 군 수뇌부가 점차 극단화되는 일은 공군에서는 육군이나 해군과는 다소 다르게 작용했다. 물론 1944~1945년에는 공군의 항공기 탑승자들에게 더욱 결연하게 전투에 임하라는 명령이 끊임없이 하달되었는데, 이는 사기가 크게 저하되고 있기 때문이었다. 특히 전투기 조종사들에게 그랬다. 괴링은 점점 더 그들에게 비겁하다는 비판을 가하고 있었던 것이다.[739] 전투 중 정말로 자신과 자기 비행기를 희생한다는 생각은 1943년 가을에 등장했다. 공군 군의관 테오 벤칭거(Theo Benzinger)와 활공기 조종사 하인리히 랑게(Heinrich Lange)는 각서에서 이렇게 표현했다. "악화된 전황으로 말미암아 선박 목표물을 극단적 수단으로, 즉 유인 폭탄으로 공격하는 것이 정당화되고 요구된다. 그 조종사는 자기 목숨을 자발적으로 희생하는 것이다." 그들은 이것이 "유럽에서는 새로운 전투 방식"임을 분명히 의식하고 있었다. 그러나 어차피 종래의 방식으로 공격할 경우 상대에게 타격을 입히는 경우보다 격추되는 경우가 훨씬 많았다. 그래서 그들은 결론을 내린다. 어차피 죽을 것이라면 적어도 가능한 한

많은 적을 데리고 죽기라도 해야 할 것이라고.[740]

1943년 9월 공군 '2인자'인 에르하르트 밀히(Erhard Milch) 원수는 이러한 제안을 놓고 장교들과 상의했다. 폭탄을 실은 비행기를 적의 전함에 추락시키거나 폭약을 잔뜩 실은 전투기로 적의 폭격기 편대를 날려 버리자는 계획을 토의한 것이다. 밀히는 조종사들을 진짜 '자살 공격'에 투입하는 일에 대해 되풀이 논의했다. 그러나 그보다 더 나은 것은 조종사들이 적의 폭격기에 일부러 부딪쳐 그 충격으로 폭격기를 격추시키되 자신은 낙하산을 타고 뛰어내리는 것이다. 하지만 공군 수뇌부는 이런 '가미카제 공격'은 군사적 의미가 없다고 판단했다. 그래서 일단 이 제안은 기각되었다. 유명한 시험조종사 한나 라이치(Hanna Reitsch)는 벤칭거와 랑게와 친분이 있었다. 그는 1944년 2월 히틀러 별장 베르크호프를 방문하는 기회를 이용해서 히틀러에게 '가미카제 공격'이라는 문제를 보고했다. 그러나 히틀러는 잘 듣지 않았다. 그리고 1944년 7월에는 조종사 서른아홉 명이 포케불프 FW-190 전폭기로 프랑스 북부 센 강 내포(內浦)에 정박해 있던 연합군 함대에 추락하려던 계획을 금지시켜 버렸다.

1943년 가을에 특별한 '자살 비행기'로 적의 배에 뛰어든다는 생각이 처음 나타났을 무렵, 전투기 장교 한스귄터 폰 코르나츠키(HansGünther von Kornatzki)는 공중 '돌격'이라는 아이디어를 다시 떠올렸다. 결연한 의지를 지닌 전투기 조종사들이 죽음을 두려워하지 않고 미국 폭격기를 들이받아 격추시킨다는 것이다. 전쟁 중에 우연이나 고독한 결단을 통해 그런 충돌이 몇 차례 있기는 했다. 이때 조종사는 추락하는 비행기로부터 낙하산을 타고 뛰어내릴 수 있었다. 이제 이런 다소 우연적인 시도를 확고한 방법으로 체계화한다는 것이다. 전투기 조종사들을 지휘하는 아돌프 갈란트(Adolf Galland) 대장은 이런 근접 돌격전 아이디어 자체는 매우 호의적으로 받아들였다. 그러나 허황된 충돌 공격에 대해서는 평가가 박

1944년 3월 10일 U-625 잠수함에 대한 공격. 잠시 후 명중하여 잠수함이 침몰했다.(런던 제국전쟁박물관, C-4289)

승조원들이 1인용 고무보트에 올라탔으나 잠시 후 악천후가 시작되었다. 누구도 살아남지 못했다.
(런던 제국전쟁박물관, C-4293)

했다. 그래서 1944년 5월 최초의 '돌격 전투기'들에게 새로운 전투 방식의 임무를 엄숙하게 부여하는 자리에서, 조종사들은 적기에 근접하여 탑재 무기들로 공격하되 그래도 격추하지 못할 경우에만 충돌하여 파괴하겠다고 서약했다. 1944년에 돌격대 세 부대를 편성했는데 각 부대는 이를 위해 개조한 포케불프 FW-190 전투기를 쉰 대씩 보유했다. (서약에서 특별히 강조했지만) 실제 전투에서 이런 충돌은 매우 드물었다. 이 '돌격 염소'가 희생자에게 아주 가깝게 날아갈 수 있다면 어차피 중화기를 이용해 격추할 수 있었으므로 충돌은 불필요했다. 그러나 어떤 경우에는 이런 일이 정말 일어나기도 했다. 이 경우 폭격기를 들이받은 조종사의 절반 정도가 목숨을 잃었다.

도청 기록을 살펴보면, 공군 조종사들은 이러한 충돌 공격을 자살 작전으로 인식하지 않았다. 오히려 점점 치열해지는 공중전에서 매우 효과적인 방식으로 받아들였다.[741] 공중전이 치열해질수록 목표물 격추에 성공하려면 수단과 방법을 가리지 않아야 했던 것이다. 적기를 격추하거나 파손하지 않고 귀환하면 군사 재판에 회부된다는 소문도 돌았지만 그들은 그리 놀라거나 화내지 않았다.[742]

하요 헤르만(Hajo Hermann) 대령은 여전히 제국 방어가 치열하게 이루어지지 않는다고 생각했다. 1944년 가을 그는 비열한 계획을 세웠다. 그는 재래식 전투기를 가지고 적의 주간 공습을 중단시키려는 시도는 이제 가망이 없다고 느꼈다. 그렇다고 성능이 월등한 제트 전투기를 단시일 내에 충분하게 생산할 수는 없었다. 그렇다면 이제 '한 방'을 날려 미군에게 충격을 주고 독일 제국이 숨 돌릴 시간을 주어야 했다. 그래서 경험이 부족한 젊은 조종사 1000~2000명 정도가 비행기를 가지고 적의 폭격기 편대를 들이받아서 모두 추락시켜야 한다는 것이다. 노련한 전투기 조종사들은 아직 쓸모가 많으므로 이 죽음의 작전에 참가시켜서는 안 되었다.

갈란트는 이 계획을 듣고 헤르만에게 물었다. "귀관이 직접 이 작전을 지휘하겠소?" 헤르만은 이렇게 답한다. "아닙니다. 그런 생각은 해 보지 않았습니다." 그래서 갈란트는 이 제안을 쓰레기통에 던져 버렸다. 갈란트는 포로가 된 뒤 "그자는 저의 범죄자 명단에서 두 번째 자리에 있습니다."라고 말한다.[743]

그러나 헤르만은 1945년 1월 이 계획을 제국수상청에 직접 보고할 수 있었다. 히틀러의 공군보좌관 니콜라우스 폰 벨로프(Nicolaus von Below)는 자진해서 충돌 작전에 참여하는 사람들에게 총통이 커다란 경의를 표할 것이라고 말했다. 물론 히틀러는 이런 임무를 명령하는 것을 꺼리지만 지원자들에게는 허락할 것이었다. 1945년 1월 말 괴링은 어떤 작전에 참가 신청을 하라는 포고문에 서명했다. 이 작전에 참가하면 자신의 목숨을 희생하여 전세를 결정적으로 전환시킬 수 있다는 것이다. 그들은 2000명의 젊은이가 신청했다고 주장했고, 자원자 중에서 300명을 선발했다. 그리고 그들에게 집단으로 출동하여 미군 폭격기를 들이받아야 하는 임무를 설명했다. 몇 사람은 경악했다. 항공모함이나 전함같이 거대한 목표물을 기대했던 것이다. 기껏해야 '하늘의 요새'(B-17 폭격기) 따위에 목숨을 내놓는 것은 너무 값싸 보였다. 물론 교관은 이 일의 의미가 자기희생이 아님을 설명했다. 목적은 충돌을 통해 폭격기를 파괴하는 것이고 그다음에는 낙하산을 타고 뛰어내릴 수 있다는 것이다. 1945년 4월 7일 이들 중 183명이 마그데부르크에서 미군 폭격기 부대에 충돌했다. 4월 11일 국방군 뉴스에서는 독일 전투기들이 "죽음을 무릅쓴 자기희생"을 통해 적 폭격기 60기 이상을 파괴했다고 전했다. 미군이 잃은 비행기는 실제로는 23대였다. 그리고 출격한 독일 전투기 183대 중 133대가 격추되었다. 77명이 목숨을 잃었다.

이 맥락에서 흥미로운 것은, '자기희생 작전'을 제안한 것이 정치 지도부나 최고위 군 수뇌부가 아니라는 점이다. 어차피 그들은 병사들에게 죽을 때까지 싸우라고 끊임없이 닦달했다. 지상의 전선들에서는 병사 수십만 명이 히틀러의 사수 명령 때문에 죽어 나갔지만, 히틀러는 공군 조종사 수십 명에게 자살 공격을 명령하지 못했다. 또한 1945년 4월 7일의 충돌 작전도 고전적 의미의 가미카제 공격은 아니었다. 조종사들이 낙하산으로 목숨을 부지할 수 있었기 때문이다. 그들 중 60퍼센트가 살아남았다. 이것은 잠수함에서라면 꿈도 꾸지 못하는 높은 비율이다.

'희생 작전'에는 또 다른 방식이 있었는데, 이는 1945년 4월 실행에 옮겨졌다. 1945년 1월 31일 소련군은 오데르 강까지 이르렀고 이 강의 서안에 주둔했다. 독일 육군은 이 교두보를 파괴하려 했으나 실패했다. 이제 공군이 수단과 방법을 가리지 않고 오데르 강 교량들을 파괴하여 소련군의 베를린 공격을 방해해야 했다. 3월 5일에 이미 '집단 희생 공격'을 통해 적군의 다리를 파괴하자는 제안이 등장했다. 그래도 당분간 공군은 기존의 방식을 통해 파괴를 시도했으나, 이렇다 할 성공을 거두지 못하자 최후의 수단에 호소했다. 자살 공격이었다. 이전의 자원병 몇 명을 다시 부르기도 하고 새로운 자원병도 뽑았다. 베를린을 향한 소련의 대대적 공격이 시작되기 하루 전인 4월 17일, 첫 번째 조종사들이 오데르 강 다리들로 추락했다. 군사적으로 전혀 의미가 없는 짓이었다. 왜냐하면 이 가교(假橋)들은 단시간 내에 수리할 수 있었기 때문이다.

전체적으로 보아, 이런 희생에 대한 히틀러의 생각은 놀랄 만큼 모순적이었다. 그는 병사들에게 최후의 일인까지, 마지막 총알이 떨어질 때까지 싸우라고 몰아세웠다. 이는 무엇보다도 후퇴나 성급한 투항을 막으려는 것이었고, 열성적 전투를 통해 소위 승리의 길을 열려는 것이었다. 그는 "모든 벙커를, 독일 도시의 모든 주택가를, 모든 마을을 요새로 만들

라. 거기에서 적이 피 흘리다 죽게 하고, 백병전을 통해 점령군을 거기 묻어야 한다."[744]라고 말했지만 그럴 때도 독일군 생존자를 인정했다. 메츠를 방어하던 군인들의 사례에서 히틀러는 그들을 위해 심지어 특별 소매 띠까지 제정해 주었다. 물론 그들이 마지막 총알을 가지고 자살을 했다면 더욱 명예롭다고 칭송했겠지만, 그는 이런 행동을 단호하게 요구하지는 않았다. 그러나 한편 이 독재자는 자신의 사수 명령 때문에 희생된 병사 수십만 명에 대해서는 아무렇지도 않게 여겼다. 그는 이것이 독일 민족의 운명을 건 대회전에서 반드시 필요한 부분이라고 여겼다. 이 전쟁은 승리 아니면 파멸을 의미하기 때문이다. 그러나 그는 아무리 강경하다고 해도 자살 공격을 단호히 지시하는 최후의 발걸음 앞에서는 주저했다. 이는 총력전의 마지막 단계로 독가스를 군사적으로 이용하기를 회피한 것과 마찬가지였다.

이탈리아인은 '약골'이고 러시아인은 '야수'다[745]

명령에 복종하고 의무를 수행하고 최후까지 용감하게 싸운다는 군사적 덕목들은 독일 군인의 프레임에 굳게 뿌리내리고 있었다. 이런 군사적 가치 체계는 그들이 전투 일화를 이야기할 때에도 드러나지만, 다른 사람들, 가령 전우, 적, 동맹군 병사의 행동에 대해 이야기할 때는 더욱 잘 드러난다.

극소수 예외를 제외하면 이탈리아인들은 아주 부정적으로 인식되었다. 공군이든 해군이든 육군이든 마찬가지였다. 독일인에게 이탈리아인의 행동은 이해할 수 없는 것이었다. 그들은 전투를 말 그대로 거부하는 것처럼 보였다. 때문에 이탈리아인에 대한 평들은 노여움에 차 있다. 그들의 행동은 "끔찍하"[746]다. "빌어먹을 이탈리아 놈들은 아무것도 하지 않는다."[747] "그들은 전쟁할 마음이 없으며"[748] "자신감이 없고"[749] "오줌이나 지리는 겁쟁이"며[750] "똥 덩어리들"[751]이다. 이 "개새끼들"[752]은 "사소한 일에도 포기하고"[753] "징징 짜면서"[754] 후퇴한다.

이 "약골들"[755]은 "끔찍하게 심약하다."[756] 군사적으로 보아도 전혀 믿을 수 없다. "이탈리아 병력 13만 명은 아마 독일 병력 1만 명이면 감당할 수 있을 것"이다.[757] 이탈리아 전차마다 이미 백기가 준비되어 있고[758] 이탈리아가 독일 남부를 공격한다면 "독일소녀연합이나 킴제 호수의 늙은 농부들"[759]만으로도 퇴치할 수 있다.

"이탈리아 놈들 말이에요. 그런 놈들이 로마의 후예라니. …… 로마인들은 창과 방패만 가지고도 그놈들보다는 잘 싸웠을 겁니다!"[760] 독일 군인들은 이구동성으로 이탈리아인이 "유럽 최악의 군인들"이라고 말한다.[761] 소수 이탈리아 부대에 대해서만 이보다는 낫게 평가했다. 가령 폴고레 공수사단은 그나마 "남자 구실"은 했다고 평한다. 무기는 형편없었지만 싸우는 법을 알았다는 것이다.[762] 또 다른 예외적 발언으로 프랑케(Franke) 상사는 1943년 4월 튀니지 전투에 대해 이렇게 말한다. "독일이 지휘한다면 그들도 흠잡을 데 없었습니다. 엔피다빌에서 퇴각 시 그들이 받은 명령은 이렇습니다. '젊은 파시스트는 그가 선 자리에서 죽는다.' 이탈리아 병사 서른 명이 사흘 동안 버텨 냈지요."[763] 이탈리아 군인들의 무기와 식사가 형편없었다는 이야기도 이따금 나온다. 물론 트렌트파크에서 이런 의견을 내놓은 건 여든네 명의 장군 중 한 사람뿐이었다. 여타 미군과 영국군 포로수용소에서도 마찬가지였다.

이탈리아에 대한 부정적 이미지는 1941년 이미 토포스가 되었고 공식 문서, 야전 우편, 일기 등에서도 나타난다. 이런 이미지는 그 자체로는 분명 과장된 것이지만 순전한 허구는 아니다. 이 토포스는 전장의 경험에서 나온 것이다. 전장에서 이탈리아 부대는 독일의 기준뿐 아니라 가령 영국의 기준으로 보아도 "쓸모없었다."

물론 이런 군사적 덕목은 다른 동맹국을 평가할 때도 기준이 되었다. 슬로바키아는 독일 바로 아래로 평가했다. 루마니아에 대해서는 "지난 세계대전 때보다는 월등하게 나았고 용맹하고 많은 피를 뿌렸으며"[764] "군인으로서 전혀 나쁘지 않았다."[765]라고 말한다. "스페인 군단들"은 아주 좋았다고 평한다. "사실 끔찍한 놈들이지만, 군사적으로 보면, 그러니까 군인으로서는 좋지요."[766] 이에 비해 제1차 세계대전에서 그렇게 잘 싸웠던 헝가리 군대는 "똥 덩어리"[767]들이었다. 러시아군 앞에서 줄행랑쳤기 때문이다.[768]

군인들은 같은 프레임 안에서 적들도 평가했다. 영국을 가장 높이 평가했다. 그들은 "끈질기고"[769] "매우 강인하고"[770] 무엇보다 공명정대한 군인들이었기 때문이다. 그들은 됭케르크와 그리스에서 환상적으로 싸웠고[771] "눈부신 조종사들"[772]이며 탁월한 전사들이다. 그 "죽이는 놈들"[773]은 "우리와 대등하다."라고 두고두고 이야기한다.[774] 아프리카 군단의 어느 군인은 "영국인에게 독일 군복을 입혀 놓으면 구별이 안 될 겁니다."라고 주장한다. 그러나 고위 장교들은 독일인이 영국인보다 용감하다고 믿었다. "그래요. 영국 놈들은 배에 몇 대 맞으면 도망칩니다. 우리처럼 그렇게 달려들지 않지요. 또 달려든다 해도 아주 서투르다니까요."[775] 제1공수사단장은 이탈리아에서 연합군과 벌인 전투에 대해 이렇게까지 말한다. "전쟁에 대한 전반적 태도에 있어서, 적들은 끈기가 부족해서 오랫동안 큰 손실을 견뎌 내지 못하지요."[776]

미국은 영국보다 훨씬 낮은 평가를 받았다. 독일 병사들이 보기에 미군의 승리는 오롯이 물자의 우월성 덕분이고 따라서 불공평한 것이다. 미국인은 군인으로서 "비겁하고 소심"[777]하며 "진짜 격렬한 전쟁"에 대해서는 "아무것도 모르고"[778] "결핍을 못 견디고"[779] "백병전에서 우리보다 열등하다."라고 말한다.[780] 폰 아르님 상급대장은 튀니지에서의 경험을 이야기하면서 이렇게 말한다. "그 개새끼들은 모조리 도망치지요. 미국 놈들 말입니다. 한 번 제대로 얻어맞으면요."[781] 이 장군은 이탈리아 전투에 대해서도 전한다. "전반적으로 미국인은 전사로서 형편없다는 평가를 받지요. 극소수를 제외하면 말이에요. 패기가 없거든요."[782]

이에 비해 독일군은 러시아인에게는 아주 커다란 경의를 표한다. 러시아인의 희생정신과 잔혹성을 존경하고 두려워한다. "그들은 몸과 마음이 듣도 보도 못했을 만큼 강건하고"[783] "끝까지 싸우고"[784] "믿기지 않을 만큼 열광적으로 싸웁니다."[785] "러시아인들은 그야말로 무시무시하게 싸웁니다."[786] 독일군은 러시아 군인들이 죽음을 경시하는 것에 경악한다. 러시아 군인들은 흔히 영혼이 없고 우둔하고 그야말로 '야수적인' 전사로 보인다. 루트비히 크뤼벨(Ludwig Crüwell) 대장은 "우크라이나의 고립된 지역 우만 근교에서 우리 전차들은 놈들을 말 그대로 깔아뭉갰지요. 놈들이 항복을 안 하니까요. 한번 상상해 보라고요."[787]라고 말한다. 그래도 그는 소련군을 좋은 군인으로 생각한다. 죽음을 두려워하지 않고 싸우기 때문이다. 특히 높은 계급의 군인이 보기에는, 조국을 위해 그처럼 격렬하고 처절하게 싸우는 군인이 나쁜 군인일 수는 없는 것이다. 여기에서 독일군의 군사적 가치 규범이 분명해진다. 공군의 블룽크(Blunk) 소령은 1941년 러시아 폭격기 125기가 베레지나 강변의 바브루이스크에서 독일군 교두보를 공격한 일화를 전한다. 독일 전투기들이 그중 115기를 격추시켰다. 하지만 그가 보기에 러시아인들의 행위는 무의미하거나 미친 짓은 아니었다. 그에게 이 일화는 러시아인들이 "투지 넘치는 조종사"임을 보여 줄 뿐이었다.[788]

독일 군인이 보기에는 이탈리아인은 비겁하고 러시아인은 죽음을 두려워하지 않으며 영국인은 끈질기고 미국인은 유약하다. 적과 동맹군에 대한 이런 평가는 전쟁이 진행되는 도중에도 (몇몇 미묘한 변화는 있었지만)

변하지 않았다. 그 평가 기준도 1945년까지 기본적으로 변하지 않았다. 최초의 전투에서 각인된 이미지는 세부 사항만 보완되고 변주될 뿐 대체로 그대로 유지되었고, 다만 전체적 전황의 변화 때문에 약간의 변화가 생겼다. 전쟁 후반기에 소련군이 점차 제국 국경으로 다가오자 이제 소련군의 용맹성이 아니라 잔혹성이 강조되었다.

전투의 용맹성은 동료와 상관에 대한 평가에서도 핵심 범주였다. "후방의 돼지"[789]가 되기는 원치 않았다. 싸우지 않으면 비겁하다는 눈총을 받기 쉬웠다. 상관들은 맨 앞에 나서서 싸워야 했다.

"프린츠 하인리히 폰 로이스 42세(Prinz Heinrich von Reuss XLII)가 우리 대대장이었지요. 1940년에 소령, 1941년에 중령, 1942년에 대령이 되었습니다. 인맥 덕분이죠. 키예프 전투가 시작되자 그는 뒤로 물러나더니 병들어 버리더군요. 키예프 전투에서 승리하고 그 도시를 점령하자 다시 나타났지요. 크림에서 전투가 시작되자 다시 보이지 않았고, 두세 주 소강상태였다가 심페로폴을 점령하자 또 나타났어요. 그리고 1941년 겨울 세바스토폴 앞에서 싸우기 시작했을 때, 그는 도로 아팠지요. 몸무게가 45킬로그램 아래로 떨어졌어요. 너무 끔찍해 보였죠. 그다음에 사라졌어요. 전체적으로 보아 좀 타락한 인간형으로 보입니다."[790]

그와 정반대 이미지를 가진 예는 가령 클라우스 그라프 솅크 폰 슈타우펜베르크(Claus Graf Schenck von Stauffenberg) 대령이었다.

피비히: 엄청나게 투지가 넘쳤죠. 어마어마하게 투지 있고 영리하고. 다른 사람들도 늘 그렇게 묘사했다고요. 말하자면 전형적인 독일 장교지요. 전방에서 지휘하는 장교로서도 그랬고 참모부 장교로서도 그랬습니다. 추진력이 특출

하고 신중하고 철저했지요.[791]

피비히 소령은 슈타우펜베르크의 히틀러 암살 시도를 격렬하게 규탄하면서도 군인으로서는 매우 높이 평가했다. 흥미롭게도 그는 슈타우펜베르크를 전방에서 지휘하는 장교로도 보는데, 사실 슈타우펜베르크가 전방에 복무한 기간은 총 3개월 정도밖에 되지 않았다. 참모 장교들이 흔히 그랬듯이 그도 이 점 때문에 아주 비판적인 평가를 받을 수도 있었을 것이다. 하지만 특히 튀니지에서 중상을 입은 사건 때문에 그의 투지와 추진력이 명백히 입증되었고 긍정적 측면들이 훨씬 부각되었다.

에르빈 롬멜 원수에 대해서 독일 병사들은 다른 면에서는 매우 양가감정을 가지고 보았지만, 저돌성만큼은 높이 평가했다. 헤세(Hesse) 대령은 "군인으로서 그는 누구에게나 깊은 인상을 남기지요."라고 말한다. "위대한 지도자는 아니지만 진짜 군인이었어요. 두려움 없고 대담무쌍한 남자, 인정사정없던, 자신에 대해서도 인정사정없던 남자였지요."[792]

'비겁'과 '탈영'

용맹한 군인이라는 이상에 들어맞지 않는 자들, 퇴각 시 무기를 버리거나 전투 없이 항복하거나 심지어 적에게 넘어가는 자들은 거의 언제나 매우 부정적인 평가를 받았다. 1944년 여름 영국과 미국 수용소의 대화들 속에는 비겁한 많은 군인들에 대한 이야기가 끝없이 등장한다. 제709 보병사단 소속 침머만(Zimmermann) 소위는 셰르부르에서 도시 남쪽 전선까지 자동차를 타고 국도를 달리던 때를 회상한다. "거기에서는 벌써부터 병사들이 쏟아져 나오고 있었습니다. 모조리 도로 위로 쏟아져 나와 뒤죽박죽이었어요. 여기에는 노동봉사단원들, 저기에는 대공포대원들, 그리고 보병들도 좀 있었지요. 제가 말했어요. '제군들, 달아나지 마시오. 안 그래도 엉망인데 더 엉망으로 만들지는 말라고.'"[793]

침머만은 분명 셰르부르가 곧 함락될 것임을 알았다. 그래도 병사들이 질서를 유지하고 계속 용맹하게 싸워야 한다는 것이다. 사병들, 노동봉사단원들, 대공포대원들이 통제 불능 상태로 달아나기 때문에 임박한 패배가 더욱 씁쓸하게 보였다. 군인의 자화상에 있어 핵심이 무너지는 일이었기 때문이다.

자신이 진지를 포기하고 도망친다는 생각을 품어 본 적이 있음을 고백한 사람은 (장교 중에는 한 명도 없었지만) 드물게나마 있었다. 로이트게프(Leutgeb) 상병은 감방 동료에게 노르망디 전투에 대해 전한다.

로이트게프: 우리는 기관총 한 정당 탄환이 1000발씩 있었어요. 얼마나 더 버틸 수 있을지 상상도 못 하겠더라고요. 탄환이 곧 떨어지니까요. 거기에 짜증나는 주데텐 교포가 있었는데 하사였지요. 제가 말했어요. "이제 무얼 해야 합니까? 탄환이 없습니다. 도망치자고요. 이제 다 쓸데없는 짓이에요." 그가 말했지요. "대체 무슨 말을 하는 건가?" 저는 도망치고 싶었어요. 하지만 제 동료들 때문에 그러지 않았어요. 그리고 박격포 세례를 받았지요. 이루 말로 할 수도 없을 지경이었어요. 제3분대에서는 기관총 사수만 살아남았다고요.[794]

군인들이 보기에 제대로 싸우지 않는 자보다 더 심각한 자는 적에게 넘어가는 자들이었다. 하이만(Heimann) 소령은 아헨 공방전에 대해 전한다.

하이만: 그때 저 위에 세 개 대대가 주둔했어요. 그들은 한밤중에 철수하기로 되어 있었지요. 그런데 저의 향토예비대대 중에서 대대 참모부 소속 열다섯 명만 돌아왔더군요. 다른 자들은 다 적진으로 넘어갔지요. 마흔 살에서 쉰 살

사이의 사람들이었고 벙커에서도 아주 편하게 지냈지요. 하지만 이렇게 말했다는군요. "무방비의 야전진지로 가지는 않겠소." 이런 자들과 같이 아헨을 방어해야 했다니까![795]

군인들의 대화에서 적에게 넘어가는 일은 그야말로 상상도 할 수 없는 일로 여겨졌다. 이탈리아에서 어느 소위는 1944년 12월 말까지도 이렇게 말한다. "저라면 그런 일은 절대 못 할 겁니다. 진정한 독일인이라면 결코 탈영하지 못할 거예요. 오스트리아 놈이나 독일 교포들이나 그런 짓을 하죠."[796] 그래서 1944년 말에 탈영에 대해 솔직하게 말하는 사람은 드물었다. "저는 어쩌면 사형 선고를 받겠지요. 하지만 들판에 시체로 버려지느니 탈영 죄로 사형 선고를 받더라도 일단 살아 있는 편이 낫지요."[797] 흥미롭게도 이 말은 프룬츠베르크 친위대사단 소속 사병의 말이다. 1944년 7월이 되면 무장친위대마저 죽음을 두려워하지 않는 정치 군인들로만 채워지지는 않았던 셈이다. 전투 중 꽁무니를 뺐다거나 비겁하다는 비난을 받지 않으려고, 포로가 된 탈영자 대부분은 진짜 동기는 이야기하지 않고 탈영을 규범에 어긋나지 않는 것으로 묘사했다. 전쟁에서 졌기 때문에 더 이상 전투가 무의미하므로 투항했다고 말한다. 정치적 이유들보다는 이런 이유가 한결 자주 등장한다. 그들의 의사소통이 이루어지는 상황이 군사적 가치 규범 자체에 대한 의심은 허용하지 않기 때문일 것이다. 포로수용소에서마저 그랬던 것이다. 아니, 어쩌면 바로 포로수용소이기 때문에 더욱 그랬던 것이다.[798]

전쟁 그 자체를 의문시하거나 이웃 나라들에 대한 독일의 침공을 의문시하는 군인은 극소수였다. 1944년 6월 6일 로마 근교에서 탈영한 알프레트 안더슈(Alfred Andersch) 같은 사람도 독일군에 대해서는, 그리고 군사적 덕목에 대해서는 매우 긍정적 이미지를 가지고 있다.[799] 이런 사실을 보면, 독일군의 틀을 용감하게 깨고 나온 사람들조차 군사적 가치 규범을 깊숙이 내면화했음을 알 수 있다. 1945년 봄이 되어서야 군인들은 자신의 탈영에 대해 더 자주, 더 솔직하고 양심의 가책 없이 이야기할 수 있었다.

템플린(Templin): 당시 유일한 화제는 어떻게 그 자리를 뜰 수 있을까였습니다. 이렇게 도망쳐야 할지 저렇게 도망쳐야 할지. 어떻게 하면 제일 나을지. 포로가 되던 날 오후에 우리는 지하실에 앉아 있었어요. 기다렸지요. 아주 가까이에서 총성이 들릴 때 생각했어요. 언제라도 이 지하실로 포탄이 떨어질 거라고요. 우리는 여러 명이었죠. 열다섯 명. 거기 앉아 있었어요. "그냥 앉은 채로 포로가 되자."라는 말을 아무도 감히 입 밖에 내지는 못했어요. 이제 앉아서 기다렸지요. 하지만 미군은 오지 않았어요. 그리고 저녁에 독일 보병들이 와서 이렇게 말하더군요. "이리 오라고. 너희는 이제 떠날 수 있어." 우리는 따라갔어야 했지요. 그러지 않으면 탈영이었으니까요. 보병들은 소위의 지휘에 따라 오후 3시에 다리를 폭파하고 떠났어요. 하지만 우리는 그 앞에 앉아 있었어요. 저는 두렵지는 않았지요.
프리들(Friedl): 그래요. 독일 사람이 두렵지 미국 사람은 두렵지 않지요. 독일 사람들이 훨씬 심해요. 속을 모르겠으니까. 앞으로 어떻게 행동할지 모두 딴마음을 먹고 있지요. "기회만 와 봐라."라고 모두 속으로 생각하죠. 그리고 장교가 오면 또 그 사람 명령을 그대로 따르지요. 이게 제일 슬픈 일이에요.[800]

군법에 따르면 적진 앞에서 비겁하게 행동하거나 탈영한 경우, 소수의 예외를 제외하면 사형을 내리게 되어 있었다. 그리고 독일 군사 법정은 이 조항을 매우 자주 적용했다. 전체적으로, 독일 군인의 사형은 2만 건가량 집행되었다. 대략 일본과 비슷한 수치다. 미국에서는 146명을 처형했고, 소련은 15만 건으로 추정된다.[801]

수많은 군인이 처형된 것은 패전이 가까웠음을 보여 주는 현상이었다. 그 숫자는 1944년 가을부터 급증한다. 그때까지 대부분의 군인들이 탈영자나 비겁한 자를 사형시키는 것에 대해 아무 문제가 없다고 여긴 듯하다. 1943년 12월 제15기갑척탄사단의 홀슈타인(Hohlstein) 소위는 2년 전 러시아에서 겪은 일에 대해 이야기한다. 감방 동료 바수스(Bassus) 원사는 호기심으로 1941~1942년 겨울 모스크바 근교에서의 위기 상황에 대해 묻는다. 소위는 탈영자들도 있었다고 말한다.

홀슈타인: 산발적으로는 늘 있는 일이지요. 러시아 전투에 처음부터 참여해서 장거리를 행군한 사람들은 저 늪지대와 숲과 온갖 더러운 곳에서 지랄 같은 가을을 견뎌야 했어요. 그다음에는 추위가 찾아왔고 다음에는 러시아인들이 덮쳐 왔지요. 이런 사람들은 당연히 비관적이 되어 이렇게 말하게 되죠. "이제 끝이야. 이제 우리 목숨도 간당간당하다고." 몇몇 사람이 후방으로 빨리 물러나려고 무기를 버렸어요. 소총도 버리고요. 그런 일 자체는 사소한 일이지요. 그래도 그런 자들에게는 사형을 언도했어요. 그래야만 했어요! 그런 일이 일어나면 안 된다는 걸 분명히 보여 줘야 하니까.[802]

바수스 원사는 1941년에 벌써 그런 일이 있었다는 데 놀라움을 금치 못한다. 두 사람은 그것이 소수였다는 데 안도한다. 그리고 이런 경우에 사형을 언도해야 한다는 것은 아주 당연하게 여긴다.

1944년 말까지, 비겁자나 탈영자의 처형을 지켜보거나 목격자로부터 전해 들었던 포로들이 이에 대해 자주 이야기를 했다. '빨치산 토벌' 중의 처형에 대한 이야기처럼, 이런 이야기에 대해서도 아무도 놀라거나 분노하거나 부정적으로 평가하지 않는다. 기껏해야 개별 사례의 세부적인 부분을 궁금해한다. 그 외에 이런 사건은 전쟁에서 정상적인 일로 느껴졌다. 어떤 장군들은 전선 위기 시에 자기 병사들을 "벽 앞에 세우고" 처형한 이야기를 하면서 자신의 단호함을 과시한다. 그런 장군들도 꼭 사수 명령을 광신적으로 신봉하는 열렬한 나치는 아니었다. 예컨대 에르빈 메니 중장은 1943년 러시아에 배치되었던 때의 일에 대해 말한다.

> 메니: 거기에서 사단 하나를 넘겨받았지요. 노르웨이에서 갓 돌아온 사단이 었어요. 그러니까 사실 아직 지치지도 않았고 상태가 여러모로 좋았습니다. 그런데 한번은 적이 습격했지요. 우리 병사 몇 놈이 자리를 지키지 않았기 때문이죠. 저는 즉각 군법 회의를 소집했습니다. 그놈들은 저쪽 뒤에서 두려워서 무릎을 후들후들 떨고 있었죠. 우리는 적이 침입한 자리 바로 뒤에서 그 놈들을 심문해 곧바로 판결을 내린 뒤 즉시 처형했지요. 바로 그 자리에서요. 이 소식이 들불처럼 번져 나갔습니다. 그게 효력이 있었지요. 주전선(HKL) 이 사흘 후 다시 우리 수중에 떨어졌으니까요. 그 순간부터 사단은 군기가 잘 잡혔어요.

메니의 대화 상대인 슐리벤 중장은 이 대목에서 그저 이렇게 묻는다. "그게 어디에서 일어난 일인가요?"[803]

전과

독일군 병력 1700만 명 중에서 약 80퍼센트가 적어도 일시적으로는 주전선 지역에 배치되었다. 그럼에도 불구하고 영웅이 되거나 커다란 승리를 쟁취하거나 아니면 전투에 참여할 기회조차 없는 사람들도 있었다. 많은 무선통신병, 연료 관리병, 항공기 기술자들이 있었고, 보병 사단에는 빵 굽는 사람이나 푸주한이나 간호병도 있었다. 이들은 전쟁 중에 총을 한 번도 안 쏘기도 했다. 그들의 생활 세계는 보병 상병이나 전차병이나 전투기 조종사와는 근본적으로 달랐다. 하지만 공통점 역시 우리가 생각하는 것보다 많았다. 독일군 병사들이 무엇보다 중시하는 것은 자신의 임무가 무엇이든 제대로 완수해 내는 것이었다. 민간인일 때 훌륭한 회계사, 농부, 목수였던 것처럼, 잠수함 기능사로서도 훌륭하게 역할을 수행하고자 했고 스탈린그라드에서 공병으로서도 잘 싸우고자 했다. 그들이 군인이라는 새로운 직업에 대응시켜 적용한 것은 이러한 '훌륭한 노동'의 윤리만은 아니었다. 열악한 노동 조건, 잘못된 생산 방식과 노동 과정과 지시 등에 대한, 모든 공장에서 흔한 비판이 군대에도 있었다.

알프레트 구트크네히트(Alfred Gutknecht) 소장은 비효율적인 행정 체계 때문에 서부 차량화부대 사령관으로서의 자기 업무를 효율적으로 수행할 수 없었다고 한탄한다.

구트크네히트: 채널 제도에서도 그랬습니다. 머리를 쥐어뜯고 싶은 지경이었어요. 차량이 어마어마하게 몰려 있었지요. …… 이해할 수 없는 일이었죠. 거기 섬들은 모두 코딱지만 했으니까요. 트럭은 그리 많지 않았는데, 이어서 육군, 공군, 해군, 토트 조직무기탄약 장관 프리츠 토트(Fritz Todt)가 이끌었던 준군사 조직이 앞다투어 트럭을 끌고 그 섬들로 들어왔지요. 당시 저는 상황을 단순하게 만들자고 제안했어요. 그러니까 토트 조직까지 포함해서 국방군차량예비대들을 창설하자고 했지요. 그러나 이 계획은 실현되지 않았고, 폰 룬트슈테트(Von Rundstedt) 원수마저 최종 결정을 내리지 않았습니다.[804]

군인들은 이와 아주 비슷한 방식으로 전방 전투에 대해서도 말한다. 다만 전방의 비효율성은 무수한 전사자를 낳았다는 점이 다를 뿐이다. 제5공수사단 소속 프랑크(Frank) 소령은 예하 대대들이 아르덴 공세에서 싸우던 상황에 대해 불평한다.

프랑크: 그 공세 첫날부터 우리는 퓌르덴을 급습했지요. 그 마을은 요새였어요. 벙커 25미터 앞까지 이르렀지만 저지당했습니다. 우리 최고의 중대장들이 죽어 나갔지요. 두 시간 반 동안 저는 거기 묶여 있어야 했죠. 우리 전령이 다섯 명이나 전사했어요. …… 연대장은 "돌격, 돌격, 돌격! 저 마을을 향해 가라. 거기엔 적 병력이 얼마 안 된다."라고 말했지요. 저는 연대장에게 "이건 미친 짓입니다."라고 말했습니다. "아니, 이건 명령이야. 돌격, 돌격, 돌격! 저녁 전까지 저 마을을 점령해야 한다." 제가 말했어요. "그렇게 할 겁니다. 하지만 지금은 포병선발정찰대(VB)를 기다려야 합니다. 이 시간은 제가 나중에 두 배 세 배로 보충하겠습니다." 저는 계속해서 말했지요. "제게 최소한 돌격포라도 주십시오. 북쪽으로 치고 들어가서 벙커를 깰 수 있습니다." "안 돼, 안 돼." 우리는 지원 병력도 없이 그 마을을 점령했지요. …… 거기서 포로를 총 181명 잡았어요. 마지막 60명은 다 모아 놓고 박격포를 퍼부었지요. 포로들과 경비부대 가운데로 말이에요. 스물두 시간 동안이나 우리 포들은 마을을 향해 불을 뿜었지요. 우리 중간급 지휘관은 무능했습니다. …… 전차가 있어도 제대로 쓰지 못했고 돌격포도 보병도 제대로 쓰지 못했지요. 서로 조금만 조율했다면, 이를 위해 한두 시간 준비를 했다면, 작전이 아주 환상적이었을 겁니다.[805]

프랑크 소령은 전과를 올리길 원했다. 자기 대대를 동원해 손실을 최소화하는 가운데 퓌르덴을 빨리 점령하고자 했고, 그다음 서쪽으로 계속해서 진격하고자 했다. 하지만 부대 간의 조율이 원활하지 않아 모두 불가능해졌다. 그는 퓌르덴 공격을 "미친 짓"이라고 말했지만 그래도 공격을 실행에 옮겼고 상관의 명령을 따랐다. 공격을 중단하는, 그러니까 명령에 불복종하는 일은 그에게는 아예 상상도 못 할 일이었던 것이다. 그래도 ("지원 병력도 없이") 마을을 점령하고 또 포로를 181명 잡았다는 것은 그가 거둔 개인적 전과다. 그는 자신에게 주어진 임무를 성공적으로 수행했다. 전체적으로 보아 아르덴 공세는 과도한 손실을 입고 실패로 돌아갔지만, 이는 그의 책임은 아니었다. 그것은 "중간급 지휘관"의 책임이었다. 그의 뜻대로 하게 두었다면 작전은 "환상적"이었을 것이다.

파국적인 전체 상황의 맥락 안에서 이처럼 유독 자신의 업적을 강조하는 이야기 모델은 군인들의 대화에서 흔히 나타난다. 이는 일상에서 '회사', '연구소', '상관' 등에 대해 나누는 대화들에서 흔히 나타나는 것과 마찬가지다. 이런 유의 이야기는 '훌륭한 노동'이라는 이상이 행위자의 인식과 해석에 중요한 역할을 한다는 것을 보여 준다. 나아가 그러한 '전문성'이 자신의 위치를 설정하고 스스로의 이미지를 형성하는 데 핵심적인 요소라는 것을 보여 준다. 이는 직업 노동과 전쟁 노동이 지니는 구조적 공통점이자 심성적 공통점이다.

군인들은 이야기를 할 때 구체적 성과를 언급함으로써 자기 업적을 더욱 강조하곤 한다. 구구절절 설명할 필요 없이 명확한 전공을 제시하기 위해 프랑크 소령처럼 포로 숫자를 언급하는 경우 외에도 전차 파괴, 비행기 격추, 선박 침몰, 적군 살해 등의 사례를 이야기한다.

롱그쉬르메르 해안포대 지휘관[806] 헤르베르트(Herbert) 해군 소위는 1944년 6월 6일과 7일에 연합군의 노르망디 상륙 함대에 맞서 가망 없는 전투를 벌였다. 그는 겨우 나흘 뒤 포로수용소에서 한스 크루크(Hans Krug) 대령을 만난다. 크루크는 그와 동일한 지역의 육군 연대장이었다.

헤르베르트: 대령님, 보고드립니다. 제가 순양함 격침에 성공했습니다.
크루크: 축하하네.
헤르베르트: 그거라도 침몰시킨 것이 자랑스럽습니다. 저 자신도 몰랐습니다. 하지만 이곳의 세 군데에서 확인했습니다.

크루크: 포대는 점령당했나?

헤르베르트: 포대는 전멸당했습니다. 그들은 바다에서 우리 대포를 하나하나 파괴했습니다. 그러나 저는 대포 하나를 붙들고 끝까지 쏘았습니다. …… 제게는 투지 넘치는 대공포소대가 있었습니다. 그 소대에서 적 항공기 열여섯 기를 추락시켰습니다.[807]

순양함을 격침하고, 아직 남은 대포를 붙들고 끝까지 싸웠으며, 포대의 대공포로 항공기 열여섯 기를 격추했다는 자부심은 그의 생각에서 전투의 전체 상황을 모두 덮어 버린다. 당시 국방군에서 가장 현대적인 이 해안 포대도 칼바도스 해안에서 영국군 상륙을 막아 낼 수 없었고, 영국과 프랑스의 순양함에 의해 해안 포대는 단시간 내에 전멸당했다. 이 소위가 어째서 자기가 순양함을 침몰시켰다는 생각을 하게 되었는지 지금은 알 수 없다. 어쩌면 영국인들이 일부러 틀린 정보를 주었을 수도 있고, 그가 이 정보를 즐겨 인용하는 것이리라. 어쩌면 그냥 대화 상대에게 깊은 인상을 남기려고 거짓말하는 것일 수도 있다. 사실 그는 연합군 전함에 단 한 발도 제대로 명중시키지 못했다. 게다가 우리는 영국 측 정보를 통해, 1944년 6월 7일 이 해안 포대가 싸움 한번 제대로 벌이지 못하고 정복되었다는 것을 알고 있다. 그러니까 최후까지 싸운 전투라는 것이 전혀 현실이 아니었음을 다시 한 번 알 수 있다. 이처럼 자신의 성과가 지닌 의미를 강조하기 위해 주변 조건들과 어긋나는 묘사를 하는 이야기 모델은 도청 기록에서 끊임없이 나타난다. 지미아너(Simianer) 소위는 자신의 연대장이 무책임했다고 말한다. 연대장은 중포도 없는 자기 대대를 전투에 투입했고 1944년 7월에는 영국 전차들과 싸우라고 내보냈다. 그의 부대에는 투입 준비가 된 대전차 바주카포 네 정이 있었을 뿐이다. 물론 그것으로 곧바로 영국 전차 네 대를 파괴했다. "저 혼자 그 물건 두 대를 박살 냈습니다."[808] 겨우 대전차 바주카포 네 대로 전차 네 대를 파괴한 것은 군인들의 대화에서는 당연히 혁혁한 전과로 보였다. 게다가 화자 자신은 제 손으로 전차 두 대를 파괴했다고 말한다. 그러니까 지미아너 소위는 "무책임하게" 임무를 부여받았음에도 멋지게 수행해 냈다는 것이다.

이런 유의 이야기에는 두 가지 기능이 있다. 첫째는 지도부의 무능 및 물자 부족에 대해 구구절절 불평하는 것이고, 둘째는 이런 난관을 딛고 탁월한 업적을 이루었다고 자신의 역할을 부각하려는 것이다. 이것 역시 군대에만 있는 일은 아니다. 이러한 인식 방식 및 묘사 방식은 일을 하는 곳이면 어디에나 있다.

상훈(賞勳)

이런 모험담보다 자기 업적을 입증하기 좋은 것은 훈장이나 표창이다. 이미 서술한 것처럼(83쪽 이하 참조), 히틀러와 육해공군 수뇌부는 모든 군인을 위한 광범위한 상훈 체계를 통해 독일군 내에서 지위의 격차를 만들었는데, 이는 효과가 매우 컸다. 모두가 지위를 알아볼 수 있도록 훈장이나 휘장을 다는 전방 군인들은 사회적 위신이 높았다. 이런 동기 부여 체계는 1차 세계대전의 선례를 본뜬 것으로, 병종과 계급을 불문하고 모든 군인의 프레임에 굳게 뿌리내렸고, 군인이 무엇을 '전과'로 간주하는가에 대한 인식을 결정했다. 때문에 군인들의 대화에서는, 어떤 사람을 그의 인식표인 훈장과 결부해 칭하는 경우가 많았다. "기사철십자훈장을 받은 바허러(Bacherer) 대령에 대해 들어 봤어요?"[809]

상훈이 없으면 창피하게 느꼈다. 아프리카 군단 소속 헤르츠(Herz) 중위는 이렇게 말한다. "고향으로 돌아가면 사람들이 제 면전에 대고 비웃겠죠. 우선 몸이 멀쩡한 채로 포로가 되었고 또 2급철십자훈장 하나도 없으니까요."[810]

해군의 하인리히한스 쾨스틀린(Heinrich-Hans Köstlin) 이병이 탔던 쾌속정 S-53은 1942년 2월 방어 작전 중 같은 편 선박과 충돌하여 침몰했는데, 그 역시 비슷한 걱정을 한다. "우리 같은 포로도 무어라도 인정을 받아야 합니다. 그러지 않으면 불공평한 거지요. 제 동료 중에는 장교가 된 사람도 있고 쾌속정 휘장과 1급철십자훈장을 받은 사람도 있지요. 나중에 훈련소로 가면 사람들은 그들이 참전한 것에 대해 높이 평가하고 존경하겠지요. 하지만 저는 아무것도 없어요. 1급철십자훈장을 받으려면 적진 항해를 쉰 번은 해야 하니까."[811]

상훈에 대한 소망은 전과가 '측정 가능'한 부대에서 특히 높았다. 공군의 전투기와 폭격기 조종사들은 격추한 비행기가 몇 대이며 몇 번 출동했고 그에 대해 어떤 훈장을 받았는지 끝없이 이야기한다. 무엇보다 개전초기에는 훈련 수준과 비행기 수준이 높아서 금방 성과를 거둘 수 있었고, 그래서 명예와 인정을 두고 서로 경쟁한다는 의식이 많았다. 이에 버금가는 것은 해군이었다. 해군에서는 침몰시킨 적군의 선박 톤수가 상훈을 위한 최고의 척도였다. 오토 크레치메르(Otto Kretschmer) 해군 대위는 자기가 보낸 마지막 무전이 되니츠에게 도달했는지에 대해 포로 생활 내내 골똘히 생각하고 있었다. 이 무전에는 배를 포기해야 했던 애석한 상황과, 자신의 최후의 적진 항해가 거둔 성과들이 담겨 있었던 것이다. 이 정도 성과라면 가장 성공적인 잠수함 지휘관으로서 두각을 나타낼 수 있는 것이었다.[812]

해군 사령부의 보고서들을 보면, U-보트 배속이 인기가 매우 높았음을 알 수 있다. U-보트 부대에는 상훈 기회가 있었기 때문이다. 해군의 기사철십자훈장 서훈자 절반은 U-보트 부대에서 나왔다. 귄터 프린(Günther Prien)은 U-보트 지휘관으로서는 처음으로 나치 프로파간다에서 공적을 기리는 '영웅'이 되었다.[813] 기사철십자훈장을 받는 것은 대부분의 군인에게는 불가능했지만, 최소한 자기 부대에서 받을 수 있는 전쟁 휘장이라도 받는 것이 좋았다. 그리고 이런 기회도 보통은 다른 부대보다 U-보트 부대에서 훨씬 많았고 특히 아직 패전이 적었던 개전 초에는 더욱 그랬다. 잠수함 전쟁 휘장은 보통의 경우 적진 항해를 두 차례 하면 수여되었다. 이 휘장을 받지 못하면 전쟁 중에나 전쟁이 끝난 후에나 전우 모임에서 제대로 된 잠수함 승조원으로 인정받지 못했다. U-473의 함장 하인츠 슈테른베르크(Heinz Sternberg) 대위는 1943년 승조원들에게 이렇게 말했다. "우리가 잠수함 휘장을 받으려면 21일씩 두 번 타야 한다. 나는 잠수함 휘장을 받았으면 한다. 기왕에 U-보트를 타도록 저주받은 운명이라면 휘장이라도 받아야겠다."[814] 그러나 그의 바람은 이루어지지 않았다. 두 번째 항해에서 그의 U-보트는 침몰되었고 슈테른베르크는 전사했다.

통계적으로 보면 생존 확률은 대형 수상 선박이 월등히 높았다. 그런데도 그런 선박 근무는 훨씬 인기가 떨어졌다. 1942년부터 연료 부족 때문에, 그리고 지휘부가 손실을 두려워했기 때문에, 그런 배는 대개 항구에서 빈둥거렸기 때문이다. 적과 싸우는 작전에 참여하지 않는다면 대체 어떻게 자신의 전투 능력을 입증하고 서훈과 지위를 얻을 수 있단 말인가?

1943년 전함 샤른호르스트 호가 침몰했을 때 살아남은 해군 상병 비르케(Birke)는 포로 생활 중에 불평을 늘어놓았다. 1940년 8월부터 그 배에 배치되었지만 아직 한 번도 철십자훈장을 받지 못했다는 것이다.[815]

전투에 참여하여 훈장을 받으려는 욕망은 컸다. 샤른호르스트 호가 1943년 성탄절 휴가 첫날의 극야(極夜)에 영국 호위 선단을 공격하기 위해 노르웨이 북부 알타 피오르의 주둔지에서 닻을 올렸을 때, 선상의 분위기는 기쁨에 들떴다. 마침내 출동이다! 선상에 있던 사람들 중 자신들이 '승천 작전'을 위해 떠난다는 것을 안 사람은 거의 없었다. 다음 날 샤른호르스트 호는 침몰했고 약 2000명의 승무원 중 서른여섯 명만 생존했다. 영국의 도청 수용소 래티머하우스에 온 그들은 그 전투에 대해 자랑스럽게 전한다.

해군 상병 볼레(Bohle)는 "겨우 우리 배 한 척을 파괴하려고 구축함 네 척이 동원되었습니다."라고 말한다. "배가 총 아홉 척이었지요. 샤른호르스트는 단독으로 맞서서 오전 11시 반부터 저녁 8시까지 전투를 벌인 거예요. 대단하죠! 구축함들만 없었더라도 우리를 이기지 못했을 거예요. 사실 상상하기 어렵죠. 2만 6000톤의 무쇠와 강철로 이루어진 이 배가, 그리고 2000명이 사라진 거지요! 사실 그렇게 오래 버텨 낸 것도 기적이지요. 우리는 여러 번 명중당했거든요. 어뢰만 해도 일고여덟 발을 맞은 거죠. 기선이 어뢰 일곱 발을 맞고도 견딘다는 건 상상도 못 했어요. 분명 일곱 발은 맞았다니까요. 마지막 세 발 때문에 끝장난 거지요. 처음 몇 발에는 끄떡도 안 했습니다." 그의 대화 상대이자 역시 샤른호르스트 호 생존자인 해군 상병 바크하우스(Backhaus)도 이렇게 덧붙인다. "그때 갑자기 측면을 맞았습니다. 마지막 세 발이 명중했어요. 쾅! 그 배가 해낸 일을 보라고요!"[816] 그들은 샤른호르스트 호가 이미 한참 동안 포격을 하지 못하는 동안에도 "상부에서, 그러니까 국방군 총사령부(OKW)와 해군 사령부(OKM)에서 …… 계속 이 전투를 주시하고 있었"[817]다고 말하며 그들은 이 점을 자랑스러워한다. "다만 유감스러운 점은 이제 우리에게 전쟁이 끝났고 더 이상 싸울 수 없다는 거죠."[818]

무공을 훈장으로 입증하는 일은 사병이나 부사관들보다 참모장교나 장성들에게 훨씬 중요했다. 육군 참모총장 프란츠 할더(Franz Halder)에게는, 1942년 8월 24일의 격렬한 논쟁에서 히틀러에게 비난받은 것이 최대 굴욕이었다. "할더 씨, 대체 뭘 원하는 거요? 1차 세계대전에서도 그랬으면서 지금도 계속 그 회전의자에 앉아 내게 부대에 대해 늘어놓고 있소. 당신은 흑색부상자휘장조차 못 받지 않았소?"[819] 히틀러는 국방군 최고책임자의 자존심의 아킬레스건을 건드린 것이다. 그것은 전방의 전투에서 능력을 입증하지 못했다는 것이다.

몇몇 국방군 고위 장성은 1차 세계대전에서 대개 참모부에서 근무했기에 부상을 입은 적이 없었다. 히틀러의 생각에 2차 세계대전에서는 그런 일은 있어서는 안 되었다. 전방에서 업적을 쌓는 것은 국방군에서 출세하기 위해 꼭 필요했다. 총참모부 장교들도 마찬가지였다. 이처럼 프레임이 변화함에 따라, 장군이라도 몸소 전투에 참가할 태세가 되어 있어야 한다는 생각이 널리 퍼졌다.(371쪽 참조)

모든 장성이 이런 요구를 진지하게 받아들인 것은 아니었지만, 스포츠 광인 발터 폰 라이헤나우(Walther von Reichenau)는 그랬다. 그는 폴란드 진격 시 부하들과 함께 반 벌거숭이로 비스와 강을 헤엄쳐 건넜고, 소련에서는 원수이면서도 전투에 참가하여 보병돌격휘장을 받았다.[820] 하지만 대부분의 장성들은 그들 신분에 걸맞은 포상을 원했다. 즉 기사철십자훈장을 받거나 빨리 진급하기를 원한 것이다. 1941년 출셋길이 막힌 한스 자틀러(Hans Sattler) 소장은 자기와 같은 장군들의 이런 태도를 경멸했다. "부관 회의에서 어느 부관이 제게 말합디다. 육군 사령부(OKH)에서요. 그자가 이렇게 말했어요. '제일 문제는 고속 진급이 안 되거나 전혀 진급이 안 되는 장군들, 기사철십자훈장도 받지 못한 장군들입니다. 그러면 불만이 가득하거든요.' 아이고, 슈문트란 작자가 그런 말을 합디다."[821]

장성들에게 상훈이 얼마나 중요한지는 가령 1943년 5월 튀니지에서 포로가 된 열여섯 명의 장군들의 대화에서 확인할 수 있다. 아프리카에서 독일군 및 이탈리아군의 마지막 총사령관인 "가련한" 한스위르겐 폰 아르님 상급대장은 "백엽 기사철십자훈장도 못 받았기에" 동정을 받았다.

롬멜은 다이아몬드 백엽검 기사철십자훈장까지 받았기 때문이다. 아프리카에서 아르님이 한 역할에 대해 총통 본영에서는 '못마땅하게' 바라보았다고 미루어 짐작할 수 있다.[822] 아르님과 더불어 마지막까지 튀니지에서 싸웠던 한스 크라머 대장에 대해서 트렌트파크의 포로들은 "그 (역시) 백엽 훈장을 못 받아 마음이 심하게 상했다."라고 수군거렸다. "벌써 추천까지 받았지만 결국 받지 못했지요. 그걸 못 받아 제정신이 아니었다더군요. 온갖 수단을 총동원해서 따내려 애를 썼지요."[823] 고트하르트 프란츠 (Gotthart Frantz) 중장은 1943년 8월 트렌트파크에서 자신이 튀니지의 전과를 인정받아 기사철십자훈장을 받게 되었다는 소식을 듣자, 훈장이 국제적십자를 통해 전달되기도 전에 벌써 1급 철십자훈장부터 목에 걸었다. 그리고 이제 가족을 다시 볼 면목이 생겼다고 자랑스럽게 집에 편지를 썼다.[824] 그러나 포로수용소에서 뒤늦게라도 훈장을 받는 행운을 모두가 누린 것은 아니다. 에르빈 메니 중장은 트렌트파크에서 일기장에 이렇게 썼다. 이제 (포로수용소에 있으니) 그토록 원하던 백엽 기사철십자훈장을 받을 기회가 사라졌다고. 그렇게 절절히 원하는 훈장을 벌써 받은 사람은 사정이 훨씬 나았다. 람케 대장은 동료 수감자들에게 1차 세계대전과 2차 세계대전, 두 번 다 최고 무공 표창을 받았다고 자랑스럽게 밝혔다.

전방에서 싸운 고위 장교이면서도 훈장을 충분히 받지 못하면, 전우들 사이에서 이상하다는 눈총을 받았다. 아헨 요새 사령관 게르하르트 빌크 대령은 트렌트파크 도착 직후에 변명을 늘어놓아야 했다. "동부 전선에서 연대장이었습니다. 오랫동안 노르웨이에서 근무했소. 그래서 상훈이 비교적 적은 것이오."[825]

훈장이 얼마나 자존심에 중요한지는 사진 자료를 통해서도 입증할 수 있다. 트렌트파크에서는 1943년 11월과 1944년 11월 단체 사진을 찍었고 이 사진들을 크리스마스 엽서로 가족들에게 보내 주었다. 몇몇 수감자는

트렌트파크 수감자들, 1944년 11월.(뒤 왼쪽부터) 폰 콜티츠(von Choltitz) 대장, 빌크(Wilck) 대령, 람케(Ramcke) 대장, 에버딩(Eberding) 소장, 빌더무트(Wildermuth) 대령. (앞 왼쪽부터) 폰 하이킹(von Heyking) 중장, 폰 슐리벤(von Schlieben) 중장, 다저(Daser) 중장.(BA 146-2005-0136)

훈장 없이 밋밋한 군복을 입고 사진을 찍은 반면, 어떤 사람들은 훈장을 주렁주렁 달고 사진기 앞에 섰다.

계급이 낮은 군인들의 대화에서는 철십자훈장에 대한 이야기가 수두룩했다. 1급 철십자훈장이나 2급 철십자훈장을 받은 전우나 친구나 친척이 누구에게나 한 명쯤은 있었고, 그래서 자신에게 가해지는 무거운 사회적 압력을 느꼈다. 사람들은 늘 '타인들'에 의존해 정향하기 때문이다. 자신만 아직 훈장을 받지 못했다면 그에 대해 해명이라도 해야 했다. 가장 간명하게 꾸며 내는 것은 다른 사람들이 부당하게 훈장을 받았다고 주장하거나, 자신이 최소한 그 사람들만큼은 업적이 있다고 주장하는 것이다. 서훈 기준에 대한 대화들, 즉 누가 언제 어떤 일로 훈장을 받았는가 하는 대화들은 서사시만큼이나 끝이 없다. 1940년 2월 14일, 개전 후 겨우 반년 정도 지났을 무렵 벌써 프리츠 후텔(Fritz Huttel) 해군 중위는 이 문제를 입에 올린다.

후텔: 이번 전쟁에서는 지난 전쟁만큼 철십자를 많이 나눠 주지는 않아요. 특히 잠수함 장교들은 철십자를 받는 일이 아주 드물지요. 잠수함 함장은 적진 항해를 두 차례 해야 하고 최소한 6만 톤을 격침해야 비로소 1급 철십자훈장을 받습니다. 첫 번째 전투 항해 후에는 잠수함 휘장밖에 못 받아요. 발트 해에서 초계선만 타고서도 철십자를 받은 사람들도 있는데요. 이 사람들은 아무 전과도 없었고 항해에 대해서는 아는 게 하나도 없어요. 우리는 U-55를 타고 몇 주 동안이나 고초를 겪었지만 철십자는 못 받았다니까요. 훈장을 이렇게 부당하게 나눠 주는 데 대해 불만이 높습니다.[826]

물론 이런 불평은 정당하지 않다. 아무리 그래도 잠수함 장교들이 해군 중에서는 상훈을 받을 기회가 제일 많았다는 것만 보아도 그렇다. 게다가 U-55는 첫 번째 적진 항해에서 곧바로 침몰했다. 그러니까 이 장교들에게는 상을 줄 기회가 아예 없었던 것이다. 그런데도 화자는 자기가 왜 아직도 훈장을 달고 있지 않은지 자초지종을 설명해야 한다고 느끼는 것이다. 이런 불만은 해군에만 팽배했던 것이 아니다. 공군에서도 이런 식의 불만은 자주 나타났다. 그리하여 어느 공군 상사는 1940년 7월 프랑스 침공 성공 후 이렇게 불평한다. "로테르담에서 공수부대원은 누구나 1급이나 2급 철십자훈장을 받았지요. 겨우 사흘 싸우고 말입니다. 저는 전쟁이 터진 후부터 쭉 조종사였지만 아무것도 받지 못했어요. 전쟁이 끝난 후 철십자훈장이 없는 조종사는 쓰레기 취급을 받을 겁니다."[827]

서훈 조건이 너무 느슨하거나 너무 엄격하다는 비판도 한없이 나돌았고, 다른 사람들이 지위를 이용해서 훈장을 얻어 냈다는 비난도 자주 나돌았다. 사병과 부사관들은 특히 장교들이 훈장을 속임수로 따냈다고 비판했다. "저는 전방 비행을 서른세 차례나 했기 때문에 확실히 1급철십자훈장을 받을 만하지요. 장교들은 세 번만 비행해도 받는데 우린 무얼 받지요? 철십자(das Eiserne Kreuz)는 못 받고 허리(Kreuz)에 총알(Eisen)이나 맞지요."라고 어느 부사관은 비꼰다.[828] 고위 장교들은 히틀러가 자신의 국가사회주의 세계관 때문에 자기들을 충분히 존중하지 않는다고 불평했다.[829]

또 무장친위대가 오직 정치적 이유 때문에 훈장을 받는다는 비난도 인기가 있었다. 귄터 슈람 해군 중위는 "친위대는 전과 때문이 아니라 정치적이고 도덕적인 입장 때문에 훈장을 받지요."라고 확신한다.[830] 또 다른 사람들은 "기갑 사단에서 헤르만 괴링이 다른 사람들보다 네 배나 많은 철십자훈장을 받은 일"을 "기이하다"고 느꼈다.[831]

정치적 이유로 훈장을 주는 일은 분명히 있었다. 가령 헤르만 페겔라인(Hermann Fegelein), 제프 디트리히(Sepp Dietrich), 테오도르 아이케(Theodor Eicke)가 그렇게 훈장을 받았다. 그러나 이들은 예외에 불과했다. 특히 무장친위대가 정치 집단이므로 육군보다 더 빨리 훈장을 받는다는 비판이 자주 제기되었는데, 이는 사실이 아니었다. 이런 '남용'은 오히려 국방군에서 훨씬 잦았다. 때로는 실제로 존재하지 않는 전과에 대해 훈장이 수여되기도 했다. 가령 노르웨이 침공 중에 공군은 폭격기 조종사들에게 '상상의' 격침에 대한 포상으로 기사철십자훈장을 다섯 건 수여했다.[832] 해군 무선 감청을 이용한다면 그로테스크하게 과장된 조종사들의 보고가 진짜인지를 손쉽게 검증할 수도 있었을 것이다. 하지만 너무 빤한 이유 때문에 공군 수뇌부는 이런 검증을 하지 않았다.[833] 물론 해군도 예컨대 잠수함 함장들의 전과 보고를 그렇게 면밀하게 검증하지 않았다. 어떤 사람들은 전공을 상습적으로 과장하는 것으로 유명했다. 그럼에도 불구하고 훈장을 받았다. 그리하여 해군 주변에서는 예컨대 '셰프케 톤수'라는 표현을 쓰곤 했다. 요아힘 셰프케(Joachim Schepke)가 자신이 격침한 선박 크기를 늘 어마어마하게 높이 산정해 보고하는 것을 빗댄 표현이다. 롤프 톰젠(Rolf Thomsen) 역시 자기 전공을 너무도 열렬하게 보고하여 1945년 기사철십자훈장과 백엽 훈장을 받았다. 그는 적진 항해 두 차례 동안 구축함 한 척, 코르벳함 두 척, 화물선 여섯 척, 보조 항공모함 한 척을 격침했다고 보고했다. 그러나 실제로 입증된 것은 단 한 척뿐이다. 그 시기에는 전승 보고에 환호할 기회 자체가 적었으므로, 해군 수뇌부는 함장들의 보고를 검증 없이 그대로 믿으려는 경향이 있었다.[834] 톰젠이 전과 보고를 어떻게 했는지 오늘날까지도 정확히 재구성할 수는 없지만, 많은 사람들은 그가 일부러 과장했다고 믿었다. 그는 종전 후 연방해군에서 새로운 경력을 쌓으면서도 똑같은 비판을 받았던 것이다.

물론 이탈리아 U-보트 함장인 엔초 그로시(Enzo Grossi)와는 감히 비교할 수 없다. 그는 1942년 남대서양에서 미국 전함 두 척을 격침했다고 주장하여 무솔리니로부터 황금무공메달을, 히틀러로부터 기사철십자훈장을 받았다. 그로시는 나치 주간 뉴스에 자주 등장했는데, 보통 반 벌거숭이 모습으로 잠망경 옆에 서 있곤 했다.[835] 그러나 종전 후 그가 단 한 척도 격침하지 못했음이 밝혀졌다. 이탈리아 우익들은 이를 인정하지 않고 음모론이라고 생각했다. 심지어 그로시가 격침했다고 주장하는 전함 두 척을 미국이 전쟁 중 재건조하여 그런 손실을 덮었다고까지 가정했다. 그로시는 결국 사후에 무공메달을 박탈당했다.[836]

요약하자면, 국방군 군인들은 정치 지도부와 군사 수뇌부의 동기 부여 방식을 근본적 비판 없이 그대로 받아들여 자신의 프레임에 통합시켰다. 도청 기록이 보여 주는 바에 따르면, 이는 훌륭하게 작동했고, 누구로부터도 근본적인 의심을 받지 않았다. 비판이라면 누군가 1급 철십자훈장을 부당하게 받았다거나, 하필이면 자기 상관이 훈장 수여 기준을 지나치게 엄격하게 적용했다는 식이었다. 너무 오만한 기사철십자훈장 수상자들은 '양철 넥타이'[837]라고 불렸다. 때로는 훈장 디자인에 대한 불만도 있었다. 어느 공군 소위는 "다이아몬드 백엽검 기사철십자훈장은 쓰레기지요. 다이아몬드 따위는 여자한테나 선물하는 거지 전투기 조종사에게 주는 건 아니니까요."라고 비꼬았다.[838] 때로는 훈장과 휘장이 너무 많다고 질타했다. 어느 잠수함 장교는 1940년 11월 "특별 휘장을 아직도 못 받은 사람은 베를린의 기선 선장들밖에 없습니다."라고 말한다.[839] 특히 훈장을 애호하는 헤르만 괴링에 대한 농담들이 인기가 높았다. 그는 1940년 7월 대철십자훈장을 받았는데, 이 훈장을 받은 유일한 사람이었다. 제26전투기전대 소속 하르티히스(Hartigs) 중위는 1945년 2월 1일 동료 포로에게 비꼬듯이 물었다. "매머드 십자훈장을 몰라요? 이 전쟁에서 우리가 이기면 괴링이 받을 훈장입니다. 자주포 다이아몬드 매머드 대철십자훈장이라고도 불리죠."[840]

비교: 이탈리아인과 일본인

이탈리아에서는 아주 다른 프레임이 형성되었다. 역사학자 아메데오 오스티 구에라치(Amedeo Osti Guerrazzi)가 강조하는 것처럼, 이탈리아 군인의 핵심 준거점은 국가도 민족도 군대도 아니었다. 파시즘이 부패와 족벌 경제를 극단까지 밀고 나갔기 때문이다. 그 결과는 뻔했다. "여기에서는 영국과 독일만 거론하겠지만, 이런 다른 나라들은 극도의 위기에서 단결했고, 제도들의 주변에 집결했다. 다시 말해 대대적 저항을 수행했는데, 이는 공동체를 위해 자신들이 보기에 불가피한 어떤 목적을 달성하기 위함이었다. 이에 비해 이탈리아에서는 사회적 구조가 완전히 무너졌다. 이는 '각자도생(各自圖生)'이라는 극단적으로 의기소침한 분위기에서 일어난 것이다."[841]

그래서 이탈리아 군인들은 자신의 전투에 어떤 의미를 부여할 수 없었다. 국가에 대한 긍정적 관점도 없었고, 승전 경험도 없었으며, 나아가 용맹, 의무 수행, 강인함 같은 가치를 미덥게 전달할 수 있는 장교들도 없었던 것이다. 이탈리아 장교들은 오히려 무능하고 비겁한 패거리로 간주되었다. 그들은 업적이 아니라 오로지 인맥을 통해 그 자리에 올랐다는 것이다. 그들은 자기가 전쟁을 할 필요가 없을 때에만 전쟁에 열광했다. 그리고 무엇보다도 개인적 부를 축적하는 데 열을 올렸다. 이는 영국 수용소 윌튼파크의 두 수감자의 대화에서도 나타난다.

피칼라(Ficalla): 도둑놈들이에요. …… 대령들부터 시작해서 다 똑같아요. 저는 포격 명령을 받았지요. 마르살라 포격 후 (장교들은) 트럭을 동원해서 그곳을 약탈했습니다. 저는 그걸 보고했습니다. …… 병사들을 위한 고기가 내려오면 장교들이 자기 방에서 스테이크를 굽고 다른 사람들에게 선물로 주었지요. 이런 일을 죄다 지켜보았어요. 그자들은 비누가 있으면 열 개쯤 훔쳐서 휴가 때 집으로 가져갔어요. 설탕이나 다른 것들도 다 가져갔지요.

살차(Salza): 미국인과 영국인들이 제게 그 이야기를 했지요. 나중에는 병사들도 그런 이야기를 하더군요.

피칼라: 병사들까지도 다 알게 되었습니다. 사단장인 저로서도 그런 도둑질을 막을 수 없었지요. 그에 대해서 전체적 상황을 조감하는 일이 불가능하기 때문이기도 해요. 분위기가 그러면 훌륭한 부대를 만들 수 없는 거지요.[842]

이런 상황에서 용감하게 싸우라는 진부한 호소는 하나 마나였다. 이탈리아의 도청 기록에서는 늘 장교들이 앞장서 줄행랑쳤다고 이야기하곤 했다.[843] 아우구스타 요새 사령관 프리아모 레오나르디(Priamo Leonardi) 해군 대장은 이렇게 말한다. "사령부가 통째로 슬쩍 자취를 감추는 걸 보고 사람들은 말하지요. 내가 여기 있어야 해? 왜 있어야 하는데? 내가 명청이인 줄 알아? 자, 달아나자고!"[844] 물론 레오나르디 장군도 아우구스타 방어에 그리 집착하지는 않았다. 그는 포로가 된 후 이렇게 말한다. "저는 민간인 복장으로 도망치려 했습니다. 사실 다 도망치는데 장군이라고 도망치면 안 된다는 법은 없지요." 군부 엘리트가 자신들의 태도를 매우 분명하게 의식하고 있었음을 도청된 다음 대화가 보여 준다. 1942년 11월 두 장군은 같은 달 벌어졌던 3차 엘알라메인 전투에 대해 이야기하면서 다음과 같은 생각에 동의한다. "거기에서 일어난 일에 대해서는 말하지 않는 게 낫지요. 우리가 저항을 포기한 사실 같은 것 말이오."[845]

독일의 많은 장군이 비슷한 생각에서 비슷하게 행동했을 수도 있다. 예를 들어 자틀러 소장은 1944년 쾌속선을 타고 셰르부르 요새를 빠져나오려다 실패하자 그 자리에서 투항했다. 영웅적 행동은 아니었다. 전우들에게 이 사실을 털어놓는 것은 그에게는 상상조차 못 할 일이었으리라. 국방군 병사들, 특히 고위 장교들은 늘 자신이 전문적이고 탁월한 군인인 양 거드름을 피우곤 했다. 레오나르디처럼 자신에게 올바른 군인상의 핵심, 즉 용맹성이 없음을 솔직하게 털어놓는 경우는 거의 없었다.

영국 포로가 된 낮은 계급의 이탈리아 병사들의 대화를 보더라도, 전쟁에 대한 인식이 독일군과 크게 다름을 알 수 있다. 항공기 격추, 선박 격침, 훈장 서훈[846] 등에 대해선 별로 이야기하지 않고, 명예, 용맹, 조국에 대해서도 마찬가지다. 오히려 주된 화제는 대규모 작전에 늘 수반되는 끔찍한 무질서였다. 튀니지에서 포로가 된 어느 중령은 1943년 3월 이렇게 말했다. "우리 군은 모험가 패거리가 되어 버렸습니다. 그자들은 모두 법정에 세워야 합니다. 적어도 군사적 관점에서 보면 그렇지요. 바스티코 (Bastico) 대장[847]부터 세워야지요. 그자들이 아프리카에서 한 짓은 샅샅이 조사해야 합니다. 그들이 중요한 순간마다 했던 행동은 추악합니다! 군인이라면 누구나 부패와 혼란으로 얼룩진 울적한 이야기를 들려줄 수 있을 지경이지요. 이탈리아에 영국인들이나 러시아인들이 있었다면 나았을 겁니다."[848]

수뇌부(그리고 국가)는 너무 부패하고 무능해서, 연합국보다 더 적으로 간주되었다. 그러니 군인들이 보기에는 자기들 이해관계를 조금도 대변하지 못하는 체제를 위해 자기를 희생하는 자는 '멍청이'일 것이다.[849]

이탈리아에서는 특별한 부대에 속한 군인들만 독일 군인들과 비슷한 이야기를 한다.[850] 공수부대 대원, 폭격기 조종사, U-보트 승조원 등은 자기 성과에 대해, 무기 기술에 대해, 자기 임무의 어려움에 대해 이야기한다. 아무리 부패와 부실이 만연해도 그들은 좋은 군인으로 보이는 것이 중요했다. 그들에게는 용맹과 의무 수행이라는 이상도 있었다. 그리하여 어느 U-보트 당직 사관은 1941년 이렇게 말한다. "우리가 설령 파시즘에는 반대하더라도 일단 이 전쟁에서 이겨야 하고 의무를 행해야 합니다."[851] 이탈리아의 폭격기 조종사 두 사람은 1942년 4월 이런 이야기를 한다. "우리는 13일에 거대한 영국 순양함에 어뢰를 날렸지요. 그 배도 무시무시하게 반격했어요. 15분간 결투가 벌어졌습니다. 그들에게는 보파이터 전투기[852]가 있었지요. 우리는 정통으로 한 방 명중시켰습니다. 그 자리로 다시 날아왔을 때 순양함은 사라졌지요. 사실 우리 중에는 이 출동을 싫어한 사람도 많았지요. 이 뇌격기가 너무 위험하거든요. 마지막에 여섯 시간 동안 공중에 떠 있었어요. 우리는 베이루트, 포트사이드, 알렉산드리아, 카이로를 초토화했지요. 우리 조종사들은 아주 젊습니다. 하지

418

만 굉장히 용감해요. 목표물에 몸을 던지다시피 한다니까요."[853]

이 부대원들은 때로는 아주 파시스트답게 행동했다. 가령 1943년 8월 31일 U-보트 대원 두 명은 (서로 무공을 늘어놓은 다음에) 일반적 상황에 대해서도 언급한다.

"만일 우리에게 젊은 파시스트 사단이 너덧 부대 있어서 아프리카에서 싸우게 했다면, 이 영국 신사들은 뭍에 오르지도 못했을 겁니다! 자, 보라고요. 아프리카에서 영국 전차 140대에 맞서라고 젊은 파시스트들의 전차 14대만 출동시킨다고 해도 저는 믿을 거예요."[854]

이 두 열렬한 파시스트들에게 용맹은 중요한 준거점 중 하나였다. 물론 그들은 독일 U-보트 대원들과는 달리 계속 싸우는 것은 거부했다. 시칠리아 함락 후 전쟁에서는 이미 진 것이니 이제 강화를 맺어야 했다. 이 점에 있어서 그들은 이탈리아 전군 참모총장 피에트로 바돌리오(Pietro Badoglio)에게 동의하며 그의 말을 인용한다. "그는 '우리는 전쟁을 명예롭게 끝내야 한다.'라고 말했지요. 그는 경륜 있는 군인이기에 무조건항복은 결코 받아들이지 않을 겁니다."[855] 실제로 이탈리아는 무조건항복을 하지 않았고 사흘 후에 연합국과 휴전 협정을 맺었다. 물론 종전의 혼란 속에서 국왕과 바돌리오가 도피하는 상황이 이 잠수함 대원들의 명예 의식에 어울리는지는 의심스럽다. 그러나 중요한 점은 이른바 '결전' 시나리오들은 그들에게도 탐탁하지 않았다는 사실이다.

독일과 이탈리아 군인들의 이런 차이에도 불구하고 그들의 가치관에는 교집합도 분명 있었다. 이를 잘 보여 주는 것은, 이탈리아 군인들은 평소 대화에서 동맹국 독일 군인에 대해 혐오감을 내비치곤 했지만 그들의 전투력에 대해서는 경이롭게 바라보았다는 사실이다.[856] 어느 이탈리아

U-보트 장교는 크레타 섬 점령을 돌이켜 보면서 이렇게 말한다. "비범했지요! 최후까지 싸우는 사람은 독일인밖에 없었어요. 잘게 쪼개지고 아주 뭉개질 때까지 계속 싸웠지요. 우리 이탈리아인이나 일본인도 그럴 수 없고 하물며 영국인은 더더욱 그럴 수 없어요."[857]

이런 평가를 내린 사람은 단지 군사적 성과뿐 아니라 용맹과 투지도 중요하게 생각했던 것이다. 또 다른 대화들에서는 이탈리아군 내부의 수치스러운 상황, 반역자 같은 장군들, 그릇된 지휘 등에 대해 이야기한다.[858] 이런 대화를 보면 이탈리아 군인들이 이런 일을 자신의 가치관에서 벗어난 일로 느꼈음을 알 수 있다. 지휘관의 무능과 부대의 부실 관리가 어느 정도 해결되어 배불리 먹고 탁월한 지휘 아래 싸우게 되면 이탈리아 군인들도 임전무퇴의 의지를 보이곤 했다.[859]

물론 영국 포로수용소에 있던 지오반니 메세(Giovanni Messe) 원수는 이탈리아인이 독일인과 군사적 가치관이 같음을 인정하지 않았다. 이탈리아인은 전혀 다르다면서 이탈리아군의 무능을 오히려 옹호하는 설명을 한다. "(독일인) 영혼이 없지요. 우리는 마음이 넓어요. 그리고 사람을 미워할 줄 몰라요. 심성이 원래 그렇지요. 그래서 우리가 호전적인 민족은 아니라고 늘 생각했지요. 호전적이려면 누군가를 증오할 줄 알아야 하거든요."[860]

이탈리아인보다 호전적인 민족, 전형적인 군사적 가치를 엄격하게 중시한 민족은 당연히 일본인이었다. 일본의 핵심적 군사 규약들, 즉 군인칙론(軍人勅諭), 전진훈(戰陣訓), 무사도(武士道) 들은 매우 독특한 군사 프레임을 형성했고 이 프레임은 충성과 용맹과 용기, 그리고 특히 절대복종이 군인의 의무임을 각인했다. 후퇴는 금했고 투항도 절대 금했다. 이러한 가치관은 매우 효과적으로 작용했는데, 그 까닭은 그것이 일본 사회의 전통적 신념, 즉 포로가 되는 것은 매우 불명예스럽다는 신념에 기초했기 때문이다. 포로가 되는 것은 자신뿐 아니라 가문의 수치였다. 그리하여 무수한 일본 군인이 승산 없는 상황이 되면 포로가 되지 않기 위해 차라리 자살을 택했다. 어느 미국인 장교는 1944년 뉴기니에서 이렇게 썼다. "일본의 규약은 승리 아니면 죽음이다. 투항하거나 생포되는 일은 그들의 기질상 있을 수 없다."[861] 1945년 3월까지 연합군은 일본군 포로를 겨우 약 1만 2000명 잡았다.[862] 유럽의 포로수용소들에 각국 포로가 수백만 명에 달했음을 생각하면 거의 없다고 할 만큼 적은 수였다.

물론 이것만으로 일본군 프레임에 대해 상세히 알 수는 없다. 가령 심문조서나 압수한 일기 등을 보면, 일본 군인들도 이런 문화적 의무보다 생존 의지가 더 강했음을 알 수 있다. 미군은 포로를 잡지 않으려는 일반적 관례가 있었기 때문에 특히 1944~1945년에는 "투항하지 못한 제일 큰 이유는 미군이 포로를 살해하거나 고문한다는 두려움이었다. 일본군이 죽임을 당하거나 고문을 받지 않으리라고 확신만 했다면 항복의 수치 때문에 …… 가망 없는 상황에서도 투항하지 못하는 일은 일어나지 않았을 것이다."[863]

전쟁 중 비교적 이른 시기에도(즉 1942년 가을과 겨울 과달카날 전투 동안에도) 일본 군인들이 원칙 때문에 무기를 뽑아 들고 죽음으로 뛰어든 것은 아님을 알 수 있다. 오히려 그때그때 특수한 상황 때문에 항복을 하지 못했던 경우가 대부분이다.[864]

또한 미얀마에서 일본군 포로들을 조사한 결과, 규율과 복종은 외관일뿐, 그들이 이 시기 독일 국방군 병사들과 유사한 물음을 던지고 있었음을 알 수 있다. 1944년과 1945년 전황이 점점 악화되고 수뇌부는 신뢰를 급격히 잃었으며 식량이 부족하고 공군 지원이 없다는 점이 일본 전쟁 포로들이 골똘히 생각하는 주요 문제들이었다.[865] 일본군과 독일군의 또 다른 유사점은 군인 대부분이 정치에 무관심했고, 육군보다 해군 병사들이 사기가 높고 승리를 더 확신했다는 사실이다. (이는 독일이나 일본 모두 육군과 해군이 서로 다른 전쟁을 수행했기 때문이리라.)

그러므로 독일과 이탈리아와 일본을 비교해 보면, 프레임 형성에 문화적 요인들이 큰 영향을 미쳤다. 일본 관점에서의 모범적 군인은 이탈리아 군인들에게는 멍청이였고 독일 군인들에게는 경이롭긴 하지만 조롱도 받는 광신주의자였다. 이처럼 프레임의 특징이 다양했지만 근본 구조는 물론 유사했다. 사회적 주변 환경, 폭력의 편재와 역동성은 현대의 모든 군에 큰 영향을 미쳤던 것이다.

무장친위대

이 책의 중심은 국방군 병사들이다. 하지만 나치당이 무장친위대라는 직할 군대를 창설했음을 잊어서는 안 된다. 전쟁 중 무장친위대원은 90만 명에 이르게 된다.[866] 그러므로 무장친위대원의 인식과 해석이 국방군 병사의 그것과 어떤 차이가 있는가 물어야 한다. 힘러는 자신이 이끄는 무장친위대의 특별함을 강조하느라 자나 깨나 고심했다. 물론 국방군과 무장친위대가 전방에서 함께 전쟁을 경험하면서, 그리고 인력 운용에서 점차 긴밀한 관계를 맺으면서, 이런 차이는 차차 사라졌다. 친위대 기갑대장 쿠르트 마이어는 1944년 11월 이렇게 말한다. "친위대와 국방군의 차이는 사라진 것 같습니다."[867] 하지만 이 주장의 의미는 무엇인가? 힘러가 군복뿐 아니라 심성에 있어서도 육군과는 다른 국가사회주의 특수부대를 만들려고 갖은 노력을 기울였건만, 전쟁이 이런 차이를 정말 없애 버렸는가?

뉘른베르크 재판2차 세계대전 후에 연합국이 뉘른베르크에서 독일의 주요 전쟁 범죄자들을 처벌하기 위하여 행한 군사 재판에서는 무장친위대에 대해 범죄적 조직이라고 단호하게 평가했다. 종전 후 파울 하우서(Paul Hausser), 빌헬름 비트리히(Wilhelm Bittrich), 쿠르트 마이어 같은 저명한 친위대 장성들은 이런 평가에 정면으로 도전했다. 이런 평가가 자신들에게 상당한 악영향을 끼치기 때문이다. 전직 무장친위대원은 국방군 병사와는 달리 연금을 받지 못하고 사회나 군대에서 출세 기회가 줄어들었다.

1949년 창립된 이익 단체인 전직무장친위대원 상호부조협회(HIAG)는 친위대원이 "다른 군인과 같다."[868]라는 것을 증명하려고 무진 애를 썼다. 물론 그 논리는 설득력이 부족했다. 무장친위대가 수많은 전쟁 범죄를 저질렀음을, 그리고 그들이 친위대의 일부였던 만큼 단지 전방 전투 역할만 한 것은 아님을 당시에도 이미 잘 알고 있었기 때문이다. 게다가 무장친위대는 속죄양으로 쓰기에 딱 좋았다. 그래서 여러 범죄를, 특히 '유대인 작전'에 관련된 범죄들을 여차하면 무장친위대의 소행으로 몰아가고 국방군은 말끔히 혐의를 세탁할 수 있었다. 우리가 예전부터 알고 있듯이, 전쟁 범죄는 무장친위대만 저지른 것이 아니다. 특히 지난 10년 동안 여러 연구들을 통해 국방군의 전쟁 범죄 규모가 드러난 지금, 국방군과 무장친위대 사이에 무슨 차이가 있느냐는 물음이 다시 제기된다.[869] 국방군도 무장친위대와 똑같이 광신적이고 극단적이고 범죄적이었던가? 무장친위대의 특수성 논쟁은 깨끗한 국방군이라는 신화를 위해 고도로 계산된 연막작전이 아니던가? 무장친위대와 국방군 사이에 성향의 차이가 원래 있었다고 해도 전방의 전투를 통해 이런 차이들은 평준화되었고, 따라서 이들은 하나의 전투 공동체의 두 부분이 아니었을까?

경쟁

베르너 폰 블롬베르크 국방 장관은 1934년 여름 무장한 친위대 부대 편성을 수용했다. 히틀러에 대한 감사의 선물이었다. 그 직전 히틀러가 국방군의 위험한 라이벌인 돌격대를 숙청했기 때문이다. 친위대는 처음에는 소규모여서 군사적으로 무의미했지만, 2차 세계대전 개전 이후 국방군에게 무시할 수 없는 경쟁자가 되었다. 당시 국방군과 친위대의 관계는 껄끄러웠고 육군은 장교나 사병이나 모두 새로 편성된 무장친위대를 불쾌한 마음으로 내려다보았다. 1940년 7월 육군 원사와 친위대 병장 사이의 대화는 그들이 느낀 경쟁 상황을 분명히 보여 준다.

원사: 폴란드에서도 그랬지요. 거기에서 군 지휘부는 많은 친위대원들을 명령 불복종으로 처형했소. 그리고 게르마니아 연대는 엉망이었지요. 쓰레기 짓만 했으니까.

친위대 병장: 글쎄요. 어느 국방군 장교는 제게 친위대가 독일 최고의 보병연대라고 했는데요. 장교가 그렇게 말했습니다!

원사: 그거 참. 우리 장교들은 정반대로 말했는데요. 친위대 장교들은 아무것도 못 하는 멍텅구리라고요.

친위대 병장: 그래요. 근데 저도 알지요. 새파란 국방군 소위들은 계급도 돈 주고 산 거라지요. 건방진 놈들!

원사: 말도 안 되는 소리! 친위대가 폴란드에서 무슨 짓을 했는지 국방군이 다 알게 되면 어마어마한 소동이 벌어질 겁니다.

친위대 병장: 글쎄요. 그런 말을 하는 장교가 있다면 그놈은 죽은 목숨이에요.

원사: 친위대와 국방군이 두고두고 치고받겠지요.

친위대 병장: 대체 폴란드에서 무슨 일이 일어났다고 그러나요? 우리가 입은 피해는 이루 말할 수도 없어요. 제가 말할 수 있는 건 다만 우리 친위대가 엄

청나게 피를 흘렸다는 것이에요! 국방군은 우리를 비참하게 궁지에 몰아넣었지! 아주 비참하게 말이야! 자, 친위대는 더 이상 국방군 아래에 있지 않을 겁니다. 확실해요! 늙어서 골골거리는 장군이 우리 친위대 연대들을 제멋대로 부리게 하지는 않을 거라고요. 그들은 최악의 일들을 우리에게 떠넘겼습니다. (대화 중단)

원사: 음, 설마 보병 연대들은 인명 피해가 없었다고 주장하는 건 아니겠지요? 그들도 친위대만큼 피해가 컸소. 이건 확실하지요! 그러니까 친위대는 적어도 서부 전선에서만큼은 결정적 성과를 거두지 못했지요.

친위대 병장: (악을 쓴다.) 당신은 전혀 몰라요!

원사: (역시 악을 쓴다.) 알고말고요! 삼척동자도 다 아니까!

친위대 병장: 모르는군요. 친위대도 용감하게 싸웠다고요!

(대화 중단)

원사: 그래도 결정적 성과는 없었다니까!

친위대 병장: (극도로 흥분하여) 물론, 물론, 국방군만……. 하지만 이제 독일에서 누구 말이 먹히는지 잊은 것 같군요. 국방군일까요, 당일까요? 국방군의 높으신 양반들에게 일어난 일을 보았을 텐데. 블롬베르크 같은 자들 말이에요. 프리츠도 그렇지요. 그들이 협조를 안 하면 어떻게 될지요.

원사: (짜증을 내며) 글쎄, 당과 친위대가 독일을 다스리고 국방군은 복종해야 한다고 생각하는 것 같은데, 잘못 생각하는 거요! 친위대가 못 하는 일이 없다고 생각하나요? 벨기에서도 벌써 오도 가도 못하는 신세가 됐는데. 그래서 우리를 부른 거지요.

친위대 병장: 오도 가도 못하는 신세가 된 적 없습니다. 길 가는 사람 아무나 잡고 친위대가 됭케르크에서, 또 스헬더 강에서 어떤 성과를 거뒀는지 물어보라고요. 상상도 못 할 성과를 거두었소!

원사: 글쎄, 그래도 국방군이 언제나 결정적 한 방을 해냈지.

친위대 병장: 하지만 우리가 없었다면 나가떨어졌을걸요.

원사: 자, 진짜 그렇다면 국방군을 해체하고 친위대만 남기겠군요. 난 키가 1미터 72센티미터요. 아마 나도 데려가 주겠군.

친위대 병장: 도이칠란트, 게르마니아, 아돌프 히틀러 같은 친위대 연대는 분명 독일 최고의 보병 연대들이에요.[870]

서로에 대한 선입견이 여기에서 전형적으로 나타난다. "골골거리는 장군"과 돈으로 계급을 산 "건방진" "소위들"은 황제군을 전신으로 하는 국방군의 캐리커처다. 반대로 국방군은 친위대가 전문성이 없다고 늘 비판했는데, 이런 비판은 여기에서 친위대가 못 하는 일이 없다고 생각한다는 말이나 친위대 장교들이 "멍텅구리"라는 말로 나타난다. 흥미롭게도 두 사람이 군사적 업적을 재는 잣대는 같다. 업적은 특히 용맹성을 뜻하는데, 이는 아군의 피해 정도로 측정할 수 있다. 육군 원사는 친위대가 특별히 큰 피해를 입었다는 논리를 반박하기 위해 국방군 부대도 피해가 컸다고 지적한다. 그래서 국방군도 용감하다고 강조하는 것이다. 게다가 두 사람은 자기 조직이 국가의 근간이라고 내세운다. 친위대 병장은 무장친위대가 독일을 지배하는 당의 일부라고 분명하게 규정하고, 원사도 국방군이 국가 내에서 고유한 비중을 가진다고 주장한다.

국방군은 폴란드와 프랑스 침공에서 무장친위대의 전과에 대해 여러 차례 극심하게 비판했다. 그러나 예하 부대의 전과 부족은 친위대뿐 아니라 개전 시 편성된 육군 사단들에도 해당되었다. 에리히 폰 만슈타인 (Erich von Manstein) 대장이 썼듯이, 일부 육군 사단은 폴란드 침공에서 '실패'했다.[871] 그럼에도 불구하고 친위대 부대들의 전문성 결핍은 육군으로서는 좋은 먹잇감이었다. 그러나 무장친위대가 차차 전문성을 띠면서 이런 경쟁 관계는 점차 누그러들었다. 점점 무장친위대는 최정예부대로 평

가받았다. 물론 이런 갈등이 다 사라
진 건 아니었다. 그들은 공식 문서에
서도 계속 서로의 단점을 물고 늘어
졌다. 가령 국방군은 무장친위대의
훈련 부족에 대해 불평하곤 했다면,
무장친위대는 국방군이 사기 부족이
라고 비난했다.[872]

무장친위대는 전투 중 큰 피해
를 입었고 또 병력을 대대적으로 확
충하면서 점차 조직 구조를 변화시
켰다. 그래도 육군의 구조와는 여전
히 차이가 컸다. 역사학자 레네 로르
캄프(René Rohrkamp)가 최근 이를 입
증한 바 있다.[873] 국방군 병사들이 보

위장복을 입은 두 명의 무장친위대원. 날짜 미상.(바이
어(Weyer), BA 10 III Weyer-032-28A))

기에도 친위대원은 늘 '달랐다.' 겉모습부터 그랬다. 왼팔에 자기 혈액형
을 표시하는 문신을 한 것도 달랐다. 특히 'SS 루넨SS-Runen, 고대 게르만 문자인 루
네 문자로 친위대 약자인 SS를 쓴 문양'이 붙은 위장 군복은 외적으로 분명하게 구별
되면서 큰 상징적 의미를 지녔다. 처음에는 "SS 청개구리"라고 조롱했지
만 이렇게 곧바로 식별 가능한 군복 때문에 친위대는 육군과 분명히 경
계가 그어졌다. 이런 차이를 늘 마음에 두고 경쟁에 불이 붙었고, 주목과
인정을 차지하려는 이 경쟁이 완전히 끝난 적은 결코 없었다. 가령 루트
비히 크뤼벨 대장은 베오그라드를 정복한 사람은 자신이니 자기 기갑사
단이 "오이겐 왕자"라는 명예로운 호칭을 받아 마땅한데, 어느 친위대사
단이 이 호칭을 가로채자 대로했다. 국방군에서는 친위대사단에 훈장이
훨씬 빨리 수여된다는 불평도 종종 있었다. 크뤼벨은 "그러니까 제가 보

기엔, 똑같은 일을 하더라도 보병 사단이 1급 철십자훈장을 스무 개 받는다면 친위대는 마흔 개는 받아요. 대우가 아주 다르다니까요."라고 말한다.[874] "병적인 명예욕"[875]을 가진 사람들이 빨리 진급하는 데에도 불만을 터뜨렸다. 특히 서른네 살에 벌써 소장 계급을 달고 사단장이 된 친위대의 쿠르트 마이어의 출세 가도에 불만이 많았다. 그리고 무기와 차량 분배에서 친위대를 우대하거나[876] 친위대 식사가 더 좋은 것[877]에 대해서 투정하기도 했다. 또 친위대사단의 탁월한 '인적 자원'에 질투의 눈길이 쏟아졌다. 크리스토프 그라프 슈톨베르크슈톨베르크(Christoph Graf Stolberg-Stolberg) 소장은 "1943년에 국방군 부대는 후방으로부터 늙은 폐인들만 받았다니까요. 친위대는 지원자를 모집한 데다 지원자 중에서도 최상위 4퍼센트만 받았어요. 또 훈련소를 싹 쓸어 갔지요. 그래서 친위대는 거의 다 부사관 후보생으로 구성됐고 국방군 부대는 부사관 후보생을 못 받았습니다."라고 말한다.[878]

수많은 훈장, 탁월한 무장과 좋은 식사, 선발된 젊은 인력. 그러나 이런 것들이 친위대사단만의 특징은 아니었다. 국방군에서도 몇몇 최정예 부대는 이런 이점을 누렸다. 물자와 인력에서 우대를 받은 것이다. 제일 먼저 대독일 기갑척탄사단을 들 수 있다. 이 부대는 육군 총사령부가 무장친위대와의 경쟁을 염두에 두고 육군 '근위대'[879]로 만든 것이다. 공군의 몇몇 부대도 있다. 공수부대나 헤르만 괴링 기갑사단은 특별한 지위를 누렸다. 이들도 '다르다'고 인식되었다. 특수한 군복과 철모를 착용했고, 훈장을 "듬뿍"[880] 받는다는 비난도 있었다. 그리고 그들의 태도도 마뜩지 않았다. 한스 라이만 대령은 튀니지에서의 경험을 이야기하면서, "저 이름난, 악명 높은 헤르만 괴링 사단은 쓰레기지요. 거드름만 부리는 장교들, 허풍 떠는 원숭이들, 대가리에 피도 안 마른 버릇없는 놈들. 게다가 늙은 이들은 어떤가요. 허풍이 심해 대체 어떤 놈들인지 감이 안 와요. 첫 공격

1944년 여름 노르망디의 독일군. 철모와 군복에서 공수부대임을 알 수 있다.
(슐리커즈(Slickers), BA 101 I-586-2225-16)

에서 벌써 뿔뿔이 흩어지더군요. 전차를 보고 도망치기에 우리가 붙잡았다니까요."[881]라고 전한다.

용맹, 열성, 마지막 총알까지 전투

나치 프로파간다는 전쟁 중에 "기꺼이 자기를 희생하고" "열성적"인 전투부대라는 무장친위대의 이미지를 어마어마한 노력을 기울여 노련하게 기획했다. 이런 흔해 빠진 토포스는 도청된 대화에서도 무수하게 발견된다. 국방군 병사들은 모두 무장친위대가 "황소같이" "엄청나게 용감무쌍하게" "독일, 모두 위의 독일"을 노래하면서 "돌진! 돌진!"이라는 고함에 맞추어 "진짜 미친 것처럼" 제 몸을 다 드러낸 채 불속으로 덤벼들었고, 그래서 "끔찍하고" "미치광이 같고" "의미 없는" 피해를 입었다고 생각했다.[882] 어느 공군 상사는 이렇게 말한다. 게르마니아 근위대라는 한 개 연대가 석 달 동안 병력 2500명을 잃었습니다."[883] 트렌트파크에서 모인 독일 장성 대부분은 1941~1942년 동부 전선에서 싸우면서 처음 무장친위대를 만났다. 그들 역시 친위대의 무의미한 손실에 대해 이야기한다.

익명: 여러분에게 제가 언젠가 똑똑히 보고 겪은 광경을 이야기하고 싶군요. 직접 보지 않았다면 얘기도 안 할 겁니다. 동절기 전투에서 있었던 일입니다. 러시아는 네 개 사단이 있었죠. 근위기병 한 개 사단, 근위보병 두 개 사단, 그리고 다른 사단 하나가 더 있었습니다. 놈들이 우리 옆 사단에서 좌익을 뚫었어요. 저는 그래서 측면 방어진을 쳤습니다. 제 전열(前列)은 이렇게 서고 측면 방어진은 더 나가 이렇게 섰어요. 꽤 예각을 이뤘지요! 엉뚱한 일이죠. 저는 여기 한가운데 지휘소에 있었습니다. 제 지휘소는 양쪽 아군들에게서 각각 4킬로미터와 2킬로미터 떨어져 있었습니다. 그리고 측면 방어진을 치는 두번째 부대로 친위대 한 개 대대를 받았습니다. 사실 중대를 조금 보강한 수준이었지요. 병력 175명쯤에다 중기관총이 한 정, 박격포가 두 정 있는 중대 규모였지요. 폰 벤덴(von Benden)이라는 친위대 대위가 있었는데 어마어마한 자였죠. 1차 세계대전에도 참전했다는군요. 이자들은 후방에서 빨치산을 진압하던 보안 사단이었습니다. 이제 후방에서 끄집어내서 여기 전방에 던져 넣은 거죠. 저는 그들에게 볼찬스크라는 마을을 점령하라고 지시했어요. 그들이 중포가 없기에 경기관총 두 정과 대전차포 세 정을 내주었고, 저는 즉시 그자리에서 나왔어요. 공격이 시작되었죠. 공격이 얼마나 빠른지 제 눈을 믿을 수 없었죠. 공격은 잘 진행되었고, 우리는 마을을 향해 가면서 총격을 가했습니다. 그런데 벤덴이 돌연 지프를 타더니 벌떡 일어났지요. 그러고는 자기 대대의 선봉으로 향했어요. 그러자 대대는 그 마을을 향해, 마을의 적들을 향해 보조를 맞춰 착착 걸어갔지요.

빌로비우스(Bülowius): …… 어처구니없군요.

익명: 그들은 장교가 아홉 명 있었어요. 아홉 명 중 일곱 명이 죽거나 다쳤죠. 보병 170명 중 여든 명쯤 죽었어요. 마을은 점령했지요. …… 나중에도 그들은 여든 명의 병력으로 일주일간 마을을 유지했지요. 아니, 한 번 나갔다가 다시 들어갔던가. 마지막에는 병력이 스물다섯 명밖에 남지 않았어요. 그래요, 정말 무의미한 바보짓이죠. 제가 포대 하나를 재빠르게 넘겨주었지만 포를 쏘지 않더군요. 단 한 발도. "폰 벤덴 대위, 귀관은 포격을 해야 하오." "뭐라고요? 말도 안 됩니다. 우리는 노상 이런 식으로 점령합니다." 정말 미친 짓이었죠.[884]

이런 이야기에 대한 반응은 항상 똑같았다. 카를 빌로비우스(Karl Bülowius) 중장은 "어처구니없"다고 말한다. 이런 이야기가 사실이라는 것은 절대 의심받지 않았고, 누구에게나 그럴듯하게 보였다. 물론 그 시절에 무장친위대만 무의미한 엄청난 손실을 입은 것은 아니었다. 프리츠 크라우제(Fritz Krause) 소장은 폰 벤덴 대위 이야기를 들으면서 자기가 겪은 일이 떠올랐다.

크라우제: 저도 공군 부대들이 그러는 걸 봤습니다. 두 개 대대였죠. 당시 남은 게 딱 두 개 대대였어요. 공군 야전사단 부대였습니다. 그들은 눈과 얼음을 뚫고 16킬로미터 야간 행군을 해서 새벽 5시에 도착했어요. 그리고 그때 보병을 받았습니다. 크노벨스도르프 군단인가에 속한 부대였지요. 막 편성하던 돌격부대 왼쪽 날개에 그들을 배치했어요. 5시에 공격이 시작되었습니다. 행군 종대에서 곧바로 공격한 거지요. 외투를 벗을 겨를도 없었어요. 아무것도 할 겨를이 없었죠. 그렇게 급히 공격에 나섰지요. 그런데 대전차포도 없고 기관총도 없고 정말 아무것도 없었죠. 그저 돌진했죠. 손실이 좀 있었지만 그렇게

많지는 않았어요. 그렇게 1.5~2킬로미터쯤 전진했지요. 그런데 갑자기 러시아 기갑부대가 나타나 공격을 했고 그들을 깔아뭉겠죠. 두 개 대대에서 전사자가 480명이었고 그중 300명 정도는 전차에 깔려 오징어처럼 납작해졌어요. 부상병도 어마어마하게 많았죠. 두 대대는 완전히 박살났어요.[885]

이처럼 수백 명 병사들의 목숨을 앗아 간 소름 끼치는 작전에 대해 많은 군인들이 이야기한다. 그런데 국방군 부대가 막대한 손실을 입으면 지휘관이나 부대원의 미숙함 때문이라고 설명하고, 무장친위대가 막대한 손실을 입으면 "만용을 용기로 오해했기 때문"[886]이라고 설명하는 경우가 많다. 흥미롭게도 친위대 부대가 싸울 때 손실이 적었다는 이야기는 없다. 많은 군인들은 (가령 해군이나 공군이기 때문에) 무장친위대를 한 번도 보지 못했으면서도 친위대를 미군 심리 치료사 딕스(Dicks)의 말처럼 "경이로운 악마들, 특별 선발되고 특별 훈련을 받아 죽음을 조금도 두려워하지 않는 자들"[887]로 보았다.

힘러는 친위대에게 목숨을 바칠 것을 요구했는데, 언뜻 보면 이런 요구가 실천에 옮겨진 듯했다. 1941년 힘러는 "친위대원이 포로가 되는 일"은 있어서는 안 된다고 말한다. 그들은 "명예의 수호자, 사단 전투력의 수호자"이기 때문이다. "귀관들은 휘하 병사에게 권총을 들이대서라도 아무리 큰 전차가 밀려와도 공포를 느끼지 않도록 닦달해야 한다. 연대 병력, 대대 병력, 중대 병력이 4분의 1이나 5분의 1로 줄어도 좋다. 그렇지만 이 4분의 1과 5분의 1은 다시 한 번 싸울 수 있어야 하고 싸우고자 해야 한다. 제군들이여, 사단에 병력 500명이 남은 한 이 500명은 공격할 능력이 있다."[888] 1944년에는 친위대에게 일본군 같은 마음가짐을 갖추라고 촉구했다. 일본군은 30만 명 중에서 겨우 500명만 포로가 되었다는 것이다.[889]

친위대원들의 대화도 도청됐는데, 이들의 말은 친위대에 대한 국방군 병사들의 인식을 재확인해 주는 것 같다. 가령 친위대원들은 장교가 권총을 뽑아 들고 자기들을 대열 앞으로 몰았다거나, 도망치는 국방군 병사들에게도 즉결 심판을 내렸다고 전하고 있다.[890] 히틀러유겐트 친위대사단장 쿠르트 마이어는 트렌트파크에서 사기가 떨어진 국방군 장성들을 만난 후 이렇게 말했다.

마이어: 여기 계신 분들이 제 사단을 한 번씩 지휘해 보신다면 좋겠습니다. 그러면 희생정신이 무엇이고 열성이 무엇인지 조금은 아실 것입니다. 그분들은 부끄러워 고개를 못 들 겁니다.[891]

1943년 가을 어느 연수 과정에 참가한 그는 너무도 극단적이어서 국방군 장교들을 질겁하게 했다. 한 참석자는 이렇게 회상한다. 포도주를 석 잔 마신 후 그는 이렇게 말했다고 한다. "군인은 야만적이고 열성적인 전사가 되어야 합니다. 프랑스나 영국이나 미국 놈이면 어떤 인간이든 가리지 않고 증오할 수 있고 그놈 목을 조르고 피를 빨아 먹을 수 있는 전사 말입니다. 모두를 증오해야 하고 모두가 철천지원수여야 합니다. 그래야만 전쟁에서 이길 수 있습니다."[892]

초창기부터 친위대에 속했고 동부 전선과 노르망디에서 싸웠던 대령 한스 링그너(Hans Lingner)에게 투쟁심이란 희생의 고귀한 의미와 굳게 결합되어 있다. 그는 포로수용소에서 육군 대위에게 이렇게 말한다.

링그너: 우리 모두는 테르모필레 전투의 레오니다스의 싸움이 민족을 위한 최고의 희생이라고 학교에서부터 교육받았습니다. 다른 건 모두 여기에 결합되어야 합니다. 이제 독일 민족은 군인 민족이 되었지요. 그리고 이제는 파멸

하고 있습니다. 당신도 인간이니까 '맙소사. 이제 우리 민족은 끝이야. 더 이상 의미가 없어. 다 헛소리야.'라고 생각할 수도 있고 그렇게 말할 수도 있겠지만, 그런다고 피의 희생이 없어지지는 않아요. 그런다고 가령 강화 조건이 달라질까요? 아마 그러지 않을 겁니다. 그러나 이러한 운명의 전쟁을 최후까지 싸워 내지 않은 민족은 앞으로 민족으로 부활할 수도 없지요. 명약관화합니다.[893]

히틀러와 힘러라도 이렇게 이야기했을 것이다. 링그너와 마이어의 태도는 여러 면에서 무장친위대의 전형적 태도이다. 그러므로 1945년 2월 육군 병사 두 명이 이야기하면서, 친위대는 최후까지 싸울 것이고 알프스에서 "일종의 빨치산 전쟁"[894]을 벌일 것이라고 확신한 것도 무리는 아니었다.

물론 역사학자 뤼디거 오퍼만스(Rüdiger Overmans)는 무장친위대 전사자 비율이 전체적으로 육군 전사자 비율보다 그리 높지 않음을 입증했다.[895] 좀 더 자세히 본다면, 친위대 전사자 비율은 육군 기갑사단이나 공군 공수부대와 비슷하다. 전선이 유지되는 동안에는 정예부대들의 전투 자세는 서로 별 차이가 없었다. 하지만 그렇다면 왜 국방군 병사들은 무장친위대를 열성적으로 싸우고 어마어마한 희생을 감수하는 부대라고 인식했는가? 부대의 피해 보고서들을 분석하면, (1944년 8월 프랑스에서처럼) 패배하고 후퇴하는 시기에는 무장친위대가 육군 부대나 공군 부대보다 연합군 포로가 되는 경우가 훨씬 적었음은 분명하다. 연합군이 친위대 포로들을 죽이는 경향이 있기는 했지만[896] 그것만으로는 이 현상을 다 설명할 수 없다. 분명 일부 친위대 정예부대는 살기 위해 항복하기보다 죽기까지 싸우는 일이 더 많았다.[897] 물론 이것도 경향일 뿐이다. 이것이 전선의 무장친위대 '전부'에 해당하는 일반적 현상이었을 리는 없다. 만일 그랬다면 그들의 전사자 비율이 육군보다 높아야 하리라. 그럼에도 불구하고 이러한 경향은 나치 프로파간다가 세심하게 만들어 낸 이미지가 어느 정도는 사실임을 보여 주며, 이는 다소 단순화되어서 국방군 병사들의 프레임에 정착할 수 있었다. 국방군 병사들은 무장친위대의 인명 피해가 컸음을 강조했는데, 그래서 친위대가 용감하지만 그에 비해 성과는 그리 크지 않다고 생각했다. 하지만 그들이 매우 용감하다는 사실만은 아무도 의문시하지 않았고 이는 그 시대의 가치 체계 속에서 매우 긍정적 평가를 받는 것이었다. 다만 이것이 '지나친 손실'이 되었을 때, 무장친위대에 대한 긍정적 인식에는 한계가 생기는 것이다. 물론 무장친위대가 인명 피해를 최소화하면서 큰 성과를 거둔 전투들도 있었다.[898] 그러나 이에 대해서는 별로 이야기하지 않았는데, 그 이유는 이런 이야기가 국방군에 널리 유포된 서사에 들어맞지 않았기 때문이다.

그러나 도청 기록을 보면 이와는 다른 이미지를 떠올릴 수도 있다. 다시 말해 무장친위대의 희생정신과 최후까지의 전투라는 이상을 의심하게 만드는 이미지도 충분히 발견할 수 있는 것이다. 한스 크라머 대장은 1943년 2월 있었던 하리코프 방어전에 대해 이야기하며 이때 무장친위대의 핵심인 세 개 사단을 직접 만났다고 말한다. "그들도 똑같이 진력을 내고 있었어요. 어느 정도는 억지로 하는 거죠. 자발적이지 않았지요. …… 이 더러운 일을 다 같이 했지요. 그들도 우리처럼 지긋지긋해했어요."[899] 이런 묘사가 그 전투에 투입된 친위대 아돌프 히틀러 근위대사단, 제국사단, 백골사단에게 정말 적합한지에 대해서는 왈가왈부하지 않기로 하자. 그러나 우리는 그들을 열성과 희생정신만 지닌 자들로 볼 수는 없다. 이 점은 이 사단들이 1943년 2월 히틀러의 지시를 무시하고 하리코프에서 철수한 상황만 보아도 알 수 있다. 게다가 이 세 개 핵심 사단 중 하나가 여섯 달 후 에르하르트 라우스(Erhard Raus) 대장의 분노를 산 이유도 특이하다. 그 이유는 그 사단이 가령 만용을 부리거나 인명 피해가 너무 많았기 때문이 아니라 너무 "맥없이" 작전을 펼쳤기 때문이다. 그래서 라우스는 (받아들여지지는 않았지만) '제국'친위대사단장인 하인츠 크뤼거 (Heinz Krüger) 소장과 그의 참모장교의 해임을 요구했다.[900]

무장친위대가 희생정신이 충만하기만 했던 건 아님을 보여 주는 보고들이 다른 전장들에서도 전해진다. 예컨대 한스 에버바흐 대장은 친위대사단 아돌프 히틀러 근위대가 노르망디에서 "그 어느 때보다도 졸렬한 전투를 벌였다."[901]라고 평한다. 그의 견해는 연합군 자료를 통해서, 그리고 훈장 수여가 적었다는 사실로도 입증된다.[902]

영국군 도청 기록을 보면, 자신의 탈영을 솔직하게 고백한 소수 포로 중 한 명이 흥미롭게도 프룬츠베르크 친위대사단 소속 라이히헬트(Reichheld)였다.[903] 또한 아돌프 히틀러 근위대사단의 오토 뵐키(Otto Woelky) 중위의 이야기에서도 이 친위대 장교가 처음부터 얼마나 열성이 적었는지 나타난다. 그의 부대는 1944년 9월 서부 방벽에서 방어를 위해 진지를 구축했다. 그의 숙소는 벙커 전열의 뒤쪽에 있는 어느 마을 여성의 집으로 배정되었다.

뵐키: 그 여자는 "말씀해 보세요. 여기에서 뭘 하는 거지요?"라고 물었죠. 저는 말했지요. "서부 방벽을 확보하려 합니다." 그녀가 말했어요. "서부 방벽을 확보한다고요? 그럼 그다음에 여기에서 방어를 하나요?" 저는 말했죠. "물론 여기에서 방어할 겁니다." 저는 이어 말했습니다. "우리가 어느 정도 자리를 잡고 전선을 만들 곳이 마침내 생긴 거지요." 그러자 그녀가 말했지요. "추잡한 짓이에요. 미군이 빨리 가 버려서 이제 다 끝났다고 모두 기뻐했건만, 이제 당신들이 와서 여기에서 또 싸움을 벌이고 모든 걸 파괴하겠다니요! 우리는 어떻게 해야 하나요? 어디로 가야 하나요? 이제 총질 때문에 또다시 모든

게 망가지겠네요!" 물론 처음에는 많이 당황했지요. 저는 말했습니다. "자, 들어 봐요. 당신은 도망칠 수 있어요. 아니, 그래야만 합니다." 계속 말했지요. "상황이 위험해질 겁니다. 벙커에서 후방으로 2킬로미터밖에 안 떨어져 있으니 매일 포격을 받거나 폭격기가 나타날 거라 봐야지요." 그녀가 말했습니다. "그래요. 하지만 어디로 가야 하죠? 우린 물건을 나를 수단도 없어요." 그래서 제가 말했습니다. "물론 살림을 다 가져갈 순 없어요. 그건 불가능해요." 그런 생각을 하는 것도 무리는 아니었지요. 그런데 그녀가 이렇게 말했습니다. "5년 동안 우리를 속이고 또 속였어요. 장밋빛 미래를 약속했지만 이제 우리가 가진 게 뭐죠? 또다시 전쟁이 우리를 덮치겠군요. 저는 아직도 총을 쏘는 독일 병사가 있다는 걸 도무지 이해할 수 없습니다." 이런 식으로 말했지요. 저는 서류 가방을 옆구리에 낀 채 집 밖으로 나왔어요. 사실 그녀에 대해 무엇인가 행동을 취했어야 하지요. 하지만 그녀의 기분을 이해할 수 있었거든요.[904]

이런 일이 정말 일어났는지 우리는 알 수 없다. 그러나 그가 며칠 후 그로부터 불과 몇 킬로미터 떨어진 아이펠 지역 프륌 근교에서 생포되었음을 볼 때 이 묘사는 진실로 여겨진다. 분명 그는 '마지막 숨을 내쉴 때까지' 싸울 마음이 없었다. 중요한 사실은 이미 1933년에 친위대에 입대한 이 히틀러 근위대 소속 중대장이 친위대의 틀("사실 그녀에 대해 무엇인가 행동을 취했어야 하지요.")에서 벗어나 전쟁에 지친 주민들의 기분에 대해 이해심을 드러냈다는 사실이다.

도청 기록을 보면 친위대 장교들 사이에서도 전쟁에 대해 놀랄 만큼 다양한 인식이 있었음을 확인할 수 있다. 물론 그럼에도 불구하고 그들의 해석이 극단주의적 경향을 지녔음을 간과할 수는 없다. 이에 대해서는 뒤에서 다시 이야기할 것이다.

무장친위대의 막대한 손실을 설명하던 당시의 일반적 방식은 희생정신과 열성이 특별하다는 것 외에도, 무장친위대에 군사적 전문성이 떨어진다는 것이었다. 이 점에 대해서는 국방군 공식 서류들에서 자주 불만이 터져 나왔다.[905] 물론 오늘날 이런 불만을 일일이 검증하기는 어렵다. 그렇지만 그런 불만이 잦았다는 것만 보아도 이런 상황이 완전한 날조는 아닌 듯하다. 물론 이런 불만은 친위대에만 제기된 것은 아니다. 공식 문서들을 보면, 전쟁 내내 육군, 공군, 친위대의 지상군 병력이 저지른 이해하기 어려운 과오들에 대한 불평으로 가득하다. 또한 국방군 병사들이 무장친위대의 업적을 칭송하는 증거들도 무수히 많다. 가령 수송기 조종사로서 스탈린그라드로 출격했던 그뤼히텔(Grüchtel) 하사는 1942~1943년 겨울 동부 전선의 남쪽 측면 붕괴에 대해 이야기한다. "1월과 2월에 우리는 러시아에서 일을 그르쳤다는 걸 확신했어요. 러시아인들이 우리를 추격했지요. 우리는 사브로치(?)[906]에서부터 보따리를 쌌어요. 러시아군은 6킬로미터 떨어진 지점까지 육박해 왔고 우크라이나인들 절반은 벌써 도망쳤지요. 거기에 아돌프가 2월 19일(?) 친히 방문했어요. 그 순간부터 진격을 시작했지요. 그때 친위대 근위사단이 도착했습니다. 그때까지는 별로 높이 평가하지 않았는데, 그들은 용맹하게 덤벼들더군요."[907]

1944년 여름의 노르망디 전투에 대해 토트 조직의 어느 원사는 이렇게 말한다.

"국방군을 무시하는 건 아닙니다. 하지만 국방군 최정예 연대 몇 개를 제외한다면, 현재 제대로 된 전투부대는 공수부대와 친위대밖에 없어요. 아직도 투지를 지닌 진짜 군대 말이에요."[908]

연합군도 기본적으로 이런 견해를 가지고 있었다. 영국인들은 히틀러유겐트 친위대사단에 '존경심'을 보였다.[909] 독일군의 경륜 있는 기갑대장 하인리히 에버바흐도 이 부대를 "탁월하다"고, 아니 "눈부시다"고 평가했다.[910]

요약하자면, 무장친위대는 전투력과 군사적 전문성 면에서 고른 수준이 아니라 상당히 들쭉날쭉했는데, 이는 국방군 부대들도 마찬가지였다. 그러니까 전장에서 친위대사단들이 이룬 전공을 '열광적이지만 비전문적'이라는 토포스만 가지고 한마디로 평가할 수는 없다. 전체적으로 보아 친위대는 다른 최정예부대들과 아주 비슷하게 싸웠다. 다만 패전 시기에 마지막 총알까지 싸운다는 말을 육군보다 더 곧이곧대로 받아들였다는 것이 검증 가능한 유일한 차이이다. 이는 물론 커다란 차이이다.

범죄

국방군 병사들은 무장친위대의 '다른' 특징을 단지 죽음을 두려워하지 않는다는 점뿐 아니라, 무엇보다 잔인하다는 점에서 찾았다. 놀라운 일은 이런 토포스가 육군뿐 아니라 공군과 해군에서도 있었을 만큼 아주 광범위하게 퍼져 있었다는 점이다.

1943년 1월 융커스 Ju-88기 사수는 "무장친위대와 다른 부대들의 차이는 무장친위대가 좀 더 잔인하고 포로를 잡지 않는다는 거지요."라고 말한다.[911] 또한 1941년 3월에 이미 어느 종군기자는 "친위대는 포로를 잡지 않고 쏴 죽인다."[912]라고 철석같이 믿었다. 이에 대해 어느 해군 무선통신병이 대답한다. "폴란드에서 폴란드 포로들은 죽여도 됐습니다. 폴란드인들이 포로로 잡은 독일 조종사들을 죽이고는 불에 태웠으니까요. 하지만 친위대가 죄 없는 프랑스 포로들을 죽인 건 옳지 못하다고 생각합니다."[913] 그에게 분명한 것은 포로가 죄를 지었다면 포로를 죽이는 일 자체는 비난받을 일이 아니라는 것이다. 그러나 "죄 없는" 사람을 죽여서는 곤란하다. 이는 "옳지 못하다." 1941년 3월 7일 U-99 잠수함 침몰 시 영국 포로가 된 이 무선통신병 병장이 어디에서 이런 정보를 얻었는지는 불확실하다. 하지만 이 해군 병사의 정보는 결국 남에게 들은 것일 수밖에 없고, 따라서 이 시기 이미 무장친위대의 평판이 널리 퍼져 있었음을 보여 준다.

프랑스에서 무장친위대의 전쟁 범죄에 대한 이야기는 들불처럼 번져 갔다. 융커스 Ju-88기의 어느 정찰병은 친위대 백골사단에서 싸웠던 친구를 통해 이 이야기를 들었다.

"그 친구가 제게 말해 준 건데, 서부 전선 진격 당시 흑인은 한 명도 포로로 잡지 않았다는군요. 그냥 기관총을 세우고 모두 갈겨 버린 거지요. 서부 전선 진격 시 이들은 진짜 공포의 대상이었어요. 프랑스인과 흑인을 다르게 다룬다는 사실을 알 길 없던 프랑스인들은 이 백골부대만 보면 무시무시한 공포에 사로잡혀 앞다투어 도망쳤다지요."[914]

그의 친구라는 친위대원이 이런 범죄를 으스대며 말한 것은 친위대의 악명 높은 평판을 더욱 강조하고자 함이었으리라. 그건 과장이 아니었다. 친위대 백골사단은 프랑스 침공 시 전쟁 범죄를 가장 많이 저지른 부대였다. 르파라디에서 영국 전쟁 포로 121명을 살해했고 식민지 출신 흑인 병사들을 몇 차례 집단 학살하기도 했다. 하지만 백골사단에서 흑인을 생포하지 않는 것이 일반적 관례였다는 것은 연구자들에게 새로운 사실이다.[915]

국방군 병사들은 무장친위대가 러시아에서도 똑같이 행동했다고 입을 모았다. 아니, 민간인과 전쟁 포로에게 저지른 범죄 소식은 러시아에서 훨씬 많았다.[916] "러시아에서 동계 행군 중 친위대는 러시아인들을 끌고 왔지요. 부상자들이었습니다. 친위대는 그들을 대검으로 치고 두들겨 패고 심하게 때렸습니다. 옷을 다 찢어발겨서 알몸으로 만들었지요. 그런 다음 그들 위에 눈을 덮었다가 다시 눈을 치웠습니다. 그리고 대검으로 찌른 다음에 심장을 도려냈습니다. 이런 말을 하면 아무도 믿지 않지요. 친위대가 그런 짓을 했습니다. 친위대가요!"[917]

이것만 보아도, 무장친위대의 범죄에 대한 이야기가 국방군을 그런 범죄 혐의에서 벗어나게 하기 위해 활용되었음을 알 수 있다. 가령 제3기갑사단 참모부의 알렉산더 하르트데겐(Alexander Hartdegen) 대위는 자기 사단장이 포로 처형을 명시적으로 금지하자 그 예하의 바이킹 친위대사단이 "엄청난 소동"을 일으켰다고 말한다. "단지 우리가 포로를 총살하지 않는다는 이유만으로 그랬던 겁니다."[918] 그러면서 화자는 자신의 무죄를 내세우려고 한다. "아주 솔직하게 여러분에게 말씀드리지만, 전쟁을 통틀어 저는 한 번도 총살에 참가한 적이 없습니다. 제가 배속되었던 연대에서도 그러지 않았지요. 아프리카에서는 그런 짓을 안 했어요. 우리는 '페어플레이'를 했습니다. 영국인들과는 정어리 통조림과 담배를 교환하기도 했으니까요. 그런 일은 우리에겐 한 번도 없었어요. 천만다행이지요."[919]

이런 서술이 진실에 얼마나 부합하는지 이제는 알 길이 없다. 물론 아프리카 전선에서는 양측 모두 한결 정정당당하게 전투를 벌였고 포로 총살이 없었다는 사실은 분명하다. 하르트데겐이 말하듯이 "좋은" 국방군과 "나쁜" 무장친위대를 뚜렷하게 대조시키는 것은 여러 자료에서 나타나며 특히 1944년 여름 프랑스에서의 전투와 관련해 자주 나타난다. 이 시기에 수많은 육군과 공군 병사들이 무장친위대의 범죄에 대해 이야기했다. 괴츠 폰 베를리힝겐 친위대사단은 미군 포로를 모조리 사살했다.[920] 히틀러유겐트 친위대사단도 적을 생포하지 않았다.[921] 제국친위대사단 부대원들은 포로가 된 미군 군의관 두 사람을 죽이면서 이렇게 말했다고

한다. "그렇지. 한 놈은 분명히 유대인이야. 유대인처럼 생겼잖아. 그리고 다른 놈도……."[922] 육군 방첩대대 소속 포크트(Voigt) 하사는 프랑스에서 철수하면서 "소름끼치는 일"을 겪었다.

포크트: 우리는 스물다섯 명이었고 친위대원도 몇 있었습니다. 그놈들을 제대로 관리하지 않으면 만나는 사람마다 다 때려죽이지요. 어느 날 밤에 우리는 음식을 얻으러 프랑스 농가에 갔습니다. 놈들은 이 농부에게서 모든 걸 뺏으려 했지요. 나중에 길에서 프랑스인 몇 명을 만났는데 친위대 놈들이 그중 한 사람 머리를 거의 부숴 놨더군요.[923]

1944년 프랑스에서의 전투에 대해 이야기하는 도청 기록은 무장친위대의 범죄로 거의 가득 차 있다. 그리고 국방군의 범죄에 대해서는 거의 이야기하지 않는다.[924] 이는 이제까지의 연구들과도 일치하는데, 이 연구들에 따르면 육군과 공군 부대들이 전방에서 저지른 범죄는 거의 입증되지 않았고 최악의 범죄들은 친위대 부대들이 저지른 것이었다.[925]

그러니까 1939~1940년 생겨난 무장친위대의 악명이 전쟁이 끝날 때까지 사라지지 않은 것은 의외가 아니다. 여기에는 또 다른 이유가 있는데, 무장친위대는 언제나 여자와 어린아이 살해에 연루되어 있었던 것이다. 이에 대해서는 거의 언제나 혐오스럽다고 평했다. "전쟁의 사내다운 정신"(루츠 클링크하머(Lutz Klinkhammer))에 위배되기 때문이다.[926] 포로가 된 하소 피비히(Hasso Viebig) 소령은 제58기갑군단 예하 제1총참모부 장교인데, 이 기갑군단 아래 제국친위대사단이 일시적으로 속해 있었다. 피비히는 루돌프 베크(Rudolf Beck)와의 대화를 통해 몰랐던 사실을 알게 되었다.

피비히: 루돌프 베크 소령은 프랑스에서 근무했기 때문에 그곳에서 친위대가 저지른 짓을 알고 있습니다. 몇몇 사례를 알고 있지만 물론 침묵을 지켰지요. 사람들은 친위대가 프랑스인들을, 여자와 아이까지, 교회에 가둔 다음에 불을 질렀다고 말했지요. 저는 그런 말을 적의 선동이라고 생각했습니다. 하지만 베크 소령이 제게 이야기하더군요. "아뇨. 그건 사실입니다. 놈들이 그런 짓을 저지른 걸 전 압니다."[927]

피비히가 여기에서 이야기하는 것은 오라두르 학살이다. 제국친위대 사단에 속한 어느 중대가 642명의 남성과 여성과 아이를 살해한 것이다. 전쟁 범죄가 화제에 오를 때 여기에서 크게 벗어나는 견해를 보이는 국방군 병사는 소수에 불과하다. 프란츠 브라이틀리히(Franz Breitlich)는 1945년 4월 미군의 포트헌트 수용소에서 감방 동료 헬무트 하넬트(Helmut Hanelt)와 동부 전선의 범죄에 대해 대화를 나누었다. 브라이틀리히는 자신들이 러시아의 어느 마을에서 민간인들을 전차와 기관총으로 살해한 이야기를 하고는 이를 일반화한다.

"우리 군대는 몇 가지 업무를 수행했지요. 전방의 국방군은 그런 일을 많이 하지는 않았습니다. 그렇지만 친위대는 말입니다, 진짜 엄청난 일들을 했다니까요."[928]

주목할 점은 브라이틀리히가 "우리 군대"가, 즉 국방군이 "업무"를 수행했다고 말하고는 곧바로 친위대가 더 심각했다고 좀 더 자세히 덧붙이는 것이다. 무장친위대와 국방군의 차이가 전혀 없다고 보는 군인은 소수에 불과했다. 전쟁 전 자유주의 좌파 정당 독일민주당(DDP)에서 활동했던 예비장교 에버하르트 빌더무트(Eberhard Wildermuth) 대령은 이렇게 말한다. "친위대가 저지른 집단 처형은 장교에게 어울리지 않는 짓이었고 독일 장교라면 누구나 거부해야 할 짓이었습니다." 하지만 그는 인정한다. "장교들도 거부하지 않고 그런 짓을, 그러니까 집단 처형을 저질렀지요. 국방군과 우리 장교들이 그와 비슷한 짓을 했다는 걸 저는 알고 있습니다. 누군가 법적인 처벌을 염두에 두고 '우리는 이자들과는 이런 면에서 다릅니다.'라고 말한다면 그들은 즉시 반박할 수 있을 겁니다. '독일 대위 모씨와 독일 대령 모씨도 친위대와 똑같은 짓을 했다.'라고요."[929]

빌더무트는 거의 모든 전선에 배치되었고 저항 운동과도 관계가 깊었기 때문에 이 전쟁에서 벌어진 범죄의 규모에 대해 분명 선명하게 알고 있었다. 그는 적어도 1941년 세르비아에서 국방군이 저지른 범죄는 직접 목격했다.[930] 하지만 이 사람처럼 폭넓은 결론을 이끌어 내는 일은 예외적이다. 장교들은 오히려 전방 부대들의 범죄가 이런 규모로 이루어졌다는 것을 부정하고 때로는 친위대까지 옹호하곤 한다.

수용소에서 누군가 무장친위대가 마을에 불을 질렀다는 말을 하자 마이네 대령은 말한다. "무장친위대는 그런 짓을 하지 않습니다. 순수하게 전투부대이니까요. 비난할 게 전혀 없어요. 거기에서 이야기하는 건 아마 친위대 보안사단 같은 부대였을 겁니다." 그는 이런 이야기를 완전히 믿지는 않는다고 말한다. 그러면서도 이렇게 인정한다. "물론 추잡한 일이 많이 일어났습니다. 하지만 러시아 놈들이 당시에 독일인들을 모조리 살해했다는 것도 우린 잘 알지요. 그것도 의심의 여지가 없어요."[931] 말하자면 무장친위대가 범죄를 저질렀을 수도 있지만, 소련군이 독일 포로들을 살해했으므로 도덕적으로 정당화될 수 있다는 것이다. 마이네는 이 도청 수용소에서 무장친위대를 '보통' 군인 집단에 통합하는 몇 안 되는 군인 중 한 명이다. 그러기 위해서는 친위대 전방 부대와 후방 지역에서 싸우는 부대를 구별해야 한다. 사실 이런 구별을 할 수 없음을 여기에서 군이 지적할 필요도 없을 것이다. 그보다는 마이네의 관점을 좀 더 살펴보는 것이 더 흥미로울 것이다.

그는 바르바로사 작전 초기에 딱 한 번 무장친위대를 만난 것으로 보인다. 그가 대대장이던 독립포병대대와 제국친위대사단은 당시 제2기갑집단군에 속했다. 친위대와 육군은 함께 소련군과 싸웠고 동일한 임무를 가지고 동일한 경험을 했다. 그들이 민간인과 포로를 죽였다는 사실은 육군 장교의 눈으로 보면 그다지 특별한 일이 아니었다. 전쟁 중 이 시기는 동부 전선에서 말 그대로 폭력이 용솟음치던 때였기 때문이다. 1941년 7월 그런 범죄는 실제로 모든 육군 사단에서 벌어졌다. 이 점에서 제국친위대사단은 아마 특별하지 않았을 것이다.[932] 마이네의 관점에서 보면 제국친위대사단은 가령 프리퍄트의 늪지대에서 수천 명의 민간인을 학살한 친위대 기병여단보다는 차라리 육군 보병사단과 비슷했다. 때문에 마이네는 무장친위대를 '보통 군인들' 안에 통합하고 있다. 게다가 소련의 잔혹한 전투 방식을 생각해 보면, 이런 "추잡한 일"도 특별히 나쁘게 보이지 않는 것이다.

지금까지는 국방군 군인들의 도청당한 대화들을 살펴보았다. 이 도청 기록을 무장친위대의 범죄에 대한 믿을 만한 자료로 어느 정도까지 인정할 수 있을지 의심이 들 수도 있다. 어쩌면 자기 자신의 몹쓸 짓을 친위대에 투영한 것에 불과할지도 모르기 때문이다. 가령 해군의 레만(Lehmann) 상병은 노르망디 지방의 카니지 근교에서 자기 부대가 어느 프랑스 노인이 은밀하게 무선 장치를 가지고 있던 것을 색출해 내 그를 즉석에서 "박살" 냈다고 말한다. "그 자리에서 벽 앞에 세우니 곧 끝났습니다." 그렇지만 그 일만 빼면 주민들이 독일군을 대대적으로 환영했다고 말한다. 단지 무장친위대가 몹쓸 짓을 저질러 일을 다 "망쳐 버렸고" 주민들의 "기분이 나빠졌"다는 것이다.[933] 이 해군 상병은 무장친위대의 행동을 핑계 삼아 자신은 프랑스인들의 "기분이 나빠진 데" 아무런 책임이 없다고 주장한다. 그가 굳이 이런 변명을 하는 이유는, 국방군 형법에 의거하더라도 "프랑스 노인"을 즉석에서 총살하는 것이 아니라 재판에 회부했어야 하기 때문이다.

친위대의 만행에 대한 보고들은 대부분 너무 일반적으로 진술되어 진실 여부를 검증하기 어렵다. 그리고 국방군 부대가 저지른 수많은 범죄를 염두에 둔다면, 위에서 서술한 잔혹함이 정말로 무장친위대만의 특징인가라는 물음이 남는다. 그나마 다행인 것은 영국인들의 도청 노력 덕분에 우리가 이 히틀러의 정치적 군인들이 지닌 내부 관점에 대해 좀 더 알 수 있게 되었다는 점이다. 그들은 다른 친위대원들이나 국방군 군인들과 대화를 나누면서 요즘 보기에 놀라울 만큼 자신들의 전쟁 범죄에 대해 노골적으로 털어놓고 있다. 이를 통해 무장친위대를 외부로부터뿐 아니라 바로 그들 내부로부터도 바라볼 수 있는 희귀한 기회를 제공한다.

친위대 소위 크레머(Krämer)는 동부 전선에 대해 이렇게 전한다.

크레머: 러시아 오룔에서 저도 같이 그 일에 참여했습니다. MG-42 기관총을 교회 회랑에 설치했지요. 그리고 러시아인들더러 삽으로 눈을 치우게 했습니다. 남자도 있고 여자와 아이들도 있었지요. 다음에 교회 안으로 밀어 넣었는데 그들은 무슨 일이 일어나는지 눈치채지 못했지요. 그 자리에서 MG-42로 즉시 갈겨 버리고 그 위에 기름을 붓고 그곳에 불을 싸질렀지요.[934]

크레머를 포함한 장교와 부사관 2000명은 1943년 친위대사단 아돌프 히틀러 근위대에서 새로 편성된 친위대사단 히틀러유겐트로 재배치되었고 이 새로운 부대의 조직을 상당 부분 장악했다. 젊은 친위대원 뢰틀링(Röthling)은 이 사단의 기갑척탄연대에 있었고 거기에서 이전에 '근위대'

에서 근무하던 친위대 노장들과 만났다.

뢰틀링: 우리 소대장이 말했지요. 자기들이 러시아에서 러시아인들, 그러니까 포로들 몇백 명을 앞으로 나오게 했답니다. 그러고는 지뢰밭 위를 걸어가게 했다는군요. 러시아인들은 자기들이 설치한 지뢰를 자기가 터뜨려야 했지요.[935]

그러면서 그는 프랑스에서는 지뢰를 제거하는 데 소를 이용했다고 즐겁게 이야기한다. 그리고 뢰틀링은 육군 병장에게 노르망디에서 겪은 일에 대해 이야기하면서 자기 상관의 행동을 묘사한다.

뢰틀링: 우리가 포로들을 어떻게 했는지 여기 사람들이 알면 우리도 살아남지 못할 거예요. (포로들을) 일단 조금 취조하지요. 조금이라도 털어놓는다면 무사합니다. 아무 말도 안 한다고 해도 좋습니다. 그러면 앞으로 걸어가게 하고 열 발자국쯤 갔을 때 기관총을 쉰 발쯤 쏩니다. 그러면 끝이지요. 우리 꼰대는 노상 말했지요. "저걸 어떻게 하지. 저 짐승 새끼들 말이야. 우리 먹을 것도 부족한데." 이 꼰대는 우리에게 지은 죄 때문에 천벌을 받았지요. 비참하게 뒈졌거든요. 마지막 날에 배때기에 총을 맞았어요.[936]

뢰틀링은 자신은 이 가해자 집단에 속하지 않는 것으로 본다. 오히려 "꼰대"가 "우리에게" 죄를 지었다는 것이다. 이런 이야기 구조는 히틀러유겐트 친위대사단이 저지른 범죄가 대개는 열일곱 살쯤 되는 새파란 사병들이 아니라 장기 복무한 부사관과 장교들에 의해 저질러졌다는 사실로 설명할 수 있을지도 모른다.

친위대원 뢰틀링의 이야기 말고도 노르망디에서 히틀러유겐트 친위대

사단이 저지른 범죄에 대한 증거는 많이 있다. 이 사단은 무장친위대 내에서도 특히 용맹하다는 명성을 떨쳤지만 특히 잔혹하다는 악명도 떨쳤다. 친위대 대령 한스 링그너는 1945년 2월 이렇게 말한다. "이들은 보이스카우트 같기도 하고 개새끼 같기도 하지요. 사람 모가지를 자르는 것쯤은 아주 우습게 여긴다니까요."[937]

어느 친위대원이 공수부대 병장에게 프랑스 남부의 빨치산 토벌에 대해 이야기하는 것은 더욱 명료하다.

퓌르스터(Förster): 그들은 우리를 노렸지요. 우리 제국친위대사단은 툴루즈 지방에서 빨치산을 포로로 잡기보다는 그냥 죽여 버렸기 때문입니다. 아마 스무 명 정도는 포로로 잡기도 했을 거예요. 그게 다죠. 그것도 취조하려고 그런 거예요. 그다음에는 고문을 했지요. 스무 명을요. 죽을 때까지. …… 그리고 거기에서 위쪽으로 행군을 했는데 투르를 지나갔지요. 놈들이 거기에서 국방군 중대 하나를 박살을 냈더군요. 한 사람도 남김 없이. …… 우리는 즉시 150명을 잡아와서 길거리에서 목매달았죠.

베슬러(Bässler): 그런데 이해가 안 가는군요. 그 자리에서 150명을 그렇게 한꺼번에 죽일 수 있다는 게요.

퓌르스터: 그들은 눈알이 파이고 손가락이 잘린 채 버려져 있더군요. 빨치산 150명의 목을 매달 때 우리는 밧줄 매듭이 목 뒤가 아니라 앞으로 오게 했지요. 매듭이 뒤로 가면 척추가 금방 꺾여요. 하지만 앞으로 하면 천천히 질식하죠. 고통을 많이 받는 겁니다.

베슬러: 친위대는 모든 걸 해 봐서 다 잘 아는군요.

퓌르스터: 생각해 봐요. 놈들이 국방군 전우 150명을 죽였다면 우리 눈엔 뵈는 게 없어지는 겁니다. 제가 책임이 있는 사건은 이 한 건뿐이에요. 그 외에는 가담한 적이 없어요. 우리는 아무도 다치게 하지 않아요. 하지만 누군가 우

리에게 해를 끼친다면 우리는…….[938]

퀴르스터는 처음에는 자기 부대의 범죄에 대해 실컷 떠들어 댄다. 그러나 베슬러가 빨치산 150명을 죽인 것과 그 잔인한 처형에 대해 비판적 태도를 보이자, 퀴르스터는 그 일이 단지 피살된 국방군 병사들에 대한 전우애에서 나온 것이며 자기는 오직 "이 한 건"에만 "책임"이 있다고 말한다. 퀴르스터가 여기에서 이야기하는 사건은 아마 프랑스 남부 튈에서 일어난 일일 것이다. 제국친위대사단은 레지스탕스가 죽인 국방군 병사 69명을 발견하고 나서 99명을 목매달아 죽였다.[939] 여기에서도 '복수'라는 토포스를 이용하고 있다. 이것은 자기가 저지른 범죄와 잔인한 행동을 다른 폭력의 맥락 안에서 정당화하는 것이다.(21쪽, 410쪽 참조) 그 밖에도 흥미로운 점은 실제 희생자 수를 과장하는 것이다. 이는 이야기를 더 극적으로 보이게 하려는 전형적 수단이다. 이런 유의 이야기와 피살자의 숫자가 뽐낼 만한 것으로 여겨지는 것이다. 이는 폭력의 서사가 지닌 미학의 일부다.

도청 기록을 보면 무장친위대원들이 그들이 저지른 전쟁 범죄에 대해 태연하고 아무렇지 않은 태도로 이야기하는 것이 인상적이다. 학자들은 이런 태도가 훈련 과정에서의 이데올로기화와 그로 인한 야만화, 그리고 강제수용소 체제와 긴밀하게 관계되어 있다고 설명한다.[940] 친위대원들의 도청 기록은 이런 모든 사항들에 대해 신빙성 있는 증거들이 된다.

가령 가장 유명한 무장친위대 장교 중 한 명인 쿠르트 마이어는 육군 장성들과의 대화에서 자신의 정치적 성향을 조금도 부인하지 않는다. 자신은 국가사회주의를 마치 종교처럼 빨아들였고 머리부터 발끝까지 거기 헌신했는데, 왜냐하면 사람은 한 번쯤은 자신을 "바쳐야" 하기 때문이라고 말한다.[941]

친위대 대령 링그너는 육군 장교에게 자기가 국가사회주의를 어떻게 생각하는지 설명한다.

링그너: 국가사회주의는 인종 이론의 응용입니다. 다시 말해, 성격으로 보나 외모로 보나 높은 등급임이 드러나는 사람들, 이런 사람들이 교육에 의해 왜곡되지 않을 때 저절로 가지는 사상이 바로 국가사회주의입니다. 그런 사람은 언제나 투사처럼 기꺼이 자신을 바치는 인간이지 결코 자기중심적인 인간이 아닙니다. 이런 사람들이 바로 독일적이지요. 그들이 생각하고 행동하는 것은 언제나 옳을 것입니다. 언제나 독일을 위한 것이지요. 이걸 굳이 바꿀 필요는 없지요. 저는 국가사회주의 자체가 잘못된 것은 하나도 없다고, 이 사상에서 반대할 것은 하나도 없다고 확신합니다. 그것은 독일적인 태도와 머리부터 발끝까지 일치합니다. 뮌헨의 베버(Weber) 씨를 포함해 수많은 이른바 국가사회주의 지도자들이 추잡한 행동을 한 건 사실이지만 그건 또 다른 문제입니다. 순수한 형태의 국가사회주의였다면 이 전쟁을 피할 수 있었을지 누가 알겠습니까![942]

마이어나 링그너 같은 자들이 말하는 나치 이데올로기에 대한 생각은 결코 입바른 소리가 아니다. 그들은 철저하게 자신을 힘러가 주창하는 정치적 군인으로 보고 있었다. 그리고 이런 생각에 따라 부하들을 교육하는 일 역시 그들의 임무였다.

링그너: 저는 군이 어떤 식으로든 정치적 지향을 가져야 한다고 생각합니다. 그러지 않으면 이런 운명을 건 전쟁에서 이길 수 없으니까요. 병사들에게 전쟁의 필요성을 강력하게 주입하지 않은 채 싸움터에 내보내면 장기적으로 성공할 수 없어요. 그렇게 보자면 러시아의 교육이 모범이지요.[943]

무장친위대의 간부들은 링그녀가 군에 결여되어 있다고 아쉬워하는 저 정치 교육을 자기 부대에 실시하려고 시도했다. 이런 사실은 여러 자료를 통해 확인할 수 있다. 1940년 9월 이래로 친위대 병사들에 대한 군사교육과 정치 교육은 부대장의 임무였다.[944] 물론 나치 이데올로기로 교화하려는 목표가 실제로 성공했는지는 또 다른 문제이다. 위르겐 푀르스터(Jürgen Förster)는 정치 교육을 위한 교재나 자격 있는 교관 같은 여건이 너무 부족하다고 말한다.[945]

뢰틀링: 우린 일요일마다 정치 강좌를 했습니다. 히틀러유겐트의 탄생에 대해서, 그리고 그 밖의 온갖 것을 가르쳤지요. 우리 부대장이 들러 이렇게 말하더군요. "자, 제군들, 여러분도 알다시피 정치에 대한 잡지나 책이 너무 부족하다. 내겐 라디오도 없고 또 별로 의욕도 없다. 그리고 주중에는 어차피 할일도 많다. 하일 히틀러! 오늘 수업은 끝!"[946]

물론 세계관 교육은 이데올로기적 조건반사 훈련을 위한 한 가지 요소에 불과했다. 이런 훈련이 강의실에서 이루어지는 비중은 극히 적다. 그보다는 그에 알맞은 프레임을 만들어 암묵적으로 전달하는 것이 중요하다. 프레임 형성에 가장 강력한 힘을 발휘하는 것은 관례다. 책을 읽어서가 아니라 공동의 관례에 통합되면서 확신에 찬 친위대원이 되는 것이다. '세계관적' 개념과 교육들을 분석하여 이데올로기화의 정도를 추론하려는 많은 시도들에서는 이런 점이 흔히 무시되곤 했다. 책에 쓰인 강령이나 규범에 대해서는 거리를 둘 수 있지만 직접 참여하는 것에 대해서는 거리를 둘 수 없다. 그러므로 국가사회주의 기념식, 하지 축제와 동지 축제, 친위대 내부 사법 체계,[947] 특별한 결혼 규정[948] 등은 친위대 같은 조직에서 사회화에 커다란 역할을 담당한다. 친위대 상병 뢰틀링은 특히 결혼 규정에 대해 뚜렷이 기억하고 있다. 이 규정은 결혼에 어떤 태도를 취해야 하는지 상세히 정해 놓았다는 것이다. 그리고 '아리아계 소녀'를 취하고 '후손을 얻어야 함'을 반드시 명심해야 한다는 것이다.[949] 또한 친위대는 거친 태도를 숭상하는데, 처음 교육을 받을 때부터 폭력을 통해 의도적으로 이런 태도를 조장했다. 히틀러유겐트 친위대사단 부대원 링그녀는 그 시절에 대해 이렇게 회고한다. "무장친위대에서는 교육 시 부사관이 구타해도 그냥 맞아야 합니다. 교육받을 때는 그래야 하지요. 진짜 사디즘입니다."[950]

이데올로기적인 조건반사화를 통해 친위대가 '총통의 엘리트 부대'이고 '국방군의 귀감'이라는 의식을 불어넣었다.[951] 육군보다 더 '거칠고' 나아가 더 '극단적'이어야 한다는 점을 친위대원들은 당연하게 받아들였다. 오래 복무한 장교와 부사관들은 이런 '정신'을 1943년 부대 재편에도 적용했다. 기갑척탄사단인 제국지도자사단과 괴츠 폰 베를리힝겐 사단은 전투력만 보자면 엘리트 부대 근처에도 못 갔지만, 장교들을 친위대 정신으로 단련하는 데는 성공했다. 친위대 정신은 무엇보다 지독하게 잔혹한 전투 방식으로 드러났다. 제국지도자친위대사단은 이탈리아에서 헤아릴 수 없는 학살을 저질렀고,[952] 괴츠 폰 베를리힝겐 사단도 프랑스를 피로 물들였다. 그들은 1944년 8월 25일 마예에서 민간인 124명을 살해했고[953] 무수한 포로들을 죽였는데, 이는 특히 도청 기록을 통해 입증된다. 앞서 등장한 스보보다(Swoboda)는 괴츠 폰 베를리힝겐 사단 소속으로, 미군 전쟁 포로들을 총살했다.(201쪽 참조)

무장친위대는 매우 이질적인 인물들로 구성된 집단이었다. 거기에는 다하우강제수용소장을 지내고 이후 무장친위대장으로 진급한 테오도르 아이케(Theodor Eicke) 같은 자도 있었지만 젊은 시절의 귄터 그라스(Günther Grass)도 있었다. 비판적 목소리들은 특히 사병들로부터 나왔다.

그러나 때로는 친위대 장교들조차 이런 야만화를 거부했다는 믿을 만한 증거들도 있다. 친위대 중위 오토 뵐키에 대해서는 이미 언급했다. 친위대 기갑척탄연대인 '총통' 부대의 제2중대장이던 스물네 살의 베르너 슈바르츠(Werner Schwarz) 중위는 포로 생활 중 육군 중위에게 이렇게 말한다.

슈바르츠: 우리 중 한 사람이 죽으면 열 사람을 총살했습니다. 그래야 했습니다. 명령이니까요. 그리고 우리 중 한 사람이 부상당하면 세 사람을 총살했지요. 제가 마지막으로 전투에 투입됐을 때 네 명이 부상을 입었는데, 우리는 집 한 채를 불태웠지요. 저는 총살은 하지 못하게 했습니다. 사령관에게 이렇게 말했지요. "이런다고 무얼 이룰 수 있습니까? 테러리스트를 잡아야지요. 그리고 그놈들을 총살해야지요. 민간인 처형에는 반대입니다." 어느 지역에서 작전을 수행해야 했는데 거기에서 사령관에게 말했습니다. "저는 빠지겠습니다." "왜 빠지겠다는 건가?" 물론 "그러기에는 제가 너무 심약합니다."라고 말하고 싶지는 않았습니다. 하지만 저는 진짜로 그러기에는 너무 심약했습니다. 그런 일은 할 수 없었지요. 그 일은 취소되었습니다. 제가, 바로 제가 그 대대에서 제일 온건한 축에 속했지요.[954]

이런 이야기를 변명이라고 깎아내릴 수도 있다. 하지만 그의 묘사가 신빙성이 있다는 암시들도 있다. 실제로 슈바르츠가 지휘하던 제2중대는 1944년 여름 보복 작전을 수행해야 했다. 그러나 그 후에 대대장은 (어쩌면 슈바르츠의 항의 때문에) 이 임무를 제3중대에 넘겼던 것이다.[955]

그러나 (일단 그들의 이야기가 옳다고 가정한다면) 뵐키나 슈바르츠 같은 사람이 있었더라도, 친위대의 핵심 장교와 부사관들이 국방군보다 훨씬 극단적이었다는 경향성만은 부인할 수 없다. 이는 무장친위대 장교들이 전세 전환을 끝까지 믿었다는 데서도 알 수 있다. 예를 들어 아돌프 히틀러 근위대 소속 플루크하우프트(Pflughaupt) 소위는 1944년 7월 치열한 캉 전투에서 포로가 되었다. 그는 영국 포병의 압도적인 우세에 심히 놀랐음에도 이렇게 믿었다. "총통은 네 주에서 여섯 주 안에 명중률 높은 보복 무기를 만들어 내 적의 포병을 무력화할 겁니다. 그때까지만 견뎌 내면 공격이 시작되지요."[956] 친위대 세 개 사단이 단 1킬로미터도 전진할 수 없던 일을 직접 경험했으면서도, 총통이 등 뒤에 아무것도 숨기지 않고 있다고는 상상할 수 없었던 것이다. 그가 영국의 굿우드 대공세를 체험했음을 고려하면 어떻게 다음과 같은 결론을 내리는지 이해하기 어렵다. "영국 놈은 조금만 되받아쳐도 도망가 버립니다. 별로 억세지 못하거든요. 물론 탱크는 많지요. 하지만 전부 부쉬 버릴 수 있습니다." 이 시점에는 이 정도로 굳건한 낙관주의를 국방군 장교들에게선 찾아볼 수 없다.[957] 영국과 미국의 도청 수용소에 수감된 무장친위대 장교와 부사관 여든 명 중에서 1945년 2월 이전에 패전을 인정한 사람은 단 한 사람도 없다. 히틀러에 대해 부정적으로 말하는 사람도 없고 체제 비판적 발언을 하는 사람도 없다. 도청 기록이 보여 주는 또 하나의 중요한 사실은 도청당한 200명의 친위대 소속 군인들 중에서 아무도 국방군의 범죄를 비판하지 않는다는 점이다. 국방군은 끊임없이 친위대를 비판하는데 말이다. 그렇다고 친위대가 국방군의 범죄에 대해 몰랐다고 보는 것은 설득력이 없다. 그러기엔 무장친위대와 육군은 관계가 너무 긴밀했던 것이다. 아마 무엇이 '정상'이고 '필요'하고 '요구'되는 것인가에 대한 규범적 프레임이 국방군과 무장친위대에서 서로 달랐던 것이리라. 국방군은 범죄를 저지르면서도 범죄에 가담하고 있다는 의식은 있었다. 다만 의식한다고 해도 그것을 피해야 할 충분한 동기는 생겨나지 않는 것이다. 이미 선을 넘어섰다고 생각하면 계속해서 범죄를 저지르게 만드는 수많은 사회적 이유와 실제적 이유가 존재한다. 또 이때 생겨나는 인지 부조화를 경감하기 위한 수많은 사회적 전략과 개인적 전략도 존재하는 것이다.(325쪽 참조)

최소한 무장친위대의 핵심 부대에서는 인종주의, 거친 태도, 복종, 희생 제의, 잔혹성이 둘도 없는 기묘한 혼합을 이루었다. 물론 이런 요소는 모두 국방군에도 있었다. 가벼운 반유대주의자도 있었지만, 가령 악명 높은 제707보병사단장 구스타프 프라이헤어 폰 마우헨하임(Gustav Freiherr von Mauchenheim) 같은 철두철미한 반유대주의자도 있었다. 이 부대는 1941년 소련에서 민간인 1만 9000명을 학살했다.[958] 많은 국방군 부대들이, 특히 엘리트 부대들이 허다한 범죄를 저질렀음을 입증할 수 있다. 제1산악사단이나 제4기갑사단만 해도 그렇다. 이들은 수많은 포로를 총살하고 민간인들을 살해했다.[959] 그리고 최후의 일인까지 목숨을 바쳐 진지를 사수한 부대도 몇 있었다. 하지만 육군과 공군에서는 이런 극단적 현상들이 안정적이고 일관적인 전체 모습을 이루는 것은 아니었다. 육군과 공군의 단위 부대 부대원들은 인식과 행동이 무장친위대보다 더욱 이질적이었다. 일시적으로 특히 잔혹했던 것은 대개의 경우 개별 연대나 개별 대대였다. 정치적 스펙트럼도 무장친위대보다 넓었다. 엘리트 부대인 대독일사단에는 오토에른스트 레머(Otto-Ernst Remer) 소령과 같은 철저한 나치들도 있었고 히아친트 그라프 슈트라흐비츠(Hyazinth Graf Strachwitz) 대령처럼 나치 체제에 매우 비판적인 사람들도 있었다.

무장친위대와 비슷한 특징을 가장 많이 지닌 것은 공수사단들이었다.[960] 그들도 엘리트적 아비투스를 형성했고, 독특한 군복 때문에 겉모습만 보아도 다른 국방군과 구별되었으며, 국가사회주의를 신봉하는 사람들이 많이 있었다.[961] 또한 한층 더 극단적인 경향을 가지고 있었다. 케슬러(Kessler) 대령은 1944년 노르망디에서의 경험을 이야기하면서 공수부대를 "야만적 부대"라고 칭한다. "이들은 잘못을 저질러도 다 덮어 주니까 오만 가지 짓을 다 저질렀습니다. 친위대와 마찬가지죠. 친위대와 공수부대는 개 같은 짓을 했지요. 아브랑슈 근처에서 그놈들은 금은방 금고를 성형화약탄으로 폭파했지요."[962] 그렇지만 공수부대는 여자와 아이에 대한 폭력이 두드러지게 심한 편은 아니었고, '최종 승리'에 대한 믿음과 마지막 총알까지 싸운다는 분위기도 그리 강하지 않았다.[963]

요약하자면, 국방군과 비교하여 무장친위대는 인적 구성과 아비투스가 다르게 형성되었으며 규범적 프레임도 달랐다. 나아가 극단적 폭력에 대한 태도도 달랐다.

요약: 전쟁의 프레임

마지막 장에서 우리는 국방군의 전쟁에서 국가사회주의적 요소가 대체 무엇이었는가라는 질문을 던질 것이다. 하지만 그 전에 먼저 군인들에게 중요했던 전쟁의 프레임을 다시 한 번 간추려 보자. 이를 통해 일반적으로 분명히 드러나는 점은 국방군 군인들의 기본적 정향에 있어서, 즉 어떤 사건에 대한 그들의 인식과 해석에 있어서 군사적 가치 체계와 사회적 주변 환경이 결정적 의미를 지녔다는 사실이다. 이데올로기, 출신, 교육 정도, 연령, 계급, 병과 등은 이런 근본적 관점에 비추어 볼 때 큰 차이를 만들지 않는다. 그러나 국방군과 무장친위대 사이에는 분명한 차이가 나타난다.

문화적 결속: 문화적 결속이 이런 특징을 더욱 강화시킨다. 여기에서 문화적 결속이란 특히 군사적 가치 규범에의 결속, 이와 결부된 공식적 의무와 주관적으로 느끼는 의무에의 결속, 그리고 이를 통해 획득하는 포상

에의 결속이다. 우리는 독일과 이탈리아와 일본 군인들을 서로 비교하면서 이들이 서로 다른 특유의 민족적 프레임을 가졌음을 보았다. 이는 가령 독일 군인들이 전쟁에서 진 것이 이미 분명한데도 계속 싸운 이유가 무엇인지 해명하는 데 보탬이 된다.

무지: 그러나 그 이유에는 단순한 것들도 있다. 예컨대 군인들은 자신이 배치된 구체적 위치에서는 전쟁에서 졌다는 것을 모르거나, 전쟁에서 졌다는 것이 무엇을 의미하는지 모르기도 한다. 또 사건의 거대한 맥락을 안다고 해도, 어떤 요구와 행동이 주어지는 구체적 상황 안에서 그 거대한 맥락과는 전혀 무관한 행동을 할 수도 있는 것이다. 실제로 보통의 경우 구체적 상황에서의 해석과 결정은 '전체적인' 통찰과는 무관하게 이루어진다. 그러므로 도청당한 군인들이 상위의 맥락을 거의 보지 못하고 있었던 사실은 의외가 아니다.

예상: 예상과 다른 일이 일어나면, 예컨대 전격전의 대성공에 대한 초반의 환희와 최종 승리에 대한 섣부른 환상들이 잇따른 패배 때문에 무너지고 승리에의 믿음이 사라지게 되면, 군인들은 당혹감에 빠진다. 하지만 미래에 대한 기대가 이렇게 변질된다고 하더라도 군인으로서의 임무를 수행해야 한다는 의지는 변하지 않는다. 전체 상황은 허사가 되더라도 자기 역할과 임무를 규정하는 프레임은 변하지 않는다. 지도부의 무능과 물자 부족에 대해서만 한탄할 뿐이다. 그들은 군인의 업무를 계속해서 잘 수행하고 싶어 하기 때문이다.

시대마다 특유한 인식 맥락: 극단적 폭력과 성폭력에 대한 태도에서, 인종주의적 해석에서, 그리고 총통 신앙에서도 보았던 것처럼, 그 시대의 특유한 인식 맥락들은 군인들의 인식 및 해석과 행동을 강력하게 규정한다. 그래서 지독하게 잔혹한 행위나 사건에 대해서도 아무렇지 않게 이야기하며, 아돌프 히틀러에 대한 뿌리 깊은 믿음과 신뢰가 전쟁 말기까지 계속되는 것이다. 이러한 모습은 오늘날의 시각에서 볼 때는 늘 경악스럽다.

역할 모델과 역할 요구: 군인들의 태도를 무엇보다 강력하게 규정하는 것이 바로 역할 모델과 역할 요구이다. 거의 하나 마나 한 말처럼 들리겠지만, 그들은 사고와 집단 관습에서 '군인다움'에 의거해 인식하고 행동한다. 이에 의거해 사병은 장교의 행동을 아주 면밀하게 관찰하고 평가하며 장교도 사병의 행동을 그렇게 바라본다. 내면화된 가치 규범은 자기 행동과 전우의 행동, 적의 행동을 끊임없이 세심하게 평가하는 기준이 된다.

해석 틀: (전쟁은 어차피 '쓰레기'이고, 필수적인 희생이 요구되며, 전쟁에는 민간인 생활과는 다른 규칙이 있다는 등의) 전쟁 특유의 해석 틀은 도처에서 나타난다. 군인들의 생활 세계는 전쟁이다. 이 생활 세계의 관점으로 그들은 전쟁 포로, 민간인, 빨치산, 강제 노역하는 여자들을, 한마디로 자기 눈앞의 모든 것을 바라본다. 빨치산 살해의 예에서 특히 극명하게 나타나는 것처럼, 해석 모델과 정당화는 종종 둘이 아니다. 전쟁의 폭력은 민간인의 삶에서는 없었던 새로운 해석과 행동의 장을 연다. 살인이나 강간을 저지르며, 힘을 과시하거나 때로는 자비를 베풀기도 한다. 이 모든 새로운 가능성은 바로 새로 열린 폭력의 장으로부터, 그리고 그에 결부된 해석 틀로부터 나온다.

공식적 의무와 사회적 의무: 군인들의 삶과 행동을 결정적으로 규정하는 것은 공식적 의무들이다. 이것이 특히 잘 드러나는 점은 전쟁 말기에조차 투항자들은 자기 행동을 변명해야 한다는 중압감을 느낀다는 사실이다. 사회적 의무들도 마찬가지다. 전방 군인들에게 전우 집단과 상관들은 그들이 거의 유일하게 의무를 느끼는 사회적 단위다. 이에 비해 그들의 체험과 행동을 애인이나 아내나 부모가 어떻게 생각할지는 그들에게 거의 중요하지 않다. 사회적 주변 환경이야말로 군인들이 어떤 행동을 하도록 강력한 의무를 부여하는 것이다. 이에 비해 '유대인의 세계 음모'나 '볼셰비키 하급 인간들'이나 나아가 '국가사회주의 민족 공동체' 같은 추상적 사안들은 주변적으로만 영향을 끼친다. 이 군인들은 '이념적인 전사'들인 것이 아니라, 대부분 매우 비정치적이다.

개인적 성향: 물론 개인적 성향은 사건을 인식·평가하고 심리적으로 처리하는 데 모종의 역할을 한다. 하지만 그런 성향이 구체적인 경우에 어떤 영향을 미치는가에 대해서는 개별 사례 연구들을 통해서야 말할 수 있을 것이다. 이에 대해 이야기하기에는 이 책의 분량이 한정되어 있다. 하지만 이런 방향으로 고찰해 본다면, 각 군인들의 인식이 서로 매우 이질적이라는 결론에 이르게 된다. 이는 장성들의 경우도 마찬가지다. 장성들은 장기간 군복무를 했으므로 서로 매우 동질적이어야 할 텐데도 말이다.[964] 하지만 이처럼 서로 다른, 아니 서로 반대되기까지 하는 전쟁 해석들이 군인들의 실제 행동에 크게 영향을 미치는 것은 아니다. 전쟁에서는 개신교 신자나 가톨릭 신자, 나치나 나치 반대자, 프로이센 사람이나 오스트리아 사람,[965] 대학 출신이나 대학 출신이 아닌 사람 할 것 없이 똑같이 행동한다.

가령 국가사회주의 범죄를 행위자의 의도에 치중하여 설명하는 방식은 그렇지 않아도 회의적 시선을 받아 왔지만, 앞서 말한 사실에 의거하여 우리는 더욱더 회의하게 된다. 집단의 생애사 연구[966]는 행위자들의 동기 연관을 해명하는 데 이보다 좀 더 성공적이긴 하다. 하지만 이런 연구는 관습이 지니는 형성력보다 이데올로기가 지니는 형성력을 더 높이 평가하는 경향으로 흐른다. 그렇지만 군인들의 행동에서 근거가 되고 그 행동을 설명할 수 있는 것은 이와 같은 인식적 해명과 분류라기보다는 집단 특유의 폭력 관습인 것이다.

우리는 군인들이 가진 프레임이 민간인의 프레임에서 전쟁의 프레임으로 이동하는 것이 그들의 행동에서 결정적인 요소이며, 이런 요소가 그어떤 세계관이나 성향, 이데올로기보다 중요하다고 본다. 후자는 기껏해야 군인들이 어떤 것을 예측하고 어떤 것을 옳다고 여기며 어떤 것을 놀랍거나 화나는 일로 보는가에 있어 중요한 역할을 할 뿐, 그들이 실제 행동하는 데에는 중요하지 않다. 이런 말은 이 군인들이 저지른 일을 볼 때 지나치게 단순화한 것으로 보일 수도 있다. 그러나 전쟁은 평소 여건에서는 결코 하지 않을 일을 하도록 만드는, 사건 및 행동의 맥락을 형성한다. 이런 맥락 안에서 군인들은 반유대주의자가 아니더라도 유대인을 죽이고 국가사회주의자가 아니더라도 나라를 '열광적으로' 수호한다. 이제 이데올로기적 요소를 과대평가하는 일을 그만둘 때가 되었다. 이데올로기적 요소는 전쟁을 일으키는 동기를 제공할 수는 있지만, 군인들이 왜 사람을 죽이고 전쟁 범죄를 범하는지를 설명하지는 못한다.

전쟁은, 그리고 전쟁 노동자와 기술자들의 행동은 그리 거창한 동기에서 이루어지는 것이 아니다. 서로 다른 조건들 아래에서, 가령 공장이나 관공서나 중고등학교나 대학에서 사람들이 하는 행동과 마찬가지다. 그럼에도 불구하고 이러한 사소함은 인류 역사상 최악의 폭력을 풀어 놓았고, 5000만 명 이상의 사망자를 남겼으며, 유럽 대륙이 여러 면에서 수십 년간 황폐해지게 만들었던 것이다.

국방군의 전쟁은
얼마나 국가사회주의적이었는가?

"우리는 전쟁이었다. 우리는 군인이었으므로."(빌리 페터 레제, 1943)

전쟁 포로 살해, 민간인 처형, 학살, 강제 노역, 약탈, 강간, 전쟁의 기술화, 사회의 총동원 등 2차 세계대전의 이 모든 특징들은 그 자체로는 이 전쟁에서 새롭게 나타난 것이 아니다. 새로운 것은 그것들의 차원과 질이 그때까지 있던 모든 한계를 뛰어넘었다는 점이다. 특히 현대적 관점에서 볼 때 새로운 것은 폭력의 한계를 어마어마한 규모로 넘어서서 산업화된 유대인 학살을 저질렀다는 점이다. 물론 여기에서 2차 세계대전의 성격을 뒤늦게 평가하려는 것은 아니다. 그보다는 그 시대 독일 군인들의 인식과 행동의 특유한 점은 무엇이었는지, 그리고 20세기의 다른 전쟁에서도 나타나는 요소는 무엇인지를 묻고자 한다.

이 두 가지 질문을 프리즘 삼아 오늘날 우리는 역사를 돌이켜 볼 수 있다. 그러므로 이 전쟁에서, 특히 이 전쟁을 수행했던 국방군 군인들의 인식과 행위에서 어떤 것들이 국가사회주의에 특유했던 것인지, 달리 말해 이 전쟁에 특유했던 것인지 물어야 한다.

출처: 위키리크스.

누구를 죽였는가?

2007년 7월 12일 바그다드에서 미군 헬기 두 대가 로이터 통신 사진사 나미르 누르엘딘(Namir Noor-Eldeen)을 포함한 한 무리의 민간인들을 공격했다. 위키리크스가 공개한 헬기 탑재 비디오 영상이 보여 주듯이[967] 대부분의 희생자는 그 자리에서 즉사했다. 중상을 입은 한 사람이 위험 지대에서 벗어나려 안간힘을 써서 기어갔다. 트럭 한 대가 나타나고 두 사람이 부상자를 구호하려 했을 때 미군 헬기 조종사들이 다시 사격을 가했다. 도와주려던 사람들은 죽었다. 그게 다가 아니었다. 그 트럭 안에는 아이 둘이 있었고 이 아이들이 중상을 입은 모습이 잠시 후 보인다. 헬기 조종사들이 이런 공격을 시작한 이유는 그 민간인들이 무기를 들고 있다고 생각했기 때문이다. 처음에는 한 사람이, 그다음에는 여러 사람이 무기를 들고 있는 듯 보였다. 조종사들은 이것이 무기라는 데 의견을 모으고 공격을 가했고 결국 이런 일이 벌어지고 말았다.

이 일은 불과 몇 분 동안 일어났다. 미군들 사이의 교신 기록은 시사하는 바가 많다.

00:27 오케이. 목표물 15가 그쪽으로 간다. 한 남자가 무기를 갖고 있다.

00:32 알겠다.

00:39 저기에……. ·

00:42 저기에 네 명이나 다섯 명이…….

00:44 지상 관제탑. 알겠다. 1-6.

00:48 ……이 위치에, 그리고 저기에 다른 자들도 있다. 그쪽으로 가고 있고 그중 하나가 무기를 들고 있다.

00:52 알겠다. 목표물 15를 잡았다.

00:55 오케이.

00:57 저 아래 서 있는 사람들 다 보이나?

01:06 그대로 있다. 그리고 안마당 문을 열고 있다.

01:09 좋다. 알겠다. 약 스무 명으로 보인다.

01:13 저기 하나가 있다.

01:15 아, 그렇군.

01:18 잘 모르겠다. 한 명이…….

01:19 지상군 관제탑. 알겠다. 1-6.

01:21 저건 무기다.

01:22 그렇다.

01:23 ……

01:32 개 같은 새끼.

01:33 호텔 2-6. 나와라. 여기는 크레이지 호스 1-8. (헬기 1과 헬기 2의 교신) 무기 가진 자들이 보인다.

01:41 그렇다. 여기 한 명도 무기가 있다.

01:43 호텔 2-6. 크레이지 호스 1-8. AK-47을 든 자가 대여섯 명 있다. 공격 허가 바란다.

01:51 관제탑, 허가한다. 음, 우리 위치 동쪽으로 인원이 없다. 귀관이 공격을 결정하라. 오버.

02:00 알겠다. 우리가 공격한다.

02:02 좋다. 쏴라.

02:03 공격하겠…… 이제 잡을 수 없다. 건물 뒤로 들어갔다.

02:09 음, 지상군 관제탑…….

02:10 저건 RPG(대전차로켓포)인가?

02:11 그렇군. 한 명이 RPG를 들고 있다.

02:13 발사하겠다.

02:14 오케이.

02:15 아니, 기다려라. 돌아가 보자. 건물 뒤에 있어서 지금 우리 각도에서 는……. 오케이, 돌아간다.

02:19 호텔 2-6. RPG 든 자를 주시하고 있다. 공격 준비한다. 우리는…….

02:23 이런, 한 명이 무기를 발사하고 건물 뒤로 들어갔다.

02:26 제길.

지상에 있던 사람들의 비극은 헬기 조종사 중 하나가 그들 중 한 명이 무기를 들고 있다고 생각한 시점에서 시작된다. 그 순간부터, 조종사들이 바라보는 모니터 속 사람들은 "목표물"이 된다. 이와 동시에 이 목표물을 조준해서 없앤다는 목표가 세워진다. 불과 수초 사이에 다른 탑승자들도 또 다른 무기들을 발견한다. 무기 소지자는 처음에는 한 명이었지만 불과 몇 초 사이에 여러 명이 되고, 그 무기는 AK-47 자동소총이 되었다가 결국 대전차로켓포가 된다. 헬기 하나가 공격 허가를 받았을 때 그 사람들은 눈앞에서 사라진다. 건물 뒤로 숨었기 때문이다. 이 순간 군인들은 이들을 다시 표적으로 만드는 데 더욱 집중한다. 이제 '폭도'가 된 그 사람들은 단순히 무기를 들고 있는 것이 아니다. 군인들은 이제 이렇게 말한다. "한 명이 무기를 발사하고 건물 뒤로 들어갔다." 그 사람들이 시야에서 사라졌기 때문에 이들을 최대한 빨리 '제압'하려는 욕구는 걷잡을 수 없이 커진다. 그들이 '정말 '폭도'인가, 또한 정말 무기를 들고 있는가'라는 물음의 답은 이미 정해져 있다. 군인들은 이미 이 상황을 정의했다. 이 정의로부터 저절로 상황이 전개된다. 인식된 상황에 대한 집단 사고와 상호 확인이 실제 상황을 상상된 상황으로 대체한다. 비디오를 보는 사람은 당시 군인들이 보았던 것을 전혀 볼 수 없는 것이다. 하지만 비디오를 보는 사람은 군인들과는 달리 어떤 결정도 내릴 부담이 없다. 그의 눈앞에서 펼쳐지는 사건은 그와는 무관하기 때문이다. 하지만 헬기 조종사나 지상군의 임무는 '폭도' 진압이다. 길거리에 있는 모든 사람을 이런 전제 아래에서 지각한다. 어떤 이유에서건 누군가를 의심하게 되면 그 의심이 또 다른 증거들을 통해 저절로 입증되는 치명적 현상이 발생한다. 더구나 이미 분명하게 '폭도'라고 판단한 사람들이 시야에서 사라지기까지 하면 군인들은 극도로 위험하다고 느낀다. 이제 오로지 "목표물" 진압만이 문제가 된다.

02:43 발사하라.

02:44 알겠다. 쏜다.

02:47 명중하면 말하라.

02:49 쏘자.

02:50 모두 태워 버리자.

02:52 자, 오라고. 발사!

02:57 계속 쏘라, 계속 쏘라.

02:59 계속 쏘라.

03:02 계속 쏘라.

03:05 호텔. 관제탑 2-6, 관제탑 2-6. 이제 이동해야 한다. 시간이 됐다.

03:10 알겠다. 방금 여덟 명 모두 맞혔다.

......

03:23 알겠다. 하하하. 내가 맞혔다. ……

극히 짧은 시간 안에 여덟 명이 죽고 한 사람이 다쳤다. 이 공격 자체가 상황을 더욱 의심 없이 정의하게 만든다. 상상만 했던 교전 상황이 이제 정말로 일어났기 때문이다. 무단 공개된 이 비디오를 본 사람들은 이 사건을 충격적으로 여겼다. 무엇보다 미군들이 자신이 위험에 처하지도 않았는데도 무방비 상태의 민간인들을 공중에서 공격하여 살해한 것이 분명하기 때문이다. 그러나 좀 더 깊이 고찰해 보면 이는 충격적인 상황이 아니다. 이 상황에서 벌어진 일은 모두 '전쟁'의 프레임 안에서 끊임없이, 그것도 필연적으로 일어나는 일이다. 이 사례는 어떤 상황을 현실이라고 정의 내릴 때 그 결과도 현실이 된다는 말이 무슨 뜻인지를 생생하게 보여 준다.(24쪽 참조) 군인은 임무가 있고 이 임무를 완수해야 한다. 그러기 위해서 세계를 전문적인 눈으로 바라본다. 아래 보이는 사람들은 모두 혐의자이다. 전문적인 판단을 내리기 위해 자기가 본 것을 서로 교환하기도 한다. 그러면 자기가 한번 인식하고 평가한 것이 서로에 의해 확인되는 경향이 있다. 그래서 무기 하나가 여러 개가 되고 마침내 로켓포가 되며, 행인이 전사가 된다. 이를 '폭력의 역학', '집단 사고', '경로 의존성' 등으로 부를 수 있다. 이처럼 모든 요소들이 치명적인 귀결로 모아지고 불과 몇 분 사이에 총 열한 명이 죽는 결과를 낳는 것이다. 하지만 아직 사건은 끝나지 않았다. 군인들은 이 결과를 평가한다.

04:31 야, 저 개새끼들 죽은 거 봐.

04:36 멋지군.

......

04:44 멋지군.

04:47 잘 쐈어.

04:48 고마워.

외부에서 보기엔 냉소주의로 보이는(그리고 대중 매체에서도 그렇게 평가한) 태도지만 그들에게는 업무를 잘 처리했다는 전문가적 확인이다. 그리고 이런 상호 확인을 통해 군인들은 그 희생자들이 정말 정당하게 공격한 목표물이었음을 다시 한 번 확인한다. 상대편의 사망자는 거의 언제나 전사, 빨치산, 테러리스트, 폭도로 간주된다. "우리가 베트남 사람을 죽였다면, 그놈은 베트콩이다."라는 파월 미군들의 규칙에서 나타나는 자기확증적 정의나,[968](151쪽 참조) 국방군 병사들이 여자와 아이를 죽이면서 '빨치산'이어서 죽였다고 이유를 대는 것 역시 마찬가지다. 어떤 판단에 의거한 폭력이 거꾸로 그 판단이 맞는다는 걸 사후적으로 확증하는 셈이다. 그리하여 폭력은 상황을 올바르게 판단했다는 증명 수단으로 쓰인다. 위

picking up the bodies. Request permission to engage.
Fuck.

출처: 위키리크스.

키리크스 비디오의 경우를 보아도, 원래 정향이 어려웠던 상황이(이 군인들은 이게 어떤 상황인지 정확히 몰랐다.) 폭력을 통해서 분명한 상황으로 변한다는 것을 알 수 있다. 이제 모두 죽고 나니 질서가 돌아온 것이다. 그 과정이 한번 지나가면 그 세부 사항은 이미 내린 판단에 따라서만 파악된다. 중상자를 위험 지역에서 빼내려던 남자들이 탄 트럭은 적군의 트럭이고, 그 트럭에 탄 사람들은 당연히 또 다른 테러리스트들이다. 차 안에 아이들이 있었고 그 아이들이 미군이 쏜 총알에 벌집이 되었다는 상황조차도 앞서 내린 정의를 다시 한 번 확증해 줄 뿐이다.

17:04 저 아이를 대피시켜야 한다. 음, 아이는, 음, 아이는 배에 부상을 입었다.

17:10 나는 여기에서 아무것도 할 수 없다. 아이는 대피시켜야 한다. 오버.

......

17:46 글쎄, 아이를 전투로 끌고 들어온 놈들이 잘못이다.

17:48 맞다.

정의가 얼마나 강력한지 알 수 있다. 헬기 조종사들에게 아이들이 부상당한 것은 '부수적 피해'조차 아니고 자신들의 책임은 더더욱 아니다. 자신들이 무언가 잘못했다는 증거가 아니라 다만 '폭도들'이 얼마나 비열한지를 보여 주는 증거일 뿐이다. 그 폭도들은 아이까지 전쟁터로 데려온 것이다.

적의 정의

중상자가 기어서 도망치려고 했을 때 헬기 사수는 상상에 빠져 외친다. "자, 오라고. 어디 한번 무기를 들어 보라고!" 여기에서도 앞서 말한 것과 같은 방식으로 상대를 적으로 규정할 증거를 찾고 있다. '우리가 정의 내린 대로, 폭도가 늘 하는 대로, 그렇게 행동하라. 그러면 너를 죽일 것이다.' 이런 자기실현적 정의 방식을 우리는 앞서 빨치산 토벌에 대한 부분에서 이미 보았다. 그 군인들은 탄약이 있다고 생각되면 망설이지 않고 그 '테러리스트'를 총살할 수 있었다.(149쪽 참조)

이것은 전쟁의 폭력이 지닌 일반적 특징이다. '적'으로 정의된 사람의 행동은 그가 적이라는 증거로 인식된다. 이는 선입견이나 고정관념이나 '세계관'과는 무관하다. 자신이 봤을 때 '목표 인물'의 행동이 위험스럽다면 그의 다른 특성들은 아무래도 좋다. 그가 위험하다는 암시만 있다면 그를 죽이는 충분한 이유가 된다. 베트남 전쟁에서 군인들은 아기들까지 수류탄을 숨겼을지 모른다고 의심을 했다. 2차 세계대전에서는 아이들 역시 의심스럽다면 빨치산으로 간주되었고, 이라크에서는 '폭도'로 간주되었다.

역사가 베른트 그라이너(Bernd Greiner)는 베트남전에서의 폭력의 역학에 대한 방대한 연구에서 이렇게 '자명하게' 적을 지목하는 몇 가지 사례들을 묘사한다. 가장 단순한 판단은 도망치는 사람은 적이므로 사살한다는 것이다. 도망치는 행위는 베트콩이라는 의심을 자초하는 것이다.[969] 베트콩이라는 '증거들'을 찾는 일은 좀 더 복잡하다. 우리 도청 기록에서 살펴본 비슷한 사례처럼, 가령 탄약을 가지고 있으면 그가 민간인이 아니라 적이라는 증거가 된다. 이런 증거들은 종종 매우 비논리적이다. 예를 들어 베트남에서 미군은 사전에 자신들이 소련 무기를 맡겨 둔 마을 사람들을 베트콩으로 간주하고 학살하기도 했다. 미군 제9보병사단은 총 1만 899명을 학살했지만, 무기는 748개만 확보했다. 이를 단순 계산해 보면 진짜 베트콩 한 명을 잡기 위해 민간인 열네 명을 죽였다는 결론이 나온다. 이에 대한 변명은 "베트콩들이 무기를 가져오기 전에 그들을 사살했다."라는 것이었다.[970]

베트남전에서 미군은 적을 구별하는 일이 어려웠다. 베트콩은 미군을 상대로 게릴라전을 벌였기 때문이다. 미군은 상대가 비정규 전투원인지 아니면 무해한 민간인인지 판단하는 데 어려움을 겪었다. 이처럼 "전선 없는 전쟁"(그라이너) 혹은 '비대칭전'이 벌어지는 상황에서는 제대로 된 정향이 불가능했기 때문에, 이러한 폭력의 조건 아래에서 군인들은 상대가 누구인가를 반드시 확실하게 인식해야 했다. 기존의 전투 방식이 아니라 비정규 전투원의 공격으로, 부비트랩으로, 매복 공격으로 병사의 대다수가 살해된다면, 생존을 위해 이에 대한 대처가 반드시 필요했다. 매복 공격을 받으면 무력한 상황에 빠진다. 아프가니스탄에 배치된 독일 연방군 주임상사는 이렇게 말한다. "매복 공격을 받으면 극도로 당황하게 됩니다. 일단 확인하는 시간이 필요합니다. 어디로부터 누가 총을 쏘고 있는가? 더러운 기분입니다. 이것도 좋게 표현한 거지요. 적은 늘 우리보다 유리합니다. 좋은 위치를 잡고 있고 그 지역을 잘 알고 있으니까요. …… 차에서 떠나 있는 편이 차라리 안심이 됐습니다. 그러면 차를 엄폐물로 쓸 수는 없지만 적어도 공격은 적게 받으니까요. 그러면 다시 행동할 수 있고 총을 쏘거나 숨을 수 있지요."[971] 누가 적이고 누가 적이 아닌지 분명해져야 비로소 확실성이 주어지고 확고한 행동을 할 수 있다. 그리고 고약한 일이지만, 정향의 확실성을 가장 단순하고 신속하고 명백하게 얻을 수 있는 방법이 바로 폭력이다. 폭력을 사용하고 나면 이 모든 상황이 확실해지는 것이다.

독일 국방군의 경우 비전투원과 민간인에 대한 극단적 폭력은 특히 빨치산 토벌 과정에서 나타났다. 우리가 살펴본 것처럼, 도청 기록 속의 군인들은 빨치산을 토벌할 때는 빨치산으로 간주되는 자는 모조리 죽이고 마을을 불태우고 폭력으로 공포 상황을 조성해도 된다고 확신하고 있다. 비정규전을 벌이는 프랑스 의용군은 위협적이었고, 이미 1870~1871년 프로이센·프랑스 전쟁부터 그 위협은 독일 군부의 의식 속에서 중요한 위치를 차지하고 있었다. 그래서 국방군에서는 폭력을 사용해 게릴라 준동을 싹부터 짓밟아야 한다는 것이 통상적 원칙이었다.[972] 상황의 불확실성이라는 요소 외에도 이러한 내력 때문에 빨치산을 '무자비하고 가혹하게' 대하는 것이 당연하다고 인식하게 된 것이다.

전쟁 상황에서 행동의 일반적 특징 중 하나는 적이라고 정의하는 것이 이 정의에 따라 이루어지는 모든 행위를 정당화한다는 것이다. 이런 점은 독일 국방군의 전쟁에서나 다른 전쟁들에서나 차이가 없으며, 국가 간 전쟁이나 비대칭전에 마찬가지로 적용된다. 누가 적이고 누가 적이 아닌지는 언제나 군인들이 내리는 정의에 달려 있다. 적에 맞서, 적의 세계 지배 야욕과 폭력에 맞서 자위권을 발동했다는 흔해 빠진 논리는 전범 재판이나 인터뷰나 증언들에서 자주 등장한다. 그래야만 왜 그런 일을 했는지 정당화할 수 있기 때문이다. 그러나 일단 폭력이 일어났다면 그런 정당화 자체가 불필요해진다. 아프가니스탄 주둔 독일군 이동의무부대 부대장인 어느 원사는 이렇게 말한다. "전투 중에는 격렬한 울분이 일어납니다. 생각할 시간은 별로 없습니다. 생각은 나중에나 하는 것이지요."[973]

이라크전 헬기 조종사들의 사례는 중요한 점을 보여 준다. 역사적·문화적·정치적 상황과는 상관없이, 눈앞의 상황과 거기 있는 사람들에 대해 내리는 정의가 그다음에 일어나는 모든 사건의 프레임을 형성한다는 것이다. 그다음에는 집단 사고와 폭력의 역학의 작용으로 인해 거의 언제나 치명적인 결과를 낳는다.

우리에게 했던 짓과, 하는 짓과, 할 수 있을 짓에 대한 복수

정의에 의거한 살인이라는 이런 해석은 인종 학살에까지 확장할 수 있다. 적어도 인종 이론 창시자들과 홀로코스트 조직자들에게는 유대인 살해 역시 자기방어로 정의되었다. 또한 그 대상은 개인이 아니라 민족 전체였다. 그들이 살해할 유대인들은 때로는 빨치산, 즉 합법적으로 살해할 수 있는 비정규 적군으로 간주되었다. 한 독일군 병사가 말했듯, "유대인이 있는 곳에 빨치산이 있다."[974]

자기방어로 정의된 살인은 문화적·역사적 맥락에도 존재한다. 1990년대 르완다에서 후투족이 투치족을 학살한 것은 어떤 인식 및 해석 방식 때문이었는데, 미국의 역사가이자 인권 운동가 앨리슨 데스 포지스(Alison des Forges)는 이를 "거울 보고 규탄하기(accusation in a mirror)"라고 표현했다. 이는 인종 학살의 환상에 빠져 상대편이 자기편의 절멸을 꾀하고 있다고 억측하는 것이다. 물론 이런 규탄 도식은 사회심리적 현상에 불과한 것이 아니다. 이는 선전 방법으로 적극 악용되기도 한다. 이런 기술을 사용하여 "테러를 저지르는 자들이 적이 테러를 저지른다고 규탄한다."[975] 위협받는다는 환상은 자기방어에 대한 열망으로 귀결된다. 살인을 목적으로 한 모든 형태의 공격과 조직적 학살은 필연적인 자기방어 행위로 인식되는 것이다.

이는 '복수'라는 모티프에서 특히 잘 드러난다. 복수는 문화나 역사, 지리적 맥락을 막론하고 전쟁담에서 늘 중요한 역할을 하므로, 일종의 서사적 토포스라고 부를 수 있다. 소설, 영화, 전쟁담에서 다양하게 변주되는 이야기는 항상 어느 병사가 전투 중 매우 잔혹하고 비열하게 피살된 친구의 이야기를 전하는 것으로 시작된다. 흔히 이런 이야기에서 화자는 바로 이 순간부터 적에게 보복할 것을 결심한다. 이런 서사적 장치는 종종 화자가 죽어 가는 친구에게 한 약속을 통해 더욱 강화된다.(144쪽 참조) 이 경우에는 언제나 개인적인 트라우마가 적에 대한 무자비한 공격을 정당화한다. 베트남전에 참전했던 어느 미군은 아버지에게 이런 편지를 썼다. "항공기 사수 한 사람이 방금 제게 (공중전 중 베트콩이 격추한 헬기) 37호에 접근했던 이야기를 했습니다. 조종사와 부조종사 모두 머리에 극심한 총상을 입었습니다. 둘 다 좋은 친구들이었습니다. 아버지, 이제 저는 이 더러운 새끼들을 지구상에서 추방하기 위해 수단과 방법을 가리지 않겠다고 이를 악물었습니다. 저는 여기에 오래 있어야 합니다. 제 앞길을 막는 자들, 남자건 여자건 아이건 모두 각오해야 할 겁니다. 전면적이고 완전한 파괴가 이 짐승 같은 놈들을 다루는 유일한 방법입니다. 지금처럼 누군가를 증오할 수 있을 거라고는 상상해 본 적도 없습니다."[976]

베트남전 참전 용사들을 치료했던 심리 치료사 조너선 셰이(Jonathan Shay)의 말에 따르면, 수많은 미군이 죽은 전우의 복수를 위해 베트남 복무 기간을 연장했다고 한다.[977] 미국 작가 필립 카푸토(Philip Caputo) 역시 그들 중 한 명이었다. "내가 적을 증오한 것은 그들의 정책 때문이 아니다. (내 친구) 심슨을 살해했기 때문에, 그를 처형하고 시신을 강에 버렸기 때문에, 그리고 월트 레비의 생명을 꺼뜨렸기 때문이다. 전투부대에 자원한 이유 중 하나는 복수였다."[978]

잔혹하고 야만적인 행동을 상실 경험으로 정당화하는 이 같은 복수심은 일반화될 수 있다. 그러면 눈에는 눈, 이에는 이라는 성서의 도그마를 통해 적의 행동은 똑같이 갚아 주어야 할 죄로 정의된다. 가령 2차 세계대전 때 한 미군 병사는 편지에서 독일인 주택 압수에 대해 이렇게 썼다. "정말 힘든 일입니다. 하지만 독일 놈들에겐 다 자업자득이지요."[979] 원자폭탄에 파괴당한 나가사키를 방문하고 일본인들이 미국인들을 야만인으로 볼 수도 있다고 생각한 어느 미군 병사는 이렇게 말했다. "일본인들이 우리 나라 사람들에게, 우리 포로들에게 했던 그 잔혹한 짓거리의 10분의 1이라도 겪어 보기를 바란다. 혹자는 이 사람들 역시 평범한 사람들이고 무언가에 홀려 있었다고 말한다. 하지만 어떤 나라가 이만한 전쟁을 벌였다면 국민 대다수가 지지했을 수밖에 없다."[980] 이런 맥락에서 새뮤얼 A. 스토퍼(Samuel A. Stouffer)를 중심으로 한 일군의 학자들은 전쟁 중 미군의 태도에 대한 광범위한 연구서 『미군들(The American Soldier)』에서 적국 국민에 대한 복수심도 다루고 있다.[981]

물론 모든 군인이 적으로 간주한 사람들에게 실제로 폭력을 행사한 것은 아니다. 예컨대 다른 군인들이 제지했기 때문에, 또는 갑자기 동정심을 느껴서 폭력을 휘두르지 않기도 했다. 또는 임무 수행의 효율성 때문에 복수를 실천에 옮기지 않았을 수도 있다. 가령 아프가니스탄 주둔 독일군 군의관 소령은 편지에 이렇게 썼다. "제아무리 박애주의자라고 해도 벙커에서 두 번째 경보가 울린 후에는 피에 굶주린 복수심에 들끓게 된다. 이럴 때 이곳 군인들이 애용하는, 군사적으로 가장 간단한 해결책은 포병의 대대적 반격이다. 엄밀히 말해 문제 될 것은 아무것도 없다. 포격 목표를 지정한 후 대포를 조준하고 발사하는 것이다. 1분도 채 걸리지 않는다. 처음에 우리를 공격한 적의 사수는 재수 없이 당할 것이다. 그러나 탈레반은 바보가 아니다. 그래서 다음번 공격부터는 더 긴 케이블을 설치하고 유치원 바로 옆에서 로켓포를 발사한다."[982] 다른 전쟁에서도 나타나는 복수심에 대한 이러한 성찰은[983] 전쟁 중 군인에게 복수심이라는 모티프가 어떤 의미인지를 잘 보여 준다.

생포하지 않는다

2차 세계대전 중 전쟁 포로를 대하는 방식은 매우 다양했다. 제네바 조약을 그대로 따르기도 했고 포로들을 집단 학살하기도 했다. 독일의 수용소에서 영국군과 미국군 포로는 1~3퍼센트 사망한 반면, 소련군 포로는 절반가량이 사망했다.[984] 소련군 포로 사망률은 일본 수용소 내 연합군 포로 사망률을 훌쩍 넘어서는 것이다. 도청 기록에 나타나는 것처럼 포로를 굶겨 죽이는 조직적 학살은 분명 통상적 전쟁 프레임을 벗어나는 것이며, 국가사회주의 섬멸전의 맥락에서만 이해될 수 있다. 이런 점은 도청당한 병사들이 소련군 포로들을 다루는 방식에 거부감을 갖고 포로들에게 연민을 느꼈다는 데에서도 잘 나타난다.[985] 또한 수용소의 진상을 알지 못하는 사병들도 전방에서 후방으로 끝없이 이어지던 포로 이송 행렬을 목격했기 때문에 포로들이 어떻게 다뤄지는지 상당히 정확하게 알고 있었다. 물론 대다수는 구경꾼일 뿐이었다. 그들이 이런 상황을 조금이라도 바꿀 가능성은 매우 적었다.

교전지의 상황은 아주 달랐다. 여기에서는 말 그대로 모든 병사들이 행위의 주체로서, 대개의 경우 적을 죽일지 아니면 생포할지를 스스로 결정해야 했다. 전장의 열기 속에서, 언제 적을 살려 두고 포로로 삼아야 할지를 그때그때 새롭게 고민해야 했다. 이런 상황은 몇 시간 혹은 며칠 동안 지속되기도 했기도 했다. 특히 포로가 다시 경비병과 싸우게 될 경우에 그랬다.

상황에 따라 적군은 투항과 동시에 사살되기도 했다. 이는 독일군이나 국가사회주의 전쟁에 한정되는 것이 아니다. 전쟁 포로 살해는 고대부터 이미 널리 퍼져 있었다. 20세기에는 그 규모가 급증했을 뿐이다. 수많은 전쟁에서 "생포하지 말라."라는 지시들이 내려졌다. 그러한 지시가 없더라도 전투 중 군인들에게 적군 병사의 무기를 빼앗고, 먹이고, 이송하고, 감시하는 것보다는 죽이는 것이 더 간단했다. 그런 경우 '도주 중 사살'이나 '생포자 없음'으로 보고하면 그만이었다. 1차 세계대전에서도 복수심 때문에, 혹은 목숨 걸고 싸우는 자신에 비해 안전이 보장된 포로에 대한 시기심 때문에 포로들을 죽이는 경우가 많았다. 포로 관리에 드는 추가적인 부담과 위험 역시 1차 세계대전에서 포로를 죽이는 동기가 되었음이 입증된 바 있다.[986] 이런 일들은 한국전과 베트남전에서도 나타났으며, 이라크전과 아프가니스탄전에서도 마찬가지였을 것이다. 시시각각으로 변하는 전장의 상황적 조건 때문에 제네바 협정에 명시된 것과는 다른 규칙들이 정착되는 경우가 많았다. 군인들은 흔히 적군 포로들 때문에 부담을 안는 것은 불리하거나 쓸데없는 짓이라고 여겨서 포로를 죽여 버렸다. 2차 세계대전에서는 이런 현상이 모든 전장에서 일어났다. 물론 포로 살해의 규모는 제각각이었다. 특히 격렬한 전투가 벌어지는 곳이라면 언제나 포로 살해가 자행되었다. 호전적인 엘리트 부대들은 투항하는 적군 포로를 더욱 자주 죽이는 경향이 있었다. 이 점에 관해서는 노르망디에 상륙한 미군 제82공수사단도 독일의 괴츠 폰 베를리힝겐 친위대사단과 별반 다르지 않았다.[987]

2차 세계대전 중 폭력이 가장 광포하게 분출된 곳은 독소 전쟁과 태평양 전쟁이었다. 하지만 이런 극단적 폭력은 프랑스나 이탈리아에서 벌어진 이른바 유럽적인 "정상적 전쟁"[988]에서도 일상적인 일이었고, 교전국 양편 모두 마찬가지였다. 미군 전사자묘지등록부대(graves registration unit) 부대장 조지프 쇼먼(Joseph Shomon)은 이렇게 보고한다. "독일군은 보통 가망 없는 상황에서도 투항하지 않고 끝까지 싸운다. 하지만 탄약이 떨어지면 포기하고 자비를 구하는데, 이들이 늦게 투항하는 바람에 미군의 희생 역시 적지 않아서 독일군을 죽이는 일이 많다."[989] 역사학자 린더만(Linderman)에 따르면 미군이 독일 전쟁 포로를 총살하는 가장 큰 이유는 전우를 잃은 데 대한 복수였다. 그러나 그는 이 외에도 특별한 의도 때문에 포로를 죽이는 경우도 있었음을 지적했다. 예를 들어 생포하지 말라는 명령이 떨어질 경우,[990] 혹은 포로가 된 사병이 "하일 히틀러!"를 외치는 등 할리우드 영화의 전형적 나치처럼 보이는 경우나 친위대원일 경우가 그랬다.[991] 어니스트 헤밍웨이는 그 일이 일어난 지 4년이 지나서도 무장 친위대 소속의 뻔뻔스러운 포로를 죽인 것을 자랑했다.[992]

요약해 보자. 우리가 사후에 전쟁 범죄를 바라볼 때 잔혹하고 무법이고 야만적으로 보이는 많은 것들은 실은 전쟁 프레임에 이미 들어 있는 것이다. 그래서 도청 기록에서나 미군의 베트남전 보고 및 회고에서 이런 이야기는 특별히 주목받지 않는 것이다. 이 때문에 법정에 서지 않는 한, 대다수의 군인에게 이 전쟁 범죄가 그다지 극적인 사건이 아니었던 이유는 이것이 도구적 폭력이었기 때문이다. 전쟁에서 도구적 폭력이 사용되는 것은 그리 놀라운 일이 아니었다.

노동으로서의 전쟁

모든 현대 사회에서 노동은 사회적 행위의 핵심 범주에 속한다. 인간의 행위는 목표들의 총체 안에 배치된다. 그리고 이 목표들은 대부분 자기 자신이 아니라 해당 기관, 기업, 사령부의 상관이나 규칙에 의해 정해진다. 노동과 책임을 분담하는 이 행위 연관 속에서 개인은 그 정의상 부분만 책임진다. 전체 과정 중에서 자신에게 주어진 한 조각만 책임지는 것이다. 그러나 바로 이 때문에, 노동 분업 구조는 매우 다양한 방식의 행위와 행위 의지를 가능하게 하는 것이다. 그래서 루프트한자 민항기 조종사나 예비경찰대원이 민간인을 죽이고, 민항기 항공사, 오븐 제조업체, 대학 병리학과가 집단 학살을 거드는 조직이 된다. 사회적 기능 연관들과 기관들은 이런 잠재력을 담고 있으며[993] 전시에는 더욱 그렇다. 그렇기 때문에 평화기에 무해한 기능들을 수행하던 수많은 기관, 기업, 조직들은 전시의 국민 총동원 과정에서, 특히 총력전 과정에서 "전쟁의 중요한 요소"가 된다. 이들이 원래 지니고 있던 잠재력을 쉽게 다른 쪽으로 몰아갈 수 있기 때문이다.

역사적으로 볼 때 총칼을 녹여 쟁기를 만든 사례보다는 민간 폴크스바겐 승용차를 군용 퀴벨바겐 지프차로 개조한 사례가 훨씬 많다. 이는 노동 분업, 부분 책임, 도구적 이성에 기초한 현대적 행위 연관들이야말로 그 어떤 목적을 위해서도 쉽게 활용할 수 있는 것임을 잘 보여 준다. 2차 세계대전 당시 동부 전선 독일군의 야전 우편을 분석한 역사학자 우테 다니엘(Ute Daniel)과 위르겐 로일레케(Jürgen Reulecke)는 옌스 에버르트(Jens Ebert)의 주장을 인용한다. "평화 시 노동 세계의 가치들(근면, 지구력, 인내, 의무, 복종, 종속 등)로 전쟁을 표현할 수만 있다면 전쟁은 충분히 수용될 수 있는 듯 보인다. 전방에서나 특임대 작전에서나 바뀌는 것은 오직 '노동'의 내용일 뿐이지, '노동'에 대한 태도, 노동 조직에 대한 태도는 아니다. 이런 면에서 군인은 '전쟁 노동자'가 된다."[994]

이처럼 전쟁 중의 임무를 노동으로 이해하는 것은 베트남에서 보낸 다음 편지에서도 잘 나타난다. 해군 대령은 모친에게 보내는 편지에서 왜 복무 기간을 연장했는지 설명하고, 이 살인 노동을 지휘하는 일이 매력 있고 책임이 막중한 임무임을 자세히 설명한다. "여기에는 해야 할 일이 있습니다. 거의 매일 양심을 걸고 내려야 할 어려운 결정들이 있습니다. 제가 여기에서 하는 경험은 너무 소중합니다. 이 일에는 양심적인 사람이 필요합니다. 이런 일을 하는 사람들의 집단에는 양심적인 지휘관이 필요합니다. 지난 3주 동안 우리는 단 한 번의 작전에서 1500명 이상을 죽였습니다. 이것은 이 일의 책임이 막중함을 보여 줍니다. 저는 여기에서 쓸모가 있습니다, 어머니."[995]

그런 이유로 전쟁이 터졌다고 해서 반드시 살인을 위한 근본적인 심리 개조나 자기 극복, 사회화 등이 동반되어야 하는 것은 아니다. 전쟁이 터져도 맥락만 바뀔 뿐 어차피 하던 일을 계속하게 되기 때문이다. 어차피 군인은 교육받았던 일을 할 뿐이므로 바뀌는 것은 아무것도 없다. 다만 훈련이 실제 상황이 될 뿐이다. 이미 여러 사례에서 살펴본 것처럼, 훈련하고 연습하다가 이를 실제로 적용하는 상황으로 넘어가면, 군인들은 때로 경악과 불안에 직면하지만, 열광과 매혹을 경험하기도 한다. 그러나 어떤 경우에도 자기가 무엇을 해야 하고 자기가 무엇을 위해 여기 있는가 하는 정의 자체는 바뀌지 않는다.

전쟁도 노동으로 해석된다는 것은 노동의 긍지와 자기 업적을 서술하는 데에서도 잘 나타나지만 적들의 "훌륭한" 전쟁 노동을 인정하는 데에서도 잘 나타난다. 예를 들어 도청 기록을 보면, 독일 군인들은 프로파간다에서 "볼셰비키 하급 인간"으로 그리는 소련군을 장인의 관점에서 좋은 군인으로 보고 있고, 적들 역시 마찬가지다.[996] 서로에 대한 인식은 문화적 고정관념을 통해서도 형성된다. 독일군의 눈에 비친 소련군은 매우 용감한 전사이자 임기응변의 대가였다. 하지만 소련군의 잔혹성과 죽음을 경시하는 태도에 아연실색하고, 이런 행동을 설명하기 위해 '러시아인'에 대한 문화적 고정관념을 끌어왔다.[997] 일본군이 전쟁 포로를 매우 잔인하게 다루었기 때문에 미국인들 사이에서는 '잽(Jap)'들을 점차 인간으로 보지 않게 되었다. 미군들은 일본인들의 행동을 전혀 이해할 수 없었다. 예를 들어 일본군은 자국 부상병이나 풀려난 포로들을 죽였고, 난파된 상황에서 도움의 손길을 내미는 미군을 피해 달아났다. 이런 모습들을 보면서 문화적 고정관념에 기초한 일본인에 대한 부정적 인식은 더욱 심화되고 확장되었다. 미군은 결국 일본군을 그저 '잽'이나 '일본 원숭이'로 인식하게 되었는데, 특이하게도 '크라우트', 즉 독일 군인들은 동물로까지 격하하지는 않았다.[998]

집단

따라서 전쟁에 대한 군인들의 인식은 문화에 따라 다양하다. 그 군인들이 보기에 모든 군인이 똑같지도 않다. 평화기 삶에서 나타나던 차이들이 전시가 되었다고 싹 사라지지는 않는다. 전쟁과 평화를 가르지만 모든 전쟁에는 공통되는 요소가 있다. 그것은 전우애이고 집단의 중요성이다. 이것 없이는 개별 군인들이 전쟁에서 하는 행동을 이해할 수 없다. 군인들은 결코 혼자 행동하지 않기 때문이다. 저격병이나 전투기 조종사가 혼자 힘으로 전투를 벌인다고 해도 그들 역시 집단의 한 부분이고 전투 전후에는 그 집단과 함께 있다. 사회학자 새뮤얼 스토퍼(Samuel Stouffer)를 중심으로 한 학자들이 미군을 대상으로 한 1948년 연구[999]에서 내려진 결론은 개별 군인들의 행동에 집단의 역할이 이데올로기적 확인, 정치적 견해, 개인적 복수심보다 훨씬 중요하다는 것이다.[1000]

이는 미군에만 해당되는 것은 아니다. 실스와 자노위츠[1001]는 독일 국방군도, 아니 독일 국방군이야말로 그 전투력이 국가사회주의 신념이 아니라 집단 관계 안에서의 개인적 욕구 충족에 기초한다고 강조했다. 특히 현대적 관리 기법과 인력 운용 기법을 갖춘 국방군의 조직 구조가 이런 측면을 더욱 강화시켰다.[1002] 군인들의 사회적 환경은 그들이 전쟁을 어떻게 인식하고 해석하며, 어떤 기준들에 의거해 행동하고 그 행동을 평가하는가에 결정적인 영향을 미친다. 집단의 모든 구성원은, 그 집단이 자기를 본다고 생각하는 방식대로 자신을 본다. 어빙 고프먼이 '낙인'에 대한 저서에서 발견한 것처럼, 이를 통해 집단에 순응해야 할 가장 강력한 동기가 생긴다.[1003] 전시의 군인은 극단적 여건 속에서, 자신이 당분간 떠날 수도 없고 언제까지 유지될지도 모르며, 자기 마음대로 조직할 수도 없는 집단의 한 부분인 것이다. 민간인과는 달리, 누구와 함께 지낼지 스스로 결정할 수도 없다. 하지만 자기가 속하고 자기가 함께 형성하는 집단을 고를 수 없다는 바로 그 사실 때문에 이 집단은, 특히 생사가 오가는 전쟁 중에는 규범적이고 실천적인 측면에서 결정적 중요성을 지니게 된다. 가령 베트남에서 미군은 전투 지시를 내릴 때 "나는 내가 왜 여기 있는지 모른다. 너도 네가 왜 여기 있는지 모르지. 그러나 우리 둘 다 여기 있는 이상 일을 잘하려고 노력하고 최선을 다해야 한다. 그래야 살아남을 수 있으니까."[1004]라는 말을 자주 했다. 이 말은 전우 집단이 거기에서 일어나고 생각되고 결정되는 모든 일에 대해, 세계관이나 신념이나 심지어 전쟁의 외적 이유인 역사적 사명 같은 것보다 월등히 중요한 의미를 지닌다는 사실을 보여 준다. 군인들에게 보이는 전쟁의 내부는 집단이라는 측면이다. 미라이 학살 가담을 거부하여 집단에서 소외된 베트남 참전군인 마이클 번하트(Michael Bernhardt)는 이렇게 본다. "지금 여기 있는 사람들이 너에 대해 어떻게 생각하는지 외에는 중요한 건 없다. 너의 바로 옆에 있는 사람들이 너에 대해 어떻게 생각하는가, 그것만이 중요하다. …… 이 집단은 …… 세계 전체다. 그들이 옳다고 생각하는 것은 옳은 것이다. 그들이 틀리다고 생각하는 건 틀리다."[1005]

독일 군인 빌리 페터 레제도 이렇게 표현한다. "겨울옷을 입으면 눈만 빼꼼히 겨우 드러나듯이, 군인이 되면 개인적 특성은 거의 드러날 수 없다. 우리는 군복을 입고 있다. 씻지 않고 면도도 하지 않고 이가 들끓고 아프기도 하지만, 무엇보다 영혼이 썩어 문드러진다. 우리는 피와 창자와 뼈의 무더기에 불과하게 된다. 우리 전우 관계는 서로에게 강제로 의존하는 관계고 좁디좁은 곳에서 같이 서식하는 관계다. 우리의 유머라는 것은 타인의 불행에 대한 고소함, 쓴웃음 나는 블랙코미디, 풍자, 음담패설, 신랄한 비판, 노여운 웃음이다. 죽은 사람, 흘러나온 뇌, 이, 고름, 똥에 대한 농지거리다. 즉 영혼의 공허함이다. …… 우리는 의지할 수 있는 믿음이 없었다. 그리고 철학도 모두 그저 주어진 운명을 조금 견디는 데 도움을 줄 뿐이었다. 우리가 군인이라는 사실만으로 범죄와 타락의 면죄부를 얻었고, 우리가 군인이기 때문에 그 지옥의 삶을 살아야 했다. …… 우리는 중요하지 않았다. 굶주림, 동상, 발진티푸스, 이질, 병신이 되거나 죽는 것도 중요하지 않았다. 마을이 파괴되고 도시가 약탈당하는 것도 중요하지 않았다. 자유도, 평화도 중요하지 않았다. 개개인은 하나도 중요하지 않았다. 그래서 우리는 아무 걱정 없이 죽을 수 있었다."[1006]

이 글을 쓰고 얼마 후 정말로 세상을 떠난 빌리 페터 레제의 이런 말은 전쟁의 또 다른 보편성을 보여 준다. 그것은 이유야 아무래도 상관없다는 것이다.[1007]

이데올로기

에리히 마리아 레마르크와 에른스트 윙거의 저서나 프랜시스 포드 코폴라(Francis Ford Coppola)의 영화 「지옥의 묵시록」처럼 전쟁을 다루는 문학이나 영화의 커다란 주제는 이데올로기나 전쟁의 '거창한' 목적들이 중요하지 않다는 것이다. 정말 그렇다. 진정한 '세계관 전사'들은 소수에 불과하다. 이를 제외한 보통 군인들은 자신들이 처한 이 상황이 왜 생겨났는가에 대해 냉정하고 무관심한 태도를 보인다. 이는 빌리 페터 레제가 말하는 타락한 상태에서만 그런 것이 아니다. 전투가 성공을 거두더라도, 그들의 인식 전면에 나타나는 것은 임박한 승리, 막 성공한 격추, 마을 점령 등이지, 가령 "동부 지역의 정복"이나 "볼셰비즘 위협의 방어"나 "황색 위험의 방어" 같은 추상적 관념이 아니다. 이런 관념은 전쟁과 전투 행위들의 배경일 뿐이지, 특정 상황에 처한 개별 군인의 해석과 행동의 구체적 동기가 되는 경우는 드물다.[1008]

20세기 내내 마찬가지였다. 1차 세계대전을 경험한 후의 사회심리학적 특징은, 진지전의 참호 안에서 "강철 폭풍(Stahlgewitter)[1차 세계대전 참전 경험을 묘사한 에른스트 윙거의 초기작 『강철 폭풍 속에서』를 빗댄 표현]"을 견뎠지만 영웅적이고 이념적인 것은 아무것도 남지 않았다는 환멸이었다. 이처럼 전쟁은 무의미하다는 근본 경험은 한국, 베트남, 이라크의 미군들, 그리고 아프가니스탄의 독일군들도 모두 공유하는 경험이었다. 그리고 이런 경험은 더욱 강렬해졌는데, 전쟁의 이유가 점점 추상적이 되었기 때문이다. 왜 먼 나라까지 와서, 우리를 싫어하는 사람들의 자유를 위해 싸워야 하는가? 왜 개인적으로 아무 관계 없는 사람들과 지역들을 지켜야 하는가?

베트남 참전 미군 병장은 친구에게 다음과 같이 말한다. "물론 이를 위해 죽어 가는 미국 사람들이 있지. 그리고 '긍지 높은 헌신'과 믿음을 가지고 복무하는 사람들을 얕잡아 볼 생각도 없어. 그런 건 어느 시대라도 완전히 말도 안 되는 생각은 아닐 거야. 하지만 외부에서 강요받는 공세, 부패, 그리고 군인과 집단 사이의 모욕, 이 모든 것은 전쟁을 합리화하는 '고상한' 말들을 비웃지. 이런 말들을 하는 거짓된 열정에 환멸이 생긴다고. 이제 이 전쟁은 생존을 위한 전쟁일 뿐이야……."[1009]

그리고 최근 아프가니스탄 쿤두즈의 제373공수대대 소속 대위는 이렇게 말한다. "우린 처음에는 무언가 이루려고 했지요. 가령 적으로부터 땅을 좀 빼앗아 온다든지. 하지만 부대원들이 죽은 다음에는 종종 자문합니다. 이게 가치 있는 일인지, 우리가 떠나면 탈레반이 곧 다시 나타나는데 왜 우리 목숨을 걸어야 하는지요. 우리는 우리 목숨을 건지기 위해 싸우고, 그런 게 아직도 있다면 우리 임무를 완수하기 위해 싸웁니다. 결국 여기 쿤두즈에서 우리는 무엇보다 생존을 위해 싸우는 겁니다."[1010]

전쟁 경험에 대한 이런 증언들은 서로 매우 유사하거나 일치하는 면이 많다. 엄청난 수의 전시 야전 우편을 모으는 '유산 프로젝트(Legacy Project)'의 창립자 앤드루 캐럴(Andrew Carroll)[1011]도 2차 세계대전 당시 러시아, 이탈리아, 독일 군인의 편지를 비교 검토한 결과, 미군 편지들과의 차이보다는 유사점이 더 많아서 놀랐다고 말한다.

독일 국방군 병사들은 개전 초기보다 뒤로 갈수록 이런 무의미를 심각하게 경험했다. 성공적 침공은 잠깐이었고 오랫동안 소강상태가 지속되었는데, 그래도 이 시기에는 적지 않은 사람들이 이 전쟁이 개인적으로도 많은 이득을 가져다줄 것이라고 생각했다.[1012](69쪽 참조) 그러나 성공은 줄고 질질 끄는 전쟁으로 인한 부담이 커지면서, 1941년 가을부터 학습된 '세계관'에 따른 전쟁 동기들은 점차 줄어들었다. 이제 외부의 상황들은 자기 목숨이 거기 달려 있다는 것 외에는 자신과 별 상관 없는 일이 되고, 이에 대해 자신은 어차피 무력하다는 느낌이 점차 번져 나갔다. 2차 세계대전에 대한 사회학 연구들도 실제 전쟁에서 이데올로기와 추상적 신념이 큰 역할을 하지 않았음을 강조한다. 집단, 기술, 공간, 시간이야말로 군인들이 기준으로 삼고 중시하는 변수들이었다. 바로 주변의 환경이 지배적 영향을 미친다는 점에서, 군인들이 하는 일과 현대 사회에서 사람들이 날마다 수행하는 업무들 사이에는 별 차이가 없었다. 차이가 있다면 전자에는 생사가 걸려 있다는 실존적 차원의 차이였을 뿐이다. 에너지 재벌이나 보험 회사나 화학 회사에서 일하는 사람이 자기 업무를 수행하는 데 '자본주의'가 중요하지는 않다. 교통 단속을 하는 경찰이나 차압된 평면 텔레비전을 압수하는 집행관도 일을 하며 '자유민주주의 기본 질서' 수호를 생각하지는 않는다. 단지 주어진 업무를 수행하기 위해 거기 존재하는 것이다. 전쟁 중 군인들은 자기 업무를 폭력을 써서 해결한다. 이것이 그들의 행위를 다른 생산직 노동자와 사무직 노동자와 공무원들의 행위로부터 구별하는 유일한 요소다. 때문에 군인들의 생산품은 민간 노동자의 생산품과 다르다. 그것은 죽음과 파괴다.

군사적 가치

이처럼 사회적 주변 환경, 현대적 노동 윤리, 기술에의 매혹이 '보편적 군인'의 전형을 이루지만, 물론 시기별, 국가별로 군인들이 가진 전쟁과 폭력에 대한 매우 특유한 관점들도 존재한다. 군사적 프레임 형성에 나타나는 시대적·국가적 특징들을 찾아볼 수 있는 것이다. 시대적 특징이 특히 잘 드러나는 예는, 가령 2차 세계대전 당시 독일 국방군의 명예, 강인함, 희생 같은 가치들이 21세기 독일군에서는 더 이상 같은 위치를 차지하지 못한다는 사실이다.[1013] 1차 세계대전 당시 독일군에서도, 시민 계급 출신을 제외하면, 2차 세계대전 때처럼 의무 수행의 가치가 극단적으로 강조되지는 않았다.[1014] 물론 경계가 모호하기는 하지만, 그래도 독일 제국, 바이마르 공화국, 제3제국, 연방공화국은 각자 나름의 고유한 가치 체계를 지닌 시대다. 국가 간 비교에서 드러나는 차이들은 더 크다. 나치 독일, 파시즘 아래의 이탈리아, 제국주의 시대 일본을 살펴보면 이런 차이가 잘 나타난다. 독일 군인의 프레임에서 용맹, 복종, 의무 수행, 강인함은 앞서 살펴본 것처럼 핵심적인 역할을 했다. 군인다운 행동이 무엇인지 인식하고 해석하는 데 결정적인 척도였다.[1015] 평화 시기부터 익숙하던 이 프레임은 전쟁 내내 놀라울 만큼 안정적이었다. 이 프레임은 개인의 생애에 따른 개별 특징들이나 정치 성향에 따라서도 흔들리지 않았고, 철학 박사에게나, 은행 직원에게나, 빵 굽는 기술자에게나, 신념에 찬 사회민주주의자에게나, 불타는 국가사회주의자에게나 똑같이 받아들여졌다. 1700만 국방군 군인들의 사회적 차이가 아무리 크더라도, 그들은 복무 기간 중 동일한 군사적 가치 체계를 공유했다.

물론 이런 핵심 가치를 공유하더라도 전투의 의미에 대해 다양한 해석이 있기는 했다. 열렬한 국가사회주의자와 공산주의 전력을 가진 자는 각각 다르게 전투를 바라보았을 것이고, 52세 대장과 22세 소위 역시 다르게 바라보았으리라. 그러나 군에 대한 기본 관점은 동일했다. 그리고 군인들이 그들의 해석과 행위에서 이 핵심 가치를 받아들이기만 한다면, 이 가치가 구체적으로 어떻게 이루어져 있는지는 전투에서는 전혀 중요하지 않았다. 용감함은 용감함이다. 이를 통해 유럽을 국가사회주의적으로 개조하려 하든지, 아니면 국방군의 명예를 수호하려 하든지 상관없었다. 악셀 폰 뎀 부셰(Axel von dem Bussche)와 오토에른스트 레머(Otto-Ernst Remer)는 모두 많은 훈장을 받은 대대장이었으나 한 사람은 저항 운동의 중심인물이고 다른 사람은 베를린 방위대대장으로서 저항 운동 진압에 가담했다. 그렇지만 두 사람은 군인 윤리에 있어서는 차이가 없었다.

이러한 군사적 가치 규범을 적극적으로 수용한 영향은 엄청났다. 독일 군인들은 독일이 이미 패전했음을 깨닫거나 전쟁 범죄에 분노하더라도, 국방군과 국방군이 이끈 전쟁 자체에 대해서는 의문시하는 경우가 거의 없었다. 무슨 일이 있어도 군인으로서 자기 의무를 완수해야 한다는 생각이 프레임에 깊이 뿌리내리고 있었기 때문에, 이것이 흔들리는 것은 오직 눈앞에 죽음의 위험이나 완전한 패배가 닥쳤을 때뿐이었다. 군사적 규범에 맞는 행동을 하는 것이 한계에 부딪힌 것은 국방군의 전체 체계가 붕괴하고 자기가 전쟁에서 죽는 것이 더는 어떤 의미도 없어졌을 때뿐이었다. 목숨을 바치는 것 자체는 전형적인 군사 가치 체계의 일부가 아니었기 때문이다. 나치 지도부는 전쟁 중에 이런 생각을 극단적으로 몰고 가려고 했으나 거의 성공을 거두지 못했다.

물론 개인이 살아온 생애사가 군인들이 어떻게 전쟁을 바라보느냐에 어느 정도 영향을 주기도 했다. 하지만 그 비중은 매우 적었고 전쟁의 실제 상황에서는 대개 평준화되었다. 개인이 속한 사회적 환경이라는 요소도 마찬가지였다. 군사적 가치 규범의 영향력이 미미했던 것은 기껏해야 골수 사회주의나 골수 가톨릭의 사회적 환경에서 살아온 사람들에게뿐이었다.[1016] 이보다 영향력이 컸던 요소는 군인들이 속한 군대의 편제였다. 예를 들어 최정예부대들은 자신들 나름의 형태로 구성한 사적 프레임을 가지고 있었는데, 이는 군인들의 전쟁에 대한 인식보다는 행동과 결과들에 영향을 미쳤다. 정예부대원에게는 행동 자체가 중요했던 것이다. 그들은 용맹과 강인함을 말로 떠벌리는 것이 아니라 전투에서 증명해야 했다. 또한 육해공 각 군과 각 병과는 각각 나름의 특유한 정체성을 이루었으며, 이는 그들이 겪은 구체적 사건과 체험들로부터 영향을 크게 받았다. 예컨대 각 군마다 '최후까지의 전투'라는 토포스는 동일했지만, 보병, 전투기 조종사, U-보트 승조원 들은 이를 각각 다르게 해석했다.

폭력

문화적 상황과 사회적 상황이 폭력을 의미 있는 것으로 만들기만 한다면, 폭력은 진정으로 모든 집단에서 행사되었다. 남자와 여자, 지식인과 일자무식, 가톨릭 신자와 개신교 신자와 이슬람교 신자 모두 마찬가지다. 폭력은 건설적인 사회적 행위였다. 다시 말해 폭력의 가해자는 폭력으로 목표를 달성하고 사실을 창조했다. 폭력으로 다른 사람에게 자기 의지를 강요했고, 자기들에게 속한 자와 배제된 자를 분류했으며, 권력을 확립하고, 아래에 있는 사람들의 재산을 몰수했다. 물론 폭력은 파괴적이었으나, 희생자에게만 그랬다.

물론 그렇다고 해서, 별 근거 없이 흔히 주장하듯, 폭력이 문명이라는 얇은 외피 아래에서 언젠가 풀려나기만을 기다리고 있는 불변의 인간 본성이라는 뜻은 아니다. 다만 이제까지 인간 공동체는 생존을 위해 폭력이 의미가 있다고 여기는 경우에는 언제나 폭력을 선택했다는 뜻이다. 문명의 외피는 사실 얇지 않다. 근대 민족 국가에서 국가의 폭력 독점이라는 원칙을 채택한 이후, 폭력 사용은 급격히 줄어들었고 사적 폭력은 모두 처벌 대상이 되었다. 이러한 문명의 진보 덕분에 오늘날 민주 사회 국민이 누리는 커다란 자유가 가능해졌다. 하지만 폭력은 사라진 것이 아니라 단지 다른 형태가 되었을 뿐이다. 때로는 사적 폭력이나 집단적 폭력이 국가의 폭력 독점을 무너뜨리기도 한다. 그리고 민주 국가 자체도 폭력을 사용하지 않는 것은 아니다. 다만 근대의 폭력의 프레임은 전근대의 문화와는 달라졌다는 것이다. 이는 폭력이냐 비폭력이냐의 문제가 아니라, 폭력을 규제하는 정도와 방식의 문제다.

인간이 살인을 결심하는 동기는, 생명의 위협을 느끼거나, 살인을 하는 것이 정당하다고 느끼거나, 살인이 정치적·문화적·종교적 의미를 가진다고 보는 것으로 충분하다. 이는 전쟁뿐 아니라 다른 사회적 상황에서도 마찬가지다. 그러므로 독일 국방군이 저지른 폭력이 가령 영국군이나 미군이 저지른 폭력보다 '일반적으로 더 국가사회주의적'이었던 것은 아니다. 다만 아무리 악의로 바라보아도 군사적 위협이라고 규정할 수 없는 사람들을 의도적으로 학살한 경우에만 그 폭력이 국가사회주의 특유의 것이라고 말할 수 있다. 소련 전쟁 포로 학살, 그리고 무엇보다 유대인 학살이 이에 해당한다. (모든 인종 학살에 있어 그러하듯이) 전쟁은 이를 위해 문명이라는 장애물을 제거한 새로운 장을 제공했다. 그리고 수많은 독일 국방군 병사들도 이 학살을 조력하는 집행자가 되었다. 물론 2차 세계대전이 유대인 학살로만 이루어진 것은 아니었다. 그럼에도 불구하고 유대인 학살은 이제까지 인류사에서 가장 극단적인 형태의 폭력이었던 만큼 사람들이 이 전쟁을 보는 시각을 인도하고 형성했다. 역사적으로 전무후무한 범죄인 만큼 유대인 학살이 5000만 명 이상의 희생자를 낸 이 사상 최악의 전쟁에 대한 오늘날의 인식을 아직까지 지배하고 있는 것이다. 그러나 대부분의 희생은 전쟁 자체의 폭력 속에서 발생한 것이지, 유대인 학살이 가장 큰 희생을 낳은 것은 아니다. 그리고 그 이후의 모든 전쟁이 보여 주듯이, 전쟁이 일단 일어나면 사람이 죽고 다치는 것에 놀라고 분노할 상황이 아니다. 전쟁은 그런 것이다.

그보다는 인간이 이런 살육에서 벗어날 수 있을지, 어떻게 그럴 수 있을지를 묻는 편이 낫다. 그래야만 국가들이 전쟁을 하기로 마음먹을 때마다 놀라며 비전투원에 대한 범죄와 폭력을 우려하는 일을 그만둘 수 있다. 비전투원에 대한 범죄와 폭력이 있는 이유는 '전쟁'의 프레임이 요구하는 행동들과 기회 구조들이 그런 폭력을 (완전히) 억제하거나 제한할 수 없기 때문이다. 모든 사회적 행위가 그런 것처럼 폭력도 나름의 역학이 있다. 이 책은 그것을 보여 주고자 했다.

폭력에 대한 역사학적 분석이나 사회학적 분석이, 마치 양자물리학자가 전자를 보듯이, 도덕적 냉정함을 유지할 수 있을까? 사회적 가능성으로서의 살인을, 선거나 의회의 기능을 서술하는 것처럼 거리를 두고 서술할 수 있을까? 역사학과 사회학도 현대의 산물이므로 현대의 근본 가정들을 공유할 수밖에 없다. 그래서 이런 근본 가정들을 뒤흔드는 현상들을 다룰 때에는 늘 당혹감을 느끼게 된다.

폭력을 단지 일탈로 정의하기를 그칠 때에야 비로소 우리 사회가 지닌 자기 환상을 벗어나서 우리 사회에 대해, 우리 사회의 작동 방식에 대해 더 잘 이해하게 된다. 다양한 형태의 폭력을 생존을 위한 인간 공동체의 사회적 행위 가능성들 중 하나로 이해할 때, 이 생존 공동체가 곧 살인 공동체이기도 함을 알게 된다. 스스로 비폭력적이라는 현대의 믿음은 망상이다. 여러 이유에서 인간은 서로를 죽인다. 그리고 군인은 그것이 임무이기 때문에 죽인다.

부록

도청 기록

"적을 알라."(『손자병법』)

전쟁이 생긴 이후로 전쟁의 적들은 서로를 염탐해 왔다. 전투에서 결정적인 도움을 얻기 위해서였다. 19세기 말 세계가 차차 좁아지고 교통과 통신이 발전함에 따라, 인류가 지닌 지식은 첩보 활동이 훨씬 전문화될 정도로 급증했다. 최초의 현대적 정보부는 영국에서 탄생한 이후 모든 강대국으로 퍼져 갔다. 1차 세계대전 때에는 다양한 출처의 정보를 수집하고 평가하기 위한 복잡한 체계가 개발되었다. 무선 암호 해독, 공중 정찰, 전쟁 포로 심문이 대표적이다. 이에 비해 고전적 간첩 활동은 중요성이 급격히 줄어들었다. 이런 경험에 기초하여 영국 전쟁성은 전쟁이 일어날 상황에 대비해 1939년 3월 특별 포로 심문 본부를 설치했다.[1017] 이때 포로들의 대화를 체계적으로 엿듣기 위해 감방에도 처음으로 도청 장치를 설치하기로 했다. 사실 이런 아이디어는 새롭지 않았다. 은밀하게 도청 마이크를 설치한 독일 포로 심문 본부를 운영하려는 계획이 이미 있었지

장교 수용소 트렌트파크, 클라우스 후부흐(Klaus Hubbuch) 소위 스케치, 1943년.(나이첼문서보관소)

만 1918년 가을 휴전 협정으로 중단되었던 것이다. 1939년 9월 26일 합동정밀심문본부(CSDIC) 창설 후 이 아이디어를 부활시켰다. 잠깐 런던탑에 있던 이 기관은 1939년 12월 12일 런던 북쪽의 트렌트파크 영지로 옮겨 간다. 1942년에는 래티머하우스와 윌튼파크가 추가된다. 1942년 7월 영국 합동정밀심문본부는 모두 래티머하우스로 이전한다. 윌튼파크는 이탈리아 전쟁 포로를 위해 사용되었다.[1018] 트렌트파크는 독일 장교들의 장기 수용소로 유지한다.[1019]

영국이 만든 이 전쟁 포로 심문과 도청 체계를 미국이 받아들였다. 그리고 연합국은 곧 여러 대륙을 총괄하는 비밀심문본부(SIC) 네트워크를 운영하게 된다.[1020] 지중해 지역 수용소들 외에도 무엇보다 미국의 수용소들이 중요했다. 미국 전쟁성은 1941년 여름 이미 독자적 심문 본부를 설

IF FURTHER CIRCULATION OF THIS REPORT IS NECESSARY IT MUST BE
PARAPHRASED, SO THAT NEITHER THE SOURCE OF THE INFORMATION NOR
THE MEANS BY WHICH IT HAS BEEN OBTAINED IS APPARENT.

S.R.G.G. 739

M 170 - Generalmajor (Chief Artillery Officer: German Army Group AFRICA)
                                         Captured TUNISIA 9 May 43
M 179 - Generalmajor (GOC 10th Pz. Division) Captured TUNISIA 12 May 43
M 181 - Generalmajor (GOC 164th Division) Captured TUNISIA 13 May 43
A 1201 - Generalmajor (GOC Air Defences TUNIS and BIZERTA) Captd TUNISIA 9 May 43

Information received: 1 Jan 44

GERMAN TEXT

? M 179: Ich habe einmal in diesem Kriege Menschen erschiessen lassen müssen
         und zwar zwei, die sind ...... gefasst worden als Spione und auch
         nach Aussagen von den Einwohnern aktiv, ... diese Leute waren nun
         so brave offene Leute, teils ältere Gefreite, die waren wachsbleich,
         denen war das so ekelhaft. Da kam der Adjutant heran und sagte, der
         ist für heute völlig fertig, der läuft bloss 'rum und ist also bei-
         nahe irre, weil ihm das so auf die Nerven gegangen sei.

? M 170: ...... haben sie öfters die Kuriere zwischen SALONIKI und SOFIA auf
         diesen langen Strassen angefallen und wenn das passierte, wurden diese
         Nachbars(?)dörfer dem Erdboden gleich gemacht, da wurde alles -
         Weiber, Kinder und Männer, zusammengetrieben und niedergemetzelt.
         Hat mir auch der Regimentskommandeur erzählt - BRÜCKENMANN, ja.
         Der hat einmal erzählt, wie viehisch das war. Da wurden sie in einen
         Pferch getrieben, dann hiess es: "Nun schiesst darauf." Natürlich
         brachen sie zusammen nach vielem Gebrüll - auch die Kinder - und
         waren natürlich noch nicht tot. Da musste nachher ein Offizier hin-
         gehen und musste denen einen Genickschuss geben. Dann haben sie sie
         alle in die Kirche geschleppt und haben sie einzeln herausgeholt und
         haben sie immer zu dritt erschossen. Das haben sie nun drin gehört,
         haben sich noch verbarrikadiert und haben Widerstand geleistet; da
         haben sie ...... die Kirche abbrennen müssen, weil sie nicht herein-
         kamen. Der sagte, es wäre viehisch, diese Abschlachterei, obwohl -

? : Es waren auch andere da ......

? : Nein, nein, ... griechische(?) Dörfer.

? : Das war aber vom Heer aus befohlen ......

? : Das war vom Heer aus.

/2

트렌트파크의 도청 기록.(국립문서보관소, 런던)

치하기로 결정했다. 1942년 미 해군과 육군이 공동으로 담당하는 합동심
문본부(JIC) 두 곳이 운영을 시작한다. 캘리포니아의 포트트레이시는 일
본 포로들을, 버지니아의 포트헌트는 독일 포로들을 심문하게 된 것이다.

물론 1945년 봄까지 영국과 미국의 포로가 된 약 100만 명의 독일군

중 소수만이 이 특별 수용소를 거쳤다. 전방과 후방에서 여러 시간 동안 심문을 하면서 연합군 정보 장교들은 좀 더 자세한 '관찰'이 필요한 흥미로운 포로들을 골라냈던 것이다. 그래도 그 수는 대단히 많다. 1939년 9월부터 1945년 10월까지 독일 전쟁 포로 1만 191명과 이탈리아 전쟁 포로 563명이 영국의 세 개 특별 수용소를 거쳐 갔다. 수용소 수감 기간은 며칠에서 3년까지 편차가 컸다. 영국 합동정밀심문본부 독일 포로 도청 기록 1만 6960건과 이탈리아 포로 도청 기록 1943건을 작성했는데[1021] 그 양은 약 2만 4000쪽에 달한다. 지중해 지역의 여러 분소(카이로, 알제, 나폴리)에서 독일군 1225명에 대한 도청 기록 538건이 작성되었다.[1022] 미국의 포트헌트에서는 국방군과 무장친위대 포로 3298명에 대한 매우 방대한 자료가 만들어졌다.

영국 측의 도청 기록은 독일어로 된 기록으로 반 쪽에서 스물두 쪽 정도 분량이고 보통 영어 번역도 첨부되어 있다. 비밀 유지를 위해 도청당한 사람들의 이름은 1944년까지 기입하지 않고 대부분 계급과 직위만 메모했다. 그렇지만 우리는 많은 사례들에서 본명을 확인할 수 있었다. 영국 자료에는 애석하게도 이들의 생애사와 관련된 배경 정보는 없다. 이런 점에서 미국 자료는 한결 신빙성이 높다. 포트헌트에서는 포로들의 대화를 녹음하고 편집하기만 한 것이 아니기 때문이다. 여기에서는 정보 장교들이 독일 군인들을 포괄적으로 심문하고 표준화된 설문 조사를 실시하기도 했다. 아직 초기 단계이던 설문 조사 기법을 이용해 독일 국방군의 심리 분석을 하고자 했던 것이다. 그 밖에도 개인 서류에 중요한 개인 정보들을 모두 적어 놓아, 오늘날 역사가들이 그들의 생애사를 살펴볼 수 있는 중요한 정보를 제공해 준다. 또한 그 밖에 다양한 보충 자료들도 있는데, 가령 포로들이 작성한 자기 생애에 대한 자술서나 특별한 관찰 보고서 등이다. 포트헌트 담당자들이 수감자들을 조사하여 만든 이 자료들은 포로별로 서류철로 묶어 놓아 심문 장교가 심문 자료로 항시 참고할 수 있었다.[1023] 포로들의 이름에 따라 알파벳 순서로 정리된 이 '201 문서'들은 마지막에는 전체 분량이 10만 쪽을 넘게 되었다.[1024] 이 전체 자료 중 핵심 부분, 즉 도청 기록은 약 4만 쪽이다.

미국과 영국의 도청 자료의 규모는 매우 인상적이다. 그렇지만 이 자료들이 어느 정도 가치가 있는가에 대해 두 가지 질문이 떠오른다. 첫째, 이 대화를 하는 독일군 집단은 얼마나 대표성이 있는가? 둘째, 군인들은 도청당하는 걸 알았는가? 다시 말해 도청 기록의 대화들은 그들의 진심을 얼마나 담고 있는가?

영국과 미국 수용소 포로들의 사회적 지위가 다양했으며 영국과 미국이 일을 분담했다는 흥미로운 사실도 알 수 있다. 영국은 특히 고위 장교들과 공군 및 해군 군인들을 도청했다. 이에 비해 미국의 포트헌트에서는 수감자 절반 정도가 육군 소속의 낮은 계급의 사병들이었다. 3분의 1 정도는 부사관이었고 6분의 1 정도만 장교였다.[1025] 영국은 국방군 엘리트들에게, 미국은 전투부대 사병들에게 집중한 것이다.

물론 이 자료가 국방군과 무장친위대의 모든 집단을 가로지르는 대표성을 지닌다고 말할 수는 없다. 그러려면 국방군 군인 1700만 명 전체가 도청 수용소에 들어올 통계적 확률이 모두 동일해야 할 것이다. 그러나 가령 동부 전선에만 배치되었던 군인들은 이 자료에 나타나지 않는 것만 보아도 그렇지 않음을 알 수 있다. 또한 이 자료에는 전투부대원들, 특히 U-보트와 항공기 승무원들이 지나치게 많다.

그럼에도 불구하고 도청된 군인들의 범위는 포괄적이다. 여기에는 해군 전투수영대원에서 행정 장성까지 말 그대로 군의 모든 분야 사람들이 들어 있다. 이 군인들은 전쟁 중 모든 전선에서 싸웠고 매우 다양한 정치적 견해를 가졌으며 다양한 부대에 속했다. 야전 우편 연구에서는 (많은 편지를 쓴) 교육을 많이 받은 군인들이 주로 연구 대상이 되곤 하는데, 우리 자료에서는 교육 정도가 낮은 전방 군인들의 대화도 나타난다.

또한 도청 수용소 수감자들이 도청당하는 것을 알았는가라는 물음이 당연히 제기된다. 영국과 미국이 자신들이 알고 있는 것을 엿듣기 원한다는 것을 독일 군인들도 느꼈을 것이라며 이 자료의 진정성을 의심할 수도 있다. 그렇다면 그들이 대화에서 일부러 잘못된 정보를 흘렸다고 볼 수도 있으리라. 실상 독일은 연합군의 정보 수집 기법을 알고 있었다. 1940년 10월 캐나다로 이감되기 전 잠시 트렌트파크에 있던 프란츠 폰 베라(Franz von Werra)는 영국 수용소에서 탈출한 후 영국의 심문 기법에 대해 상세히 보고했다.[1026] 그래서 독일 국방군 방첩대 해외국은 1941년 6월 11일 영국 포로수용소에 수감된 독일 국방군의 행동 지침을 하달했는데, 이 지침에서 독일 군복을 입은 첩자와 숨겨진 마이크를 주의하라고 경고했다. 적들이 이런 방식으로 여러 차례 귀중한 정보들을 얻었음을 분명하게 강조했다.[1027] 게다가 1943년 11월 첫 번째 포로 교환을 통해 독일로 돌아온 실링(Schilling) 소령은 독일 군인들이 심문당한 경험을 전달했다. 그리고 국방군 사령부에 영국을 위해 일하는 여러 첩자의 이름을 전달했다. 또한 트렌트파크의 독일 장성들이 "주의를 기울이지 않고 지나치게 솔직하고 경솔하게 대화를 나눈다."라고 전했다. 그 일이 있고 난 후 군인들에게 포로가 될 경우 첩자나 도청에 유의하라고 명시적으로 경고했다.[1028] 그렇지만 도청 기록은 대부분의 독일 포로들이 이런 경고를 들었을 텐데도 아주 빨리 잊어버리고 거리낌 없이 전우들과 군사 기밀에 대해 수다를 떨었음을 증명한다. 물론 부사관과 사병들의 대화에서는 나치 프로파간다 영화 「철조망에 갇힌 군인들」에 대해 자주 이야기하며 적에게 정보를 넘기지 말자고 서로 경고하곤 했다.[1029] 하지만 그런 말을 하자마자 곧 자기가 심문 장교에게 어떤 이야기를 숨겼는지 전우에게 털어

놓았다.[1030] 적의 마이크에 대고 또박또박 불러 주는 것이나 마찬가지인 행동을 하는 것이다. 그러니까 독일 군인들은 대부분 도청당한다는 생각을 하지 않고 있었는데, 이 점은 전쟁 범죄에 대한 대화에서 자기 자신이 저지른 일들도 이야기했다는 것에서도 잘 나타난다.[1031] 물론 입이 무거운 군인들도 있었다. 몇 사람은 감방 안에 마이크가 숨겨져 있을 수 있다고 생각하기도 했다.[1032] 그렇지만 그들 역시 얼마 지나지 않아 조심스러운 태도를 잊어버렸다. 전우들과 정보를 나누려는 욕망이 조심스러움을 이기는 것이다.[1033]

게다가 연합군 정보부는 온갖 교묘한 속임수를 이용해 포로가 아는 정보를 짜냈음을 유의해야 한다. 대화의 방향을 유도하기 위해 포로 중 협력자를 첩자로 활용했다.[1034] 그리고 가령 같은 계급이지만 서로 다른 부대의 포로들을 같은 방에 넣기도 했다. 이 방법은 효과가 있었다. 다른 U-보트를 탔던 승조원들은 자신의 경험에 대해 서로 아주 상세하게 이야기했고, 항공기 조종사들은 자신들의 전투 경험이나 항공기의 기술적 세부 사항을 서로 비교했다. 그리고 군인들은 포로가 된 후 며칠 지나지 않아 수용소로 오는 경우가 많았다. 그러니까 포로가 되었던 극적 상황에 대해 아직 생생한 인상을 가지고 있는 것이다. 이처럼 체험이 생생하므로 대화 욕구는 특히 강렬해진다. 죽음의 문턱까지 갔다가 겨우 빠져나온 경우가 많기 때문이다. 장교들의 태도도 이런 점에서 다른 포로들의 태도와 다르지 않았다.

많은 포로들이 어느 정도로 협조적이었는지는 포트헌트 수용소의 심문 보고에서 잘 나타난다. 일부 군인들은 심문에서 자기가 아는 것을 모두 불어 버렸다. 포로 생활을 편하게 보내고 싶어서이거나 (드물긴 하지만) 이런 비밀 누설을 통해 나치 정권에 저항하려는 것이었다.[1035] 어떤 사람들은 심문 장교에게 자신들의 장비의 정확한 제원을 불러 주거나, 고국의 군사 목표물 위치의 지도나 무기 설계도를 그려 주기도 했다. 물론 대부분의 포로들은 이런 지나친 협조는 주저했지만, 자기 검열이 이루어지는 주제는 군사 전술이나 기술에 관련된 일부 문제에 불과했다. 정치, 독일의 생활상, 국방군의 사기 같은 문제들을 질문하면 기탄없이 대답했다. 연합군 정보부를 너무도 기쁘게 했던 것은 그들이 자기들끼리 이야기할 때에도 이렇게 솔직했으며 이때 금기가 있다면 오로지 자기 감정 표현뿐이었다는 사실이다.

물론 영국과 미국이 이런 엄청난 노력을 기울인 이유는 후대의 역사가들에게 즐거움을 주기 위해서는 아니었다. 그런 도청을 한 결과는 무엇이었나? 2차 세계대전 중 정보 활동은 매우 복합적이었으며 결코 단일한 출처에 의존하지 않았다. 이처럼 포로들에게서 정보를 짜내는 것은 인간 정보Human Intelligence, 군사상 정보 수집에서 특히 인간 자원을 통해 도출해 내는 정보 범주 수집 활동에 속했는데, 이는 정보 수집과 평가의 체계에서 분명 핵심적 위치를 차지했다. 전쟁이 점점 길어지면서 연합군은 이를 통해 독일군의 모든 분야에 대해 포괄적 지식을 얻을 수 있었다. 여기에는 독일군의 상태, 전술, 사기, 그리고 무기의 기술적 제원 등이 포함된다. 인간 정보의 잠재력은 영국 본토 공중전에서 처음 드러났으며, 그 이후부터는 정보 수집 과정에서 빼놓을 수 없는 것이 되었다. 인간 정보 수집 활동의 가장 눈에 띄는 쾌거는 아마도 V 무기에 대한 방어였으리라. 빌헬름 리터 폰 토마 대장과 루트비히 크뤼벨 대장의 대화를 도청하여 결정적 정보를 얻어 낸 것이다.[1036] 그러므로 연합군이 포로들을 도청하는 데 쏟아부은 노력은 분명 성공을 거두었으며 이제 연합군은 자신들이 인간 정보 수집을 위한 매우 효율적인 시스템을 구축했음을 깨달았다. 바로 이것이 이 자료들을 전범 재판에서는 사용하지 않은 이유이기도 하다. 자신들의 정보 수집 기법은 결코 알려져서는 안 되었기 때문이다.[1037]

감사의 말

이 책은 많은 사람들의 연구에 기초를 둔다. 많은 동료 학자들의 지원이 없었다면 이 연구를 내놓는 것은 불가능했을 것이다.

우리 연구 팀을 후원한 게르다헹켈 재단과 프리츠티센 재단에 깊은 감사를 표한다. 미하엘 한슬러, 앙겔라 퀴넨, 프랑크 주더와 그들의 팀은 매우 진지하게 우리를 지원했다. 그들과 그들의 단체는 연구 후원이 얼마나 일관성 있고 효율적이면서도 순수하고 인간적으로 이루어질 수 있는지를 보여 준 인상적인 사례다.

로마 소재 독일역사연구소 소장 미하엘 마테우스는 이러한 후원 신청에 도움을 주었고 로마에서의 프로젝트에 포괄적 지원을 해 주었으며 2008년 4월 학회를 열어 이탈리아 동료 학자들에게 우리 연구 결과를 소개할 수 있게 해 주었다. 감사드린다. 같은 연구소의 루츠 클링크하머에게도 이 프로젝트의 이탈리아 부분을 지원해 준 데 대해 감사드린다. 에센 소재 문화학연구소는 우리 연구의 중심지였을 뿐 아니라, 워크숍, 학회, 강연 등도 개최해 준 곳이다. 이런 모임을 통해 우리 프로젝트는 매우 고무적이고 학제적인 분위기에서 진행될 수 있었다.

우리 프로젝트 팀원인 크리스티안 구데후스, 아메데오 오스티 구에라치, 펠릭스 뢰머, 미하엘라 크리스트, 제바스티안 그로스, 토비아스 자이들에게 3년간의 집중적이고 건설적인 공동 연구에 대해 고마움을 표하고 싶다. 그들은 탁월한 연구 팀이었고 그들과 함께 연구하는 것은 커다란 기쁨이었다! 2008년 6월에는 빈 소재 루트비히볼츠만 역사적사회과학연구소의 리하르트 게르만도 합류했다. 도청당한 군인들의 생애사와 관련된 자료들과 특히 국방군 내 오스트리아인들에 대한 자료들을 많이 제공해 준 데 감사드린다. 디트마르 로스트는 미군의 인식과 해석에 대해 수많은 정보를 주었다.

이 프로젝트의 연구를 대학 강의에서도 활용하여 석사 논문 여러 편을 완성한 데 대해서도 매우 기쁘게 생각한다. 팔코 벨, 니콜레 뵈글리, 슈테파니 푹스, 알렉산더 회르켄스, 프레데릭 퀼러스, 아네테 네더, 카타리나 슈타우프, 마르틴 트렌트라인, 다니엘라 벨니츠, 마티아스 보이스만의 연구는 프로젝트 전체가 성공하는 데 중요한 기여를 했다. 그들의 열성적 참여에 깊이 감사드린다.

우리는 다음 분들에게서 중요한 지적과 자극과 지원을 얻었다. 알렉산더 브라켈, 크리스티안 하르트만, 요하네스 휘르터, 게르하르트 히르쉬펠트, 미하엘 키세너, 맥그레고르 크녹스, 페터 리프, 티모시 멀리컨, 악셀 니스틀레, 안드레아스 뢰더, 토마스 슐레머, 클라우스 슈미더, 아드리안 베트슈타인이 그분들이다. 또한 옌스 크로, 마누엘 디트리히, 자비네 마이스터, 바네사 슈탈, 플로리안 헤셀은 원고 정리에 도움을 주었다. 이 모든 분들께 감사드린다. 그리고 마지막으로 피셔 출판사가 우리를 신뢰해 준 데 대해, 특히 발터 펠레가 늘 그렇듯이 전문적이고 면밀한 감수를 해 준 데 대해 감사드린다.

2010년 12월 죙케 나이첼, 하랄트 벨처

약호 색인

AFHQ	연합군 최고사령부
BA/MA	연방 문서보관소/군 문서보관소, 프라이부르크
CSDIC(UK)	합동정밀심문본부
GRGG	독일 장성 일반보고서
HDv	육군복무규정
ISRM	이탈리아 육군 특별보고서
I/SRN	이탈리아/해군 특별보고서
KTB	전쟁일지
NARA	국립기록관리처, 워싱턴
OKW	국방군 총사령부
PAAA	외무부 정치 문서보관소
SKI	해전 사령부
SRCMF	중부지중해군 특별보고서
SRIG	이탈리아 장성 특별보고서
SRGG	독일 장성 특별보고서
SRM	육군 특별보고서
SRX	통합 특별보고서
SRN	해군 특별보고서
SRA	공군 특별보고서
TNA	국립문서보관소, 큐, 런던
USHMM	미국 홀로코스트 기념박물관
WFSt	국방군 지휘참모부

주석

머리말

1 이 연구 팀은 Christian Gudehus 박사가 이끌었다. 연구원은 Amedeo Osti Guerrazzi 박사, Felix Römer 박사, Michaela Christ 박사, Sebastian Groß이다. 이에 대한 심화 분석 결과에 대해서는 다음을 참고할 것. Harald Welzer, Sönke Neitzel and Christian Gudehus(eds.), *"Der Führer war wieder viel zu human, viel zu gefühlvoll!"*, (Frankfurt am Main: Fischer Taschenbuchverlag, 2011).

2 SRA 2670, 20. 6. 1942, TNA, WO 208/4126.

3 SRA 3686, 20. 2. 1943, TNA, WO 208/4129.

군인 눈으로 전쟁 보기: 프레임 분석

4 프레임 개념을 채용하는 또 다른 자극은 프랑스 사회학자 Maurice Halbwachs에게서 얻었다. 부헨발트강제수용소에서 살해당한 그는 사회적 틀(cadres sociaux)이 기억을 각인하는 힘에 대해 지적했다.

5 얼마나 많은 사람이 정말로 이런 패닉에 빠졌는지는 확실치 않다. 《뉴욕타임스》는 1938년 10월 31일 "라디오 청취자들 패닉에 빠지다, 전쟁 드라마를 현실로 받아들여"라는 제하에 도시의 어느 구역 주민 전체가 도피하는 등의 다양한 개별적 사건들을 보도했으나 집단 패닉에 대해서는 보도하지 않았다. 하지만 이때 상당수의 사람들이 때때로 허구와 현실의 얇은 경계선을 넘은 것은 사실이다.

6 Gregory Bateson, *Ökologie des Geistes*(Frankfurt am Main, 1999).

7 Alfred Schütz, *Der sinnhafte Aufbau der sozialen Welt. Eine Einleitung in die verstehende Soziologie*(Frankfurt am Main, 1993).

8 Erving Goffman, *Rahmenanalyse*(Frankfurt am Main, 1980), p. 99.

9 폴란드 언론인 Kazimierz Sakowicz는 1941년 리투아니아 유대인 집단 학살에 대한 철저한 메모를 시작했다. Rachel Margolis and Jim Tobias(eds.), *Die geheimen Notizen des K. Sakowicz. Dokumente zur Judenvernichtung in Ponary 1941~1943*(Frankfurt am Main, 2005), p. 53.

10 Erving Goffman, *"Rollendistanz"*, Heinz Steinert(ed.), *Symbolische Interaktion*(Stuttgart, 1973), pp. 260~279.

11 Williamson Murray and Allan R. Millet, *A War to be Won. Fighting the Second World War*(Cambridge/London, 2001), p. 360.

12 그래서 소들은 한 해 중 대부분을 외양간에서 보내야 한다. 소들이 혼자서 풀을 뜯을 수 없는 이 시기에 대비해 짧은 여름 동안 충분한 건초를 마련하기 위해 애쓴다. 물론 이를 계산하는 일에는 변수가 너무 많다. 오랜 겨울을 지낸 소들이 너무 말라서 걸을 수도 없고 풀밭으로 갈 수도 없었다는 이야기도 전한다. Jared Diamond, *Kollaps*(Frankfurt am Main, 2005).

13 Ibid; Harald Welzer, *Klimakriege. Wofür im 21. Jahrhundert getötet wird*(Frankfurt am Main, 2008).

14 Paul Steinberg, Michaela Christ, *Die Dynamik des Tötens*(Frankfurt am Main, 2011)에서 재인용. (근 간)

15 Norbert Elias, *Was ist Soziologie?*(München, 2004).

16 다음에서 재인용. Rolf Schörken, *Luftwaffenhelfer und Drittes Reich. Die Entstehung eines politischen Bewusstseins*(Stuttgart, 1985), p. 144.

17 Raul Hilberg, *Täter, Opfer, Zuschauer. Die Vernichtung der Juden 1933~1945*(Frankfurt am Main, 1992), p. 138.

18 Martin Heinzelmann, *Göttingen im Luftkrieg*(Göttingen, 2003).

19 Anonyma, *Eine Frau in Berlin. Tagebuchaufzeichnungen vom 20. April bis 22. Juni 1945*(Frankfurt am Main, 2003).

20 Norbert Elias, *Studien über die Deutschen*(Frankfurt am Main, 1989).

21 Michel Foucault, *Überwachen und Strafen*(Frankfurt am Main 1994).

22 Erving Goffman, *Asyle. Über die Situation psychiatrischer Patienten und anderer Insassen*(Frankfurt am Main, 1973).

23 Rolf Schörken은 16세 시절 대공포대 보조원이던 경험을 전한다. "잘 짜인 학교 운영 체계 내에서 이 연령의 학급들에서는 보통의 경우 좋은 머리와 운동 신경과 협동심이 잘 어우러진 학생이 영향력을 행사한다. …… 하지만 여기에서는 반대 유형의 학생들이 칼자루를 쥐었다. 그들은 다른 학생들보다 신체적으로 조숙하고 한마디로 더 강한 아이들이다. 학교에서 필요한 유형의 지능은, 하물며 '교양' 따위는 이제 전혀 가치가 없었다. 그런 걸 갖춘 아이는 무자비한 경멸과 조롱을 받았다. 진지한 책을 읽거나 진지한 음악을 듣는 사람은 정말 외로워졌다. …… 이러한 새로운 여론 형성 과정으로부터 순응 압력, 아니 순응 강제가 나타났으며, 이는 어떠한 관리 수단으로도 막을 수 없었다. 우리가 국방군에 속한다는 사실은 여기에 모순되지 않았다. 아니, 사실 이러한 결속이야말로 전투에서 미친 듯 날뛸 수 있게 만드는 것이었다." Schörken, *Luftwaffenhelfer und Drittes Reich*.

24 Robert Musil, *Die Verwirrungen des Zöglings Törleß*(Reinbek, 2006). Georges-Arthur Goldschmidt, *Die Befreiung*(Zürich, 2007).

25 Harald Welzer, "Jeder die Gestapo des anderen. Über totale Gruppen", Museum Folkwang(ed.), *Stadt der Sklaven/Slave City*(Essen, 2008), pp. 177~190.

26 Room Conversation Schlottig-Wertenbruch, 10. 8. 1944; NARA, RG 165, Entry 179, Box 540.

27 Jean-Claude Pressac, *Die Krematorien von Auschwitz. Die Technik des Massenmordes*(München, 1994).

28 Klaus-Michael Mallmann, Volker Rieß and Wolfram Pyta(eds.), *Deutscher Osten 1939~1945. Der Weltanschauungskrieg in Photos und Texten*(Darmstadt, 2003), p. 120.

29 Hilberg, *Die Vernichtung der europäischen Juden*(Frankfurt am Main, 1990), p. 1080.

30 Hans Joachim Schröder, "Ich hänge hier, weil ich getürmt bin.", Wolfram Wette (ed.), *Der Krieg des kleinen Mannes. Eine Militärgschichte von unten*(München, 1985), pp. 279~294, 특히 p. 279 참조.

31 Christopher R. Browning, *Ganz normale Männer. Das Reserve-Polizeibataillon 101 und die 'Endlösung' in Polen*(Reinbek, 1996) p. 221.

32 Karl E. Weick und Kathleen M. Sutcliffe, *Das Unerwartete managen. Wie Unternehmen aus Extremsituationen lernen*(Stuttgart, 2003).

33 Joanna Bourke, *An Intimate History of Killing*(London, 1999), p. 26.

34 Haus der Wannsee-Konferenz(ed.): *Die Wannsee-Konferenz und der Völkermord an den europäischen Juden*(Berlin, 2006), p. 65.

35 Gerhard Paul, *Bilder des Krieges, Krieg der Bilder. Die Visualisierung des modernen Krieges*(Paderborn etc., 2004), p. 236.

36 Alf Lüdtke, "Gewalt und Alltag im 20. Jahrhundert", Wolfgang Bergsdorf, etc.(eds.), *Gewalt und Terror*(Weimar, 2003), pp. 35~52, 특히 p. 47 참조.

37 SRM 564, 17. 6. 1944, TNA, WO 208/4138.

38 Wolfram Wette(ed.), *Stille Helden-Judenretter im Dreiländereck während des Zweiten Weltkriegs*(Freiburg/Basel/Wien, 2005), pp. 215~232.

39 Harald Welzer, *Täter. Wie aus ganz normalen Menschen Massenmörder werden*(Frankfurt am Main, 2005), p.183.

40 Mallmann, op. cit., p. 28.

41 Browning, op. cit; Daniel Jonah Goldhagen, *Hitlers willige Vollstrecker. Ganz gewöhnliche Deutsche und der Holocaust*(München, 1996).

42 Ibid., p. 288.

43 GRGG 217, 29.-30. 10. 1944, TNA, WO 208/4364.

44 이 실험 결과는 무수히 인용되었다. 아주 평범한 피험자의 60퍼센트 이상이 다른 (허구의) 피험자에게 치명적 전기 충격을 주었던 것이다. 이 실험은 10개국 이상에서 재현되었고 그 결과들은 늘 비슷했다. 물론 이 실험 구조를 변화시키면 이 복종 수치가 계속 줄어든다는 점은 이제까지 그리 강조되지 않았다. 이를 통해 분명해지는 것은 사회적 가까움이 복종 의지에 큰 영향을 미친다는 점이다. '학생'과의 접촉 방식을 변화시키면, 그러니까 '학생'이 이제 '선

생'과 같은 방에 있게 한다면, 혹은 '학생'이 틀린 대답을 할 때 '선생'이 전류가 흐르는 판으로 '학생' 손을 직접 누르도록 '선생'의 처벌 방식을 변화시키면, 이러한 복종 의지는 훨씬 (40퍼센트에서 30퍼센트까지) 줄어들었다. '사회적 가까움'이라는 이 변수의 의미는 '선생'과 '학생'이 실험에 같이 참가한 친구이거나 지인이거나 친지라면 더욱 분명해진다.("친구 데려오기 조건(Bring-a-friend-condition)") 이 경우 복종 의지는 15퍼센트로 떨어진다. 나아가 이와 관련된 다른 실험들에서 '불복종자들'은 훨씬 일찍 이 실험 참여를 중단했다.

45 Sebastian Haffner, *Geschichte eines Deutschen. Erinnerungen 1914 bis 1933*(München, 2002), p. 279.

46 Thomas Kühne, *Kameradschaft: Die Soldaten des nationalsozialistischen Krieges und das 20. Jahrhundert*(Göttingen, 2006), p. 109.

47 Edward A. Shils and Morris Janowitz, "Cohesion and Disintegration in the Wehrmacht in World War II", *Public Opinion Quarterly* vol. 12, no. 2(Summer, 1948).

48 Willy Peter Reese, *Mir selber seltsam fremd. Die Unmenschlichkeit des Krieges. Russland 1941~1944*(München, 2003), p. 150.

49 Morton Hunt, *Das Rätsel der Nächstenliebe*(Frankfurt/New York, 1988), p. 77.

50 Ibid., p. 158.

51 Ibid., p. 77에서 재인용.

군인의 세계

52 SRN 929, 28. 3. 1942, TNA, WO 208/4143.

53 Richard J. Evans, *Das Dritte Reich*, 3 vols.(München, 2004, 2007, 2009). Norbert Frei, *1945 und wir. Das Dritte Reich im Bewußtsein der Deutschen*(München, 2005). Wolfgang Benz, Hermann Graml and Hermann Weiß, Enzyklopädie des Nationalsozialismus(München, 1998). Hans Dieter Schäfer, *Das gespaltene Bewusstsein. Vom Dritten Reich bis zu den langen Fünfziger Jahren*(Göttingen, 2009).

54 Robert N. Proctor, *Racial Hygiene: Medicine under the Nazis*(Cambridge, 1990).

55 Haffner, *Geschichte*, p. 105.

56 Ibid., p. 109.

57 Harald Welzer, Sabine Moller and Karoline Tschuggnall, "*Opa war kein Nazi*". Nationalsozialismus und Holocaust im Familiengedächtnis(Frankfurt am Main, 2002), p. 75.

58 Schäfer, op. cit.

59 Haffner, op. cit., p. 134ff.

60 다시 제바스티안 하프너를 인용해 보자. "물론 실망스럽고 기이한 일은 새로운 살인 의지를 처음 대담하게 공표한 일이 독일 전역에서 (처음의 경악을 넘어서) 어마어마한 담화와 토론

을 불러일으켰다는 것이다. 그것도 반유대주의자 문제가 아니라 '유대인 문제'에 대해서 말이다. 나치는 다른 많은 '문제'들에서도 성공적으로 이런 속임수를 썼다. 나치가 누군가(어느 나라, 어느 민족, 어느 집단)를 죽인다고 공공연하게 울러대면, 나치가 아니라 바로 그들의 생존권에 대해 갑자기 여기저기에서 토론을 한다. 다시 말해 문제로 삼는다. 너도나도 유대인에 대한 자기 의견을 형성하고 멋지게 표현해야 하고 그럴 권리가 있다고 느꼈다." Ibid., p. 139f.

61 Welzer, *Täter*, p. 161ff.

62 Peter Longerich, *Davon haben wir nichts gewusst! Die Deutschen und die Judenverfolgung 1933~1945*(München, 2006), p. 25f.

63 Saul Friedländer, *Das Dritte Reich und die Juden. Die Jahre der Verfolgung 1933~1945*(München, 1998), p. 24.

64 Michael Wildt, *Volksgemeinschaft als Selbstermächtigung. Gewalt gegen Juden in der deutschen Provinz 1919~1939*(Hamburg, 2007).

65 Peter Longerich, *Politik der Vernichtung. Eine Gesamtdarstellung der nationalsozialistischen Judenverfolgung*(München, 1998), p. 578.

66 Raphael Groß, *Anständig geblieben. Nationalsozialistische Moral*(Frankfurt am Main, 2010). Welzer, op. cit., p. 48ff.

67 Gerhard Werle, *Justiz-Strafrecht und deutsche Verbrechensbekämpfung im Dritten Reich*(Berlin/New York, 1989).

68 Proctor, op. cit.

69 Robert J. Lifton, *Ärzte im Dritten Reich*(Stuttgart, 1999), p. 36.

70 Friedländer, op. cit., p. 49ff.

71 Alex Bruns-Wüstefeld, *Lohnende Geschäfte. Die 'Entjudung' am Beispiel Göttingens*(Hannover, 1997), p. 69.

72 Friedländer, op. cit., p. 73.

73 지도 간부 평균 연령에 대한 당시 통계를 보면 당은 34세, 정부는 44세였다. 다음을 참고할 것. Götz Aly, *Hitlers Volksstaat. Raub, Rassenkrieg und nationaler Sozialismus*(Frankfurt am Main, 2005), p. 12ff.

74 Ibid., p. 11.

75 가령 다음을 참고할 것. Lutz Niethammer und Alexander von Plato, "*Wir kriegen jetzt andere Zeiten*"(Bonn, 1985). Harald Welzer, Robert Montau and Christine Plaß, "*Was wir für böse Menschen sind!*" *Der Nationalsozialismus im Gespräch zwischen den Generationen*(Tübingen, 1997). Welzer · Moller · Tschuggnall, op. cit. Eric Johnson and Karl-Heinz Reuband, *What we knew. Terror, Mass Murder and*

Everyday Life in Nazi Germany(London, 2005), p. 341. Marc Philipp, *Hitler ist tot, aber ich lebe noch. Zeitzeugenerinnerungen an den Nationalsozialismus*(Berlin, 2010).

76 이미 여러 차례 인용한 제바스티안 하프너의 글, 그리고 Victor Klemperer와 Willy Cohn의 일기와 Lilly Jahn의 편지를 참고할 것.

77 Johnson and Reuband, op. cit., p. 349.

78 Ibid., p. 357.

79 Ibid., p. 330ff.

80 다음에서 재인용. Karl-Heinz Reuband, "Das NS-Regime zwischen Akzeptanz und Ablehnung", *Geschichte und Gesellschaft 32*(2006), pp. 315~343.

81 다음을 참고할 것. ibid. 교육 수준이 높은 사람들은 자신의 과거에 대해 더 솔직하게 접근하기 때문이라는 반박이 가능하다. 그러나 이런 반박에 대해 다시 반박할 수 있다. 미국전략폭격조사(U. S. Strategic Bombing Survey)는 이미 1945년에 실시된, 독일 공습의 심리적 결과 평가를 위한 조사였는데, 여기에서도 같은 결과가 나온 것이다.

82 Johnson and Reuband, op. cit., p. 341.

83 Götz Aly(ed.), *Volkes Stimme. Skepsis und Führervertrauen im Nationalsozialismus*(Frankfurt am Main, 2006).

84 Schäfer, op. cit., p. 18.

85 Aly, *Volksstaat*, p. 353ff.

86 Schäfer, op. cit., p. 18.

87 Ibid., p. 12.

88 Wolfram Wette etc., *Das Deutsche Reich und der Zweite Weltkrieg*, vol. 1(Stuttgart, 1991), p. 123ff.

89 18세기 중반부터 1차 세계대전 발발 시까지 주전론(主戰論) 담론에 대한 국제적 비교는 다음을 참고할 것. Jörn Leonhard, *Bellizismus und Nation: Kriegsdeutung und Nationsbestimmung in Europa und den Vereinigten Staaten 1750~1914*(München, 2008).

90 Elias, op. cit., p. 153.

91 Ibid., p. 130.

92 최근 나온 다음 연구를 참고할 것. Stig Förster, "Ein militarisiertes Land? Zur gesellschaftlichen Stellung des Militärs im Deutschen Kaiserreich", Bernd Heidenreich and Sönke Neitzel(eds.), *Das Deutsche Kaiserreich 1890~1914*(Paderborn, 2011), (근간) 및 Niklaus Meier, *Warum Krieg?-Die Sinndeutung des Krieges in der deutschen Militärelite 1871~1945*(취리히 대학교 박사 학위 논문, 2009).

93 루덴도르프는 1차 세계대전 후에도 자기 견해를 전파했고 결국 1935년 『총력전(*Der Totale Krieg*)』이라는 베스트셀러를 내놓았다. 루덴도르프에 대해서는 다음을 참고할 것. Manfred Nebelin, *Ludendorff: Diktator im Ersten Weltkrieg*(Berlin, 2011).

94 이에 대한 간명한 서술은 다음을 참고할 것. Brian K. Feltman, "Death Before Dishonor: The Heldentod Ideal and the Dishonor of Surrender on the Western Front, 1914~1918"(베른 대학교 강의 원고, 2010). 다음도 참고할 것. Isabel V. Hull, Absolute Destruction: Military Culture and the Practices of War in Imperial Germany(Ithaca, 2005). Alan Kramer, Dynamic of Destruction: Culture and Mass Killing in the First World War(Oxford, 2007). Alexander Watson, Enduring the Great War: Combat, Morale and Collapse in the German and the British Armies, 1914~1918(New York, 2008).

95 Ibid., p. 3. 마지막 총알까지 싸운다는 토포스는 19세기 내내 효과적이었다. Alphonse de Neuville의 1873년 그림 「Les dernières cartouches」은 스당 근교 Bazeilles 지역의 Bourgerie 성 방어를 영웅화했는데 프랑스에서 대성공을 거두었다.

96 Rüdiger Bergien, Die bellizistische Republik. Wehrkonsens und 'Wehrhaftmachung' in Deutschland 1918~1933(München, 2010). 국제적 맥락을 알기 위해서는 다음을 참고할 것. Stig Förster(ed.), An der Schwelle zum Totalen Krieg. Die militärische Debatte um den Krieg der Zukunft, 1919~1939(Paderborn, 2002).

97 Hans-Ulrich Wehler, Deutsche Gesellschaftsgeschichte, vol. 4(München, 2003), p. 423f.

98 Jürgen Förster, "Geistige Kriegführung in Deutschland 1919 bis 1945", Militärgeschichtliches Forschungsamt(ed.), Das Deutsche Reich und der Zweite Weltkrieg, vol. 9/1(München, 2004), p. 472.

99 Wette etc., op. cit., vol. 1, p. 40. 다음도 참고할 것. Matthias Sprenger, Landsknechte auf dem Weg in Dritten Reich. Zu Genese und Wandel des Freikorpsmythos(Paderborn, 2008).

100 Ibid., p. 79.

101 Ibid., p. 93.

102 다음을 참고할 것. ibid., p. 95.

103 Sabine Behrenbeck, "Zwischen Trauer und Heroisierung. Vom Umgang mit Kriegstod und Niederlage nach 1918", Jörg Duppler und Gerhard P. Groß(eds.), Kriegsende 1918. Ereignis, Wirkung, Nachwirkung(München, 1999), p. 336f.

104 Förster, op. cit., vol. 9/1, p. 474. 그는 여기에서 파생된 인민 전쟁(Volkskrieg) 이념을 주창했으나 제국방위군 내에서는 소외되었다. Gil-il Vardi, "Joachim von Stülpnagel's Military Thought and Planning", War in History, 17(2010), pp. 193~216.

105 Johannes Hürter, Wilhelm Groener. Reichswehrminister am Ende der Weimarer Republik(München, 1993), pp. 139~149, 282~306, 309~328.

106 Karl Demeter, Das Deutsche Offizierskorps 1650~1945(Frankfurt am Main, 1965), p. 328.

107 다음도 참고할 것. Christian Kehrt, Moderne Kriege. Die Technikerfahrungen deutscher Militärpiloten 1910~1945(Paderborn, 2010), p. 228.

108 Hans Meier-Welcker(ed.), Offiziere im Bild von Dokumenten aus drei Jahrhunderten(Stuttgart, 1964),

Dokument 107, p. 275.

109 Förster, op. cit., vol. 9/1, p. 555.

110 다음에서 재인용. ibid., p. 551.

111 Sönke Neitzel, *Abgehört. Deutsche Generäle in britischer Kriegsgefangenschaft 1942~1945*(Berlin, 2005), (2009년 4판에 의거해 인용함) p. 452.

112 Ibid., p. 456.

113 Ibid., p. 435.

114 Ibid., p. 449.

115 Ibid., p. 472.

116 Ibid., p. 478.

117 Ibid., p. 449.

118 Ibid., p. 440.

119 Ibid., p. 433.

120 Ibid., p. 453.

121 가령 Walter Steuber 대령이 그렇다. BA/MA, Pers 6/6670.

122 Ulrich von Heydebrand und der Lasa 대령. BA/MA, Pers 6/9017.

123 Neitzel, op. cit., p. 457.

124 BA/MA, Pers 6/770. Freiherr von Adrian-Werburg도 비슷한 평가를 받았다. 2. 9. 1943, BA/MA, Pers 6/10239.

125 Neitzel, op. cit., p. 442.

126 Ibid., p. 466.

127 Ibid., p. 468.

128 BA/MA, Pers 6/6410.

129 Neitzel, op. cit., p. 462.

130 다음에서 재인용. Förster, op. cit., vol. 9/1, p. 554. 되니츠에 대해서는 다음을 참고할 것. Dieter Hartwig, *Großadmiral Karl Dönitz. Legende und Wirklichkeit*(Paderborn, 2010).

131 Tätigkeitsbericht Schmundt, 24./25. 6. 43, p. 75.

132 예컨대 프라이헤어 폰 브로이히(Friedrich Freiherr von Broich)나 발터 브룬스(Walter Bruns)가 그렇다. Neitzel, op. cit., p. 432, 434.

133 Ibid., p. 449, 445.

134 Förster, op. cit., vol. 9/1, p. 580.

135 Heribert van Haupt, "Der Heldenkampf der deutschen Infanterie vor Moskau", *Deutsche Allgemeine Zeitung*, 1942년 1월 16일 베를린 지역판 28호 (석간판) v. 16, p. 2.

136 Rudolf Stephan, "Das politische Gesicht des Soldaten", *Deutsche Allgemeine Zeitung*, 1942년 11월 26일 베를린 지역판 566호 (석간판) v. 26, p. 2.

137 Hubert Hohlweck, "Soldat und Politik", *Deutsche Allgemeine Zeitung*, 1943년 11월 13일 베를린 지역판 543호 v. 13, p. 1f.

138 Erich Murawski, *Der deutsche Wehrmachtbericht*(Boppard, 1962), 예를 들면 21. 7. 44, p. 202; 3. 8. 44, p. 219; 4. 8. 44, p. 222; 19. 8. 44, p. 241, 2. 11. 44, p. 349; 3. 11. 44, p. 351. "희생적 저항"에 대해서는 다음을 참고할 것. 3. 11. 44, p. 350. 무장친위대의 "열성적 투지"에 대해서는 다음을 참고할 것. 27. 2. 45, p. 495; 30. 3. 45, p. 544.

139 가령 다음을 참고할 것. [1944년 1월 28일 히틀러 지시 52호], Walter Hubatsch(ed.), *Hitlers Weisungen für die Kriegsführung 1939~1945. Dokumente des Oberkommandos der Wehrmacht*(Uttingen, 2000), p. 242.

140 Johannes Hürter, *Hitlers Heerführer. Die deutschen Oberbefehlshaber im Krieg gegen die Sowjetunion 1941/42*(München, 2006), p. 71.

141 대철십자훈장은 (1차 세계대전과는 달리) 2차 세계대전에서는 무공훈장으로 기능하지 않았다. 물론 서훈 규정에 따르면 히틀러가 이 훈장을 교전 결과에 결정적 영향을 끼친 행위들에 수여한다고 되어 있지만, 이 훈장은 헤르만 괴링(Hermann Göring) 제국원수에게만 수여되고 이를 통해 총통 후계자로서의 특별한 지위를 강조했다. 하인리히 힘러(Heinrich Himmler)가 1945년 바이히젤 집단군을 지휘했을 때 그에게 이 훈장을 주려는 계획도 있었다. 그러나 그는 이 임무를 제대로 수행하지 못하고 결국 훈장을 받지 못했다. 그래서 2차 세계대전에서 대철십자훈장은 군사적 기능을 하는 나치 지도자에 대한 훈장이었다.

142 "기사철십자훈장 서훈 지침", Gerhard von Seemen, *Die Ritterkreuzträger 1939~1945*, Friedberg, 출판 연도 정보 없음, p. 390f.

143 정확한 통계는 다음을 참고할 것. http://www.ritterkreuztraeger-1939-45.de/Sonstiges/Statistiken/S tatistiken-Startseite.htm.

144 2차 세계대전 중의 빅토리아십자훈장 수여 182건 중 83건(45퍼센트)가 사후 수여되었다.

145 여러 출처에서 저자들이 계산함.

146 Manfred Dörr, *Die Träger der Nahkampfspange in Gold. Heer. Luftwaffe. Waffen-SS*(Osnabrück, 1996), p. 18.

147 Christoph Rass, *'Menschenmaterial': Deutsche Soldaten an der Ostfront. Innenansichten einer Infanteriedivision 1939~1945*(Paderborn, 2003), p. 259f. 다음도 참고할 것. Christian Hartmann, *Wehrmacht im Ostkrieg. Front und militärisches Hinterland 1941/42*(München, 2009), pp. 189~201.

148 이에 대한 처벌 사례를 포함한 여러 사례는 다음을 참고할 것. Rass, op. cit., pp. 256~258.

149 Adrian Wettstein, *'Dieser unheimliche, grausame Krieg'. Die Wehrmacht im Stadtkampf, 1939~1942*, (베

른대학교 박사 학위 논문, 2010), p. 221f.

150 René Schilling, *'Kriegshelden'. Deutungsmuster heroischer Männlichkeit in Deutschland 1813~1945*(Paderborn etc., 2002), pp. 316~372.

151 Hartmann, op. cit., p. 198.

152 다음을 참고할 것. Ralph Winkle, *Der Dank des Vaterlandes. Eine Symbolgeschichte des Eisernen Kreuzes 1914 bis 1936*(Essen, 2007), p. 345f.

전투, 죽음과 죽어 감

153 SRA 177, 17. 7. 1940, TNA, WO 208/4118.

154 이것은 '재판관할권 법령(Gerichtsbarkeitserlass)'을 둘러싼 토론에서 특히 분명해진다. Felix Römer, "Im alten Deutschland wäre ein solcher Befehl nicht möglich gewesen." Rezeption, Adaption und Umsetzung des Kriegsgerichtsbarkeitserlasses im Ostheer 1941/42, *VfZG 56*(2008), pp. 53~99.

155 James Waller, *Becoming evil. How ordinary people commit genocide and mass killing*(Oxford, 2002).

156 SRA 75, 30. 4. 1940,TNA, WO 208/4117.

157 Ibid.

158 Ibid.

159 Ibid.

160 Ibid.

161 Hierzu Jochen Böhler, *Auftakt zum Vernichtungskrieg. Die Wehrmacht in Polen 1939*(Frankfurt am Main, 2006).

162 Jan Philipp Reemtsma, *Vertrauen und Gewalt. Versuch über eine besondere Konstellation der Moderne*(Hamburg, 2008).

163 Harald Welzer, *Verweilen beim Grauen*(Tübingen, 1998).

164 Mary Kaldor, *New and Old Wars: Organised Violence in a Global Era*(Cambridge, 2006). Herfried Münkler, *Über den Krieg. Stationen der Kriegsgeschichte im Spiegel ihrer theoretischen Reflexion*(Weilerswist, 2003).

165 이와 관련해서 판을 거듭하여 출판된 특히 유명한 책은 Johanna Haarer의 『독일 어머니와 첫째 아이(*Die deutsche Mutter und ihr erstes Kind*)』다. 이 책은 1934년 『독일 어머니와 첫째 아이』라는 제목으로 처음 출간되었고 종전 후 1949년부터 (제목에서 "독일"을 빼고) 다소 온건한 실용서 형태로 팔리고 읽혔다.

166 SRA 3616, 31. 1. 1943, TNA, WO 208/4129.

167 Böhler, op. cit., p. 181ff.

168 Ibid., p. 185

169 다음을 참고할 것. Kehrt, *Moderne Kriege*, pp. 403~407.

170 Donald E Polkinghorne, "Narrative Psychologie und Geschichtsbewußtsein. Beziehungen und Perspektiven", Straub, Jürgen(ed.), *Erzählung, Identität und historisches Bewußtsein. Die psychologische Konstruktion von Zeit und Geschichte. Erinnerung, Geschichte, Identität I*(Frankfurt am Main, 1998), pp. 12~45. 이와 관련해서는 다음의 탁월한 연구서도 참고할 것. Stefanie Schüler-Springorum, *Krieg und Fliegen. Die Legion Condor im Spanischen Bürgerkrieg*(Paderborn, 2010), pp. 159~170, 176~180.

171 Svenja Goltermann, *Die Gesellschaft der Überlebenden: Deutsche Kriegsheimkehrer und ihre Gewalterfahrungen im Zweiten Weltkrieg*(Stuttgart, 2009).

172 SRA 2642, 15. 6. 1942, TNA, WO 208/4126.

173 SRA 3536, 9. 1. 1943, TNA,WO 208/4129.

174 SRA 5538, 30. 7. 1944, TNA, WO 208/4134. 이 묘사는 1944년 7월 21일부터 8월 초까지의 베르코르 작전과 관련된 것이다. 다음을 참고할 것. Peter Lieb, *Konventioneller Krieg oder N.S-Weltanschauungskrieg? Kriegführung und Partisanenbekämpfung in Frankreich 1943/44*(München, 2007), pp. 339~350.

175 공습을 막기 위해 올린 방공 기구(氣球)다.

176 SRA 1473, 1. 4. 1941, TNA, WO 208/4123.

177 SRA 180, 18. 7. 1940, TNA, WO 208/4118. 이 이야기는 (잘못된) 보고에서 기인한다. 이 보고에서 어느 급강하 폭격기 조종사는 250킬로그램짜리 폭탄으로 영국 전함을 격침했다고 주장했다. 이처럼 자기 전과를 과장하는 일은 전쟁 시기에 전형적이었다. Sönke Neitzel, *Der Einsatz der deutschen Luftwaffe über dem Atlantik und der Nordsee, 1939~1945*(Bonn, 1995), p. 40.

178 SRA 620, 26. 9. 1940, TNA, WO 208/4119.

179 SRA 3849, 18. 3. 1943, TNA, WO 208/4129.

180 SRA 623, 26. 9. 1940, TNA, WO 208/4119.

181 SRA 2600, 8. 6. 1942, TNA, WO 208/4126.

182 Klaus A. Maier etc., *Das Deutsche Reich und der Zweite Weltkrieg*, vol. 2(Stuttgart, 1979), p. 408.

183 SRA 2600, 8. 6. 1942, TNA, WO 208/4126.

184 Paul, *Bilder des Krieges, Krieg der Bilder*, p. 238.

185 SRA 2636, 15. 6. 1942, TNA, WO 208/4126.

186 SRA 2636, 15. 6. 1942, TNA, WO 208/4126.

187 SRA 2678, 19. 6. 1942, TNA, WO 208/4126.

188 SRA 3774, 6. 3. 1943, TNA, WO 208/4129.

189 SRA 3983, 6. 5. 1944, TNA, WO 208/4130.

190 SRA 828, 26. 10. 1940, TNA, WO 208/4120.

191 SRA 3691, 22. 2. 1943, TNA, WO 208/4129.

192 그렇기는 하지만 탈출한 조종사가 낙하산에 매달려 있는 상태에서 '해치우는' 일은 모든 전선에서 있었다. 이는 독일 공습 말기에 특히 흔했는데, 미국 전투기는 최소 100명의 독일 조종사를 이런 식으로 죽였다. Klaus Schmider, "'The Last of the First': Veterans of the Jagdwaffe tell their story", *Journal of Military History 73*(2009), pp. 246~250. 다음도 참고할 것. SRA 450, 4. 9. 1940, TNA, WO 208/4119; SRA 5460, 16. 7. 1944, TNA, WO 208/4134.

193 SRX 1657, 17. 3. 1943, TNA, WO 208/4162.

194 Ernst Jünger, *Kriegstagebuch 1914~1918*, Helmuth Kiesel(ed.)(Stuttgart, 2010), p. 222.

195 SRA 4212, 17. 7. 1943, TNA, WO 208/4130.

196 Biskaya에서 독일 구축함 투입 작전 결과로 1943년 6월 1일 레슬리 하워드가 탄 비행기가 격추되었다. 그 배경에 대해서는 다음을 참고할 것. Neitzel, *Der Einsatz der deutschen Luftwaffe*, pp. 193~203.

197 SRX 2080, 7. 1. 1945, TNA, WO 208/4164.

198 잠수함 사령부.

199 SRX 179, 13. 3. 1941, TNA, WO 208/4158.

200 Room Conversation Kneipp-Kerle, 22. 10. 1944; NARA, RG 165, Entry 179, Box 498.

201 SRN 2023, 28. 7. 1943, TNA, WO 208/4146. 이 해군 상병이 말하는 격침 사건이 무엇인지 더 이상 확인이 불가능하다.

202 SRN 1758, 6. 5. 1943, TNA, WO 208/4145.

203 SRN 322, 15. 5. 1941, TNA, WO 208/4142.

204 SRX 120, 23. 7. 1940, TNA, WO 208/4158. 셰링거는 여기에서 1940년 7월 1일 OA175 호위 선단 공격에 대해 이야기한다. 그는 이 마지막 적진 항해에서 선박 네 척, 1만 6000톤을 격침했다.

205 Michael Salewski, *Die deutsche Seekriegsleitung*, vol. 2(München, 1975). Werner Rahn etc., *Das Deutsche Reich und der Zweite Weltkrieg*, vol. 6(Stuttgart, 1990).

206 SRN 626, 9. 8. 1941, TNA, WO 208/4143.

207 이 사람은 U-55 잠수함의 2등 당직사관 프리츠 후텔(Fritz Huttel) 해군 중위다.

208 SRX 34, 10. 2. 1940, TNA, WO 208/4158.

209 KTB SKL, Teil A, 6. 1. 1940, p. 37, BA-MA, RM 7/8.

210 SRX 34, 10. 2. 1940, TNA, WO 208/4158.

211 Stephen W. Roskill, *Royal Navy. Britische Seekriegsgeschichte 1939~1945*(Hamburg, 1961), p. 402f.

212 가령 다음을 참고할 것. Roger Chickering und Stig Förster, "Are We There Yet? World War II and the Theory of Total War", Roger Chickering, Stig Förster and Bernd Greiner(eds.), *A World at Total War. Global Conflict and the Politics of Destruction 1937~1945*(Cambridge, 2005), pp. 1~18.

213 이 주제에 대한 상세하면서도 국제적 비교를 담고 있는 다음 연구를 참고할 것. Stig Förster(ed.), *An der Schwelle zum Totalen Krieg. Die militärische Debatte über den Krieg der Zukunft, 1919~1939*(Paderborn, 2002).

214 이에 대해서는 다음도 참고할 것. Adam Roberts, Land Warfare, "From Hague to Nuremberg", Michael Howard, George J. Andresopoulos and Mark R. Shulman(eds.), *The Laws of War. Constraints on Warfare in the Western World*(New Haven/London, 1994), pp. 116~139.

215 다음에서 재인용. Bourke, *Intimate History*, p. 182, 저자들의 번역.

216 SRGG 560, 14. 11. 1943, TNA, WO 208/4167.

217 종전 직후에 미국의 전쟁 관련 국제법 전문가 두 사람도 인정한 부분이다. 그런데도 독일 점령군이 신중한 태도를 보였다면 이는 '법적 고려라기보다는 정치적이고 군사적인 고려'였을 것이다. 다음을 참고할 것. Lester Nurick und RogerW. Barrett, "Legality of Guerrilla Forces under the laws of war", *American Journal of International Law*, 40(1946), pp. 563~583. 이런 서술이 지니는 가치는, 미군 장교였기 때문에 1년 전 몰락한 제3제국에 굳이 공감을 유발시킬 이유가 전혀 없었던 두 법률가가 이 문제를 바로 그 시기에 고찰했다는 점에 있다. 이 사실을 알려 준 Klaus Schmider(Sandhurst)에게 감사드린다.

218 이 논의에 대해서는 다음을 참고할 것. Lieb, p. cit., pp. 253~257. 다음도 참고할 것. Jörn Axel Kämmerer, "Kriegsrepressalie oder Kriegsverbrechen? Zur rechtlichen Beurteilung der Massenexekutionen von Zivilisten durch die deutsche Besatzungsmacht im Zweiten Weltkrieg", *Archiv des Völkerrechts 37*(1999), pp. 283~317.

219 SRA 3444, 28. 12. 1942, TNA, WO 208/4128.

220 Harry Hoppe(1894. 2. 11~1969. 8. 23)는 제126보병사단 예하 제424보병연대장이었으며 실리셀부르크 함락의 공으로 1941년 9월 12일 기사철십자훈장을 받았다.

221 Room Conversation Kneipp-Kerle, 23. 10. 1944; NARA, RG 165, Entry 179, Box 498. 프란츠 크나이프는 1941년 친위대 경찰사단에 배치된 것으로 보인다. Eberhard Kerle는 무전병이었다. 그의 이력에 대해서는 확실한 자료가 없다.

222 Ibid.

223 SRA 818, 25. 10. 1940, TNA, WO 208/4120.

224 SRA 4758, 24. 12. 1943, TNA, WO 208/4132.

225 SRA 5643, 13. 10. 1944, TNA, WO 208/4135.

226 SRA 5643, 13. 10. 1944, TNA, WO 208/4135.

227 Welzer, *Täter*, p. 161.

228 Herbert Jäger, *Verbrechen unter totalitärer Herrschaft. Studien zur nationalsozialistischer Gewaltkriminalität*(Frankfurt am Main, 1982).

229 SRX 2056, 14. 11. 1944, TNA, WO 208/4164.

230 SRA 5628, 28. 9. 1944, TNA, WO 208/4135.

231 SRA 5454, 8. 7. 1944, TNA, WO 208/4134.

232 SRX 2072, 19. 12. 1944, TNA, WO 208/4164.

233 Carlo Gentile, *Wehrmacht, Waffen-SS und Polizei im Kampf gegen Partisanen und Zivilbevölkerung in Italien 1943~1945*(Paderborn, 2011).

234 Lieb, op. cit., p. 574.

235 SRA 5522, 25. 7. 1944, TNA, WO 208/4134.

236 SRA 5664, 30. 11. 1944, TNA, WO 208/4135.

237 가령 미라이 학살 가담으로 종신형을 받은 (그러나 얼마 후 취소된) Calley 소위는 아이나 젖먹이도 엄격하게 적으로 보아야 한다는 데 일말의 의심도 없었다. "노인, 여자, 아이, 아기는 모두 베트콩이거나 3년 후에는 베트콩이 될 것이다. 그리고 베트콩 여자들 배 속에는 벌써 아기 베트콩 천 명이 들어 있었다." 다음을 참고할 것. Bourke, op. cit., p. 175.

238 SRA 2957, 9. 8. 1942, TNA, WO 208/4127.

239 Jochen Oltmer(ed.), *Kriegsgefangene im Europa des Ersten Weltkrieges*(Paderborn, 2006), p. 11.

240 Georg Wurzer, "Die Erfahrung der Extreme. Kriegsgefangene in Rußland 1914~1918", Oltmer, *Kriegsgefangene im Europa des Ersten Weltkrieges*, p. 108.

241 Christian Streit, *Keine Kameraden. Die Wehrmacht und die sowjetischen Kriegsgefangenen 1941~1945*(Stuttgart, 1980). Alfred Streim, *Sowjetische Gefangene in Hitlers Vernichtungskrieg. Berichte und Dokumente*(Heidelberg, 1982). Rüdiger Overmans, "Die Kriegsgefangenenpolitik des Deutschen Reiches 1939 bis 1945", Militärgeschichtliches Forschungsamt(ed.), *Das Deutsche Reich und der Zweite Weltkrieg*, vol. 9/2(München, 2005), pp. 729~875. 여기에서는 다음을 참고할 것. pp. 804~824.

242 다음에서 재인용. Felix Römer, "Seid hart und unerbittlich ⋯⋯⋯" Gefangenenerschießung und Gewalteskalation im deutsch-sowjetischen Krieg 1941/42, Sönke Neitzel and Daniel Hohrath(eds.), *Kriegsgreuel. Die Entgrenzung der Gewalt in kriegerischen Konflikten vom Mittelalter bis ins 20. Jahrhundert*(Paderborn, 2008), p. 327.

243 Ibid., p. 319.

244 SRM 599, 25. 6. 1944, TNA,WO 208/4138. 다음도 참고할 것. SRA 2671, 19. 6. 1942, TNA, WO 208/4126; SRA 2957, 29. 8. 1942, TNA, WO 208/4127; SRX 1122, 22. 9. 1942, TNA, WO

208/4161.

245 Hartmann, *Wehrmacht im Ostkrieg*, pp. 542~549.

246 Johannes Hürter, *Ein deutscher General an der Ostfront. Die Briefe und Tagebücher des Gotthard Heinrici 1941/42*(Erfurt, 2001).

247 SRM 1023, 15. 11. 1944, TNA, WO 208/4139.

248 Dieter Pohl, *Die Herrschaft der Wehrmacht. Deutsche Militärbesatzung und einheimische Bevölkerung in der Sowjetunion 1941~1944*(München, 2008), p. 205. Hartmann, op. cit., pp. 523~526.

249 SRM 49, 24. 2. 1942, TNA, WO 208/4136.

250 수송 수단이 없어 러시아 포로 180명을 총살한 사건에 대해서는 다음을 참고할 것. SRA 2605, 10. 6. 1942, TNA, WO 208/4126.

251 SRX 2139, 28. 4. 1945, TNA, WO 208/4164. 발터 슈라이버(1924년 7월 15일 Großaming/ Steyr Land 출생)는 1942년 무장친위대에 입대해 아돌프 히틀러 근위대 소속으로 특히 1943년 봄 하리코프 지역에서 싸웠다. 이 대화의 이야기는 이 시기 사건일 것이다. 이 확고한 국가사회주의자는 1944년 7월 전투수영부대에 들어갔다. 1945년 3월 7일 레마겐 다리 작전에 투입되어 포로가 되었다. Michael Jung, *Sabotage unter Wasser. Die deutschen Kampfschwimmer im Zweiten Weltkrieg*(Hamburg etc., 2004), p. 74.

252 SRA 4273, 14. 8. 1943, TNA, WO 208/4130. 다음을 참고할 것. Room Conversation Müller - Reimbold, 22. 3. 1945; NARA, RG 165, Entry 179, Box 530.

253 SRA 2957, 9. 8. 1942, TNA, WO 208/4127. 다음을 참고할 것. SRA 5681, 21. 12. 1944, TNA, WO 208/4135.

254 SRA 5681; 21. 12. 1944, TNA, WO 208/4135; SRA 4742, 20. 12. 1943, TNA, WO 208/4132; SRA 2618, 11. 6. 1942, TNA, WO 208/4126.

255 Vyasma가 아니라 Wjasma나 Vjaz'ma일 수도 있다.

256 GRGG 169, 2. 8. -4. 8. 1944, TNA, WO 208/4363.

257 Christian Hartmann, "Massensterben oder Massenvernichtung? Sowjetische Kriegsgefangene im 'Unternehmen Barbarossa'. Aus dem Tagebuch eines deutschen Lagerkommandanten", *VfZG* 49(2001), pp. 97~158. "*Erschießen will ich nicht*". *Als Offizier und Christ ein Totalen Krieg. Das Kriegstagebuch des Dr. August Töpperwien*(Düsseldorf, 2006). Richard Germann, '*Österreichische' Soldaten in Ost- und Südeuropa 1941~1945. Deutsche Krieger-Nationalsozialistische Verbrecher- Österreichische Opfer?*(빈 대학교 미공개 박사 학위 논문, 2006), pp. 186~199.

258 SRA 2672, 19. 6. 1942, TNA, WO 208/4126.

259 Ibid.

260 SRM 735, 1. 8. 1944, TNA, WO 208/4138. 다음도 참고할 것. SRA 5681, 21. 12. 1944, TNA,

WO 208/4135.

261 SRA 4791, 6. 1. 1944, TNA, WO 208/4132.

262 Room Conversation Krug-Altvatter, 27. 8. 1944; NARA, RG 165, Entry 179, Box 442.

263 Interrogation Report, Gefreiter Hans Breuer, v. 18. 2. 1944; NARA, RG 165, Entry 179, Box 454.

264 가령 다음을 참고할 것. SRA 2672, 19. 6. 1942, TNA, WO 208/4126; SRA 5502, 21. 7. 1944, TNA, WO 208/4134; SRGG 274, 22. 7. 1943, TNA, WO 208/4165; SRGG 577, 21. 11. 1943, TNA, WO 208/4167; Room Conversation Lehnertz-Langfeld, 14. 8. 1944; NARA, RG 165, Entry 179, Box 507; Room Conversation Gartz-Sitzle, 27. 7. 1944; NARA, RG 165, Entry 179, Box,548.

265 SRGG 1203 (c), 6. 5. 1945, TNA, WO 208/4170.

266 SRA 3966, 26. 4. 1943, TNA, WO 208/4130.

267 SRA 3966, 26. 4. 1943, TNA, WO 208/4130.

268 1942년 7월 26일로 넘어가는 한밤중에 친위대는 Przemyśl의 유대인 주민들을 집에서 끌어내 모았다. 새벽 5시경 지역 사령관 Max Liedtke는 친위대 소위 Adolf Benthin과 전화하면서 적어도 국방군을 위해 일하는 유대인 남자들만은 이송에서 빼야 한다고 주장했다. 그러면서 총사령부에 이의를 제기하겠다고 위협했는데, 이미 그는 무선으로 이 사건에 대해 총사령부에 보고한 상태였다. 이 보고에 대한 총사령부 반응을 기다리지 않고 그의 부관 Albert Battel은 유대인 게토의 유일한 출입구를 봉쇄하고 기관총으로 위협하여 친위대가 게토에 들어오지 못하게 했다. Battel은 그런 행동을 한 이유로, 자신이 그 이전에 이미 Przemyśl에 비상사태를 선포했다고 말했다. 이는 법적 하자는 없었으나 실제로는 친위대에게 쓰라린 굴욕이자 도발이었다. 친위대는 총사령부에 게토 봉쇄 해제를 요구할 높은 계급의 책임자를 크라쿠프에서 데려왔다. 일촉즉발의 상황에서 친위대가 결국 뜻을 관철하리라 내다본 Battel은 이 봉쇄를 하는 동안 유대인 노동자 약 90명과 그 가족들을 사령부로 데려와 숙박시켰다. 그는 또 다른 240명을 게토에서 데리고 나와 사령부 지하실로 보냈다. Battel과 Liedtke는 상황을 제대로 예측했다. 봉쇄는 풀렸고 7월 27일 이른바 '소개 작전'은 다시 시작되었다.

269 Wolfram Wette, *Retter in Uniform. Handlungsspielräume im Vernichtungskrieg der Wehrmacht*(Frankfurt am Main, 2003).

270 1941년 7월, 8월, 11월 세 차례에 걸쳐 다우가프필스에서는 약 1400명의 유대인이 살해됐다. *Enzyklopädie des Holocaust*, Israel Gutman, Eberhard Jäckel, Peter Langenich and Julius H. Schoeps(eds.), vol. 1, p. 375.

271 SRGG 1086, 28. 12. 1944, TNA, WO 208/4169.

272 Frank Bajohr und Dieter Pohl, *Der Holocaust als offenes Geheimnis. Die Deutschen, die NS-Führung und*

die Alliierten(München, 2006). Peter Longerich, "*Davon haben wir nichts gewusst!*" *Die Deutschen und die Judenverfolgung 1933~1945*(München, 2006). Harald Welzer, "Die Deutschen und ihr Drittes Reich", *Aus Politik und Zeitgeschichte (APuZ)* 14 – 15/2007.

273 메스켐스, 지금의 다우가프필스의 교외.

274 SRGG 1086, 28. 12. 1944, TNA, WO 208/4169.

275 Ibid.

276 다음을 참고할 것. Welzer · Moller · Tschuggnall, *Opa*, p. 35ff. Angela Keppler, Tischgespräche(Frankfurt am Main, 1994), p. 173.

277 SRGG 1086, 28. 12. 1944, TNA, WO 208/4169.

278 Ibid.

279 Ibid.

280 Ibid.

281 Ibid.

282 Ibid.

283 특히 한스 펠베르트(Hans Felbert)의 제3제국에서의 이력은 유고들이나 도청 기록의 수많은 발언을 통해 쉽게 재구성할 수 있다. 그는 1940년 6월 3일 이미 연대장에서 해임되었다. 적에 맞서 자기 부대를 "강력하게" 지휘하지 않았다는 이유였다. 1942년 6월부터 브장송 야전 사령관이었는데, 거기에서 계속 보안대와 충돌했다. 그러나 사형 선고를 받은 빨치산 42명의 처형을 막을 수는 없었다. 펠베르트는 자기 부대와 퇴각하다가 프랑스 부대에게 항복했고 그래서 히틀러에게 궐석 재판을 통해 사형을 언도받았다. 가족도 연좌제에 의해 구금되었다. 영국 정보부는 그를 나치에 대한 단호한 반대자로 보았다. Neitzel, *Abgehört*, p. 443. 히틀러 암살 음모에 가담했던 브룬스는 1944년 7월 20일 부하 장병들과 함께 베를린 슈타트슐로스 성을 점령했고 뉘른베르크 재판에 증인으로 참석했다. Neitzel, op. cit., p. 434.

284 SRGG 1086, 28. 12. 1944, TNA, WO 208/4169.

285 SRGG 1086, 28. 12. 1944, TNA, WO 208/4169.

286 Krakau-Płaszów는 1942년 강제노동소로 지어졌고 1944년 강제수용소로 바뀌었다. 1944년 여름 Kittel이 이 도시에 있을 때는 여기에 2만 2000명에서 2만 4000명이 수감되었다. 이 수용소에서 약 8000명이 살해되었다. *Enzyklopädie des Holocaust: die Verfolgung und Ermordung der europäischen Juden*, Israel Gutman(ed.)(Berlin, 1993), vol. 2, p. 118f.

287 SRGG 1086, 28. 12. 1944, TNA, WO 208/4169.

288 GRGG 265, 27. 2. - 1. 3. 1945, TNA, WO 208/4177.

289 Frederic Bartlett, *Remembering. A study in experimental and social psychology*(Cambridge, 1997). Harald Welzer, *Das kommunikative Gedächtnis. Eine Theorie der Erinnerung*(München, 2002).

290 SRGG 1158 (C), 25. 4. 1945, TNA, WO 208/4169.

291 이런 일사불란한 방식은 검찰 수사의 가해자들 진술에서도 분명히 나타난다.(다음을 참고할 것. Welzer, *Täter*, p. 140.)

292 Jürgen Matthäus, "Operation Barbarossa and the Onset of the Holocaust", Christopher Browning, The Origines of the Final Solution: The Evolution of Nazi Jewish Policy, September 1939~March 1942(Lincoln/Jerusalem, 2004), pp. 244~309.

293 다음을 참고할 것. Welzer · Moller · Tschuggnall, op. cit., p. 57.

294 이 점을 알려 준 Peter Klein에게 감사드린다.

295 가령 다음을 참고할 것. Andrej Angrick, *Besatzungspolitik und Massenmord. Die Einsatzgruppe D in der südlichen Sowjetunion 1941~1943*(Hamburg, 2003). Andrej Angrick, Martina Voigt, Silke Ammerschubert and Peter Klein, "Da hätte man schon ein Tagebuch führen müssen." Das Polizeibataillon 322 und die Judenmorde im Bereich der Heeresgruppe Mitte während des Sommers und Herbstes 1941, Helge Grabitz, etc.(eds.), *Die Normalität des Verbrechens. Bilanz und Perspektiven der Forschung zu den nationalsozialistischen Gewaltverbrechen*(Berlin, 1994), pp. 325~385. Vincas Bartusevicius, Joachim Tauber and Wolfram Wette(eds.), *Holocaust in Litauen. Krieg, Judenmorde und Kollaboration*(Köln, 2003). Ruth Bettina Birn, *Die Höheren SS- und Polizeiführer. Himmlers Vertreter im Reich und in den besetzten Gebieten*(Düsseldorf, 1986). Peter Klein(ed.), *Die Einsatzgruppen in der besetzten Sowjetunion 1941/42. Tätigkeits-und Lageberichte des Chefs der Sicherheitspolizei und des SD*(Berlin, 1997). Helmut Krausnick and Hans-Heinrich Wilhelm, *Die Truppe des Weltanschauungskrieges. Die Einsatzgruppen der Sicherheitspolizei und des SD 1938~1942*(Stuttgart, 1981). Konrad Kwiet, "Auftakt zum Holocaust. Ein Polizeibataillon im Osteinsatz", Wolfgang Benz, etc. (eds.), *Der Nationalsozialismus. Studien zur Ideologie und Herrschaft*(Frankfurt am Main, 1995), pp. 191~208. Ralf Ogorreck, *Die Einsatzgruppen und die 'Genesisder Endlösung'*(Berlin, 1994).

296 SRA 2961, 12. 8. 1942, TNA, WO 208/4127.

297 SRA 4583, 21. 10. 1943, TNA, WO 208/4131.

298 SRN 2528, 19. 12. 1943, TNA, WO 208/4148.

299 SRM 30, 27. 1. 1942, TNA, WO 208/4136.

300 SRA 3379, 8. 12. 1942, TNA, WO 208/4128.

301 회스는 자전적 기록 말미에 이렇게 요약한다. "유대인 섬멸이 잘못임을, 근본적으로 잘못임을 이제는 나도 알게 되었다. 바로 이런 집단 학살 때문에 독일은 전 세계의 증오를 한 몸에 받게 되었다. 그러니까 반유대주의는 보탬이 된 것이 아니라 반대로, 정반대로, 유대인이 최종 목표에 훨씬 더 가까이 가게 한 것이다." Martin Broszat(ed.), *Rudolf Höß. Kommandant in Auschwitz. Autobiographische Aufzeichnungen des Rudolf Höß*(München, 1989), p. 153.

302 Hannah Arendt, *Eichmann in Jerusalem. Ein Bericht von der Banalität des Bösen*(Leipzig, 1986).

303 Browning, *Ganz normale Männer*, p. 243.

304 Lifton, *Ärzte*.

305 SRA 4604, 27. 10. 1943, TNA, WO 208/4131.

306 Arendt, op. cit., p. 104.

307 SRA 4604, 27. 10. 1943, TNA, WO 208/4130.

308 다음도 참고할 것. Welzer, *Täter*, p. 266. Internationaler Militärgerichtshof, *Der Prozess gegen die Hauptkriegsverbrecher*(Nürnberg, 1948), vol. 29, p. 145.

309 오데사에서는 대부분 루마니아 병사였던 약 9만 9000명의 유대인이 살해되었다. *Enzyklopädie des Holocaust*, vol. 2, p. 1058f.

310 빈 지역의 "제국 수정의 밤(Reichskristallnacht)"에 대해서는 다음을 참고할 것. Siegwald Ganglmair(ed.), *Der Novemberpogrom 1938. Die Reichskristallnacht in Wien*(Wien, 1988). Herbert Rosenkranz, *Reichskristallnacht. 9. November 1938 in Österreich*(Wien, 1968).

311 GRGG 281, 8. 4. - 9. 4. 1945, TNA, WO 208/4177.

312 SRA 5444, 8. 7. 1944, TNA, WO 208/4134.

313 Room Conversation Swoboda-Konrad, v. 2. 12. 1944, NARA, RG 165,Entry 179, Box 552.

314 SRA 4820, 13. 1. 1944, TNA, WO 208/4132.

315 리보프에는 Janowska 수용소가 있었는데, 거기에는 가스실이 없었다. 여러 출처에 따르면, 여기에서는 수만 명에서 20만 명 사이의 사람들이 살해되었다. *Enzyklopädie des Holocaust*, vol. 2, p. 657ff. 거기에서 제일 가까운 가스실은 Belzec 수용소에 있었는데, 리보프에서 북쪽으로 약 70킬로미터 떨어져 있었다. 1942년 3월 중순부터 12월 사이에 6만 명가량의 유대인, '집시', 폴란드인이 살해되었다. 갈리시아에서의 유대인 학살에 대해서는 다음을 참고할 것. Thomas Sandkühler, *'Endlösung' in Galizien*(Bonn, 1996).

316 람케가 홀로코스트에 대해 어느 정도 알고 있었는지는 이제는 더 이상 확실하게 알 수 없다. 그가 우크라이나의 동부 전선에 1944년 2~3월간 4주 정도만 있었기 때문에 제한적으로만 알고 있었던 것으로 추정할 수 있다.

317 GRGG 272, 13. 3. - 16. 3. 1945, TNA, WO 208/4177.

318 Welzer, op. cit., p. 158ff.

319 1939년 9월 15일 독일군이 점령한 쿠트노에서 유대인 주민들은 1940년 6월 게토에 갇혀 비참한 상황에서 살아야 했다. 1942년 3월과 4월 게토를 없애고 사람들을 Kulmhof 수용소에서 학살했다. 쿠트노에서의 유대인 집단 총살은 지금까지 알려진 바 없다.

320 GRGG 272, 13. 3. - 16. 3. 1945, TNA, WO 208/4177.

321 Ibid.

322 한나 아렌트는 『예루살렘의 아이히만(Eichmann in Jerusalem)』에서 아이히만이 자신이 저지른 일을 이해할 능력이 전혀 없다고 말했다. 어쩌면 그녀는 아이히만이 일부러 보여 준 나태하고 냉정한 태도 때문에 잘못된 평가를 내린 것인지도 모른다. 그보다는 제국중앙보안국에서 일하면서 끔찍한 행위를 저지를 때 아이히만이 따랐던 규범적 기준이 다른 장소와 다른 시대의 규범적 기준과는 달랐다고 보는 편이 맞을 것이다. 그것은 국가사회주의 도덕의 기준이었다. 전직 해군 법무관 Karl Filbinger는 사형 선고를 내리는 데 자신이 가담한 것이 발견되자, 이런 기준의 차이들을 은근히 암시했다. 그는 이렇게 돌려 말한다. "당시 옳았던 것이 오늘날 그를 수는 없다."

323 SRM 33, 31. 1. 1942, TNA, WO 208/4136.

324 SRA 3313, 30. 10. 1942, TNA, WO 208/4128.

325 타움베르거는 여기에서 아마 Oberösterreich의 구젠수용소에 대해 이야기하는 것일 텐데, 여기에는 제트전투기 메서슈미트 지하 생산 시설이 있었다.

326 SRA 5618, 24. 9. 1944, TNA, WO 208/4134.

327 Welzer · Moller · Tschuggnall, op. cit., p. 158.

328 Room Conversation Müller-Reimbold, 22. 3. 1945; NARA, RG 165, Entry 179, Box 530.

329 William Ryan, *Blaming the Victim*(London, 1972).

330 Broszat(ed.), op. cit., p. 130.

331 Goldhagen, *Vollstrecker*, p. 462ff. Browning, op. cit., p. 154.

332 다음도 참고할 것. Welzer · Moller · Tschuggnall, op. cit., p. 57.

333 다음에서 재인용. Browning, op. cit., p. 34

334 Welzer, *Täter*, p. 132ff.

335 Hilberg, *Die Vernichtung*, p. 338ff.

336 Ibid., p. 339.

337 SRN 852, 11. 3. 1942, TNA, WO 208/4143. Heinz-Ludger Borgert, "Kriegsverbrechen der Kriegsmarine", Wolfram Wette, Gerd R. Ueberschär(eds.), *Kriegsverbrechen im 20. Jahrhundert*(Darmstadt, 2001), pp. 310~312. *Enzyklopädie des Holocaust*, vol. 2, p. 859f.

338 SRA 4759, 25. 12. 1943, TNA, WO 208/4132.

339 SRM 1163, 5. 1. 1945, TNA, WO 208/4140.

340 SRA 3948, 16. 4. 1943, TNA, WO 208/4130.

341 SRN 720, 25. 12. 1941, TNA, WO 208/4143.

342 SRCMF X 16, 29.05 - 02. 06. 1944, TNA, WO 208/5513, Gespräch zwischen M 44/368 und M 44/374, 다음에서 재인용. Anette Neder, "Kriegsschauplatz Mittelmeerraum. Wahrnehmungen und Deutungen deutscher Soldaten im Mittelmeerraum."(마인츠 대학교 석사 학위 논문, 2010),

p. 70.

343 SRA 554, 18. 9. 1940, TNA, WO 208/4119.

344 SRA 5264, 14. 5. 1944, TNA, WO 208/4133.

345 SRA 2947, 10. 8. 1942, TNA, WO 208/4127.

346 Room Conversation Quick-Korte, 23. 7. 1944; NARA, RG 165, Entry 179, Box 529.

347 GRGG 169, 2. - 4. 8. 1944, TNA, WO 208/4363.

348 Room Conversation Schulz-Voigt, 16. 6. 1944; NARA, RG 165, Entry 179, Box 557.

349 SRA 554, 18. 9. 1940, TNA, WO 208/4119. 이는 프랑스 침공 당시 독일 보병사단들이 품고 있던 프랑스 의용군에 대한 커다란 공포와 관련이 있을 것이다. Lieb, *Konventioneller Krieg*, pp. 15~19.

350 SRA 3966, 26. 4. 1943, TNA, WO 208/4130.

351 제1공수사단.

352 SRM 410, 16. 12. 1943, TNA, WO 208/4137.

353 Ibid.

354 SRM 892, 15. 9. 1944, TNA, WO 208/4139.

355 Z.B. SRM 975, 20. 10. 1944, TNA, WO 208/4139.

356 가령 빌헬름 토마(Wilhelm Thoma) 장군이 그렇게 말한다.

357 SRA 5852, 3. 5. 1945, TNA, WO 208/4135.

358 Room Conversation Goessele-Langer, 27. 12. 1944; NARA, RG 165, Entry 179, Box 474.

359 Room Conversation Drosdowski-Richter, 11. 1. 1945; NARA, RG 165, Entry 179, Box 462.

360 SRM 659, 18. 7. 1944, TNA, WO 208/4138.

361 Room Conversation Müller-Reimbold, 22. 3. 1945; NARA, RG 165, Entry 179, Box 530.

362 Room Conversation Hanelt-Breitlich, 3. 4. 1945; NARA, RG 165, Entry 179, Box 447.

363 GRGG 232, 8. - 11. 12. 1944, TNA, WO 208/4364. 안락사에 대해, 그리고 독일 제국과 바이마르공화국의 우생학에 나타나는 안락사의 전사(前史)에 대해서는 다음을 참고할 것. Ernst Klee, '*Euthanasie' im NS-Staat. Die Vernichtung lebensunwerten Lebens*(Frankfurt am Main, 1985).

364 SRGG 782, 21. 1. 1944, TNA, WO 208/4167.

365 SRGG 495, 21. 10. 1943, TNA, WO 208/4166.

366 여기에 대한 상세한 설명은 다음을 참고할 것. Felix Römer, *Kommissarbefehl. Wehrmacht und NS Verbrechen an der Ostfront 1941/42*(Paderborn, 2008).

367 GRGG 271, 10. 3. - 12. 3. 1945, TNA, WO 208/4177.

368 SRGG 679, 20. 12. 1943, TNA, WO 208/4167.

369 SRM 877, 7. 9. 1944, TNA, WO 208/4139.

370 SRM 633, 11. 7. 1944, TNA, WO 208/4138.

371 Welzer, op. cit., p. 218f., Raphael Groß, *Anständig geblieben. Nationalsozialistische Moral*(Frankfurt am Main, 2010).

372 Broszat(ed.), *Rudolf Höß*, p. 156.

373 SRA 3249, 9. 10. 1942, TNA, WO 208/4128.

374 SRA 4880, 27. 1. 1944, TNA, WO 208/4132.

375 SRA 5702, 6. 1. 1945, TNA, WO 208/4135.

376 Charlotte Beradt, *Das Dritte Reich des Traumes. Mit einem Nachwort von Reinhart Koselleck*(Frankfurt am Main, 1981).

377 Helmut Karl Ulshöfer(ed.), *Liebesbriefe an Adolf Hitler: Briefe in den Tod: Unveröffentlichte Dokumente aus der Reichskanzlei*(Frankfurt am Main, 1994).

378 로트키르히는 이 사건을 다음에서도 서술한다. SRGG 1133 (C), 9. 3. 1945, TNA, WO 208/4169.

379 GRGG 272, 13. 3. ‑ 16. 3. 1945, TNA, WO 208/4177.

380 Room Conversation Meyer-Killmann, 17. 8. 1944; NARA, RG 165, Entry 179, Box 516.

381 SRA 3468, 30. 12. 1942, TNA, WO 208/4128.

382 Ibid.

383 SRA 4174, 14. 7. 1943, TNA, WO 208/4130.

384 SRA 4232, 20. 7. 1943, TNA, WO 208/4130. 제2중폭격기전대 예하 제3중대장 빌헬름 하흐펠트(Wilhelm Hachfeld) 대위는 1942년 12월 2일 이륙 시 사고로 사망했다.

385 SRA 591, 23. 9. 1940, TNA, WO 208/4119.

386 SRA 179, 17. 7. 1940, TNA, WO 208/4118.

387 SRA 4652, 4. 11. 1943, TNA, WO 208/4132.

388 SRA 3259, 13. 10. 1942, TNA, WO 208/4128.

389 SRA 687, 4. 10. 1940, TNA, WO 208/4120.

390 SRA 3035, 24. 8. 1942, TNA, WO 208/4127.

391 SRA 3891, 28. 3. 1943, TNA, WO 208/4129.

392 SRA 3915, 29. 3. 1943, TNA, WO 208/4130.

393 Ulf Balke, *Der Luftkrieg in Europa. Die operativen Einsätze des Kampfgeschwaders 2 im Zweiten Weltkrieg*, vol. 2(Bonn, 1990), p. 524.

394 SRA 5108, 27. 3. 1944, TNA, WO 208/4133. 다음도 참고할 것. Ernst Stilla, *Die Luftwaffe im Kampf um die Luftherrschaft*(본 대학교 박사 학위 논문, 2005), pp. 236~243.

395 SRA 4663, 5. 11. 1943, TNA, WO 208/4132.

396 Stilla, op. cit., pp. 232~236.

397 SRA 2570, 3. 6. 1942, TNA, WO 208/4126.

398 SRA 1503, 13. 4. 1941, TNA, WO 208/4123.

399 SRN 625, 9. 8. 1941, TNA, WO 208/4143.

400 SRA 4156, 10. 7. 1943, TNA, WO 208/4130.

401 SRA 1503, 13. 4. 1941, TNA, WO 208/4123.

402 Mallmann, *Deutscher Osten*, p. 155.

403 Regina Mühlhäuser, *Eroberungen, sexuelle Gewalttaten und intime Beziehungen deutscher Soldaten in der Sowjetunion 1941~1945*(Hamburg, 2010). 성폭력에 대해서는 다음도 참고할 것. Birgit Beck, *Wehrmacht und sexuelle Gewalt. Sexualverbrechen vor deutschen Militärgerichten*(Paderborn, 2004).

404 SRN 2528, 19. 12. 1943, TNA, WO 208/4148.

405 Angrick, *Besatzungspolitik und Massenmord.*, p. 450.

406 Bernd Greiner, *Krieg ohne Fronten. Die USA in Vietnam*(Hamburg, 2007).

407 Angrick, op. cit., p. 150.

408 Ibid., p. 448.

409 Willy Peter Reese, *Mir selber seltsam fremd: Die Unmenschlichkeit des Krieges. Russland 1941~1944*(München, 2003).

410 Angrick, op. cit., p. 449.

411 SRA 1345, 21. 2. 1941,TNA, WO 208/4123.

412 Mühlhäuser, op. cit., p. 186.

413 Ibid., p. 187.

414 Chef der Sicherheitspolizei und des SD, Kommandostab, Meldungen aus den besetzten Gebieten der UdSSR, 25. 2. 1942m USHMM, RG-31 002M, Rolle 11, 3676/4/105, Bl. 16f., 다음에서 재인용. Mühlhäuser, op. cit., p. 214.

415 SRA 753, 14. 10. 1940, TNA, WO 208/4120.

416 SRA 4819, 12. 1. 1944, TNA, WO 208/4132.

417 SRA 2871, 4. 8. 1942, TNA, WO 208/4127.

418 Room Conversation Sauermann-Thomas, 5. 8. 1944; NARA, RG 165, Entry 179, Box 554.

419 다음을 참고할 것. Michaela Christ, "Kriegsverbrechen", Welzer · Neitzel · Gudehus(eds.), *Der Führer.*

420 Room Conversation Kruk-Böhm, 12. 6. 1944; NARA, RG 165, Entry 179, Box 504.

421 SRA 2386, 12. 12. 1941, TNA, WO 208/4126.

422 SRA 4903, 30. 1. 1944, TNA, WO 208/4132.

423 SRX 1937, 2. 2. 1944, TNA, WO 208/4163.

424 SRN 809, 23. 2. 1942, TNA, WO 208/4143.

425 SRA 1227, 1. 2. 1941, TNA, WO 208/4122.

426 SRA 712, 8. 10. 1940, TNA, WO 208/4120.

427 1942.7.1.~1943.9.1 구축함 Narvik 징계 보고서. BA/MA, RM 58/39.

428 Room Conversation Müller-Reimbold, v. 22. 3. 1945; NARA, RG 165, Entry 179, Box 530.

429 Room Conversation Czosnowski-Schultka, 2. 4. 1945, NARA, Box 458, S. 438f.

430 Mallmann, op. cit. Mühlhäuser, op. cit.

431 벨라루스의 Babrujsk를 뜻하는 듯하다.

432 Room Conversation Held-Langfeld, v. 13. 8. 1944, NARA, RG 165, Entry 179, Box 506.

433 Room Conversation Kokoschka-Saemmer, 15. 6. 1944; NARA, RG 165, Entry 179, Box 500.

434 영국 공군의 폭격기.

435 Philipps O'Brien, "East versus West in the Defeat of Nazi Germany", *Journal of Strategic Studies* *23*(2000), pp. 89~113, p. 93.

436 다음의 철저한 연구서를 참고할 것. Kehrt, *Moderne Kriege*.

437 SRA 172, 15. 07. 1940, TNA, WO 208/4118.

438 SRA 4130, 1. 7. 1943, TNA, WO 208/4130.

439 SRA 3748, 26. 2. 1943, TNA, WO 208/4129.

440 SRA 4135, 3. 7. 1943, TNA, WO 208/4130.

441 여기에 대해서는 다음을 참고할 것. Lutz Budraß, *Flugzeugindustrie und Luftrüstung in Deutschland 1918~1945*(Düsseldorf, 1998).

442 SRA 510, 11. 9. 1940, TNA, WO 208/4119.

443 SRA 496, 10. 9. 1940, TNA, WO 208/4119.

444 SRA 4063, 5. 6. 1943, TNA, WO 208/4130.

445 SRA 5467 15. 7. 1944, TNA, WO 208/4134.

446 SRA 5710, 11. 1. 1945, TNA, WO 208/4135; Josef Priller, *Geschichte eines Jagdgeschwaders. Das J.G. 26 (Schlageter) 1937~1945*(Stuttgart, 1980), p. 265, 335.

447 메클레 하사는 융커스 Ju-88 야간 전투기를 타고 북해에 출동했을 때 방향을 잃었고 나침반 고장으로 영국 Woolbridge에 잘못 착륙했다. 그는 독일 야간 전투기의 최첨단 기술을 영국인들 집 안으로 고스란히 가져다 바친 셈이다. Gebhard Aders, *Geschichte der dhte dern Nachtjagd, 1917~1945*(Stuttgart, 1978), p. 250.

448 여기에서는 Me-210에 대해 이야기하는데, 이 비행기는 1940년 도입이 계획되어 있었지만, 기술적 문제들 때문에 계속 연기되었고 결국 포기되었다. Rüdiger Kosin, *Die Entwicklung der deutschen Jagdflugzeuge*(Bonn, 1990), pp. 135~138.

449 SRA 117, 12. 6. 1940, TNA, WO 208/4118.

450 SRA 3273, 16. 10. 1942, TNA, WO 208/4128.

451 SRA 3069, 30. 8. 1942, TNA, WO 208/4127.

452 SRA 4516, 11. 10. 1943, TNA, WO 208/4131. 이 이야기들은 He-219 야간 전투기에 대한 것이다.

453 SRA 3069, 30. 8. 1942, TNA, WO 208/4127.

454 SRA 3307, 26. 10. 1942, TNA, WO 208/4128.

455 SRA 3943,13. 4. 1943. TNA, WO 208/4130. 1941년 12월 어느 상병은 자신이 He-177을 보았으며 그것이 언젠가 미국으로 날아갈 비행기라고 말한다. SRA 2371, 6.121941, TNA/WO 208/4126. 다음도 참고할 것. SRA 5545 29. 7. 1944, TNA, WO 208/4134. 다음도 참고할 것. Room Conversation, Krumkühler-Wolff, 26. 8. 1944, NARA, Entry 179, Box 566. 여기에서는 삐라를 뿌리기 위한 베를린-뉴욕 비행에 대해 이야기한다. U-432 잠수함의 Josef Bröhl 소위도 이런 비행에 대해 이야기하는데, 이때 뉴욕에서 삐라를 뿌릴 비행기는 제트기라고 한다. SRN 1629, 11. 4. 1943, TNA, WO 208/4145.

456 다음을 참고할 것. Karl Kössler und Günther Ott, *Die großen Dessauer. Die Geschichte einer Flugzeugfamilie*(Planegg, 1993), pp. 103~105.

457 Peter Herde, *Der Japanflug. Planungen und Verwirklichung einer Flugverbindung zwischen den Achsenmächten und Japan 1942~1945*(Stuttgart, 2000).

458 SRA 3950, 17. 4. 1943, TNA, WO 208/4130.

459 SRA 2992, 12. 8. 1942, TNA, WO 208/4127.

460 SRA 3465, 30. 12. 1942, TNA, WO 208/4128에서는 로켓 전투기 Me-163의 원리를 언급한다.

461 SRA 4235, 20. 7. 1943, TNA, WO 208/4130. 로트 하사는 제10신속전투비행전대 예하 제11중대에서 비행했다. 여기에서 이야기하는 전대장은 제53전투기전대장 Günther von Maltzahn 중령이다.

462 SRA 4709, 15. 12. 1943, TNA, WO 208/4132.

463 SRA 4880, 27. 1. 1944, TNA, WO 208/4132.

464 SRA 5114, 29. 3. 1944, TNA, WO 208/4133.

465 SRA 5111, 29. 3. 1944, TNA, WO 208/4133.

466 SRA 5531 26. 7. 1944, TNA, WO 208/4134.

467 SRA 5456 15. 7. 1944, TNA, WO 208/4134.

468 SRA 5732, 15. 1. 1945, TNA, WO 208/4135.

469 J. Ethelli, Alfred Price, *Deutsche Düsenflugzeuge im Kampfeinsatz 1944/45*(Stuttgart, 1981).

470 Förster, *Das Deutsche Reich*, vol. 9/1, pp. 433~436. Grundlegend Heinz Dieter Hölsken,

Die V-Waffen. Entstehung, Propaganda, Kriegseinsatz(Stuttgart, 1984). Ralf Schabel, *Die Illusion der Wunderwaffen Die Rolle der Düsenflugzeuge und Flugabwehrraketen in der Rüstungspolitik des Dritten Reiches*(München, 1994).

471 SRN 1559, 25. 3. 1943, TNA, WO 208/4145.

472 Kurt Dittmar 중장을 뜻한다. 그는 1942년 4월부터 OKH 라디오에서 육군 방송을 맡았다.

473 SRN 1622, 11. 4. 1943, TNA, WO 208/4145.

474 SRN 1986, 25. 7. 1943, TNA, WO 208/4146.

475 SRX 1532, 24. 1. 1943, TNA, WO 208/4162.

476 SRM 263, 27. 10. 1943, TNA, WO 208/4137.

477 SRX 1617, 11. 3. 1943, TNA, WO 208/4162.

478 SRN 2989, 3. 3. 1944, TNA; WO 208/4149; SRN 3379, 20. 4. 1944, TNA, WO 208/4151.

479 SRM 601, 25. 6. 44, TNA, WO 208/4138; SRM 655, 18. 7. 1944, TNA, WO 208/4138.

480 SRM 263, 27. 10. 1943; SRM 291, 9. 11. 1943, TNA, WO 208/4137; SRN 2636, 4. 1. 1944, TNA, WO 208/4148; SRM 499, 21. 3. 1944, TNA, WO 208/4138; SRM 680, 26. 7. 1944, TNA, WO 208/4138; SRA 5199, 27. 4. 1944, TNA, WO 208/4133.

481 SRM 639, 8. 7. 1944; TNA, WO 208/4138.

482 SRM 491, 14. 3. 1944, TNA, WO 208/4138.

483 SRN 2851, 25. 1. 1944, TNA, WO 208/4149.

484 SRA 5196, 25. 4. 1944 TNA, WO 208/4133.

485 Hölsken, op. cit., p. 131f.

486 Ibid., p. 103.

487 Ibid., p. 104f.

488 Ibid., p. 109.

489 SRN 3922, 8. 7. 1944, TNA, WO 208/4153.

490 가령 다음을 참조할 것. Otto Elfeldt (SRGG 988, 24. 8. 44, TNA, WO 208/4168) 그리고 Erwin Menny, *Tagebuchblätter aus der Gefangenschaft*, BA/MA, N 267/4.

491 SRM 655, 18. 7. 1944, TNA, WO 208/4138.

492 SRM 847, 30. 8. 1944, TNA, WO 208/4139. 다음도 비슷하다. SRM 960, 10. 10. 1944, TNA, WO 208/4139; SRM 1077, 29. 11. 1944, TNA WO 208/4139; SRX 2075, 29. 12. 1944, TNA, WO 208/4164.

493 SRN 4130, 16. 8. 1944, TNA, WO 208/4155.

494 SRX 2048, 4. 11. 1944, TNA, WO 208/4164. 다음도 비슷하다. SRN 4031, 4. 8. 1944, TNA, WO 208/4154 (eine V2 hat die Wirkung von 2- bis 3000 Bomben).

495 이런 히틀러 연설에 대해 Bad Tölz의 친위대 교육대의 보르보누스(Borbonus) 소위도 말한다. SRM 914, 20. 9. 1944, TNA, WO 208/4139.

496 SRGG 543, 9. 11. 1943, TNA, WO 208/4167.

497 SRGG 596 26. 11. 1943, TNA, WO 208/4167. V 무기에 대한 비판은 다음을 참고할 것. SRM 722, 30. 7. 1944, TNA, WO 208/4138; SRM 1094, 21. 11. 1944, TNA, WO 208/4139.

498 다음을 참고할 것. Kehrt, *Moderne Krieger*, pp. 291~297.

499 SRA 5512 23. 7. 1944, TNA, WO 208/4134.

500 SRA 5532 25. 7. 1944, TNA, WO 208/4134.

501 SRA 2058, 2. 8. 1941, TNA, WO 208/4125.

502 SRA 2660, 18. 6. 1942, TNA, WO 208/4126. Zastrau는 제2전투비행전대 예하 제5편대에서 비행했고, 1942년 4월 23일 Exeter 공격 시 격추당했다. Balke, *Luftkrieg in Europa*, p. 430.

503 이 서술은 1943년 12월 3일 독일군의 Bari 공습에 대한 것이다. 어뢰가 명중하고 탄약을 실은 선박 John E Motley 호와 Joseph Wheeler 호가 폭발하고 뒤이어 유조선 Aroostock 호가 폭발하여 선박 18척 7만 1566톤이 격침되었다. 사상자는 1000명이 넘었다. 소방과 구조 작업은 머스터드가스 탄약을 실은 미국 화물선 John Harvey 호 때문에 방해를 받았다. http://www.wlbstuttgart.de/seekrieg/43 - 12.htm (2010년 8월 30일 확인)

504 SRA 4862, 23. 1. 1944, TNA, WO 208/4132.

505 SRA 1557, 23. 4. 1941, TNA, WO 208/4123.

506 SRM 606, 27. 6. 1944, TNA, WO 208/4138.

507 Förster, op. cit., vol. 9/1, p. 469.

508 SRA 281, 4. 8. 1940, TNA, WO 208/4137.

509 SRA 453, 4. 9. 1940, TNA, WO 208/4137.

510 SRA 450, 4. 9. 1940, TNA, WO 208/4137.

511 SRA 549, 17. 9. 1940, TNA, WO 208/4138.

512 빌헬름 리터 폰 토마가 1942년 1월 21일 일기에 이렇게 쓴다. BA/MA, N 2/2.

513 SRA 2655, 18. 6. 1942, TNA, WO 208/4126. 다음도 참고할 것. SRA 2635, 15. 6. 1942, TNA, WO 208/4127.

514 Förster, op. cit., vol. 9/1, p. 540.

515 Hans Meier-Welcker, *Aufzeichnungen eines Generalstabsoffiziers 1919 bis 1942*(Freiburg, 1982), p. 158 (23. 8. 1942).

516 SRN 129, 15. 11. 1940, TNA, WO 208/4141.

517 SRN 395, 8. 6. 1941, TNA, WO 208/4142.

518 SRN 183, 21. 3. 1941, TNA, WO 208/4141.

519 SRN 370, 28. 5. 1941, TNA, WO 208/4142.

520 SRN 127, 16. 11. 1940, TNA, WO 208/4141.

521 SRN 720, 25. 12. 1941, TNA, WO 208/4143.

522 1941년 11월~1943년 3월 독일 포로 설문 조사 결과. TNA, WO 208/4180.

523 SRN 690, 7. 11. 1941, TNA, WO 208/4143.

524 SRN 933, 31. 3. 1942, TNA, WO 208/4143. 요세프 프르치클렝크(1914년 1월 10일생)는 U-93 잠수함 기술하사였고, 1942년 1월 15일 포로가 된다.

525 SRN 731, 31. 12. 1941, TNA, WO 208/4143. 영국인들은 그를 (승무원 명단과는 달리) 카를 베데킨(Karl Wedekinn)으로 기록하였다.

526 SRN 969, 22. 8. 1942, TNA, WO 208/4143; SRN 968, 22. 8. 1842, TNA, WO 208/4143. U-210은 첫 번째 적진 항해에서 침몰했다. 그 이전에는 전과가 없었다.

527 Bernhard R. Kroener, "'Nun Volk steht auf ...!' Stalingrad und der totale Krieg 1942~1943", *Stalingrad. Ereignis, Wirkung, Symbol*(München, 1992), pp. 151~170. Martin Humbug, *Das Gesicht des Krieges. Feldpostbriefe von Wehrmachtssoldaten aus der Sowjetunion 1941~1944*(Opladen, 1998), p. 118f.

528 SRA 3717, 2. 3. 1943, TNA, WO 208/4129.

529 SRA 3442, 28. 12. 1942, TNA, WO 208/4128.

530 SRA 3868, 22. 3. 1943, TNA, WO 208/4129.

531 SRA 4012, 18. 5. 1943, TNA, WO 208/4130; SRA 4222, 28. 7. 1943, TNA, WO 208/4130. 이런 목소리는 해군에도 있었지만 육군에는 없었다. 다음을 참고할 것. SRN 1643, 14. 4. 1943, TNA, WO 208/4145.

532 SRA 4791, 6. 1. 1944, TNA, WO 208/4132.

533 제2전투비행전대 제2중대장 하인츠 엥겔(Heinz Engel) 소령을 뜻한다. 그는 1941년부터 이 협의에 참석했고, 1943년 2월부터 지휘를 맡았다. Balke, op. cit., p. 409.

534 SRA 5272, 16. 5. 1944, TNA, WO 208/4133.

535 SRA 4747, 22. 12. 1943, TNA, WO 208/4132.

536 SRN 2509, 27. 11. 1943, TNA, WO 208/4148.

537 다음을 참고할 것. SRN 2521, 11. 12. 1943, TNA, WO 208/4148.

538 SRN 2518, 7. 12. 1943, TNA, WO 208/4148.

539 SRN 2768, 17. 1. 1944, TNA, WO 208/4149. 이런 상황에서는 보복 무기들도 큰 희망을 주지 못했다. SRN 3613, 8. 5. 1944, TNA, WO 208/4152.

540 Erlass gegen Kritiksucht und Meckerei, 9. 9. 1943, 다음에서 재인용. Salewski, *Seekriegsleitung*, p. 638f.

541 영국인들은 도청 수용소에 있는 포로 일부에게 표준 설문지를 주었다. 1943년 3월~1944년

1월 동안 35~71명씩 다섯 조를 짜서 총 240명에게 조사를 실시했는데, 대개 해군이었고 공군은 소수였다. CSDIC (UK), Survey of German P/W Opinion, GRS 10, 24. 2. 1944, TNA, WO 208/5522.

542 Rafael A. Zagovec, "Gespräche mit der 'Volksgemeinschaft'", Bernhard Chiari etc., *Die deutsche Kriegsgesellschaft 1939 bis 1945-Ausbeutung, Deutungen, Ausgrenzung*, vol. 9/2(Stuttgart, 2005), p. 327.

543 Jörg Echternkamp, "Im Kampf an der inneren und äußeren Front. Grundzüge der deutschen Gesellschaft im Zweiten Weltkrieg", *Das Deutsche Reich*, vol. 9/1, p. 47.

544 Heinz Boberach(ed.), *Meldungen aus dem Reich*(München, 1968), p. 511.

545 Michael Salewski, "Die Abwehr der Invasion als Schlüssel zum 'Endsieg'?", Rolf-Dieter Müller and Hans-Erich Volkmann, *Die Wehrmacht, Mythos und Realität*(München, 1999), pp. 210~223.

546 SRM 519, 7. 6. 1944, TNA, WO 208/4138.

547 SRM 526, 9. 6. 1944, TNA, WO 208/4138.

548 Hirst 병장은 심지어 이렇게 말한다. "이 전쟁을 끝장내고 독일이 완패할 수만 있다면 내가 할 수 있는 일은 다 하겠어요." SRM 547, 13. 6. 1944, TNA, WO 208/4138.

549 여기에서 쿨레가 누구를 지칭하는지 불확실하다.

550 제77보병사단 예하 야전보충대대장 보른하르트 대위를 뜻한다. 1944년 6월 18일 포로가 되었고 쿨레처럼 Wilton Park에서 도청을 당했다.

551 아마 발터 포페(Walter Poppe) 중장을 뜻하는 듯하다. 그는 1944년 2월 1일부터 4월 25일까지 쿨레가 속한 제77보병사단장이었다. 그는 7월 5일 다시 새로운 부대를 맡는다. 왜 반역 혐의를 받았는지 불분명하다.

552 SRM 606, 27. 6. 1944, TNA, WO 208/4138. 쿨레는 제77보병사단의 III./IR 1050 사령관이었고, von Saldern은 당시 급격히 약해진 제91공중상륙사단 예하 제1057척탄연대를 지휘했다.

553 SRM 610, 29. 6. 1944, TNA, WO 208/4138.

554 SRM 830, 24. 8. 1944, TNA, WO 208/4139.

555 SRM 849, 27. 8. 1944, TNA, WO 208/4139.

556 "Eine Zusammenfassung des Forschungsstandes", Neitzel, *Abgehört*, p. 61f.

557 SRM 639, 8. 7. 1944, TNA, WO 208/4138.

558 SRM 637, 7. 7. 1944, TNA, WO 208/4138.

559 이 정보를 준 Felix Römer(Mainz)에게 감사드린다.

560 Trettner 소위는 8개 공수 사단이 곧 공수 작전에 돌입할 것이고 "많은 걸 이룰 것"이라고 말한다. SRM 813, 24. 8. 1944, TNA, WO 208/4139.

561 SRM 796, 19. 8. 1944, TNA, WO 208/4138.

562 1944년 6월 셰르부르에서 포로가 되었으나 독일의 승리를 믿던 사람들은 거의 예외 없이 소

위나 중위였다. Auswertung Moral Questionnaires, Felix Römer, Mainz. 해군에 대해서는 가령 다음을 참고할 것. SRN 3815, 9. 7. 1944, TNA, WO 208/4153; SRN 3830, 12. 6. 1944, TNA, WO 208/4153; SRN 3931, 11. 7. 1944, TNA, WO 208/4154; SRN 4032, 3. 8. 1944, TNA, WO 208/4154.

563 미국의 한 연구에서 독일군이 포로가 된 직후 설문 조사를 하여 이런 결론을 내렸다. MI Gurfein und Morris Janowitz, "Trends in Wehrmacht Morale", *Public Opinion Quarterly 10*(1946), p. 81.

564 제3야간전투기전대 예하 제11편대 소속 Brandt 하사는 아르덴 공세 당시 어느 연설에 대해 이렇게 말한다. "그리고 그는 또 말했지요. 우리가 이제 신속하게 제공권을 장악하지 못하면 전쟁에서 질 거라고요. 사령관이 말했어요. '이제 서부 전선에서 총공세다. 이제 그게 중요하지. 만일 이 공세가 멈추면 최후의 결전이지. 우리는 아직 그걸 해낼 수 있다. 공세적으로.' 사령관은 항공기 승무원들을 모두 불러 모아 그 앞에서 그렇게 말했지요." SRX 2091, 11. 1. 1945, TNA, WO 208/4164. 다음도 참고할 것. SRM 1133, 18. 12. 1944, TNA, WO 208/4140; SRM 1168, 8. 1. 1945, TNA, WO 208/4140.

565 SRX 2030, 25. 10. 1944, TNA, WO 208/4164.

566 Zagovec, op. cit., p. 358.

567 Meldung des OB West v. 7. 2. 1945, KTB OKW, vol. 4/2, p. 1364.

568 SRA 5829, 18. 3. 1945, TNA, WO 208/4135.

569 우리 자료에서는 가령 빌헬름 리터 폰 토마 장군을 들 수 있다. 다음을 참고할 것. Neitzel, *Abgehört*, p. 33.

570 SRM 79, 20. 11. 1942, TNA, WO 208/4136.

571 SRA 5835, 22. 3. 1945, TNA, WO 208/4135.

572 다음에서 재인용. Ian Kershaw, *Hitler, 1936~1945*(München, 2002), p. 15.

573 Ibid., p. 64ff.

574 SRGG 1125, 27. 1. 1945, TNA, WO 208/4169.

575 W. G. Sebald, *Luftkrieg und Literatur*(Frankfurt am Main, 2001), p. 110.

576 Hans Mommsen, *Zur Geschichte Deutschlands im 20. Jahrhundert. Demokratie, Diktatur, Widerstand*(München, 2010), p. 159f.

577 Saul K. Padover, *Lügendetektor. Vernehmungen im besiegten Deutschland 1944/45*(Frankfurt am Main, 1999).

578 SRA 123, 17. 6. 1940, TNA, WO 208/4118.

579 SRA 200, 22. 7. 1940, TNA, WO 208/4118.

580 SRA 495, 10. 9. 1940, TNA, WO 208/4119; SRA 554, 18. 9. 1940, TNA, WO 208/4119; SRA 1383, 5. 3. 1941, TNA, WO 208/4123.

581 SRX 154, 17. 11. 1940, TNA, WO 208/4158.

582 SRX 228, 29. 3. 1941, TNA, WO 208/4158.

583 SRA 1619, 29. 4. 1941, TNA, WO 208/4123.

584 SRA 3807, 10. 3. 1943, TNA, WO 208/4129.

585 SRA. 4656, 23. 11. 1943, TNA, WO 208/4132.

586 히틀러가 분노 발작 때문에 양탄자 귀퉁이를 물어뜯었다는 소문은 1938년 9월 22일 히틀러와 체임벌린 회담에 대한 William Shirer 기자의 보도에서 기인한다. Shirer는 단지 히틀러가 신경쇠약으로 쓰러졌다고만 썼다. 물론 '양탄자 무는 자'라는 이미지는 매우 오래 지속되었다. Kershaw, *Hitler*, p. 169.

587 "예사롭지 않은 손"과 같은 총통의 특징은 물론 그에 대한 공적 이미지의 한 부분이기도 했고 대중 매체에서도 다루었다. 다음을 참고할 것. Kershaw, op. cit., p. 410. 이러한 이미지들이나 풍문으로 널리 퍼진 히틀러의 분노 발작 이야기들은 총통이 대중문화의 의미에서 '공인'이었음을 보여 줄 뿐 아니라, 히틀러와 직접 만난 이야기를 들려주는 사람들이 총통의 공적 이미지에 들어맞는 바로 그 특징들을 강조했음을 보여 준다.

588 SRX 1167, 15. 10. 1942, TNA, WO 208/4161.

589 Kershaw, op. cit., p. 407.

590 SRX 1167, 15. 10. 1942, TNA, WO 208/4161.

591 SRX 1802, 24. 6. 1943, TNA, WO 208/4163.

592 SRA 3430, 23. 12. 1942, TNA, WO 208/4128.

593 SRA 3452, 29. 12. 1942, TNA, WO 208/4128.

594 Leon Festinger와 동료 학자들은 미국 종교 집단을 사례로 인지 부조화 이론을 발전시켰다. 이 집단 구성원들은 종말을 기대하면서 모든 재산을 팔아 치우고 산속으로 모여들었다. 선택받은 자로서 종말에도 살아남으려는 것이었다. 잘 알다시피 종말은 오지 않았는데, 그래서 이들은 심각한 인지 부조화에 빠졌다. Festinger와 동료 학자들은 이 신도들을 인터뷰했는데, 이들은 물론 그들 기대가 현실에 들어맞음을 조금도 의심하지 않았다. 이는 다만 믿음이 얼마나 굳은지를 다시 한 번 시험하는 것이고 이를 통해 선민으로서의 지위를 확인할 수 있다는 것이다. 이런 배경 아래에서 인지 부조화 이론은 기대와 사실이 일치하지 않으면 인지 부조화를 느끼고 이를 경감시키려고 노력한다고 본다. 여기에는 두 가지 방법이 있다. 기대를 사실에 맞추거나, 즉 기대를 사후적으로 교정하거나, 아니면 사태를 기대에 맞게 해석하는 것이다. 다음을 참고할 것. Leon Festinger, Henry W. Riecken and Stanley Schachter, *When Prophecy Fails*(Minneapolis, 1956).

595 SRA 4166, 7. 7. 1943, TNA, WO 208/4130.

596 SRA 3795, 12. 3. 1943, TNA, WO 208/4129.

597 SRGG 216, 12. 7. 1943, TNA, WO 208/4165.

598 SRA 3660, 9. 2. 1943, TNA, WO 208/4129.

599 SRA 3781, 7. 3. 1941, TNA, WO 208/4129.

600 SRM 1090, 29. 11. 44, TNA, WO 208/4139.

601 SRGG 250, 20. 7. 1943, TNA, WO 208/4165.

602 SRA 4246, 3. 8. 1943, TNA, WO 208/4130.

603 SRA 3620, 1. 2. 1943, TNA, WO 208/4129.

604 SRA 2702, 28. 6. 1942, TNA, WO 208/4126.

605 SRM 477, 14. 2. 1944, TNA, WO 208/4138.

606 SRA 5610, 7. 9. 1944, TNA, WO 208/4134.

607 SRA 5610, 7. 9. 1944, TNA, WO 208/4134.

608 여기에서 이야기하는 아버지는 베를린 경찰청장인 Wolf-Heinrich Graf zu Helldorff(1896. 10. 14.~1944. 8. 15.)이다.

609 SRM 672, 21. 7. 1944, TNA, WO 208/4138.

610 SRGG 1234 (C), 20. 5. 1945, TNA, WO 208/4170.

611 SRGG 1176 (C), 2. 5. 1945, TNA, WO 208/4169.

612 SRGG 408, 9. 9. 1943, TNA, WO 208/4166.

613 SRM 202, 20. 6. 1943, TNA, WO 208/4136.

614 SRGG 220, 12. 7. 1943, TNA, WO 208/4165.

615 SRA 5084, 20. 3. 1944, TNA, WO 208/4133.

616 SRM 612, 28. 6. 1944, TNA, WO 208/4138.

617 SRA 5127, 3. 4. 1944, TNA, WO 208/4133.

618 SRM 1262, 6. 5. 1945, TNA, WO 208/4140.

619 Nicole Bögli, *Als kriegsgefangener Soldat in Fort Hunt*(베른 대학교 석사 학위 논문, 2010). Stéphanie Fuchs, "*Ich bin kein Nazi, aber Deutscher*"(베른 대학교 석사 학위 논문, 2010).

620 이를 통해서, 많은 비판을 받았던 Alexander Mitscherlich와 Margarete Mitscherlich의 분석도 역사적으로 정당함이 드러난다. 이들은 『애도하지 못하는 무능력(*Die Unfähigkeit zu trauern*)』이라는 책에서 독일인들이 자신들의 총통을 사랑했다는 분석을 내놓았다. 이 논리에 따르면, 제3제국 역사와 그 범죄에 대한 반성은 일단은 잃어버린 사랑의 대상에 대한 애도를 필요로 했다. 당시 이 책에 대한 성급한 해석들에서는 그 사랑의 대상이 희생자들이라고 보았다. 그러나 그 대상은 바로 총통이다. 하지만 한 민족의 독재자에 대한 애도 작업(Trauerarbeit)이라니, 물론 다소 당혹스럽기도 하다.

621 SRM 468, 2. 2. 1944, TNA, WO 208/4137.

622 SRA 3963, 23. 4. 1943, TNA, WO 208/4130.

623 SRA 3540, 12. 1. 1943, TNA, WO 208/4129.

624 SRA 1008, 11. 12. 1940, TNA, WO 208/4122. "그게 바로 제가 전혀 이해 못 하는 겁니다. 저는 히틀러유겐트에 있었지요. 저도 싸웠습니다. 그건 좋은 생각이었고 거기에 대해서는 뭐라 할 사람이 없어요. 하지만 그래도 꼭 필요하지 않았던 일들이 있었지요. 유대인을 몽땅 도려내려고 한 것도 그런 거지요."

625 SRA 1259, 8. 2. 1941, TNA, WO 208/4123. "유대인들은 아주 조직적으로 반독일 선동을 했어요. 폴란드에서도. 그리고 폴란드 놈들은 뭐죠? 문화 수준이 너무 낮아요. 독일인과 비교할 수도 없어요."

626 SRM 614, 1. 7. 1944, TNA, WO 208/4138.

627 SRN 2912, 10. 2. 1944, TNA, WO 208/4149.

628 SRM 1061, 27. 11. 1944, TNA, WO 208/4139.

629 SRA 289, 6. 8. 1940, TNA, WO 208/4118.

630 Alexander Hoerkens, *Kämpfer des Dritten Reiches? Die nationalsozialistische Durchdringung der Wehrmacht*(Magisterarbeit Universität Mainz, 2009).

631 SRA 5118, 28. 3. 1944, TNA, WO 208/4133.

632 SRM 45, 10. 2. 1942, TNA, WO 208/4136.

633 Heinrich von Kleist, *Über die allmähliche Verfertigung der Gedanken beim Sprechen*(Frankfurt am Main, 2010).

634 SRN 151, 7. 12. 1940, TNA, WO 208/4141.

635 Room Conversation Kotschi-Graupe-Schwartze-Boscheinen, 25. 2. 1945, NARA, RG 164, Entry 179, Box 475.

636 카를 푈커(1923. 9. 22생)는 사관후보생으로 U-175 잠수함을 탔고 1943년 4월 17일 잠수함 침몰 시 포로가 되었다.

637 SRN 1767, 8. 5. 1943, TNA, WO 208/4145.

638 Hoerkens, *Kämpfer des Dritten Reiches?*

639 SRN 1715, 1. 5. 1943, TNA, WO 208/4145.

640 SRM 832, 26. 8. 1944, TNA, WO 208/4139.

641 SRM 560, 15. 6. 1944, TNA, WO 208/4138.

642 SRM 584, 22. 6. 1944, TNA, WO 208/4138.

643 가령 다음을 참고할 것. Welzer, *Täter.*

644 SRA 1742, 19. 5. 1941, TNA, WO 208/4145.

645 SRM 914, 20. 9. 1944, TNA, WO 208/4139.

646 SRN 1505, 5. 3. 1943, TNA, WO 208/4145; 스크르치페크(1911. 7. 15생)는 1943년 2월 4일 포로가 되었다.

647 SRN 1617, 12. 4. 1943, TNA, WO 208/4145.

648 SRCMF X 61, 1. 10. 1944, TNA, WO 208/5513.

649 SRCMF X 15, 27. 5. 1944, TNA, WO 208/5513.

650 SRN 2471, 23. 11. 1943, TNA, WO 208/4148.

651 SRM 523, 8. 6. 1944, TNA, WO 208/4138.

652 Gordon Allport, *Die Natur des Vorurteils*(Köln, 1971). Norbert Elias and John L. Scotson, *Etablierte und Außenseiter*(Frankfurt am Main, 1990). Henri Taijfel, *Gruppenkonflikt und Vorurteil: Entstehung und Funktion sozialer Stereotypen*, (Bern/Stuttgart/Wien, 1982).

653 가령 다음을 참고할 것. Aly, *Volksstaat*. Wildt, *Volksgemeinschaft*.

654 SRGG 411, 10. 9. 1943, TNA, WO 208/4166.

655 SRGG 452, 2. 10. 1943, TNA, WO 208/4166.

656 SRM 745, 4. 8. 1944, TNA, WO 208/4238.

657 Interrogation Report Wilimzig-Malner, 2. 8. 1944, NARA, RG 165, Entry 179, Box 563.

658 다음을 참고할 것. Wilimzigs Gefangenenakte; NARA, RG 165, Entry 179, Box 563.

659 Felix Römer, "Alfred Andersch und die 'Anti-Nazis' in Amerika. Neue Dokumente zur Gesellschaftsgeschichte des Nationalsozialismus", *VfZG 58*(2010), p. 19.

660 국방군의 상징인 임무형 전술은 하급지휘관의 자율적 책임을 강조한다. 여기 대해서 베른 대학교의 Marco Siggen이 박사 논문을 쓰고 있다.

661 Room Conversation, Mayer-Ahnelt 5. 7. 1944, NARA, RG 165, Entry 179, Box 441.

662 Room Conversation, Lange-Laemmel, 27. 8. 1944, NARA, RG 165, Entry 179, Box 506.

663 SRM 711, 28. 7. 1944, TNA, WO 208/4138.

664 SRM 1215, 14. 2. 1945, TNA, WO 208/4140.

665 다음을 참고할 것. Martin Treutlein, "Paris im August 1944", Welzer · Neitzel · Gudehus(eds.), *Der Führer*.

666 Kühne, *Kameradschaft*, p. 197.

667 SRN 97, 2. 11. 1940, TNA, WO 208/4141.

668 SRN 624, 9. 8. 1941, TNA, WO 208/4143.

669 KTB Skl, Teil A, 3. 9. 1939.

670 이에 대해 매우 인상적인 사례는 1944년 "구축함 함장"의 전쟁 일지가 제공한다. BA/MA, RM 54/8.

671 이와 관련해 히틀러에 대해서는 다음을 참고할 것. Admiral/Führerhauptquartier GKdos

2877/44, 6. 8. 44, BA-MA, RM 7/137. 괴벨스에 대해서는 다음을 참고할 것. Elke Fröhlich(ed.), *Tagebücher von Joseph Goebbels, Sämtliche Fragmente*, vol. 1~15(London/München/New York/Paris, 1987~1998), p. 383 (28. 2. 1945).

672 Room Conversation Neumann-Tschernett-Petzelmayer, 13. 6. 1944, NARA, RG 165, Entry 179, Box 521.

673 HDv 2, Abschnitt 9, p. 53, 다음에서 재인용. BA/MA, RS 4/1446. 이 점을 알려 준 데 대해 Peter Lieb (Sandhurst)에게 감사드린다.

674 "저는 하느님 앞에서 이 성스러운 서약을 합니다. 저는 독일 제국과 민족의 총통이며 국방군 통수권자인 아돌프 히틀러에게 무조건 복종할 것이며, 용맹스러운 군인으로서 언제라도 이 서약을 위해 제 목숨을 바칠 준비가 되어 있습니다."

675 다음에서 재인용. Klaus Reinhardt, *Die Wende vor Moskau: das Scheitern der Strategie Hitlers im Winter 1941/42*(Stuttgart, 1972), p. 220.

676 OKW /WFSt, Abt. L, Nr. 442277/41 gKdos Chefs., 26. 12. 41, 다음에서 재인용. Hürter, *Hitlers Heerführer*, p. 327, FN 243.

677 Ibid., p. 332.

678 다음을 참고할 것. ibid., p. 344.

679 OKW/WFSt/Op Nr. 004059/42 g.K. v. 3. 11. 1942, BA/MA, RH 19 VIII /34, p. 171f.

680 Karl-Günter Zelle, *Hitlers zweifelnde Elite*(Paderborn, 2010), pp. 28~32.

681 KTB OKW, vol. 3, p. 465

682 미국 수용소에서 Werner Heuer 소령과 Adolf Hempel 대위는 신문을 읽으면서 느긋하게 대화를 나눈다. 이 대화에서 두 사람은 "최후의 일인까지 싸운다."라는 요구를 말 그대로 받아들여서는 안 된다는 데 의견을 같이한다. Room Conversation Heuer-Hempel 26. 10. 1944; NARA, RG 165, Entry 179, Box 484.

683 SRGG 844, 24. 2. 1944, TNA, WO 208/4168, 인용문들 출처도 여기임.

684 SRX 1798, 1799, 23. 6. 1943; SRX 1806, 24. 6. 1943, TNA, WO 208/4163. 다음도 참고할 것. SRGG 252, 18. 7. 1943, TNA, WO 208/4165.

685 Fröhlich(ed.), op. cit., 29. 6. 1944, p. 567.

686 Rundstedt의 이 극단적 명령에 대해서는 다음을 참고할 것. Horst Boog, Gerhard Krebs and Detlef Vogel(eds.), *Das Deutsche Reich und der Zweite Weltkrieg*, vol 7(Stuttgart, 2001), p. 463, FN 42. 다음도 참고할 것. Nikolaus Meier, *Warum Krieg? Die Sinndeutung des Krieges in der deutschen Militärelite 1871~1945*, (취리히 대학교 박사 학위 논문, 2010), pp. 297~304.

687 Boog · Krebs · Vogel, *Das Deutsche Reich*, vol. 7, p. 469.

688 Hans-Günther Kluge an Hitler, 21. 7. 44, BA-MA, RH 19 IX/8.

689 John Zimmermann, *Pflicht zum Untergang. Die deutsche Kriegführung im Westen des Reiches 1944/45*(Paderborn, 2009).

690 Ibid., 특히 pp. 282~323.

691 SRX 1965, 9. 7. 1944, TNA, WO 208/4164

692 이는 동부 전선과 서부 전선에서 마찬가지였다. 예를 들어 1941년 6월 30일 남부집단군 소속 병사 200명가량이 러시아군의 포로가 되어 살해당했다. Korpstagesbefehl KG III.AK v. 3. 7. 41; BA/MA, RH 27 – 14/2.

693 SRM 521, 8. 6. 1944, TNA, WO 208/4138. 군블라흐는 제716보병사단의 사단전투교육대를 지휘했다. 이 교육대는 야전보충대대에서 부사관 교육과정을 열었다. 그에 대한 더 자세한 정보는 알려지지 않았다. 그러나 전투 경험이 많은 보병장교였을 것이다. Josef Häger 상병의 시각에서 묘사한 전투 장면에 대해서는 다음을 참고할 것. Cornelius Ryan, *Der längste Tag. Normandie: 6. Juni 1944*(Frankfurt/Main, 1976), pp. 190~193.

694 SRM 716, 31. 7. 1944, TNA, WO 208/4138.

695 SRM 622, 6. 7. 1944, TNA, WO 208/4138.

696 Funkspruch 27. 6. 1944, B. Nr. 1/Skl 19633/44 GKdos, BA/MA, RM 7/148.

697 SRN 3925, 10. 7. 1944, TNA, WO 208/4153.

698 SRM 639, 8. 7. 1944, TNA, WO 208/4138.

699 SRGG 1061, 24. 9. 1944, TNA, WO 208/4169; Welf Botho Elster, *Die Grenzen des Gehorsams. Das Leben des Generalmajors Botho Henning Elster in Briefen und Zeitzeugnissen*(Hildesheim, 2005).

700 스탈린그라드에서 Friedrich Paulus, 생말로에서 Hans Aulock, 브레스트에서 Bernhard Ramcke 가 그랬다. 다음을 참고할 것. Sönke Neitzel, "Der Kampf um die deutschen Atlantikund Kanalfestungen und sein Einfluß auf den alliierten Nachschub während der Befreiung Frankreichs 1944/45", *MGM* 55(1996), pp. 381~430.

701 SRN 3924, 8. 7. 1944, TNA, WO 208/4153.

702 SRN 3932, 11. 7. 1944, TNA, WO 208/4154.

703 SRGG 934, 1. 7. 1944, TNA, WO 208/4168.

704 Room Conversation Bernzen-Almenröder 11. 2. 1945, NARA, RG 165, Entry 179, Box 448.

705 SRN 3935, 11. 7. 1944, TNA, WO 208/4154.

706 Neitzel, *Abgehört*, p. 83.

707 BA/MA, N 267/4, 11. 11. 1944.

708 SRM 160, 4. 2. 1943, TNA, WO 208/4136.

709 SRX 1548, 4. 2. 1943, TNA, WO 208/4162.

710 SRM 71, 20. 11. 1942, TNA, WO 208/4136.

711 Murawski, *Wehrmachtbericht*, p. 180.

712 Zagovec, *Gespräche mit der 'Volksgemeinschaft'*, 특히 p. 358.

713 GRGG 270, 9. 3. 1945, TNA, WO 208/4177.

714 Günter Wegmann, *Das Kriegsende zwischen Weser und Ems*(Osnabrück, 2000), p. 102ff. Sönke Neitzel, "Der Bedeutungswandel der Kriegsmarine im Zweiten Weltkrieg", Rolf-Dieter Müller and Hans-Erich Volkmann, *Die Wehrmacht, Mythos und Realität*(München, 1999), p. 263f.

715 SRGG 1125, 27. 1. 1945, TNA, WO 208/4169.

716 GRGG 276, 25. - 27. 3. 1945, TNA, WO 208/4177.

717 SRM 1158, 2. 1. 1945, TNA, WO 208/4140.

718 Room Conversation Neher-Glar, 19. 9. 1944, NARA, RG 165, Entry 179, Box 474.

719 SRGG 934, 1. 7. 1944, TNA, WO 208/4168.

720 SRGG 935, 2. 7. 1944, TNA, WO 208/4168.

721 SRM 539, 12. 6. 1944, TNA, WO 208/4138.

722 SRM 522, 9. 6. 1944, TNA, WO 208/4138.

723 SRGG 844, 24. 2. 1944, TNA, WO 208/4168.

724 다음을 참고할 것. Room Conversation Guetter-Tschitschko, 27. 6. 1944, NARA, RG 165, Entry 179, Box 477.

725 이는 부다페스트 공방전에서 특히 심했다. 여기에서는 방어 부대 병력 4만 명 중 절반가량 이 탈출을 시도하다 전사했고 700명만 아군 대열에 합류할 수 있었다. Krisztián Ungváry, *Die Schlacht um Budapest 1944/45: Stalingrad an der Donau*(München, 1999), pp. 255~315.

726 Kurt Böhme, *Die deutschen Kriegsgefangenen in sowjetischer Hand. Eine Bilanz*(München, 1966), p. 49. Elke Scherstjanoi, *Wege in die Kriegsgefangenschaft. Erinnerungen und Erfahrungen Deutscher Soldaten*(Berlin, 2010), 여기에서는 소련에 투항한 사병들의 긍정적 경험을 보여 주고 있다.

727 "Kriegstagebuch der Seekriegsleitung 1939~1945", Book A, vol. 1, Werner Rahn and Gerhard Schreiber(eds.), *Gedanken des Oberbefehlshabers der Kriegsmarine zum Kriegsausbruch 3. 9. 1939*(Bonn/Herford, 1988), p. 16.

728 1939년 12월 22일 해군총사령부(ObdM) 훈령. 다음을 참고할 것. Michael Salewski, *Die deutsche Seekriegsleitung*, vol. 1(Frankfurt am Main, 1970), p. 164.

729 1. Skl Nr. 18142/43 g., 17. 6. 1943, BA/MA, RM 7/98. 다음도 참고할 것. KTB Skl, Teil A, 17. 8. 1944, p. 417.

730 다음도 참고할 것. Holger Afflerbach, "Mit wehender Fahne untergehen". Kapitulationsverweigerung in der deutschen Marine", *VfZG* 49(2001), pp. 593~612.

731 여기 대해서는 다음도 참고할 것. Andreas Leipold, *Die Deutsche Seekriegsführung im Pazifik in den*

Jahren 1914 und 1915(바이로이트 대학교 박사 학위 논문, 2010).

732 Wagner(ed.), *Lagevorträge des ObdM*, 26. 3. 45, p. 686.

733 다음에서 재인용. Rolf-Dieter Müller and Gerd R. Ueberschär, *Kriegsende 1945. Die Zerstörung des Deutschen Reiches*(Frankfurt am Main, 1994), p. 175.

734 'Die Invasion'. Erlebnisbericht und Betrachtungen eines T-Boot-Fahrers auf 'Möwe', BA/MA, RM 8/1875; Clay Blair, *Der U-Boot-Krieg*, vol. 2(München, 2001), p. 679.

735 1944년 11월 25일 요아힘스탈쉬 김나지움 축제에서 일본제국 대사 오시마(Oshima) 장군 연설. PAAA, R 61405.

736 Room Conversation Grote-Wiljotti-Brinkmann, 12. 8. 1944, NARA, RG 165, Entry 179, Box 476. 대화 상대는 센 강 내포에서 쾌속정 열일곱 척이 침몰해 "몽땅" 익사했다는 이야기에 대해 더 물어볼 흥미를 느끼지 않는다. 그러나 전쟁 전체를 통틀어 승무원이 모두 죽은 쾌속정은 단 한 척도 없다. 늘 생존자가 있었다. 이는 이야기를 더 흥미진진하게 만들려 과장하는 전형적인 사례다.

737 가령 1944년 10월 19일 톤수 전쟁에 대한 해군 총사령관 연설을 참조할 것. Neitzel, *Bedeutungswandel der Kriegsmarine*, p. 256.

738 SRA 2589, 5. 6. 1942, TNA, WO 208/4126.

739 Ernst Stilla, *Die Luftwaffe im Kampf um die Luftherrschaft*, (본 대학교 박사 학위 논문, 2005), p. 234f. Karl-Heinz Frieser etc., *Das Deutsche Reich und der Zweite Weltkrieg*, vol. 8(Stuttgart, 2007), p. 859. 제27전투기전대 예하 제6편대 소속 Trettau 소위가 전하는 1945년 3월의 훈령에서는, 부상없이 포로가 된 자는 가족에 대한 국가보조금이 박탈된다고 했다. SRA 5840, 11. 4. 1945, TNA, WO 208/4135.

740 NARA, T-321, Reel 54, pp. 290~403. Günther W. Gellermann, *Moskau ruft Heeresgruppe Mitte ... Was nicht im Wehrmachtbericht stand – Die Einsätze des geheimen Kampfgeschwaders 200 im Zweiten Weltkrieg*(Koblenz, 1988), pp. 42~60. Arno Rose, *Radikaler Luftkampf. Die Geschichte der deutschen Rammjäger*(Stuttgart, 1979).

741 Z.B. SRA 5544, 29. 7. 1944, TNA, WO 208/4134.

742 Z.B. SRA 4776, 4. 1. 1944; SRA 4813, 13. 1. 1944, TNA, WO 208/4132. 이에 반해 1942년 6월 어느 소위는 이런 충돌 명령을 "멍청한 짓"이라고 표현한다. SRA 2589, 5. 6. 1942, TNA, WO 208/4126.

743 SRGG 1248, 18. 5. 1945, TNA, WO 208/4135.

744 KTB OB West, 21. 9. 1944, BA/MA, RH 19 IV/56, p. 319.

745 Room Conversation, Ross-Herrmann, 13. 6. 1944, NARA, RG 165, Entry 179, Box 533.

746 SRX 349, 13. 6. 1941, TNA, WO 208/4159.

747 SRA 1575, 26. 4. 1941, TNA, WO 208/4123.

748 SRX 690, 13. 1. 1941, TNA, WO 208/4160.

749 SRX 1240, 6. 11. 1942, TNA, WO 208/4161.

750 SRX 1478, 7. 1. 1943, TNA, WO 208/4162.

751 SRGG 779, 20. 1. 1944, TNA, WO 208/4167.

752 SRX 1163, 15. 10. 1942, TNA, WO 208/4161.

753 SRX 703, 15. 1. 1942, TNA, WO 208/4160.

754 SRM 75, 20. 11. 1942, TNA, WO 208/4136.

755 SRA 2615, 9. 6. 1942, TNA, WO 208/4126.

756 SRN 675, 29. 10. 1941, TNA, WO 208/4143.

757 SRX 1171, 16. 10. 1942, TNA, WO 208/4161.

758 SRA 2615, 9. 6. 1942, TNA, WO 208/4126.

759 SRX 1513, 20. 1. 1943, TNA, WO 208/4162.

760 SRA 3731, 3. 3. 1943, TNA, WO 208/4129.

761 SRGG 483, 14. 10. 1943, TNA, WO 208/4166.

762 SRM 104, 22. 11. 1942, TNA, WO 208/4136.

763 SRX 1819, 8. 7. 1943, TNA, WO 208/4163.

764 SRM 129, 26. 11. 1942, TNA, WO 208/4136.

765 SRGG 59, 24. 5. 1943, TNA, WO 208/4165.

766 SRM 129, 26. 11. 1942, TNA, WO 208/4136.

767 SRGG 650, 12. 12. 1943, TNA, WO 208/4167.

768 SRGG 59, 24. 5. 1943, TNA, WO 208/4165.

769 SRN 2021, 28. 7. 1943, TNA, WO 208/4146.

770 SRGG 223, 13. 7. 1943, TNA, WO 208/4165.

771 SRX 334, 16. 6. 1941, TNA, WO 208/4159.

772 SRX 1125, 24. 9. 1942, TNA WO 208/4161.

773 SRM 136, 29. 11. 1942, TNA, WO 208/4136.

774 Ibid.

775 SRX 1181, 24. 10. 1942, TNA, WO 208/4161.

776 1. FschJgDiv/Kdr, Denkschrift über Gliederung, Bewaffnung und Ausrüstung einer Fallschirmjägerdivision sowie über die Grundsätze der Gefechtsführung im Rahmen einer Fallschirmjägerdivision, 11. 9. 1944, BAMA RH 11 I/24. 이 점을 알려 준 Adrian Wettstein (Bern)에게 감사드린다.

777 SRGG 16, 16. 5. 1943, TNA, WO 208/4165.

778 SRGG 217, 11. 7. 1943, TNA, WO 208/4165.

779 SRX 1839, 16. 7. 1943, TNA, WO 208/4163.

780 Room Conversation Grote-Wiljotti-Brinkmann, 15. 8. 1944, NARA, RG 165, Entry 179, Box 563.

781 SRGG 790, 22. 1. 1944, TNA, WO 208/4167.

782 SRGG 914, 4. 6. 1944, TNA, WO 208/4168. 이런 평가는 공식 보고서들에서도 나타난다. 가령 다음을 참고할 것. 29. Pz.Gren.Div., Erfahrungsbericht über die Kämpfe in Sizilien und Süditalien, 4. 11. 1943, BA/MA RH 11 I/27. Für diesen Hinweis danken wir Adrian Wettstein, Bern.

783 SRX 1149, 9. 10. 1942, TNA, WO 208/4161.

784 SRM 22, 17. 1. 1942, TNA, WO 208/4136.

785 SRM 49, 24. 2. 1942, TNA, WO 208/4136.

786 SRM 49, 24. 2. 1942, TNA, WO 208/4136.

787 SRGG 243, 17. 7. 1943, TNA, WO 208/4165.

788 SRX 1402, 19. 12. 1942, TNA, WO 208/4162.

789 SRM 797, 19. 8. 1944, TNA, WO 208/4138.

790 SRM 469, 2. 2. 1944, TNA, WO 208/4137.

791 SRM 863, 27. 8. 1944, TNA, WO 208/4139.

792 SRM 965, 16. 10. 1944, TNA, WO 208/4139.

793 SRM 613, 29. 6. 1944, TNA, WO 208/4138.

794 SRM 700, 27. 7. 1944, TNA WO 208/4138.

795 SRM 982, 26. 10. 1944, TNA, WO 208/4139.

796 SRCMF, X 113, 29. 12. 1944, TNA, WO 208/5516.

797 SRM 640, 10. 7. 1944, TNA, WO 208/4138.

798 다음도 참고할 것. SRMCF, X 110, 23. 12. 1944, TNA, WO 208/5516. 탈영이라는 주제에 대해서는 현재 연구가 잘되어 있다. 특히 다음을 참고할 것. Magnus Koch, *Fahnenfluchten. Deserteure der Wehrmacht im Zweiten Weltkrieg-Lebenswege und Entscheidungen*(Paderborn, 2008). Wolfram Wette, *Das letzte Tabu. NS-Militärjustiz und 'Kriegsverrat'*(Berlin, 2007). Benjamin Ziemann, "Fluchten aus dem Konsens zum Durchhalten. Ergebnisse, Probleme und Perspektiven der Erforschung soldatischer Verweigerungsformen in der Wehrmacht 1939~1945", Rolf-Dieter Müller and Hans-Erich Volkmann(eds.), *Die Wehrmacht. Mythos und Realität*(München, 1999), pp. 589~613. Wolfram Wette, *Deserteure der Wehrmacht. Feiglinge-Opfer-Hoffnungsträger? Dokumentation eines Meinungswandels*(Essen,

1995). Norbert Haase · Gerhard Paul(eds.), *Die anderen Soldaten. Wehrkraftzersetzung, Gehorsamsverweigerung, Fahnenflucht.*(Frankfurt/M, 1995).

799 Felix Römer, Alfred Andersch und die Anti-Nazis in Amerika, p. 11f.

800 Room Conversation Templin-Erlwein-Friedl, 16. 2. 1945, NARA, RG 165, Entry 178, Box 553.

801 Manfred Messerschmitt, *Die Wehrmachtjustiz 1933~1945*(Paderborn, 2005), p. 172.

802 SRM 419, 19. 12. 1943, TNA, WO 208/4137.

803 GRGG 182, 27./28. 8. 1944, TNA, WO 208/4363.

804 SRGG 1021, 2. 9. 1944, TNA, WO 208/4168.

805 SRM 1148, 31. 12. 1944, TNA, WO 208/4140.

806 오늘날 Longues-sur-Mer 해안포대는 프랑스에 있는 독일 벙커 진지 중 가장 유명하다. 150밀리미터 포가 아직도 남아 있어서 영화 촬영지로도 애용된다. 특히 「양철북」과 「지상 최대의 작전」을 여기에서 찍었다. 관광객에게 개방되어 있고 관광 안내 책자마다 등장한다.

807 SRM 536, 11. 6. 1944, TNA, WO 208/4138.

808 SRM 729, 29. 7. 1944, TNA, WO 208/4138. 다음을 참고할 것. SRM 225, 8. 7. 1943, TNA, WO 208/4136.

809 SRM 593, 25. 6. 1944, TNA, WO 208/4138.

810 SRX 1138, 3. 10. 1942, TNA, WO 208/4161.

811 SRN 823, 1. 3. 1942, TNA, WO 208/4143.

812 SRN 181, 21. 3. 1941; SRN 184, 21. 3. 1941; SRN 193, 22. 3. 1941, TNA, WO 208/4141. 이 최후의 무전은 이랬다. "구축함 두 척 — 어뢰 — 5만 3000톤 — 포로로 잡힘 — 크레치메르."

813 René Schilling, "Die 'Helden der Wehrmacht'-Konstruktion und Rezeption, in: Rolf-Dieter Müller und Hans-Erich Volkmann", *Die Wehrmacht, Mythos und Realität*(München, 1999), pp. 552~556.

814 SRN 3732, 18. 5. 1944, TNA, WO 208/4152.

815 SRN 2606, 4. 1. 1944, TNA, WO 208/4148.

816 SRN 2574, 4. 1. 1944, TNA, WO 208/4148.

817 Ibid.

818 어느 상병의 말이다. SRN 2636, 4. 1. 1944, TNA, WO 208/4148.

819 Christian Hartmann, *Halder. Generalstabschef Hitlers 1938~1942*(Paderborn, 2010), p. 331.

820 상세한 내용은 다음을 참고할 것. Reichenau Johannes Hürter, *Hitlers Heerführer. Die deutschen Oberbefehlshaber im Krieg gegen die Sowjetunion 1941/42*(München, 2006). 다음의 묘사도 참고할 것. Brendan Simms, "Walther von Reichenau-Der politische General", Ronald Smesler · Enrico Syring(eds), *Die Militärelite des Dritten Reiches*(Berlin, 1995), pp. 423~445. Timm Richter가

Reichenau에 대한 박사 논문을 준비 중이다.

821 Rudolf Schmundt는 히틀러의 국방군 보좌관이었으며 육군 인사과장이었다. GRGG 161, WO 208/4363.

822 SRGG 83, 29. 5. 1943, TNA, WO 208/4165.

823 SRGG 578, 21. 11. 1943, TNA, WO 208/4167.

824 Neitzel, *Abgehört*, p. 446.

825 SRX 2029, 25. 10. 1944, TNA, WO 208/4164.

826 SRX 36, 14. 2. 1940, TNA, WO 208/4158.

827 SRA 224, 26. 7. 1940, TNA, WO 208/4118.

828 SRA 258, 1. 8. 1940, TNA, WO 208/4118.

829 SRM 149, 7. 12. 1942, TNA, WO 208/4136.

830 SRX 1955, 23. 2. 1944, TNA, WO 208/4164. 다음도 참고할 것. SRA 8. 10. 1940, TNA, WO 208/4120.

831 SRX 1881, 15. 10. 1943, TNA, WO 208/4163.

832 Neitzel, *Einsatz der deutschen Luftwaffe*, p. 40.

833 Murawski, *Wehrmachtbericht*, p. 42.

834 Clay Blair, *Der U-Boot-Krieg*, vol. 2(München, 1999), p. 738, 778.

835 특히 다음을 참고할 것. Wochenschau vom 21. 10. 1942.

836 Alberto Santoni, "The Italian Submarine Campaign", Stephen Howarth · Derel Law(eds.), *The Battle of the Atlantic 1939~1945*(London, 1994), pp. 329~332.

837 SRN 4797, 31. 3. 1945, TNA, WO 208/4157.

838 SRA 2996, 14. 8. 1942, TNA, WO 208/4127.

839 SRN 129, 15. 11. 1940, TNA, WO 208/4141. 다음도 참고할 것. SRA 2178, 1. 10. 1941, TNA, WO 208/4125.

840 SRA 5777, 1. 2. 1945, TNA, WO 208/4135. 괴링에 대한 이 농담은 여러 형태가 있다. 가령 '자주포 월계수 대철십자훈장'이라고도 했다. Hans-Jochen Gamm, *Der Flüsterwitz im Dritten Reich. Mündliche Dokumente zur Lage der Deutschen während des Nationalsozialismus*(München, 1990), p. 165.

841 Amedeo Osti Guerrazzi, "Noi non sappiamo odiare", *L'esercito italiano tra fascismo e democrazia*(Rom, 2010), p. 166.

842 SRIG 329, 17. 10. 1943, TNA, WO 208/4187. Ficalla는 제202해안사단장이었고 1943년 7월 21일 시칠리아에서 포로가 되었다. Salza는 이탈리아 제1군단의 군목이었고 1943년 5월 13일 튀니지에서 포로가 되었다.

843 가령 다음을 참고할 것. CSDIC Middle East n. 662 (I), 5. 1. 1943, TNA, WO 208/5574.

844 SRIG 221, 11. 8. 1943, TNA, WO 208/4186.

845 CSDIC Middle East n. 626 (I), 15. 11. 1942, TNA, WO 208/5574.

846 이탈리아 군인들의 인식에 있어 훈장보다는 물질적 유인이 행동을 유발하는 효과가 컸다. 어느 뇌격기 조종사는 어뢰 한 방 명중에 상금 5000리라를 받는다고 전한다. CSDIC Middle East No. 488 (I), 13. 4. 1942, TNA, WO 208/5518.

847 Ettore Bastico는 1941년 7월~1943년 2월 북아프리카 이탈리아군 총사령관이었다.

848 CSDIC Middle East No. 713 (I), 23. 3. 1943, TNA, WO 208/5574.

849 다음을 참고할 것. ISRM 49, 17. 7. 1943, TNA, WO 208/4188.

850 그러나 이탈리아 최정예부대 병사들도 대화 중에 독일 병사들보다는 훨씬 감정적이 되곤 했다. 가령 Glauco 잠수함의 장교가 어뢰의 추격을 서술하는 것을 보면, 독일 잠수함 승무원과는 다름을 알 수 있다. I/SRN 76, 29. 7. 1941, TNA, WO 208/4189.

851 I/SRN 68, 24. 7. 1941, TNA, WO 208/4189.

852 영국 장거리 전투기.

853 CSDIC Middle East No. 489 (I)., 14. 4. 1942. 다음도 참고할 것. CSDIC Middle East No. 471(I)., 25. 3. 1942, TNA, WO 208/5518.

854 CSDIC AFHQ No. 58 (I), 31. 8. 1943, TNA, WO 208/5508.

855 Ibid.

856 I/SRN 70, 24. 7. 1941; I/SRN 90, 18. 8. 1941, TNA, WO 208/4189.

857 I/SRN 65, 20. 7. 1941. 다음을 참고할 것. I/SRN 88, TNA, WO 208/4189.

858 가령 다음을 참고할 것. I/SRN 54, 15. 1. 1941; I/SRN 72, 25. 7. 1941; I/SRN 97, 25. 8. 1941, TNA, WO 208/4189.

859 가령 Kurt Freiherr von Liebenstein 중장의 견해가 그렇다.

860 SRIG 138, 17. 7. 1943. TNA, WO 208/4186.

861 다음에 있는 편지다. Michael E. Stevens, *Letters from the Front 1898~1945*(Madison, 1992), p. 135.

862 Ulrich Straus, *The Anguish of Surrender: Japanese POW´s of World War II*(London/Seattle, 2003), p. 48f.

863 Hirofumi Hayashi, "Japanese Deserters and Prisoners of War in the Battle of Okinawa", Barbara Hately-Broad and Bob Moore(eds.), *Prisoners of War, Prisoners of Peace: Captivity, Homecoming and Memory in World War II*(Oxford, 2005), pp. 49~58, p. 54. 이와 비슷한 일이 미얀마의 전장에서도 일어난 것으로 보인다. 다음을 참고할 것. Takuma Melber, "Verhört: Alliierte Studien zu Moral und Psyche japanischer Soldaten im Zweiten Weltkrieg", Welzer · Neitzel · Gudehus, *Der Führer*.

864 Melber, op. cit.

865 Ibid.

866 Rüdiger Overmans, *Deutsche militärische Verluste im Zweiten Weltkrieg*(München, 1999), p. 215.

867 SRM 1022, 15. 11. 1944, TNA, WO 208/4139.

868 이는 친위대 대장 Paul Hausser가 1966년 출간한 책 제목이다.

869 무장친위대에 대한 최근 연구는 다음을 참고할 것. Martin Cüppers, *Wegbereiterder Shoah: die Waffen-SS, der Kommandostab Reichsführer-SS und die Judenvernichtung 1939~1945*(Darmstadt, 2005). Carlo Gentile, *Wehrmacht, Waffen-SS und Polizei im Kampf gegen Partisanen und Zivilbevölkerung in Italien 1943~1945*(Paderborn, 2011). Lieb, *Konventioneller Krieg*. René Rohrkamp, *Weltanschaulich gefestigte Kämpfer. Die Kämpfer der Waffen-SS 1933~1945. Organisation-Personal-Sozialstruktur*(Paderborn, 2010). 특히 다음을 참고할 것. Jean-Luc Leleu, *La Waffen-SS. Soldats Politiques en Guerre*(Paris, 2007). Demnächst Jochen Lehnhardt, *Die Waffen- SS in der NS-Propaganda*(마인츠 대학교 박사 학위 논문, 2011).

870 SRM 8, 23. 7. 1940, TNA, WO 208/4136.

871 Hartmann, *Wehrmacht im Ostkrieg*, p. 106, 237.

872 KTB SS Infanterie Regiment 4 (mot.), 9. 12. 1941 – 29. 4. 42 (Kopie im Besitz der Verf.).

873 Rohrkamp, op. cit.

874 SRGG 429, 22. 9. 1943, TNA, WO 208/4166. 이와 비슷한 내용은 다음을 참고할 것. SRM 786, 12. 8. 1944, TNA, WO 208/4138.

875 SRM 747, 3. 8. 1944, TNA, WO 208/4138. Ligner의 비판에 대해서도 다음을 참고할 것. SRM 1216, 2.45, TNA, WO 208/4140.

876 SRM 1019, 14. 11. 1944, TNA, WO 208/4139; SRX 2055, 9. 11. 1944, TNA, WO 208/4164; S.R.G.G. 1024 (C) 2. 9. 1944, TNA WO 208/4168.

877 SRM 786, 12. 8. 1944, TNA, WO 208/4138.

878 S.R.G.G. 1034 (C) 8. 9. 1944, TNA, WO 208/4168.

879 KTB Division Großdeutschland, Aktennotiz Ia, 6./7. 1. 1943, p. 2, BA/MA, RH 26 – 1005/10.

880 SRM 786, 12. 8. 1944, TNA, WO 208/4138.

881 SRGG 971, 9. 8. 1944, TNA, WO 208/4168. 무장친위대와 헤르만 괴링 사단을 '히틀러 근위 대'로 통합한 일에 대해서는 다음을 참고할 것. SRGG 39, 16. 5. 1943, TNA, WO 208/4165.

882 SRA 2877, 5. 8. 1942, TNA, WO 208/4168; SRX 87, 9. 6. 1940, TNA, WO 208/4158; SRA 2621, 11. 6. 1942, TNA, WO 208/4126.

883 SRA 3236, 5. 10. 1942, TNA, WO 208/4128.

884 SRGG 39, 22. 5. 19 43, TNA, WO 208/4165.

885 SRGG 39, 22. 5. 19 43, TNA, WO 208/4165.

886 SRGG 971, 9. 8. 1944, TNA, WO 208/4165.

887 Henry Dicks, *The Psychological foundations of the Wehrmacht*, WO 241/1.

888 다음에서 재인용. Karl-Günter Zelle, *Hitlers zweifelnde Elite*, p. 209.

889 다음에서 재인용. Lieb, op. cit., p. 441.

890 가령 다음을 참고할 것. SRM 956, 10. 10. 1944, TNA, WO 208/4139.

891 GRGG 263, 18. – 20. 2. 1945, p.3, TNA, WO 208/4177.

892 SRGG, 19. 2. 1944, TNA, WO 208/4168. 1944년 11월 15일 쿠르트 마이어(Kurt Meyer)에 대한 조사는 그가 '초원'의 '볼셰비키들'을 얼마나 미워하는지 잘 보여 준다. SRM 1022, 15. 11. 1944, p. 8, TNA, WO 208/4139.

893 SRM 1207, 12. 2. 1945, TNA, WO 208/4140.

894 Room Conversation Becker-Steiner, 14. 2. 1945, NARA, RG 165, Entry 179, Box 447.

895 Overmans, op. cit., p. 257, 293~296.

896 Peter Lieb, "Rücksichtslos ohne Pause angreifen, dabei ritterlich bleiben". Eskalation und Ermordung von Kriegsgefangenen an der Westfront 1944", Neitzel · Hohrath(eds.), Kriegsgreuel, pp. 346~350. 비슷한 지적은 다음도 참고할 것. Antony Beevor, '*D-Day-Die Schlacht in der Normandie*'(München, 2010).

897 Lieb, *Konventioneller Krieg*, pp. 435~448. 친위대원들이 "항복하기보다는 죽기를 택한다."는 연합군의 보고서가 많이 전해진다. Charles P. Stacey, *The victory campaign. The operations in North-West Europe, 1944~1945*(Ottawa, 1960), p. 249.

898 바로 동부 전선에서는 친위대 부대들이 큰 손실을 입지 않으면서 소련군에 커다란 피해를 안겨 주었다. 가령 1943년 '성채 작전(Unternehmen Zitadelle)'에서 그랬다. 다음을 참고할 것. Roman Töppel, "Kursk-Mythen und Wirklichkeit einer Schlacht", *VfZG* 57(2009), pp. 349~384, 특히 p. 373ff.를 참고할 것. Karl–Heinz Frieser etc., *Das Deutsche Reich und der Zweite Weltkrieg*, vol. 8(Stuttgart, 2007), pp. 104~138.

899 SRGG 513, 29. 10. 1943, TNA, WO 208/4166.

900 기갑사단장 Erhard Raus 대장이 제8상급군단에게 보낸 1943.8.10. 무선 내용. BA/MA, RH 20–8/95.

901 하인리히 에버바흐(Heinrich Eberbach)가 1946년 2월 7일 수감 중 작성한 「에버바흐 기갑부대: 알랑송, 그리고 팔레즈에서의 돌파」. BA-MA, RH 20/7/149. 에버바흐의 말에 따르면 1944년 트렌트파크에서 쓴 메모를 토대로 이 보고서를 작성했다.

902 Lieb, op. cit., p. 426. Heimann 소령은 아돌프 히틀러 근위대 사단의 1개 대대가 1944년 10월 벌인 아헨 공방전에 대해 전한다. "아헨에 남은 근위대에 있던 근위대 중위 Rink(?)는 제 휘하 대대장의 지휘를 받았습니다. 한번은 대대장이 제게 왔습니다. 우리가 투항하기 사나

홀 전이었지요. 제게 이렇게 말하더군요. '이놈들이 오늘밤 도망칠 겁니다.' 그런데 친위대는 정말 도망갈 준비를 하고 있었습니다. 그래서 우리는 엄중하게 경고했지요. 이 도시를 최후까지 사수하라는 총통 명령은 친위대에게도 해당된다고요." SRM 982, 26. 10. 1944, TNA, WO 208/4139.

903 SRM 640, 10. 7. 1944, TNA, WO 208/4138.

904 SRM 968, 18. 10. 1944, TNA, WO 208/4139.

905 제48기갑군단장 Hermann Balck 대장은 1944년 4월 제9친위대기갑사단에 대해 혹독하게 비판했다. 중간급 간부들 수준이 형편없다는 것이다. 그의 분노는 그 사단장인 Wilhelm Bittrich 대장에게 향했고 그의 해임을 요구할 정도였다. 하지만 비트리히의 개인적 용맹성은 높이 평가했다. 다음을 참고할 것. Gert Fricke, *'Fester Platz' Tarnopol 1944*(Freiburg, 1969), pp. 107~111, 116~119. 나아가 v. Kluge 원수의 1944년 7월 14일 서부기갑군단 및 친위대기갑군단에 대한 전방 시찰 보고를 참고할 것. BA/MA, RH 19 IV/50.

906 아마 Saporischja인 것으로 보인다.

907 SRA 4273, 14. 8. 1943, TNA, WO 208/4130. 히틀러는 1943년 2월 19일 남부집단군 사령부를 방문하고 Saporischja에서 Erich von Manstein 원수와 만나 그에게 반격을 할 재량권을 부여했다. 이때 친위대사단 아돌프 히틀러 근위대도 투입되었다.

908 SRM 662, 19. 7. 1944, TNA, WO 208/4138.

909 1944년 7월 25일 영국 제8군단의 평가. 다음에서 재인용. Lieb, op. cit., p. 428.

910 Eberbach가 1944년 7월 8일과 7월 11일 부인에게 보낸 편지. BA/MA, MSG 1/1010.

911 SRA 3677, 18. 2. 1943, TNA, WO 208/4129.

912 SRX 201, 22. 3. 1941, TNA, WO 208/4158.

913 SRX 201, 22. 3. 1941, TNA, WO 208/4158. 다음에서 U-335 잠수함의 Helmsmann 상병의 말을 참고할 것. SRN 1013, 1. 9. 1942, TNA, WO 208/4143.

914 SRA 2378, 9. 12. 1941, TNA, WO 208/4126.

915 프랑스 침공 시 저지른 전쟁 범죄에 대한 개괄적 서술은 다음을 참고할 것. Lieb, op. cit., pp. 15~20. Totenkopfdivision(백골사단)에 대해서는 다음을 참고할 것. Charles W. Sydnor, *Soldaten des Todes. Die 3. SS-Division 'Totenkopf', 1933~1945*(Paderborn, 2002), pp. 76~102. Jean-Luc Leleu, "La Division SS-Totenkopf face à population civile du Nord de la France en mai 1940", *Revue du Nord* 83(2001), pp. 821~840. 프랑스 식민지 출신 부대원 살해에 대한 다음 자료는 경험적 증거에 다소 문제가 있다. Raffael Scheck, *Hitler's African Victims: the German Army massacres of French Black Soldiers 1940*(Cambridge, 2006).

916 가령 다음을 참고할 것. SRM 892, 15. 9. 1944, TNA, WO 208/4139.

917 SRM 705, 28. 7. 1944, TNA, WO 208/4138.

918 SRM 746, 3. 8. 1944, TNA, WO 208/4138. 실제로 두 부대는 1943년 10월~1944년 1월 같은 지역에서 싸웠다.

919 SRM 746, 3. 8. 1944, TNA, WO 208/4138.

920 SRX 1978, 13. 8. 1944, TNA, WO 208/4164.

921 SRM 726, 30. 7. 1944, TNA, WO 208/4138.

922 SRM 1150, 30. 12. 1944, TNA, WO 208/4140. 이 반유대주의 발언은 사단장인 Heinz Lammerding 친위대 소장에게서 나왔다.

923 SRM 899, 15. 9. 1944, TNA, WO 208/4139. 약탈에 대해서는 다음을 참고할 것. SRM 772, 1. 8. 1944, TNA, WO 208/4138.

924 어느 하사는 자신의 대전차부대에서 영국인 열 명이 총살당했다고 전한다. SRM 741, 4. 8. 1944, TNA, WO 208/4138. Kaun 하사는 기갑부대 병사가 캐나다 포로를 곡괭이로 찍어 죽였다고 전한다. 이 범행 묘사에 따르면 범인은 히틀러유겐트 친위대사단 소속일 수도 있고 육군 소속일 수도 있다. SRM 737, 3. 8. 1944, TNA, WO 208/4138.

925 이에 대한 상세한 정보는 다음을 참고할 것. Lieb, op. cit.

926 SRM 892, 15. 9. 1944, TNA, WO 208/4139.

927 SRM 855, 29. 8. 1944, TNA, WO 208/4139.

928 Room Conversation Hanelt-Breitlich, 3. 4. 1945, NARA, RG 165, Entry 179, Box 479. 마을을 섬멸하는 데 전차를 동원했다는 이야기를 보면, 무장친위대가 주도하고 보안대 기동대의 총살로 이어지는 빨치산 진압 작전 중에 이 일이 일어났을 가능성이 높다.

929 GRGG 225, 18.‒19. 11. 1944, TNA, WO 208/4364.

930 다음을 참고할 것. Neitzel, *Abgehört*, pp. 300~303, 572f.

931 SRX 1799, 23. 6. 1943, TNA, WO 208/4162.

932 동부 전선에서의 무장친위대의 전쟁 범죄에 대해서는 유감스럽게도 연구가 부족하다.

933 SRN 3929, 10. 7. 1944, TNA, WO 208/4153.

934 SRM 1079, 24. 11. 1944, TNA, WO 208/4139. 친위대 병장 Otto Gregor는 벨로루시에서의 민간인 학살에 대해 전한다. PWIS (H)LDC/762, TNA, WO 208/4295. 포로 생활을 하던 뮐러라인츠부르크(Müller-Rienzburg) 중령은 쿠르트 마이어(Kurt Meyer) 친위대 대령이 연대장 연수 과정 중에 뽐내면서 했던 이야기를 전한다. 그는 하리코프에서 단 두 명의 인명 피해만 입고 마을을 점령한 후 "아이, 여자, 노인 할 것 없이" 마을을 초토화시켰다는 것이다. SRGG 832, 13. 2. 1944, TNA, WO 208/4168.

935 SRM 648, 15. 7. 1944, TNA, WO 208/4138.

936 SRM 643, 13. 7. 1944, TNA, WO 208/4138. 제국친위대사단의 포로 총살에 대해서는 친위대 중위 Simke의 이야기를 참고할 것. SRM 764, 8. 8. 1944, TNA, WO 208/4138. 제12친위대

사단 히틀러유겐트 소속 친위대 소위 Karl-Walter Becker는 전방의 전우들이 자기에게 털어 놓은 이야기를 전한다. "러시아에서는 보통 이렇게 했다는군요. 포로가 여러 명 있으면 그 중에서 제일 중요해 보이는 자만 따로 이송하고 나머지는 거의 언제나 죽였답니다." 친위대 소위 카를발터 베커가 자발적으로 털어놓은 이야기에 대해서는 TNA, WO 208/4295 참조.

937 SRM 1205, 12. 2. 1945, TNA, WO 208/4140 노르망디에서의 제12친위대기갑사단의 전쟁범 죄에 대해서는 다음을 참고할 것. Howard Margolian, *Conduct Unbecoming. The story of the murder of Canadian prisoners of war in Normandy*(Toronto, 1998). Lieb, op. cit., pp. 158~166.

938 SRM 753, 3. 8. 1944, TNA, WO 208/4138.

939 또 다른 범죄들에 대해서는 다음을 참고할 것. SRM 706, 28. 7. 1944, TNA, WO 208/4138; SRM 367, 9. 11. 1943, TNA, WO 208/4137 (1941년 4월 세르비아 Pančevo에서의 인질 학살).

940 Leleu, *La Waffen-SS*, pp. 233~235, 420~441. Jürgen Matthäus, Konrad Kwiet, Jürgen Förster, Richard Breitman(eds.), *Ausbildungsziel Judenmord? 'Weltanschauliche Erziehung' von SS, Polizei und Waffen-SS im Rahmen der 'Endlösung'*(Frankfurt am Main, 2003).

941 GRGG 262, 18. - 20. 2. 1945, TNA, WO 208/4177.

942 SRM 1214, 12. 2. 1945, TNA, WO 208/4140.

94 SRM 1216, 16. 2. 45. TNA, WO 208/4140. 이와 유사한 표현을 담은 1943년 2월 20일 힘러의 명령에 대해서는 다음을 참고할 것. Matthäus, op. cit., p. 106.

944 Bernd Wegner, *Hitlers Politische Soldaten. Die Waffen-SS 1933~1945*(Paderborn, 2009), p. 189.

945 Matthäus, op. cit.

946 SRM 649, 16. 7. 1944, TNA, WO 208/4138.

947 Leleu, op. cit., pp. 468~470.

948 Wegner, op. cit., p. 48f. Leleu, op. cit., p. 456f., 483f.

949 SRM 649, 16. 7. 1944, TNA, WO 208/4138.

950 SRM 705, 28. 7. 1944, TNA, WO 208/4138.

951 SRM 649, 16. 7. 1944, TNA, WO 208/4138.

952 Carlo Gentile, "'Politische Soldaten'. Die 16. SS-Panzer-Grenadier-Division 'Reichsführer-SS' in Italien 1944", *Quellen und Forschungen aus italienischen Archiven und Bibliotheken* 81(2001), pp. 529~561.

953 Peter Lieb, "Die Ausführung der Maßnahme hielt sich anscheinend nicht im Rahmen der gegebenen Weisung". Die Suche nach Hergang, Tätern und Motiven des Massakers von Maillé am 25. August 1944, *Militärgeschichtliche Zeitschrift* 68(2009), pp. 345~378.

954 SRM 766, 8. 8. 1944, TNA, WO 208/4138.

955 Leleu, op. cit., p. 794f.

956 SRM 668, 21. 7. 1944, TNA, WO 208/4138.

957 다음 연구에서 이렇게 말하고 있다. Matthias Weusmann, *Die Schlacht in der Normandie 1944. Wahrnehmungen und Deutungen deutscher Soldaten*(마인츠 대학교 석사 학위 논문, 2009).

958 Christian Gerlach, *Kalkulierte Morde. Die deutsche Wirtschafts- und Vernichtungspolitik in Weißrußland*(Hamburg, 1999), pp. 609~622. Peter Lieb, "Die Judenmorde der 707. Infanteriedivision 1941/42", *VfZG* 50(2002), pp. 523~558, 특히 535~544.

959 Hartmann, *Wehrmacht im Ostkrieg*, pp. 469~788. Hermann Frank, *Blutiges Edelweiss. Die 1. Gebirgsdivision im Zweiten Weltkrieg*(Berlin, 2008). Peter Lieb, "Generalleutnant Harald von Hirschfeld. Eine nationalsozialistische Karriere in der Wehrmacht", Christian Hartmann(ed.), *Von Feldherrn und Gefreiten. Zur biographischen Dimension des Zweiten Weltkrieges*(München, 2008), pp. 45~56.

960 이에 대한 최초의 심성사 연구는 다음을 참고할 것. Hans-Martin Stimpel, *Die deutsche Fallschirmtruppe 1936~1945. Innenansichten von Führung und Truppe*(Hamburg, 2009).

961 영국인들은 포로가 된 제3공수사단 장교들이 거의 전부 나치 신봉자라고 말한다. Corps Intelligence Summary, No. 56, 8. 9. 1944, TNA, WO 171/287. 이 정보를 알려 준 잔트후르스트의 페터 리프 씨에게 감사드린다.

962 SRGG 971, 9. 8. 1944, TNA, WO 208/4168.

963 무장친위대와 공수부대의 장교 및 부사관들의 도청 기록을 체계적으로 비교한 다음 연구에서 이런 결론을 내렸다. Frederik Müllers, *Des Teufels Soldaten? Denk-und Deutungsmuster von Soldaten der Waffen-SS*(마인츠 대학교 국가 시험 논문 2011).

964 Tobias Seidl는 마인츠 대학교 박사 논문에서 이런 결론을 내렸다. '*Führerpersönlichkeiten*'. *Deutungen und Interpretationen deutscher Wehrmachtgeneräle in britischer Kriegsgefangenschaft.*

965 다음을 참고할 것. Richard Germann, "'Österreichische' Soldaten im deutschen Gleichschritt?", Welzer · Neitzel · Gudehus, *Der Führer.*

966 Ulrich Herbert, *Best: biographische Studien über Radikalismus, Weltanschauung und Vernunft 1903~1989*(Bonn, 1996). Michael Wildt, *Generation des Unbedingten. Das Führungskorps des Reichssicherheitshauptamtes*(Hamburg, 2002). Isabel Heinemann, '*Rasse, Siedlung, deutsches Blut.*' *Das Rasse- und Siedlungshauptamt der SS und die rassenpolitische Neuordnung Europas*(Göttingen, 2003).

국방군의 전쟁은 얼마나 국가사회주의적이었는가?

967 www.collateralmurder.com.

968 David L. Anderson, "What Really Happened?", David L. Anderson (Hg.), *Facing My Lai. Beyond the Massacre*(Kansas, 1998), pp. 1~17.

969 Greiner, *Krieg ohne Fronten*, p. 113.

970 Ibid., p. 407.

971 Der SPIEGEL, vol.16(2010), p. 21.

972 Harald Potempa, *Die Perzeption des Kleinen Krieges im Spiegel der deutschen Militärpublizistik (1871 bis 1945) am Beispiel des Militärwochenblattes*(Potsdam, 2009).

973 Der SPIEGEL, vol.16(2010) p. 20.

974 Walter Manoschek, "Wo der Partisan ist, ist der Jude, wo der Jude ist, ist der Partisan. Die Wehrmacht und die Shoah", Gerhard Paul(eds.), *Täter der Shoah, Fanatische Nationalsozialisten oder ganz normale Deutsche?*(Göttingen, 2002), pp. 167~186. Helmut Krausnick and Hans-Heinrich Wilhelm, *Die Truppe des Weltanschauungskrieges. Die Einsatzgruppen der Sicherheitspolizei und des SD 1938~1942*(Stuttgart, 1981), p. 248.

975 Alison des Forges, *Kein Zeuge darf überleben. Der Genozid in Ruanda*(Hamburg, 2002), p. 94.

976 Bill Adler(Ed.), *Letters from Vietnam*(New York, 1967), p. 22.

977 Jonathan Shay, *Achill in Vietnam. Kampftrauma und Persönlichkeitsverlust*(Hamburg, 1998), p. 271.

978 Philip Caputo, *A Rumor of War*(New York, 1977), p. 231.

979 Michael E. Stevens, *Letter from the Front 1898~1945*(Madison, 1992), p. 110.

980 Andrew Carroll, *War letters. An extraordinary Correspondence from American Wars*(New York, 2002).

981 Samuel A. Stouffer etc., *Studies in Social Psychology in World War II: The American Soldier. Vol. 1, Adjustment During Army Life*(Princeton, 1949), pp. 108~110, 149~172.

982 Kundus에서 보낸 편지. *Süddeutsche Zeitung Magazin*(2009): Briefe von der Front. 인터넷에서 는 2010년 8월 20일 현재 다음에서 볼 수 있다. http://sz-magazin.sueddeutsche.de/texte/ anzeigen/31953, Zugriff am 27. 8. 2010.

983 전쟁 중 보낸 편지들에서는 종종 복수하려는 생각이나 욕구를 가진 데 대해 애석한 마음이 나 용서를 구하는 심정이 나타나기도 한다. 여기에서 베트남전의 편지 한 통을 사례로 든 다. "오늘 전우 몇 명을 잃었습니다. 제가 제일 먼저 소망한 것은 그들(북베트남 부대들) 에게로 돌아가서 복수할 기회였습니다. 이런 글을 써서 죄송합니다. 집에 보내는 편지에는 제가 참가한 작전에 대해 쓰지 않으려 했습니다. 하지만 어쩔 수가 없습니다. 이렇게 쓰라 리게 그들에 대해 복수심에 불탈 수밖에는." (Bernard Edelman, *Dear America. Letters home from Vietnam*(New York, 1985), p. 79)

984 다음의 요약을 참고할 것. Overmans, *Das Deutsche Reich*, vol. 9/2, p. 799, p. 820.

985 비슷한 동정심을 담고 있는 다음의 편지들도 참고할 것. Konrad Jarausch and Klaus-Jochen Arnold, *Das stille Sterben ... Feldpostbriefe von Konrad Jarausch aus Polen und Russland*(Paderborn, 2008).

986 다음 논문집의 논문들을 참고할 것. Neitzel · Hohrath, *Kriegsgreuel*. 이 중 특히 다음을 참고 할 것. Oswald Überegger, *'Verbrannte Erde' und 'baumelnde Gehenkte'. Zur europäischen Dimension*

militärischer Normübertretungen im Ersten Weltkrieg, pp. 241~278. Bourke, *An Intimate History*, p. 182.

987 Peter Lieb, "Rücksichtslos ohne Pause angreifen, dabei ritterlich bleiben. Eskalation und Ermordungen von Kriegsgefangenen an der Westfront 1944", Neitzel · Hohrath, op. cit., pp. 337~352.

988 Wehler, *Gesellschaftsgeschichte*, vol. 4, p. 842.

989 Gerald F. Linderman, *The world within war. America's combat experience in World War II*(New York, 1997), p. 111.

990 1943년 7월 14일 미군 제45보병사단 군인들은 시칠리아의 마을 Biscari 부근에서 약 일흔 명의 이탈리아와 독일 포로들을 사살했다. 그 중요한 이유 중 하나는 포로 살해를 은밀히 지시한 Patton 장군의 명령이었다. Bourke, op. cit., p. 184. 이와 비슷한 사례들이 노르망디 전투 초기부터 전해진다. 다음을 참고할 것. Lieb, *Rücksichtslos*.

991 Linderman, op. cit., pp. 112~126.

992 Lieb, op. cit., p. 349f.

993 Welzer, *Täter*, p. 256.

994 Jens Ebert, *Zwischen Mythos und Wirklichkeit. Die Schlacht um Stalingrad in deutschsprachigen authentischen und literarischen Texten*(박사 학위 논문, 베를린, 1989), p. 38. 여기에서는 다음에서 재인용. Ute Daniel and Jürgen Reulecke, "Nachwort der deutschen Herausgeber", Anatolij Golovc̆anskij etc. (eds.), *'Ich will raus aus diesem Wahnsinn'. Deutsche Briefe von der Ostfront 1941~1945. Aus sowjetischen Archiven*(Wuppertal etc., 1991), p. 314. 다음도 참고할 것. Linderman, op. cit., pp. 48~55. Alf Lüdtke, "The Appeal of Exterminating 'Others'. German Workers and the Limits of Resistance", *Journal of Modern History* 64(1992), Special Issue, pp. 46~67, 여기에서는 다음을 참고할 것. pp. 66~67.

995 Edelman, op. cit., p. 136.

996 Rolf-Dieter Müller and Hans-Erich Volkmann(eds.), *Die Wehrmacht. Mythos und Realität*(München, 1999), pp. 87~174.

997 Felix Römer, "Seid hart und unerbittlich .... Gefangenenerschießungen und Gewalteskalation im deutsch-sowjetischen Krieg 1941/42", Neitzel · Hohrath, op. cit., pp. 317~336.

998 Linderman, op. cit., p. 90ff., 169.

999 Stouffer etc., op. cit.

1000 Ibid., p. 149.

1001 Shils · Janowitz, *Cohesion and Disintegration*.

1002 여기 대해서는 다음도 참고할 것. Martin van Creveld, *Fighting Power. German and U. S. Army Performance, 1939~1945*(Westport/Connecticut, 1982). Welzer, op. cit.

1003 Erving Goffman, *Stigma. Über Techniken der Bewältigung beschädigter Identität*(Frankfurt am Main, 1974).

1004 다음에서 재인용. Lifton, *Ärzte im Dritten Reich*, p. 58.

1005 다음에서 재인용. Greiner, op. cit., p. 249.

1006 Reese, *Mir selber*, p. 136ff.

1007 이러한 집단 형성은 이보다 좀 더 일반적인 차원에서도, 그러니까 전투에 참여한 군인들이 그들 세계의 나머지 사람에게서 스스로를 경계 짓는 데서도 잘 나타난다. Biehl & Keller는 해외 주둔 독일 연방군 군인들의 관점을 사례로 들어 이를 서술했다. "군인들에게서는 잠재적인 이데올로기 성향과 이데올로기에 대한 거부 반응이 서로 변증법적으로 작용한다. 이런 과정을 통해 군인들은 자기 임무와 그 목적들을 자기화한다. 이에 비해 군인들은 대중 매체 보도, 사회적 반응, '고고하신 정치'에 대해서는 거리를 두거나 거부하는 태도를 보인다. 엘리트에 대한 일종의 반감인데, 이 때문에 군인들은 자신이 이런 임무를 성공리에 완수하기 위해 진짜 중요한 일들을 바로 현지에서 수행하는 결정적 행위자로 자처한다. 이런 메커니즘은 자신의 상황을 극복하는 데, 그리고 그 부담과 위험을 극복하는 데 도움이 된다. 이를 통해 군인들은 '여기 주둔지의 우리'와 '저기 고국의 사람들' 사이에 경계를 긋고 이를 통해 귀속과 인정의 범위를 한정한다." Heiko Biehl and Jörg Keller, "Hohe Identifikation und nüchterner Blick", Sabine Jaberg, Heiko Biehl, Günter Mohrmann, and Maren Tomforde(eds.), *Auslandseinsätze der Bundeswehr. Sozialwissenschaftliche Analysen, Diagnosen und Perspektiven*(Berlin, 2009), pp. 121~141, 134~135. 또한 Maren Tomforde는 이런 맥락에서, 국제안보지원군(ISAF) 소속 독일연방군 군인들의 집단적인 임무 정체성이 어떻게 생겨나는지 묘사한다. 예를 들어 깨끗이 세탁하고 분홍빛을 살짝 띤 하복인 '장미' 유니폼 착용으로 군인들은 자신들이 거기 속함을 나타내고 다른 부대원들로부터 경계를 긋는다. 따라서 해외 파병 중에는 고국에서 지녔던 연방군이라는 정체성과는 다른 새로운 소속감이 생겨난다. Maren Tomforder, "Meine rosa Uniform zeigt, dass ich dazu gehöre. Soziokulturelle Dimensionen des Bundeswehr-Einsatzes in Afghanistan." Horst Schuh, Siegfried Schwan(eds.), *Afghanistan-Land ohne Hoffnung? Kriegsfolgen und Perspektiven in einem verwundeten Land*(Brühl, 2007), pp. 134~159.

1008 물론 전투를 할 때에도 정치적 목표와 세계관을 강고히 신봉하는 소수도 존재한다. 하나의 예는 스페인 내전 참전 용사들로 구성된 에이브러햄 링컨 여단이다. 반파시즘이라는 열렬한 동기를 지닌 이들은 2차 세계대전 중에는 미군에 소속되어 나치와 싸웠다. 다음을 참고할 것. Peter N. Carroll etc., *The good fight continues. World War II letters from the Abraham Lincoln Brigade*(New York, 2006).

1009 Edelman, op. cit., p. 216.

1010 Der SPIEGEL, vol.16(2010), p. 23.

1011 Andrew Carroll(ed.), *War Letters. Extraordinary Correspondence from American Wars*(New York, 2002), p. 474.

1012 Aly, *Volksstaat.*

1013 Loretana de Libero, *Tradition im Zeichen der Transformation. Zum Traditionsverständnis der Bundeswehr im frühen 21. Jahrhundert*(Paderborn, 2006).

1014 다음을 참고할 것. Benjamin Ziemann, *Front und Heimat. Ländliche Kriegserfahrungen im südlichen Bayern, 1914~1923*(Essen, 1997).

1015 Kühne, *Kameradschaft*, p. 197.

1016 다음을 참고할 것. Felix Römer, "Volksgemeinschaft in der Wehrmacht? Milieus, Mentalitäten und militärische Moral in den Streitkräften des NS-Staates", Welzer · Neitzel · Gudehus, *Der Führer.*

부록

1017 TNA WO 208/4970, "The Story of M.I.19", 일자 없음, p. 1. 다음을 참고할 것. Francis H. Hinsley, *British Intelligence in the Second World War*, vol. 1(London, 1979), p. 283.

1018 "The Story of M.I.19", 일자 없음, p. 6, TNA, WO 208/4970.

1019 TNA WO 208/4970, "The History of C.S.D.I.C.(U.K)", 일자 없음, p. 4.

1020 Bericht "Interrogation of Ps/W" v. 17. 5. 1943; NARA, RG 38, OP-16-Z, Records of the Navy Unit, Tracy, Box 16. "현재 심문 본부는 다음과 같이 설치되어 있다. 영국에는 독일군과 이탈리아군 심문 본부 3개소, 북아프리카에는 독일군과 이탈리아군 심문 본부 2개소, 동아프리카에는 일본군 심문 본부 1개소(폐소), 인도에는 일본군 심문 본부 1개소, 호주에는 일본군 심문 본부 1개소(A.T.I.S), 미국에는 독일군과 이탈리아군과 일본군 심문 본부 2개소."

1021 독일 해군 3838명에 대해 도청 기록 4826건, 공군 3609명에 대해 5795건, (무장친위대 포함) 육군 2748명에 대해 1254건이 작성되었다. 여기에 덧붙여 육해공군이 뒤섞인 대화의 도청 기록도 2076건 작성되었다. 육군 도청 기록 보고서 기호는 S. R. M.이다. S. R. M. 1-1264는 다섯 개의 서류철에 나뉘어 있다.(TNA, WO 208/4136-4140) 공군 도청 기록(S. R. A. 1-5836)은 서류철 19개, 해군 도청 기록(S.R.N. 1-4857)은 17개이다. 육해공이 섞인 대화의 도청 기록 S. R. X 1-2141은 서류철 7개이다.(TNA, WO 208/4158-4164) 참모장교와 장군들 도청 기록 SRGG 1-1350과 GRGG 1-363은 서류철 11개다.(WO 208/4165-4170, 4178, 4363-4366)

1022 Neder, *Kriegsschauplatz Mittelmeerraum*, p. 12f.

1023 포트헌트와 포트트레이시에 대한 MIS의 최종 보고서 중 다음을 참고할 것. Abschnitt II.A.; Report of the Activities of two Agencies of the CPM Branch, MIS, G-2, WDGS, o.D. (1945); NARA, RG 165, Entry 179, Box 575.

1024 문서들의 범위와 소재에 대해서는 다음 보고서를 참고할 것. "Study on Peacetime Disposition of 'X' and 'Y' Files", o.D., in der Anlage zum Memorandum des WDGS, Intelligence Division, Exploitation Branch, v. 14. 3. 1947; NARA, RG 319, Entry 81, Box 3.

1025 다음을 참고할 것. Felix Römer, "Volksgemeinschaft in der Wehrmacht? Milieus, Mentalitäten und militärische Moral in den Streitkräften des NS-Staates", Welzer · Neitzel · Gudehus, *Der Führer*.

1026 다음을 참고할 것. PAAA, R 41141.

1027 OKW A Ausl./Abw.-Abt. Abw. III Nr. 4091/41 G vom 11. 6. 1941, BA/MA, RM 7/3137.

1028 Generalstabsoffizier Nr. 1595/43 gKdos, v. 4. 11. 1943, BA/MA, RL 3/51. 이 서류에 대해 알려 준 Klaus Schmider(Sandhurst)에게 감사드린다.

1029 가령 다음을 참고할 것. S.R.N. 4677, März 1945, TNA, WO 208/4157. 포로 생활을 할 때 정보를 넘겨주지 말자고 서로 다짐하는 일에 대해서는 특히 다음을 참고할 것. Extract from S. R. Draft No. 2142, TNA, WO 208/4200.

1030 가령 다음을 참고할 것. S.R.N. 185, 22. 3. 1941, TNA, WO 208/4141; S.R.N. 418, 19. 6. 1941; S.R.N. 462, 28. 6. 1941, 둘 다 TNA, WO 208/4142; S.R.N. 741 10. 1. 1942, TNA, WO 208/4143.

1031 가령 다음을 참고할 것. S.R.M. 741, 4. 8. 1944, TNA, WO 208/4138.

1032 포로들이 숨겨진 마이크를 발견한 것은 단 한 차례다. Extract from Draft No. 2148, 5. 3. 1944, TNA,WO 208/4200.

1033 도청 기법에 대해서는 다음도 참고할 것. Neitzel, *Abgehört*, pp. 16~18.

1034 영국 포로수용소에는 총 49명의 정보원이 투입되어 1506명의 포로들에게 정보를 캐물었다. Hinsley, op. cit., vol. 1, p. 282f. 다음을 참고할 것. C.S.D.I.C (UK), S. 6, TNA, WO 208/4970.

1035 Max Coreth 소위에 대한 1944년 3월 18일과 5월 22일 심문 보고서를 참고할 것. NARA, RG 165, Entry 179, Box 458.

1036 다음을 참고할 것. Falko Bell, *Großbritannien und die deutschen Vergeltungswaffen. Die Bedeutung der Human Intelligence im Zweiten Weltkrieg*(마인츠 대학교 석사 학위 논문, 2009). Falko Bell, "Informationsquelle Gefangene: Die Human Intelligence in Großbritannien", Welzer · Neitzel · Gudehus, *Der Führer*.

1037 Stephen Tyas, "Allied Intelligence Agencies and the Holocaust: Information Acquired from German Prisoners of War", *Holocaust and Genocide Studies*, 22(2008), p. 16.

참고 문헌

Aders, Gebhard, *Geschichte der deutschen Nachtjagd, 1917~1945*, Stuttgart: Motorbuch Verlag, 1978.

Adler, Bill, ed., *Letters from Vietnam*, New York: Dutton, 1967.

Afflerbach, Holger, "'Mit wehender Fahne untergehen': Kapitulationsverweigerung in der deutschen Marine", *VfZG* 49 (2001), pp. 593~612.

Allport, Gordon, *Die Natur des Vorurteils*, Köln: Kiepenheuer & Witsch, 1971.

Aly, Götz, *Hitlers Volksstaat: Raub, Rassenkrieg und nationaler Sozialismus*, Frankfurt/Main: Fischer Verlag, 2005. English edition: *Hitler's Beneficiaries: Plunder, Racial War and the Nazi Welfare State*, New York: Metropolitan Books, 2007.

――――, ed., *Volkes Stimme. Skepsis und Führervertrauen im Nationalsozialismus*, Frankfurt/Main: Fischer Taschenbuch Verlag, 2006.

Anderson, David L., ed., "What Really Happened?", *Facing My Lai: Moving Beyond the Massacre*, Kansas: Self-published, 1998, pp. 1~17.

Angrick, Andrej, *Besatzungspolitik und Massenmord: Die Einsatzgruppe D in der südlichen Sowjetunion, 1941~1943*, Hamburg: Hamburger Edition HIS Verlag, 2003.

Angrick, Andrej, et al., "'Da hätte man schon ein Tagebuch führen müssen': Das Polizeibataillon 322 und die Judenmorde im Bereich der Heeresgruppe Mitte während des Sommers und Herbstes 1941", *Die Normalität des Verbrechens: Bilanz und Perspektiven der Forschung zu den nationalsozialistischen Gewaltverbrechen*, Helge Grabitz, et al., eds., Berlin Editions Hentrich, 1994, pp. 325~385.

Anonyma, *Eine Frau in Berlin: Tagebuchaufzeichnungen vom 20. April bis 22. Juni 1945*, Frankfurt/Main: Eichborn Verlag, 2003.

Arendt, Hannah, *Eichmann in Jerusalem: Ein Bericht von der Banalität des Bösen*, Leipzig: R. Piper & Co. Verlag, 1986.

Bajohr, Frank, and Dieter Pohl, *Der Holocaust als offenes Geheimnis: Die Deutschen, die NS-Führung und die Alliierten*, München: C. H. Beck Verlag, 2006.

Balke, Ulf, *Der Luftkrieg in Europa: Die operativen Einsätze des Kampfgeschwaders 2 im Zweiten Weltkrieg*, Vol. 2. Bonn: Bernard & Graefe, 1990.

Bartlett, Frederic, *Remembering: A Study in Experimental and Social Psychology*, Cambridge: Cambridge University Press, 1997.

Bartusevicius, Vincas, Joachim Tauber, and Wolfram Wette, eds., *Holocaust in Litauen: Krieg, Judenmorde und Kollaboration*, Köln: Boehlau Verlag, 2003.

Bateson, Gregory, *Ökologie des Geistes*, Frankfurt/Main: Suhrkamp, 1999.

Beck, Birgit, *Wehrmacht und sexuelle Gewalt: Sexualverbrechen vor deutschen Militärgerichten*, Paderborn: Schoeningh, 2004.

Beevor, Antony, *D-Day—Die Schlacht in der Normandie*, München: C. Bertelsmann Verlag, 2010.

Behrenbeck, Sabine, "Zwischen Trauer und Heroisierung: Vom Umgang mit Kriegstod und Niederlage nach 1918", *Kriegsende 1918: Ereignis, Wirkung, Nachwirkung*, Jörg Duppler and Gerhard P. Groß, eds., München: Oldenbourg, 1999, pp. 315~342.

Bell, Falko, *Großbritannien und die deutschen Vergeltungswaffen: Die Bedeutung der Human Intelligence im Zweiten Weltkrieg*, Master's thesis, Uni Mainz, 2009.

_____, "Informationsquelle Gefangene: Die Human Intelligence in Großbritannien", *"Der Führer war wieder viel zu human, zu gefühlvoll!"* Harald Welzer, Sönke Neitzel, and Christian Gudehus, eds., Frankfurt/Main: Fischer, 2011.

Benz, Wolfgang, Hermann Graml, and Hermann Weiß, eds., *Enzyklopädie des Nationalsozialismus*, München: Dtv., 1998.

Beradt, Charlotte, *Das Dritte Reich des Traumes*, Frankfurt/Main: Suhrkamp, 1981.

Bergien, Rüdiger, *Die bellizistische Republik: Wehrkonsens und 'Wehrhaftmachung' in Deutschland, 1918~1933*, München: Oldenbourg Wissenschaftsverlag, 2010.

Biehl, Heiko, and Jörg Keller, "Hohe Identifikation und nüchterner Blick", *Auslandseinsätze der Bundeswehr: Sozialwissenschaftliche Analysen, Diagnosen und Perspektiven*, Sabine Jaberg, Heiko Biehl, Günter Mohrmann, and Maren Tomforde, eds., Sozialwissenschaftliche Schriften 47. Berlin: Dunker and Humboldt, 2009, pp. 121~141.

Birn, Ruth Bettina, *Die Höheren SS- und Polizeiführer: Himmlers Vertreter im Reich und in den besetzten Gebieten*, Düsseldorf: Droste Verlag, 1986.

Blair, Clay, *Der U-Boot-Krieg*, Vol. 2. München: Bechtermuenz, 2001.

Boberach, Heinz, ed., *Meldungen aus dem Reich*, München: Pawlak Verlag Herrsching, 1968.

Bögli, Nicole, *Als kriegsgefangener Soldat in Fort Hunt*, Master's thesis, Universität Bern, 2010.

Böhler, Jochen, *Auftakt zum Vernichtungskrieg: Die Wehrmacht in Polen, 1939*, Frankfurt/Main: Fischer, 2006.

Böhme, Kurt, *Die deutschen Kriegsgefangenen in sowjetischer Hand: Eine Bilanz*, München: Ernst & Werner, 1966.

Böhme, Manfred, *Jagdgeschwader 7: Die Chronik eines Me 262-Geschwaders*, Stuttgart: Motorbuch, 1983.

Boog, Horst, Gerhard Krebs, and Detlef Vogel, eds., *Das Deutsche Reich und der Zweite Weltkrieg*, Vol. 7. Stuttgart: Deutsche Verlags-Anstalt, 2001.

Borgert, Heinz-Ludger, "Kriegsverbrechen der Kriegsmarine", *Kriegsverbrechen im 20. Jahrhundert*, Wolfram Wette and Gerd Ueberschär, eds., Darmstadt: Wissenschaftlicher Burgergesellschaft, 2001, pp. 310~312.

Bourke, Joanna, *An Intimate History of Killing*, London: Granta Books, 1999.

Broszat, Martin, ed., *Rudolf Höß: Kommandant in Auschwitz: Autobiographische Aufzeichnungen des Rudolf Höß*, München: Deutsche Verlags-Anstalt, 1989.

Browning, Christopher R., *Ganz normale Männer: Das Reserve-Polizeibataillon 101 und die "Endlösung" in Polen*, Reinbek: Rororo, 1996. English edition: *Ordinary Men: Reserve Police Battalion 101 and the Final Solution in Poland*, New York: HarperCollins, 1992.

Bruns-Wüstefeld, Alex, *Lohnende Geschäfte: Die 'Entjudung' am Beispiel Göttingens*, Hanover: Fackeltraeger-Verlag, 1997.

Budraß, Lutz, *Flugzeugindustrie und Luftrüstung in Deutschland, 1918~1945*, Düsseldorf: Droste Verlag, 1998.

Caputo, Philip, *A Rumor of War*, New York: Holt Paperbacks, 1977.

Carroll, Andrew, ed., *War Letters: Extraordinary Correspondence from American Wars*, New York: Scribner, 2002.

Carroll, Peter N., et al., eds., *The Good Fight Continues: World War II Letters from the Abraham Lincoln Brigade*, New York: NYU Press, 2006.

Chickering, Roger, and Stig Förster, "Are We There Yet? World War II and the Theory of Total War", *A World at Total War: Global Conflict and the Politics of Destruction, 1937~1945*, Roger Chickering, Stig Förster, and Bernd Greiner, eds., Cambridge: Cambridge University Press, 2005, pp. 1~18.

Christ, Michaela, *Die Dynamik des Tötens*, Frankfurt/Main: Fischer Verlag, 2011.

———, "Kriegsverbrechen", *"Der Führer war wieder viel zu human, zu gefühlvoll!"* Harald Welzer, Sönke Neitzel, and Christian Gudehus, eds., Frankfurt/Main: Fischer, 2011.

Creveld, Martin van., *Fighting Power: German and U.S. Army Performance, 1939~1945*, Westport, Conn.: Greenwood Publishing, 1982.

Cüppers, Martin, *Wegbereiter der Shoah: Die Waffen-SS, der Kommandostab Reichsführer-SS und die Judenvernichtung, 1939~1945*, Darmstadt: Wissenschaftliche Buchgesellschaft, 2005.

Daniel, Ute, and Jürgen Reulecke, "Nachwort der deutschen Herausgeber", *"Ich will raus aus diesem Wahnsinn": Deutsche Briefe von der Ostfront, 1941~1945: Aus sowjetischen Archiven*, Anatolij Golovanskij, et al., eds., Wuppertal: Hammer, 1991.

Demeter, Karl, *Das Deutsche Offizierskorps, 1650~1945*, Frankfurt/Main: Bernard & Graefe, 1965.

Der Spiegel, "Warum sterben Kameraden?" 16/2010, p. 20ff.

Des Forges, Alison, *Kein Zeuge darf überleben: Der Genozid in Ruanda*, Hamburg: Hamburger Edition, 2002.

Diamond, Jared, *Kollaps*, Frankfurt/Main: S. Fischer Verlag, 2005.

Dörr, Manfred, *Die Träger der Nahkampfspange in Gold. Heer. Luftwaffe. Waffen-SS*, Osnabruck: Biblio Verlag, 1996.

Ebert, Jens, *Zwischen Mythos und Wirklichkeit: Die Schlacht um Stalingrad in deutschsprachigen authentischen und literarischen Texten*, Ph.D. dissertation, Universität Berlin, 1989.

Echternkamp, Jörg, "Im Kampf an der inneren und äußeren Front: Grundzüge der deutschen Gesellschaft im Zweiten Weltkrieg", *Das Deutsche Reich und der Zweite Weltkrieg*, Vol. 9/1. Militärgeschichtliches Forschungsamt, ed., München: Deutsche Verlags-Anstalt, 2004, pp. 1~76.

Edelman, Bernard, *Dear America: Letters Home from Vietnam*, New York: Pocket Books, 1985.

Elias, Norbert, *Studien über die Deutschen*, Frankfurt/Main: Suhrkamp Verlag, 1989.

_____, *Was ist Soziologie?* München: Juventa, 2004.

Elias, Norbert, and John L. Scotson, *Etablierte und Außenseiter*, Frankfurt/Main: Suhrkamp Verlag, 1990.

Elster, Welf Botho, *Die Grenzen des Gehorsams: Das Leben des Generalmajors Botho Henning Elster in Briefen und Zeitzeugnissen*, Hildesheim: Olms, 2005.

Ethell, Jeffrey L., and Alfred Price, *Deutsche Düsenflugzeuge im Kampfeinsatz, 1944/45*, Stuttgart: Motorbuch, 1981.

Evans, Richard J., *Das Dritte Reich*, 3 Vols. München: Deutsche Verlags-Anstalt, 2004, 2007, 2009.

Feltman, Brian K, "*Death Before Dishonor: The Heldentod Ideal and the Dishonor of Surrender on the Western Front, 1914~1918*", Lecture manuscript, 10 September 2010, Universität Bern.

Festinger, Leon, Henry W. Riecken, and Stanley Schachter, *When Prophecy Fails*, Minneapolis: Harper Torchbooks, 1956.

Förster, Jürgen, "Geistige Kriegführung im Deutschland 1919 bis 1945", *Das Deutsche Reich und der Zweite Weltkrieg*, Vol. 9/1. Militärgeschichtliches Forschungsamt, ed., München: Deutsche Verlags-Anstalt, 2004, pp. 469~640.

Förster, Stig, ed., *An der Schwelle zum Totalen Krieg: Die militärische Debatte um den Krieg der Zukunft, 1919~1939*, Paderborn: Schoeningh, 2002.

_____, "Ein militarisiertes Land? Zur gesellschaftlichen Stellung des Militärs im Deutschen Kaiserreich", *Das Deutsche Kaiserreich, 1890~1914*, Bernd Heidenreichand and Sönke Neitzel, eds., Paderborn: Schoeningh, 2011.

Foucault, Michel, *Überwachen und Strafen*, Frankfurt/Main: Suhrkamp Verlag, 1994.

Frank, Hermann, *Blutiges Edelweiss: Die 1. Gebirgsdivision im Zweiten Weltkrieg*, Berlin: Ch. Links Verlag, 2008.

Frei, Norbert, *1945 und wir: Das Dritte Reich im Bewußtsein der Deutschen*, München: C. H. Beck Verlag, 2005.

Fricke, Gert, *'Fester Platz', Tarnopol, 1944*, Freiburg: Rombach, 1969.

Friedländer, Saul, *Das Dritte Reich und die Juden. Die Jahre der Verfolgung, 1933~1945*, München: Deutsche Taschenbuch Verlag, 1998.

Frieser, Karl-Heinz, et al., *Das Deutsche Reich und der Zweite Weltkrieg*, Vol. 8. Stuttgart: Deutsche Verlags-Anstalt DVA, 2007.

Fröhlich, Elke, ed., *Tagebücher von Joseph Goebbels, Sämtliche Fragmente*, Vol. 1~15. London: München, et al., 1987~1998.

Fuchs, Stéphanie, *"Ich bin kein Nazi, aber Deutscher"*, Master's thesis, Universität Bern, 2010.

Gamm, Hans-Jochen, *Der Flüsterwitz im Dritten Reich: Mündliche Dokumente zur Lage der Deutschen während des Nationalsozialismus*, München: Piper, 1990.

Ganglmair, Siegwald, and Regina Forstner-Karner, eds., *Der Novemberpogrom 1938: Die 'Reichskristallnacht' in Wien*, Wien: Museen der Stadt Wien, 1988.

Gellermann, Günther W., *Moskau ruft Heeresgruppe Mitte ... Was nicht im Wehrmachtbericht stand — Die Einsätze des geheimen Kampfgeschwaders 200 im Zweiten Weltkrieg*, Koblenz: Bernard & Graefe, 1988.

Gentile, Carlo, *"'Politische Soldaten': Die 16. SS-Panzer-Grenadier-Division 'Reichsführer-SS' in Italien 1944"*, *Quellen und Forschungen aus italienischen Archiven und Bibliotheken* 81 (2001), pp. 529~561.

————, *Wehrmacht, Waffen-SS und Polizei im Kampf gegen Partisanen und Zivilbevölkerung in Italien, 1943~1945*, Paderborn: Schoeningh, 2011.

Gerlach, Christian, *Kalkulierte Morde: Die deutsche Wirtschafts- und Vernichtungs-politik in Weißrußland*, Hamburg: Hamburger Edition, 1999.

Germann, Richard, *'Österreichische' Soldaten in Ost- und Südosteuropa, 1941~1945: Deutsche Krieger — Natio nalsozialistische Verbrecher — Österreichische Opfer?*, Ph.D. Dissertation, Universität Wien, 2006.

————, *"'Österreichische' Soldaten im deutschen Gleichschritt?" "Der Führer war wieder viel zu human, zu gefühlvoll!"*, Harald Welzer, Sönke Neitzel, and Christian Gudehus, eds., Frankfurt/ Main: Fischer, 2011.

Goffman, Erving, *Asyle: Über die Situation psychiatrischer Patienten und anderer Insassen*, Frankfurt/Main: Suhrkamp, 1973.

————, *"Rollendistanz"*, *Symbolische Interaktion. Heinz Steinert*, ed., Stuttgart: Piper, 1973, pp. 260~279.

———, *Stigma: Über Techniken der Bewältigung beschädigter Identität*, Frankfurt/Main: Suhrkamp, 1974.

———, *Rahmenanalyse*, Frankfurt/Main: Suhrkamp, 1980.

Goldhagen, Daniel Jonah, *Hitlers willige Vollstrecker: Ganz gewöhnliche Deutsche und der Holocaust*, München: Siedler, 1996. English edition: *Hitler's Willing Executioners: Ordinary Germans and the Holocaust*, New York: Alfred A. Knopf, 1996.

Goldschmidt, Georges-Arthur, *Die Befreiung*, Zürich: Ammann Verlag, 2007.

Goltermann, Svenja, *Die Gesellschaft der Überlebenden: Deutsche Kriegsheimkehrer und ihre Gewalterfahrungen im Zweiten Weltkrieg*, Stuttgart: Dt. Verlag, 2009.

Grabitz, Helge, et al., eds., *Die Normalität des Verbrechens: Bilanz und Perspektiven der Forschung zu den nationalsozialistischen Gewaltverbrechen*, Berlin: Edition Hentrich, 1994.

Greiner, Bernd, *Krieg ohne Fronten: Die USA in Vietnam*, Hamburg: Hamburger Edition, 2007.

Groß, Raphael, *Anständig geblieben: Nationalsozialistische Moral*, Frankfurt/Main: Fischer Verlag, 2010.

Gurfein, M. I., and Morris Janowitz, "Trends in Wehrmacht Morale", *The Public Opinion Quarterly* 10 (1946), pp. 78~84.

Gutman, Israel, Eberhard Jäckel, Peter Longerich, and Julius H. Schoeps, eds., *Enzyklopädie des Holocaust: Die Verfolgung und Ermordung der europäischen Juden*, Vols. 1 and 2. Berlin: Argon Verlag, 1993.

Haase, Norbert, and Gerhard Paul, eds., *Die anderen Soldaten: Wehrkraftzersetzung, Gehorsamsverweigerung. Fahnenflucht*, Frankfurt/Main: Fischer Taschenbuch Verlag, 1995.

Haffner, Sebastian, *Geschichte eines Deutschen. Erinnerungen, 1914~1933*, München: Der Hoerverlag, 2002.

Hartmann, Christian, "Massensterben oder Massenvernichtung? Sowjetische Kriegsgefangene im 'Unternehmen Barbarossa': Aus dem Tagebuch eines deutschen Lagerkommandanten", *VfZG* 49 (2001), pp. 97~158.

———, *Wehrmacht im Ostkrieg: Front und militärisches Hinterland, 1941/42*, München: Oldenbourg Wissenschaftsverlag, 2009.

———, *Halder: Generalstabschef Hitlers, 1938~1942*, Paderborn: Schoeningh, 2010.

Hartwig, Dieter, *Großadmiral Karl Dönitz: Legende und Wirklichkeit*, Paderborn: Schoeningh, 2010.

Haupt, Heribert van, "Der Heldenkampf der deutschen Infanterie vor Moskau", *Deutsche Allgemeine Zeitung*, Berlin afternoon edition No. 28, (16 January 1942), p. 2.

Haus der Wannsee-Konferenz, ed., *Die Wannsee-Konferenz und der Völkermord an den europäischen Juden*, Berlin: Haus der Wannsee-Konferenz, 2006.

Hayashi, Hirofumi, "Japanese Deserters and Prisoners of War in the Battle of Okinawa", *Prisoners of War, Prisoners of Peace: Captivity, Homecoming and Memory in World War II*, Barbara Hately-Broad and

Bob Moore, eds., Oxford: Oxford University Press, 2005, pp. 49~58.

Heidenreich, Bernd, and Sönke Neitzel, eds., *Das Deutsche Kaiserreich, 1890~1914*, Paderborn: Schoeningh, 2011.

Heinemann, Isabel, '*Rasse, Siedlung, deutsches Blut': Das Rasse- und Siedlungshauptamt der SS und die rassenpolitische Neuordnung Europas*, Göttingen: Wallstein, 2003.

Heinzelmann, Martin, '*Göttingen im Luftkrieg*, Gottingen: Die Werkstatt, 2003.

Herbert, Ulrich, *Best: Biographische Studien über Radikalismus, Weltanschauung und Vernunft, 1903~1989*, Bonn: Dietz, 1996.

Herde, Peter, *Der Japanflug: Planungen und Verwirklichung einer Flugverbindung zwischen den Achsenmächten und Japan, 1942~1945*, Stuttgart: Steiner, 2000.

Hilberg, Raul, *Die Vernichtung der europäischen Juden*, 3 Vols. Frankfurt/Main: Fischer, 1990.

————, *Täter, Opfer, Zuschauer: Die Vernichtung der Juden, 1933~1945*, Frankfurt/Main: Fischer, 1992.

Hinsley, Francis H, *British Intelligence in the Second World War*, Vol. 1. London: Cambridge University Press, 1979.

Hoerkens, Alexander, *Kämpfer des Dritten Reiches? Die nationalsozialistische Durchdringung der Wehrmacht*, Master's thesis, Universität Mainz, 2009.

Hohlweck, Hubert, "Soldat und Politik", *Deutsche Allgemeine Zeitung*, Berlin edition No. 543 (13 November 1943), p. 1ff.

Hölsken, Heinz Dieter, *Die V-Waffen: Entstehung*, Propaganda, *Kriegseinsatz*, Stuttgart: Deutsche Verlags-Anstalt, 1984.

Hubatsch, Walter, ed., *Hitlers Weisungen für die Kriegsführung, 1939~1945: Dokumente des Oberkommandos der Wehrmacht*, Uttingen: Doerfler im Nebel-Verlag, 2000.

Hull, Isabel V., *Absolute Destruction: Military Culture and the Practices of War in Imperial Germany*, Ithaca: Cornell University Press, 2005.

Humbug, Martin, *Das Gesicht des Krieges: Feldpostbriefe von Wehrmachtssoldaten aus der Sowjetunion, 1941~1944*, Opladen: Westdeutscher Verlag, 1998.

Hunt, Morton, *Das Rätsel der Nächstenliebe*, Frankfurt/Main: Suhrkamp Taschenbuch, 1988.

Hürter, Johannes, *Wilhelm Groener: Reichswehrminister am Ende der Weimarer Republik*, München: Oldenbourg, 1993.

————, *Ein deutscher General an der Ostfront: Die Briefe und Tagebücher des Gotthard Heinrici, 1941/42*, Erfurt: Sutton Verlag, 2001.

————, *Hitlers Heerführer: Die deutschen Oberbefehlshaber im Krieg gegen die Sowjetunion, 1941/42*, München: Oldenbourg Verlag, 2006.

Internationaler Militärgerichtshof, ed., *Der Prozess gegen die Hauptkriegsverbrecher*, Vol. 29. Nürnberg: Delphin Verlag, 1948.

Jäger, Herbert, *Verbrechen unter totalitärer Herrschaft: Studien zur nationalsozialistischen Gewaltkriminalität*, Frankfurt/Main: Suhrkamp, 1982.

Jarausch, Konrad H., and Klaus-Jochen Arnold, '*Das stille Sterben* ...' *Feldpostbriefe von Konrad Jarausch aus Polen und Russland*, Paderborn: Schoeningh Verlag, 2008.

Johnson, Eric, and Karl-Heinz Reuband, *What We Knew: Terror, Mass Murder and Everyday Life in Nazi Germany*, London: Basic Books, 2005.

Jung, Michael, *Sabotage unter Wasser: Die deutschen Kampfschwimmer im Zweiten Weltkrieg*, Hamburg: Verlag E. S. Mittler & Sohn GmbH, 2004.

Jünger, Ernst, *Kriegstagebuch, 1914~1918*, Helmuth Kiesel, ed., Stuttgart: Klett-Cotta, 2010.

Kaldor, Mary, *New and Old Wars: Organised Violence in a Global Era*, Cambridge: Polity Press, 2006.

Kämmerer, Jörn Axel, "Kriegsrepressalie oder Kriegsverbrechen? Zur rechtlichen Beurteilung der Massenexekutionen von Zivilisten durch die deutsche Besatzungsmacht im Zweiten Weltkrieg", *Archiv des Völkerrechts* 37 (1999), pp. 283~317.

Kehrt, Christian, *Moderne Krieger: Die Technikerfahrungen deutscher Militärpiloten, 1910~1945*, Paderborn: Schoeningh Verlag, 2010.

Keppler, Angela, *Tischgespräche*, Frankfurt/Main: Suhrkamp Verlag, 1994.

Kershaw, Ian, *Hitler, 1936~1945*, München: Pantheon Verlag, 2002.

Klee, Ernst, '*Euthanasie' im NS-Staat. Die Vernichtung lebensunwerten Lebens*, Frankfurt/Main: Fischer Verlag, 1985.

Klein, Peter, ed., *Die Einsatzgruppen in der besetzten Sowjetunion, 1941/42: Tätigkeits-und Lageberichte des Chefs der Sicherheitspolizei und des SD*, Berlin: Hentrich, 1997.

Kleist, Heinrich von., *Über die allmähliche Verfertigung der Gedanken beim Sprechen*, Frankfurt/Main: Dielmann, 2010.

Koch, Magnus, *Fahnenfluchten: Deserteure der Wehrmacht im Zweiten Weltkrieg — Lebenswege und Entscheidungen*, Paderborn: Schoeningh Verlag, 2008.

Kosin, Rüdiger, *Die Entwicklung der deutschen Jagdflugzeuge*, Bonn: Bernard & Graefe, 1990.

Kössler, Karl, and Günther Ott, *Die großen Dessauer: Die Geschichte einer Flugzeugfamilie*, Planegg: Aviatic-Verlag GmbH, 1993.

Kramer, Alan, *Dynamic of Destruction: Culture and Mass Killing in the First World War*, Oxford: Oxford University Press, 2007.

Krausnick, Helmut, and Hans-Heinrich Wilhelm, *Die Truppe des Weltanschauungskrieges: Die Einsatzgruppen der Sicherheitspolizei und des SD, 1938~1942*, Stuttgart: Deutsche Verlags-Anstalt, 1981.

Kroener, Bernhard R, "'Nun Volk steht auf ...!' Stalingrad und der totale Krieg, 1942~1943", *Stalingrad: Ereignis, Wirkung, Symbol. Jürgen Förster*, ed., München: Piper, 1992, pp. 151~170.

Kühne, Thomas, *Kameradschaft: Die Soldaten des nationalsozialistischen Krieges und das 20. Jahrhundert*, Göttingen: Vandenhoeck & Ruprecht, 2006.

Kwiet, Konrad, "Auftakt zum Holocaust. Ein Polizeibataillon im Osteinsatz", *Der Nationalsozialismus: Studien zur Ideologie und Herrschaft*, Wolfgang Benz, et al., eds., Frankfurt/Main: Fischer, 1995, pp. 191~208.

Lehnhardt, Jochen, *Die Waffen-SS in der NS-Propaganda*, Ph.D. dissertation, Uni Mainz, 2011.

Leipold, Andreas, *Die deutsche Seekriegsführung im Pazifik in den Jahren 1914 und 1915*, Ph.D. Dissertation, Uni Bayreuth, 2010.

Leleu, Jean-Luc, "La Division SS-Totenkopf face à la population civile du Nord de la France en mai 1940", *Revue du Nord* 83 (2001), pp. 821~840.

_____, *La Waffen-SS: Soldats politiques en guerre*, Paris: Editions Perrin, 2007.

Leonhard, Jörn, *Bellizismus und Nation: Kriegsdeutung und Nationsbestimmung in Europa und den Vereinigten Staaten, 1750~1914*, München: Oldenbourg Verlag, 2008.

Libero, Loretana de., *Tradition im Zeichen der Transformation: Zum Traditionsverständnis der Bundeswehr im frühen 21. Jahrhundert*, Paderborn: Schoeningh, 2006.

Lieb, Peter, "Die Judenmorde der 707. Infanteriedivision, 1941/42", *VfZG* 50 (2002), pp. 523~558.

_____, *Konventioneller Krieg oder NS-Weltanschauungskrieg? Kriegführung und Partisanenbekämpfung in Frankreich, 1943/44*, München: Oldenbourg Verlag, 2007.

_____, "'Rücksichtslos ohne Pause angreifen, dabei ritterlich bleiben': Eskalation und Ermordung von Kriegsgefangenen an der Westfront 1944", *Kriegsgreuel: Die Entgrenzung der Gewalt in kriegerischen Konflikten vom Mittelalter bis ins 20. Jahrhundert*, Sönke Neitzel and Daniel Hohrath, eds., Paderborn: Schoeningh Verlag, 2008, pp. 337~352.

_____, "Generalleutnant Harald von Hirschfeld: Eine nationalsozialistische Karriere in der Wehrmacht", *Von Feldherrn und Gefreiten: Zur biographischen Dimension des Zweiten Weltkrieges*, Christian Hartmann, ed., München: Oldenbourg, 2008, pp. 45~56.

_____, "'Die Ausführung der Maßnahme hielt sich anscheinend nicht im Rahmen der gegebenen Weisung': Die Suche nach Hergang, Tätern und Motiven des Massakers von Maillé am 25. August 1944", *Militärgeschichtliche Zeitschrift* 68 (2009), pp. 345~378.

Lifton, Robert J., *Ärzte im Dritten Reich*, Stuttgart: Ullstein Tb. Auflag, 1999.

Linderman, Gerald F., *The World Within War: America's Combat Experience in World War II*, Cambridge:

Harvard University Press, 1997.

Longerich, Peter, *Politik der Vernichtung: Eine Gesamtdarstellung der nationalsozialistischen Judenverfolgung*, München: Piper Verlag, 1998.

_____, *'Davon haben wir nichts gewusst!' Die Deutschen und die Judenverfolgung, 1933~1945*, München: Siedler, 2006.

Lüdtke, Alf, "The Appeal of Exterminating 'Others': German Workers and the Limits of Resistance", *Journal of Modern History*, Special Issue (1992), pp. 46~67.

_____, "Gewalt und Alltag im 20. Jahrhundert", *Gewalt und Terror*, Wolfgang Bergsdorf, et al., eds., Weimar: Rhino-Verlag, 2003, pp. 35~52.

Maier, Klaus A., et al., eds., *Das Deutsche Reich und der Zweite Weltkrieg*, Vol. 2. Stuttgart: Deutsche Verlag, 1979.

Mallmann, Klaus-Michael, Volker Rieß, and Wolfram Pyta, eds., *Deutscher Osten, 1939~1945: Der Weltanschauungskrieg in Photos und Texten*, Darmstadt: Wissenschaftlicher Buchgesellschaft, 2003.

Manoschek, Walter, "'Wo der Partisan ist, ist der Jude, wo der Jude ist, ist der Partisan': Die Wehrmacht und die Shoah", *Täter der Shoah, Fanatische Nationalsozialisten oder ganz normale Deutsche?* Paul Gerhard, ed., Göttingen: Wallstein, 2002, pp. 167~186.

Margolian, Howard, *Conduct Unbecoming: The Story of the Murder of Canadian Prisoners of War in Normandy*, Toronto: University of Toronto Press, 1998.

Margolis, Rachel, and Jim Tobias, eds., *Die geheimen Notizen des K. Sakowicz: Dokumente zur Judenvernichtung in Ponary, 1941~1943*, Frankfurt/Main: Fischer Tb., 2005.

Matthäus, Jürgen, Konrat Kweit, Jürgen Förster, and Richard Breitman, eds., *Ausbildungsziel Judenmord? 'Weltanschauliche Erziehung' von SS, Polizei und Waffen-SS im Rahmen der 'Endlösung'*, Frankfurt/Main: Fischer Taschenbuch Verlag, 2003.

Matthäus, Jürgen, "Operation Barbarossa and the Onset of the Holocaust", *The Origins of the Final Solution: The Evolution of Nazi Jewish Policy, September 1939-March 1942*, Jürgen Matthäus and Christopher Browning, eds., Lincoln: University of Nebraska 2004, pp. 242~309.

Meier, Niklaus, *Warum Krieg? Die Sinndeutung des Krieges in der deutschen Militärelite 1871~1945*, Ph.D. Dissertation, Universität Zürich, 2009.

Meier-Welcker, Hans, ed., *Offiziere im Bild von Dokumenten aus drei Jahrhunderten*, Stuttgart: Militärgeschichtlichen Vorschungsamt, 1964.

_____, *Aufzeichnungen eines Generalstabsoffiziers, 1919 bis 1942*, Freiburg: Rombach Druck- und Verlagshaus, 1982.

Melber, Takuma, "Verhört: Alliierte Studien zu Moral und Psyche japanischer Soldaten im Zweiten

Weltkrieg", "*Der Führer war wieder viel zu human, zu gefühlvoll!*" Harald Welzer, Sönke Neitzel, and Christian Gudehus, eds., Frankfurt/Main: Fischer, 2011.

Messerschmitt, Manfred, *Die Wehrmachtjustiz, 1933~1945*, Paderborn: Schoeningh Verlag, 2005.

Mitscherlich, Margarete, and Alexander Mitscherlich, *Die Unfähigkeit zu trauern*, München: Piper Verlag, 1991.

Mühlhäuser, Regina, *Eroberungen, Sexuelle Gewalttaten und intime Beziehungen deutscher Soldaten in der Sowjetunion, 1941~1945*, Hamburg: Hamburger Edition, 2010.

Müller, Rolf-Dieter, and Gerd R., *Ueberschär. Kriegsende 1945: Die Zerstörung des Deutschen Reiches*, Frankfurt/Main: Primu Verlag, 1994.

Müller, Rolf-Dieter, and Hans-Erich Volkmann, eds., *Die Wehrmacht: Mythos und Realität*, München: Oldenbourg Wissenschaftsverlag, 1999.

Müllers, Frederik, *Des Teufels Soldaten? Denk- und Deutungsmuster von Soldaten der Waffen-SS*, Master's thesis, Universität Mainz, 2011.

Münkler, Herfried, *Über den Krieg: Stationen der Kriegsgeschichte im Spiegel ihrer theoretischen Reflexion*, Weilerswist: Velbrück, 2003.

Murawski, Erich, *Der deutsche Wehrmachtbericht*, Boppard: Boldt, 1962.

Murray, Williamson, and Allan R. Millet, *A War to Be Won: Fighting the Second World War*, Cambridge: Harvard University Press, 2001.

Musil, Robert, *Die Verwirrungen des Zöglings Törleß*, Reinbek: Rohwolt, 2006.

Neder, Anette, *Kriegsschauplatz Mittelmeerraum — Wahrnehmungen und Deutungen deutscher Soldaten in britischer Kriegsgefangenschaft*, Master's thesis, Universität Mainz, 2010.

Neitzel, Sönke, *Der Einsatz der deutschen Luftwaffe über dem Atlantik und der Nordsee, 1939~1945*, Bonn: Bernard & Graefe, 1995.

———, "Der Kampf um die deutschen Atlantik-und Kanalfestungen und sein Einfluß auf den alliierten Nachschub während der Befreiung Frankreichs, 1944/45", *Militärgeschichtliche Mitteilungen* 55. München: Oldenbourg Verlag, 1996, pp. 381~430.

———, "Der Bedeutungswandel der Kriegsmarine im Zweiten Weltkrieg", *Die Wehrmacht, Mythos und Realität*, Rolf-Dieter Müller and Hans-Erich Volkmann, eds., München: Oldenbourg Verlag, 1999, pp. 245~266.

———, *Abgehört: Deutsche Generäle in britischer Kriegsgefangenschaft, 1942~1945*, Berlin: List Taschenbuch, 2009.

Niethammer, Lutz, and Alexander von Plato, "*Wir kriegen jetzt andere Zeiten*", Bonn: Dietz Verlag J. H. W. Nachf, 1985.

568

Nurick, Lester, and Roger W. Barrett, "Legality of Guerrilla Forces Under the Laws of War", *American Journal of International Law* 40 (1946), pp. 563~583.

O'Brien, Philipps, "East Versus West in the Defeat of Nazi Germany", *Journal of Strategic Studies* 23 (2000), pp. 89~113.

Ogorreck, Ralf, *Die Einsatzgruppen und die 'Genesis der Endlösung'*, Berlin: Metropol, 1994.

Oltmer, Jochen, ed., *Kriegsgefangene im Europa des Ersten Weltkrieges*, Paderborn: Schoeningh, 2006.

Orlowski, Hubert, and Thomas F. Schneider, eds., *'Erschießen will ich nicht': Als Offizier und Christ im Totalen Krieg: Das Kriegstagebuch des Dr. August Töpperwien*, Düsseldorf: Schoeningh Verlag, 2006.

Osti Guerrazzi, Amedeo, *'Noi non sappiano odiare': L'esercito italiano tra fascismo e democrazia*, Torino: UTET, 2010.

―――, "'Wir können nicht hassen!': Zum Selbstbild der italienischen Armee während und nach dem Krieg", *"Der Führer war wieder viel zu human, zu gefühlvoll!"* Harald Welzer, Sönke Neitzel, and Christian Gudehus, eds., Frankfurt/Main: Fischer, 2011.

Overmans, Rüdiger, *Deutsche militärische Verluste im Zweiten Weltkrieg*, München: Oldenbourg Verlag, 1999.

―――, "Die Kriegsgefangenenpolitik des Deutschen Reiches, 1939 bis 1945", *Das Deutsche Reich und der Zweite Weltkrieg*, Vol. 9/2. Militärgeschichtliches Forschungsamt, ed., München: 2005, pp. 729~875.

Padover, Saul K., *Lügendetektor: Vernehmungen im besiegten Deutschland, 1944/45*, Frankfurt/Main: Eichborn Verlag, 1999.

Paul, Gerhard, *Bilder des Krieges, Krieg der Bilder: Die Visualisierung des modernen Krieges*, Paderborn: Schoeningh Verlag, 2004.

Philipp, Marc, *Hitler ist tot, aber ich lebe noch: Zeitzeugenerinnerungen an den Nationalsozialismus*, Berlin: Bebra Verlag, 2010.

Pohl, Dieter, *Die Herrschaft der Wehrmacht: Deutsche Militärbesatzung und einheimische Bevölkerung in der Sowjetunion, 1941~1944*, München: Oldenbourg Verlag, 2008.

Polkinghorne, Donald E., "Narrative Psychologie und Geschichtsbewußtsein: Beziehungen und Perspektiven", *Erzählung, Identität und historisches Bewußtsein: Die psychologische Konstruktion von Zeit und Geschichte: Erinnerung, Geschichte, Identität I*, Jürgen Straub, ed., Frankfurt/Main: Suhrkamp, 1998, pp. 12~45.

Potempa, Harald, *Die Perzeption des Kleinen Krieges im Spiegel der deutschen Militärpublizistik (1871 bis 1945) am Beispiel des Militärwochenblattes*, Potsdam, 2009.

Pressac, Jean-Claude, *Die Krematorien von Auschwitz: Die Technik des Massenmordes*, München: Piper, 1994.

Priller, Josef, *Geschichte eines Jagdgeschwaders: Das J.G. 26 (Schlageter) 1937~1945*, Stuttgart: Motorbuch

Verlag, 1956.

Proctor, Robert N., *Racial Hygiene: Medicine Under the Nazis*, Cambridge: Harvard University Press, 1990.

Rahn, Werner, and Gerhard Schreiber, eds., *Kriegstagebuch der Seekriegsleitung, 1939~1945*, Teil A, Vol. 1. Bonn: E. S. Mittler & Sohn, 1988.

Rahn, Werner, et al., *Das Deutsche Reich und der Zweite Weltkrieg*, Vol. 6. Stuttgart: Deutsche Verlags-Anstalt, 1990.

Rass, Christoph, '*Menschenmaterial*': *Deutsche Soldaten an der Ostfront: Innenansichten einer Infanteriedivision, 1939~1945*, Paderborn: Schoeningh Verlag, 2003.

Reemtsma, Jan Philipp, *Vertrauen und Gewalt: Versuch über eine besondere Konstellation der Moderne*, Hamburg: Hamburger Edition, 2008.

Reese, Willy Peter, *Mir selber seltsam fremd: Die Unmenschlichkeit des Krieges: Russland, 1941~1944*, Stefan Schmitz, ed., München: Claassen Verlag, 2003.

Reinhardt, Klaus, *Die Wende vor Moskau: Das Scheitern der Strategie Hitlers im Winter 1941/42*, Stuttgart: Deutsche Verlags-Anstalt, 1972.

Reuband, Karl-Heinz, "Das NS-Regime zwischen Akzeptanz und Ablehnung: Eine retrospektive Analyse von Bevölkerungseinstellungen im Dritten Reich auf der Basis von Umfragedaten", *Geschichte und Gesellschaft* 32 (2006), pp. 315~343.

Roberts, Adam, "Land Warfare: From Hague to Nuremberg", *The Laws of War: Constraints on Warfare in the Western World*, Michael Howard, George J. Andresopoulos, and Mark R. Shulman, eds., New Haven: Yale University Press, 1994, pp. 116~139.

Rohrkamp, René, '*Weltanschaulich gefestigte Kämpfer*': *Die Soldaten der Waffen-SS, 1933~1945*, Paderborn: Schoeningh Verlag, 2010.

Römer, Felix, "Im alten Deutschland wäre ein solcher Befehl nicht möglich gewesen: Rezeption, Adaptation and Umsetzung des Kriegsgerichtsbarkeitserlasses im Ostheer, 1941/42", *VfZG* 56 (2008), pp. 53~99.

_____, *Kommissarbefehl: Wehrmacht und NS-Verbrechen an der Ostfront, 1941/42*, Paderborn: Scheoningh Verlag, 2008.

_____, "'Seid hart und unerbittlich ...' Gefangenenerschießungen und Gewalteskalation im deutsch-sowjetischen Krieg, 1941/42", *Kriegsgreuel: Die Entgrenzung der Gewalt in kriegerischen Konflikten vom Mittelalter bis ins 20. Jahrhundert*, Sönke Neitzel and Daniel Hohrath, eds., Paderborn: Schoeningh Verlag, 2008, pp. 317~335.

_____, "Alfred Andersch abgehört: Kriegsgefangene 'Anti-Nazis' im amerikanischen Vernehmungslager Fort Hunt", *VfZG* 58 (2010), pp. 563~598.

_____, "Volksgemeinschaft in der Wehrmacht? Milieus, Mentalitäten und militärische Moral in den Streitkräften des NS-Staates", *Der Führer war wieder viel zu human, zu gefühlvoll!*" Harald Welzer, Sönke Neitzel, and Christian Gudehus, eds., Frankfurt/Main: Fischer, 2011.

Rose, Arno, *Radikaler Luftkampf: Die Geschichte der deutschen Rammjäger*, Stuttgart: Motorbuch Verlag, 1979.

Rosenkranz, Herbert, *Reichskristallnacht: 9. November 1938 in Österreich*, Wien: Europa Verlag, 1968.

Roskill, Stephen W., *Royal Navy: Britische Seekriegsgeschichte, 1939~1945*, Hamburg: Stalling, 1961.

Ryan, Cornelius, *Der längste Tag: Normandie: 6. Juni 1944*, Frankfurt/Main: Heyne, 1976.

Ryan, *William: Blaming the Victim*, London: Pantheon, 1972.

Salewski, Michael, *Die deutsche Seekriegsleitung*, 3 Vols. München: Bernard & Graefe Verlag, 1970~1975.

_____, "Die Abwehr der Invasion als Schlüssel zum 'Endsieg'?" *Die Wehrmacht: Mythos und Realität*, Rolf-Dieter Müller and Hans-Erich Volkmann, eds., München: Oldenbourg Wissenschaftsverlag, 1999, pp. 210~223.

Sandkühler, Thomas, *'Endlösung' in Galizien*, Bonn: Dietz, 1996.

Santoni, Alberto, "The Italian Submarine Campaign", *The Battle of the Atlantic, 1939~1945*, Stephen Howarth and Derel Law, eds., London: Greenhill, 1994, pp. 329~332.

Schabel, Ralf, *Die Illusion der Wunderwaffen: Düsenflugzeuge und Flugabwehrraketen in der Rüstungspolitik des Dritten Reiches*, München: Oldenbourg Wissenschaftsverlag, 1994.

Schäfer, Hans Dieter, *Das gespaltene Bewußtsein: Vom Dritten Reich bis zu den langen Fünfziger Jahren*, Göttingen: Wallstein, 2009.

Scheck, Raffael, *Hitler's African Victims: The German Army Massacres of French Black Soldiers, 1940*, Cambridge: Cambridge University Press, 2006.

Scherstjanoi, Elke, *Wege in die Kriegsgefangenschaft: Erinnerungen und Erfahrungen Deutscher Soldaten*, Berlin: Dietz, 2010.

Schilling, René, "Die 'Helden der Wehrmacht' — Konstruktion und Rezeption", *Die Wehrmacht, Mythos und Realität*, Rolf-Dieter Müller and Hans-Erich Volkmann, eds., München: Schoeningh Verlag, 1999, pp. 552~556.

_____, *'Kriegshelden': Deutungsmuster heroischer Männlichkeit in Deutschland, 1813~1945*, Paderborn: Schoeningh Verlag, 2002.

Schmider, Klaus, *Partisanenkrieg in Jugoslawien, 1941~1944*, Hamburg: Mittler & Sohn, 2002.

_____, "The Last of the First: Veterans of the Jagdwaffe Tell Their Story", *Journal of Military History* 73 (2009), pp. 246~250.

Schörken, Rolf, *Luftwaffenhelfer und Drittes Reich: Die Entstehung eines politischen Bewusstseins*, Stuttgart: Klett-Cotta Verlag, 1985.

Schröder, Hans Joachim, "Ich hänge hier, weil ich getürmt bin", *Der Krieg des kleinen Mannes. Eine Militärgeschichte von unten*, Wolfram Wette, ed., München: Prestel, 1985, pp. 279~294.

Schüler-Springorum, Stefanie, *Krieg und Fliegen: Die Legion Condor im Spanischen Bürgerkrieg*, Paderborn: Schoeningh Verlag, 2010.

Schütz, Alfred, *Der sinnhafte Aufbau der sozialen Welt: Eine Einleitung in die verstehende Soziologie*, Frankfurt/Main: Suhrkamp, 1993.

Sebald, W. G., *Luftkrieg und Literatur*, Frankfurt/Main: Eichborn, 2001.

Seemen, Gerhard von., *Die Ritterkreuzträger, 1939~1945*, Friedberg: Podzun Verlag, 1976.

Seidl, Tobias, *Führerpersönlichkeiten: Deutungen und Interpretationen deutscher Wehrmachtgeneräle in britischer Kriegsgefangenschaft*, Ph.D. Dissertation, Universität Mainz, 2011.

Shay, Jonathan, *Achill in Vietnam: Kampftrauma und Persönlichkeitsverlust*, Hamburg: Hamburger Edition, 1998.

Shils, Edward A., and Morris Janowitz, "Cohesion and Disintegration in the Wehrmacht in World War II", *Public Opinion Quarterly* 12 (1948), pp. 280~315.

Simms, Brendan, "Walther von Reichenau — Der politische General", *Die Militärelite des Dritten Reiches*, Ronald Smesler and Enrico Syring, eds., Berlin: Ullstein, 1995, pp. 423~445.

Sprenger, Matthias, *Landsknechte auf dem Weg ins Dritte Reich? Zu Genese und Wandel des Freikorpsmythos*, Paderborn: Schoeningh Verlag, 2008.

Stacey, Charles P., *The Victory Campaign: The Operations in North-West Europe, 1944~1945*, Ottawa: Queen's Printer, 1960.

Stephan, Rudolf, "Das politische Gesicht des Soldaten", *Deutsche Allgemeine Zeitung*, Berlin afternoon edition No. 566, (26 November 1942), p. 2.

Stevens, Michael E., *Letters from the Front, 1898~1945*, Madison: State Historical Society of Wisconsin, 1992.

Stilla, Ernst, *Die Luftwaffe im Kampf um die Luftherrschaft*, Ph.D. Dissertation, Uni Bonn, 2005.

Stimpel, Hans-Martin, *Die deutsche Fallschirmtruppe, 1936~1945: Innenansichten von Führung und Truppe*, Hamburg: Mittler & Sohn, 2009.

Stouffer, Samuel A., et al., *The American Soldier: Adjustment During Army Life. Studies in Social Psychology in World War II*, Vol. 1. Princeton: Princeton University Press, 1949.

Straus, Ulrich, *The Anguish of Surrender: Japanese POW's of World War II*, London: University of Washington Press, 2003.

Streim, Alfred, *Sowjetische Gefangene in Hitlers Vernichtungskrieg: Berichte und Dokumente*, Heidelberg: C. F. Müller Juristicher Verlag, 1982.

Streit, Christian, *Keine Kameraden: Die Wehrmacht und die sowjetischen Kriegsgefangenen, 1941~1945*, Stuttgart: Deutsche Verlags-Anstalt, 1980.

Süddeutsche Zeitung Magazin, *Brief aus Kundus, Briefe von der Front*, Available online at http://sz-magazin.sueddeutsche.de/texte/anzeigen/31953 (accessed 27 August 2010).

Sydnor, Charles W., *Soldaten des Todes: Die 3. SS-Division 'Totenkopf', 1933~1945*, Paderborn: Schoeningh Verlag, 2002.

Taijfel, Henri, *Gruppenkonflikt und Vorurteil: Entstehung und Funktion sozialer Stereotypen*, Bern: Verlag Hans Huber, 1982.

Tomforder, Maren, "'Meine rosa Uniform zeigt, dass ich dazu gehöre': Soziokulturelle Dimensionen des Bundeswehr-Einsatzes in Afghanistan", *Afghanistan Land ohne Hoffnung? Kriegsfolgen und Perspektiven in einem verwundeten Land*, Horst Schuh and Siegfried Schwan, eds., Beiträge zur inneren Sicherheit, Vol. 30. Brühl: Die Deutschen Bibliotek, 2007, pp. 134~159.

Töppel, Roman, "Kursk — Mythen und Wirklichkeit einer Schlacht", *VfZG* 57 (2009), pp. 349~384.

Treutlein, Martin, "Paris im August 1944", *"Der Führer war wieder viel zu human, zu gefühlvoll!"* Harald Welzer, Sönke Neitzel, and Christian Gudehus, eds., Frankfurt/Main: Fischer, 2011.

Tyas, Stephen, "Allied Intelligence Agencies and the Holocaust: Information Acquired from German Prisoners of War", *Holocaust and Genocide Studies* 22 (2008), pp. 1~24.

Überegger, Oswald, "'Verbrannte Erde' und 'baumelnde Gehenkte': Zur europäischen Dimension militärischer Normübertretungen im Ersten Weltkrieg", *Kriegsgreuel: Die Entgrenzung der Gewalt in kriegerischen Konflikten vom Mittelalter bis ins 20. Jahrhundert*, Sönke Neitzel and Daniel Hohrath, eds., Paderborn: Schoeningh Verlag, 2008, pp. 241~278.

Ulshöfer, Helmut Karl, ed., *Liebesbriefe an Adolf Hitler: Briefe in den Tod: Unveröffentlichte Dokumente aus der Reichskanzlei*, Frankfurt/Main: VAS, 1994.

Ungváry, Krisztián, *Die Schlacht um Budapest 1944/45: Stalingrad an der Donau*, München: Herbig Verlagsbuchhandlung, 1999.

Vardi, Gil-il, "Joachim von Stülpnagel's Military Thought and Planning", *War in History* 17 (2010), pp. 193~216.

Waller, James, *Becoming Evil: How Ordinary People Commit Genocide and Mass Killing*, Oxford: Oxford University Press, 2002.

Watson, Alexander, *Enduring the Great War: Combat, Morale and Collapse in the German and the British Armies, 1914~1918*, New York: Cambridge University Press, 2008.

Wegmann, Günter, *Das Kriegsende zwischen Weser und Ems*, Osnabrück: Verlag Wenner, 2000.

Wegner, Bernd, *Hitlers politische Soldaten: Die Waffen-SS, 1933~1945*, Paderborn: Schoeningh Verlag,

2009.

Wehler, Hans-Ulrich, *Deutsche Gesellschaftsgeschichte: Vom Beginn des Ersten Weltkrieges bis zur Gründung der beiden deutschen Staaten, 1914~1949*, Vol. 4. München: C. H. Beck, 2003.

Weick, Karl E., and Kathleen M. Sutcliffe, *Das Unerwartete managen: Wie Unternehmen aus Extremsituationen lernen*, Stuttgart: Schaeffer-Poescher, 2003.

Welzer, Harald, *Verweilen beim Grauen*, Tübingen: Edition Diskord, 1998.

_____, *Das kommunikative Gedächtnis: Eine Theorie der Erinnerung*, München: Beck, 2002.

_____, *Täter: Wie aus ganz normalen Menschen Massenmörder werden*, Frankfurt/Main: Fischer, 2005.

_____, "Die Deutschen und ihr Drittes Reich", *Aus Politik und Zeitgeschichte* 14~15 (2007), pp. 21~28.

_____, *Klimakriege: Wofür im 21. Jahrhundert getötet wird*, Frankfurt/Main: Fischer, 2008.

_____, "Jeder die Gestapo des anderen: Über totale Gruppen", *Stadt der Sklaven/Slave City*, Museum Folkwang, ed., Köln: DuMont, 2008, pp. 177~190.

Welzer, Harald, Sabine Moller, and Karoline Tschuggnall, '*Opa war kein Nazi*': Nationalsozialismus und Holocaust im Familiengedächtnis, Frankfurt/Main: Fischer, 2002.

Welzer, Harald, Robert Montau, and Christine Plaß, '*Was wir für böse Menschen sind!*' Der Nationalsozialismus im Gespräch zwischen den Generationen, Tübingen: Edition Diskord, 1997.

Welzer, Harald, Sönke Neitzel, and Christian Gudehus, eds., "*Der Führer war wieder viel zu human, zu gefühlvoll!*", Frankfurt/Main: Fischer, 2011.

Werle, Gerhard, *Justiz-Strafrecht und deutsche Verbrechensbekämpfung im Dritten Reich*, Berlin/New York: De Gruyter, 1989.

Wette, Wolfram, *Deserteure der Wehrmacht: Feiglinge Opfer — Hoffnungsträger? Dokumentation eines Meinungswandels*, Essen: Klartext-Verlag, 1995.

_____, *Retter in Uniform: Handlungsspielräume im Vernichtungskrieg der Wehrmacht*, Frankfurt/Main: Fischer Taschenbuch Verlag, 2003.

_____, ed., *Stille Helden — Judenretter im Dreiländereck während des Zweiten Weltkriegs*, Freiburg: Herder, 2005.

_____, *Das letzte Tabu: NS-Militärjustiz und 'Kriegsverrat'*, Berlin: Aufbau Verlag, 2007.

Wette, Wolfram, et al., eds., *Das Deutsche Reich und der Zweite Weltkrieg*, Vol. 1. Stuttgart: Metzler Verlag, 1991.

Wettstein, Adrian, '*Dieser unheimliche, grausame Krieg*': Die Wehrmacht im Stadtkampf, 1939~1942, Ph.D. Dissertation, Universität Bern, 2010.

Weusmann, Matthias, *Die Schlacht in der Normandie, 1944: Wahrnehmungen und Deutungen deutscher Soldaten*,

Master's thesis, Universität Mainz, 2009.

Wildt, Michael, *Generation des Unbedingten: Das Führungskorps des Reichssicherheitshauptamtes*, Hamburg: Hamburger Edition, 2002.

———, *Volksgemeinschaft als Selbstermächtigung: Gewalt gegen Juden in der deutschen Provinz, 1919~1939*, Hamburg: Hamburger Edition, 2007.

Winkle, Ralph, *Der Dank des Vaterlandes: Eine Symbolgeschichte des Eisernen Kreuzes, 1914 bis 1936*, Essen: Klartext, 2007.

Wurzer, Georg, "Die Erfahrung der Extreme: Kriegsgefangene in Rußland, 1914~1918", *Kriegsgefangene im Europa des Ersten Weltkrieges*, Jochen Oltmer, ed., Paderborn: 2006.

Zagovec, Rafael A, "Gespräche mit der 'Volksgemeinschaft'", *Die deutsche Kriegsgesellschaft, 1939 bis 1945 — Ausbeutung, Deutungen, Ausgrenzung*, Vol. 9/2. Bernard Chiari, et al., eds., Stuttgart: Deutsche Verlags-Anstalt, 2005, pp. 289~381.

Zelle, Karl-Günter, *Hitlers zweifelnde Elite: Goebbels — Göring — Himmler — Speer*, Paderborn: Schoeningh Verlag, 2010.

Ziemann, Benjamin, *Front und Heimat: Ländliche Kriegserfahrungen im südlichen Bayern, 1914~1923*, Essen: Klartext, 1997.

———, "Fluchten aus dem Konsens zum Durchhalten: Ergebnisse, Probleme und Perspektiven der Erforschung soldatischer Verweigerungsformen in der Wehrmacht, 1939~1945", *Die Wehrmacht: Mythos und Realität*, Rolf-Dieter Müller and Hans-Erich Volkmann, eds., München: Oldenbourg, 1999, pp. 589~613.

Zimmermann, John, *Pflicht zum Untergang, Kriegsende im Westen, 1944/45*, Paderborn: Schoeningh Verlag, 2009.

김태희

서울대학교 철학과를 졸업하고 독일 본 대학교에서 석사 학위를, 서울대학교에서 박사 학위를 받았다. 현재 건국대학교 교양교육센터 조교수로 재직 중이다. 현상학의 현대적 해석에 기초하여 인지과학, 심리학, 사회과학, 질적 연구 등과의 학제 간 연구에 관심을 기울이고 있다. 저서로 『시간에 대한 현상학적 성찰』, 『비판적 사고와 토론』(공저)이 있으며, 번역서로 『괴벨스, 대중 선동의 심리학』, 『생각 없이 살기』, 『종교 본능』, 『물리학자의 철학적 세계관』, 『시간 추적자들』, 『노인은 늙지 않는다』 등이 있다. 민음인문학기금 최우수 박사학위논문상 및 서울대학교 철학과 최우수 박사학위논문상을 수상했다.

나치의 병사들
평범했던 그들은 어떻게 괴물이 되었나

1판 1쇄 펴냄 2015년 10월 8일
1판 5쇄 펴냄 2021년 11월 29일

지은이   징케 나이첼, 하랄트 벨처
옮긴이   김태희
펴낸이   박근섭, 박상준
펴낸곳   (주)민음사

출판등록 1966. 5. 19.(제16-490호)
서울특별시 강남구 도산대로1길 62(신사동) 강남출판문화센터 5층 (우편번호 06027)
대표전화 02-515-2000, 팩시밀리 02-515-2007
www.minumsa.com

한국어 판 ⓒ (주)민음사, 2015. Printed in Seoul, Korea.

ISBN 978-89-374-3207-1 (03300)